A Preposição

A Preposição

REPRESENTAÇÃO COMERCIAL

2018 · 2.ª Edição

Pedro Leitão Pais de Vasconcelos
Doutor em Direito
Professor da Faculdade de Direito da Universidade de Lisboa

A PREPOSIÇÃO
REPRESENTAÇÃO COMERCIAL
AUTOR
Pedro Leitão Pais de Vasconcelos
1.ª Edição: Abril, 2017
EDITOR
EDIÇÕES ALMEDINA, S.A.
Rua Fernandes Tomás, n°s 76-80
3000-167 Coimbra
Tel.: 239 851 904 · Fax: 239 851 901
www.almedina.net · editora@almedina.net
DESIGN DE CAPA
FBA.
PRÉ-IMPRESSÃO
EDIÇÕES ALMEDINA, S.A.
IMPRESSÃO E ACABAMENTO
ACD Print, S.A.

Junho, 2018
DEPÓSITO LEGAL
441951/18

Os dados e as opiniões inseridos na presente publicação são da exclusiva responsabilidade do(s) seu(s) autor(es).
Toda a reprodução desta obra, por fotocópia ou outro qualquer processo, sem prévia autorização escrita do Editor, é ilícita e passível de procedimento judicial contra o infrator.

 GRUPOALMEDINA

BIBLIOTECA NACIONAL DE PORTUGAL – CATALOGAÇÃO NA PUBLICAÇÃO
VASCONCELOS, Pedro Leitão Pais de, 1972-
A PREPOSIÇÃO: Representação Comercial – 2.ª ed. (Monografias)
ISBN 978-972-40-7459-7
CDU 347

À Marta

Institor appellatus est eo, quod negotio gerendo instet: nec multum facit, tabernae sit praepositus an cuilibet alii negotiationi.[1]

Errado vai o Jurisconsulto exclusivamente civil, se em qualquer Paiz do Mundo quizer por esse direito julgar os pleitos do commercio.[2]

O Direito Civil emfim é-lhe somente subsidiário, porque o Direito Comercial é *direito d'exceição*. Não percão isto de vista os Jurisconsultos, os Magistrados, aliás farão ao Commercio males maiores que a guerra.[3]

---

[1] ULPIANO, livro *28 [do comentário] ao édito*, in *Digesto* 14, 3, 3, circa 211 a 222 d.C. – É chamado institor aquele, que é instituído para gerir um negócio. Não importa muito que seja preposto à frente de uma loja ou de qualquer outro negócio.

[2] BORGES, JOSÉ FERREIRA, *Das Fontes, Especialidades, e Excellencia da Administração Commercial Segundo o Codigo Commercial Portuguez*, Typographia Commercial Portuense, Porto, 1835, pág. 16.

[3] BORGES, JOSÉ FERREIRA, *Diccionario Juridico-Commercial*, 2.ª ed., Typographia de Sebastião José Pereira, Porto, 1856, pág. 386.

I. Introdução

1. O problema

I. Uma pessoa dirige-se a um estabelecimento de restauração para tomar um café e comer um pastel de nata. Alguém que estava ao balcão e que atendeu o cliente entregou o café e o pastel de nata, recebeu o preço e passou o recibo, tudo sem invocar o nome de qualquer pessoa. Em especial, sem invocar que o estabelecimento de restauração era pertença do seu Pai, com quem vivia em economia comum.

Uma pessoa dirige-se a um grande armazém onde compra um computador numa banca situada nesse grande armazém e que estava decorada com toda a imagem de marca de uma conhecida empresa de produtos informáticos. A pessoa que tratou da venda, nunca invocou o nome de qualquer pessoa, embora usasse a farda do grande armazém. O pagamento foi efetuado a outra pessoa, na caixa do grande armazém de comércio, tendo a fatura sido passada em nome de uma sociedade cuja firma é semelhante ao nome do grande armazém. A banca, no entanto, era pertença da conhecida empresa de produtos informáticos, que havia locado o espaço nesse grande armazém de comércio, sendo que a pessoa que estava na banca era um funcionário dessa conhecida empresa de produtos informáticos, apesar de usar a farda do grande armazém. Ao longo de todo o negócio, nas conversas tidas, ninguém afirmou agir em nome de qualquer pessoa.

Uma pessoa precisa de se deslocar para casa. Para tanto, pega no seu *smartphone* e usa uma *app* para chamar um carro que o transporte ao seu destino. Essa pessoa limitou-se a preencher o formulário *online* dessa *app*, tendo o pagamento sido efetuado através do cartão de crédito diretamente a favor da *app*. No entanto, a empresa dona da *app*, não é a empresa que recebeu o preço, e não é dona do carro, nem é empregadora do condutor do mesmo.

Também não informou que agia em representação do condutor do carro que transportou o cliente, ou do proprietário do carro, ou do explorador do carro.

Uma pessoa entra num restaurante de uma cadeia internacional que opera sob uma determinada marca e está decorado com todo o *branding* inerente a essa marca. Toma a sua refeição e paga o preço. Foi atendida por pessoas vestindo uma farda com a imagem correspondente a essa marca, que lhe desejaram as boas vindas ao estabelecimento, identificando-o através da marca. Mas nunca invocaram agir em nome da sociedade comercial que explorava esse estabelecimento comercial em regime de *franchise*, nem disseram que eram franquiados, nem disseram quem era o franqueador, nem qual o nível de integração empresarial dessa franquia.

Assim é o Comércio.

Em todos estes casos, os negócios foram realizados pela pessoa referida sem qualquer preocupação com a identidade jurídico-formal da outra parte. Do ponto de vista dessa pessoa, o negócio foi feito com o restaurante, ou com a marca de produtos informáticos ou com a *app*, sendo-lhe indiferente quem se apresentava técnico-juridicamente do outro lado. Por outro lado, nunca foi informada da identidade da contraparte, nem qual o título que ligava a contraparte a quem o atendeu. As pessoas que a atenderam nem sequer disseram em nome de quem estavam a agir.

O único facto que a pessoa se apercebeu foi que essas pessoas estavam à frente desta atividade, deste comércio, agindo por conta do "restaurante", da "marca de produtos informáticos" ou da "*app*".

Mas se algo correr mal e a pessoa necessitar de recorrer a Tribunal para defender uma sua pretensão, quem deve ou pode processar? As pessoas com quem interagiu? As marcas com que interagiu? Os estabelecimentos com que interagiu? Os programas informáticos com que interagiu? Ou, as pessoas que estão por trás? E quem são essas pessoas?

Acima de tudo, com base em que regime jurídico?

II. Estas situações são meros exemplos de uma miríade de casos que têm vindo a causar problemas a inúmeras pessoas. A situação é de tal modo complexa, que as pessoas nem sequer se dão ao trabalho de defender os seus interesses, abandonando a Justiça, sentindo-se abandonadas pela Justiça e sendo, efetivamente, abandonadas pela Justiça.

Contudo, estas situações não são mais do que o reflexo do Comércio a funcionar normalmente, como sempre funcionou e como sempre funcionará. Nada tem de mal; nada tem de reprovável; nada tem de viciado. É Comércio.

Diz-nos Pais de Vasconcelos:[4]

"Se a venda de uma camisola num centro comercial exigisse a prévia verificação dos poderes do vendedor, por certidão do registo comercial, e da capacidade do comprador, por certidão do registo civil, o custo e a lentidão da transação seriam tais que esse comércio não conseguiria manter-se perante a concorrência. Se não houvesse concorrência, poderia talvez sobreviver, mas com custos muito altos e eficiência muito baixa. A burocracia é uma peste para o comércio."

O problema é atual e não tem "nada de excepcional".[5] No Comércio são poucos os que se preocupam com a identidade formal do comerciante.[6] Pretende-se adquirir ou alienar determinado bem ou serviço, mas não se pretende perder tempo a confirmar se quem faz o atendimento tem poderes, que poderes tem e com que fundamento. Nem sequer se pretende perder tempo a saber quem é a contraparte, se a pessoa com quem se trata, se outra pessoa que esteja por trás. No Comércio, tempo é dinheiro, pelo que o "Comércio é rápido e célere".[7]

Nas palavras de Menezes Cordeiro:[8]

---

[4] VASCONCELOS, PEDRO PAIS DE, *Direito Comercial*, Vol. I, Almedina, Coimbra, 2011, pág. 27.

[5] Como resulta em ASCENSÃO, JOSÉ DE OLIVEIRA E FRADA, MANUEL CARNEIRO, *Contrato Celebrado por Agente de Pessoa Colectiva. Representação, Responsabilidade e Enriquecimento sem Causa*, *in* Revista de Direito e Economia, XVI a XIX (1990 a 1993), págs. 43 a 77, Centro Interdisciplinar de Estudos Jurídico-Económicos, Coimbra, pág. 43. Segundo os Autores, *"A existência desses representantes revela-se por outro lado muitas vezes absolutamente necessária para a prossecução da actividade da pessoa colectiva, não sendo por isso nada de excepcional"* (pág. 46).

[6] Preferimos manter a designação de comerciante, em lugar de empresário, face às críticas que podem ser apontadas à figura do empresário. Sobre esta questão, CORDEIRO, ANTÓNIO MENEZES, *Direito Comercial*, 4.ª ed., Almedina, Coimbra, 2016, págs. 259 a 261.

[7] VASCONCELOS, PEDRO PAIS DE, *Direito Comercial*, Vol. I, Almedina, Coimbra, 2011, pág. 27. Condordamos com GUICHARD, RAÚL, *A Representação sem Poderes no Direito Civil Português. A Ratificação*, polic., Porto, 2009, pág. 280, quando afirma, a propósito da razão pela qual a teoria de Laband resultou da representação comercial, que neste ramo *"não é razoável, nem viável, exigir-se indiscriminadamente que a actuação do representante se contenha dentro da vinculação e deveres que resultam da relação (subjacente) perante o dominus"* e ainda que *"essa relação não é de um modo geral acessível ou «permeável» a terceiros"* e, por último, que *"a autonomização dos poderes representativos em vista da vinculação do representante na sua relação interna com o «dominus» é uma «exigência de praticabilidade» da própria figura da representação"*.

[8] CORDEIRO, ANTÓNIO MENEZES, *Tratado de Direito Civil*, Vol. V, 3.ª ed., Almedina, Coimbra, 2018, pág. 146.

Ninguém vai, num supermercado, invocar perante o empregado da caixa o art. 266.º, exigindo-lhe a justificação dos seus poderes e isso para evitar a hipótese de uma "representação" sem poderes e não seguida de ratificação (268.º/1). A confiança é imediata, total e geral.

No Comércio confia-se. Quer porque se conhece a outra pessoa, quer porque não se quer perder tempo, quer porque é assim que se faz. Confia-se sem sequer se ter noção que se confia. A confiança e a boa fé são de tal modo intrínsecas ao Comércio, de tal modo essenciais, que sem elas não há Comércio.[9] Quando a confiança e a boa fé funcionam bem são respeitadas e as pessoas agem em conformidade, ninguém se apercebe da sua importância. A confiança e a boa fé são como o ar que respiramos; só se nota quando falta, mas é essencial mesmo quando não falta.[10]

Por outro lado, o Comércio em larga escala exige que o comerciante recorra a outras pessoas para o exercício da sua atividade.[11] Em regra, quanto maior a atividade comercial, mais são as pessoas envolvidas nessa atividade.[12] Contudo, os regimes jurídicos que ligam todas estas pessoas podem ser extremamente variados, o que, tomando em consideração a referida celeridade e praticabilidade do comércio, torna praticamente impossível aos terceiros tomarem conhecimento de qual o regime concretamente aplicável a cada um dos agentes com quem interagem. Trabalhadores, mandatários, comissários, franchisados, regimes matrimoniais, regimes de economia comum, sócios, associados e toda a miríade possível de regimes que regulam a relação interna entre um comerciante e as pessoas a quem este recorre para exercer o seu comércio. Esta situação é ainda mais agravada se tomarmos em consideração a frequente natureza internacional do Comércio, ao que acresce o Comércio através da *internet*.

---

[9] É lapidar, neste caso, a frase de CORDEIRO, ANTÓNIO MENEZES, *Da Boa Fé no Direito Civil*, Almedina, Coimbra, 1997, pág. 1247, "*A opção de preterir a confiança de uma pessoa a favor da de uma outra, numa escolha que ao legislador, em princípio, compete, equivale, no fundo, a premiar a circulação dos bens, em detrimento da sua conservação estática*".

[10] Sobre a relação entre confiança e boa fé, CORDEIRO, ANTÓNIO MENEZES, *Da Boa Fé no Direito Civil*, Almedina, Coimbra, 1997, págs. 1234 a 1251.

[11] CORDEIRO, ANTÓNIO MENEZES, *Direito Comercial*, 4.ª ed., Almedina, Coimbra, 2016, pág. 656 e CUNHA, PAULO OLAVO, *Lições de Direito Comercial*, Almedina, Coimbra, 2010, pág. 195.

[12] GELLA, AGUSTÍN VICENTE Y, *Introducción al Derecho Mercantil Comparado*, 2.ª ed., Editorial Labor, Barcelona, 1934, pág. 180.

INTRODUÇÃO

III. Não é possível um Comércio em grande escala sem confiança e sem boa fé. Um Comércio "desconfiado" é sempre lento, pesado, pouco flexível e menos lucrativo. A desconfiança e a falta de boa fé impedem o crédito, sendo que, sem crédito, não há comércio.

Como afirmava Michele de Jorio em 1781:[13]

> *não há comércio sem dinheiro, não há dinheiro sem crédito, não há crédito sem boa fé, não há boa fé sem leis; o dinheiro, o crédito e a boa fé, as leis, eis os princípios e os instrumentos do Comércio. O crédito, porém, não se adquire senão pela boa fé, e a boa fé não se mantém, senão com leis proporcionais. O Comércio, portanto, não pode florir, senão por via de leis justas, iguais, adequadas, e que sejam as mais adaptadas.*

Uma estrutura comercial de grande escala tem de confiar a sua atividade a terceiros e tem de confiar que estes terceiros agirão bem. Estes terceiros passam a integrar a própria estrutura comercial, como se deixassem de ser terceiros. No entanto, são terceiros relativamente à pessoa do comerciante, sendo vistos pelas demais pessoas como sendo o comerciante. Assim, não só o comerciante se vê forçado a confiar nestas pessoas, como as demais pessoas se vêm forçadas a confiar naquelas e na sua relação com o comerciante. Este Comércio precisa de boa fé para conseguir funcionar bem, e a boa fé apenas opera adequadamente se existirem regimes jurídicos que a protejam.[14] Sem esta proteção, a confiança desaparece, o Comércio esmorece e o mercado desaparece. Como é patente na República Portuguesa dos dias de hoje, quando não há confiança no mercado, não há comércio.[15]

Já em 2004, Carneiro da Frada identificou esta questão, afirmando:[16]

> *Convém que o futuro clarifique todo o problema.*

---

[13] JORIO, MICHELE DE, *Codice Ferdinando o Codice Marittimo*, Cap. XXXII (3), in MOSCHETTI, CESARE MARIA, Il *Codice Marittimo del 1781 di Michele de Jorio per il Regno di Napoli*, Vol. I, Giannini Editore, Napoli, 1979, pág. 281.

[14] Sobre a proteção da confiança, FRADA, MANUEL A. CARNEIRO DA, *Teoria da Confiança e Responsabilidade Civil*, Almedina, Coimbra, 2004, em especial, págs. 41 a 60.

[15] Sobre a importância do mercado no Comércio, VASCONCELOS, PEDRO PAIS DE, *Direito Comercial*, Vol. I, Almedina, Coimbra, 2011, págs. 24 e 25.

[16] FRADA, MANUEL A. CARNEIRO DA, *Teoria da Confiança e Responsabilidade Civil*, Almedina, Coimbra, 2004, pág.60 (nota 41).

A PREPOSIÇÃO

O problema parece novo, mas não é. O Comércio funciona assim, sempre funcionou assim e, muito provavelmente, sempre funcionará assim. A celeridade do Comércio exige a praticabilidade,[17] sendo que é impraticável agir de modo diferente, não confiando. Esta é uma das razões que fundamentam a autonomia do Direito Comercial relativamente ao Direito Civil.[18] A celeridade imanente ao Comércio impede determinadas cautelas e precauções, mas exige simultaneamente uma tutela que tome em consideração os procedimentos efetivamente usados no Comércio para garantir a necessária celeridade e praticabilidade.

A necessidade da tutela do Comércio é fundamental, sendo defendida pelo menos desde Aristóteles:

> *os primeiros e mais úteis magistrados são aqueles nomeados para proteger o comércio interno, e para garantir que este decorra livremente, regularmente e honestamente.*[19]

O problema da essencial diferença e, mesmo, incompatibilidade entre o Direito Comercial e o Direito Civil e da necessária praticabilidade do Direito Comercial é antigo, tendo sido detetado e resolvido há mais de dois mil anos, com a preposição. Foi com a preposição que se reconheceu a inabilidade do Direito Civil para regular o Comércio, e que se criou um regime prático para resolver os problemas causados pelas preposições, que era o oposto do regime civil.

Este regime, que vigora quase sem modificações desde então, é de base legal, e protege toda esta confiança e boa fé essenciais ao Comércio. Este regime que iremos analisar de seguida, tutela a boa fé e a confiança, que por

---

[17] Segundo VASCONCELOS, PEDRO PAIS DE, *Direito Comercial*, Vol. I, Almedina, Coimbra, 2011, págs. 30 e 31, com quem concordamos, a praticabilidade é uma das caraterísticas dominantes do Direito Comercial, no qual a *prudentia* se deve sobrepor à *scientia*.

[18] Segundo VASCONCELOS, PEDRO PAIS DE, *Direito Comercial*, Vol. I, Almedina, Coimbra, 2011, pág. 30, "*O Direito Comercial não é hoje um Direito Civil especial. É muito diferente, tem um sentido próprio que é, por vezes, mesmo o contrário do Direito Civil. Não é aconselhável concretizar o Direito Comercial ao modo do Direito Civil. No Direito Comercial, ao contrário do que sucede no Direito Civil, a praticabilidade deve sobrevaler à dogmaticidade*". Expondo uma lista de diferenças entre algumas marcas dos regimes de Direito Civil e Direito Comercial, GOMES, FÁTIMA, *Manual de Direito Comercial*, Universidade Católica Editora, Lisboa, 2012, pág. 31.

[19] ARISTÓTELES, *Política*, Livro VIII, *in* Aristotle's Ethics and Politics, Vol. II, 3.ª ed., T. Candel and W. Davies, The Strand, 1813, pág. 489.

INTRODUÇÃO

sua vez facilita o crédito, que gera o dinheiro, que faz mover o Comércio. Este é o regime da preposição, que é ainda relevante por uma qualidade muito particular:

A preposição é o nascimento do Direito Comercial.

2. A solução

I. A solução para o problema da preposição foi construída no Direito Romano, revolucionando todo o Direito.

Esta solução foi imposta heteronomamente, legislando sobre o problema dos prepostos através da concessão de uma *actio*. Para tanto, começou por se reconhecer que muitas vezes os comerciantes exerciam a sua atividade através de prepostos, mas que se furtavam à responsabilidade invocando o princípio de Direito Civil, *per extraneam personam nihil adquirit potest*.[20] A solução consistiu em conceder *actio* contra os comerciantes por todos os atos e contratos dos seus prepostos, de modo contra-sistemático, indo frontalmente contra um dos mais elementares princípios do Direito Romano. Uma solução jurídica, oposta à do Direito Civil, apenas aplicável no Comércio, e que tinha uma abordagem prática, indo contra um dos principais Dogmas do Direito Civil.[21]

Assim nasceu o Direito Comercial: como uma reação às consequências nefastas que o Direito Civil tem no Comércio.[22]

II. Em data indefinida, posterior a 242 a.C., mas provavelmente entre 137 a.C. e 47 a.C., foram concedidas duas ações pretorianas destinadas a resolver o problema dos prepostos, que vieram mais tarde a integrar o Digesto, e cujo regime tem vindo a vigorar sem modificações de monta desde esse período, quer no Direito Romano, quer no Direito nacional: a *actio exercitoria*

---

[20] ALBUQUERQUE, PEDRO DE, *A Representação Voluntária em Direito Civil*, Almedina, Coimbra, 2004, págs. 43 a 57 (em especial nota 18, no que respeita aso fragmentos que manifestam este princípio), MICELI, MARIA, *Studi sulla "Rappresentanza" nel Diritto Romano*, I Vol., Giuffrè, Milano, 2008, págs. 277 a 285 e RAMOS, JOSÉ ARIAS, *Representación y "praepositio"*, *in* Boletin de la Universidad de Santiago de Compostela, N 31, Ano X (1941), janeiro-março, pág. 5.

[21] AUBERT, JEAN-JAQUES, *Business Managers in Ancient Rome, A Social and Economic Study of Institores, 200 B.C – A.D. 250*, E.J. Brill, Leiden – New York – Köln, 1994, *passim*.

[22] No sentido de o Direito Comercial ter na sua base uma importante influência romana, CORDEIRO, ANTÓNIO MENEZES, *Direito Comercial*, 4.ª ed., Almedina, Coimbra, 2016, págs. 48 e 48.

e a *actio institoria*. Das duas ações, importa atentar especialmente numa: a *actio institoria*.

Esta ação tinha como base o reconhecimento da figura do preposto (*praepositus*), sob a designação de *institor*:[23]

> *Ulpianus, livro 28* [do comentário] *ao édito.*
> *É chamado institor aquele, que é instituído para gerir um negócio. Não importa muito que seja preposto à frente de uma loja ou de qualquer outro negócio.*

Com base nesta figura do *institor*,[24] era concedida *actio institoria*, que permitia aos terceiros acionar o comerciante pelos atos e contratos praticados e celebrados pelo seu preposto, o que implicava a vinculação de uma pessoa por vontade de outra. Dito de outro modo, admitia-se a representação por via legislativa, contra o que era o conteúdo do Direito Civil (a proibição da representação).

A solução consistiu em positivar a preposição, assim permitindo – e impondo – o seu regime de representação, passando a existir um regime legal da preposição (*actio institoria*) a par da preposição (*praepositio*). Atualizando a linguagem, diríamos que se criou um regime legal aplicável aos prepostos, que vigorava a par do contrato de preposição.

A preposição encontra, pois, a sua origem na *praepositio*, sendo que a solução para os problemas que dela resultam é encontrada na *actio institoria* do Direito Romano.

Contudo, em matéria de preposição, a utilidade do Direito Romano não se limita à fixação da sua origem. A explicação da sua razão de ser, da sua natureza, dos seus efeitos, do seu regime e da relação com a relação subjacente foram de tal modo desenvolvidas no Direito Romano, que continuam a valer atualmente, sendo relativamente simples confirmar nas atuais Leis a fortíssima influência do Direito Romano.

Passados cerca de dois mil anos, o regime da *actio institoria* chegou aos nossos dias quase intocado, sendo que o caso mais típico, aquele que atualmente melhor reflete a *actio institoria* e que dela descende diretamente, vigora em

---

[23] D.14,3,3.

[24] O termo *institor* vem do verbo *insistere*, que tanto significa "estar em" como "colocar alguém em certa posição", segundo AUBERT, JEAN-JAQUES, *Business Managers in Ancient Rome, A Social and Economic Study of Institores, 200 B.C – A.D. 250*, E.J. Brill, Leiden – New York – Köln, 1994, pág. 88.

INTRODUÇÃO

Portugal nos arts. 248.° e seguintes do Código Comercial, que regulam os gerentes de comércio, caixeiros e outros auxiliares.

II. Tal como sucedia em Roma, o Código Comercial funda também o seu regime numa noção de preposto, sendo que o nome *institor* foi, entretanto, modificado para nomes que descrevem o conteúdo daquilo que pode ser um *institor*: gerentes de comércio, caixeiros e outros auxiliares.

Contudo, a noção de *institor* que consta no Digesto e a noção de gerente de comércio do Código Comercial, são extremamente próximas, como se pode concluir da simples leitura lado a lado:

Digesto

É chamado institor aquele, que é instituído para gerir um negócio. Não importa muito que seja preposto à frente de uma loja ou de qualquer outro negócio.

Código Comercial

É gerente de comércio todo aquele que, sob qualquer denominação, consoante os usos comerciais, se acha proposto para tratar do comércio de outrem no lugar onde este o exerce ou noutro qualquer.

As várias disposições do Código Comercial de 1888 em matéria de preposição tiveram a sua origem em disposições do Digesto, por influência da *actio institoria* do Digesto, do Código Comercial espanhol de 1829, do Código Comercial português de 1833 e do Código Comercial italiano de 1882. Mas, em suma, mantêm-se as mesmas soluções para aquilo que são os mesmos problemas que, na prática, se verificam há mais de dois mil anos.

O regime romano da *actio institoria* e do *praepositus* veio a influenciar todo o Direito em várias matérias, a par das demais *actiones adiecticiae qualitatis*,[25] tendo dado origem a várias outras figuras jurídicas. No entanto, a preposição mantém a sua atualidade e a sua plena utilidade, quer como figura geral de

---

[25] Sobre as *actiones adiecticiae qualitatis*, em especial no que respeita à representação, ALBUQUERQUE, PEDRO DE, *A Representação Voluntária em Direito Civil*, Almedina, Coimbra, 2004, págs. 43 a 178 e YINGYING, WANG, *Actiones Adiecticiae Qualitatis – Responsabilità del pater familias per l'attività negoziale dei servi o fili o sottoposti*, Università degli Studi di Roma "Tor Vergata", Roma, 2010, https://art.torvergata.it/retrieve/handle/2108/1378/8068/La%20tesi%20di%20Yingying%20Wang.pdf [último acesso 2016-12-02].

Direito, quer nos vários tipos que vigoram atualmente, no Código Comercial, no Código do Trabalho e em muita outra legislação.[26]

Para bem compreender a preposição é conveniente perceber o que sucedeu em Roma e que conduziu à criação da preposição e acompanhar a sua evolução através do movimento codificador. Mas, antes de mais, é necessário compreender o problema prático subjacente à preposição.

A. A preposição

I. Preposição é o negócio jurídico, tipicamente tácito, através do qual uma pessoa coloca outra pessoa publicamente à frente de um seu comércio, negócio, atividade ou assunto, de modo estável, para tratar dele por sua conta. Os atos do preposto praticados por conta do preponente produzem efeitos diretos na esfera deste, mesmo que o preposto atue em nome próprio. É suficiente que atue por conta do preponente.

A preposição é um negócio jurídico típico do Comércio. Quase todo o Comércio, em especial o Comércio de massa, é exercido através de prepostos: pessoas que são colocadas à frente de todo ou parte do negócio alheio, agindo por conta do dono do negócio e vinculando este último, quer atuem em nome do preponente, quer atuem em nome próprio. A preposição é um negócio fonte de poderes de representação, mas uma representação diferente da figura típica do Direito Civil. Uma representação que dispensa a *contemplatio domini.*

O preposto representa o preponente, quer invoque agir em nome do preponente, quer invoque agir em seu próprio nome, quer não invoque agir em nome de ninguém.[27] O preposto apenas necessita de agir por conta do preponente, com base na preposição, para vincular este último.

II. A preposição é um negócio com caraterísticas particulares, que dificultam o seu estudo e análise.

- É um negócio pouco estudado, o que dificulta a sua identificação, qualificação e a aplicação do respetivo regime.
- Em regra, é celebrado tacitamente, pelo que é difícil de identificar.

---

[26] O mesmo sucede com o mandato, que continua a mater a sua pujança – ANTUNES, JOSÉ ENGRÁCIA, *Direito dos Contratos Comerciais*, Almedina, Coimbra, 2009, págs. 363 e 364.
[27] A chamada "representação anónima" – GUICHARD, RAÚL, *A Representação sem Poderes no Direito Civil Português. A Ratificação*, polic., Porto, 2009, pág. 542.

- Em regra, a preposição está em união com outro negócio, que lhe está subjacente, mas que a pode ofuscar, tornando-a ainda mais difícil de identificar.
- É facilmente confundível com vários outros negócios, como sucede com o mandato, o contrato de trabalho, a agência, a comissão, e a procuração,[28] o que agrava ainda mais as dificuldades, e causa uma propensão para se aplicar o regime do negócio subjacente, ignorando o regime da preposição.
- O preposto pode agir em nome próprio, sem *contemplatio domini*, o que pode causar dificuldades no que respeita à imputação subjetiva da sua atuação.
- Mesmo nos casos em que o preposto atua com *contemplatio domini*, a natureza tácita do contrato de preposição pode tornar difícil a prova da sua celebração e, em consequência, a existência dos inerentes poderes de representação.

Em razão de todas estas dificuldades, é frequente que os preponentes se escudem atrás dos outros negócios próximos, invocando outros regimes jurídicos que lhes permitem evitar a vinculação aos atos praticados pelo preposto. Assim sucede porque, apesar de poder ser relativamente simples identificar alguém que ocupe uma posição de preposto, é muito mais difícil determinar qual a razão pela qual ocupa essa posição. Assim, na prática, é sempre possível defender-se que um preposto não é, efetivamente, um preposto. Ou seja, é fácil esconder a preposição.

O que sucede, na prática, é que os preponentes se aproveitam dos atos do preposto quando estes lhes são favoráveis. Mas, quando os atos lhes são desfavoráveis, invocam outros regimes jurídicos segundo os quais não estariam vinculados, ou não seriam responsáveis, não se assumindo como preponentes e, logo, furtando-se a qualquer responsabilidade ou vinculação

---

[28] Em especial com a chamada "procuração tácita", conforme sucede em Ascensão, José de Oliveira e Frada, Manuel Carneiro, *Contrato Celebrado por Agente de Pessoa Colectiva. Representação, Responsabilidade e Enriquecimento sem Causa*, *in* Revista de Direito e Economia, XVI a XIX (1990 a 1993), págs. 43 a 77, Centro Interdisciplinar de Estudos Jurídico-Económicos, Coimbra.

A PREPOSIÇÃO

pelos atos praticados pela pessoa que eles próprios colocaram à frente do seu comércio.[29]

Assim, por exemplo, quando o negócio corre bem para o comerciante, este assume o ato do preposto como seu. Mas, caso o negócio corra mal, irá invocar que não houve *contemplatio domini*, ou que não foi outorgada uma procuração, para se furtar à imputação do mau negócio à sua esfera jurídica.

Este é um problema constante no Comércio, desde o início dos tempos. Os comerciantes usam outras pessoas para exercer o seu comércio, colocando-as à frente dos seus negócios, ou de parte dos mesmos. Os comerciantes honestos e probos assumem como seus todos os atos praticados pelos prepostos. Mas nem sempre assim sucede, sendo que os comerciantes menos escrupulosos por vezes se furtam à vinculação a estes atos.

Normalmente, no desconhecimento da preposição, tenta-se resolver estes casos através do recurso a figuras excecionais ou de muito rara aplicação, como é o caso da desconsideração da personalidade jurídica,[30] da representação aparente,[31] ou de alguns regimes excecionais de responsabilidade por dívidas ou por danos causados. Em lugar de se aplicar o regime da preposição aos casos de atos praticados por pessoas colocadas pelo comerciante à frente do seu comércio, de modo estável e público, recorre-se a outros regimes, que não são adequados para o efeito, normalmente com pouco êxito, ou com grandes dificuldades.

---

[29] Para um exemplo real, ASCENSÃO, JOSÉ DE OLIVEIRA E FRADA, MANUEL CARNEIRO, *Contrato Celebrado por Agente de Pessoa Colectiva. Representação, Responsabilidade e Enriquecimento sem Causa, in* Revista de Direito e Economia, XVI a XIX (1990 a 1993), págs. 43 a 77, Centro Interdisciplinar de Estudos Jurídico-Económicos, Coimbra.

[30] Como faz, RIBEIRO, MARIA DE FÁTIMA, *A Tutela dos Credores da Sociedade por Quotas e a "Desconsideração da Personalidade Jurídica"*, Almedina, Coimbra, 2016, págs. 457 a 501. O mesmo sucede com vários casos do chamado "homem oculto" – CORDEIRO, PEDRO, *A Desconsideração da Personalidade Jurídica das Sociedades Comerciais*, AADFL, Lisboa, 1994, págs. 132 a 138.

[31] Sobre a representação aparente, por todos, FRADA, MANUEL A. CARNEIRO DA, *Teoria da Confiança e Responsabilidade Civil*, Almedina, Coimbra, 2004, págs. 44 a 66, em especial notas 41, 42 e 43, PINTO, PAULO MOTA, *Aparência de Poderes de Representação e Tutela de Terceiros, in* Boletim da Faculade de Direito, Vol. LXIX, págs. 587 a 645, Universidade de Coimbra, Coimbra, 1995, *passim*, e ATAÍDE, RUI, *A Responsabilidade do "Representado" na Representação Tolerada – Um Problema de Representação sem Poderes*, AAFDL, Lisboa, 2008, *passim*, em especial, págs. 228 a 248.

INTRODUÇÃO

Contudo, um grande número destes casos são situações de preposição, que podiam – e deviam – ser facilmente resolvidos pela aplicação do respetivo tipo negocial ou dos regimes legais de preposição.

III. A preposição nasceu como um negócio jurídico, mas completou-se e ganhou autonomia pela intervenção legal, da qual resultou um *status* de preposto.[32] Um *status* de preposto que *"... nada tem dos vínculos e privilégios medievais. É agora uma forma, uma técnica de regulação social, estruturada através do encabeçamento de posições jurídicas complexas em pessoas que se encontram em certas situações e posições sociais típicas, como a de consumidor, de investidor, de trabalhadores, de estudantes, etc. às quais aderem necessária e mesmo inconscientemente todas as pessoas que se encontram nessas mesmas situações".*[33] No presente caso, a posição social típica é de preposto.

Assim, tanto existe o negócio jurídico da preposição, como existem *status* legais de preposto. Mas podem vigorar negócios jurídicos de preposição sem que seja aplicável um *status* legal de preposto, como pode suceder que seja aplicável um *status* legal de preposto sem que vigore um negócio jurídico de preposição, podendo vigorar um negócio jurídico de preposição em simultâneo com um *status* legal de preposto, mas com conteúdos diferentes. Sendo que os efeitos dos regimes variam conforme a relação interna e externa e ainda de acordo com a boa ou má fé das partes

A passagem da preposição negocial para o *status* implicou tão profundas influências injuntivas da lei, que uma sua adequada compreensão só é conseguida tendo-as em consideração. De certo modo, é tão importante a preposição enquanto negócio, como a preposição enquanto *status*. Assim sucede porque os regimes legais que suportam o *status*, operam e foram construídos com base no regime negocial da preposição e as preposições negociais dão lugar, em regra, à aplicação do respetivo *status*.

Embora seja possível identificar um tipo negocial de preposição, a existência de vários casos de *status* legais de preposição, com os respetivos regimes jurídicos faz com que a preposição seja também uma classe, que tem

---

[32] Sobre o *status* CARBONI, BRUNO, *Status e Soggettività Giuridica*, Giuffrè, Milano, 1998, *passim* e VASCONCELOS, PEDRO PAIS DE, *Teoria Geral do Direito Civil*, 8.ª ed., Almedina, Coimbra, 2015, págs. 88 a 90 e *A Participação Social nas Sociedades Comerciais*, 2.ª ed., Almedina, Coimbra, 2006, págs. 412 a 431.

[33] VASCONCELOS, PEDRO PAIS DE, *A Participação Social nas Sociedades Comerciais*, 2.ª ed., Almedina, Coimbra, 2006, pág. 424.

como critério ordenador o tipo original da preposição, mas que integra também todos os *status* de preposições. São preposição todos os negócios nos quais uma pessoa coloca outra pessoa publicamente à frente de um seu comércio, negócio, atividade ou assunto, de modo estável, para tratar dele por sua conta, mas também todos os casos em que a Lei regula prepostos como integrando um *status*. Mas este largo conjunto de negócios e *status* integra vários regimes jurídicos, razão pela qual, na maioria dos casos, a preposição acaba por ser mais um ato misto, negocial e não negocial, do que um verdadeiro e puro negócio jurídico, sendo caraterizada pela mistura de elementos de autonomia privada e de heteronomia pública, pela mistura entre o contrato de preposição e o *status* de preposto.

A razão de ser desta combinação de naturezas vem já desde a Roma do Séc. II a.C.

A preposição é anterior à *actio exercitoria* e à *actio institoria*, pois já havia prepostos antes de o Pretor ter concedido estas *actiones*.[34] Estes eram casos que hoje chamaríamos de negócios jurídicos de preposição. Foi a existência de prepostos, e os problemas que daí resultavam face ao *ius civile* vigente, que levaram o Pretor a conceder estas *actiones*, aplicando no *ius civile* um regime (legal) que, com toda a probabilidade, já vigoraria no *ius gentium*.

Estas *actiones* foram concedidas especificamente para alterar o regime que era aplicável à preposição tal como resultaria da conjugação entre o *ius civile* e o negócio de preposição, alterando a sua natureza de modo profundo e evitando problemas graves de violação da boa-fé e da confiança no comércio. A *actio exercitoria* e a *actio institoria* foram concedidas por razão de proteção de terceiros e proteção da confiança no tráfego jurídico, em especial face à celeridade e facilidade com que se fazem os negócios comerciais e criaram aquilo que hoje podemos chamar de *status* de preposto. Assim, não regularam o negócio em si, mas antes a posição social típica do preposto e

---

[34] Segundo RAMOS, JOSÉ ARIAS, *Representación y "praepositio"*, *in* Boletin de la Universidade de Santiago de Compostela, N 31, Ano X (1941), janeiro-março, pág. 11, "*Praepositio* tanto quer dizer – de acordo com o significado puramente gramatical de posição diante de, à frente de – como colocação manifesta e ostensível num posto ou destino. Na sua concreta aceção jurídica pode definir-se como colocação notória que uma pessoa faz de outra estranha, ou de um *filius familias eius*, ou de um escravo próprio, no posto de administrador geral de todo o património – *procurator omnium bonorum* –, de gerente de um comércio, armazém ou outro centro ou área de negócios – *institor* – ou capitão de uma embarcação destinada ao comércio – *magister navis*".

INTRODUÇÃO

as consequências que da atuação ao abrigo desta posição decorrem para o preposto, para o preponente e para os terceiros.

i. A preposição e o Comércio

I. No comércio de massa – no mundo do comércio – ninguém faz parar ou atrasar uma negociação para verificar se a pessoa com quem acerta o negócio tem poderes para representar o comerciante. Se uma pessoa está à frente de um determinado comércio, as pessoas acreditam que tem os necessários poderes. Ninguém pede a um diretor de hotel, ou gerente de supermercado que prove os poderes. Nem sequer a um caixa de supermercado, ou ao funcionário de um restaurante ou papelaria. Por outro lado, só muito raramente é invocado o nome da pessoa por conta de quem se atua. É ainda mais raro que o terceiro esteja interessado em saber por conta de quem atua a pessoa, apenas estando interessado em saber se vai receber o bem, serviço ou dinheiro. Em suma, apenas está interessado em saber se está a contratar com aquele comércio, e não com o respetivo titular (o comerciante). E sabe-se que se está a contratar com aquele comércio porque a outra pessoa surge colocada publicamente e estavelmente à frente desse comércio.

Assim era o comércio de massa em Roma; assim é o comércio de massa na atualidade; assim será o comércio de massa no futuro.

Não é possível o exercício do comércio de massa sem celeridade. Um comércio lento e formal não é lucrativo o suficiente para o comerciante, nem é prático o suficiente para o cliente. Os exemplos abundam na história e continuam na atualidade. É suficiente pensar na importância do regime das cláusulas contratuais gerais para, de imediato, saltar à vista a importância da celeridade e facilidade. Aliás, basta lançar um olhar minimamente crítico para o que sucede atualmente na *internet* para concluir – sem margem para dúvidas – que a vontade de facilidade e celeridade leva as pessoas a aceitarem milhares de contratos *online*, carregando numa simples tecla, sem os ler e sem se preocuparem com os mesmos. A situação chega ao ponto de as pessoas não se aperceberem que estão a celebrar negócios sempre que fazem um *click* numa autorização de colocação de *cookies* no próprio computador.

Por outro lado, celeridade e praticabilidade exigem confiança na "aparência genérica"[35] que resulta da colocação pública e estável de uma pes-

---

[35] A expressão é de SANTOS, FILIPE CASSIANO, *Direito Comercial Português*, Vol. I, Coimbra Editora, Coimbra, 2007, pág. 172, que a usa a propósito do problema dos prepostos, apesar de

A PREPOSIÇÃO

soa à frente de determinado comércio. Não uma confiança consciente, que algumas pessoas têm perante outras porque as conhecem bem, mas uma confiança estrutural e inconsciente, que é inerente ao comércio de tal modo que não é apercebida como confiança. Mas é efetiva confiança, sucedendo apenas que não há outra hipótese prática e célere que não consista em confiar. Uma confiança tão automática que são poucos os que se apercebem que estão a confiar e que assumem conscientemente os inerentes riscos.

O comércio de massa baseia-se na confiança inconsciente e só funciona apoiado numa estrutura de confiança inconsciente.

Mesmo no comércio não de massa – no mundo dos negócios – sucede muitas vezes que a confiança que tem origem no passado da relação comercial, conduza a uma confiança da projeção para o futuro desse *status* e que conduz, na prática, aos mesmos problemas que se verificam no comércio de massa. Assim, embora integrando dois mundos diferentes – o do comércio e o dos negócios – partilham um problema.

No início de uma negociação é normal, no mundo dos negócios, que as partes tenham o cuidado de verificar quem tem poderes para agir, mas só raramente confirmam a manutenção desses poderes ao longo da negociação, confiando que tudo se mantém como era no início da negociação. O mesmo sucede com relações comerciais de longa duração, nas quais as partes apenas diligenciam pela verificação dos poderes no início da relação. Pode ocorrer que, por exemplo, decorram vários anos entre a data da confirmação dos poderes e a data de um determinado ato. Ou, por exemplo, um qualquer agente por conta do comerciante mude de posto de trabalho. Nestes casos surge a questão de saber se o agente tem, ou não, poderes. O mais normal é que o terceiro confie que a pessoa com quem sempre tratou, que está à frente desse negócio de modo estável e público, mantenha os necessários poderes. É muito pouco provável que alguém confirme os poderes ato a

---

não chegar a identificar a preposição, fazendo referência ao regime dos gerentes de comércio, caixeiros e agentes. Não se trata, como muito bem aponta o Autor, de uma qualquer confiança específica de um terceiro, ou causada especificamente pelo comerciante. Não se trata, pois, de um problema de proteção da confiança do terceiro, mas de um problema de confiança do Mercado. No sentido de se tratar de um problema de confiança do terceiro, Ascensão, José de Oliveira e Frada, Manuel Carneiro, *Contrato Celebrado por Agente de Pessoa Colectiva. Representação, Responsabilidade e Enriquecimento sem Causa*, in Revista de Direito e Economia, XVI a XIX (1990 a 1993), págs. 43 a 77, Centro Interdisciplinar de Estudos Jurídico-Económicos, Coimbra, pág. 52.

ato. Esta solução apenas sucederá normalmente nos negócios pontuais (não integrados numa relação comercial) fora do comércio de massa. Ou, pela natureza das coisas, nos negócios que são celebrados através de documento autêntico ou autenticado. Em suma, o problema da confiança depositada na pessoa que surge pública e estavelmente à frente do negócio de um comerciante é mais frequente no mundo do comércio de massa, mas também pode ocorrer no mundo dos negócios, ou seja, do comércio não de massa.

Um dos casos em que esta confiança é mais patente é na preposição.

Não há comércio sem que as pessoas confiem que quem surge de modo estável e público à frente de um negócio tem os necessários poderes. As pessoas confiam e têm necessariamente de confiar que a pessoa que está colocada à frente de um determinado comércio ou negócio tem os necessários poderes para vincular esse comércio ou negócio.

Este nível de confiança que é inerente ao comércio, permitia aos comerciantes romanos com menos escrúpulos eximirem-se às responsabilidades, usando os servos e filhos como prepostos para exercerem o comércio.

A diferença fundamental que a *actio exercitoria* e a *actio institoria* trouxeram para o Direito Romano constituiu em vincular o comerciante pela atuação do preposto e em considerar como preposto as pessoas que fossem colocadas à frente do comércio de outrem. Ou seja, tendo o comerciante colocado um preposto à frente do seu negócio, passava a ficar vinculado pelas atuações deste. Esta vinculação não era negocial, mas legal ou, melhor, pretoriana.

O sistema atual é fundamentalmente o mesmo. Num primeiro momento lógico, uma pessoa coloca outra à frente do seu negócio de modo estável e público, ou seja, institui um preposto. Num segundo momento lógico, as consequências práticas dessa mesma preposição desencadeiam um conjunto de efeitos jurídicos de fonte legal. Como tal, existem dois elementos fundamentais.

Em primeiro lugar temos a preposição, enquanto negócio jurídico através do qual uma pessoa coloca outrem à frente de uma sua atividade de modo estável e público. Este negócio provoca os efeitos que as partes acordarem, de acordo com a autonomia das partes.

Em segundo lugar, com base na colocação dessa pessoa como preposto, entra em ação um regime legal que opera automaticamente nestes casos, e do qual resulta um conjunto de regras com enorme impacto, quer nas relações internas, como nas relações externas: o *status* de preposto.

Contudo, a sequência lógico-jurídica não segue a mesma ordem, pois tendencialmente dispensa a parte negocial, só atendendo em regra ao *status*

A PREPOSIÇÃO

de preposto e ao respetivo regime jurídico. Mesmo quando toma em consideração a parte negocial, só o faz através do *status* de preposto, e de acordo com o que o regime aplicável a este *status* permite ou exige. Assim, é o *status* de preposto que tem preponderância jurídica sobre o contrato de preposição, sem prejuízo de este ser também relevante quando o *status* o permite.

A razão de ser do atual sistema é, também, o mesmo que vigorava em Roma. Salvaguardar a confiança que as pessoas depositam na atuação de outras que, de um modo público e estável, estavam colocadas à frente do negócio de outrem. Não da confiança concreta, que podia gerar expetativas pessoais,[36] mas de uma confiança genérica, inconsciente e coletiva. De tal modo que o verdadeiro dono do negócio não se pudesse eximir a responsabilidades e vinculações com fundamentos formais, aproveitando-se ilicitamente da confiança criada pela preposição.[37] O *status* é aplicável quer as partes queiram ou não, e independentemente de terem consciência do mesmo. Se é preposto, aplica-se o *status* de preposto.

II. Em Roma, e durante vários séculos, o problema dos prepostos colocava-se entre pessoas singulares. O comerciante romano invocava que os atos praticados pelo seu filho ou servo apenas vinculavam este ou, quando muito, o *peculium*, nunca vinculando o próprio comerciante. De um ponto de vista atual, o que os comerciantes romanos invocavam era uma exceção de personalidade jurídica ou, pelo menos, de autonomia patrimonial. Os filhos e servos não podiam vincular a pessoa do comerciante (e também não se podiam vincular a si próprios). Mesmo nos casos em que o comerciante autonomizava uma parte do seu património (o *peculium*) para ser gerido pelos seus filhos ou servos, a responsabilidade podia ficar limitada a este património, de um modo muito semelhante ao que sucede atualmente com

---

[36] Expetativas subjetivas estas que, por si, poderiam ser suficientes para gerar tutela positiva – FRADA, MANUEL A. CARNEIRO DA, *Teoria da Confiança e Responsabilidade Civil*, Almedina, Coimbra, 2004, pág. 48.

[37] Também FRADA, MANUEL A. CARNEIRO DA, *Teoria da Confiança e Responsabilidade Civil*, Almedina, Coimbra, 2004, pág. 42, defende que a tutela da aparência *"pode bem consistir na adstrição de alguém a corresponder à situação de confiança de outrem, conformando a sua conduta por forma a realizar ou a não defraudar as expectativas alheias"*. O Autor escrevendo fundamentalmente no âmbito do Direito Civil, explora principalmente a opção da tutela pela responsabilidade civil. Não deixa, contudo, de expor o sistema de tutela da aparência através da vinculação, a págs. 44 a 60.

a autonomização que resulta da constituição de uma pessoa coletiva. A solução do Pretor consistiu, em suma, em vincular o comerciante pelos negócios celebrados pelo preposto, desconsiderando a autonomia que resultava de argumentos formais de *ius civile*.

Atualmente o problema é o mesmo, mas multiplicado por dois.

Um primeiro problema com os prepostos que são pessoas singulares; um segundo problema com os prepostos que são pessoas coletivas. Um comerciante – singular ou coletivo – pode colocar como preposto uma pessoa singular. Pode também, contudo, colocar como preposto uma pessoa coletiva, por exemplo, uma sociedade comercial. Em qualquer caso, o comerciante poderia invocar as mesmas exceções invocadas pelos comerciantes romanos no Séc. II a.C.: exceção de personalidade jurídica (comerciante e preposto são duas pessoas diferentes) e exceção de autonomia patrimonial (os patrimónios do comerciante e do preposto são autónomos entre si).[38]

No entanto, nos casos em que estas pessoas sejam prepostos, a lei impõe regimes que alteram as regras gerais em matéria de autonomia e heteronomia privada e pública. São vários os regimes legais aplicáveis a prepostos, sendo que o principal é o do denominado "gerente de comércio". Para bem compreender a preposição é necessário compreender o negócio de preposição, o lado externo e interno do regime legal e, ainda, os casos mais típicos de preposição, analisando também alguns regimes legais especiais de preposição.

Por esta razão, a análise da preposição irá ser realizada em vários passos. Uma análise histórica da preposição; uma análise do lado externo e interno da preposição com base no regime do gerente de comércio; uma análise de casos típicos de preposição; uma análise de alguns exemplos de preposição; por último, uma análise sobre a lei aplicável aos casos internacionais de preposição.

ii. A preposição e o Direito Comercial

I. A preposição é fundamental no Direito Comercial, e não é viável o Direito Comercial sem a preposição pois a quase totalidade do Comércio é realizada através de prepostos.

---

[38] Assim sucede no caso em análise em ASCENSÃO, JOSÉ DE OLIVEIRA E FRADA, MANUEL CARNEIRO, *Contrato Celebrado por Agente de Pessoa Colectiva. Representação, Responsabilidade e Enriquecimento sem Causa*, in Revista de Direito e Economia, XVI a XIX (1990 a 1993), págs. 43 a 77, Centro Interdisciplinar de Estudos Jurídico-Económicos, Coimbra.

Por um lado, não é possível exercer um comércio de alguma dimensão sem contratar prepostos e, logo, sem celebrar contratos de preposição ou que instituam prepostos. Por outro lado, não é possível manter o Comércio a operar cabalmente sem que seja possível confiar nos poderes de representação das pessoas que surjam na posição típica de prepostos. Assim, tanto os regimes jurídicos do contrato de preposição como do *status* de preposição são essenciais ao Comércio. A preposição ocupa, por estas razões, um importante lugar no Direito Comercial. Dito de outro modo, no Direito Comercial o contrato de preposição é um tipo social de grande relevância, como é também de grande relevância o *status* de preposto. São regimes jurídicos típicos do Direito Comercial e que desempenham neste Ramo de Direito funções marcantes.

Sem o contrato de preposição, o Comércio seria exercido pessoalmente pelo próprio comerciante, que apenas recorreria a terceiros para a prática de atos limitados. Este sistema retiraria celeridade ao Comércio, afetando uma das caraterísticas específicas do Direito Comercial: a promoção da celeridade negocial. Tempo é dinheiro, e o dinheiro é a base do Direito Comercial. Sem a preposição o Direito Comercial tornar-se-ia pesado, lento, caro e, acima de tudo, menos Direito Comercial e mais Direito Civil.

O contrato de preposição é, pois, uma marca do Direito Comercial.

Sem o *status* de preposto, o Comércio seria incerto, inseguro, perigoso. A confiança soçobraria, e apenas os muito diligentes ficariam protegidos. O Comércio como uma atividade corrente e normal na Sociedade, passaria a ser uma atividade não recomendável, na qual as pessoas se teriam de rodear de cautelas extremas ou, então, correriam um enorme risco de perderem muito, ou mesmo tudo. O *status* de preposto protege a confiança, ao vincular o comerciante pelos atos do preposto, independentemente da relação subjacente. Não interessa se o "preposto" é mesmo um preposto face ao contrato que celebrou com o "preponente", o que interessa é se este ocupa uma posição socialmente típica de preposto. Este regime geral tutela todos os que integram o mercado, quer sejam comerciantes, consumidores ou outros, e que contratem com quem surge pública e estavelmente à frente de um comércio. Torna-se, assim, desnecessário confirmar quem é a pessoa com quem se contrata, que poderes tem, quem representa, quem vincula e quando. Se é preposto, vincula. Este regime é também uma marca do Direito Comercial, pois opera com base na confiança e não na vontade. É fundamentalmente a confiança que é protegida pelo Direito Comercial e não a vontade, pois só existe Comércio se existir Mercado e sem confiança não há Mercado.

O *status* da preposição é, pois, uma marca do Direito Comercial.

II. Mas a importância da preposição vai muito além do referido. A preposição é o sistema fundamental de representação no Comércio, pois é o principal e mais frequente sistema de representação no Comércio. A preposição ocupa no Direito Comercial a posição que a procuração ocupa no Direito Civil. A preposição é o regime típico da representação no Direito Comercial, o que ocorre por via do art. 3.º do Código Comercial:

Se as questões sobre direitos e obrigações comerciais não podérem ser resolvidas, nem pelo texto da lei comercial, nem pelo seu espirito, nem pelos casos analogos n'ella prevenidos, serão decididas pelo direito civil.

Assim, os regimes da preposição aplicam-se:

– Quando correspondem a um caso específico de preposto, com previsão legal;
– Na falta de previsão legal, nos casos em que uma pessoa seja preposto;
– Nos demais casos, mesmo que se não se esteja perante um "verdadeiro" preposto, mas perante um caso análogo, no qual uma pessoa surja publicamente colocada numa posição social típica de representante de um comerciante, mesmo que sem estabilidade; casos de representação aparente jus-comercial.

Só quando não se trate de um caso de preposto previsto na lei, nem de um outro caso de preposto sem previsão na lei, nem mesmo de um caso que não é preposto, mas que seja análogo, é que se recorre – e só então – ao regime da representação do Direito Civil, que trabalha sobre a procuração, mas, mesmo assim, com as necessárias adaptações que são determinadas pela influência dos regimes comerciais de preposição. Note-se que os regimes de representação da preposição e da procuração são fundamentalmente diferentes, pelo que este sistema tem importantes consequências. Nomeadamente, quando se aplica o regime civil da procuração em matéria comercial, as "devidas adaptações" são recolhidas junto do regime da preposição. Ou seja, aplica-se o regime do Código Civil, mas adaptado com base no regime da preposição comercial. Não por uma qualquer razão dogmática ou teórica, mas porque a generalidade das soluções do Código Civil são incompatíveis com o Comércio se não forem, pelo menos, adaptadas de acordo com os princípios do Direito Comercial. Assim, mesmo nos casos em que se recorre

A PREPOSIÇÃO

ao regime civil da procuração, este pode carecer de ser "devidamente adaptado" de acordo com os regimes equivalentes de Direito Comercial, que são o mandato comercial e a preposição.

A preposição, incluindo o contrato de preposição e o *status* de preposto, constituem o regime supletivo de Direito Comercial para as questões de representação numa atividade comercial, no que respeita a prepostos e casos análogos a prepostos. Só fora dos prepostos (e mandatários comerciais) e casos análogos a prepostos é que poderá vigorar a teoria da representação voluntária, de Direito Civil, que tem como caso paradigmático a procuração civil.[39]

O regime de representação da preposição é, pois, uma marca do Direito Comercial.[40]

---

[39] Sobre a teoria da representação em Direito Civil, por todos, ALBUQUERQUE, PEDRO DE, *A Representação Voluntária em Direito Civil*, Almedina, Coimbra, 2004, *passim*.

[40] Segundo SANTOS, FILIPE CASSIANO, *Direito Comercial Português*, Vol. I, Coimbra Editora, Coimbra, 2007, págs. 170 a 175, em especial nesta última página, e apesar de não identificar a preposição, mas apencas casos concretos de preposição (gerente de comércio, caixeiros e agentes), considera que desta figura decorre um "*princípio geral do direito comercial que decorre e se funda mais genericamente na tutela da segurança, da previsibilidade e da confiança, princípio esse segundo o qual, no comércio (em sentido jurídico) profissional, a aparência criada genérica ou especificadamente pelo comerciante (empresário) no quadro da sua atividade (da qual tira benefícios, naturalmente) produz consequências jurídicas que a lei associaria à existência (efectiva) de uma realidade conforme com essa aparência. Esta imputação pode consistir na eficácia de negócios ou actos jurídicos, mas pode analisar-se, mais genericamente na imputação das consequências da situação jurídica aparente*".

II. O lado externo da preposição

O sistema de fontes da preposição é, de certo modo, atípico. Normalmente os tipos negociais legais são tipos supletivos, com poucas disposições injuntivas. Assim, nestes casos, as disposições legais são geralmente meras positivações do tipo social, que por razão de praticabilidade são integrados na lei. Existem, é certo, disposições injuntivas integradas nos tipos contratuais legais, mas em regra não são significativas (embora possam ter importantes consequências). A preposição tem, contudo, uma origem diferente da generalidade dos contratos.

A preposição nasceu sem lei. Antes da *actio exercitoria* e da *actio institoria*, os comerciantes já recorriam a prepostos, que colocavam à frente do seu navio ou empresa comercial. Estes geriam o negócio em substituição do comerciante, aproveitando a este todos os benefícios económicos do negócio. Sucedia, no entanto, que os comerciantes (preponentes) apenas aproveitavam os benefícios, sem aproveitar os incómodos. Não vigorava ainda o princípio *ubi commoda ibi incommoda*,[41] nem era admitida a representação, o que permitia aos comerciantes recolher os frutos do negócio, sem incorrer em qualquer vinculação desfavorável ou responsabilidade. As razões de ser deste sistema prendiam-se com as limitações que existiam no *ius civile* à vinculação por terceiros.

---

[41] D.50,17,10 – *Paulus libro tertio ad Sabinum* – *Secundum naturam est commoda cuiusque rei eum sequi, quem sequentur incommoda* (É da natureza que aquele que goze os benefícios [comodidades] de algo, pague os inerentes custos [incomodidades]). Sendo a autoria atribuída a Paulus (Julius Paulus Prudentissimus), que viveu nos Séc. II e III, mas sendo os seus escritos fundamentalmente do início do Séc. III, a regra *ubi commoda ibi incommoda* será posterior à *actio institoria* em cerca de 400 anos, como se verá *infra*.

A PREPOSIÇÃO

A intervenção do Pretor – que atualmente resulta da lei – foi principalmente no sentido de fazer incidir sobre o comerciante o lado passivo do negócio, vinculando-o aos atos praticados pelo preposto. Assim, ele deixava de se limitar a beneficiar das *comodidades*, passando a recolher também as *incomodidades*.[42] Ou seja, a atuação do preposto passava a vincular na íntegra o comerciante, o que na altura (Séc. II a.C.) sucedia em regime de solidariedade, ficando ambos sujeitos à *actio*.

Também atualmente a intervenção do legislador constitui uma realidade inultrapassável. São vários os regimes legais de preposto, cada um com as suas especialidades. Contudo, estes regimes legais podem ser divididos em dois: os tipos legais contratuais e os estatutos. No primeiro caso, a Lei regula um contrato, sendo o regime legal de preposição uma parte do tipo desse contrato. No segundo caso, a Lei cria um *status* aplicável a quem se encontre em determinada posição socialmente típica.

Estes regimes são necessariamente aplicáveis aos tipos negociais ou estatutários de referência. Assim, ao ser celebrado um determinado contrato que integra uma preposição é-lhe necessariamente aplicável o respetivo regime jurídico como elemento legalmente necessário do tipo. O mesmo ocorre quando alguém ocupa a posição socialmente típica que desencadeia a aplicação de um determinado *status*. Pode também ocorrer que contrato e *status* se verifiquem em simultâneo, desencadeando ambos os regimes jurídicos, cada um no seu âmbito de aplicação.

A preposição nasceu como um negócio com inaceitáveis perigos para o Comércio, mas que simultaneamente era essencial por tudo aquilo que, de positivo, trazia para o Comércio. O contrato de preposição foi nascendo da prática comercial, como modelo de autorregulação, constituindo fundamentalmente um tipo social, que ainda hoje é conhecido da generalidade dos comerciantes, mesmo que de modo intuitivo e inconsciente. Por seu lado, o regime legal (ou pretoriano) da preposição nasceu como modo de evitar os perigos das preposições, tornando-as compatíveis com a vida em sociedade. Muito embora na altura – em Roma – não fosse tido como um *status*, tem efetivamente essa natureza.

Assim, como regra, sempre que se está perante uma preposição, opera um regime jurídico contratual e um regime estatutário. Sucede, no entanto,

---

[42] ALBUQUERQUE, PEDRO DE, *A Representação Voluntária em Direito Civil*, Almedina, Coimbra, 2004, págs. 141 e 142.

que atualmente existem regimes legais contratuais não estutários, o que dificulta a distinção entre os casos de regimes legais que integram tipos legais de contratos e os que integram *status*. De qualquer modo, o regime mais importante e relevante de preposição é o estatutário, e este é especialmente dirigido à chamada relação externa, que ocorre entre o preposto e o terceiro. É neste campo que a posição social típica de preposto ganha todos os contornos que a distinguem de tudo o mais, e que fazem desta figura uma das mais importantes do Comércio. Assim, em matéria de preposição é pela relação externa que se deve começar a análise e, acima de tudo, é pelo regime aplicável à relação externa e que integra o *status* de preposto que este estudo deve ser começado.

O caso mais importante de *status* de preposto encontra-se atualmente regulado nos arts. 248.º e seguintes do Código Comercial (*Dos gerentes, auxiliares e caixeiros*), pelo que o lado externo da preposição deve ser estudado com base neste regime.

1. O caso típico: o gerente de comércio

I. Em Portugal, o regime da preposição surge logo no Código Comercial de 1833, como regime completo de fonte nacional. Até essa data, os problemas que resultavam da preposição eram resolvidos fundamentalmente com recurso à *actio institoria* romana. Assim, a *actio institoria* vigorou em Portugal, desde a fundação do Reino até 1833. A partir do Código Comercial de 1833 passou a ser regulada por este diploma, tendo sido então substituído o regime em 1888 pelo novo Código Comercial. Desde essa data, a preposição é regulada a título principal pelo Código Comercial de 1888, sem prejuízo dos outros regimes especiais de preposição. Por esta razão, para bem se compreender o atual regime português do gerente de comércio é necessário acompanhar a sua evolução desde Roma, e através do Código Comercial de 1833, até se atingir o Código Comercial de 1888.

II. O regime do gerente de comércio, auxiliares e caixeiros dos arts. 248.º e seguintes do Código Comercial é o herdeiro atual da *actio institoria*, de tal modo que é possível encontrar nesta *actio* muitas das soluções que atualmente constam no Código Comercial, algumas quase sem modificações ao longo de mais de dois mil anos.

Da simples leitura do Digesto retira-se facilmente que alguns dos casos regulados são gerentes de comércio, outros auxiliares e outros caixeiros. A fundamental diferença – para além das diferenças de sistema legal e do

A PREPOSIÇÃO

sistema romano de organização social – consistem na unificação da figura em Roma. No caso fundamental – a *actio institoria* – havia apenas um *nomen* para o preposto – *institor* – enquanto atualmente no caso fundamental o preposto surge já dividido em três casos típicos, cada um com o seu *nomen*. No entanto, os problemas abrangidos e as soluções impostas são muito próximas, quando não são as mesmas, aplicando-se o regime do gerente de comércio aos demais casos como regime subsidiário.

Apesar da grande importância que o Direito Romano tem em matéria de preposição, este opera apenas como uma influência longínqua. É útil para compreender o problema e a solução que resulta da preposição, mas não é possível aplicar o Direito Romano diretamente. Por outro lado, o atual regime do Código Comercial não é diretamente influenciado pela *actio institoria* romana, mas apenas é indiretamente, sendo relevante enquanto influência indireta, mas apenas enquanto tal.

Dos três casos – gerente de comércio, auxiliares e caixeiros – o caso mais típico é o do gerente de comércio. É este que face ao Código Comercial contém o regime jurídico de base, sendo os dois outros regimes regulados por referência ao regime do gerente de comércio. Não quer isto dizer que o gerente de comércio é o caso socialmente mais frequente, mas antes que foi o caso usado pelo legislador como o tipo de referência do *status* de preposto. Como é natural, existem mais caixeiros e outros auxiliares do que gerentes de comércio. Mas a estrutura que resulta dos artigos 248.º e seguintes do Código Comercial opera sobre o gerente de comércio como tipo de referência.

Assim, o regime supletivo em matéria de preposto é o gerente de comércio, figura esta que deve ser entendida nesse sentido. O gerente de comércio é o caso paradigmático do preposto, pelo que o regime do preposto deve ser estudado com base no gerente de comércio. Será este regime que, então, será aplicável a todos os demais prepostos, com as necessárias adaptações, e com respeito pelas disposições especiais que possam eventualmente vigorar.

Contudo, todos os regimes especiais devem ser integrados dentro do sistema do gerente de comércio. É este regime que traduz mais fielmente o espírito do Direito Comercial em matéria de prepostos, que constitui o resultado da evolução da *actio institoria*, e que resolve o problema dos prepostos, com o qual as analogias são aferidas para efeito do art. 3.º do Código Comercial.

Nas palavras de Jesus Rubio:[43]

toda obra que de un modo u outro afecte a la realidade del Derecho Mercantil en su conjunto, será un libro de Historia del Derecho. Porque esa rama de la preceptiva general civil no es sino un produto histórico y sólo por este método poderá entenderse cómo y por qué constituyen su objecto estas o las otras relaciones sociales.

É, pois, com base na evolução histórica da solução que decorreu da *actio institoria* e que chegou aos dias de hoje fundamentalmente no regime legal do gerente de comércio, que se elabora este estudo.

2. O *institor* em Roma

A. O comércio em Roma (de 264 a.C. a *circa* 137 a.C.)

I. A história da *praepositio* começa com o fim das Guerras Púnicas, em 146 a.C., mas as suas causas vêm de antes.

Antes das Guerra Púnicas, Roma era uma potência terrestre, limitada a parte da península itálica. O mediterrâneo era dominado por Cartago na zona ocidental, sendo cartaginense a generalidade do comércio marítimo nessa área. Na zona oriental, havia vários séculos que o comércio marítimo era dominado por gregos, sírios e egípcios. Entre estes, predominava Rodes, como a grande potência marítimo-comercial do mediterrâneo oriental. Era também de Rodes uma parte substancial do Direito aplicável no comércio marítimo, em particular a *Lex Rhodia*.

Com a primeira e a segunda Guerras Púnicas (264 a 242 a.C. e 218 a 202 a.C.), Roma surgiu como uma potência marítima.[44]

Aproximando-se o final da primeira Guerra Púnica, em 242 a.C., com a expansão de Roma e o aumento das relações com outros povos, foi necessário criar um novo Pretor, o *Praetor peregrinus*, com o fim de criar um Direito aplicável às relações entre estrangeiros e entre romanos e estrangeiros.[45]

---

[43] RUBIO, JESUS, *Sainz de Andino y la Codificacion Mercantil*, Consejo Superior de Investigaciones Cientificas, Madrid, 1950, págs. 18 e 19.

[44] Ficando a dominar, *inter alia*, a Sicília, exceto um pequeno reino na antiga cidade grega de Siracusa COWELL, FRANK RICHARD, *Cícero e a República Romana*, tradução de Maria Helena Albarran de Carvalho, Editora Ulisseia, Lisboa, 1968(?), pág. 55.

[45] JUSTO, SANTOS, *Direito Privado Romano*, Vol. I, Coimbra Editora, Coimbra, 2000, págs. 34 e 35 e JOHNSON, ALLAN CHESTER E COLEMAN-NORTON, PAUL ROBINSON, *Ancient Roman Stat-*

A PREPOSIÇÃO

A criação do *Praetor peregrinus* foi um claro sinal da expansão de Roma, do aumento das relações com outros povos e, acima de tudo, da vontade de reservar o "seu" Direito apenas aos cidadãos romanos. A criação do *Praetor peregrinus* terá, no entanto, sido certamente também influenciada pelo comércio estrangeiro, pela necessidade de proteger juridicamente os comerciantes estrangeiros nas transações, garantindo alguma segurança jurídica a estes. A falta de proteção jurídica dos comerciantes estrangeiros, que era a regra,[46] não podia subsistir sob pena de dificultar o, cada vez mais necessário, Comércio.

Aproveitando a paz com Cartago, mas mantendo as suas pretensões de expansão marítima, em 238 a.C. Roma aproveitou-se de uma rebelião na Sardenha, então pertença de Cartago, para enviar um exército destinado a apoiar os rebeldes. Em consequência, em 227 a.C., a Sardenha passou a ser a segunda província romana, após a Sicília,[47] tendo Roma recebido ainda a Córsega como parte do acordo de paz com Cartago.

Assim ia aumentando o mar romano.

O domínio destas ilhas e dos mares adjacentes por Roma, contribuíram para o surgimento do comércio marítimo interno romano, em particular da Sardenha, grande produtora de cereais. O comércio marítimo romano ia aumentando e prometendo riquezas.

Em 218 a.C. foi aprovada a *Lex Claudia de navibus*,[48] que afastou toda a classe dos Senadores do exercício do comércio marítimo, proibindo-os ainda, e aos seus filhos, de serem proprietários de navios de mais de 300 ânforas. Entendia-se que os Senadores não deviam lucrar com o comércio, pelo que apenas poderiam ser proprietários dos navios estritamente necessários para transportar os cereais obtidos nas suas propriedades agrícolas.[49]

---

utes, The Lawbook Exchange, New Jersey, 2003, pág. 270.

[46] GRIMAL, PIERRE, *La Civilization Romaine*, Arthaud, 1960, pág. 121.

[47] GRIMAL, PIERRE, *La Civilization Romaine*, Arthaud, 1960, pág. 357 e KOCH, JULIUS, *Historia de Roma*, tradução de José Camón Aznar, 2.ª ed., Editorial Labor, Barcelona, 1942, págs. 60 e 61.

[48] Por influência do Tribuno da Plebe, Quintus Claudius, sendo Cônsules Públio Cornélio Cipião e Tibério Semprónio Longo.

[49] A opinião negativa de Aristóteles sobre a especulação mercantil na sua Política (350 a.C.) era muito forte e influente, sendo o comércio uma atividade malvista para as classes mais elevadas. ARISTÓTELES, *Política*, Livro I, *in* Aristotle's Ethics and Politics, Vol. II, 3.ª ed., T. Candel and W. Davies, The Strand, 1813, págs. 42 a 52.

Embora nem todos os Senadores tenham respeitado esta lei, a mesma levou a generalidade dos Senadores a dirigir toda a sua atividade para a produção agrícola.

A classe mais poderosa do Reino praticamente abandonava o comércio marítimo, o que abriu espaço para a atividade comercial aos *equites*,[50] cavaleiros que, não sendo Senadores, não estavam abrangidos pela *Lex Claudia de navibus* e que assim beneficiaram do afastamento dos Senadores desta atividade e da diminuição de concorrência.

No mesmo ano de 218 a.C., iniciou-se a segunda Guerra Púnica, que durou até 202 a.C. e que terá dificultado ainda mais a estabilização e crescimento do comércio marítimo. Em paralelo, e como consequência das alianças formadas durante a segunda Guerra Púnica, ocorreram as Guerras Macedónias, entre Roma e vários reinos Macedónios, entre 215 e 205 a.C.,[51] 200 e 196 a.C.,[52] 192 e 188 a.C.,[53] 172 e 168 a.C.[54] e, por último, entre 150 e 148 a.C.[55] Durante este período, a guerra espalhou-se por quase todo o Mediterrâneo, o que terá aumentado gravemente o, já alto, risco da atividade comercial marítima.

A segunda Guerra Púnica veio a terminar em 202 a.C., tendo Roma um nível de domínio marítimo que nunca tinha tido.[56] Assim, com o fim da segunda Guerra Púnica, e apesar das Guerras Macedónias e outros conflitos, em 200 a.C. começou a nascer o grande comércio em Roma,[57] de tal modo que em 193 a.C. foi necessário construir um novo e maior porto comercial em Roma, o *Emporium*.[58]

---

[50] MOMMSEN, THEODOR, *The History of Rome*, Meridian Books, 1958, págs. 66 a 69.

[51] Contra Filipe da Macedónia – GRIMAL, PIERRE, *La Civilization Romaine*, Arthaud, 1960, pág. 358.

[52] GRIMAL, PIERRE, *La Civilization Romaine*, Arthaud, 1960, pág. 360.

[53] Contra Antiochus III, Rei da Síria – GRIMAL, PIERRE, *La Civilization Romaine*, Arthaud, 1960, pág. 360.

[54] Contra Perseu da Macedónia – GRIMAL, PIERRE, *La Civilization Romaine*, Arthaud, 1960, pág. 362.

[55] GRIMAL, PIERRE, *La Civilization Romaine*, Arthaud, 1960, págs. 54, 55 e 58 e KOCH, JULIUS, *Historia de Roma*, tradução de José Camón Aznar, 2.ª ed., Editorial Labor, Barcelona, 1942, pág. 93.

[56] Ficando a dominar Cartago, todas as ilhas mediterrâneas cartaginenses e ainda os territórios ibéricos.

[57] GRIMAL, PIERRE, *La Civilization Romaine*, Arthaud, 1960, pág. 360.

[58] GRIMAL, PIERRE, *La Civilization Romaine*, Arthaud, 1960, pág. 361.

A PREPOSIÇÃO

Roma tinha-se tornado uma potência marítima, dominando um vasto território no Mediterrâneo.

Em razão da *Lex Claudia de navibus* este comércio foi fundamentalmente exercido pelos *equites*. Por sua vez, as classes mais abastadas aproveitaram a crise que grassava nos campos agrícolas, em virtude da sangria de pessoas provocada pelas guerras (em especial, pela segunda Guerra Púnica) para adquirirem ou tomarem todos os terrenos possíveis, criando grandes latifúndios,[59] que eram, em grande parte, arrendados, gerando grandes acumulações de capital nas mãos de poucos.

Terá aliás sido este modelo de negócio que levou os Senadores a não impedirem a aprovação da *Lex Claudia de navibus*, em 218 a.C.[60] A existência de uma classe burguesa – os *equites* – associada à acumulação de grandes capitais nas mãos de poucos – Senadores e alguns *equites* – criava um ambiente propício para o comércio marítimo, que exigia grandes investimentos de capital. Assim, os Senadores podiam financiar a atividade comercial marítima dos *equites*, sem que pudessem ser acusados de violarem a *Lex Claudia de navibus*.

II. Apesar de Cartago ter perdido uma parte substancial dos seus territórios, continuava a ser a grande potência comercial da zona, o que causava enorme inveja (e concorrência) aos comerciantes romanos.[61]

Com o apoio do Senado, em especial de Cato, o Sensor, Roma provocou então a terceira Guerra Púnica, que teve início em 149 a.C. e terminou em 146 a.C. com a destruição de Cartago e a tomada de todos os seus territórios.

Roma tornava-se quase monopolista no comércio marítimo no Mediterrâneo ocidental.

Na parte oriental, as vitórias nas Guerras Macedónias abriam o caminho para o comércio marítimo, de tal modo que a única verdadeira concorrente era, ainda, Rodes. Esta era aliada de Roma,[62] razão pela qual o ataque a Rodes foi totalmente diferente do efetuado a Cartago.

---

[59] COWELL, FRANK RICHARD, *Cícero e a República Romana*, tradução de Maria Helena Albarran de Carvalho, Editora Ulisseia, Lisboa, 1968(?), págs. 89 e 90.

[60] COWELL, FRANK RICHARD, *Cícero e a República Romana*, tradução de Maria Helena Albarran de Carvalho, Editora Ulisseia, Lisboa, 1968(?), págs. 90 e 91.

[61] KOCH, JULIUS, *Historia de Roma*, tradução de José Camón Aznar, 2.ª ed., Editorial Labor, Barcelona, 1942, págs. 91 e 92.

[62] COWELL, FRANK RICHARD, *Cícero e a República Romana*, tradução de Maria Helena Albarran de Carvalho, Editora Ulisseia, Lisboa, 1968(?), pág. 55.

Rodes não era uma potência militar, mas sim comercial. Apesar da aliança, Roma instalou em 166 a.C., na ilha de Delos, um porto franco (um paraíso fiscal), que concorreu diretamente com Rodes.

Não se sabe se se tratou de um ataque comercial deliberado, podendo ter sido antes uma manobra de expansão comercial. No entanto, o resultado da concorrência fiscal de Delos foi devastador para Rodes, que foi ultrapassada comercialmente por Roma,[63] pois o comércio marítimo do oriente passou a usar Delos como porto comercial, em detrimento de Rodes.[64]

O domínio marítimo romano e, com ele, o comércio marítimo romano em grande escala crescia e estabilizava-se. Embora o principal produto fossem os cereais, necessários para abastecer Roma, existia também um importante comércio de produtos de luxo, nomeadamente, escravos.[65]

Os grandes comerciantes e banqueiros (*negociatores*), provenientes da classe dos *equites*, a par dos pequenos comerciantes (*mercatores*), em regra plebeus, aproveitavam para exercer o comércio com estes bens, e com bens produzidos na península itálica, ou importados por terra.

No entanto, apesar de os comerciantes romanos armarem (equiparem) navios e financiarem as expedições comerciais, as tripulações eram em regra de outras nacionalidades, nomeadamente, gregos ou sírios.[66]

O comércio marítimo, era extremamente arriscado, sendo normalmente exercido por um conjunto de pequenos comerciantes, que ganhavam o seu lucro navegando de porto em porto, procurando carga pertença de comerciantes que a quisessem levar a outros portos, ou comprando carga a esses comerciantes, muitas vezes recorrendo ao financiamento dos *negociatores*.[67]

---

[63] GRIMAL, PIERRE, *La Civilization Romaine*, Arthaud, 1960, pág. 58.

[64] Em especial no que respeita ao comércio de escravos, que chegava a atingir dez mil por dia – GRAES, ISABEL, *Estatuto Jurídico dos Escravos em Roma*, in Estudos em Honra de Ruy de Albuquerque, Vol. I, Almedina, Coimbra, 2006, págs.533 a 620, em especial pág. 545.

[65] Destinados não só ao trabalho, mas também (e muito) à ostentação de riqueza – GRAES, ISABEL, *Estatuto Jurídico dos Escravos em Roma*, in Estudos em Honra de Ruy de Albuquerque, Vol. I, Almedina, Coimbra, 2006, págs.533 a 620, em especial págs. 544 a 546.

[66] COWELL, FRANK RICHARD, *Cícero e a República Romana*, tradução de Maria Helena Albarran de Carvalho, Editora Ulisseia, Lisboa, 1968(?), pág. 157.

[67] COWELL, FRANK RICHARD, *Cícero e a República Romana*, tradução de Maria Helena Albarran de Carvalho, Editora Ulisseia, Lisboa, 1968(?), págs. 158 e 159.

A PREPOSIÇÃO

Este risco afastava os comerciantes romanos do transporte marítimo, que era deixado para os estrangeiros. Eram estes que corriam os riscos de vida e bens, que resultavam da pouca ciência de navegação, das condições marítimas e, em especial desde a queda de Rodes, da fortíssima atividade de pirataria.[68]

Outra parte do comércio marítimo seria efetuada pelas pequenas embarcações dos Senadores romanos, que transportariam cereais e outros produtos agrícolas dos seus latifúndios para os mercados, sendo que neste caso, seriam provavelmente tripuladas por pessoas do seu agregado e capitaneadas por servos ou filhos.

Em simultâneo, foi-se reconhecendo que o Direito era demasiado rígido, sendo necessário proceder a inovações jurídicas, o que foi sucedendo com a evolução do processo civil das *legis actiones* e correspondente surgimento – em paralelo – do processo *per formulas*.[69]

Este sistema destinado a adaptar o rígido sistema das *legis actiones* às novas condições da sociedade romana, poderá mesmo ter sido profundamente influenciado pela existência de litígios entre romanos e estrangeiros, ou entre estrangeiros, tendo provavelmente sido instituído pelo *praetor peregrinus*.[70] As fórmulas então criadas, foram admitidas nos litígios entre romanos em 137 a.C.[71] pela *Lex Aebutia de formulis*.[72]

Assim, a partir de 137 a.C. passou a ser possível a criação de novas figuras jurídicas adaptadas à nova sociedade, quer para litígios entre romanos, entre romanos e estrangeiros, ou entre estrangeiros. No caso de litígios entre romanos, pela *Lex Aebutia de formulis* e nos demais litígios pelo *ius gentium*.

---

[68] As forças navais de Rodes procediam a um efetivo policiamento do Mediterrâneo, que durante algum tempo foi deixado vazio por Roma – COWELL, FRANK RICHARD, *Cícero e a República Romana*, tradução de Maria Helena Albarran de Carvalho, Editora Ulisseia, Lisboa, 1968(?), págs. 158 e 159.

[69] KASER, MAX, *Direito Privado Romano*, Fundação Calouste Gulbenkian, Lisboa, 1999, págs. 431 a 433.

[70] KASER, MAX, *Direito Privado Romano*, Fundação Calouste Gulbenkian, Lisboa, 1999, pág. 432.

[71] GRIMAL, PIERRE, *La Civilization Romaine*, Arthaud, 1960, pág. 364.

[72] KASER, MAX, *Direito Privado Romano*, Fundação Calouste Gulbenkian, Lisboa, 1999, pág. 433.

A economia do Comércio exigia uma tutela, que o Direito já estava em condições de conceder.[73]

Abriu-se, assim, a porta à preposição.

B. O problema em Roma

I. Em 137 a.C. a escala do comércio começava a ser incompatível com as antigas práticas e com o Direito Civil (*ius civile*).

O *ius civile* era apenas aplicável aos litígios entre romanos, sendo que o comércio marítimo envolvia frequentemente estrangeiros, quer como proprietários das embarcações, quer como tripulantes, quer como armadores, quer ainda como contrapartes em negócios relativos ao comércio marítimo. Nestes casos era aplicável o *ius gentium* e não o *ius civile*.

O *ius civile* criava uma situação muito complicada no comércio marítimo, pois não admitia a representação, sendo toda a atuação jurídica puramente pessoal. *Per extraneam personam nihil adquirit potest*[74] era o princípio vigente,[75] o que obrigava a que todos os contratos fossem celebrados pessoalmente entre os contraentes.

Este sistema era incompatível com esta nova configuração do comércio marítimo.

O problema ocorria porque só raramente o armador seguiria com o navio. O armador podia ter à sua disposição várias embarcações, não podendo – naturalmente – estar em todas. Mas, acima de tudo, não as acompanharia face ao elevado perigo inerente à navegação marítima.

Na ausência do armador, quem contactava (e contratava) com os terceiros era o mestre da embarcação. Não havia modo de fazer o contrato pes-

---

[73] No sentido desta exigência, JUSTO, SANTOS, *As Acções do Pretor (Actiones Praetoriae)*, separata do Vol. LXV (1989) do Boletim da Faculdade de Direito de Coimbra, Coimbra, 1989, pág. 32.

[74] ALBUQUERQUE, PEDRO DE, *A Representação Voluntária em Direito Civil*, Almedina, Coimbra, 2004, págs. 43 a 57 (em especial nota 18, no que respeita aos fragmentos que manifestam este princípio), MICELI, MARIA, *Studi sulla "Rappresentanza" nel Diritto Romano*, I Vol., Giuffrè, Milano, 2008, págs. 277 a 285 e RAMOS, JOSÉ ARIAS, *Representación y "praepositio"*, *in* Boletin de la Universidad de Santiago de Compostela, N 31, Ano X (1941), janeiro-março, pág. 5.

[75] CORDEIRO, ANTÓNIO MENEZES, *Tratado de Direito Civil*, Vol. V, 3.ª ed., Almedina, Coimbra, 2018, pág. 67.

A PREPOSIÇÃO

soalmente com o armador do navio, pois este não estava no navio, encontrando-se a uma distância que impedia a sua presença. Assim, na prática, era o mestre da embarcação (*magister navis*) que comprava e vendia as mercadorias, que obtinha os empréstimos necessários a essa atividade, que contratava os estivadores, os marinheiros, a palamenta (equipamento) e as reparações da embarcação. Era, no fundo, o mestre da embarcação que estava, não só à frente da embarcação, mas à frente da atividade comercial desenvolvida através desta. Ou seja, tratava da navegação e do comércio.

E, claro está, o *magister navis* era escolhido pelo armador, que o colocava à frente da embarcação, de modo público e estável. Assim, era a pessoa escolhida pelo armador (o *magister navis*) que, na prática conduzia o negócio.

II. O problema prático tinha a maior relevância, pois no *ius civile*, o *magister navis* não vinculava o armador.

Por um lado, os terceiros que contratassem com o *magister navis* não tinham ação contra o armador, que era quem teria capacidade económica para satisfazer qualquer pretensão (e era quem beneficiava com os lucros da embarcação). Por outro lado, o negócio que era conduzido naquela embarcação não pertencia ao dono da embarcação, mas sim ao armador. O armador conduzia o negócio através da embarcação e na embarcação, mas, mesmo nos casos em que a embarcação pertencia a outra pessoa, o negócio era sempre pertença do armador.

Este problema era ainda agravado pelo facto de, nos casos em que o armador era um comerciante romano, o *magister navis* seria frequentemente um servo ou filho, que não se podiam vincular a si próprios. Assim, nestes casos, o terceiro não tinha ação contra o *magister navis*, pois este era um servo ou filho, nem tinha ação contra o dono do negócio (o armador), porque o *ius civile* não o permitia, nem tinha ação contra o dono da embarcação, que nada tinha a ver com o negócio. Nestes casos os terceiros não tinham ação contra ninguém, ficando totalmente desprotegidos. Este sistema não favorecia o comércio marítimo romano.

Este não seria o sistema vigente no comércio marítimo "internacional", que ocorria entre estrangeiros e entre romanos e estrangeiros.

Nesta atividade não vigorava o *ius civile*, mas antes o *ius gentium*, que era composto pelos usos comuns às gentes, aos vários povos. Esta caraterística seria muito relevante no Direito Marítimo Internacional, que era em grande parte provavelmente regido pela *Lex Rhodia* e outras fontes de origem grega.[76] A importância do Direito Marítimo de Rodes foi tal que é, salvo erro, a única lei que consta no Digesto atribuída a outro Estado, que não Roma, sendo que, apesar de não se saber desde que data estas leis de Rodes seriam aceites em Roma, a sua existência era referida já por Cícero, em cerca de 88 a 81 a.C.[77]

Esta prática criava dois problemas. Por um lado, vigoravam dois sistemas jurídicos paralelos incompatíveis no mesmo ramo de atividade comercial. Por outro lado, criava efetivas dificuldades no comércio intra-romano (intra sistema).

No que respeita ao primeiro problema, é necessário tomar em consideração que, pela sua natureza, e ainda pela nova configuração dos territórios dominados por Roma, havia apenas um comércio marítimo, que englobava todas as embarcações, com as respetivas tripulações, armadores e proprietários. Não existiam duas atividades comerciais marítimas diversas, uma composta pelo comércio marítimo entre romanos, e uma outra composta pelo comércio marítimo entre romanos e estrangeiros ou entre estrangeiros. O mar era (quase) todo romano, pelo que toda a atividade decorria em território romano, sendo o mercado concorrencial um único. Todos comerciavam em conjunto. Contudo, apesar de todo o comércio marítimo constituir uma unidade incindível, era regulada de modo totalmente diferente pelo *ius civile* e pelo *ius gentium*.

---

[76] A *Lex Rhodia* seria uma lei ou usos comerciais marítimos usados por Rodes que, em razão da importância de Rodes no comércio marítimo mediterrânico, terá em parte passado a vigorar como *ius gentium*, pelo menos no que respeita a algumas matérias, como seja o alijamento de navios. Atualmente não existe certeza sobre o conteúdo total da *Lex Rhodia*, sobre a sua fonte, natureza, data e origem, tendo apenas chegado alguns fragmentos à atualidade cuja autenticidade é aceite, em particular no que respeita à partilha do risco de alijamento de carga das embarcações em caso de emergência (*De lege Rhodia de Jactu* – D.14.2). No entanto, seria muito provável que, quer com base na *Lex Rhodia*, ou noutra fonte então usada no comércio marítimo internacional, a prática corrente fosse a de responsabilizar o armador pelas atividades do mestre da embarcação. A parte da *Lex Rhodia* relativa ao alijamento, está inserida no Digesto entre a *actio exercitoria* e a *actio institoria* o que contribui para o entendimento que incluiria a matéria da *actio exercitoria*. Sobre a *Lex Rhodia*, BENEDICT, ROBERT D., *The Historical Position of the Rhodian Law*, The Yale Law Journal, Vol. 18, No. 4 (Feb., 1909), pp. 223-242.

[77] CÍCERO, MARCUS TULIO, *De Inventione*, Livro II, §29, *in* The Orations of Marcus Tullius Cicero, Vol. IV, G. Bell and Sons, London, 1913, págs. 342 a 344. Sobre a data desta obra, WILLIAMS, JAMES D., *An Introduction to Classical Rhetoric: Essential Readings*, John Wiley & Sons, Chichester, 2009, págs. 319 e 320.

A PREPOSIÇÃO

Esta diferença entre os regimes não poderia durar muito tempo. Ou se impunha a solução do *ius civile* a todos, ou se alargava a solução do *ius gentium* aos romanos. No primeiro caso – *ius civile* – isso significaria que o armador nunca responderia pelos atos do mestre da embarcação; no segundo caso – *ius gentium* – o armador responderia, podendo ser vinculado por um terceiro, em frontal inversão sistemática face ao regime do *ius civile*, e pondo em causa todo o sistema de vinculação ou responsabilização até então vigente entre romanos.

No que respeita ao segundo problema, o sistema do *ius civile* criava, de modo autónomo, problemas ao comércio intra-romanos. Poucas pessoas aceitariam comerciar com um mestre de uma embarcação sem saber se este responderia por qualquer responsabilidade. O mestre podia ser um servo ou um filho o que impediria qualquer responsabilização. Mas, mesmo que o mestre fosse uma pessoa livre, não seria em regra o proprietário da embarcação, nem seria o armador, nem seria o proprietário da carga. Ao que acrescia que não era o mestre da embarcação que ganhava substancialmente com o comércio desenvolvido através da embarcação. Por estas razões, a capacidade económica do mestre da embarcação para satisfazer qualquer pretensão seria, na melhor das hipóteses, muito duvidosa.

Para bem do comércio, independentemente de qualquer comparação com o sistema vigente no *ius gentium*, era necessário responsabilizar mais alguém para além do mestre da embarcação. Sendo que, entre o proprietário da embarcação, o proprietário da carga ou o armador, fazia sentido responsabilizar aquele que retirava os benefícios do comércio: o armador. Especialmente nos casos em que o armador recorria aos seus servos ou filhos para comandarem a embarcação.

Claro está que este problema apenas surgiu quando os próprios romanos passaram a exercer comércio marítimo entre romanos. Enquanto o comércio marítimo foi uma atividade desenvolvida fundamentalmente entre romanos e estrangeiros (ou entre estrangeiros), o problema não se colocava, pois vigorava o *ius gentium*.

III. O aumento do território romano e inerente aumento do contato com estrangeiros, levou à criação do Pretor Peregrino, em 242 a.C., o que conduziu à obtenção de novas soluções jurídicas nos litígios entre estrangeiros e entre estes e romanos e que, apesar de não se aplicarem aos litígios entre romanos, permitiram dar novas respostas, influenciadas pelo *ius gentium*. Por sua vez, a criação do porto franco de Delos em 166 a.C., em pleno Mar Egeu, que atraía comerciantes de várias nacionalidades, terá contribuído ainda mais para uma maior penetração e receção de leis e usos gregos no comércio marítimo.[78] A interação entre romanos e estrangeiros era inevitável em Delos, que era um porto romano, mas receberia inúmeras embarcações estrangeiras, em particular embarcações de transporte de escravos.[79]

Foi neste novo ambiente jurídico, de assimilação e adaptação de usos comerciais e leis de outras terras e gentes, que o Pretor Peregrino terá, com toda a probabilidade, sido o primeiro a conceder as *actiones* que vieram a ser conhecidas por *actiones adjectitiae qualitatis*, que incluíam a *actio exercitoria*, a *actio institoria*, a *actio tributoria*, *actio de peculio*, *actio de in rem verso* e *actio quod iussu*.[80]

Estas ações, contudo, tendo nascido da atividade criadora do Pretor Peregrino, apenas abrangiam questões com estrangeiros, não sendo abrangidas questões entre romanos. Uma vez que uma parte substancial das pessoas em causa não eram romanas, a aplicação destas *actiones* teria, então, pouca relevância.

IV. No entanto, verificaram-se dois acontecimentos que viriam a modificar todo o ambiente sócio-jurídico.

Por um lado, *circa* 137 a.C.[81] foi aprovada a *Lex Aebutia de formulis*,[82] que permitiu ao Pretor Urbano criar novo Direito, nomeadamente, importando soluções que o Pretor Peregrino já estaria, muito provavelmente, a aplicar. Assim foi sendo criado o *ius praetorium*, que incluía casos que o Pretor Urbano decidia proteger, apesar de não serem protegidos pelo *ius civile* e

---

[78] AUBERT, JEAN-JAQUES, *Business Managers in Ancient Rome, A Social and Economic Study of Institores, 200 B.C. – A.D. 250*, E.J. Brill, Leiden – New York – Köln, 1994, pág. 90. Apesar de o Autor entender que a *actio institoria* será anterior à *actio exercitoria*.

[79] Cujo comércio aumentou após a *lex Manlia de vicensima manumissionum*, de 357 a.C., mas cujo número explodiu a partir do fim da segunda guerra púnica – GRAES, ISABEL, *Estatuto Jurídico dos Escravos em Roma*, *in* Estudos em Honra de Ruy de Albuquerque, Vol. I, Almedina, Coimbra, 2006, págs. 533 a 620, em especial págs. 544 e 545.

[80] PETRUCCI, ALDO, *Per una storia della protezione dei contraenti con gli impreditori*, Vol. I, G. Giappichelli Editore, Torino, 2007, págs. 9 e 10 e ALBUQUERQUE, PEDRO DE, *A Representação Voluntária em Direito Civil*, Almedina, Coimbra, 2004, págs. 43 a 178.

[81] GRIMAL, PIERRE, *La Civilization Romaine*, Arthaud, 1960, pág. 364.

[82] KASER, MAX, *Direito Privado Romano*, Fundação Calouste Gulbenkian, Lisboa, 1999, pág. 433.

A PREPOSIÇÃO

que eram publicitados através dos *edicta*.[83] A *actio exercitoria* e a *actio institoria*, podiam passar a ser concedidas também pelo Pretor Urbano, em litígios entre romanos, a par da concessão pelo Pretor Peregrino, em litígios entre estrangeiros, ou entre estrangeiros e romanos.

Por outro lado, o número de cidadãos romanos era ainda (relativamente) pequeno. Mas, entre 91 a.C. e 88 a.C. decorreram as Guerras Sociais (ou Guerras dos Aliados), entre Roma e várias cidades aliadas na península itálica. Os habitantes destas cidades, apesar de aliadas (*socii*) de Roma, não eram cidadãos, mas pretendiam sê-lo, ou passar a sê-lo. Como modo de apaziguar as cidades aliadas, em 90 a.C. foi aprovada a *Lex iulia de civitate Latinies (et sociis) danda* e em 89 a.C. a *Lex Plautia Papiria de civitate sociis danda* e a *Lex Pompeia de Transpadanis*, que permitiram a concessão de cidadania romana a habitantes destas cidades. Em resultado da aprovação destas leis, verificou--se um aumento do número de cidadãos romanos e, em consequência, um aumento do âmbito subjetivo do *ius civile* e da atividade do Pretor Urbano.

As relações entre os romanos e os habitantes destas cidades, que antes eram regidas pelo *ius gentium*, passaram a ser abrangidas pelos *ius civile* ou pelo *ius praetorium* do Pretor Urbano. O que, naturalmente, incluía os casos de comércio marítimo entre estes "novos" cidadãos romanos. Assim, a partir de 137 a.C. tudo estava pronto para a evolução do Direito Romano, no que respeita à eventual imputação ao armador dos atos praticados pelo mestre da embarcação.

No tempo que decorreu entre esta data e o início do império de Augusto (27 a.C.), a criação de Direito pelos Pretores foi abundante e profícua. A sua força foi reforçada, em 67 a.C., com a *Lex Cornelia de iurisdictione* que impôs aos Pretores a obrigação de respeitarem os seus próprios éditos,[84] aumentando a segurança jurídica e a confiança nos éditos.

A partir do Império de Augusto, a criação de novas soluções jurídicas passou a ser menos frequente, e os éditos passaram a ter uma natureza quase *translaticia,* usualmente sem qualquer *pars nova* (parte nova).[85] A evolução do *ius honorarium* que resultava da sucessão de éditos terá, de certo modo, sido

---

[83] Justo, Santos, *Direito Privado Romano*, Vol. I, Coimbra Editora, Coimbra, 2000, págs. 34 e 35.

[84] Justo, Santos, *Direito Privado Romano*, Vol. I, Coimbra Editora, Coimbra, 2000, págs. 34 e 35.

[85] Girard, Paul Frédéric, *Manuel Élémentaire de Droit Romain*, 7.ª ed., Paris, Rousseau ed Cia., 1924, pág. 54.

O LADO EXTERNO DA PREPOSIÇÃO

progressivamente cristalizada, de tal modo que no período de Adriano, pela mão de Salvius Julianos, se fixou através da elaboração do *Edictum Perpetuum*.[86]

C. A solução romana – a *actio exercitoria* e a *actio institoria*

I. Algures após 149 a.C.,[87] provavelmente *circa* 137 a.C.[88] foi concedida a *actio exercitoria* que resolvia o problema da responsabilização do armador pelos negócios do mestre da embarcação. E foi também concedida a *actio institoria* que resolvia o mesmo problema, mas no que respeita à responsabilização do dono de um comércio terrestre pelos negócios da pessoa colocada à frente deste comércio[89].

Em suma, o Pretor concedeu ação contra a pessoa que tivesse colocado um preposto à frente do seu comércio, marítimo ou terrestre, em razão da qualidade de preposto. É, em última análise, a preposição que irá determinar a concessão destas *actiones*, e não o seu estatuto de servo, filho, ou outro.[90]

Nestes casos, apesar de na *intentio* da *actio* ser mencionado o nome do preposto (*magister navis* ou *institor*), na *condemnatio* surge o preponente.[91] Assim

---

[86] O Édito Perpétuo, cuja data precisa não é conhecida, será prévio a 129 d.C., provavelmente entre 125 d.C. e 128 d.C. – GIRARD, PAUL FRÉDÉRIC, *La Date de l'Édit de Salvius Julianus*, in Nouvelle Revue Historique de Droit Français et Étranger, Sirey, Paris, 1910, págs. 5 a 40 (em especial, pág. 40). O impacto do Édito Perpétuo, elaborado por Salvius Julianus (a pedido do Imperador Adriano) limitou fortemente a atividade criativa do Pretor, tendo um impacto marcante em todo o Direito Romano (GIRARD, PAUL FRÉDÉRIC, *La Date de l'Édit de Salvius Julianus*, in Nouveller Revue Historique de Droit Français et Étranger, Sirey, Paris, 1910, pág. 8). Limitação esta que terá ainda sido agravada pelo posterior surgimento do *Codex Julianus*, o que determinou uma certa consolidação e unificação entre o *ius civile* e o *ius honorarium*, que na prática fez desaparecer a diferença entre ambos – PINTO, EDUARDO VERA-CRUZ, *O Direito das Obrigações em Roma*, Vol. I., AAFDL, 1997, págs. 33, 34 e 57.

[87] VASCONCELOS, PEDRO LEITÃO PAIS DE, *A Autorização*, 2.ª ed., Almedina, Coimbra, 2016, pág. 259.

[88] A *Lex Aebutia de Formulis* é de cerca de 149 a 137 a.C.

[89] Em ambos os casos, limitadas ao exercício do comércio – CORDEIRO, António Menezes, *Tratado de Direito Civil*, Vol. IX, 3.ª ed., Almedina, Coimbra, 2017, págs. 395 e 396.

[90] HUVELIN, PAUL, Études d'Histoire du Droit Commercial Romain (Histoire Externe – Droit Maritime), Requeil Sirey, Paris, 1929, pág. 164.

[91] HUVELIN, PAUL, Études d'Histoire du Droit Commercial Romain (Histoire Externe – Droit Maritime), Requeil Sirey, Paris, 1929, págs. 168 a 176, JUSTO, SANTOS, *As Acções do Pretor (Actiones Praetoriae)*, separata do Vol. LXV (1989) do Boletim da Faculdade de Direito de Coimbra, Coimbra, 1989, pág. 35 e MICELI, MARIA, *Studi sulla "Rappresentanza" nel Diritto Romano*, I Vol., Giuffrè, Milano, 2008, págs.48 a 53.

A PREPOSIÇÃO

a *intentio* não sofre diferenças relativamente à *actio* que seria usada normalmente. Mas, sendo invocado na fórmula que quem celebrou o contrato o fez como preposto (*praepositus*) de outrem, quer à frente da embarcação, quer à frente do comércio terrestre, seria o preponente a ser condenado.

II. Na sua versão inicial, a *actio exercitoria* regulava os casos nos quais o *magister navis* estava sob a *potestas* do *exercitor*, quer fossem filhos ou servos. Provavelmente em momento posterior, a *actio exercitoria* terá sido expandida de modo a incluir casos de *magister extraneus*, ou seja, de mestres de embarcação que não fossem servos, nem filhos, do armador.[92]

Assim, na sua versão inicial, um terceiro que contratasse com servo ou filho do armador (*exercitor*) e que estivesse preposto como *magister navis*, à frente do comércio dessa embarcação, podia acionar judicialmente o armador pelos acordos celebrados com o *magister navis*.[93] Este regime resolvia o problema causado pelo *ius civile*, pois o terceiro passava a poder acionar judicialmente o armador, o que implicava que passava a existir tutela jurídica do terceiro pelos atos que praticasse com prepostos.

O mesmo viria a suceder com o comércio terrestre, através da *actio institoria*. De modo muito semelhante, o terceiro podia acionar o dono do comércio (em vez do armador do navio) pelos atos praticados pela pessoa colocada à frente do comércio ou loja[94] (em vez do mestre da embarcação, colocado à frente da embarcação). As duas *actiones* são iguais na sua essência, com as diferenças de uma ocorrer no comércio marítimo e a outra no comércio terrestre.

A importância destas duas *actiones* é da maior relevância.[95] Nas palavras de Pugliesi:[96]

---

[92] HUVELIN, PAUL, *Études d'Histoire du Droit Commercial Romain (Histoire Externe – Droit Maritime)*, Requeil Sirey, Paris, 1929, págs. 161 e 162.

[93] PUGLIESI, GIOVANNI, *In tema di «actio exercitoria»*, in Studi in onore di Francesco Messineo per il sua XXXV anno d'insegnamento, Vol. IV, Giuffrè, Milano, 1959, págs. 289 a 291.

[94] Segudo CUNHA, PAULO OLAVO, *Lições de Direito Comercial*, Almedina, Coimbra, 2010, pág. 196, uma das designações habituais do gerente de comércio consiste, precisamente, em "gerente de loja".

[95] Sendo uma das principais exceções à regra civil de proibição de heterovinculação – DÍEZ--PICAZO, LUIS, *La Representacion en el Derecho Privado*, Civitas, Madrid, 1992, pág. 27.

[96] PUGLIESI, GIOVANNI, *In tema di «actio exercitoria»*, in Studi in onore di Francesco Messineo per il sua XXXV anno d'insegnamento, Vol. IV, Giuffrè, Milano, 1959, pág. 289.

"a actio exercitoria partilha com a institoria a honra de ter aberto a primeira brecha no princípio civilístico segundo o qual ninguém podia ficar obrigado em consequência de um contrato ou negócio concluído por outrem".

Esta brecha foi depois ampliada pelas restantes *actiones adiecticias qualitatis*[97] e *actiones utiles*.[98] Assim sucedia com a *actio quod iussu*,[99] com a *actio de peculio* e com a *actio de in rem verso*[100] (que resultariam de uma única fórmula)[101] e com a *actio tributoria*.[102]

D. A *actio exercitoria* e a *actio institoria* no Digesto (533 d.C.)

I. No Direito pós-clássico, entre o primeiro terço do séc. III e o primeiro terço do séc. VI, a distinção entre o *ius civile* e o *ius honorarium* foi desaparecendo.[103] Este dualismo jurídico terminou no Direito justinianeu, a partir do primeiro terço do séc. VI, com ambos os Direitos fundidos num único corpo jurídico.[104] A unificação teve origem no *Edictum Perpetuum*, mas tornou-se mais patente e desenvolvida no Digesto de Justiniano. Neste, as *actiones exercitoria et institoria* aparecem com um desenvolvimento mais profundo, pelo

---

[97] Sobre estas *actiones*, a tese de doutoramento apresentada na Universidade de Roma II (Tor Vergata), WANG, YINGYING, *Actiones Adiecticiae Qualitatis*, 2010, https://art.torvergata.it/retrieve/handle/2108/1378/8068/La%20tesi%20di%20Yingying%20Wang.pdf [15-01-2016].

[98] ARANGIO-RUIZ, VICENZO, *Instituzioni di Diritto Romano*, 12.ª ed., Casa Editrice Dott. Eugenio Jovene, Nápoles, 1956, pág. 95 e RAMOS, JOSÉ ARIAS, *Representación y "praepositio"*, *in* Boletin de la Universidad de Santiago de Compostela, N 31, Ano X (1941), janeiro-março, pág. 6.

[99] LENEL, OTTO, *Essai de Reconstitution de l'Édit Perpétuel*, tradução Frédéric Peltier sobre um texto revisto pelo Autor, Tomo I, Paris, Librairie de la Societé du Recueil Général des Lois et des Arrêts, 1901, págs. 323 a 324.

[100] Sobre a *actio in rem verso*, em especial sobre a relação entre a *actio in rem verso*, por um lado, e a *actio institoria*, *actio quod iussu*, a *actio tributoria*, a *actio de peculio* e a *actio negotiorum gestorum*, por outro, LEITÃO, LUÍS MENEZES, *O Enriquecimento sem Causa no Direito Civil*, Almedina, Coimbra, 2005, págs. 120 a 123, 136 e 137, 225 a 248.

[101] LENEL, OTTO, *Essai de Reconstitution de l'Édit Perpétuel*, tradução Frédéric Peltier sobre um texto revisto pelo Autor, Tomo I, Paris, Librairie de la Societé du Recueil Général des Lois et des Arrêts, 1901, págs. 324 a 334.

[102] LENEL, OTTO, *Essai de Reconstitution de l'Édit Perpétuel*, tradução Frédéric Peltier sobre um texto revisto pelo Autor, Tomo I, Paris, Librairie de la Societé du Recueil Général des Lois et des Arrêts, 1901, págs. 314 a 317.

[103] RAMOS, JOSÉ ARIAS *Representación y "praepositio"*, *in* Boletin de la Universidad de Santiago de Compostela, N 31, Ano X (1941), janeiro-março, pág. 7.

[104] JUSTO, SANTOS, *Direito Privado Romano*, Vol. I, Coimbra Editora, Coimbra, 2000, págs. 35.

A PREPOSIÇÃO

menos comparando com as posições adotadas por Lenel quanto à redação que teria o *Edictum Perpetuum*.

É suficiente uma leitura lado a lado do *Edictum Perpetuum*[105] (*circa* 125 a 128 d.C.) e do *Digestum* (533 d.C.)[106] para de imediato ressaltar a enorme evolução que se terá verificado ao longo dos mais de quatrocentos anos de avanço do Direito.[107] O que não é, naturalmente, de surpreender, face à evolução do Direito nacional que se verificou em Portugal no mesmo intervalo de tempo, ou seja, desde 1615 até à presente data.

Assim, no *Digestum* muitas das *actiones* que anteriormente eram concedidas em casos especiais (em particular, as *actiones utiles*) surgem já positivadas, com as suas fórmulas fixadas de modo autónomo, deixando de ser verdadeiras *actiones utiles* (salvo no que respeita à sua origem e, por vezes, ao nome pelas quais se mantiveram conhecidas).

II. No período pós-clássico e justiniano, a fusão entre o *ius civile* e o *ius honorarium*, conduziu a que as referidas *actiones* passassem a ações diretas, o que terá conduzido à ampliação dos casos de representação (dita direta). E conduziu também a uma distinção relevante entre o mandato e o poder de representação, especialmente no que respeita aos efeitos da representação ativa. A representação ativa era negada (em regra) no mandato, mas era aceite no caso de *praepositio* (do *magister navis* e do *institor*). Esta solução que já vinha do período Clássico, foi generalizada com a unificação justinianeia. As soluções de representação voluntária que resultavam da *praepositio* e que

---

[105] Tal como proposto por LENEL, OTTO, *Essai de Reconstitution de l'Édit Perpétuel*, tradução Frédéric Peltier sobre um texto revisto pelo Autor, Paris, Librairie de la Societé du Recueil Général des Lois et des Arrêts, Tomo I, 1901, Tomo II, 1903.

[106] Segundo D'ORS, ALVARO, *Elementos de Derecho Privado Romano*, Studium Generale, Pamplona, 1960, pág. 51, o *Digestum* foi elaborado em apenas três anos, tendo ficado terminado em 533. d.C.. Segundo GIRARD, PAUL FRÉDÉRIC, *Manuel Élémentaire de Droit Romain*, 7.ª ed., Paris, Rousseau et Cia., 1924, pág. 83, Justiniano aprovou uma constituição em 15 de dezembro de 530 a dar ordem ao *quaestor sacri palatii* para constituir uma comissão de juristas (professores e práticos) com o fim de compilar o *ius*. A comissão trabalhou muito rapidamente, tendo terminado os seus trabalhos (que foi designado *digesta*) em 532. O resultado dos trabalhos foi promulgado em 16 de dezembro de 533, tendo entrado em vigor em 30 de dezembro de 533.

[107] Sem prejuízo de, para ser possível elaborar o *Digestum*, ter sido necessário emitir várias decisões a fazer tábua rasa de várias instituições já antiquadas – GIRARD, PAUL FRÉDÉRIC, *Manuel Élémentaire de Droit Romain*, 7.ª ed., Paris, Rousseau ed Cia., 1924, pág. 83,

O LADO EXTERNO DA PREPOSIÇÃO

tiveram origem no Direito Comercial do período Clássico, permitem afirmar que existia um ato tácito (ou não formal) de concessão de poderes de representação perante terceiros (na relação externa), que era não só autónomo da relação jurídica interna, mas que admitia várias relações internas. E permitem também afirmar que, no *Digestum* se ia já muito além dos limites do *Edictum Perpetuum*.

III. De entre os casos de regimes legais sobre a *praepositio* avulta para o presente trabalho a *actio institoria*, que é a fonte direta do atual gerente de comércio, e que se analisa de seguida. Contudo, não pode ser esquecida a *actio exercitoria*, figura originária que antecedeu e influenciou[108] a *actio institoria*, e que regulava os prepostos marítimos. Estas duas *actiones* foram os primeiros verdadeiros casos antecedentes da teoria da representação tal como hoje a conhecemos no Direito Civil,[109] especialmente com o desenvolvimento da *actio institoria*, do qual resultou a *actio ad exemplum institoria* ou *actio quasi institoria*.[110] Contudo, sem prejuízo da enorme importância que a *actio ad exemplum institoria* teve para o desenvolvimento do sistema civil de representação, a presente obra incide sobre o sistema comercial de representação. Por esta razão, usaremos a *actio institoria*, incluindo indistintamente no seu âmbito a *actio ad exemplum institoria*.

Como vimos já, a comparação da definição de preposto da *actio institoria*, com a versão atual de gerente de comércio não permite qualquer dúvida sobre a identidade das figuras. Mesmo que se procurasse ignorar toda a evolução intermédia, é suficiente comparar lado a lado as definições de *institor* e de *gerente de comércio*.

---

[108] Cuq, Eduard, *Manuel des Instituitions Juridiques des Romains*, Librairie Plon e Librairie Général, 2.ª ed. Paris, 1928, pág. 406 e Albuquerque, Pedro de, *A Representação Voluntária em Direito Civil*, Almedina, Coimbra, 2004, págs.140 a 151 (em especial, págs. 143 a 145).

[109] Albuquerque, Pedro de, *A Representação Voluntária em Direito Civil*, Almedina, Coimbra, 2004, págs.140 a 151.

[110] Miceli, Maria, *Studi sulla "Rappresentanza" nel Diritto Romano*, I Vol., Giuffrè, Milano, 2008, págs. 20 a 26.

A PREPOSIÇÃO

Digesto 14, 3, 18

Institor é aquele que é proposto à frente de uma loja, ou num lugar onde se compra e vende, e também aquele que é preposto para o mesmo cargo sem estabelecer um lugar determinado.

Código Comercial – Artigo 248.º

É gerente de comércio todo aquele que, sob qualquer denominação, consoante os usos comerciais, se acha proposto para tratar do comércio de outrem no lugar onde este o exerce ou noutro qualquer.

No que respeita à *actio exercitoria*, esta foi integrada no Código Comercial de 1888, sendo de relevar a posição que o "capitão" (mestre da embarcação) tinha no art. 509.º do Código Comercial,[111] na sua qualidade de *magister navis*:[112]

> *Art. 509.º O capitão é pessoa competente para em qualquer nação representar em juízo os proprietários ou armadores do navio, quer como auctor, quer como réu, e é também o seu mandatário em tudo o que diz respeito á gerência e expedição do navio, podendo proceder livremente durante a viagem e nos paizes estrangeiros.*

O mesmo sucede com a quase integralidade do regime jurídico do gerente de comércio do Código Comercial de 1888, só não se prosseguindo com uma comparação lado a lado por razões de economia. O regime do Código Comercial de 1888 consiste numa versão atualizada do regime da *actio institoria*, pelo que a boa compreensão daquele passa – em muito – pela compreensão ou, pelo menos, pela leitura da *actio institoria* do Digesto de Justiniano e da ação que a precedeu e que deu origem à solução – a *actio exercitoria*.

Por esta razão procede-se à inclusão nesta obra das traduções para português da *actio exercitoria* e da *actio institoria*.[113]

---

[111] Esta disposição do Código Comercial de 1888 foi revogada pelo artigo 20.º do Decreto-Lei n.º 202/98, de 10 de julho, passando a matéria a ser regulada pelo art. 8.º deste diploma.

[112] Para uma análise mais atual, BASTOS, NUNO CASTELLO-BRANCO, *Da Disciplina do Contrato de Transporte Internacional de Mercadorias por Mar*, Almedina, Coimbra, 2004, págs. 380 a 397.

[113] A tradução é efetuada a partir da tradução castelhana de D'ORS, HERNANDEZ TEJERO, FUENTESECA, GARCIA GARRIDO e BURILLO, *El Digesto de Justiniano*, Tomo I, Editorial Aranzadi, Pamplona, 1968, tendo sido também usada, como auxiliar secundário, a tradução inglesa do *Corpus Iuris Civiles* (na edição de Kriegel) de SCOTT, SAMUEL PARSONS, *The Civil Law*, Vol. IV, The Central Trust Company, Cincinati, 1932. Sobre a vida e obra de Samuel Parsons Scott, incluindo sobre as críticas à sua tradução do *Corpus Iuris Civilis*, ver KEARLEY, TIMOTHY G.,

i. *Actio exercitoria*

a. *Digesto 14, 1, 1*
Ulpianus, *Ad Edictum*, livro 28.

Ninguém pode ignorar a utilidade manifesta deste édito: como, pelas exigências do tráfego marítimo contratamos com o mestre da embarcação, ignorando por vezes a sua condição e qualidade, era justo que quem instituiu o mestre para a embarcação fique obrigado, tal como se obriga o que colocou um institor à frente de um comércio ou negócio. Porque há mais necessidade quando se contrata com um mestre do que com um institor, pois as circunstâncias permitem que qualquer um se possa informar sobre a condição do institor e contratar com ele, mas não no que respeita ao mestre, pois às vezes o lugar e o tempo não permitem decidir com pleno conhecimento sobre este.[114]

(1) Devemos entender por mestre aquele a quem se entrega o cuidado de todo o navio.[115]

(2) Se se tiver contratado com qualquer dos tripulantes, não se dá ação contra o armador, mas se for por delito de qualquer um que esteja no navio como tripulante dá-se ação contra o armador, porque uma coisa é contratar e outra é delinquir, pois quem prepôs um mestre permite que se contrate com este e o que emprega os tripulantes não permite que se contrate com estes, mas deve cuidar que estes não incorram em culpa ou dolo.[116]

The Enigma of Samuel Parsons Scott, in Roman Legal Tradition, 10, Ames Fundation, www.romanlegaltratition.org, 2014, págs. 1 a 37. Recorreu-se ainda à confrontação de ambas as traduções referidas com a versão de MOMMSEN do *Digestum* – MOMMSEN, THEODOR, *Digesta Iustiniani Augusti*, Vol. I, Apud Weidmannos, 1868, págs. 422 a 426, – de onde foram extraídas as partes em latim que se encontram em nota de pé de página.

[114] *Utilitatem huius edicti patere nemo est qui ignoret. Nam cum interdum ignari, cuius sint condicionis vel quales, cum magistris propter navigandi necessitatem contrahamus, aequum fuit eum, qui magistrum navi imposuit, teneri, ut tenetur, qui institorem tabernae vel negotio praeposuit, cum sit maior necessitas contrahendi cum magistro quam institore. Quippe res patitur, ut de condicione quis institoris dispiciat et sic contrahat: in navis magistro non ita, nam interdum locus tempus non patitur plenius deliberandi consilium.*

[115] *1. Magistrum navis accipere debemus, cui totius navis cura mandata est.*

[116] *2. Sed si cum quolibet nautarum sit contractum, non datur actio in exercitorem, quamquam ex delicto cuiusvis eorum, qui navis navigandae causa in nave sint, detur actio in exercitorem: alia enim est contra-*

A PREPOSIÇÃO

(3) Os mestres são prepostos para alugar os navios ou para transportar mercadorias ou passageiros, ou para comprar aparelhos, mas mesmo que o mestre tenha sido [apenas] preposto para comprar ou vender mercadorias, também assim obriga o armador.[117]

(4) Não importa qual a condição do mestre, se homem livre se escravo, nem se é propriedade do armador ou de outrem, e tampouco importa qual a sua idade, pois isso só é imputável a quem o nomeou.[118]

(5) Entendemos por armador, não só quem nomeou o mestre, mas também quem o mestre nomeou, e assim respondeu Juliano no caso do armador que o ignorava. Pois, se o sabe, e consentiu que o nomeado atuasse como mestre, se considera que ele mesmo o nomeou. Esta opinião parece-me de aceitar, porque quem o nomeou [deve] responder por todos os atos do mestre, pois de outro modo resultariam defraudados os contratantes, e com mais facilidade se deve admitir esta solução pela sua conveniência no que respeita ao mestre do que no que respeita ao institor. Mas o que sucederá se o armador nomear o mestre sem faculdade deste nomear outrem? Temos de ver se também admitimos neste caso a opinião de Juliano, porque supõe que te proibiu expressamente de que te servisses de Tício como mestre. Deve dizer-se que, mesmo nestes extremos, deve atender-se à utilidade dos navegantes.[119-120]

---

hendi causa, alia delinquendi, si quidem qui magistrum praeponit, contrahi cum eo permittit, qui nautas adhibet, non contrahi cum eis permittit, sed culpa et dolo carere eos curare debet.

[117] *3. Magistri autem imponuntur locandis navibus vel ad merces vel vectoribus conducendis armamentisve emendis: sed etiamsi mercibus emendis vel vendendis fuerit praepositus, etiam hoc nomine obligat exercitorem.*

[118] *4. Cuius autem condicionis sit magister iste, nihil interest, utrum liber an servus, et utrum exercitoris an alienus: sed nec cuius aetatis sit, intererit, sibi imputaturo qui praeposuit.*

[119] A referência aos navegantes, é dirigida aos terceiros. Ou seja, aplicava-se a mesma regra com o fim de proteger os terceiros.

[120] *5. Magistrum autem accipimus non solum, quem exercitor praeposuit, sed et eum, quem magister: et hoc consultus Iulianus in ignorante exercitore respondit: ceterum si scit et passus est eum in nave magisterio fungi, ipse eum imposuisse videtur. Quae sententia mihi videtur probabilis: omnia enim facta magistri debeo praestare qui eum praeposui, alioquin contrahentes decipientur: et facilius hoc in magistro quam institore admittendum propter utilitatem. Quid tamen si sic magistrum praeposuit, ne alium ei liceret praeponere? An adhuc Iuliani sententiam admittimus, videndum est: finge enim et nominatim eum prohibuisse, ne titio magistro utaris. Dicendum tamen erit eo usque producendam utilitatem navigantium.*

O LADO EXTERNO DA PREPOSIÇÃO

(6) Devemos considerar como embarcação tanto a que navega no mar, como no rio, ou num lago, incluindo uma barcaça.[121]

(7) O Pretor não dá ação contra o armador por qualquer causa, mas apenas em razão do negócio de que tenha sido incumbido o mestre, quer dizer, se este tivesse sido preposto para este negócio, como por exemplo, se se tivesse contratado o transporte de mercadorias, ou se tivesse comprado algumas coisas úteis para a navegação, ou se se contratou ou se gastou algo para reparar a embarcação, ou se a tripulação tiver pedido algo pelos seus serviços.[122]

(8) Se tiver tomado dinheiro de empréstimo, considera-se que o mestre o fez em virtude do seu encargo? Opina *Pegasus* que, se houvesse recebido dinheiro de empréstimo para destiná-lo àquela gestão de que foi incumbido, há de se dar ação, opinião que considero certa. Qual é a solução se tiver recebido dinheiro em empréstimo para armar ou prover à embarcação ou para empregar marinheiros?[123]

(9) Por isso, pergunta *Ofilius* se há ação contra o armador quando o mestre usa o dinheiro recebido de empréstimo para reparar a embarcação, mas para o seu uso pessoal. E diz que, se o mestre o recebeu com a obrigação de gastá-lo com a embarcação e então mudou de intenção, deve ficar obrigado o armador e deverá culpar-se a si mesmo por ter encarregado tal pessoa; mas se desde o princípio tivesse decidido defraudar o credor e não tivesse expressado especialmente que o recebia para gastá-lo com a embarcação, a solução é contrária, distinção esta que aprova *Pedius*.[124]

---

[121] *6. Navem accipere debemus sive marinam sive fluviatilem sive in aliquo stagno naviget sive schedia sit.*

[122] *7. Non autem ex omni causa praetor dat in exercitorem actionem, sed eius rei nomine, cuius ibi praepositus fuerit, id est si in eam rem praepositus sit, ut puta si ad onus vehendum locatum sit aut aliquas res emerit utiles naviganti vel si quid reficiendae navis causa contractum vel impensum est vel si quid nautae operarum nomine petent.*

[123] *8. Quid si mutuam pecuniam sumpserit, an eius rei nomine videatur gestum? Et Pegasus existimat, si ad usum eius rei, in quam praepositus est, fuerit mutuatus, dandam actionem, quam sententiam puto veram: quid enim si ad armandam instruendamve navem vel nautas exhibendos mutuatus est?*

[124] *9. Unde quaerit ofilius, si ad reficiendam navem mutuatus nummos in suos usus converterit, an in exercitorem detur actio. Et ait, si hac lege accepit quasi in navem impensurus, mox mutavit voluntatem, teneri exercitorem imputaturum sibi, cur talem praeposuerit: quod si ab initio consilium cepit fraudandi creditoris et hoc specialiter non expresserit, quod ad navis causam accipit, contra esse: quam distinctionem pedius probat.*

A PREPOSIÇÃO

(10) Também se o mestre defraudou no preço das coisas compradas, o dano será do armador e não do credor.[125]

(11) Se tomou dinheiro emprestado para pagar a outrem que tinha emprestado para a reparação da embarcação, opino que também àquele que emprestou o dinheiro se há-de dar ação, como se tivesse emprestado para a reparação da embarcação.[126]

(12) Assim, pois, a preposição do mestre dá aos contratantes uma certa lei. Pela qual, se o prepôs à frente da embarcação apenas para cobrar os fretes e não para a alugar (apesar de o ter feito), não ficará obrigado o armador caso o mestre a tenha alugado. E se apenas tiver sido preposto para alugar a embarcação e não para cobrar os fretes, deve aplicar-se o mesmo. Se o nomeou para que contrate o transporte com os passageiros, mas não para transportar mercadorias no navio, ou vice-versa, não obrigará o armador se exceder as suas atribuições. Se foi nomeado para alugar a embarcação para transportar certas mercadorias, por exemplo, legumes ou cânhamo, e a alugou para transportar mármore ou outras coisas, tem de se dizer que não fica obrigado. Pois certas embarcações são para mercadorias e outras para passageiros, e sei que muitos dizem para não transportar passageiros, ou que apenas os aceitam para certa região ou em certo mar, como, por exemplo, há embarcações que transportam passageiros de *Cassiopa* ou de *Dyrrachio* para *Brudusium* não sendo idóneas para a carga, e também algumas sendo idóneas para o rio não são para o mar.[127]

(13) Se forem vários os mestres e não houver divisão de funções qualquer negócio que se tenha contratado com um deles obrigará o armador. Se tiver

---

[125] *10. Sed et si in pretiis rerum emptarum fefellit magister, exercitoris erit damnum, non creditoris.*

[126] *11. Sed si ab alio mutuatus liberavit eum, qui in navis refectionem crediderat, puto etiam huic dandam actionem, quasi in navem crediderit.*

[127] *12. Igitur praepositio certam legem dat contrahentibus. Quare si eum praeposuit navi ad hoc solum, ut vecturas exigat, non ut locet (quod forte ipse locaverat), non tenebitur exercitor, si magister locaverit: vel si ad locandum tantum, non ad exigendum, idem erit dicendum: aut si ad hoc, ut vectoribus locet, non ut mercibus navem praestet, vel contra, modum egressus non obligabit exercitorem: sed et si ut certis mercibus eam locet, praepositus est, puta legumini, cannabae, ille marmoribus vel alia materia locavit, dicendum erit non teneri. Quaedam enim naves onerariae, quaedam (ut ipsi dicunt) epibatygoi sunt: et plerosque mandare scio, ne vectores recipiant, et sic, ut certa regione et certo mari negotietur, ut ecce sunt naves, quae Brundisium a Cassiopa vel a Dyrrachio vectores traiciunt ad onera inhabiles, item quaedam fluvii capaces ad mare non sufficientes.*

havido divisão de funções, de modo que um alugue e outro cobre, o armador ficará obrigado de acordo com a função de cada um.[128]

(14) Mas se o nomeou, como os armadores fazem muitas vezes, de modo que um não faça nada sem o outro, quem contratou só com um que sofra as consequências.[129]

(15) Chamamos armador a quem beneficia de todas as utilidades e ganhos, quer seja proprietário da embarcação, quer tenha tomado a embarcação de aluguer a seu risco, temporariamente ou definitivamente.[130]

(16) Pouco importa que quem explora a embarcação seja homem ou mulher, pai ou filho de família, livre ou escravo; mas se for pupilo [menor] exigiremos autorização do tutor.[131]

(17) Podemos escolher entre demandar o armador ou o mestre.[132]

(18) Mas, pelo contrário, ao armador não se dá ação contra quem contrate com o mestre, porque não necessitava do mesmo auxílio, mas pode exercer contra o mestre a ação de locação, se lhe presta um serviço remunerado, ou a de mandato, se o faz gratuitamente; é claro que os Perfeitos, por razão de aprovisionamento, e nas províncias os Governadores, podem auxiliar extraordinariamente os armadores contra os que contratam com os mestres.[133]

(19) Se o armador estivesse sob o poder [potestas] de outrem e tivesse explorado a embarcação com o seu consentimento, dá-se ação a quem tivesse contratado com o seu mestre, contra aquele sob cujo poder [potestas] estivesse o armador.[134]

---

[128] *13. Si plures sint magistri non divisis officiis, quodcumque cum uno gestum erit, obligabit exercitorem: si divisis, ut alter locando, alter exigendo, pro cuiusque officio obligabitur exercitor.*

[129] *14. Sed et si sic praeposuit, ut plerique [plerumque] faciunt, ne alter sine altero quid gerat, qui contraxit cum uno sibi imputabit.*

[130] *15. Exercitorem autem eum dicimus, ad quem obventiones et reditus omnes perveniunt, sive is dominus navis sit sive a domino navem per aversionem conduxit vel ad tempus vel in perpetuum.*

[131] *16. Parvi autem refert, qui exercet masculus sit an mulier, pater familias an filius familias vel servus: pupillus autem si navem exerceat, exigemus tutoris auctoritatem.*

[132] *17. Est autem nobis electio, utrum exercitorem an magistrum convenire velimus.*

[133] *18. Sed ex contrario exercenti navem adversus eos, qui cum magistro contraxerunt, actio non pollicetur, quia non eodem auxilio indigebat, sed aut ex locato cum magistro, si mercede operam ei exhibet, aut si gratuitam, mandati agere potest. Solent plane praefecti propter ministerium annonae, item in provinciis praesides provinciarum extra ordinem eos iuvare ex contractu magistrorum.*

[134] *19. Si is, qui navem exercuerit, in aliena potestate erit eiusque voluntate navem exercuerit, quod cum magistro eius gestum erit, in eum, in cuius potestate is erit qui navem exercuerit, iudicium datur.*

A PREPOSIÇÃO

(20) Apesar de se dar ação contra aquele sob cujo poder [*potestas*] está o armador, apenas se dá se for armador com o consentimento daquele. Obrigam-se inteiramente pelo seu consentimento os que têm debaixo do seu poder o armador porque a navegação é da maior utilidade à república. Mas não se faz o mesmo com o institor pois apenas são chamados à partilha os que contrataram com o que negoceia mercadoria do pecúlio com conhecimento do dono. Mas se fosse contratado apenas com o conhecimento, mas não com o consentimento, damos ação pelo todo, como se tivesse consentido, ou damos ação à semelhança da tributória? Em caso de dúvida, é melhor atendermos às palavras do édito e, nem mesmo no que respeita a embarcações, tornar mais gravoso o simples e nu conhecimento do pai ou do dono, nem no que respeita às mercadorias do pecúlio fazer estender o consentimento obrigando solidariamente. Assim parece que também crê *Pomponius* que se [o armador] estivesse sob o poder de outro, se de facto agisse com o seu consentimento, este se obriga pelo todo e, se não, na medida do pecúlio.[135]

(21) Consideramos que estão sob poder, os de um e outro sexo, filhos e filhas, escravos e escravas.[136]

(22) Se com o consentimento de um filho de família, um escravo que estava incluído no pecúlio, ou com o consentimento de um escravo vicário de este, explorou como armador uma embarcação, o pai ou o dono que não prestou o seu consentimento, apenas se obrigará no que respeita ao pecúlio, mas o filho em si se obrigará pelo todo. Mas se forem armadores com o consentimento do dono ou pai, estes ficarão obrigados pelo todo, e também o filho se obrigará pelo todo se prestar o seu consentimento.[137]

---

[135] *20. Licet autem detur [datur] actio in eum, cuius in potestate est qui navem exercet, tamen ita demum datur, si voluntate eius exerceat. Ideo autem ex voluntate in solidum tenentur qui habent in potestate exercitorem, quia ad summam rem publicam navium exercitio perinet. At institorum non idem usus est: ea propter in tributum dumtaxat vocantur, qui contraxerunt cum eo, qui in merce peculiari sciente domino negotiatur. Sed si sciente dumtaxat, non etiam volente cum magistro contractum sit, utrum quasi in volentem damus actionem in solidum an vero exemplo tributoriae dabimus? In re igitur dubia melius est verbis edicti servire et neque scientiam solam et nudam patris dominive in navibus onerare neque in peculiaribus mercibus voluntatem extendere ad solidi obligationem. Et ita videtur et Pomponius significare, si sit in aliena potestate, si quidem voluntate gerat, in solidum eum obligari, si minus, in peculium.*

[136] *21. In potestate autem accipiemus utriusque sexus vel filios vel filias vel servos vel servas.*

[137] *22. Si tamen servus peculiaris volente filio familias in cuius peculio erat, vel servo vicarius eius navem exercuit, pater dominusve, qui voluntatem non accommodavit, dumtaxat de peculio tenebitur, sed filius ipse in solidum. Plane si voluntate domini vel patris exerceant, in solidum tenebuntur et praeterea et filius, si et ipse voluntatem accommodavit, in solidum erit obligatus.*

(23) Ainda que o pretor apenas tenha prometido ação se se contratou com o mestre da embarcação, como escreveu também Juliano, o pai ou dono ficará obrigado solidariamente mesmo que o contrato seja feito com o mestre.[138]

(24) Esta ação se dará contra o armador pelos factos realizados pelo mestre, por conta daquele, e se se demandar um não se pode demandar o outro. Se algo tiver sido pago, tendo sido pago pelo mestre, resulta reduzida a obrigação. Mas se foi pago pelo armador em seu nome, quer dizer em virtude de obrigação pretoriana, mesmo que em nome do mestre, a obrigação é diminuída; pois quando uma parte paga por mim, a obrigação resulta diminuída.[139]

(25) Se forem vários os armadores que exploram uma embarcação, podem demandar-se todos solidariamente.[140]

b. *Digesto 14, 1, 2*
Gaius, *Ad Edictum provinciale*, livro 9.

Para que não se veja obrigado a litigar com muitos o que contratou com apenas um.[141]

c. *Digesto 14, 1, 3*
Paulus, *Ad Edictum*, livro 29.

E não faz diferença a parte que cada um tenha na embarcação, pois quem tiver pago recuperará dos outros quanto tiver pago pela ação de sociedade.[142]

---

[138] *23. Quamquam autem, si cum magistro eius gestum sit, dumtaxat polliceatur praetor actionem, tamen, ut iulianus quoque scripsit, etiamsi cum ipso exercitore sit contractum, pater dominusve in solidum tenebitur.*

[139] *24. Haec actio ex persona magistri in exercitorem dabitur, et ideo, si cum utro eorum actum est, cum altero agi non potest. Sed si quid sit solutum, si quidem a magistro, ipso iure minuitur obligatio: sed et si ab exercitore, sive suo nomine, id est propter honorariam obligationem, sive magistri nomine solverit, minuetur obligatio, quoniam et alius pro me solvendo me liberat.*

[140] *25. Si plures navem exerceant, cum quolibet eorum in solidum agi potest.*

[141] *Ne in plures adversarios distringatur qui cum uno contraxerit.*

[142] *Nec quicquam facere, quotam quisque portionem in nave habeat, eumque qui praestiterit societatis iudicio a ceteris consecuturum.*

d. *Digesto 14, 1, 4*
Ulpianus, *Ad Edictum*, livro 29.

Se forem vários os que exercerem como armadores, serão demandados conforme a sua participação no exercício, porque não são considerados reciprocamente como mestres uns dos outros.[143]

(1) Mas se foram vários os armadores e um deles tenha sido preposto como mestre, poderão ser todos demandados solidariamente.[144]

(2) Se o escravo propriedade de vários explorar a embarcação com consentimento dos seus donos, admitiu-se o mesmo que sucede quando são vários os armadores. Claro que se atuou como armador com o consentimento de apenas um dos comproprietários, ficará obrigado solidariamente, e por isso opino que no caso anterior todos ficam solidariamente obrigados.[145]

(3) Se é um escravo o que, como armador, explorou a embarcação com consentimento do dono, e depois for alienado [o escravo], ficará contudo obrigado o que o tiver alienado. Por conseguinte, também se houvesse falecido o escravo ficará obrigado, porque também estará obrigado o armador falecendo o mestre.[146]

(4) Estas ações dar-se-ão perpetuamente tanto a favor dos herdeiros como contra os herdeiros. Por conseguinte, ainda que falecesse o escravo que exerceu como armador com o consentimento do seu dono, se dará esta ação também depois do ano, apesar da ação de pecúlio não se dar depois do ano.[147]

e. *Digesto 14, 1, 5*
Paulus, *Ad Edictum*, livro 29.

Se tens como mestre da tua embarcação alguém que está sob o meu poder [*postestas*], eu também posso demandar-te se com ele eu tivesse contratado

---

[143] *Si tamen plures per se navem exerceant, pro portionibus exercitionis conveniuntur: neque enim invicem sui magistri videbuntur "videntur".*

[144] *1. Sed si plures exerceant, unum autem de numero suo magistrum fecerint, huius nomine in solidum poterunt conveniri.*

[145] *2. Sed si servus plurium navem exerceat voluntate eorum, idem placuit quod in pluribus exercitoribus. Plane si unius ex omnibus voluntate exercuit, in solidum ille tenebitur, et ideo puto et in superiore casu in solidum omnes teneri.*

[146] *3. Si servus sit, qui navem exercuit voluntate domini, et alienatus fuerit, nihilo minus is qui eum alienavit tenebitur. Proinde et si decesserit servus, tenebitur: nam et magistro defuncto tenebitur.*

[147] *4. Hae actiones perpetuo et heredibus et in heredes dabuntur: proinde et si servus, qui voluntate domini exercuit, decessit, etiam post annum dabitur haec actio, quamvis de peculio ultra annum non detur.*

alguma coisa. A solução é a mesma se o escravo fosse meu ou teu. Se tivesses tomado de locação os serviços do mesmo escravo [como mestre], exercerás contra mim a ação de locação, porque também, se ele tivesse contratado com outro, me demandarias para que eu te cedesse as ações que tinha com este fundamento, da mesma maneira que demandarias um homem livre se tivesses contratado os seus serviços [como mestre]; mas se os serviços forem gratuitos, exercerás a ação de mandato.[148]

(1) Assim, se um escravo meu explorasse como armador uma embarcação, e eu tivesse contratado com o mestre da embarcação, nada impedirá que eu exerça contra o mestre a ação que me compete por direito civil ou por direito honorário, pois não impede este édito que qualquer outro possa demandar o mestre, já que nenhuma ação é substituída por este édito, mas antes adicionada.[149]

(2) Se um de [vários] armadores tivesse contratado com o mestre da embarcação, poderá exercer a ação contra os demais armadores.[150]

f. *Digesto 14, 1, 6*
Paulus, *Brevium*, livro 6.

Se o servo tivesse explorado o navio sem vontade do seu dono, mas com o seu conhecimento, há [ação] quase tributória, se for sem o seu conhecimento dá-se ação de pecúlio.[151]

(1) Se um servo comum explorasse a embarcação com a vontade dos seus donos, dá-se ação contra cada um solidariamente.[152]

---

[148] *Si eum, qui in mea potestate sit, magistrum navis habeas, mihi quoque in te competit actio, si quid cum eo contraxero: idem est, si communis servus nobis erit. Ex locato tamen mecum ages, quod operas servi mei conduxeris, quia et si cum alio contraxisset, ageres mecum, ut actiones, quas eo nomine habui, tibi praestarem, quemadmodum cum libero, si quidem conduxisses, experieris: quod si gratuitae operae fuerint, mandati ages.*

[149] *1. Item si servus meus navem exercebit et cum magistro eius contraxero, nihil obstabit, quo minus adversus magistrum experiar actione, quae mihi vel iure civili vel honorario competit: nam et cuivis alii non obstat hoc edictum, quo minus cum magistro agere possit: hoc enim edicto non transfertur actio, sed adicitur.*

[150] *2. Si unus ex his exercitoribus cum magistro navis contraxerit, agere cum aliis exercitoribus poterit,*

[151] *Si servus non voluntate domini navem exercuerit, si sciente eo, quasi tributoria, si ignorante, de peculio actio dabitur.*

[152] *1. Si communis servus voluntate dominorum exerceat navem, in singulos dari debebit in solidum actio.*

A PREPOSIÇÃO

g. *Digesto 14, 1, 7*
Quaestiones, livro 8.

Lucio Ticio prepôs Stichum como mestre da embarcação; este recebeu dinheiro a título de mútuo dizendo que era para reparar a embarcação. Perguntou-se se Ticio fica obrigado pela ação exercitória apenas se o credor provasse que o dinheiro tinha sido gasto na reparação da embarcação. Respondeu que o credor tem ação útil se, ao tempo em que emprestou o dinheiro, a embarcação necessitasse de reparações. Porque, assim como não é conveniente que o credor se obrigue pessoalmente a tratar da reparação da embarcação e a gerir negócio do dono (o que certamente sucederia se tivesse necessidade de provar que o dinheiro foi gasto na reparação), também se deve exigir que saiba que emprestou para um negócio de que foi encarregado o preposto, o que certamente não sucede se não souber que o dinheiro é necessário para a reparação. Mas, mesmo que a embarcação necessitasse de reparações, se se emprestou mais dinheiro do que o necessário para a reparação, não se deve dar ação na totalidade contra o proprietário da embarcação.[153]

(1) Por vezes deve verificar-se também se se emprestou o dinheiro num lugar em que se podia comprar a coisa para que o dinheiro foi emprestado. O que ocorrerá, pergunta, se alguém emprestar dinheiro para comprar uma vela numa ilha em que não era possível comprar velas? Em suma, o credor deve exercer alguma diligência nisto.[154]

---

[153] *Lucius Titius Stichum magistrum navis praeposuit: is pecuniam mutuatus cavit se in refectionem navis eam accepisse: quaesitum est, an non aliter Titius exercitoria teneretur, quam si creditor probaret pecuniam in refectionem navis esse consumptam. Respondit creditorem utiliter acturum, si, cum pecunia crederetur, navis in ea causa fuisset, ut refici deberet: etenim ut non oportet creditorem ad hoc adstringi, ut ipse reficiendae navis curam suscipiat et negotium domini gerat (quod certe futurum sit, si necesse habeat probare pecuniam in refectionem erogatam esse), ita illud exigendum, ut sciat in hoc se credere, cui rei magister quis sit praepositus, quod certe aliter fieri non potest, quam si illud quoque scierit necessariam refectioni pecuniam esse: quare etsi in ea causa fuerit navis, ut refici deberet, multo tamen maior pecunia credita fuerit, quam ad eam rem esset necessaria, non debere in solidum adversus dominum navis actionem dari.*

[154] *1. Interdum etiam illud aestimandum, an in eo loco pecunia credita sit, in quo id, propter quod credebatur, comparari potuerit: quid enim, inquit, si ad velum emendum in eiusmodi insula pecuniam quis crediderit, in qua omnino velum comparari non potest? Et in summa aliquam diligentiam in ea creditorem debere praestare.*

O LADO EXTERNO DA PREPOSIÇÃO

(2) Acresce que se deve dizer o mesmo quando se trata de uma ação institória. Porque também deve saber o credor que era necessária a compra da mercadoria para que foi preposto o servo e que basta que o dinheiro tenha sido emprestado para esse fim. Mas não se deve exigir ao credor que tome a seu cargo verificar que o dinheiro foi gasto nessa compra.[155]

ii. A *actio institoria* e a *actio ad exemplum institoria*

a. *Digesto 14, 3, 1*
Ulpianus, *Ad Edictum*, livro 28.

O pretor considerou justo que assim como nos beneficiamos com os atos dos institores, também fiquemos obrigados e nos possam demandar pelos contratos celebrados por eles. Mas não chegou a fazer o mesmo a favor daquele que prepôs um institor, porque ele pode esperar: se prepôs como institor um seu escravo, pode estar seguro de adquirir as ações; mas se colocou como institor um escravo alheio ou um liberto não terá ação. Mas poderá demandar o institor ou o *dominus* com base na ação de mandato ou de gestão de negócios. Diz *Marcellus* que deve dar-se ação a favor do que prepôs um institor contra os que contratem com este.[156]

b. *Digesto 14, 3, 2*
Gaius, *Ad Edictum provinciale*, livro 9.

Com fundamento naquilo que tiver sido contratado pelo institor, sempre que não tenha outro recurso a seu favor.[157]

---

[155] *2. Eadem fere dicenda ait et si de institoria actione quaeratur: nam tunc quoque creditorem scire debere necessariam esse mercis comparationem, cui emendae servus sit praepositus, et sufficere, si in hoc crediderit, non etiam illud exigendum, ut ipse curam suscipiat, an in hanc rem pecunia eroganda est.*

[156] *Ulpianus libro uicensimo octauo ad edictum. Aequum praetori uisum est, sicut commoda sentimus ex actu institorum, ita etiam obligari nos ex contractibus ipsorum et conueniri. Sed non idem facit circa eum qui institorem praeposuit, ut experiri possit: sed si quidem seruum proprium institorem habuit, potest esse securus adquisitis sibi actionibus: si autem uel dominum eius conuenire poterit wel mandati uel negociorum gestorum. Marcellus autem ait debere dari actionem ei qui institorem praeposuit in eos, qui cum eo contraxerint.*

[157] *Gaius libro nono ad edictum prouinciale. eo nomine, quo institor contraxit, si modo alier rem suam seruare non potest.*

A PREPOSIÇÃO

c. *Digesto 14, 3, 3*
Ulpianus, *Ad Edictum*, livro 28.

É chamado institor aquele, que é instituído para gerir um negócio. Não importa muito que seja preposto à frente de uma loja ou de qualquer outro negócio.[158]

d. *Digesto 14, 3, 4*
Paulus, *Ad Edictum*, livro 30.

Porque com frequência também alguns entregam mercadorias a homens honrados para que as vendam nas suas casas. Não muda a causa da ação o local de comprar ou vender, se com verdadeiro institor tiver sido comprado o vendido.[159]

e. *Digesto 14, 3, 5*
Ulpianus, *Ad Edictum*, livro 28.

Consequentemente, ao preposto para encarregar-se de um negócio de qualquer tipo se chamará justamente de institor.[160]

(1) Disse *Servius* no livro um a *Brutus*, que se houvesse tratado algo com um administrador de uma casa, ou com aquele que alguém prepôs para cuidar de um edifício ou de comprar trigo, o que encarregou fica obrigado solidariamente.[161]

(2) Também escreveu *Labeo* que se alguém tivesse preposto outrem à frente de um negócio de empréstimo a juros, ou para cultivar os campos, ou para fazer compras ou pagamentos, fica solidariamente obrigado.[162]

---

[158] *Ulpianus libro uicensimo octauo ad edictum. Institor appellatus est ex eo, quod negotio gerendo instet: nec multum facit, tabernae sit praepositus an cuilibet alii negotiationi.*

[159] *Paulus libro trigensimo ad edictum. cum interdum etiam ad homines honestos adferant mercer e tibi uendant. nec mutat causam actionis locus uendendi emendiue, cum utroque uerum sit institorem emisse aut uendidisse.*

[160] *Ulpianus libro uicensimo octauo ad edictum. Cuicumque igitur negotio praepositus sit, institor recte appellabitur.*

[161] *(1) Nam et Seruius libro primo ad Brutum ait, si quid cum insolario gestum sit uel eo, quem quis aedificio praeposuit uel frumento coemento, in solidum eum teneri.*

[162] *(2) Labeo quoque scripsit, si quis pecuniis faenerandis, agris colendis, mercanturis redempturisque faciendis praeposuerit, in solidum eum teneri.*

O LADO EXTERNO DA PREPOSIÇÃO

(3) Mas também se alguém prepôs um seu escravo à frente de uma banca de câmbio, fica obrigado em nome próprio por ele [o escravo].[163]

(4) Admitiu-se que se chamem também institores àqueles a quem os comerciantes de roupas e tecedores de linhos entregam roupas para as venderem de porta a porta, aos quais vulgarmente chamamos vendedores ambulantes.[164]

(5) Também se pode chamar propriamente institores aos encarregados das mulas.[165]

(6) E também aos prepostos à frente de batanadores [ou, pisoteadores] e alfaiatarias. Também os encarregados dos estábulos devem ser incluídos na categoria dos institores.[166]

(7) *Labeo* escreveu que se um comerciante enviar um seu escravo para comprar mercadorias e remeter-lhas, ocupa a posição de institor.[167]

(8) O mesmo disse, se um agente funerário tiver um escravo coveiro, e este espoliar um morto, dá-se contra ele ação quase institória, embora também sejam competentes as ações de injúrias e de furto.[168]

(9) O mesmo diz *Labeo*: se um padeiro costumava enviar a certo sítio um escravo seu para vender pão, e tendo este recebido antecipadamente quantias dos clientes para que nos dias seguintes lhes leve o pão, as desvie, não deve duvidar-se que, se [o padeiro] permitiu que lhe entregassem as quantias [ao escravo], fica obrigado.[169]

(10) Mas se quando um batanador ao partir de viagem tenha rogado que instruísse os seus aprendizes, a quem tinha confiado a sua loja equipada [estabelecimento], e depois da partida do batanador um dos seus aprendizes receber e fugir com o vestuário recebido, o batanador não fica obrigado se o aprendiz foi deixado como procurador limitado, mas fica obrigado se o dei-

---

[163] *(3) Sed et si in mensa habuit quis seruum praepositum, nomine eius tenebitur.*

[164] *(4) Sed etiam eos institores dicendos placuit, quibus uestiarii uel lintearii dant uesten circumferendam et distrahendam, quos uolgo circitores appelamus.*

[165] *(5) Sed et muliones quis proprie institores appellet.*

[166] *(6) Item fullonum et sarcinatirum praepositus. stabularii quoque loco institorum habendi sunt.*

[167] *(7)Sed es si tabernarius seruum suum peregre mitteret ad merces comparandas et sibi mittendas, loco institoris habendum Labeo scripsit.*

[168] *(8) Idem ait, si libitinarius seruum pollinctorem habuerit isque mortuum spolianuerit, dandam in eum quasi institoriam actionem, quamuis et furti et iniuriarum actio competeret.*

[169] *(9) Idem Labeo ait: si quis pistor seruum suum solitus fuit in certum locum mittere ad panem uenden-dum, deinde is pecunia accepta presenti, ut per dies singulos eis panem praestaret, conturbauerit, dubitari non oportet, quin, si permisit ei ita dari summas, teneri debeat.*

A PREPOSIÇÃO

xou como instidor. Claro que se ele me tivesse assegurado que podia confiar nos seus operários, fica obrigado, não pela ação institória, mas pela ação de locação.[170]

(11) No entanto, nem tudo o que o institor geriu obriga a quem o prepôs, mas só se o contrato estiver de acordo com a preposição, quer dizer de acordo com aquilo para que foi preposto.[171]

(12) Por conseguinte, se o prepus para vender mercadorias, estarei obrigado em seu nome pela ação de compra; e também se por acaso o prepus para comprar, fico obrigado apenas pela ação de venda. Mas não ficarei obrigado se o prepus para comprar e o institor vender, nem se o prepus para vender e o institor comprar. Isto prova *Cassius*.[172]

(13) Mas se alguém emprestar uma quantia ao institor preposto para comprar mercadorias há lugar à [ação] institória, e o mesmo se [o empréstimo] for para pagar a renda da loja; o que me parece verdadeiro, se não se proibiu [o institor] de tomar empréstimos.[173]

(14) Se aquele que prepus para comprar e vender óleo emprestar óleo, é de decidir que há lugar a [ação] institória.[174]

(15) Também, se o institor que vende óleo receber um anel em penhor e não o devolver, o preponente fica obrigado pela [ação] institória; porque o que foi contratado foi em assunto para que foi preposto; a não ser que se tivesse dado mandato para vender a contado. Porque se se recebe penhor para garantia do pagamento do preço há lugar à [ação] institória.[175]

---

[170] *(10) Sede et cum fullo peregre proficiscens rogasset, ut discipulis suis, quibus tabernam instructam tradiderat, imperaret, post cuiús profectionem uestimenta discipulus accepisset et fugisset, fullonem non teneri, si quaise procurator fuit relictos: si uero quasi institor, teneri eum. plane si adfirmauerit mihi recte me credere operariis suis, non institoria, sed ex locato tenebitur.*

[171] *(11) Non tamen omne, quod cum institor geritur, obligat eum qui praeposuti, sed ita, ei eius rei gratia, cui praepositus fuerit, contractum est, id est dumtaxat ad id quod eum praeposuit.*

[172] *(12) Proinde si praeposni ad mercium distractionem, tenebor nomine eius ex empto actionem: item si forte ad emendum eum praeposuero, tenebor dumtaxat ex uendito: sed neque si ad emendum, et ille uendiderit, neque se ad uendendum, et ille emerit, deberit teneri, idque Cassius probat.*

[173] *(13) Sed si pecuniam quis crediderit institori ad emendas merce praeposito, locus est institoriae, idemque et si ad pensionem pro taberna exsoluendam: quo dita uerum puto, nisi prohibitus fuit mutuari.*

[174] *(14) Si ei, quem ad uendendum emendumue oleum praeposui, mutuum oleum datum sit, dicendum erit institoriam locum habere.*

[175] *(15) Item si institor, cum oleum uendidisset, anulum arrae nomine acceperit neque eum reddat, dominum institoria teneri: nam eius rei, in quam praepositus est, contractum est: nisi forte mandatum ei fuit praesenti pecunia uendere. quare si forte pignus institor ob pretium acceperit, institoriae locus erit.*

(16) Também compete [ação] institória ao que intervenha como fiador do instritor, porque o negócio [de fiança] é resultado do negócio [principal].[176]

(17) Se o instritor tivesse sido preposto por alguém que faleceu e fique como herdeiro quem já usava o mesmo instritor, sem dúvida que o herdeiro deve ficar obrigado. Além disso, se alguém contratou com o instritor antes da aceitação da herança, é justo dar ao ignorante ação institória.[177]

(18) Também se o meu procurador, tutor ou curador, prepuser um institor, deve dizer-se que é como se fosse preposto por mim, e dá-se ação institória.[178]

f. *Digesto 14, 3, 6*
Paulus, *Ad Edictum*, livro 30.

Mas também se deve dar ação institória contra o mesmo procurador, se for procurador de todo o património.[179]

g. *Digesto 14, 3, 7*
Ulpianus, *Ad Edictum*, livro 28.

Se preponho alguém para gerir o meu património e ratificar, também se deve decidir o mesmo.[180]

(1) Porém pouco importa que o instritor seja homem ou mulher, livre ou escravo, próprio ou alheio. Também pouco importa quem o prepôs, pois mesmo que tenha sido preposto por uma mulher compete [ação] institória à semelhança do que sucede na ação exercitória; e se tiver sido preposta uma mulher, também ficará obrigada. Mesmo que seja preposta uma filha de família ou uma escrava, compete ação institoria.[181]

---

[176] *(16) Item fideiussori, qui pro instritore intreruenerit, instritoria competit: eius enim rei sequela est.*

[177] *(17) Si ab alio instritor sit praepositus is tamen decesserit qui praeposuit et heres ei extirerit, qui eodem instritore utatur, sine dúbio tenerit eum oportebit. nec non, si ante aditam hereditatem cum eo contractu, est aequum est ignorante dari instritoriam actionem.*

[178] *(18) Set et si procurator meus, tutor, curator instritorem praeposuerit, dicendum erit ueluti a me praeposito dandam instritoriam actionem.*

[179] *Paulus libro trigensimo ad edictum, Sed et in ipsum procuratorem, si omnium rerum procurator est, dari debebit instritoria.*

[180] *Ulpianus libro uicentesimo octauo ad edictum. Sed et si quis mean rem gerens praeposuerit et ratum habuero, idem erit dicendum.*

[181] *(1) Parui autem refert, quis sit instritor, masculus na femina, liber na seruus proprius uel alienus. Item quisquis praeposuit: nam et si mulier proposuit, competet instritoria exemplo exercitoria actiones et*

A PREPOSIÇÃO

(2) O menor preposto como institor obriga a quem o prepôs pela ação institória, pois aquele que o prepôs deve sofrer as consequências.[182]

h. *Digesto 14, 3, 8*
Gaius, *Ad Edictum provinciale*, livro 9.

Porque também muitos prepõem à frente da sua loja rapazes e raparigas.[183]

i. *Digesto 14, 3, 9*
Ulpianus, *Ad Edictum*, livro 28.

Se o institor for preposto por um menor, que o fez sob a autoridade do tutor, o menor fica obrigado; se não, não.[184]

j. *Digesto 14, 3, 10*
Gaius, *Ad Edictum provinciale*, livro 9.

Mas dá-se ação contra o menor se tiver enriquecido com o negócio.[185]

k. *Digesto 14, 3, 11*
Ulpianus, *Ad Edictum*, livro 28.

Se um menor tiver herdado do que prepôs o institor, será muito justo que o menor fique obrigado enquanto o preposto se mantenha como institor, porque pelos tutores deve ser removido se não querem usar o seu trabalho.[186]

---

si mulier sit praeposita, tenebitur etiam ipsa. Sed et si filia famílias sit uel ancilla praeposita, competit institoria actio.

[182] *(2) Pupillus autem institor obligat eum, qui eum praeposuit, institoria actione, quoniam sibi imputare debet, qui eum praeposuit.*

[183] *Gaius libro nono ad edictum prouinciale. Nam et plerique pueros puellasque tabernis praeponunt.*

[184] *Ulpianus libro uicesimo octauo ad edictum. Uerum si ipse pupillus praeposuerit, si quidem tutoris auctoritate, obligabitur, si minus, non.*

[185] *Gaius libro nono ad edictum prouinciale. Eatenus tamen dabitur in eum actio, quatenus exe a locupletior est.*

[186] *Ulpianus libro uicensimo octauo ad edictum. Sed si pupillus heres extiterit ei qui praeposuerat, aequissimum erit pupillum teneri, quamdiu prapepositur manet: remouendus enim fuit a tutoribus, si nollet opera eius uti.*

O LADO EXTERNO DA PREPOSIÇÃO

(1) Mas se o que prepôs o institor for menor de vinte e cinco anos, só beneficiará do benefício da idade após prévia cognição.[187]

(2) Não ocupa o posto de institor aquele sobre o qual foi publicamente anunciado que com ele não se deve contratar; porque não se deve com ele contratar como institor, porque se alguém não quer que se contrate, deve proibi-lo publicamente. Se não o faz fica obrigado pela preposição que tiver feito.[188]

(3) Entendemos proibir publicamente no sentido de o fazer através de escritos claros, que se possam ler a partir do chão, como os que se colocam em frente da loja ou do lugar onde se exerce o comércio; não num local escondido, mas num evidente. Deverá estar escrito em Latim ou Grego? Na minha opinião, de acordo com as condições do lugar, de modo a que ninguém possa invocar a ignorância dos escritos. Certo é que, se alguém disser que não sabia ler ou que não viu os escritos, uma vez que muitos podem ler e os escritos estavam expostos ao público, não será ouvido.[189]

(4) É necessário que a proibição esteja exposta permanentemente, porque se se contratou antes de estar exposta ou quando estava escondida, há lugar a [ação] institória. Portanto, se o comerciante tiver publicado a proibição, mas outro a retirou, ou em virtude do tempo, ou da chuva, ou outra razão semelhante tenha sucedido que tenha deixado de estar exposta ou que não seja visível, responde-lhe que existe preposto. Mas se o próprio institor retirou o anúncio para me defraudar, o dolo deste deve prejudicar ao que o prepôs, a não ser que tenha participado no dolo aquele [terceiro] com que contratou.[190]

---

[187] *(1) Sed et si minor uiginti quique annis erit qui praeposuit, auxilio aetatis utetur non sine causae cognitione.*

[188] *(2) De quo palam proscriptum fuerit, nem cum eo contrahatur, is praepositi loco habetur: non enim permittendum erit cum institore contrahere, sed si quis nolit contrahi, prohibeat: ceterum qui praeposuit tenebitur ipsa praepositione.*

[189] *(3) Proscibere palam sic accipimus claris litteris, unde de plano recte legi possit, ante tabernam scilicet uel ante eum locum in quo negotiatio exercetur, non in loco remoto, sed in euidenti. litteris utrum Graecis na Latinis? puto secundum loci condicionem, ne quis causari possit ignoratiam litterarum. certe si quis dicat ignorasse se litteras uel non obseruasse quod propositum erat, cum multi legerent cumque palam esset propositum, non audietur.*

[190] *(4) Proscriptum autem perpetuo esse oportet: ceterum si pe ir temporis, quo propositum non erat, uel obscurata proscriptione contractum sit, institoria locum habebit. proinde si dominus quidem mercis proscripsisset, alius autem sustulit aut uetustate uel pluuias uel quo simili contigit, ne proscriptum esse uel non*

A PREPOSIÇÃO

(5) Devem ser tomados em consideração as condições da preposição. O que acontece se o principal quis que se contratasse com o instítor de um certo modo, ou com a intervenção de certa pessoa, ou com a entrega de penhor, ou sobre determinada coisa? Será muito justo que se respeitem as condições da preposição. Assim, se alguém tem muitos instítores e quis que se contratasse ou com todos em simultâneo ou só com um. Mas se avisou formalmente uma pessoa para não contratar com ele, não deve ter [ação] instítória. Porque também podemos proibir que uma determinada pessoa contrate, ou determinada classe de pessoas ou comerciantes; ou podemos permiti-lo apenas a certas pessoas. Mas se variar continuamente a proibição de contratar com este ou com aquele, dá-se ação a todos contra o principal, porque não se deve enganar os contratantes.[191]

(6) Mas se se proibir em absoluto que se contrate com o instítor, este não se considera preposto, porque está mais como guarda do que como instítor, e portanto não poderá vender na loja nem mercadoria nem coisa alguma mesmo que seja sem importância.[192]

(7) Se a [ação] instítoria foi bem exercida, a [ação] tributória não terá lugar por força do Direito, porque não pode haver lugar à [ação] tributória relativamente à mercadoria própria do principal. Mas se não foi preposto como instítor das mercadorias do principal, mantémse a [ação] tributória.[193]

(8) Se eu tomar de aluguer a um escravo teu os serviços de outro escravo dependente dele, e eu o prepuser como instítor das minhas mercadorias, e este as venda a ti, a venda é válida, porquanto quando o dono compra ao escravo a compa vale embora o dono não fique obrigado, até ao ponto de o

pareret, dicendum eum qui praeposuit teneri. sed si ipse instítor decipiendi mei causa detraxit, dolus ipsius praeponenti nocere debet, nisi particeps doli fuerit qui contraxit.

[191] (5) Condicio autem praepositionis seruanda est; quid enim si certa lege uel interuentu cuiusdam personae uel sub pignore uoluit cum eo contrahi uel ad certam rem? aequissimum erit id seruari, in quo praepositus est. item si plures habuit institores, uel cum omnibus simul contrahi uoluit uel cum uno solo. sed et si denuntiauit cui, ne cum eo contraheret, non debet institoria teneri: nam et certa personam possumus prohibere contrahere uel certum genus hominum uel negotiatorum, uel certis hominibus permitter. sed si alias cum alio contrahi uetuit continua uariatione, danda est omnibus aduersus eum actio: neque enim decipit debent contraentes,

[192] (6) Sed si in totum prohibuit cum eo contrahi, praepositi loco non habentur, cum magis hic custodis sit loco quam institoris: ergo nec uendere mercem hic poterit nec modicum quid ex taberna,

[193] (7) Si institoria recte actum est, tributoria ipso iuri locum non habet; neque enim potest habere locum tributoria in merce dominica. quod si non fuit instítor dominicae mercis, tributoria superest actio.

dono poder, como comprador, possuir e mesmo adquirir a propriedade por usucapião.[194]

l. *Digesto 14, 3, 12*
Iulianus, *Digestorum*, livro 11.

E por isso poderás usar contra mim uma ação institória útil e eu contra ti ou uma [ação] de pecúlio do escravo principal se quiser demandar pela locação dos serviços, ou então a [ação] de pecúlio do escravo dependente, com fundamento em eu ter-lhe mandado que vendesse a mercadoria; também o preço que pagaste pela mercadoria poderá considerarse gasto em teu proveito porque te teria tornado devedor do teu escravo.[195]

m. *Digesto 14, 3, 13*
Ulpianus, *Ad Edictum*, livro 28.

Tinha alguém um escravo preposto para o comércio de óleo em Arles, e também para receber quantias de empréstimo; efetivamente recebeu a quantia em empréstimo, e crendo o credor que o escravo a tinha recebido para o comércio, exerceu a ação de que falamos. Mas não conseguiu provar que a quantia havia sido recebida por causa do óleo. E ainda que tenha já exercido a ação e não possa voltar a demandar, sem embargo, diz *Julianus*, que o credor pode exercer a ação útil, porque o escravo tinha sido preposto também para receber quantias de empréstimo.[196]

---

[194] *(8) Si a seruo tuo operas nicarii eius conduxero et eum merci meam institore fecero isque tibi mercem uendiderit emptio est: nam cum dominus a seruo emit, est emptio, licet non sit dominus obligatus, usque adeo, ut etiam pro emptore et possidere et usucapere dominus possit:*

[195] *Iulianus libro undécimo digestorum. et ideo utilis institoria actio aduersus me tibi competet, Mihi uero aduersus te uel de pecúlio dispensatoris, si ex conducto agere nelim, uel de pecúlio uicarii, quod ei mercem uendendam mandauerim: pretiumque, quo emisti, in rem tuam uersum uideri poterit eo, quod debitor serui tui factos esses.*

[196] *Ulpianus libro uiensimo octauo ad edictum. Habebat quis seruum merci oleariae praepositum Arelate, eundem et mutuis pecuniis accipindir: acceperat mutuam pecuniam: putans creditor ad merces eus accepisse egit propostita actione: probare non potuit mercis gratia eus accepisse. licet consumpta est actio nec amplius agere poterit, quasi pecuniis quoque mutuis accipiendis esset praepositus, tamen Iulianus utilem ei actionem competeret ait.*

A PREPOSIÇÃO

(1) É importante ter presente que o principal obriga-se pela ação institó-ria apenas se alguém não tiver novado aquela obrigação, quer a novação seja feita pelo institor ou por outrem com intenção de novação.[197]

(2) Se dois ou mais tiverem uma loja e tiverem preposto à frente dela um escravo, que tinham em compropriedade em partes desiguais, obrigam-se na proporção das suas partes, ou por partes iguais, ou na proporção da merca-doria vendida, ou solidariamente, pergunta Julianus. E diz que é mais certo que, de modo semelhante à ação exercitoria e à ação de pecúlio, pode cada um ser demandado solidariamente. E o que tiver pago a mais pode obter do outro pela ação de sociedade ou pela [ação] de divisão de coisa comum. Opi-nião esta que já aprovámos antes.[198]

n. *Digesto 14, 3, 14*
Paulus, *Ad Plautium*, livro 4.

O mesmo acontece se um escravo alheio for preposto como institor à frente de mercadoria que seja propriedade comum. Deve dar-se ação solidaria-mente contra um ou contra o outro, e cada um pode obter a parte do con-trato comproprietário por ação de sociedade ou pela ação de divisão de coisa comum. Certamente que não possa exercer-se a ação de sociedade ou a ação de divisão de coisa comum, é sabido que cada um deverá ser condenado na proporção da sua parte; por exemplo, se aquele a cujo escravo foi empres-tado dinheiro tiver constituído dois herdeiros, e tiver concedido liberdade a esse escravo, cada um dos herdeiros apenas pode ser acionado pela sua parte, porque a ação de divisão de coisa comum não se aplica entre herdeiros.[199]

---

[197] *(1) Meminisse autem oportebit institoria dominum ita demun teneri, si non nouauerit quis eam obli-gationem uel ab institore uel ab alio nouandi animo stipulando.*

[198] *(2) Si duo pluresve tabernam exerceant et servum,quem ex disparibus partibus habeant, institorem praeposuerint, utrum pro dominicis partibus teneantur na pro aequilibus na pro portione mercis na uero in solidum, Iulianus quaerit. et ueris esse ait exemplo exercitorum et de peculio actionis in solidum unu-mquemmque conueniri posse, et quidquid is praestiterit qui conuentus est, societatis iudicio uel communi diuidundo consequetur, quam sententiam et supra probaumius.*

[199] *Paulus libro quarto ad Plautium. Idem erit et si alienus seruus communi merci praepositus sit: nam aduersus utrumque in solidum actio dari debet et quod quisquer praestiterit, eius partem societatis uel communi diuidundo iudicio consequetur. certe ubicumque actio societatis uel communi diuidundo cessat, quemque pro parte sua condemnari oportere constat, ueluti si is, cuiús seruo creditum est, duobus heredi-bus institutis ei serno libertatem dederit: nam heredum quisque pro sua parte conuenendi sunt, quia cessat inter eos communi diuidundo iudicium.*

o. *Digesto 14, 3, 15*
Ulpianus, *Ad Edictum*, livro 28.

Em conclusão, deve recordar-se que estas ações são perpétuas, e tanto a favor como contra os herdeiros.[200]

p. *Digesto 14, 3, 16*
Paulus, *Ad Edictum*, livro 29.

Se alguém tiver contratado com um feitor agrícola de outrem, não se dá ação [institória] contra o proprietário, pois o feitor agrícola é preposto à frente da propriedade agrícola para recolher os frutos e não para os comerciar. Mas se eu tivesse preposto o feitor agrícola também para vender as mercadorias, não será injusto que uma ação a exemplo da institória seja competente contra mim.[201]

q. *Digesto 14, 3, 17*
O mesmo, *Ad Edictum*, livro 29.

Se alguém tiver sido preposto para comprar ou vender escravos, ou gado maior e menor, contra o principal que o prepôs não só é dada [ação] institória, mas também [ação] redibitória e [ação] de duplo ou simples dano pela totalidade.[202]

(1) Se tivesses tido como institor um escravo de Tício, poderei demandar-te em virtude deste édito, ou contra Tício em virtude dos éditos abaixo mencionados. Mas se tu proibiste que se contratasse com ele, poderá apenas demandar-se Tício.[203]

---

[200] *Ulpianus libro uicensimo octauo ad edictum. Nouissime sciendum est has actiones perpetuo dari et in heredem et heredibus.*

[201] *Paulus libro uicensimo nono ad edictum. Si cum uilico alicuius contractum sit, non datur in dominum actio, quia uilicus propter fructus percipiendos, non propter quaestum praeponitur. si tamen uilicum distrahendis quoque mercibus praepositum abuero, non erit iniquum exemplo institoriae actionem in me competere.*

[202] *Idem libro trigensimo ad adictum. Si quis mancipiis uel iumentis pecoribusue emendis uendedisque praepositus sit, non solum institoria competit asversus eum qui praeposuit, sed etiam redhibitoria uel ex stipulatu duplae simplaeue in solidum actium danda est.*

[203] *(1) Si seruum Titii institorem habueris, uel tecum ex hoc edicto uel cum Titio dumtaxat agi poterit.*

(2) Se um impúbere tiver herdado do seu pai, que tinha institores, e depois alguém tiver contratado com os institores, há que dizer que é de dar ação contra o menor, por favorecer o comércio, do mesmo modo que quando, depois da morte do tutor sob cuja autoridade se propôs o institor, se contrata com este.[204]

(3) Também deve conceder-se ação com base no contrato que se celebrou antes da aceitação da herança, ainda que fique como herdeiro um demente, escreveu Pomponius. Porque não deve culpar-se o que, sabendo que o principal morreu, contratou com o institor encarregado da mercadoria.[205]

(4) Diz *Proculus* que eu se te tivesse notificado para não emprestares a um escravo que propus como institor, dá-se a exceção: "se ele não o houvesse notificado que não emprestasse àquele escravo". Mas se como consequência daquele contrato o escravo obtiver um pecúlio, ou se eu obtiver vantagem com o contrato, e eu não quiser pagar aquilo em que enriqueci, deve introduzir-se uma réplica de dolo. Porque se entende que comete dolo o que quer lucrar com a perda do outro.[206]

(5) É certo que também está disponível para esta causa a ação de cumprimento [de dívida certa].[207]

r. *Digesto 14, 3, 18*
O mesmo, *libro singulari de variis Lectionibus.*

Institor é aquele que é preposto à frente de uma loja, ou num lugar onde se compra e vende, e também aquele que é preposto para o mesmo cargo sem estabelecer um lugar determinado.[208]

---

[204] *(2) Si impubes patri habendi institores heres exstiterit, deinde cum his contractum fuerit, dicendum est in pupillum dari actionem propter utilitatem promiscui usus, quemadmodum ubi post mortem tutoris, cuiús auctoritate institor praepositus est, cum eo contrahitur.*

[205] *(3) Eius contractus certe nomine, qui ante aditam hereditatem intercessait, etiamsi furiosus heres exsistat, dandam esse actionem etiam Pomponius scripsit: non enim imputandum est ei, qui sciens dominum decessisse cum institore exercente mercem contrahat.*

[206] *(4) Proculos ait, si denuntiauero tibi, ne seruo a me praepositio crederes, exceptionem dandam: si ille illi non denuntiaueritm ne illi seruo crederet. ser si exe o contractu peculium habeat aut in rem mean uersum sit nec uelim quo locupletior sim soluere, replicari de dolo malo oportet: nam uideri me dolum malum facere, qui es aliena iactura lucrum quaeram.*

[207] *(5) Ex hac causa etiam condici posse uerum est.*

[208] *Idem libro singular de uariis lectionibus. Institor est, qui tabernae locoue ad emendum uendendumue praeponitur quique loco ad eundem actum praeponitur.*

s. *Digesto 14, 3, 19*

Papinianus, *Responsorum*, livro 3.

Contra o que prepôs procurador para receber quantias de empréstimo se dará ação útil a exemplo da institória. O mesmo se há-de fazer se for solvente o procurador que prometeu uma quantia ao que a estipulou.[209]

(1) Se um principal prepôs um escravo como institor numa banca de câmbio para receber quantias, e após o libertar continuou a exercer a atividade através do liberto, a causa da responsabilidade não se alterou pela alteração do estatuto.[210]

(2) Um filho preposto pelo pai à frente de uma loja recebeu dinheiro emprestado para comprar mercadorias, e o pai constituiu-se seu fiador. Também se poderá demandá-lo [ao pai] pela [ação] institória, porque com a fiança incorporou o empréstimo no negócio da loja.[211]

(3) O escravo preposto apenas para emprestar dinheiro a juros, se se constitui fiador de uma dívida alheia, como institor não obriga solidariamente o seu principal de acordo com o Direito pretoriano. No entanto, o que prometeu a outro por delegação de um devedor a quem emprestou uma quantia a juros, se reclamará justamente do dono, o qual adquire a ação de quantidade prestada contra o que delegou no escravo.[212]

t. *Digesto 14, 3, 20*

Scaevola, *Digestorum*, livro 5.

Lucius Titius propôs um liberto como institor à frente de uma banca de câmbio que explorava e que escreveu: "Octavio Terminal que gere o património de Octavio Félix saúda Domicio Félix. Tens na banca de câmbio do

---

[209] *Papinianus libro tertio responsorum. In eum, qui mutuis accipindis pecuniis procuratorem praeposuit, utilis ad exemplum institoria dabitur actio: quod aeque faciendum erit et si procurator soluendo sit, qui stipulanti pecuniam promisit.*

[210] *(1) Si dominus, qui seruum institorem apud mensam pecuniis accipiendis habuit, post libertatem quoque datam idem per libertum negotium exercuit, uarietate status non mutabitur periculi causa.*

[211] *(2) Tabernae praepositus a patre filius mercium causa mutuam pecuniam accepit: pro eo pater fideiussit: etiam institoria abe o petetur, cum acceptae pecuniae speciem fideiubendo negotio tabernae mescuerit.*

[212] *(3) Seruum pecuniis tantum faenerandis praepositus per intercessionem aes alienum suscipiens ut institorem dominum in solidum iure praetorio non adstringit: quod autem pro eo, qui pecuniam faenerauit, per delegationem alii promisit, a domino recte petetur, cui pecuniae creditae contra eum qui delegauit actio quaesita est.*

meu patrono mil denários, que devo entregar-te na véspera das calendas de maio". Perguntou-se se, havendo falecido Lucius Titius sem herdeiros e vendidos seus bens, podia ser demandado Terminal com base neste documento. Respondi que, com estas palavras não pode ficar obrigado por Direito Civil, nem por razões de equidade, porque apenas tinha escrito aquilo como institor, com o fim de informar sobre o estado da banca de câmbio.[213]

iii. Da data de surgimento da *actio institoria* e sua influência atual

I. Para bem compreender a antiguidade da solução romana, não é suficiente remeter para o Digesto. Este foi um repositório da evolução histórica de séculos de Direito, sendo que nele se encontram soluções com datas extremamente díspares. A estrutura da *actio institoria* tal como consta no Digesto tem origem na compilação de parcelas obtidas junto de vários autores, que se espraiam ao longo de vários séculos. Ao serem integradas no Digesto, muitas destas soluções tinham já mais de 500 anos de evolução, o que constitui um importante ponto a ter em consideração quanto à sua eficácia e perfeição. Para determinar a data da *actio institoria* é necessário atender aos autores referidos no Digesto, para assim podermos, com alguma segurança, fixar uma data aproximada. Assim, por ordem alfabética, são mencionados:

– Africanus
   Possivelmente *Sextus Caecilius Africanus*.[214] Da sua obra *Quaestiones*, que consistirá fundamentalmente em apontamentos de opiniões do próprio Julianus, resulta o parágrafo 7 da *actio exercitoria*.[215] Terá sido um dos discípulos de *Julianus*, tendo falecido cerca de 169 a 175 d.C..

– Gaius
   De nome completo desconhecido, do livro 9 da sua obra *Ad Edictum provinciale* resulta o parágrafo 2 da *actio exercitoria* e os parágrafos 2, 8

---

[213] *Scaeuola libro quinto digestorum. Lucius Titius mensae nummulariae quam exercebat habuit libertum praepositum: is Gaio Seio cauit in haec uerba: Octauius Terminalis rem Octauii Felicis Domitio Felici Salutem. habes penes mensam patroni mei denários mille, quos denários uobis numerare debendo pridie kalendas Maias. quaesitum est, Lucio Titio defuncto sine herede bonis eius uenditis an ex epistula iure conueniri Terminalis possit. respondit nec iure his uerbis obligatum nec aequitatem conueniendi eum superesse, cum id institoris officio ad fidem mensae protestandam scripsisset.*

[214] ROBY, HENRY JOHN, *An Introduction to the Study of Justinians Digest*, University Press, Cambridge, 1884, pág. CLXX.

[215] D. 14, 1, 7.

e 10 da *actio institoria*.[216] Nascido no tempo de *Hadrianus* (*Publius Aelius Hadrianus Augustus*), por volta de 110 d.C. e falecido cerca de 180 d.C.[217]

– Julianus

Lucius Octavius Cornelius Publius Salvius Julianus Aemilianus, de cujo livro 11 da sua obra *Digestorum* resulta o parágrafo 12 da *actio institoria*.[218] A obra terá sido escrita por meados de 150 d.C.,[219] sendo que *Julianus* viveu entre cerca de 100 d.C. e 169 d.C.[220]

– Papinianus

Aemilius Papinianus, de cujo livro 3 da sua obra *Responsorum*[221] resulta o parágrafo 19 da *actio institoria*,[222] que constituem o núcleo da *actio ad exemplum institoria* ou *actio quasi institoria*. Nasceu no séc. II tendo falecido em 212 d.C., executado por ordem de *Caracalla*.[223]

– Paulus

Julius Paulus Prudentissimus é, destes autores, o único cuja colaboração para a *actio institoria* resulta de três obras. Da obra *Ad Edictum*,[224] resultam os parágrafos 3 e 5 da *actio exercitoria* e os parágrafos 4, 6, 16 e 17 da *actio institoria*.[225] Da obra *Ad Plautius*,[226] resulta o parágrafo 14 da *actio*

---

[216] D. 14, 1, 2; D, 14, 3, 2; D, 14, 3, 8; D, 14, 3, 10.

[217] BUNSON, MATTHEW, *Encyclopedia of the Roman Empire*, Facts on File, Nova Iorque, 2002, pág. 124.

[218] D. 14, 3, 12.

[219] HAZEL, JOHN, *Who's who in the Roman World*, 2.ª ed., Routledge, Londres – Nova Iorque, 2002, pág. 155,

[220] WELLS, COLIN MICHAEL, *The Roman Empire*, 2.ª ed., Harvard University Press, 2004 (6.ª reimp. da edição de 1995), pág. 288.

[221] Composta de 19 livros – BERGER, ADOLF, *Encyclopedic Dictionary of Roman Law*, Vol. 43, parte 2, The American Philosophical Society, Philadelphia, 1953 (reimp. 1991), pág. 617.

[222] D. 14, 3, 19.

[223] BERGER, ADOLF, *Encyclopedic Dictionary of Roman Law*, Vol. 43, parte 2, The American Philosophical Society, Philadelphia, 1953 (reimp. 1991), pág. 617.

[224] Composto por 80 livros – ROBY, HENRY JOHN, *An Introduction to the Study of Justinian's Digest: Containing an Account of Its Composition and of the Jurists Used or Referred to Therein, Together with a Full Commentary on One Title (De Usufructu)*, Cambridge University Press, Nova Iorque, 2010 (republicação do original de 1884), pág. 202 (CCII).

[225] D. 14, 1, 3; D. 14, 1, 5; D. 14, 1, 6; D. 14, 3, 4; D. 14, 3, 4, 6; D. 14, 3, 4, 16; D. 14, 3, 4, 17.

[226] Composto por 18 livros – ROBY, HENRY JOHN, *An Introduction to the Study of Justinian's Digest: Containing an Account of Its Composition and of the Jurists Used or Referred to Therein, Together with*

instititoria.[227] Do *Liber singularis de variis lectionibus*, resulta o parágrafo 18 da *actio institoria.*[228] Para além destes contributos relativos à *actio institoria*, resulta ainda da obra *Brevium* o parágrafo 6 da *actio exercitoria.*[229] Pouco se sabe da vida de *Paulus.*[230] Foi contemporâneo de *Ulpianus* e de *Papinianus*, de quem seria assessor em conjunto com *Ulpianus* durante o reinado de *Severus*. Embora não se saiba qual a data do *Ad Edictum*, terá provavelmente sido escrito antes de 206 d.C.[231]

– Scaevola

Quintus Cervidius Scaevola, de cujo livro 5 da sua obra *Digestorum*[232] resulta o parágrafo 20[233] da *actio institoria*. Não é conhecida a data de nascimento nem de falecimento de *Scaevola*, mas este foi assessor jurídico de *Marcus Aurelius*,[234] tendo sido *praefecctus vigilum* (comandante da força policial de Roma) entre 175 e 179 d.C..[235] Também não é conhecida a data da obra, discutindo-se, nomeadamente, se terá sido escrita por altura da morte de *Marcus Aurelius* (180 d.C.) ou se terá sido publicada por discípulos seus (*Paulus* e *Tryphonius*), *post-mortem*, incluindo anotações dos seus discípulos.[236]

---

a Full Commentary on One Title (De Usufructu), Cambridge University Press, Nova Iorque, 2010 (republicação do original de 1884), pág. 202 (CCII).

[227] D. 14, 3, 14.

[228] D. 14, 3, 18.

[229] D. 14, 1, 6.

[230] BERGER, ADOLF, *Encyclopedic Dictionary of Roman Law*, Vol. 43, parte 2, The American Philosophical Society, Philadelphia, 1953 (reimp. 1991), pág. 623.

[231] ROBY, HENRY JOHN, *An Introduction to the Study of Justinian's Digest: Containing an Account of Its Composition and of the Jurists Used or Referred to Therein, Together with a Full Commentary on One Title (De Usufructu)*, Cambridge University Press, Nova Iorque, 2010 (republicação do original de 1884), págs. 201 e 202 (CCI e CCII).

[232] Composta por 40 livros – BERGER, ADOLF, *Encyclopedic Dictionary of Roman Law*, Vol. 43, parte 2, The American Philosophical Society, Philadelphia, 1953 (reimp. 1991), pág. 691.

[233] D. 14, 3, 20.

[234] BERGER, ADOLF, *Encyclopedic Dictionary of Roman Law*, Vol. 43, parte 2, The American Philosophical Society, Philadelphia, 1953 (reimp. 1991), pág. 691.

[235] TRAVER, ANDREW G., *From Polis to Empire, the Ancient World, C. 800 B.C.-A.D. 500: A Biographical Dictionary*, Greenwood Publishing Group, Westport, 2002, pág. 343.

[236] SCHILLER, A. ARTHUR, *Roman Law: Mechanisms of Development*, Mouton Publishers, 1978, Malta, 1978, págs. 349 a 350.

– Ulpianus

Gnaeus Domitius Annius Ulpianus, de cujo livro 28 da sua obra *Ad Edictum* resultam os parágrafos 1 e 4 da *actio exercitoria* e os parágrafos 1, 3, 5, 7, 9, 11, 13 e 15 da *actio institoria*.[237] Ulpianus, originalmente de Tiro, viveu entre cerca de 170 e 223 d.C., tendo sido assassinado.[238] O pico da sua atividade como jurista terá decorrido entre 211 e 222 d.C., sendo a data provável dos seus escritos entre 213 a 217 d.C.[239] Foi contemporâneo de *Paulus* e de *Papinianus*, de quem seria assessor em conjunto com *Paulus*, durante o reinado de *Severus*.

II. O Digesto de Justiniano é de 553 d.C., mas das datas referentes aos autores citados na *actio institoria*, resulta que os textos que compõem a *actio institoria* no Digesto terão origem a partir de meados do séc. II d.C., sem prejuízo de serem feitas referências a datas muito anteriores, nomeadamente em D. 14, 3, 5 (1), ao se fundar numa afirmação de *Servius* (*Servius Sulpicius Rufus*)[240] no livro 1 de *Ad Brutus*.

Servius foi contemporâneo de *Cicero* (*Marcus Tullius Cicero*), provavelmente um ano mais novo, tendo provavelmente falecido alguns meses antes de *Cicero*, o que o coloca em cerca de 106 a.C. a 43 a.C.[241] confirmando que a construção da *actio institoria* terá tido início pelo menos no séc. I a.C. e muito provavelmente logo no séc. II a.C..

A título de comparação, a procuração (*procuratio*), que é uma figura de *ius civile*, intimamente ligada à estrutura da família romana, terá surgido aproximadamente ao mesmo tempo, embora possivelmente depois da preposição

---

[237] D. 14, 1, 1; D. 14,1, 4; D. 14, 3, 1; D. 14, 3, 3; D. 14, 3, 5; D. 14, 3, 7; D. 14, 3, 9; D. 14, 3, 11; D. 14, 3, 13; D. 14, 3, 15.

[238] BERGER, ADOLF, *Encyclopedic Dictionary of Roman Law*, Vol. 43, parte 2, The American Philosophical Society, Philadelphia, 1953 (reimp. 1991), pág. 750.

[239] PLESSIS, PAUL DU, *Borkowski's Textbook on Roman Law*, 4.ª ed., Oxford University Press, Nova Iorque, 2010, pág. 49.

[240] JUSTO, SANTOS, *As Acções do Pretor (Actiones Praetoriae)*, separata do Vol. LXV (1989) do Boletim da Faculdade de Direito de Coimbra, Coimbra, 1989, pág. 34.

[241] BAUMAN, RICHARD A., *Lawyers in Roman Transitional Politics: A Study of the Roman Jurists in Their Political Setting in the Late Republic and Triumvirate*, in Münchener Beiträge zur Papyrusforschung und Antiken Rechtsgeschichte; Heft 79, Beck, Munique, 1985, Págs. 4 a 15.

(ou, melhor, da *actio exercitaria* e da *actio institoria*), pois a primeira referência segura sobre a procuração encontra-se na *Lex Agraria*, que é de 111 a.C.[242]

É a cristalização que se opera com o Digesto de Justiniano que releva para o conteúdo da preposição ora analisado, e não tanto a sua versão original. Contudo, estas datas comprovam que a questão dos prepostos é regulada pelo Direito através da imputação ao preponente dos resultados da sua atividade (mesmo que solidariamente) há mais de dois mil anos.

Há mais de dois mil anos que se usam prepostos, que se conhecem os prepostos, que são bem conhecidas as consequências positivas e negativas do uso de preposto. Há mais de dois mil anos que o legislador sabe tudo isto e decidiu regular os prepostos de modo a aproveitar a sua atividade, mas protegendo o Comércio das consequências negativas. Há mais de dois mil anos que a atuação dos prepostos é imputada ao preponente.

A questão não é nova; a solução não é nova.

A única novidade é a falta de estudo da preposição,[243] que determina a não aplicação do seu regime, com as inerentes consequências negativas no Comércio.

iv. Análise da *actio institoria*

Analisando a *actio institoria* podemos traçar várias conclusões, que nos revelam a estrutura da mesma.

– Qualquer pessoa pode ser preposto, sem qualquer limitação. Numa altura de grandes diferenças entre pessoas livres e escravos, homens e

---

[242] MICELI, MARIA, *Studi sulla "Rappresentanza" nel Diritto Romano*, Vol. I, Giuffrè, Milano, 2008, págs. 108 e 110.

[243] Na literatura nacional recente, as únicas obras que se conhecem que abordam a problemática atual da preposição (fazendo referência expressa à *praepositio*), para além das nossas, são de CORDEIRO, António Menezes, *Tratado de Direito Civil*, Vol. V, 3.ª ed., Almedina, Coimbra, 2018, pág. 147, PASSINHAS, Sandra, *A propósito das práticas comerciais desleais: contributo para uma tutela positiva do consumidor*, in Estudos do Direito do Consumidor, n.º 13, págs. 107 a 211, Centro de Direito do Consumo e Instituto Jurídico da Faculdade de Direito de Coimbra, Coimbra, 2017, *passim* e de " GUICHARD, RAÚL, *A Representação sem Poderes no Direito Civil Português. A Ratificação*, polic., Porto, 2009, pág. 530, mas mesmo neste caso apenas como uma questão incidental e a propósito de ordenamentos estrangeiros (Alemanha, Espanha e Itália). Existem, contudo, casos de preposições detetados na Doutrina nacional, mas sem que sejam estudados como tal, como sucede com SANTOS, FILIPE CASSIANO, *Direito Comercial Português*, Vol. I, Coimbra Editora, Coimbra, 2007, págs. 171 a 173.

mulheres, adultos e menores, todos eram admitidos como prepostos, sem qualquer diferença possível.[244]

- A posição de *institor* resulta da *praepositio*,[245] conforme ressalta, de um modo geral de todo o regime da *actio institoria*.[246]

- São várias as atividades que podem ser exercidas através de um *institor*,[247] razão pela qual são conhecidos no comércio por vários nomes. Assim, a denominação sobre a qual o *institor* exerce a sua atividade não é relevante para a *praepositio*. *Institor* é, assim, mais uma designação jurídica do que uma designação usada na prática comercial. É pelos nomes usados nos usos comerciais, pelas profissões, que os prepostos são conhecidos.[248]

- Para a *praepositio* é irrelevante a localização do negócio a gerir, podendo a atividade do *institor* ser desenvolvida num local fixo em que o comerciante exerça a sua atividade (*taberna*), podendo ser fora desse local, e podendo mesmo o *institor* exercer a sua atividade de um modo ambulante.[249] O que releva é que esteja à frente do negócio, seja ele amplo ou restrito.[250]

- A *praepositio* resulta de se colocar alguém à frente do negócio.[251] Não resulta necessariamente de um ato formal, mas antes da constatação de um facto. Quem surgir colocado à frente do negócio para tomar conta dele é preposto. E mantém-se preposto enquanto não cessar a aparência de estar de facto à frente do negócio. São razões de proteção da apa-

---

[244] D. 14, 3, 7; D. 14, 3, 8.

[245] D. 14, 3, 3; D. 14, 3, 5; D. 14, 3, 18.

[246] D. 14, 3, 1; D. 14, 3, 3; D. 14, 3, 5; D. 14, 3, 5 (1); D. 14, 3, 5 (2); D. 14, 3, 5 (3); D. 14, 3, 5 (6); D. 14, 3, 5 (11); D. 14, 3, 5 (12); D. 14, 3, 5 (13); D. 14, 3, 5 (14); D. 14, 3, 5 (15); D. 14, 3, 5 (17); D. 14, 3, 5 (18); D. 14, 3, 7; D. 14, 3, 7 (1); D. 14, 3, 7 (2); D. 14, 3, 8; D. 14, 3, 9; D. 14, 3, 11; D. 14, 3, 11 (1); D. 14, 3, 11 (2); D. 14, 3, 11 (3); D. 14, 3, 11 (4); D. 14, 3, 11 (5); D. 14, 3, 11 (6); D. 14, 3, 13; D. 14, 3, 16; D. 14, 3, 17; D. 14, 3, 17 (2); D. 14, 3, 17 (4); D. 14, 3, 18; D. 14, 3, 19; D. 14, 3, 19 (2); D. 14, 3, 19 (3); D. 14, 3, 20.

[247] Vendedores ambulantes, encarregados das mulas, batanadores, alfaiates, encarregados dos estábulos, coveiros, feitores agrícolas, bancários.

[248] D. 14, 3, 5 (1); D. 14, 3, 5 (2); D. 14, 3, 5 (3); D. 14, 3, 5 (4); D. 14, 3, 5 (5); D. 14, 3, 5 (6); D. 14, 3, 5 (7); D. 14, 3, 5 (8); D. 14, 3, 5 (9).

[249] D. 14, 3, 18; D. 14, 3, 4.

[250] D. 14, 3, 3; D. 14, 3, 5.

[251] D.14,3,3; D. 14, 3, 5

A PREPOSIÇÃO

rência e da confiança essenciais ao bom funcionamento do comércio que justificam este regime.[252]

– A *praepositio* faz do *institor* um gestor de negócios, podendo abranger a gestão qualquer tipo de negócios,[253] mas a gestão tem necessariamente de implicar a prática de negócios jurídicos, não sendo considerada como *praepositio* quando se proíbe a celebração de negócios nem quando a gestão apenas incluir outros tipos de atividade que não os negócios.[254]

– A alteração da relação subjacente à *praepositio* é irrelevante, desde que a atividade continue a ser exercida através do *institor*.[255]

– Uma vez que os poderes do *institor* resultam da *praepositio*, é possível limitar os seus poderes limitando a própria *praepositio*.[256] Mas, para tanto, é necessário anunciar publicamente essa limitação, ou comunicá-la especificamente ao terceiro em causa.[257]

– Se os poderes do *institor* forem excluídos de modo público – totalmente limitados – não existe *praepositio*, pelo que o *institor* não tem essa qualidade.[258]

– Se o preponente agir constantemente, limitando e ampliando a *praepositio*, ou limitando relativamente a umas pessoas, mas não a outras, essas limitações são ineficazes pois são contra a boa-fé, fincando vinculado à atuação do *institor*. As limitações operadas na relação subjacente e as respetivas instruções não são oponíveis a terceiros.[259]

– Embora se possa limitar a *praepositio* e, através desta limitação, se possam conformar os poderes do *institor*, esta possibilidade apenas pode ser efetuada por áreas de negócio, e não por tipos de atos. Um *institor* é preposto para uma determinada área de negócios, para uma atividade, pelo que todos os negócios relativos a essa área de negócios são neces-

---

[252] D. 14, 3, 1; D. 14, 3, 5 (17); D. 14, 3, 11 (2); D. 14, 3, 17 (2); D. 14, 3, 17 (3); D. 14, 3, 18; D. 14, 3, 19 (2).

[253] D. 14, 3, 3; D. 14, 3, 5; D. 14, 3, 5 (1); D. 14, 3, 5 (2); D. 14, 3, 5 (3); D. 14, 3, 5 (4); D. 14, 3, 5 (5) D. 14, 3, 5 (6); D. 14, 3, 5 (7); D. 14, 3, 5 (8); D. 14, 3, 5 (9); D. 14, 3, 11 (6); D. 14, 3, 16; D. 14, 3, 18.

[254] D. 14, 3, 11 (1); D. 14, 3, 11 (6); D. 14, 3, 16.

[255] D. 14, 3, 19, (1).

[256] D. 14, 3, 4; D. 14, 3, 5 (10); D. 14, 3, 5 (11); D. 14, 3, 5 (12); D. 14, 3, 11 (5); D. 14, 3, 11 (6); D. 14, 3, 17 (1); D. 14, 3, 17 (4).

[257] D.14, 3, 11 (2); D.14, 3, 11 (3); D.14, 3, 11 (4); D.14, 3, 11 (5).

[258] D. 14, 3, 11 (6).

[259] D. 14, 3, 11 (5).

sariamente abrangidos pela *praepositio* tendo o *institor* todos os poderes necessários para os contratos inerentes a essa área de negócios. Não é possível excluir um tipo qualquer de atos se estiver relacionado com determinada área de negócios.[260]

– A *praepositio* atribui todos os poderes necessários para que o *institor* exerça a atividade para que foi proposto. Sendo que, toda a atividade desenvolvida pelo *institor* e que seja abrangida pela *praepositio* é imputável ao preponente. Pode suceder, contudo, conforme os casos, que seja também imputável ao próprio *institor*, dependendo da relação subjacente, do contrato celebrado e do estatuto jurídico do *institor*.[261]

– Em razão da *praepositio* o *institor* representa quem o propôs.[262]

– O preponente pode acionar diretamente a pessoa (o terceiro) com quem o *institor* celebrou o contrato.[263]

– A imputação de efeitos é definitiva, o que significa que não prescreve, caduca, ou está sujeita a qualquer limitação possível. Uma vez celebrado o negócio pelo institor no âmbito da *praepositio* os efeitos ficam para sempre imputados à esfera de quem o propôs, como se tivesse sido ele a celebrá-lo.[264]

– Se um *institor* conceder um empréstimo por conta de um comerciante, este fica pessoalmente obrigado pelo mesmo.[265]

– Se um *institor* obtiver um empréstimo junto de um terceiro, fica o comerciante seu preponente pessoalmente obrigado pelo mesmo, se for desde logo dirigido à atividade do preponente.[266]

– Se um *institor* obtiver um empréstimo junto de um terceiro, fica o comerciante seu preponente pessoalmente obrigado pelo mesmo se, independentemente de o empréstimo ser celebrado expressamente por conta ou em nome do preponente, o dinheiro vier a ser incorporado

---

[260] D. 14, 3, 5 (13); D. 14, 3, 5 (14); D. 14, 3, 5 (15); D. 14, 3, 5 (16); D. 14, 3, 17 (4).

[261] D. 14, 3, 1; D. 14, 3, 5 (1); D. 14, 3, 5 (2); D. 14, 3, 5 (3); D. 14, 3, 5 (4); D. 14, 3, 5 (5); D. 14, 3, 5 (6); D. 14, 3, 5 (7); D. 14, 3, 5 (8); D. 14, 3, 5 (9).

[262] D. 14, 3, 1; D. 14, 3, 2; D. 14, 3, 7 (2); D. 14, 3, 11 (8); D. 14, 3, 12; D. 14, 3, 19.

[263] D. 14, 3, 1.

[264] D. 14, 3, 15.

[265] D. 14, 3, 19.

[266] D. 14, 1, 1 (8).

A PREPOSIÇÃO

no comércio deste, nomeadamente, através da concessão de garantia pelo preponente.[267]

– Caso um *institor* desenvolva atividade para mais do que um preponente, ou caso gira mercadorias pertencentes a duas ou mais pessoas, os preponentes respondem solidariamente nas relações com terceiros. Neste caso, as relações internas entre ambos os preponentes serão reguladas pela relação jurídica existente (em regra, o regime da sociedade ou da compropriedade).[268] Ou seja, também neste caso, a *actio institoria* regula a parte externa da relação, mas a parte interna é regulada por outra relação.

– A *praepositio* é autónoma da relação jurídica que porventura exista entre o preponente e o *institor*. Independentemente da natureza desta relação, e das modificações que possa sofrer, a *praepositio* produz sempre efeitos. E não só é autónoma neste sentido, como é também autónoma no sentido de – como regra – as duas relações não se excluírem. As ações inerentes à relação subjacente mantêm-se a par da *actio institoria*, pelo que, em regra, e conforme os casos, se pode recorrer às *actiones* relativas ao negócio celebrado, ou relativas à relação entre institor e preponente, ou à *actio institoria*.[269]

– A publicidade dada à *praepositio* é um elemento central do regime, em razão das preocupações de proteção do comércio, em especial das necessidades de tutela da confiança para bom funcionamento do comércio. De tal modo que, na falta de publicidade da *praepositio*, esta inclui todos os poderes para a celebração de todos os negócios que possam ser relevantes para a loja ou outro estabelecimento no qual o *institor* desenvolva a sua atividade. A regra é a de o *institor* ter plenos poderes, a menos que quem o propuser publicite adequadamente as limitações existentes.[270]

– O mesmo sucede no que respeita à revogação da *praepositio*. Mas precavê-se o caso da invocação abusiva do anúncio de limitação da *praepositio*, de tal modo que se o *institor* violar uma limitação à *praepositio*, mas o preponente obtiver vantagens com o negócio, este fica responsável

---

[267] D. 14, 3, 19 (2).
[268] D. 14, 3, 13 (2); D. 14, 3, 14.
[269] D. 14, 3, 1; D. 14, 3, 2; D. 14, 3, 6; D. 14, 3, 13; D. 14, 3, 13 (1); D. 14, 3, 17; D. 14, 3, 19 (1).
[270] D. 14, 3, 11 (2); D. 14, 3, 11 (3); D. 14, 3, 11 (4); D. 14, 3, 11 (5).

pelas perdas do negócio. Ou seja, protege-se o terceiro contra a utilização abusiva do anúncio de limitação da *praepositio*.[271]

– O regime inclui ainda especificidades relativamente a incapazes (menores e dementes), destinado a proteger os incapazes, mas compatibilizando esta proteção com a proteção do comércio. Assim, os incapazes podem propor um *institor* desde que a sua incapacidade esteja suprida pelo tutor. Caso o façam sem o suprimento da incapacidade não ficam vinculados pelo *institor*, exceto se tiverem enriquecido com esse negócio. Caso em que, tendo enriquecido com o negócio, ficam também vinculados pelas eventuais responsabilidades.[272]

– A *praepositio* prolonga-se *post mortem* do preponente. A necessidade de proteção do comércio é tomada em consideração de modo tal que no caso de um menor herdar um negócio que tenha um *institor* preposto, este mantém-se em funções até que o tutor revogue a *praepositio*, o mesmo sucedendo quando o herdeiro é um demente. Ou seja, desde que o *institor* tenha sido nomeado pelo autor da sucessão, mantém-se *post mortem*, assim se protegendo quem tiver celebrado negócios com o *institor*, mesmo após a morte do *de cujus*.[273]

– Mas no caso de menores (de 25 anos) que proponham um *institor*, a proteção resultante da sua idade é apreciada caso a caso, também assim se protegendo a confiança no comércio.[274]

– Embora seja uma figura do Comércio, é aplicável a quem pratique atos de comércio, mesmo que não seja tido como comerciante, como sucede com os feitores de explorações agrícolas, quando procedam à venda dos produtos em mercado.[275]

3. O feitor no Código Comercial de 1833

O Código Comercial de 1833 foi uma das mais importantes obras jurídicas nacionais, tanto por razões políticas como jurídicas.

No campo político, o Código Comercial de 1833 foi um dos principais atos de reapossamento praticados por D. Maria II sobre Portugal. A elaboração do Código Comercial foi ordenada por Decreto de 18 de agosto de 1832,

---

[271] D. 14, 3, 17 (4).

[272] D. 14, 3, 9; D. 14, 3, 10.

[273] D. 14, 3, 11; D. 14, 3, 17 (2); D. 14, 3, 17 (3).

[274] D. 14, 3, 11 (1).

[275] D. 14, 3, 16.

A PREPOSIÇÃO

passado pouco mais de um mês do desembarque do Mindelo. O Decreto que ordenava a elaboração do Código Comercial foi aprovado por D. Pedro IV, na qualidade de Regente, no Paço do Porto, em plena guerra civil. Passados onze meses do desembarque do Mindelo, o texto do Código Comercial veio a ser proposto em 8 de junho de 1833 por Ferreira Borges a D. Pedro IV. A proposta foi enviada a partir de Londres, tendo sido aprovada em Lisboa, no Palácio das Necessidades, em 18 de setembro, por D. Pedro IV na qualidade de Regente em nome de D. Maria II. Esta desembarcou em 22 de setembro, passados apenas quatro dias da aprovação do Código Comercial.

Dos inúmeros diplomas aprovados entre o desembarque do Mindelo e a chegada de D. Maria II a Portugal, o Código Comercial foi sem dúvida o mais marcante. Assim, à data da chegada de D. Maria II a Portugal vigorava já o primeiro Código português, aprovado por sua ordem e em seu nome, a partir do Palácio das Necessidades, em Lisboa. A aprovação deste Código teve um inegável significado político, tendo também transmitido uma importante mensagem aos comerciantes e negociantes em Portugal.

No campo técnico-jurídico, o Código Comercial de 1833 foi o primeiro Código nacional, inaugurando o movimento codificador nacional,[276] sinal de modernidade e evolução do nosso Direito. A vontade de modernizar e melhorar o Reino é patente no Decreto de 18 de agosto de 1832, que ordena a elaboração de um Código Comercial:

> *Não existindo igualmente em Portugal um Codigo Commercial, que tracte de decidir com brevidade e justiça as diferentes dúvidas que nascem do Commercio, e existindo por outra parte na Europa os melhores môdelos para um e outro Codigo,[277] havendo quem escolha as decisões, e introduza o methodo, precisão, e clareza nas expressões Hei por bem, em Nome*

---

[276] Nas Cortes de 6 de julho de 1821 foi decidido *"que se nomeassem Commissões externas; que estas fossem consultivas; e que fossem nomeadas pelas Comissões do Congresso, apresentado cada uma á aprovação do mesmo Congresso as pessoas que julgasse mais capazes de formarem as Comissões dos seus respectivos ramos".* Foi ainda decidido, no que respeita às Comissões externas, que *"houvesse uma de nova redacção do Codigo criminal, e outra do Codigo civil, ficando estas duas Commissões encarregadas de trabalhar cada uma na redacção do Codigo de processo que lhe he respeito; outra de reforma da Universidade, e de toda a instrucção publica do Reino; outra do Codigo da marinha militar, e outra do exercito; ficando a cargo das respectivas Commissões militares, a parte de instrucção que lhes he relativa".* Por último, *"finalmente se decidiu que o senhor Ferreira Borges continuasse na redacção do Codigo de commercio"* – Diario das Cortes Geraes e Extraordinarias da Nação Portugueza, n.º 68, pág. 1460. De todos estes Códigos, o único que foi diretamente incumbido a uma única pessoa foi o primeiro a ser aprovado.

[277] O Decreto mandava elaborar também um Código Penal.

da Rainha, Crear uma Commissão composta por cinco Membros, dos quaes será Presidente o primeiro nomeado, e Secretario o ultimo, para o fim de redigir aquelles dois Codigos...

Desde essa data nunca mais se abandonou a opção pelos Códigos. Apesar do enorme atraso com que o movimento codificador chegou a Portugal, este Código marcou de tal modo o nosso sistema jurídico de Direito Privado, pela sua modernidade, que a revolução que iniciou só deu novos frutos no Direito Privado com a aprovação do Código Civil em 1867, e tendo o próprio Código Comercial vigorado até 1888. A aparente facilidade da aprovação do Código Comercial de 1833 esconde a complexidade jurídica e política da tarefa. É de notar que o Código Penal, cuja elaboração havia sido ordenada em simultâneo com a ordem de elaboração de um Código Comercial, e mesmo com instruções para ser elaborado antes do Código Comercial, apenas veio a entrar em vigor quase vinte anos depois, em 1852.[278]

Mais uma vez, foi o Comércio que seguiu à frente, a desbravar o caminho. Tal como sucedeu em Roma, em que *praepositio* abriu o caminho para uma grande parte das figuras civis de representação e responsabilidade, no Séc. XIX foi novamente o Comércio que deu o primeiro passo em Portugal, agora no âmbito da codificação. O sistema imposto pelo Código Comercial de 1833 era ainda um sistema misto, que herdava algo da tradição romana das *actiones*, embora modernizadas, em especial no que respeita à técnica legislativa, a par de soluções e técnicas inovadoras. Não se trata já de uma compilação de casos, nem de comentários a casos, nem de decisões individualizadas. Era um misto da técnica romana, com a técnica das ordenações e com a técnica codificadora.

O salto técnico-jurídico que o Código Comercial de 1833 deu relativamente às Ordenações é patente. O Código sofreu influências várias, mas no que respeita às influências mais próximas em matéria de preposição, diz-nos Gaspar Pereira da Silva[279] que o teor das disposições foi profundamente

---

[278] Durante a ditadura de Passos Manuel, ainda chegou a ser aprovado um Código Penal, por Decreto de 4 de janeiro de 1837, da autoria de José Manuel da Veiga, mas este nunca foi aplicado pois não foi incluído nas medidas sancionadas pela Carta de Lei de 27 de abril de 1837 – SANTOS, MARIA JOSÉ MOUTINHO, *Liberalismo, legislação criminal e codificação. O Código Penal de 1852. Cento e cinquenta anos da sua publicação*, in Revista da Faculdade de Letras, História, III sério, vol. 3, 2002, págs. 98 e 99.

[279] SILVA, GASPAR PEREIRA DA, *Fontes Proximas do Codigo Commercial Portuguez*, 1.ª parte, Typographia Commercial Portuense, Porto, 1843, págs. 241 a 243 e 248 a 251. O autor era Presidente do Tribunal do Comércio do Porto à data da publicação da obra, tendo entre 16 de

A PREPOSIÇÃO

influenciado pela obra de Michele de Jorio,[280] famoso autor do projeto de *Codice Marittimo* de 1781 encomendado por Fernando IV, Rei das Duas Sicílias e um dos autores de referência em matéria Comercial.[281] A importância de um autor ligado ao Direito Marítimo é muito relevante em matéria de preposição. Não é possível olvidar que o regime jurídico da preposição nasceu no Direito Marítimo, com a *actio exercitoria*. Muito embora a *actio institoria* tenha passado a ser a figura de referência, tudo nasceu no comércio marítimo. Por outro lado, diz-nos ainda o mesmo Autor, que na parte referente à preposição (ou ação institória), o Código Comercial de 1833 foi profundamente influenciado pelo projeto de Código Comercial italiano. Esta afirmação carece de uma explicação, em virtude da perplexidade que poderia causar. Como se verá, o capítulo da preposição do projeto de Código Comercial italiano nunca entrou em vigor, pois não veio a integrar o Código Comercial do Reino de Itália de 1808. Por outro lado, o principal Código Comercial da altura era – manifestamente – o Código Comercial francês, pai de todos os Códigos Comerciais de então. Qual seria a razão de buscar os ensinamentos num projeto de código numa parte que nunca entrou em vigor, quando se tinha ao dispor o *Code de Commerce* de 1807? E qual terá sido a efetiva influência do *Code de Commerce* de 1807? Haverá outras influências?

Para bem se compreender o regime do feitor do Código Comercial de 1833 é necessário proceder a uma breve análise das influências que este Código recebeu em matéria de preposição.

A. Influências sobre o Código Comercial de 1833

i. O Código Comercial de 1807 da República Francesa
I. Em 22 de setembro de 1807 foi promulgado o Código Comercial da República Francesa, que entrou em vigor no dia 1 de janeiro de 1808. Este foi o primeiro verdadeiro Código Comercial do mundo, tendo marcado todo o Direito Comercial continental e, acima de tudo, todo o movimento codificador comercial. Apesar da sua importância, não regulou a preposição, nem regulou o mandato com representação.

---

novembro de 1862 e 5 de março de 1863 assumido funções como Ministro da Justiça do 25.º Governo da Monarquia Constitucional, presidido pelo Duque de Loulé.

[280] *La Giurisprudenza del Commercio*, Tomo II, Stamperia Simoniana, Nápoles, 1799.

[281] Autor do verdadeiro monumento do Direito Comercial que é *La Giurisprudenza del Commercio*, 4 tomos, Nápoles, Stamperia Simoniana, 1799.

O LADO EXTERNO DA PREPOSIÇÃO

De acordo com o pensamento da época, o principal diploma de Direito Privado era o Código Civil. O plano inicial de Napoleão Bonaparte tinha consistido em elaborar um Código Civil que incluísse toda a matéria comercial, à semelhança do Digesto, que este conhecia muito bem.[282] No entanto, logo no início dos trabalhos, Napoleão foi convencido a manter a matéria comercial num Código à parte, que seria secundário relativamente ao Código Civil. Por esta razão optou-se por não incluir no Código Comercial qualquer regime que já estivesse incluído no Código Civil. Assim, uma vez que o Código Civil regulava já o mandato (com representação), a matéria da representação ficou excluída do Código Comercial, que apenas regulava o mandato sem representação (comissão) e outros intermediários. A opção era consciente, de tal modo que o discurso preliminar do projeto de Código Comercial, elaborado pela comissão nomeada em 3 de abril de 1801,[283] omite integralmente qualquer referência à questão do gerente de comércio. A comissão redatora assumia que os principais intermediários eram os agentes intermediários em bolsa,[284] admitindo que existiam outros intermediários, que eram os comissionários. Mas que, neste caso, se o comissionário agisse com base num mandato com representação, se devia aplicar o Direito Civil.[285] Em resultado deste sistema, o Código Comercial francês de 1807 apenas veio a regular a comissão mercantil, ou seja, o mandato sem representação. Não regulou o mandato com representação, nem a procuração, nem a preposição, nem qualquer matéria relacionada.

Nesta matéria o art. 91 do Código Comercial de 1807,[286] definia como comissário aquele que agia por conta do comitente, mas em seu próprio nome ou sob uma firma social. No que respeita aos casos de atuação em

[282] Neste sentido também, CORDEIRO, ANTÓNIO MENEZES, *Direito Comercial*, 4.ª ed., Almedina, Coimbra, 2016, pág. 55.

[283] GORNEUAU, VIGNON, BOURSIES, LEGRAS, VITAL ROUX, COULOMB e MOURGE, *Texte du Discours Préliminaire*, in ROGRO, JOSEPH ADRIEN, *Code de commerce expliqué*, Adolphe Mahlent et Comp., Bruxelas, 1839, pág. vi a xvi.

[284] Parágrafo 15 do discurso preliminar do projeto de Código Comercial – ROGRO, JOSEPH ADRIEN, *Code de commerce expliqué*, Adolphe Mahlent et Comp., Bruxelas, 1839, pág. x.

[285] Parágrafo 16 do discurso preliminar do projeto de Código Comercial – ROGRO, JOSEPH ADRIEN, *Code de commerce expliqué*, Adolphe Mahlent et Comp., Bruxelas, 1839, pág. x.

[286] *91. Le commissionnaire est celui qui agit, en son propre nom, ou sous un nom social, pour le compte d'un commettant.*

A PREPOSIÇÃO

nome alheio, o art. 92[287] mandava aplicar as regras do Livro III, título XIII do Código Napoleónico (arts. 1984 a 2010). O Código Napoleónico, por sua vez, não distinguia o mandato da procuração, considerando-os como sinónimos (art. 1984).[288] O mandato no Código Napoleónico era, como tal, necessariamente com representação (e era um negócio de Direito Civil), pelo que no sistema francês o Código Comercial regulava o mandato (comercial) sem representação – a comissão – enquanto o Código Civil regulava o mandato (civil) com representação.

Pode reconhecer-se a arrumação lógica subjacente a este sistema. O caso visto como típico do Direito Civil era regulado no Código Civil e o caso visto como típico do Direito Comercial era regulado no Código Comercial. A aplicação de cada uma das figuras fora do âmbito do Código no qual se inseria fazia-se com as necessárias adaptações.[289]

Em conclusão, no sistema francês não existia uma figura de representação de Direito Comercial. Toda a representação provinha do mandato civil, regulado pelos arts. 1984 a 2010 do Código de Napoleão, por remissão do art. 92 do Código Comercial francês de 1804.

II. Uma das razões de ser desta omissão, foi a profunda influência que o *Code Savary* (de 1673) teve na redação do Código Comercial de 1807.[290] O *Code Savary* foi o primeiro embrião de Código Comercial em França, regu-

---

[287] *92. Les devoir et les droits du commissionnaire qui agit au nom d'un commettant, son determinés par le Code Napoléon, Livre III, titre XIII.*

[288] *1984. Le mandat ou procuration est un acte par lequel une persone donne à une autre le pouvoir de faire quelque chose pour le mandant et en son nom.*

[289] No que respeita ao mandato comercial, os Autores eram unânimes, por exemplo, na não aplicação da regra da gratuidade do mandato civil (art. 1986 do Código Napoléonico), defendendo que o mandato comercial (com representação) era oneroso; por todos, LOCRÉ, LE BARON, *Esprit du Code de Commerce,*Tomo I, 2.ª ed., Dufour et Cie., Paris, 1829, págs. 237 a 238. A primeira edição da obra foi contemporânea do Código Comercial de 1807, mas o Autor afirma na segunda edição que foi obrigado (por Napoleão) a alterar o seu pensamento na primeira edição – pág. vii da 2.ª ed. – afirmando mesmo que foi forçado a reformular o seu pensamento relativamente a várias partes do Código, e que seria de uma extrema imprudência correr o risco de fazer a menor observação crítica.

[290] Ordenação de 1673 de Colbert, conhecido por Code Savary. O Código Comercial de 1807 foi também profundamente influenciado pela Ordenação de 1681 sobre comércio marítimo. Neste sentido, SERUZIER, *Précis Historique sur les Codes Français*, Videcoq Pére et Fils Éditeurs, Paris, 1845, pág. 67; BRAVARD-VEYRIÈRES, *Manuel de Droit Commercial*, 3.ª ed., Joubert, Paris,

lando várias matérias referentes ao comércio terrestre, funcionando em conjunto com a *Ordonnance de la Marine* (1681), que regulava as matérias do comércio marítimo. No entanto, o *Code Savary* não regulava as matérias de mandato, representação e preposição. Em matéria de comércio terrestre o Código Comercial de 1807 foi, fundamentalmente, uma atualização do *Code Savary*. Contudo, esta atualização verificou-se principalmente na matéria da insolvência, que passou de 22 artigos (no *Code Savary*) para 178 artigos (no *Code de Commerce*), como se pode constatar no quadro seguinte:

Matéria	Code Savary e Ordonnance de la Marine	Code de Commerce	Variação
Comerciantes	14 artigos	45 artigos	Mais 31 artigos
Livros	10 artigos	10 artigos	Igual
Sociedades	14 artigos	47 artigos	Mais 33 artigos
Títulos de crédito e juros	42 artigos	80 artigos	Mais 38 artigos
Separação de bens	2 artigos	6 artigos	Mais 4 artigos
Insolvência	22 artigos	178 artigos	Mais 156 artigos
Jurisdição comercial	18 artigos	34 artigos	Mais 16 artigos
Comércio marítimo	244 artigos	247 artigos	Mais 3 artigos

A razão de ser deste enorme aumento de 156 artigos no regime da insolvência deveu-se a duas causas.

Uma das causas foi o grande aumento de insolvências por altura da revolução francesa, em especial por razões ligadas ao sistema de papel moeda inspirado no sistema de John Law,[291] que conduziu ao sistema de *assignats*, mau grado os esforços de Necker.[292] Esta crise levou à redação de um projeto de Código Comercial que, contudo, não avançou por razões várias.

1846, págs. 3 e 4; LYON-CAEN e RENAULT, *Traité de Droit Commercial*, Tomo I, 3.ª ed. Paris, 1898, pág. 22.

[291] LAW, JOHN, *Money and Trade*, R & A Foulis, Glasgow, 1750. Sobre John Law, KINDLEBERGER, CHARLES P., *Historia Financiera de Europa*, Editorial Crítica, Barcelona, 1988, págs. 131 a 136.

[292] NECKER, JAQUES, *De l'Administration des Finances de la France*, 1785.

A PREPOSIÇÃO

A segunda causa foi uma das maiores e mais influentes falências da história – a falência dos *Negociants Reúnis*, ou seja, de Ouvrard, Desprez e Vanlerberghe – que conduziu à falência (escondida) do *Banque de France*, do *Trésor*, atualmente conhecida como a Crise de 1805, e que quase conduziu à derrota de Napoleão Bonaparte na Campanha da Áustria. O Código Comercial de 1807 foi apressadamente aprovado como reação e por causa da falência destes três *négociants*, razão pela qual não houve grande preocupação com questões técnicas. O Código Comercial de 1807 foi elaborado com base na versão mais recente do projeto que estava disponível, com as alterações estritamente necessárias, em especial, para atingir o património de Ouvrard, Desprez e Vanlerberghe e de suas famílias e, ainda, criar a aparência que se pretendia por fim a escândalos financeiros, usando a falência de Récamier não só como modo de demonstrar a vontade de por fim a esses escândalos mas, acima de tudo, para esconder a falência dos *Negociants Reúnis* face à relação que estes tinham com Napoleão Bonaparte.[293]

Assim, face à influência do *Code Savary*, por um lado, e à grande urgência na aprovação do Código Comercial, por outro lado, o Código Comercial de 1807 não regulou a matéria da preposição. Em resultado da sucessão lógica e cronológica entre os dois grandes Códigos franceses (Civil e Comercial), a matéria do mandato (com representação) ficou a constar no Código Civil, sendo influenciado pela figura civil do mandato. Por sua vez, quando foi aprovado o Código Comercial, não foi incluída a matéria do mandato (com representação), porque já estava no Código Civil, o que levou a que fosse aplicado ao Direito Comercial um regime puramente Civil de mandato com representação, ficando omitido o mandato com representação comercial. Por sua vez, a preposição ficou excluída de ambos os grandes Códigos. Não sendo uma figura de Direito Civil, não foi incluída no Código Civil. Mas sendo uma figura muito próxima do mandato com representação, não ficou incluída no Código Comercial.

---

[293] Sobre a Crise de 1805 e a sua influência no Código Comercial de 1807 – VASCONCELOS, PEDRO LEITÃO PAIS DE, *A Miragem das Piastras. Napoleão, Ouvrard, Récamier e o Code de Commerce de 1807*, Bubok, Madrid, 2015.

Apesar da preposição ter ficado fora do texto de ambos os Códigos, quer o *Code Savary*,[294] quer o Código Comercial de 1807,[295] faziam referências ao preposto (*facteur*), apesar de não o regular. Em suma, o preposto era conhecido e reconhecido no Direito francês, mas não era regulado nem no Código Civil nem no Código Comercial.

III. O impacto desta opção foi muito relevante, nomeadamente em virtude da expansão político-militar francesa levada a cabo por Napoleão Bonaparte, especialmente no Reino de Itália. Neste Reino napoleónico, em 1806 estava em curso a elaboração de um novo Código Comercial, tendo sido sequencialmente elaborados quatro projetos ao longo de dois anos. Nos dois primeiros projetos foi preponderante a opinião de Pompeo Baldasseroni, sendo que nos dois últimos projetos foi preponderante a opinião de Giuseppe De Stefani e de Domenico Alberto Azuni.[296]

Contrariamente ao Código Comercial francês, que foi elaborado *ab initio* como um complemento comercial ao Código Civil, os projetos de Baldasseroni foram elaborados a partir da tradição jus-comercial comum, então vigente em Itália.[297] Faltava em Itália a vontade revolucionária de começar tudo do zero, criando um novo sistema de raiz.

---

[294] *Titre XII: De la juridiction des Consuls – Art. 5 – Connaîtront aussi des gages, salaires et pensions des commissionnaires, facteurs ou serviteurs des marchands, pour le fait du trafic seulement.* – Segundo JOUSSE os *facteurs* correspondiam ao que em Roma se chamava de *institores* ou de *exercitatores* – JOUSSE, DANIEL, *Commentaire sur L'ordonnance du Commerce, du Mois de Mars 1673*, Mesdames Loriot, Poitiers, 1828, pág. 313. Segundo o Autor, os *facteurs* são distintos dos mandatários, porque são propostos para conduzir o negócio em lugar do patrão,

[295] *Art. 634 – Les tribunaux de commerce connaître égalment,*

1.º Des actions contre les facteurs, commis de marchands ou leurs serviteurs, pour le fait seulement du traffic marchand auquel ils sont attachés. Segundo LOCRÉ os prepostos (*facteurs*) e outros intermediários são incluídos no espírito do Código Comercial de 1807, resultando mesmo implicitamente do art. 623 que regula a competência dos Tribunais de Comércio. Para o Autor, o art. 634 do Código Comercial de 1807 teria como função apenas esclarecer dúvidas que pudessem resultar sobre a inclusão destes na regra geral do art. 632 – LOCRÉ, LE BARON, *Esprit du Code de Commerce*,Tomo IV, 2.ª ed., Dufour et Cie., Paris, 1829, págs. 94 e 95.

[296] SCIUMÈ, ALBERTO, *I Progetti del Codice di Commercio del Regno Italico (1806-1808)*, Giuffrè, Milano, 1999, pág. 7.

[297] SCIUMÈ, ALBERTO, *I Progetti del Codice di Commercio del Regno Italico (1806-1808)*, Giuffrè, Milano, 1999, pág. 7.

A PREPOSIÇÃO

No que interessa à presente investigação, esta diferença manifestou-se na existência de um capítulo sobre os prepostos, então designados por institores[298] ou cumplimentários[299] (*institori o complimentari*). Este capítulo surgiu no Livro II dos projetos, sendo identificado como Título X sendo precedido pelo Título referente ao mandato, que remetia para o *Code Napoleón*, mas a título supletivo no caso de vários casos especiais de mandatos, nos quais estavam incluídos os prepostos terrestres (*institori o complimentari*), os prepostos marítimos (*sopracarico*), os comissários (*comissionari*), os expedidores (*spedizioneiri*) e os agentes marítimos (*racommentari*). Ou seja, o projeto incluía os prepostos dentro de uma figura ampla de mandato, que continha também os comissários, os expedidores e os agentes.

Mesmo no terceiro projeto, já influenciado por Giuseppe De Stefani, mantém-se a existência um capítulo dedicado aos prepostos (arts. 177 a 184). Note-se que enquanto o primeiro projeto de Baldasseroni tinha 1948 artigos, os segundo e terceiro projetos já só tinham 444 artigos. No entanto,

---

[298] Apesar da palavra portuguesa "institor" (que tem a mesma grafia da palavra latina "*institor*") ter caído em desuso, o mesmo sucedendo com a palavra "preposto", uma vez que são praticamente sinónimas (sendo que o institor é limitado ao comércio terrestre e o preposto abrange todos os comércios) iremos usar ambos os termos de modo indiferenciado. Quando o termo "*institor*" surgir em itálico, estamos a usar a versão latina, e nos demais casos, a portuguesa.

[299] O que distinguia os institores dos cumplimentários era a qualidade de sócios destes últimos, de modo tal que estes últimos também podiam ser designados por "sócios cumplimentários", como faz, JORIO, MICHELE DE, *La giurisprudenza del commercio umiliata a S. M. Ferdinando IV: Re delle Due Sicilie, e di Gerusalemme, Infante di Spagna, Duca di Parma, Piacenza, e Castro, e Gran Principe Ereditario della Toscana*, Tomo I, Stamperia Simoniana, Napoli, 1799, págs. 129. Ambos eram prepostos, mas os primeiros não eram sócios, enquanto os segundos eram um dos sócios que era preposto de todos os sócios. Neste sentido, AZUNI, DOMENICO ALBERTO, *Dizionario Universale Ragionato della Giurisprudenza Mercantile*, 1.ª ed., Tomo II, Società Tipografica, Nizza, 1787, pág. 271, JORIO, MICHELE DE, *La giurisprudenza del commercio umiliata a S. M. Ferdinando IV: Re delle Due Sicilie, e di Gerusalemme, Infante di Spagna, Duca di Parma, Piacenza, e Castro, e Gran Principe Ereditario della Toscana*, Tomo I, Stamperia Simoniana, Napoli, 1799, págs. 124 e BORGES, JOSÉ FERREIRA, *Diccionario Juridico-Commercial*, 2.ª ed., Typographia de Sebastião José Pereira, Porto, 1856, pág. 110. Os Autores afirmavam que os cumplimentários eram institores, sendo frequentemente confundidos, o que (dizemos nós) é fácil de justificar porque ambos são prepostos, com quase as mesmas funções.

apesar de uma redução de quase três quartos de dimensão, todos os três primeiros projetos regulavam os prepostos.[300]

A versão final (quarto projeto), apesar da importante influência francesa no Reino de Itália e no seu Direito, manteve o capítulo sobre os prepostos (arts. 179 a 185), incluída no capítulo sobre o mandato,[301] e vista como uma das sub-espécies de mandato, com o seguinte teor:

TITOLO VII.

Degl' institori o complemenari.

179. Quando l'institore o complementario incaricato da uno o più capitalisti di una casa di negozio, ad amministrare i fondi per quel ramo di commercio che a lui viene affidato, non sia stato notificato ai nazionali ed agli esteri col mezzo d'una circolare indicante la di lui speciale e determinata facoltà, s'intende esteso il di lui mandato a tutti gli affari ed oggetti di negoziazione, intrapresi solto il nome della casa stessa.

180. Compete a quelli che contrattano col Complimentario, qualunque sia il negozio alla di lui direzione aflidato, l'azione institoria contro il capitalista o capitalisti che l'hanno scelto e preposto.

181. È ugualmente esercibile la predetta azzione contro il proponente, qualunque sia l'età od il sesso dell' institore o complimentario.

182. Un semplice institore o complimentario non è tenuto nella sua specialità in faccia dei terzi per i contratti fatti in nome del negozio da lui amministrato;

183. Competono però ai capitalisti contro il complimentario tutte le azioni che competono contro l'amministradore, che dolosamente o anche colposamente arreca dano agl'interessi del fondo amministrato, e singolarmente la refezione dei danni.

184. L' institore ed i terzi contraenti col medesimo in tale qualidà, hanno obligati solidalmente tutt'i socj del negozio amministrato dal primo, salvo il disposto nel titolo I del presente libro II, relativamente alle accomandite.

185. Il complimentario od institore non può fare contratto a suo comodo particolare negli oggetti relativi al negozio, alla di cui amministrazione è preposto.

Nesta matéria, a diferença face ao Código Comercial francês era suficiente para que a Comissão de Redação tenha entendido ser necessário explicar a opção. Segundo consta do relatório da Comissão de Redação, o

---

[300] SCIUMÈ, ALBERTO, *I Progetti del Codice di Commercio del Regno Italico (1806-1808)*, Giuffrè, Milano, 1999, *passim*.

[301] *Progetto di Codice di Commercio di Terra e di Mare pel Regno d'Itlaia*, Stamperia Reale, Milano, 1807.

A PREPOSIÇÃO

mandato comercial difere do mandato civil, razão pela qual se verificava "a necessidade ainda de qualificar por meio da lei as várias espécies de mandatários e de prescrever para cada um os particulares direitos e deveres".[302]

Contudo, no final, a vontade imperial francesa logrou vencer a resistência italiana. Apesar de todo o esforço desenvolvido na elaboração de quatro projetos de Código Comercial, ficou a vigorar como Código Comercial do Reino de Itália uma simples tradução do Código Comercial francês de 1807, com pequenas alterações.[303]

Em consequência, o Código Comercial do Reino de Itália não conteve qualquer regime de prepostos, acabando por ser uma mera tradução do Código Comerical francês.

IV. A falta de um regime aplicável aos prepostos causou problemas de imediato. O Código Comercial francês de 1807 não continha uma disposição equivalente ao art. 3.º do Código Comercial português de 1888, que determinasse um sistema de fontes de Direito aplicável ao Comércio. O sistema francês assumia (de um modo algo otimista) um determinado nível de perfeição dos códigos então aprovados e pretendia manter um certo grau de controlo sobre a interpretação das leis, evitando que a mesma fosse deixada nas mãos dos Tribunais. Acresce ainda que uma das razões da feitura do Código se fundava na incerteza jurídica que resultava da existência de centenas de usos locais.

Apesar do esforço investido na sua feitura,[304] o Código Comercial de 1807 era largamente lacunoso,[305] pelas razões já referidas.[306] De tal modo que logo

---

[302] *Rapporto della Commissione Incaricata della Redazione del Progetto di Codice di Commercio di Terra e di Mare pel Regno d'Italia*, in *Progetto di Codice di Commercio di Terra e di Mare pel Regno d'Italia*, Stamperia Reale, Milano, 1807, pág. 12.

[303] Segundo consta do art. 1.º do Decreto que aprova o Código Comercial do Reino de Itália, *"A tradução do Código Civil ordenada fazer pelo Ministro da Justiça, e as modificações propostas, são aprovadas" – Progetto di Codice di Commercio di Terra e di Mare pel Regno d'Italia*, Stamperia Reale, Milano, 1808.

[304] BRAVARD-VEYRIÈRES, *Manuel de Droit Commercial*, 3.ª ed., Joubert, Paris, 1846, págs. 7 a 14.

[305] Sendo as lacunas, por vezes, ocultas, como ocorria em matéria de dissolução de sociedades, conforme resulta de SANTO, JOÃO ESPÍRITO, *Exoneração do Sócio no Direito Societário-Mercantil Português*, Almedina, Coimbra, 2014, pág. 110.

[306] Neste sentido, a expressiva frase *Les Codes de procédure et de commerce, les Codes d'intruction en penal, sont encore plus imparfaits et excitent des réclamations justement fondées* – PAILLIET, *Manuel de Droit Français*, 6.ª ed., Desoer et Comp.ie, Paris, 1824, pág. V. No mesmo sentido LOBINGIER,

em 22 de dezembro de 1811 foi aprovada a decisão de 13 de dezembro de 1811 pelo *Conseil d'État*[307] que fixou aquilo que hoje chamaríamos as fontes de Direito do Direito Comercial francês. Esta decisão foi tomada pelo *Conseil d'État* em reação a vários pedidos de interpretação de inúmeras regras do Código Comercial de 1807 que lhe foram solicitadas ao abrigo do regime jurídico da interpretação das leis aprovado pela Lei de 16 de setembro de 1807. Em resposta, o *Conseil d'État*, em lugar de proceder às interpretações requeridas, decidiu que cabe aos Tribunais aplicar o Código Comercial com base na sua letra e espírito e, em caso de silêncio, aplicar o Direito comum e os usos do comércio (sem prejuízo de o *Conseil d'État* manter o poder de proceder a interpretação autêntica).

Em consequência da decisão de 13 de dezembro de 1811 pelo *Conseil d'État*, o Direito Comercial francês passou a ter como fontes:[308]

- em primeiro lugar a letra do Código Comercial de 1807 e da demais legislação comercial;
- em segundo lugar, o espírito do Código Comercial de 1807 e da demais legislação comercial;
- em terceiro lugar o Direito comum, resultante de outros Códigos (em particular, do Código Civil de 1804) em tudo o que não fosse contra o sistema comercial;
- por último, os usos do comércio.

CHARLES SUMNER, *Napoleon and His Code, in* Harvard Law Review, Vol. 32, No. 2 (Dec., 1918), (págs. 114-134), pág. 126 e 127.

[307] *Le Conseil d'État, que, d'après le renvoi à lui fait, a entendu le rapport de la section de l'intérieur sur celui du ministre de département, tendant à provoquer l'interprétacion de quelques articles du code de commerce. Vu la loi du 16 de septembre 1807, relative au mode à suivre pour l'interprétation des lois. Est d'avis qu'il n'y a pas lieu, dans l'état actuel des choses, à interpréter les articles du code de commerce indiqués par le ministre de l'intérieur; mais que les tribunaux de commerce doivent juger les questions particulières qui se présentent, suivant leur conviction, d'après les termes et l'esprit du code, et, en cas de silence de sa part, d'après le droit commun el les usages du commerce; sauf l'application de la loi précitée du 16 de septembre 1807, dans les cas prévus par ladite loi* – LOCRÉ, LE BARON, *Législation Civil, Commercial et Criminelle, ou Commentaire et Complément des Codes Français*, Tomo XI, Société Typographique Belge, Bruxelas, 1837, pág. 336.

[308] PARDESSUS, *Cours de Droit Commercial*, Tomo I, Nouvelle Édition, Société Belge de Librairie, Bruxelas, 1842, pág. 1.

A PREPOSIÇÃO

São estes usos do comércio que vão resolver o problema causado pela lacuna do Código Comercial relativamente aos gerentes de comércio, e que levarão à aplicação do regime da *actio institoria* tal como vigorava no Digesto.

V. Em resultado deste sistema, e apesar de todo o esforço do movimento codificador em evitar a incerteza que os usos causavam no Direito[309] e que pretendia uma unificação e renovação do Direito francês pós-revolucionário, a Doutrina francesa mantinha a defesa da vigência da *actio institoria*, agora com base nos usos. Apesar de não existir qualquer fonte positivada que a justificasse, que não o recurso aos usos do comércio, mantinha-se nesta matéria a aplicação do Digesto de Justiniano.[310] Ao preposto aplicar-se-ia a *actio institoria* romana (com base no Digesto), enquanto ao comissário se aplicaria o Código Comercial de 1807.

Neste sentido, Delvicourt distingue o *facteur ou préposé* do *commissionnaire* considerando que o primeiro é incumbido por um comerciante de um ramo do seu comércio,[311] da gestão da casa comercial, empresa ou manufatura[312] pertencente ao outro comerciante, recebendo do comerciante incumbente a contrapartida que seja combinada. Mas o *commissionnaire* explora por sua própria conta a sua própria casa comercial, cuja atividade fundamental consiste em executar comissões acordadas com outros comerciantes.[313]

O Código Comercial de 1807 nada contém sobre a *actio institoria*, sendo esta uma das mais graves e manifestas lacunas do Código. A questão é de tal modo manifesta que logo no início da sua monumental obra, *Institutes de Droit Commercial Français*, Delvicourt formula um aviso (*advertissement*) no qual adverte os leitores para a inclusão de determinadas matérias na sua obra

---

[309] Esforço este no qual participou pessoalmente Napoleão, e que chegou ao ponto de não permitir as críticas científicas – LOCRÉ, LE BARON, *Esprit du Code de Commerce*,Tomo I, 2.ª ed., Dufour et Cie., Paris, 1829, pág. v.

[310] Sujeito a naturais adaptações, face à evolução dos regimes da escravatura e do regime da família romana.

[311] DELVINCOURT, *Institutes de Droit Commercial Français*, Tomo I, Paris, 1810, pág. 59.

[312] DELVINCOURT, *Institutes de Droit Commercial Français*, Tomo I, Paris, 1810, pág. 50.

[313] DELVINCOURT, *Institutes de Droit Commercial Français*, Tomo I, Paris, 1810, pág. 50. O Autor afirma que no que respeita ao *commissionnaire* o Código pouco ou nada inovou relativamente aos usos do comércio que eram já seguidos, com exceção da criação de um privilégio – págs. 52 e 53.

que não constam no Código Comercial. A primeira matéria é, precisamente, a *actio institoria*.[314]

Delvicourt dedica um capítulo inteiro à *actio institoria*. Neste, afirma que se trata de uma ação que foi criada para defesa e no interesse do comércio, sendo fundada na equidade e no consentimento presumido do comitente. Se uma pessoa coloca outra pessoa à frente do seu negócio, deve presumir--se que lhe atribuiu todos os poderes necessários para essa gestão, e como retira vantagens dessa gestão é justo que fique também com as inerentes responsabilidades.[315] Defende ainda que a relação interna entre as duas partes pode variar, mas que independentemente dessa relação se aplica a *actio institoria* às relações com terceiros. E que o preponente fica sempre vinculado, mas que o preposto apenas fica vinculado nos casos em que tenha agido em nome próprio; nos casos em que o preposto tenha agido em nome do preponente, apenas este fica vinculado.[316] O Autor prossegue com uma explicação do regime da ação institória, seguindo de perto a *actio institoria* do Digesto de Justiniano, fundamentando expressamente o regime jurídico através da invocação das várias partes da *actio institoria*.[317]

Nesta matéria é importante observar a evolução da opinião de Delvicourt entre a edição supra citada, de 1810, e a nova edição de 1838.[318] Entre as duas obras passaram 28 anos, sendo que a segunda obra surge 30 anos após o Código Comercial entrar em vigor. Uma geração passou, Napoleão foi destituído, toda a política europeia se alterou. Não se pode mais invocar que a moderna opinião do Autor poderia resultar de algum apego imediatista à tradição do passado, ou a alguma dificuldade de seguir novas ideias e novos regimes que resultassem da novidade do Código Comercial, ou mesmo de alguma pressão pessoal do próprio Napoleão.[319] Na segunda edição a opinião sobre a ação institória mantém-se e aprofunda-se. O Autor começa por afirmar que, apesar de o Código nada dizer sobre esta espécie de ação, como

---

[314] DELVINCOURT, *Institutes de Droit Commercial Français*, Tomo I, Paris, 1810, pág. ii.

[315] DELVINCOURT, *Institutes de Droit Commercial Français*, Tomo I, Paris, 1810, págs. 60 e 61.

[316] DELVINCOURT, *Institutes de Droit Commercial Français*, Tomo I, Paris, 1810, págs. 63 e 64. O Autor faz referência expressa à quase totalidade da *actio institoria*, tal como consta no Digesto de Justiniano – D.14, 3, 1; 2; 3; 5; 7; 9, 10; 11; 13; 17 (1) e (3).

[317] DELVINCOURT, *Institutes de Droit Commercial Français*, Tomo I, Paris, 1810, págs. 61 a 65.

[318] DELVINCOURT, *Institutes de Droit Commercial*, Bruxelas, 1838.

[319] Como sucedeu com LOCRÉ – LOCRÉ, LE BARON, *Esprit du Code de Commerce*, Tomo I, 2.ª ed., Dufour et Cie., Paris, 1829, pág. v.

A PREPOSIÇÃO

ela é de uso muito frequente no comércio, considera dever fazer conhecer os princípios que a regem, e que resultam do Direito Romano e dos antigos usos.[320]

Passados 30 anos sobre a aprovação do Código Comercial, Delvicourt não deixa dúvidas sobre a continuação em vigor da *actio institoria* com fundamento nos usos comerciais através da aplicação do Digesto de Justiniano, a par de modificações decorrentes do Código Civil.

Também, Pardessus divide os negócios que instituem representantes dos comerciantes em procurações, preposições, gestões de negócios e comissões.[321] A procuração (*procuration*) seria o equivalente à atual figura da representação, abrangendo a representação voluntária, a legal e a orgânica.[322] A preposição (*préposition*), por sua vez, é idêntica ao regime da *praepositio* ficando o preposto (*préposé* ou *facteur*) autorizado a fazer tudo o que seja necessário à direção do negócio cuja direção lhe é confiada.[323] Em Pardessus (1842) a preposição surge como um negócio perfeitamente autonomizado, expondo o Autor o seu regime jurídico de um modo completo. A fundamentação deste regime é obtida pelo Autor de uma base jurisprudencial, citando várias decisões judiciais. No mesmo sentido Namur (1866) afirma que o contrato de comissão tem por objeto operações comerciais determinadas, enquanto o contrato de preposição destina-se a fazer com que o institor substitua o comerciante no exercício do seu comércio, ou seja, na generalidade dos seus assuntos comerciais. E que o institor negoceia em nome do seu patrão, não se obrigando pessoalmente.[324]

A importância desta lacuna era objeto de discussão internacional, ainda em 1855. Di Saint-Joseph, em obra na qual compara todos os Códigos Comerciais de então com o Código Comercial de 1807, afirma perentoriamente que

---

[320] *Quoique le Code ne parle point de cette espèce d'action, néamoins, comme elle est d'un usage assez frequent dans le commerce*

[321] PARDESSUS, *Cours de Droit Commercial*, Tomo I, Nouvelle Édition, Société Belge de Librairie, Bruxelas, 1842, pág. 357.

[322] PARDESSUS, *Cours de Droit Commercial*, Tomo I, Nouvelle Édition, Société Belge de Librairie, Bruxelas, 1842, pág. 358. O Autor incluía os administradores de sociedades anónimas, os diretores, alguns comissários (que nesta matéria seriam mandatários), os administradores de insolvências, agentes, entre outros casos.

[323] PARDESSUS, *Cours de Droit Commercial*, Tomo I, Nouvelle Édition, Société Belge de Librairie, Bruxelas, 1842, pág. 542.

[324] NAMUR, *Cours de Droit Commercial*, Tomo I, Librairie de A. Decq, Bruxelas, 1866, pág. 347

O LADO EXTERNO DA PREPOSIÇÃO

esta é uma lacuna no Código francês que muito tinha a aprender nesta matéria com os Códigos Comerciais espanhol, português, prussiano e holandês, que regulavam os prepostos (*agenti e commessi*).[325]

Em conclusão, embora em França a figura do preposto não fosse regulada pelo Código Comercial (nem pelo Código Civil), era admitida por via dos usos do comércio, através de um aproveitamento da *actio institoria*.

Este aproveitamento é sintomático da enorme importância da figura, que levou a que, mesmo perante uma omissão legislativa, a mesma tenha vigorado sem base num Código. Num primeiro momento, observa-se ainda o recurso direto à *actio institoria* através da fundamentação do regime jurídico aplicável por recurso ao Digesto de Justiniano. No entanto, com o passar do tempo, o regime do preposto passou a ser referido de um modo autónomo, como um contrato que existe na prática e usos do comércio, sendo conhecido pela Doutrina e pelos Tribunais. O regime jurídico continua, no entanto, a ser fundamentalmente o mesmo da *actio institoria* com as naturais adaptações que a passagem dos tempos exigiu. Assim, é possível concluir que, embora o Código Comercial de 1807 não regulasse a preposição, a mesma vigorava por recurso à *actio institoria*, tal era a importância e necessidade da figura no comércio.

A lacuna no Código Comercial de 1807 é importante para o estudo da preposição, por demonstrar cabalmente a importância da figura, e também por ter conduzido à aplicação da *actio institoria*, em pleno contraciclo com o movimento codificador.

A preposição sobrepôs-se mesmo à vontade do legislador revolucionário francês, continuando a vigorar a *actio institoria*, no país mais avançado em matéria de codificação. Esta situação de vigência da *actio institoria* terá certamente influenciado o Código Comercial de 1833, que integra um regime de ação institória (§§ 898, 899, 902 e 922 a 928). Contudo, em Portugal, o Código Comercial de 1833 continha, a par da ação institória regulada nestas disposições, um outro regime de prepostos, no que se pode considerar como uma espécie de duplicação de regimes e sistemas, substantivo e adjetivo.

O regime de base adjetiva da ação institoria do Código Comercial de 1833 foi influenciado pela *actio institoria*, tal como sucedeu em França. Mas

---

[325] Saint-Joseph, Di Antonio Di, *Concordanza fra i Codici di Commercio Stranieri ed il Codice di Commercio Francese*, Tipografia di Pietro Naratovich, Veneza, 1855, págs. XI e XXXI a XXXII.

o regime substantivo dos prepostos do Código Comercial de 1833 teve uma origem muito diferente: Espanha e o seu Código Comercial de 1829.

ii. O Código Comercial espanhol de 1829

I. No início do Séc. XIX, o principal diploma espanhol em matéria comercial eram as Ordenações de Bilbao de 1737 – *Ordenanzas de la Ilustre Universidad*[326] *y Casa de Contratacion de la muy noble y muy leal Villa de Bilbao* – aprovadas pelo Rei D. Filipe V. As Ordenações de Bilbao não vigoravam em toda a Espanha, pois haviam sido elaboradas fundamentalmente para o Consulado de Bilbao, mas a sua importância técnica e comercial resultava não só da importância comercial de Bilbao, como do facto destas ordenações vigorarem nos territórios americanos, incluindo os territórios do Luisiana.[327]

Bilbao era um importantíssimo porto comercial, sendo que operavam no mesmo vários prepostos e comerciantes com prepostos noutros Reinos. Um dos mais importantes problemas tratados era os intermináveis e injustificáveis litígios comerciais, alguns dos quais usados fraudulentamente como modo de enriquecer, sendo incluídos nestes litígios os ocorridos no âmbito da relação interna entre o preposto e o seu preponente. Esta questão era de tal modo importante, que consistia na primeira matéria a ser tratada nas Ordenações de Bilbao, afirmando-se a jurisdição do Consulado para resolver os litígios entre os comerciantes e os seus *factores* (*Capítulo Primero, Numero I*). A questão era exposta do seguinte modo, com a cristalina e direta linguagem então usada:[328]

---

[326] Refere-se à confraria denominada *Universidad de los Capitanes y Maestres de Naos, Mercaderos y Tratantes de la Villa de Bilbao.* A jurisdição consular de Bilbao foi concedida em 1511, tendo elaborado as Ordenações *Antiguas* e as *Nuevas.* As *Antiguas* foram confirmadas pelo Rei D. Filipe II em 1560, tendo sido modificadas em 1665. Mas as mais importantes foram as *Nuevas,* que foram elaboradas por encomenda a vários especialistas nas matérias, tendo sido confirmadas por D. Filipe V, em 1737 – MINGUIJÓN, SALVADOR, *Historia del Derecho Español,* 3.ª ed., Editorial Labor, Barcelona – Madrid – Buenos Aires, Rio de Janeiro, págs.. 397 e 398. Segundo o Autor, apesar de terem sido elaboradas para o Consulado de Bilbao, foram aplicadas em toda a Espanha.

[327] PALMER, VERNON VALENTINE, *Mixed Juridisdictions Worldwide – The Third Legal Family,* Cambridge University Press, Cambridge, 2001, págs. 67 e 68.

[328] *Ordenanzas de la Ilustre Universidad y Casa de Contratacion de la muy noble y muy leal Villa de Bilbao,* Oficina de D. Antonio Fernandez, Madrid, 1775, págs. 13 e 14.

porque sabíamos, que los pleytos que se movían entre Mercaderos, de semejantes cosas como las susodichas, nunca se concluían, y fenecian, porque se presentaban escriptos, y libelos de Letrados; por manera, que por mal pleyto que fuese, le sobítenian los Letrados, de manera, que los hacian immortales, lo qual diz, que era en gran daño, y perjuicio de la Mercadería, y que de efto se causaba, que los unos Mercaderes tenían poca confianza de los otros, y los otros de los otros; y acaecía muchas veces, que quando algún Mercader tenía alguna hacienda, y quería hacer mala verdad á otro, lo ponían á pleyto por quedarse con la tal hacienda; y que otro tanto acaecía con los Factores, no embargante, que sus Amos havían capitulado con ellos, y hacían Capítulos, y Juramentos sobre la Cruz, y Santos Evangelios de guardar verdad, y lealtad, y de no tomar otro interese, sino lo que era convenido entre ellos; diz, que muchos de los tales, com poco temor de Dios, y en gran cargo de sus conciencias iban contra el dicho Juramento, y na guardaban la verdad; y que de tal manera hacian fraudes, y encubiertas en las haciendas, y negociaciones, que de ellos se confiaban, que robaban á sus Amos, y á cabo de cinco, ó seis años, que havian tenido la Faétoría, tenían mas hacienda que sus Amos, y sobre las cuentas se ponían en pleyto con el dicho su Amo, con el fervor que los Abogados les dan, que diz, que no pueden haber juítícia, y razón con ellos; lo qual era notorio á algunos de los del nueftro Consejo; que eftuvieron en Burgos con el nuestro Condestable (yá difunto) teniendo nuestros Poderes; y que asimismo sabíamos que muchos de los Factores, que venían de, Flandres y de otras partes, por se escusar de no dar cuenta á sus Amos, se iban á casar á otros Lugares fuera de la dicha Ciudad de Burgos, y de su jurisdicción; y diz, que quando los embiaban á mandar, que viniesen á darles cuenta, respondían, que los demandasen en su jurisdicción; lo qual diz, que era contra justicia, y en daño, y perdición de la dicha Mercadería, porque para los tales cargos les havian sido dados en la dicha Ciudad de Burgos, y por los Mercaderes de ella, que jufto era, que alli huviesen de venir a dar sus cuentas á sus Amos, y á las otras personas de quien las dichas Factorías, y cargos tuviesen.

Deste pequeno trecho, resulta que um dos principais problemas com os litígios comerciais consistia em abusos de confiança por parte dos *factores*, especialmente no que respeita a representantes de comerciantes estrangeiros, que depois de se apropriarem dos negócios do seu preponente, fugiam para o estrangeiro para se subtraírem a julgamento. Em resultado, em matéria de prepostos, as Ordenações de Bilbao regulavam de modo detalhado a relação entre preponente e preposto, mas não a relação perante terceiros.

II. A questão dos *factores*, enquanto representantes dos comerciantes, não era problemática, assumindo-se a preposição como algo de natural no Comércio, que não exigia uma regulamentação legal especial. Séculos de tradição comercial e de Direito Romano eram suficientes para os comercian-

A PREPOSIÇÃO

tes e para a Doutrina. Esta tinha um dos seus exponentes máximos em Hevia Bolaño, com a sua obra *Labyrintho de Comercio Terrestre y Naval*, de 1617,[329] que tratava cinquenta e cinco questões sobre *factores*, que correspondiam aos *institores* da *actio institoria*. Segundo Hevia Bolaño:[330]

1 – Factores se dizen los institores que insisten en hacer qualquiera negociacion en nombre de outro, y no en el suyo, segund un texto e su glosa. Y el nómbramiento dellos y delos procuradores y adjectos há de ser en persona cierta y nombrada, y no incierta diziédo a qualquiera persona.

2 – El factor se puede nombrar por el señor expressamente por palabras, o ratificando por ellas lo que hiziere. Y tacitamente administradolo con sciencia y paciencia del señor, fin el lo contradezir, como se dize en una decision de Genova, y lo tiene alegando muchos. Y esta sciencia y paciencia se prueva por la notoriedade o fama publica que della ay en el pueblo, fin poderse pretender ignorância della segun la dicha decision de Genova.

3 – Delo dicho se sigue, que aunque parece, que si uno como procurador exhibe algun instrumento o escriptura para algun efecto, aunque no conste de poder que tenga para el, es visto tenerle tacito por solo exhibir el tal instrumento, como alegan muchos lo tienen Mocio, y Stracha, y aunque esto tengan asi por derecho comum, empero por el del Reyno, y costrumbre dello contrario se ha de dezir, como lo tiene Gregorio Lopez.

4 – Siegesse tambiem, que aunque no sea conocido el que exhibe el poder o instrumento, o venga de lejos tierras, se entende ser el en el contenido, y assi se presume, no constando delo contrario, como lo dizen Cyno, Baldo, Paulo, y Salyceto, y otros muchos que refiere Stracha, y lo tiene Grego[rio] Lopez.

Hevia Bolaño continua por mais 51 questões relativas a prepostos que, em suma, constituem uma interpretação atualizada da *actio institoria*, algumas das quais são idênticas às que surgiam no Digesto, como remissão para os respetivos autores. Assim, o principal conteúdo do regime dos prepostos resultava de fonte doutrinal, nomeadamente da opinião de Hevia Bolaño,

---

[329] BOLAÑO, HEVIA, *Labyrintho de Comercio Terrestre y Naval donde breve y compendiosamente se trata de la Mercancia y Contratacion de tierra y mar, útil y provechoso para Mercaderos, Negociadores, Navegantes, y sus Consulados, Ministros e los Juyzios, professores de Derecho, y otras personas*, Lima, Francisco del Canto (editor), 1617.

[330] BOLAÑO, HEVIA, *Labyrintho de Comercio Terrestre y Naval donde breve y compendiosamente se trata de la Mercancia y Contratacion de tierra y mar, útil y provechoso para Mercaderos, Negociadores, Navegantes, y sus Consulados, Ministros e los Juyzios, professores de Derecho, y otras personas*, Lima, Francisco del Canto (editor), 1617, págs. 59 e 60.

O LADO EXTERNO DA PREPOSIÇÃO

sendo que as Ordenações de Bilbao apenas incidiam sobre algumas questões específicas.

III. Ao longo dos tempos haviam-se levantado vozes a exigir a elaboração de um diploma geral em matéria comercial,[331] nomeadamente, Pedro Rodríguez de Campomanes em 1775 e Jovellanos em 1784.[332] Em 1797, Ramón María de Zuazo enviou a Godoy, então Primeiro-ministro e já com o título de "Príncipe da Paz", uma *"Memoria"* sobre o plano de matérias que devia ser seguido na elaboração de um novo Código Comercial. No entanto, a perda de poder por parte de Godoy em 1798 parou este impulso do movimento codificador comercial espanhol.[333]

Em 1800 surgiu um novo projeto elaborado por uma Comissão nomeada pelo *Consulado de Comercio de Cádiz.* O projeto era encabeçado por Jerónimo Quintanilla Pérez, sendo baseado nas Ordenações de vários Consulados espanhóis, dos Sécs. XVII e XVIII,[334] ou seja, um projeto de base tradicional. Em 1801 Ramón María de Zuazo, reapresentou o seu projeto de Código Comercial, agora perante o Rei, mas igualmente sem êxito.[335]

Foi Napoleão Bonaparte, como "Protetor" de Espanha, quem deu o impulso final ao movimento codificador espanhol quando, em 12 de maio de 1808, decidiu ampliar a Assembleia Constituinte de Baiona, de modo a que esta dotasse Espanha de um novo sistema político e jurídico. Foi então efetuada uma tentativa de introduzir em Espanha o Código Civil francês, mas que soçobrou em virtude da pesada oposição da nobreza espanhola. No

---

[331] GARTEIZ-AURRECOA, JAVIER DIVAR, *Las Ordenanzas de Bilbao como antecedente de la Codificación Mercantil en España*, Boletín de la Academia Vasca de Derecho, Ano 10, n.º. 22, 2011, pág. 9.

[332] GARCIA, MARIA JOSE MUNOZ, *Consideraciones en torno a la Génesis y Evolución de la Codificación Mercantil Española*, Anuario de historia del derecho español, n.º 67, 1997, pág. 219 e PETIT, CARLOS, *El Código de Comercio de Sainz de Andino (1829)*, Revista de Derecho Mercantil, n.º 289, julho-setembro, 2013, pág. 111.

[333] PETIT, CARLOS, *El Código de Comercio de Sainz de Andino (1829)*, Revista de Derecho Mercantil, n.º 289, julho-setembro, 2013, págs. 112 e 113.

[334] GARTEIZ-AURRECOA, JAVIER DIVAR, *Las Ordenanzas de Bilbao como antecedente de la Codificación Mercantil en España*, Boletín de la Academia Vasca de Derecho, Ano 10, n.º. 22, 2011, pág. 9.

[335] GARTEIZ-AURRECOA, JAVIER DIVAR, *Las Ordenanzas de Bilbao como antecedente de la Codificación Mercantil en España*, Boletín de la Academia Vasca de Derecho, Ano 10, n.º. 22, 2011, pág. 10.

A PREPOSIÇÃO

entanto, apesar das reações adversas à introdução do Código Civil francês em Espanha, por influência de Napoleão Bonaparte,[336] a Constituição de Baiona de 6 de julho de 1808 determinava no seu art. 113.º que "*habrá un solo código de Comercio para España e Indias*".[337] O movimento codificador comercial espanhol estava lançado, e não terminou nem mesmo com a vitória dos rebeldes de Cádiz e a queda de José Bonaparte.

Nas Cortes de Cádiz de 9 de dezembro de 1810, foi decidido proceder à unificação da legislação, incluindo a legislação comercial. Em consequência, tal como já havia ocorrido com a Constituição (ou Manifesto) de Baiona, também a Constituição de Cádiz de 1812 previa que seria elaborado um Código Comercial, no seu art. 258.º.[338] A necessidade de modernizar o Direito, incluindo o Direito Comercial sentia-se profundamente e ultrapassava barreiras políticas.

Em 1 de outubro de 1813 foi constituída uma Comissão para elaborar um Código Comercial,[339] mas esta extinguiu-se, em 4 de maio de 1814, quando Fernando VII repôs o regime absolutista, revogando a Constituição de Cádiz. Com a queda de Fernando VII, e a instauração do *Trienio Liberal* (1820 a 1823), em 22 de agosto de 1820 foi nomeada uma nova Comissão, agora presidida pelo Conde de Toreno. Esta Comissão foi suspensa, em resultado da nova vitória de Fernando VII e o início da *Década Omniosa* (1823 a 1833), tendo novamente cessado todos os trabalhos de elaboração de um Código Comercial.[340]

---

[336] GARTEIZ-AURRECOA, JAVIER DIVAR, *Las Ordenanzas de Bilbao como antecedente de la Codificación Mercantil en España*, Boletín de la Academia Vasca de Derecho, Ano 10, n.º. 22, 2011, pág. 10.

[337] GARCIA, MARIA JOSE MUNOZ, *Consideraciones en torno a la Génesis y Evolución de la Codificación Mercantil Española*, Anuario de historia del derecho español, n.º 67, 1997, pág. 220.

[338] GARCIA, MARIA JOSE MUNOZ, *Consideraciones en torno a la Génesis y Evolución de la Codificación Mercantil Española*, Anuario de historia del derecho español, n.º 67, 1997, pág. 221.

[339] Composta por Don Isidoro Antillón, José Huerta, José Joaquín Ortiz, Andrés Navarro e José Antonio Navarrete – GARTEIZ-AURRECOA, JAVIER DIVAR, *Las Ordenanzas de Bilbao como antecedente de la Codificación Mercantil en España*, Boletín de la Academia Vasca de Derecho, Ano 10, n.º. 22, 2011, pág. 10.

[340] GARTEIZ-AURRECOA, JAVIER DIVAR, *Las Ordenanzas de Bilbao como antecedente de la Codificación Mercantil en España*, Boletín de la Academia Vasca de Derecho, Ano 10, n.º. 22, 2011, pág. 10.

IV. Em 29 de novembro de 1827, aproveitando a visita dos Reis de Espanha à Catalunha, Pedro Sainz de Andino,[341] apresentou uma exposição, propondo a elaboração de um Código Comercial e colocando-se ao dispor do monarca para se encarregar dessa tarefa.[342]

Pedro Sainz de Andino, havia-se doutorado em Direito na Universidade de Sevilha, tendo lecionado nesta Casa até 1810. Neste ano, com a ocupação francesa e todos os inerentes distúrbios, Pedro Sainz de Andino abandonou a Universidade para nunca mais retomar a atividade académica.[343] Manteve-se afastado da vida pública até 1821, ano no qual assume funções de promotor fiscal,[344] tendo exercido essas funções em Tortosa até 24 de fevereiro de 1822. Seguidamente, Pedro Sainz de Andino exilou-se em França, onde desenvolveu ainda mais o seu espírito marcadamente liberal e progressista; um típico *afrancesado*.[345] O seu exílio em França terá contribuído para aprofundar a sua adesão ao espírito francês revolucionário que pretendia colocar um ponto final às tradições comerciais do antigo regime,[346] mas também terá certamente contribuído em muito para o seu conhecimento de matérias de Direito Comercial.

Foi em França que nasceu o primeiro Código Comercial e que foi inaugurada a primeira disciplina universitária de Direito Comercial, em 5 de novem-

---

[341] Sobre Pedro Sainz de Andino, por todos, RUBIO, JESUS, *Sainz de Andino y la Codificacion Mercantil*, Consejo Superior de Investigaciones Cientificas, Madrid, 1950, *passim*.

[342] RUBIO, JESUS, *Sainz de Andino y la Codificacion Mercantil*, Consejo Superior de Investigaciones Cientificas, Madrid, 1950, págs. 46 a 48.

[343] Sem prejuízo de não ter regressado à vida académica, elaborou testamento em 1856, no qual deixava a sua vasta biblioteca à Universidade de Sevilha, no caso de a sua afilhada não casar com um jurista. Tendo a sua afilhada, Teresa Novella renunciado a esta deixa, por falta de condições para manter a biblioteca, a mesma foi entregue à Universidade de Sevilha, na pessoa de Fermin de la Puente – RUBIO, JESUS, *Sainz de Andino y la Codificacion Mercantil*, Consejo Superior de Investigaciones Cientificas, Madrid, 1950, págs. 38 (nota 18), 59 e 60.

[344] Funções equivalentes a um magistrado do Ministério Público.

[345] LUIS, JEAN-PHILIPPE, *L'influence du modèle napoléonien en Espagne (1814-1845)*, Annales historiques de la Révolution française [En ligne], N.º 336, abril-junho de 2004, http://ahrf. revues.org/1732 [consultado em 18/12/2016].

[346] O que se veio a manifestar, nomeadamente, no ataque que efetuou aos Consulados, passando a jurisdição comercial para as mãos do Rei, com a inerente perda de autonomia do Comércio face ao Estado – PETIT, CARLOS, *El Código de Comercio de Sainz de Andino (1829)*, Revista de Derecho Mercantil, n.º 289, julho-setembro, 2013, págs. 116 a 119.

A PREPOSIÇÃO

bro de 1810, que teve como primeiro professor Jean Marie Pardessus,[347] autor das marcantes obras *Élements de jurisprudence commerciale* (1811) e *Cours de Droit Commercial* (primeira edição, com quatro volumes, editados entre 1813 e 1816). Contudo, apesar de a preposição não ser regulada no Código Comercial francês, e de não ter merecido tratamento especial na obra *Élements de jurisprudence commerciale*, nem na primeira edição do *Cours de Droit Commercial*, à data em que Pedro Sainz de Andino regressou de França (1827)[348] já o *Cours de droit commercial* de Pardessus (terceira edição – 1825 e 1826), com cinco volumes, tratava o assunto de modo aprofundado.

Sem prejuízo da importância de Jean Marie Pardessus, já em 1810 Claude--Étienne Delvincourt, doutor em Direito e professor de Direito Civil (*"Professeur de Code Napoléon"*), tratava de modo aprofundado a questão da preposição na sua obra *Institutes de Droit Commercial Français.*[349] Claude-Étienne Delvincourt começa por avisar os leitores que juntou um capítulo sobre a *Action Institoire*, explicando em que consiste,[350] para depois tratar do assunto num título dedicado aos comissários, factores e prepostos.[351] Era, pois, Claude-Étienne Delvincourt que podia ser considerado o mais avançado autor francês em matéria de preposição logo após a aprovação do Código Comercial francês, porquanto apesar deste Código não regular a preposição, o próprio Autor (re)integrou-a logo em 1810 na Doutrina Comercial e no respetivo ensino.

VI. Em 9 de janeiro de 1828, o Ministro das Finanças, López Ballesteros, em representação do Rei D. Fernando VII, encarregou Pedro Sainz de Andino da elaboração de um Código Comercial.[352]

---

[347] Éloy, Henry, *M. Pardessus – Sa Vie et ses Oeuvres*, Durand et Pedone-Lauriel, Paris, 1868, págs. 22 a 31.

[348] Rubio, Jesus, *Sainz de Andino y la Codificacion Mercantil*, Consejo Superior de Investigaciones Cientificas, Madrid, 1950, págs. 42 e 43.

[349] Delvincourt, *Institutes de Droit Commercial Français*, Tomo 1, Paris, 1810.

[350] Delvincourt, *Institutes de Droit Commercial Français*, Tomo 1, Paris, 1810, pág. II.

[351] Delvincourt, *Institutes de Droit Commercial Français*, Tomo 1, Paris, 1810, págs. 50 a 65.

[352] Como pagamento, receberia 12.000 reais, acrescidos de 8.000 reais e de honrarias, caso o Rei aprovasse o projeto. Foi também nomeado Intendente de Província, com o respetivo ordenado, para que nada o distraísse do seu projeto – Rubio, Jesus, *Sainz de Andino y la Codificacion Mercantil*, Consejo Superior de Investigaciones Cientificas, Madrid, 1950, págs. 46 e 47.

O LADO EXTERNO DA PREPOSIÇÃO

Dois dias depois, em 11 de janeiro de 1828, por indicação do próprio Pedro Sainz de Andino,[353] o Rei D. Fernando VII nomeou uma Comissão para o mesmo efeito,[354] presidida por Bruno Villarino, incluindo vários juristas, entre os quais o próprio Pedro Sainz de Andino.[355] A decisão do Rei foi promovida pelo Ministro das Finanças, Luis López Ballesteros,[356] que entendia ser necessário um Código Comercial para impulsionar a modernização e o desenvolvimento económico espanhol. Em consequência, a partir de 11 de janeiro de 1828 foram sendo elaborados em paralelo dois projetos de Código Comercial, um de Pedro Sainz de Andino e outro da Comissão de redação que integrava, entre outros, o próprio Pedro Sainz de Andino.[357]

A Comissão de redação reuniu pela primeira vez em 25 de janeiro de 1828, tendo reunido um total de 165 vezes, até à última sessão, em 27 de maio de 1829. As reuniões da Comissão foram muito tensas, com profundas diferenças entre os vários membros, que se chegaram a incompatibilizar pessoalmente. Foi então decidido que cada membro elaboraria um projeto de uma parte do Código Comercial,[358] sendo depois elaborado um projeto comum com base nos vários articulados. Pedro Sainz de Andino foi encarregado de proceder à unificação de todos os projetos de modo a compor um

---

[353] RUBIO, JESUS, *Sainz de Andino y la Codificacion Mercantil*, Consejo Superior de Investigaciones Cientificas, Madrid, 1950, pág. 47.

[354] PETIT, CARLOS, *El Código de Comercio de Sainz de Andino (1829)*, Revista de Derecho Mercantil, n.º 289, julho-setembro, 2013, págs. 120 a 122.

[355] A Comissão integrava também Antonio Porcel, Manuel Maria Cambronero, Cesáreo Martín Sanz, Ramón López Pelegrín – GARCIA, MARIA JOSE MUNOZ, *Consideraciones en torno a la Génesis y Evolución de la Codificación Mercantil Española*, Anuario de historia del derecho español, n.º 67, 1997, pág. 222 e PETIT, CARLOS, *El Código de Comercio de Sainz de Andino (1829)*, Revista de Derecho Mercantil, n.º 289, julho-setembro, 2013, pág. 122.

[356] Luis López Ballesteros, implementou em Espanha um importante conjunto de reformas económicas, tendo para tanto contado desde 1823 com o auxílio de Pedro Sainz de Andino, que integrou no seu Ministério – GARTEIZ-AURRECOA, JAVIER DIVAR, *Las Ordenanzas de Bilbao como antecedente de la Codificación Mercantil en España*, Boletín de la Academia Vasca de Derecho, Ano 10, n.º. 22, 2011, pág. 10

[357] GARTEIZ-AURRECOA, JAVIER DIVAR, *Las Ordenanzas de Bilbao como antecedente de la Codificación Mercantil en España*, Boletín de la Academia Vasca de Derecho, Ano 10, n.º. 22, 2011, pág. 11 e RUBIO, JESUS, *Sainz de Andino y la Codificacion Mercantil*, Consejo Superior de Investigaciones Cientificas, Madrid, 1950, págs. 46 e 47.-

[358] GARCIA, MARIA JOSE MUNOZ, *Consideraciones en torno a la Génesis y Evolución de la Codificación Mercantil Española*, Anuario de historia del derecho español, n.º 67, 1997, págs. 222 e 224.

A PREPOSIÇÃO

documento de trabalho único, que corresponderia a uma versão inicial do projeto de Código Comercial.[359]

Contudo, como referimos, em paralelo com as suas funções como membro da Comissão, Pedro Sainz de Andino elaborou o seu próprio projeto,[360] aproveitando o profundo conhecimento que tinha do Direito Comercial francês obtido nos seus exílios nesse país, a par do conhecimento que tinha do Direito Comercial e do Comércio espanhol.

O projeto de Pedro Sainz de Andino resultava, pois, numa habilidosa combinação do Código Comercial francês de 1807[361] com as Ordenações de Bilbao de 1737, as Ordenações de Málaga de 1825 e demais Direito Comercial espanhol, o que incluía a Doutrina e o próprio Direito Romano.[362] Assim, o projeto de Pedro Sainz de Andino era diferente de tudo o que se vira até então, sendo em algumas matérias muito superior ao projeto da Comissão.[363]

Pedro Sainz de Andino escreveu ao Rei em 27 de maio de 1829 e pediu pessoalmente que o seu projeto fosse aprovado como lei, o que veio a suceder em 30 de maio de 1829, tendo Fernando VII aprovado o projeto de Pedro Sainz de Andino no dia da festividade de São Fernando,[364] tendo sido promulgado para valer como Lei em 5 de outubro de 1829.[365] Assim foi elabo-

---

[359] GARCIA, MARIA JOSE MUNOZ, *Consideraciones en torno a la Génesis y Evolución de la Codificación Mercantil Española*, Anuario de historia del derecho español, n.º 67, 1997, pág. 223.

[360] GARCIA, MARIA JOSE MUNOZ, *Consideraciones en torno a la Génesis y Evolución de la Codificación Mercantil Española*, Anuario de historia del derecho español, n.º 67, 1997, pág. 224.

[361] No sentido da importante influência do Código Comercial francês, CORDEIRO, ANTÓNIO MENEZES, *Direito Comercial*, 4.ª ed., Almedina, Coimbra, 2016, pág. 59..

[362] GARTEIZ-AURRECOA, JAVIER DIVAR, *Las Ordenanzas de Bilbao como antecedente de la Codificación Mercantil en España*, Boletín de la Academia Vasca de Derecho, Ano 10, n.º. 22, 2011, págs. 13 a 18 e GARCIA, MARIA JOSE MUNOZ, *Consideraciones en torno a la Génesis y Evolución de la Codificación Mercantil Española*, Anuario de historia del derecho español, n.º 67, 1997, pág. 224.

[363] O projeto da Comissão pode ser consultado em RUBIO, JESUS, *Sainz de Andino y la Codificacion Mercantil*, Consejo Superior de Investigaciones Cientificas, Madrid, 1950, págs. 235 a 365.

[364] A fundamental preocupação de Fernando VII consistiu em aprovar o Código Comercial no dia de São Fernando – 30 de maio – sem qualquer preocupação com a revisão do projeto, que em resultado foi efetuada posteriormente. Por esta razão, apesar de o Código Comercial ter sido aprovado em 30 de maio de 1829, apenas foi promolgado em 5 de outubro de 1829. Neste sentido PETIT, CARLOS, *El Código de Comercio de Sainz de Andino (1829)*, Revista de Derecho Mercantil, n.º 289, julho-setembro, 2013, págs. 122 e 123.

[365] GARCIA, MARIA JOSE MUNOZ, *Consideraciones en torno a la Génesis y Evolución de la Codificación Mercantil Española*, Anuario de historia del derecho español, n.º 67, 1997, págs. 224 e 225.

rado e promulgado o Código Comercial espanhol.[366] Pela primeira vez, um Código Comercial tinha um único autor – Pedro Sainz de Andino[367] – sendo que a segunda vez que tal veio a suceder foi com o Código Comercial português de 1833, da autoria de Ferreira Borges.

O Código Comercial de 1829 mereceu grande oposição, nomeadamente por parte do próprio Consulado de Bilbao, que no dia seguinte à entrada do Código Comercial em vigor pediu ao Rei D. Fernando VII que decretasse que o mesmo não era aplicável no Senhorio da Biscaia.[368] O Código Comercial de 1829 foi, no entanto, um diploma marcante pela inovação que veio trazer e demonstração da possibilidade de efetuar essa inovação, não sendo necessário seguir o sistema do Código Comercial Francês. Pedro Sainz de Andino conseguiu um Código de teor objetivista, mas conseguindo integrar as soluções que vigoravam no Comércio, nomeadamente em matéria de profissões comerciais, como sucedeu com os prepostos.[369]

A matéria dos prepostos foi, aliás, aquela em que o projeto de Pedro Sainz de Andino mais se afastou do projeto da Comissão.[370] Enquanto a Comissão optou por seguir o modelo do Código Comercial francês, Pedro Sainz de Andino seguiu a solução de Pardesus, apoiando-se na *actio institoria* tal como vigorava anteriormente em Espanha, profundamente influenciado por Bolaño e o seu o *Labyrintho del Commercio*.[371] Em consequência, reconhe-

---

[366] GARTEIZ-AURRECOA, JAVIER DIVAR, *Las Ordenanzas de Bilbao como antecedente de la Codificación Mercantil en España*, Boletín de la Academia Vasca de Derecho, Ano 10, n.º. 22, 2011, págs. 13 a 15.

[367] GARCIA, MARIA JOSE MUNOZ, *Consideraciones en torno a la Génesis y Evolución de la Codificación Mercantil Española*, Anuario de historia del derecho español, n.º 67, 1997, pág. 227.

[368] GARTEIZ-AURRECOA, JAVIER DIVAR, *Las Ordenanzas de Bilbao como antecedente de la Codificación Mercantil en España*, Boletín de la Academia Vasca de Derecho, Ano 10, n.º. 22, 2011, pág. 5.

[369] RUBIO, JESUS, *Sainz de Andino y la Codificacion Mercantil*, Consejo Superior de Investigaciones Científicas, Madrid, 1950, págs. 133 a 137.

[370] RUBIO, JESUS, *Sainz de Andino y la Codificacion Mercantil*, Consejo Superior de Investigaciones Científicas, Madrid, 1950, pág. 140.

[371] RUBIO, JESUS, *Sainz de Andino y la Codificacion Mercantil*, Consejo Superior de Investigaciones Científicas, Madrid, 1950, págs. 139 a 143. O Autor refere ainda uma proximidade com o ALR, mas da comparação das várias influências parece decorrer com alguma clareza que as proximidades são muito superiores com o *Labyrintho del Commercio* e com a Doutrina francesa sobre a *actio institoria* posterior ao Código Comercial de 1807. O ALR era também influenciado pela *actio institoria*, pelo que é natural que se identifiquem proximidades, mas tal não implica uma influência marcante sobre o projeto de Pedro Sainz de Andino.

A PREPOSIÇÃO

cendo-se as caraterísticas típicas especiais dos comerciantes e dos prepostos, o que implica uma certa abordagem subjetivista, estas categorias foram tratadas de um modo objetivo, assim se obtendo uma fusão equilibrada entre a realidade do Comércio tal como tipicamente ocorre, por um lado, e um regime jurídico de índole objetivista que permitira abranger a atividade comercial exercida fora dos cânones do antigo regime, por outro lado.[372]

A importância do Código Comercial de 1829 veio a refletir-se em toda a área de influência política espanhola, mas também se veio a refletir em Portugal.

No que respeita ao nosso País, é importante notar que em matéria de preposição, os §§ 141 a 169 do Código Comercial de 1833 constituem simples tradução dos §§ 173 a 202 do Código Comercial de 1929.[373] A influência, nesta matéria, foi total, não sendo possível ser superior. O Código Comercial de 1833 era, nesta matéria, uma mera tradução do Código Comercial espanhol de 1829, sendo que ainda hoje existem disposições do Código Comercial de 1888 que não são mais do que tradução das disposições equivalentes do Código Comercial espanhol de 1829.

O Código Comercial português de 1833 tinha, contudo, dois regimes de preposição: um regime adjetivo que era diretamente influenciado pela *actio instZtoria*, que vigorara em Portugal até 1833, a par de um regime substantivo, quer era uma simples tradução do Código Comercial espanhol de 1829, que era já uma evolução e modernização da *actio instituria*.

Concluindo, todo o sistema de preposição do Código Comercial de 1833 tem origem na *actio instituria*. Uma parte (*Da acção institória*)[374] resultou de uma importação do regime adjetivo da *actio instituria* então vigente em Portugal com base no Digesto. A outra parte (*Dos feitores e caixeiros*)[375] resultou de uma tradução do Código Comercial espanhol de 1829 que, por sua vez, decorria de uma outra importação da *actio instituria* com origem no Digesto, mas desta feita já estruturada como direito substantivo, com pro-

---

[372] RUBIO, JESUS, *Sainz de Andino y la Codificacion Mercantil*, Consejo Superior de Investigaciones Científicas, Madrid, 1950, págs. 137 e 138.

[373] Com uma única alteração, no que respeita ao §142 do Código Comercial de 1833, uma vez que a entidade de registo comercial é diferente da imposta pelo §174 do Código Comercial de 1829.

[374] §§ 898, 899, 902 e 922 a 928 do Código Comercial de 1833.

[375] §§ 141 a 169 do Código Comercial de 1833.

O LADO EXTERNO DA PREPOSIÇÃO

fundas influências de Hevia Bolaño, das Ordenações de Bilbao e da Doutrina francesa.

B. O Regime da preposição no Código Comercial de 1833

I. O Código Comercial de 1833 contém dois regimes de preposição. Um regime aplicável aos feitores, caixeiros e casos análogos (§§141 a 169) e um regime de ação institória (§§898, 899, 902 e 920 a 928). Esta divisão causa inevitavelmente perplexidade a qualquer pessoa que estude o assunto. Por que razão teria Ferreira Borges incluído dois regimes jurídicos que, em suma, regulavam a mesma matéria? Um regime inovador e moderno de base substantivo, e um regime que traduzia ainda a solução adjetiva do Direito Romano, operando através de *actiones*.[376] Não só incluiu dois regimes sobre a mesma matéria no mesmo Código, como cada um destes regimes funcionava num sistema jurídico diferente. Um regime de base substantiva e um regime de base adjetiva. A razão desta solução foi explicada pelo próprio Ferreira Borges, logo em 1835,[377] sendo que a razão de ser causa ainda mais perplexidade.

II. Como vimos, à data da elaboração do Código Comercial de 1833, o principal monumento legislativo era o Código Comercial francês de 1807. Mesmo com todos os seus defeitos (nomeadamente, em matéria de compra e venda, sociedade e preposição), este era o Código de referência para qual-

---

[376] À data de entrada em vigor do Código Comercial de 1833, o regime então vigente em Portugal era o da ação institória, com base na *actio institoria* – CABRAL, ANTONIO VANGEURVE, *Pratica judicial, muyto util, e necessaria para os que principiaõ os officios de julgar, e advogar e para todos os que solicitaõ causas nos Auditorios de hum, e outro foro*, Officina de Francisco de Oliveira, Coimbra, 1757, pág.11 e TELLES, JOSÉ HOMEM CORRÊA, *Doutrina das Acções Accomodada ao Foro de Portugal*, Real Imprensa da Universidade, Coimbra, 1819, págs. 181 e 182. Em Pascoal de Melo Freire, ambas as *actiones* (a *actio exercitoria* e a *actio institoria*) são abordadas como uma única figura, divergindo apenas na natureza da atividade comercial exercida, se marítima, se terrestre. Defendia o Autor que entre o preposto e o preponente se verificava um mandato, que entre o preposto e o terceiro se verificaria um contrato que dependeria do caso, e que entre o preponente e o mesmo terceiro se verificaria um quase contrato, do qual resultaria a obrigação do preponente – FREIRE, PASCOAL JOSÉ DE MELO, *Institutiones Juris Civilis Lusitani cum Publici tum Privati*, Livro IV, 5.ª ed., Tipografia Académica, Coimbra, 1875, págs. 52 e 53.

[377] BORGES, JOSÉ FERREIRA, *Das Fontes, Especialidades, e Excellencia da Administração Commercial Segundo o Codigo Commercial Portuguez*, Typographia Commercial Portuense, Porto, 1835, págs. 78 a 82.

quer pessoa que pretendesse criar um Código Comercial *ex nuovo*. Assim sucedeu também com Ferreira Borges, que recorreu ao *Code de Commerce* como inspiração fundamental. Não foi a única inspiração, mas foi sem dúvida a principal, como seria de esperar.

Um dos principais defeitos do Código Comercial francês verificava-se na parte relativa à preposição, mandato e representação. Como vimos, o Código Comercial de 1807 não regulava a preposição. A lacuna foi rapidamente descoberta e a Doutrina e Jurisprudência francesas depressa a integraram com recurso à *actio institoria*.

Em resultado, na França do *Code de Commerce* vigorava ainda a *actio institoria*, com base no Digesto, tal como era defendido em toda a Doutrina da época.

O mesmo sucedia em Portugal, sendo aplicada a *actio institoria*, com base no Digesto, que vigorava como Direito Comum e ainda na Doutrina mais marcante, na qual se destacava Hevia Bolano. Assim, até 1833, vigorou em Portugal a *actio institoria*.

Ferreira Borges conhecia o problema francês e a solução adotada que, aliás, era a mesma que vigorava em Portugal antes de 1833: usar a *actio institoria* do Digesto. Assim a solução legislativa mais natural consistia em integrar no Código Comercial a própria *actio institoria*, aproveitando para a modernizar. Evitava-se a insegurança do recurso à *actio institoria* através do Digesto, mesmo intermediada pela Doutrina mais moderna, positivando-se esta *actio* no próprio Código. Assim sucedeu, tendo a *actio institoria* sido importada para o Código Comercial como "ação institória", passando a constar nos §§898, 899, 902 e 922 a 928. Este foi um importante passo em frente, correspondendo a um significativo avanço relativamente à solução francesa. Para tanto, Ferreira Borges recorreu à melhor e mais influente Doutrina, na qual avultavam Michele de Jorio,[378] José da Silva Lisboa (Visconde de Cairu) e Pardesus,[379] mas também Mello Freire e Pothier.[380] Diz-nos Gaspar Pereira da Silva que, em geral, estas disposições traduzem a opinião de Michele de

---

[378] Neste sentido, SILVA, GASPAR PEREIRA DA, *Fontes Proximas do Codigo Commercial Portuguez*, 1.ª parte, Typographia Commercial Portuense, Porto, 1843, págs. 241 a 243 e 248 a 251.

[379] Neste sentido, BORGES, JOSÉ FERREIRA, *Das Fontes, Especialidades, e Excellencia da Administração Commercial Segundo o Codigo Commercial Portuguez*, Typographia Commercial Portuense, Porto, 1835, págs. 78 e 79.

[380] Neste sentido, SILVA, GASPAR PEREIRA DA, *Fontes Proximas do Codigo Commercial Portuguez*, 1.ª parte, Typographia Commercial Portuense, Porto, 1843, págs. 249 a 251 e BORGES, JOSÉ

O LADO EXTERNO DA PREPOSIÇÃO

Jorio, e ainda que correspondem a uma simples tradução do "Código de Itália".[381] Ferreira Borges refere-se, no preâmbulo ao Código Comercial de 1833, a um *projecto do código d'Italia* no qual se terá inspirado. Infelizmente, não foi possível identificar o referido projeto. Houve, efetivamente, vários projetos de Código Comercial para o Reino de Itália,[382] mas nenhum incluía um regime de ação institória como o que consta no Código Comercial de 1833, contendo, antes, regimes de direito substantivo aplicáveis aos prepostos. Ferreira Borges estar-se-ia a referir a outro projeto, que porventura circulou na altura,[383] mas que ficou esquecido.

A ação institória era, no Código Comercial de 1833, a sede do regime geral da preposição, como figura de base romana. Nesta matéria importa ter em consideração que, à data do Código Comercial de 1833 ainda vigorava no sistema processual português o regime das *actiones*, embora a título supletivo. Como tal, era tido como normal incluir uma *actio* no âmbito de um Código moderno. Assim, por influência da doutrina então vigente em França, Itália e outros Estados de influência francesa, que nesta matéria recorriam ainda à *actio institoria*, reforçada pela normalidade de se recorrer à técnica das *actiones* em Portugal.

Importa também ter em consideração que nessa data ainda vigorava a escravatura em Portugal, pelo que a *actio institoria* tinha ainda a aptidão para permitir o exercício do comércio através de escravos,[384] sendo que esta era uma das poucas atividades que era permitida aos escravos.

O Código Comercial de 1833 incluía ainda um regime aplicável aos feitores e caixeiros, de natureza substantiva. No que respeita a este regime, e

---

FERREIRA, *Dicionário Jurídico-Comercial*, 2.ª ed., Typographia de Sebastião José Pereira, Porto, 1856, pág. 207.

[381] Neste sentido, SILVA, GASPAR PEREIRA DA, *Fontes Proximas do Codigo Commercial Portuguez*, 1.ª parte, Typographia Commercial Portuense, Porto, 1843, págs. 249 a 251.

[382] SCIUMÈ, ALBERTO, *I Progetti del Codice di Commercio del Regno Italico (1806-1808)*, Giuffrè, Milano, 1999, *passim*, e *Progetto di Codice di Commercio di Terra e di Mare pel Regno d'italia*, Stamperia Reale, Milano, 1807, *passim*.

[383] Poderá suceder que não se tratasse de um projeto para o Reino de Itália, mas para um outro território na Península Itálica, nomeadamente, um eventual projeto elaborado para os Estados Pontifícios, pela Comissão constituída, por *motu proprio* Papal de 6 julho de 1816, sob a presidência de Vincenzo Bartolucci.

[384] Sobre o assunto, em particular no que se refere à importância do comércio exercido por escravos SEIXAS, MARGARIDA, *Pessoa e Trabalho no Direito Português (1750-1878): Escravo, Liberto e Serviçal*, AAFDL, Lisboa, 2016, págs. 88 a 90.

A PREPOSIÇÃO

à sua inclusão no Código Comercial, a par do regime da ação institória, diz--nos Ferreira Borges que, estava em Londres,[385] com o Código Comercial já pronto, quando lhe chegou às mãos um exemplar do Código Comercial espanhol de 1829. Nas palavras do próprio:

> *"nós declaramos que quando o Codigo do Commercio d'Hespanha nos veio à mão em Londres, nós tínhamos já completa a redacção do nosso Codigo, o que foi para nós uma felicidade, porque se primeiro víssemos o Codigo de Hespanha trepidaríamos sobre a ordem que seguimos, e talvez sobre muitas das doctrinas à vista d'um Codigo cuja autoridade devia sernos de grande pezo; assim na auzencia deste Codigo trabalhámos soltos, e só nos servio acerca das Comissões Commerciais, em que a esse tempo, era algum tanto mais abundante que o nosso, posto que nós bebemos na mesma fonte a mesma doctrina do Codigo de Hespanha, isto é, na Curia Philippica, e Labyrintho del Commercio de Hevia Bolaños".*

Ou seja, o Autor afirma que se inspirou no Código Comercial de 1829 em matéria de *Comissões Commerciais* (o que inclui os prepostos) mas pretende que chegou ao mesmo resultado a que chegou o Código Comercial espanhol de 1829, por ter usado as mesmas fontes – a *Curia Philippica* e o *Labyrintho del Commercio* de Hevia Bolaño. No entanto, por mais coincidência de estudo que pudesse ter existido, esta nunca explicaria o facto de a versão portuguesa constituir uma mera tradução da versão espanhola.

Em matéria de feitores e caixeiros, os dois Códigos são iguais, ressalvando-se as línguas usadas e duas diferenças:

- existem dois artigos no Código Comercial espanhol que foram fundidos num único na versão portuguesa;
- a entidade encarregada do registo comercial é diferente em Espanha e Portugal.

Ressalvando-se estas duas exceções, o Código Comercial de 1833 é igual ao Código Comercial espanhol de 1829 na parte que regula os feitores e caixeiros. Por outro lado, o Código Comercial espanhol de 1829 é muito diferente da *Curia Philippica* e do *Labyrintho del Commercio* em matéria de facto-

---

[385] Exilado após a aclamação de D. Miguel como Rei de Portugal – GONÇALVES, DIOGO COSTA, *Pessoa Coletiva e Sociedades Comerciais*, Almedina, Coimbra, 2015, pág. 453.

res, como resulta da simples leitura das duas monumentais obras.[386] Não era possível que Pedro Sainz de Andino e José Ferreira Borges tivessem chegado exatamente ao mesmo articulado legal em razão de terem ambos estudado a *Curia Philippica* e o *Labyrintho del Commercio* de Hevia Bolaño.

O que terá ocorrido, pensamos nós, foi que, estando o Código Comercial português terminado, Ferreira Borges obteve em Londres um exemplar do Código Comercial espanhol de 1829. Ao ler o Código espanhol, apercebeu--se que a solução para os feitores e caixeiros era muito mais avançada e de melhor qualidade que a portuguesa, resolvendo integralmente a lacuna do Código Comercial francês, mas usando uma técnica mais moderna e mais adequada ao comércio do Séc. XIX. Ferreira Borges optou por copiar a solução de Pedro Sainz de Andino, incluindo o mesmo regime no Código Comercial de 1833. Assim, o capítulo espanhol sobre feitores e caixeiros foi "encaixado" no Código Comercial português, sem que houvesse sido adaptado o regime da ação institória, que se manteve. Por esta razão, o Código Comercial de 1833 tem dois regimes de prepostos que se sobrepõem parcialmente: um regime de ação institória e um regime de feitores e caixeiros.

– O regime da ação institória, que constituiu uma manifestação de continuidade do Direito Comercial português, sendo principalmente inspirado na Doutrina de Michele de Jorio e num (desconhecido) projeto de Código Comercial do Reino de Itália.
– O regime dos feitores e caixeiros, que constituiu uma manifestação do que de mais moderno e avançado havia em matéria de preposição, sendo uma cópia do Código Comercial espanhol de 1829, da autoria de Pedro Sainz de Andino.

Estas são as fontes do regime dos prepostos no Código Comercial de 1833. Ambas meras evoluções da *actio institoria*.

i. Os feitores e caixeiros no Código Comercial de 1833
Era o seguinte o teor da Secção III, Título II, Livro I, parte I do Código Comercial de 1833:

---

[386] BOLAÑO, JUAN DE HEVIA, *Laberinto de Comercio Terrestre y Naval*, Luis Sanchez impressor del Rey, Madrid, 1619, págs. 46 a 72 e BOLAÑO, JUAN DE HEVIA, *Curia Filípica, Primero, y Segundo Tomo*, edição de 1825, Imprenta de la Real Copañia, Madrid, 1825, págs. 292 a 302

A PREPOSIÇÃO

Art. XLV

§141. Ninguem póde ser feitor de commercio, a não ter capacidade legal para representar outrem e obrigar-se por ele.[387]

Art. XLVI

§142. Todo o feitor deverá ser constitui por uma auctorização especial do proponente da feitoria. Esta autorização só terá validade desde a data em que fôr lançada no registro do commercio.[388]

Art. XLVII

§143. Os feitores constituídos com clausulas geraes entendem-se auctorizados para todos os actos, que exige a direcção do estabelecimento, para que são propostos. Se o proponente entende coarctar estas faculdades, deve declarar na autorização as restricções a que o feitor deve sujeitar-se.[389]

Art. XLVIII

§144. Os feitores tractam e negoceiam em nome de seus proponentes: nos documentos, que nos negócios d'elles assignarem, devem declarar que firmam com poder da pessoa, ou sociedade, que representam.[390]

Art. XLIX

§145. Procedendo os feitores nos termos do artigo precedente, todas as obrigações por eles contrahidas recaem sobre os proponentes. E a execução das acções, a que derem causa, será

---

[387] Corresponde ao art. 173 do Código Comercial espanhol de 1829, que tinha o seguinte teor: *"Ninguno puede ser factor de comercio si no tiene la capacidad necesaria con arreglo á las leyes civiles para representar á outro, y obligarse por él.".*

[388] Corresponde ao art. 174 do Código Comercial espanhol de 1829, que tinha o seguinte teor: *"Los factores deben tener um poder especial de la persona por cuya cuenta el tráfico, del cual se tomará razon en el registro general de comercio de la plaza donde esté establecido el factor, ó del juzgado Real ordinario si no hubiere tribunal de comercio.".*

[389] Corresponde ao art. 175 do Código Comercial espanhol de 1829, que tinha o seguinte teor: *"Los factores constituidos con cláusulas generales se entendien autorizados para todos los actos que exige la direccion del establecimiento. El proprietario que se proponga reducir estas facultades, deberá espresar en el poder las restricciones á que haya de sujetarse el factor.".*

[390] Corresponde ao art. 176 do Código Comercial espanhol de 1829, que tinha o seguinte teor: *"Los factores han de negociar y tratar á nombre de sus comitentes; y en todos los documentos que suscriban sobre negocios propios de estos, espresarán que firman con poder e la persona ó sociedade que representen.".*

feita effectiva nos bens do estabelecimento, e não em propriedade do feitor, salvo estando com elles confundida de tal modo, que não possa facilmente discriminar-se.[391]

Art. L

§146. Os contractos celebrados pelo feitor de um estabelecimento comercial, ou fabril, que notoriamente pertença a uma pessoa ou sociedade conhecida, entendem-se feitos por conta do proprietário do estabelecimento, ainda que o feitor o não delcarasse ao acto de celebra--los, recaindo taes convenções sobre objectos abrangidos no gyro e tráfico do estabelecimento; ou quando, ainda que de diversa natureza, resultar que o feitor obrou com ordem do proponente; – ou que este aprovou a sua gestão por termos expressos, ou por factos positivos, que induzam prepumpção legal.[392]

Art. LI

§147. Fóra dos casos prevenidos no artigo precedente, todo o contracto celebrado por um feitor em seu nome obriga-o directamente para com a pessoa com que contractar. Se porém a negociação fosse feita por conta do proponente, e o contrahente o provar, terá opção de acionar o feitor, ou o proponente, mas não ambos.[393]

Art. LII

§148. Nenhum feitor poderá negociar por conta própria, nem tomar interesse debaixo do seu nome ou alheio em negociações do mesmo genero ou especie da sua feitoria, salvo com

---

[391] Corresponde ao art. 177 do Código Comercial espanhol de 1829, que tinha o seguinte teor: *"Tratando los factores en los términos que proviene el artículo precedente, recaen sobre los comitentes todas las obligaciones que contraen sus factores. Cualquiera repeticion que se intente para compelerles á su cumplimiento, se hará efectiva sobre los bienes del establecimiento, y no sobre los que sean propios del factor, á menos que no esten confundidos con aquellos en misma localidad."*

[392] Corresponde ao art. 178 do Código Comercial espanhol de 1829, que tinha o seguinte teor: *"Los contratos hechos por el factor de un establecimiento de comercio ó fabril que notoriamente pertenece á una persona ó sociedad conocida, se entienden hechos por cuenta del proprietario del establecimiento, aun cuando el factor no lo haya espresado al tiempo de celebrarlos, siempre que estos contratos recaigan sobre objetos comprindidos en el giro y tráfico del establecimiento, ó si aun cuando sean de outra naturaleza resulte que el factor obró con orden de su comitente, ó que este aprobó su gestion en términos expresos, ó por hechos positivos que induzcan presuncion legal.".*

[393] Corresponde ao art. 179 do Código Comercial espanhol de 1829, que tinha o seguinte teor: *"Fuera de los casos prevenidos en el artículo anterior, todo contrato hecho por un factor en nombre próprio lo deja obligado directamente hácia la persona con quien lo celebrare, sin perjuicio de si la negociacion se hubiere hecho por cuenta del comitente del factor, y la outra parte contratante lo porbase, tenga esta la opcion de dirigir su accion contra el factor ó contra su prncipal, pero no contra ambos.".*

expressa autorização do proponente: fazendo-o, os lucros farão a proveito dos proponentes, que todavia não responderam pelas perdas.[394]

Art. LIII

§149. Os proponentes não ficam desonerados das obrigações que os feitores contrahirem em seu nome, ainda que provem que os feitores procederam sem ordem sua numa negociação determinada, estando o feitor auctorizado para fazel-a segundo os poderes da sua feitoria, e correspondendo a negociação ao gyro della.[395]

Art. LIV

§150. Os proponentes não podem subtrahir-se a cumprir as obrigações contrahidas pelos feitores, sob pretexto de abuso de confiança, e dos poderes conferidos: – ou de que consumiram em proveito seu os efeitos que para os proponentes adquiriram.[396]

Art. LV

§151. As multas, em que o feitor incorrer por contravenção ás leis, ou regulamentos fiscais, na gestão da sua feitoria, será executadas sobre os bens que administrar: – salvo o direito do proponente contra o feitor, quando culposo nos factos que derem logar á multa.[397]

Art. LVI

§152. A personalidade d'um feitor, para administrar os estabelecimentos que está a seu cargo, não se interrompe pela morte do proponente, em quanto aos seus poderes não são

[394] Corresponde ao art. 180 do Código Comercial espanhol de 1829, que tinha o seguinte teor: *"Los factores no pueden traficar por su cuenta particular, ni tomar interes bajo nombre proprio ni ageno en negociaciones del mismo género que las que hacen por cuenta de sus comitentes, á menos que estos los autoricen espresamente para ello, y en el caso de hacerlo redundarán los benefícios que puedan traer dichas negociaciones en provecho de aquellos; sin ser de su cargo las pérdidas.".*

[395] Corresponde ao art. 181 do Código Comercial espanhol de 1829, que tinha o seguinte teor: *"No quedan exonerados los comitentes de las obligaciones que á su nombre contrajeren sus factores, aun cuando prueben que procedieron sin orden suya en una negociacion determinada, siempre que el factor que la hizo estuviese autorizado para hacerla, segun los términos del poder em cuya virtud obre, y corresponda aquella al giro del establecimiento que está bajo la direccion del factor."*

[396] Corresponde ao art. 182 do Código Comercial espanhol de 1829, que tinha o seguinte teor: *"Tampoco pueden substraense los comitentes de cumplir las obligaciones que hicieren sus factores, á protesto de que abuaron de su confianza y de las facultades que les estaban conferidas, ó de que consumieron en su provecho particular los efectos que adquirieron para sus principales.".*

[397] Corresponde ao art. 183 do Código Comercial espanhol de 1829, que tinha o seguinte teor: *"Las multas en que pueda incorrir el factor por contravenciones á las leyes fiscales ó reglamentos de administracion pública en las gestiones de su factoría, se harán efectivas desde luego sobre los bienes que administre, sin perjuicio del derecho del proprietario contra el factor por su culpabilidad en los hechos que dieren lugar á la pena pecuniaria.".*

revogados: ella termina todavia pela alheação do estabelecimento. São comtudo validos os contractos, que celebrar, até que a revogação e alheação chegue á sua noticia por meio legitimo.[398]

Art. LVII

§153. Procedem acerca dos feitores, com respeito ao estabelecimento que administram, as mesmas regras acerca da contabilidade, que se acham prescriptas para os comerciantes.[399]

Art. LVIII

§154. O gerente d'um estabelecimento comercial ou fabril, por conta alheia, auctorisado para administral-o, dirigil-o, e contractar sobre as cousas a elle concernentes, com mais ou menos poderes, segundo houvesse por bem o proponente, tém somente o character legal de feitor para as disposições que se acham prespcriptas neste ultimo.[400]

Art. LIX

§155. Todos os demais empregados com salario fixo, que os commerciantes costumam instituir como auxiliares do seu gyro e trafico, carecem da faculdade de contractar e obrigar-se por seus proponentes; salvo sendo-lhes tal auctorisação expressamente concedida para as operações que determinadamente lhes são incumbidas, e tendo os auctorisados a capacidade legal necessária para validamente contractar.[401]

---

[398] Corresponde aos arts. 184 e 185 do Código Comercial espanhol de 1829, que tinham o seguinte teor: (184) *"La personalidade de un factor para administrar el establecimento de que está encargado, no se interrumpe por la morte del propietario, mientras no se le revoquen los poderes; pero sí por la enagenacion que aquel haga del establecimiento."*; (185) *"Aunque se hayan revocado los poderes á un factor, ó haya este de cesar en sus funciones por haberse enagenado el establecimiento que administraba, serán válidos los contratos que haya hecho despues del otorgamiento de aquellos actos, hasta que llegaron á su noticia por un medio legítimo.".*

[399] Corresponde ao art. 186 do Código Comercial espanhol de 1829, que tinha o seguinte teor: *"Los factores observarán con respecto al establecimiento que administran las mismas reglas de contabilidad que se han prescrito generalmente á los comerciantes."*

[400] Corresponde ao art. 187 do Código Comercial espanhol de 1829, que tinha o seguinte teor: *"El gerente de un establecimento de comercio ó fabril por cuenta agena autorizado para administralo, dirigilo y contratar sobre las cosas concernientes á él, com más ó menos facultades, segun haya tenido por conveniente el proprietario, tiene solamente el concepto legal de factor para las disposiciones que van rescritas en este título.".*

[401] Corresponde ao art. 188 do Código Comercial espanhol de 1829, que tinha o seguinte teor: *"Todos los demais oficios que los comerciantes acostumbran empler con salario fijo, como auxiliares de su giro y tráfico, carecen de la faculdad de contratar y obligarse por sus principales, á menos que no se las confieran estos espresamente para las operaciones que determinadamente les encarguen; teniendo los que las reciban la capacidad legal necessária para contratar válidamente."*

A PREPOSIÇÃO

Art. LX

§156. O negociante, que conferir a um caixeiro o encargo exclusivo d'uma parte da sua administração, tal como o saque de letras, a arredação e recibo debaixo de firma propria, ou outroa similhante, em que seja necessario assignar documentos que produzama obrigação e acção, é obrigado a dar-lhe uma auctorisação especial para todas as operações compreendidas no referido encargo, a qual será notada e registrada nos termos legislados acerca dos feitores. Não será por tanto licito a caixeiro algum sacar, aceitar ou indossar letras, pôr nellas recibos, nem subscrever outro algum documento de obrigação, ou quitação das operações de commercio de seus principais, salvo auctorisados com poder bastante, legitimamente restrado; fica declarada de abusiva, nulla e invalida qualquer practica em contrario.[402]

Art. LXI

§157. Dirigindo um commerciante a seus correspondentes circular que dê a reconhecer o seu caixeiro como auctorisado para algumas operações do seu trafico, os contractos, que fizer com as pessoas a quem dirigiu a circular, são validos e obrigadotiros, em quanto relativos á parte da administração a elle confiada. Egual communicação se faz necessária, para que a correspondência dos commerciantes, firmada por seus caxeiros, surta efeito nas obrigações contrahidas por correpondencia.[403]

Art. LXII

§158. As disposições dos artigos XLVIII, XLIX, LI, LIII, LIV, LV, LVI e LVII são applicaveis aos caixeiros, que se acham devidamente auctorisados para reger uma operação de commercio ou alguma parte do gyro e trafico dos seus proponentes.[404]

---

[402] Corresponde ao art. 189 do Código Comercial espanhol de 1829, que tinha o seguinte teor: "*El comerciante que confiera á un mancebo de su casa el encargo esclusivo de una parte de su administracion de comercio, como el giro de letras, la recaudacion y recibo de caudales bajo frma propia, ú outra semejante en que sea necesario que subscriban documentos que producen obligacion y accion, le dará poder especial para todas las operaciones que abrace dicho encargo, y este se registrará y anotará segun va dispuesto en el articulo 174 con respecto á los factores.*".

[403] Corresponde ao art. 190 do Código Comercial espanhol de 1829, que tinha o seguinte teor: "*Si por medio de una circular dirigida á sus corresponsales diere un comerciante á reconocer á un mancebo de su casa, como autorizado para algunas operaciones de su trafico, serán válidos y obligatorios los contratos que este haga con las personas á quienes se comunicó la circular, siempre que estos sean relativos á la parte de administracion confiada á dicho subalterno. Igual comunicacion es necesaria para que la correspondencia de los comerciantes, firmada por sus mancebos, sea eficaz con respecto á las obligaciones que por ella se bayan contraido.*".

[404] Corresponde ao art. 191 do Código Comercial espanhol de 1829, que tinha o seguinte teor: "*Las disposiciones de los articulos176, 177, 179, 181, 182, 183, 184, y 185, se aplican igualmente á los*

O LADO EXTERNO DA PREPOSIÇÃO

Art. LXIII

§159. Os caixeiros, encarregados de vender por miudo em lojas publicas, reputam-se auc-torisados para cobrar o produto das vendas que fazem; os seus recibos são validos, sendo passados em nome do proponente.

A mesma faculdade têm os caixeiros que vendem em armazens por grosso, sendo as vendas a dinheiro de contado, e verificando-se o pagamento no mesmo armazem: quando porém as cobranças se fazem fóra, ou procedem de vendas feitas a praso, os recibos serão necessa-riamente assignados pelo proponente, seu feitor ou procurador, legitimamente constituido para cobrar.[405]

Art. LXIV

§160. Os assentos, lançados nos livros e registro d'uma cada de commercio por guarda livros ou caixeiros, legitimamente encarregados da escripturação e contabilidade, pro-duzem os mesmos efeitos, e prejudicam os proponentes, como se por eles mesmos fossem escritpurados.[406]

Art. LXV

§161. Quando um comerciante encarregar o caixeiro do recebimento de fazendas compra-das, ou que por qualquer outro titulo devem entrar em seu poder e o caixeiro as receber sem objecção ou protesto, a entrega será tida por boa em prejuizo do proponente; e não serão admittidas reclamações algumas, que não podessem ter logar, se o proponente pessoalmente as houvesse recebido.[407]

Art. LXVI

---

mancebos de comercio que estén autorizados para regir una operacion de comercio, ó alguna parte del giro y tráfico de su principal..".

[405] Corresponde ao art. 192 do Código Comercial espanhol de 1829, que tinha o seguinte teor: *"Los mancebos encargados de vender por nemor en un almacen público, se reputan autorizados para cobrar el producto de las ventas que hacen; y sus recibos son válidos, espidiéndolos á nombre de sus princi-pales. Igual facultad tienen los mancebos que venden en los almacenes por mayor, siempre que las ventas sean al contado, y el pago se verifique en el mismo almacen; pero cuando las cobranzas se hacen fuera de este, ó proceden de ventas hechas á plazos, los recibos serán suscritos necesariamente por el principal, su factor ó legítimo apoderado constituido para cobrar.*

[406] Corresponde ao art. 193 do Código Comercial espanhol de 1829, que tinha o seguinte teor: *"Los asientos hechos por los mancebos de comercio encargados de la contabilidad en los libros y registros de sus principales, causan los mismos efectos, y les paran á estos perjuicios, como si hubieran sido hechos por ellos mismos.".*

[407] Corresponde ao art. 194 do Código Comercial espanhol de 1829, que tinha o seguinte teor: *"Cuando un comerciante encarga á su mancebo la recepcion de las mercaerias que há comprado, ó que por outro título deben entrar en su poder, y este las recibe sin repugnancia ni reparo en su calidad y cantidad, se*

A PREPOSIÇÃO

§162. Nem os feitores, nem os caixeiros, poderão delegar em outrem, sem noticia e consentimento dos proponentes, quaisquer ordens ou encargos, que d'estes receberem: pena de responderem directamente pela gestão dos substitutos e obrigações por elles contrahidas.[408]

Art. LXVII

§163. Não se achando accordado o prazo do ajuste, celebrado entre o proponente e o feitor ou caixeiro, qualquer dos contraentes póde dal-o por acabado, avisando o outro contraente da sua resolução com um mez de antecipação. O feitor ou caixeiro despedido terá direito ao salario correspondente a esse mez, e o proponente não será obrigado a conserval-os no estabelecimento, nem no exercicio das suas funções.[409]

Art. LXVIII

§164. Tendo o ajuste entre o proponente e o caixeiro ou feitor um termo estipulado, nenhuma das partes poderá arbitrariamente desligar-se da convenção. O que assim o fizer será obrigado a indemnizar a outra parte dos prejuizos que d'esse facto resultarem.[410]

Art. LXIX

§165. Julga-se arbitraria a inobservancia do contracto entre o proponente e o seu feitor ou caixeiro, uma vez que se não fundar em injuria feita por um á seguridade, honra, ou interesse do outro. O juiz qualificará prudentemente o facto, tendo em consideração o character das relações entre subdito e superior.[411]

---

tiene por bien hechas la entrega á perjuicio del mismo principal, y no se admitirán sobre ella mas reclamaciones que las que podrian tener lugar si aquel en persona las hubiera recebido.".

[408] Corresponde ao art. 195 do Código Comercial espanhol de 1829, que tinha o seguinte teor: *"Ni los factores ni los mancebos de comercio pueden delegar en otros los encargos que recibieren de sus principales, sin noticia y consentimiento de estos; y caso de hacer dichas delegacion en outra forma, responderán directamente de las gestiones de los sustitutos y de las obligaciones contrariadas por estos."*

[409] Corresponde ao art. 196 do Código Comercial espanhol de 1829, que tinha o seguinte teor: *"No estando determinado el plazo del empeno que contrajeren los factores y mancebos con sus principales, puede cualquiera de los contrayentes darlo por fenicido, dando aviso á la outra parte de su resolucion com un mês de anticipacion.*
El factor ó mancebo despedidos por su principal, tendrán derecho al salario que corresponda á dicha mesada; pero no podrán obligarles á que lo conserven en su establecimiento, ni en el ejercicio de sus funciones."

[410] Corresponde ao art. 197 do Código Comercial espanhol de 1829, que tinha o seguinte teor:*" Cuando el contrato entre el factor o mancebo y su principal, se hubiere hecho fijando el término que debian durar sus efectos, no pueden arbitrariamente las partes separarse de su cumpliiento, y si lo hicieren, estará obligada la parte que lo haga á indemnizar á la outra de los perjuicios que por ello le sobrevengan."*

[411] Corresponde ao art. 198 do Código Comercial espanhol de 1829, que tinha o seguinte teor: *"Se estima arbitraria la inobservancia del contrato entre el comerciante y so factor ó mancebo siempre que*

O LADO EXTERNO DA PREPOSIÇÃO

Art. LXX

§166. Com respeito aos commerciantes são causas especiais para despedir os seus feitores ou caixeiros, sem embargo de ajuste por tempo fixo – 1.º todo o acto de fraude e abuso de confiança na gestão engarregada ao feitor ou caixeiro; – 2.º fazendo estes negociação por conta própria ou alheia, que não do proponente, sem conhecimento e permissão expressa.[412]

Art. LXXI

§167. Os feitores e caixeiros de commercio são responsáveis para com os proponentes por qualquer lesão, que causem a seus interesses, procedendo com malicia, negligencia culpavel, ou infracção das ordens e instruções dadas, no dizer de arbitradores expertos.[413]

Art. LXXII

§168. Os acidentes imprevistos ou inculpados, que impedirem as funcções dos feitores ou caixeiros assalariados, não interrompem a acquisição do salario competente; salvo convenção em contrario, e uma vez que a inabilitação não exceda tres mezes continuos.[414]

Art. LXXIII

§169. Se, por efeito immediato e directo do serviço, acontecer ao feitor ou caixeiro algum damno extraordinário ou perda, não havendo pacto expresso a esse respeito, o proponente será obrigado a indemnisal-o. A quota de indemnização será determinada por arbitros.[415]

---

no se funde en una injuria que haya hecho el uno á la seguridad, al honor ó á los intereses del outro. Esta calificacacion se hará prudencialmente por el tribunal ó juez competente, teniendo en consideracion el caracter de las relaciones que median entre el súbdito y el superior."

[412] Corresponde ao art. 199 do Código Comercial espanhol de 1829, que tinha o seguinte teor:
"Con respecto á los comerciantes se declaran causas especiales para que pueden despedir á sus factores ó mancebos, no obstante cualquiera empeno contraido por tiempo determinado.
1. Todo acto de fraude y abuso de confianza en las gestiones que estuvieren encargadas al factor.
2. Si estos hicieren alguna negociacion de comercio por cuenta propia, ''o por la de outro que no sea su principal, sin conocimiento y espreso permiso de este."

[413] Corresponde ao art. 200 do Código Comercial espanhol de 1829, que tinha o seguinte teor:
"Los factores y mancebos de comercio son responsables á sus principales de cualquiera lesion que causen á sus intereses, por haber procedido en el desempeno de sus funciones com malicia, negligencia culpable, ó infraccion á las órdenes é instrucciones que aquellos les hubieren dado."

[414] Corresponde ao art. 201 do Código Comercial espanhol de 1829, que tinha o seguinte teor:
"Los accidentes imprevistos é inculpables que impidan á los factores y mancebos asalariados desempenar su servicio, no iterrumirán la adquisicion del salario que le corresponda, como no haya pacto en contario, y con tal que la inhabilitacion no esceda de tres meses."

[415] Corresponde ao art. 202 do Código Comercial espanhol de 1829, que tinha o seguinte teor:
"Si por efecto inmediato y directo del servicio que preste un mancebo de comercio esperimentare algun gosto

A PREPOSIÇÃO

Como se pode concluir, este regime encontrava-se dividido do seguinte modo:

– Feitores, gerentes de comércio e outros auxiliares – §§141 a 155;
– Caixeiros – §§156 a 161;
– Regime geral – §162 a 169.

Segundo Ferreira Borges, os feitores eram *"na sua verdadeira accepção"* as pessoas encarregadas de um negócio por conta de outrem, sendo um preposto e correspondendo à figura romana do *institor*.[416] O Autor do Código Comercial esclarece ainda na sua obra que "agente" é o nome genérico que designa "todo o que faz negócios alheios". Destes, o que atue apenas em seu próprio nome, fazendo negócios em lugar distante, é *"commisario"*. Mas se os negócios são realizados no domicílio do *"committente"*, ou na *"qualidade de chefe d'um estabelecimento em outro sitio formado pelo committente, em nome d'elle"*, chama-se feitor a este *"administrador, agente, ou institor"*.[417]

O Autor sumariza ainda, de um modo cristalino, que *"os feitores são pois prepostos d'um mercador negociante, ou banqueiro, para dirigir o seu commercio, – ligados ao estabelecimento do preponente"*.[418]

Figura próxima, os gerentes de comércio ou de fábrica, eram considerados como feitores, nos casos em que respeitassem este regime. Assim, o *nomen* gerente (de comércio ou de fábrica) era usado com um significado geral, podendo ser, ou não, qualificado como um feitor (§154). Nos casos em que o gerente fosse um feitor, era-lhe aplicável o respetivo regime. Nos outros casos, ser-lhe-ia aplicável outro regime, que poderia ser, eventualmente, o dos outros auxiliares do comerciante, caixeiro ou outro, conforme o caso.

Os feitores eram constituídos por uma autorização, que podia ser geral ou especial. A autorização especial estava sujeita a inscrição no registo comercial, produzindo efeitos com o registo (§142). A autorização geral não estava

---

estraordinario ó perdida, sobre cuya razon no se haya hecho pacto espreso entre él y su principal, será de cargo de este indemnizarle del mismo gasto ó perdida."

[416] BORGES, JOSÉ FERREIRA, *Dicionário Jurídico-Comercial*, 2.ª ed., Typographia de Sebastião José Pereira, Porto, 1856, pág. 167.

[417] BORGES, JOSÉ FERREIRA, *Dicionário Jurídico-Comercial*, 2.ª ed., Typographia de Sebastião José Pereira, Porto, 1856, págs. 167 e 168.

[418] BORGES, JOSÉ FERREIRA, *Dicionário Jurídico-Comercial*, 2.ª ed., Typographia de Sebastião José Pereira, Porto, 1856, pág. 168.

sujeita a registo comercial, abrangendo todos os atos inerentes à atividade para a qual era proposto o feitor, salvo as restrições que constassem da própria autorização (§143).

O feitor estava impedido de concorrer com o preponente, não podendo concorrer por conta própria, nem por conta alheia. Caso concorresse com o seu preponente, sem a necessária autorização, todos os lucros da atividade concorrencial revertiam para o preponente, mas não as perdas, que corriam apenas por conta do feitor incumpridor (§148).

O feitor estava obrigado a agir em nome do comerciante, sendo que os atos praticados pelo feitor, no âmbito da autorização e em nome do comerciante, produziam efeitos diretamente na esfera deste (§144 e §147, primeira parte). No entanto, este regime sofria exceções.

O património do feitor respondia pelos atos praticados em nome do comerciante nos casos de confusão de patrimónios entre feitor e comerciante, "de tal modo que não pudesse facilmente discriminar-se" (§145).

Outra exceção ocorria nos casos de negócios incluídos no giro comercial do estabelecimento, mas em que o feitor não declarasse agir em nome do comerciante, ou declarasse agir em nome de um determinado comerciante, sendo notório que o estabelecimento à frente do qual estava pertencia a outro comerciante. Ou seja, o feitor agia verdadeiramente por conta do dono do estabelecimento à frente do qual estava, independentemente do nome que invocasse. Era o dono do estabelecimento que ficava vinculado, e não a pessoa cujo nome fosse invocado pelo feitor (§146).

Mesmo nos casos em que os negócios extravasassem o giro comercial do estabelecimento, o comerciante ficava vinculado independentemente do nome invocado pelo feitor se este tivesse agido por sua ordem, ou se o comerciante tivesse aprovado a atuação do feitor, tácita ou expressamente (§146).

Para além destes casos, nos casos em que fosse demonstrado que o feitor tinha agido por conta do preponente, sem invocar o nome do comerciante, invocando um falso nome de comerciante, ou mesmo agindo em nome próprio, podia o terceiro optar por acionar o feitor ou o comerciante seu preponente, mas não ambos. Ou seja, regra geral, sempre que um feitor agisse por conta do seu preponente, o terceiro poderia optar por acionar o feitor ou o comerciante seu preponente, não podendo, contudo, acionar ambos (§147).

A preposição do feitor era um negócio fundamentalmente abstrato, não sendo invocáveis exceções internas contra terceiros. Assim, o §149 impedia a invocação perante terceiros da violação de ordens ou instruções do preponente por parte do feitor. Este apenas podia invocar perante terceiro a violação da própria preposição, ou do âmbito do comércio (do giro) do estabelecimento. Desde que o feitor agisse dentro do âmbito da autorização, vinculava sempre o preponente, o que fazia com que a relação subjacente à preposição fosse inoponível a terceiros, determinando a abstração da preposição perante terceiros. Apenas eram invocáveis exceções externas, ou seja, a falta da autorização. Este regime era ainda reforçado pelo §150 que determinava que, nem mesmo em caso de abuso de confiança do feitor, o preponente podia defender-se perante o terceiro. Segundo esta disposição, o preponente ficava vinculado, mesmo nos casos em que o feitor agisse em abuso de confiança ou em abuso de poderes. E ainda nos casos em que o feitor desviasse para si próprio os benefícios do negócio, solução que tinha origem na *actio exercitoria* romana.[419] O mesmo sucedia com as multas em que o feitor incorresse no exercício da sua atividade, e pelas quais respondia o património do estabelecimento por si administrado, ou seja, o património do preponente (§151).

Por último, a preposição não caducava com a morte do preponente, porquanto estava ligada ao estabelecimento em si, e não tanto à pessoa do preponente. Como tal, em caso de morte do preponente, o feitor mantinha-se à frente do estabelecimento, a menos que o novo titular (herdeiro) do estabelecimento revogasse a preposição. A preposição caducava, contudo, no caso de trespasse do estabelecimento (*alheação do estabelecimento*) (§152).

A par do regime do feitor, o Código Comercial de 1833 regulava o caixeiro. O regime do caixeiro do Código Comercial de 1833 consistia numa tradução do regime do *mancebo* do Código Comercial espanhol de 1829 que, por sua vez, era uma atualização do regime do *moço de tienda* de Hevia Bolaño.[420] Contudo, a categoria de *moço de tienda* ou *mancebo*, podia implicar duas atividades distintas: uma de simples celebração de negócios, e uma que envolvia ainda uma atividade de caixa. Assim, em geral, o caixeiro era um escriturário,[421] que podia efetuar vendas, mas tratava fundamentalmente da

---

[419] D. 14, 1, 1 (9).

[420] BOLAÑO, HEVIA, *Labyrintho de Comercio Terrestre y Naval donde breve y compendiosamente se trata de la Mercancia y Contratacion de tierra y mar, útil y provechoso para Mercaderos, Negociadores, Navegantes, y sus Consulados, Ministros e los Juyzios, professores de Derecho, y otras personas*, Lima, Francisco del Canto (editor), 1617, pág. 7

[421] BORGES, JOSÉ FERREIRA, *Diccionário Jurídico-Comercial*, 2.ª ed., Typographia de Sebastião José Pereira, Porto, 1856, pág. 62.

contabilidade e livros do comerciante, e das matérias relativas a pagamentos, cobranças e títulos de crédito. Ou seja, tratava da caixa, contabilidade e finanças do comerciante, no estabelecimento e fora dele.

De entre os caixeiros, avultava a figura do guardalivros.[422] Este era o principal caixeiro, pois era sua a responsabilidade de manter a escrita em dia, certificando-a para efeitos legais. Assim, o guarda-livros substituía o comerciante no que respeita à atividade de escrita comercial, ou seja, no cumprimento dos deveres de registo contabilístico.[423] Era, em suma, um preposto geral para matérias de contabilidade, enquanto os normais caixeiros, eram prepostos especiais para efeitos de contabilidade, mas também para efeitos de recebimentos, pagamentos e operações com títulos de crédito.

Também no caso do caixeiro, a sua qualidade resultava de uma autorização especial, com natureza de preposição. Esta era, contudo, mais específica do que a preposição do feitor, mas estava sujeita às mesmas regras de registo do feitor (§156). Para além destas regras, o §157 previa um modo de publicitação da autorização do caixeiro, que consistia no envio de circulares aos terceiros. Assim, os contratos e a correspondência assinados por um caixeiro seriam imputados ao preponente, caso este houvesse enviado à outra parte uma circular a informar sobre a autorização (preposição) concedida.

No que respeita à cobrança dos preços das mercadorias vendidas e à passagem de recibos de quitação, o regime dividia-se em dois casos especiais. O caixeiro de comércio a retalho e o caixeiro de comércio a grosso. O caixeiro de comércio a retalho (*"encarregado de vender por miudo em lojas publicas"*) podia cobrar o preço e passar recibo em nome do preponente. Já no que respeita ao caixeiro de comércio a grosso, aplicava-se o mesmo regime no caso de vendas a contado pago no estabelecimento, mas não tinha poderes para passar recibos nos casos de pagamento efetuados fora do estabelecimento ou a prazo. Nestes casos, o recibo apenas podia ser passado pelo próprio comerciante preponente, ou por um seu feitor ou, ainda, por um procurador (§159). No que respeita ao recebimento de mercadorias por parte de um caixeiro, a falta de protesto e reclamações por parte deste produzia efeitos diretamente na esfera do preponente (§161). O mesmo sucedendo com os

---

[422] Segundo BORGES, JOSÉ FERREIRA, *Diccionário Jurídico-Comercial*, 2.ª ed., Typographia de Sebastião José Pereira, Porto, 1856, pág. 190, *o Guarda-livros é o caixeiro mais essencial ao negociante, porque a sua escripturação é a base da sua existência comercial.*

[423] BORGES, JOSÉ FERREIRA, *Diccionário Jurídico-Comercial*, 2.ª ed., Typographia de Sebastião José Pereira, Porto, 1856, pág. 190.

A PREPOSIÇÃO

lançamentos e assentos efetuados nos livros de registo do comerciante por parte de um caixeiro (ou por um guarda livros), que produziam efeitos diretamente na esfera do preponente (§160).

Ressalvando-se o regime acima descrito, a preposição do caixeiro seguia fundamentalmente o regime da preposição do feitor. Neste sentido, o §158 mandava aplicar ao caixeiro os §§144, 145, 147, 148, 150, 151, 152 e 153.[424] Esta remissão quase em bloco para o regime do feitor, fazia com que o regime fosse o mesmo para ambas as figuras (ressalvando-se o âmbito diferente das atividades desenvolvidas). A única diferença de monta consistia na não aplicabilidade ao caixeiro do dever de não concorrência. Salvo esta diferença, as diferenças eram as que resultavam de regras especiais dos caixeiros. Assim, com exceção destes conjuntos de disposições, as preposições

---

[424] §144. Os feitores tractam e negoceiam em nome de seus proponentes: nos documentos, que nos negócios d'elles assignarem, devem declarar que firmam com poder da pessoa, ou sociedade, que representam.

§145. Procedendo os feitores nos termos do artigo precedente, todas as obrigações por eles contrahidas recaem sobre os proponentes. E a execução das acções, a que derem causa, será feita effectiva nos bens do estabelecimento, e não em propriedade do feitor, salvo estando com elles confundida de tal modo, que não possa facilmente discriminar-se.

§147. Fóra dos casos prevenidos no artigo precedente, todo o contracto celebrado por um feitor em seu nome obriga-o directamente para com a pessoa com que contractar. Se porém a negociação fosse feita por conta do proponente, e o contrahente o provar, terá opção de acionar o feitor, ou o proponente, mas não ambos.

§149. Os proponentes não ficam desonerados das obrigações que os feitores contrahirem em seu nome, ainda que provem que os feitores procederam sem ordem sua numa negociação determinada, estando o feitor auctorizado para faze-la sagundo os poderes da sua feitoria, e correspondendo a negociação ao gyro della.

§150. Os proponentes não podem subtrahir-se a cumprir as obrigações contrahidas pelos feitores, sob pretexto de abuso de confiança, e dos poderes conferidos: – ou de que consumiram em proveito seu os efeitos que para os proponentes adquiriram.

§151. As multas, em que o feitor incorrer por contravenção ás leis, ou regulamentos fiscais, na gestão de sua feitoria, serão executadas sobre os bens que administrar: – salvo o direito do proponente contra o feitor, quando culposo nos factos que derem logar á multa.

§152. A personalidade d'um feitor, para administrar o estabelecimento que está a seu cargo, não se interrompe pela morte do proponente, em quanto os seus poderes não são revogados: ella termina todavia pela alheação do estabelecimento. São comtudo validos os contractos, que celebrar, até que a revogação e alheação chegue á sua noticia por meio legitimo.

§153. Procedem acerca dos feitores, com respeito ao estabelecimento que administram, as mesmas regras acerca da contabilidade, que se acham prescriptas para os comerciantes.

dos feitores e caixeiros eram muito próximas. A proximidade era tal que os §§163 a 169 eram aplicáveis indiferenciadamente aos feitores e caixeiros. Estas regras, contudo, são quase todas referentes à relação interna, e não à relação externa. A única regra verdadeiramente aplicável ao lado externo da relação – à preposição – é a "proibição" de substabelecimento da preposição (§162). Assim, como regra o feitor ou caixeiro não podiam substabelecer mas, caso o fizessem, seriam responsáveis pessoalmente pelos actos do seu delegado. Ou seja, se um preposto instituísse um preposto para si mesmo, ficava ele pessoalmente obrigado como preponente, não sendo admissível uma preposição indireta, ou em segundo grau. Este regime ocorria também no caso do preposto do comissário. Assim, nos termos do §44 do Código Comercial de 1833, um gerente de um comissário não operava como comissário perante o comitente original. A sua relação era apenas perante o comissário e não perante o comitente, não operando em segundo grau.

As restantes disposições eram relativas à relação interna. Correspondiam, de certo modo, a um dos regimes iniciais de contrato de trabalho, sendo reguladas as matérias do despedimento e cessação do contrato, contrato a termo, responsabilidade por danos causados ao comerciante (empregador) pelo feitor ou caixeiro (trabalhador) e regime de acidentes de trabalho, quer no que respeita a danos pessoas, quer a danos patrimoniais sofridos pelo feitor ou caixeiros.

ii. A ação institória no Código Comercial de 1833

Seguindo a solução romana das *actiones* ainda em vigor em Portugal, o Código Comercial de 1833 regulava no Título I as ações comerciais em geral, em suma, as regras gerais aplicáveis às *actiones* tipicamente comerciais, incluindo a *actio institoria* e a *actio util institoria*, que surgiam com os mesmos nomes: ação institória e ação *util*:

> *Art. II*
>
> *§ 898. A acção «util» compete ao comerciante, a quem as mercadorias pertencerem, ainda que dirigidas a outrem, e contra qualquer terceiro, a quem fossem ter.*

> *Art. III*
>
> *§ 899. O proponente adquire a acção «util» por meio do contrato do proposto ou institor, independentemente de cessão. Faltando porém prova da ordem ou mandato precedente, a estipulação feita por ausente entende-se feita pelo terceiro como gestor de negocio util do ausente, sem acquisição da acção util, salvo sendo por elle aceita ou ratificada, ou havendo cessão.*

[...]
Art. VI

§ 902. A acção «institoria» dá-se a favor dos que contractarem com o institor, e contra os proponentes, nos termos legislados neste codigo.[425]

Já no que respeita à ação institória, propriamente dita, a mesma era regulada no Título III do Livro III do Código Comercial de 1833, tendo o seguinte regime legal:

Art. I

§ 922. A acção institoria compete a todo aquelle que contracta com o institor; e dá-se contra o preponente ou contra aquelles em cujo nome foi legitimamente feita a preposição.

Art. II

§ 923. O proprietario d'um negocio ou empresa, o procurador, o administrador, o tutor e curador, podem ser preponentes. Toda a pessoa, de qualquer edade, sexo e condição, pode ser institor.

Art. III

§ 924. A preposição de institor pode ser expressa ou tácita. O institor, em regra, obriga o preponente «in solidum» em todos os contractos, que em sua qualidade celebra. Quando o institor estipula o contrato em seu próprio nome não obriga o preponente.

Art. IV

§ 925. Quando o institor tem a facultade de estipular em seu nome ou no nome do preponente, em dúvida presume-se contrahir obrigação propria e não do preponente.

Art. V

§ 926. O institor, estipulando e contrahindo obrigações provenientes de contractos alheios da sua preposição, não obriga o preponente, ainda que declarasse expressamente que estipulava por elle.

Art. VI

§ 927. Todas as vezes que uma pessoa for nomeada institor d'um só de diversos ramos de commercio, negociados na mesma casa, loja, ou armazem, a sua preposição deve ser feita notoria e publica; de contrario presumir-se-ha institor em todos esses diversos ramos de commercio.

---

[425] Segundo SILVA, GASPAR PEREIRA DA, *Fontes Proximas do Codigo Commercial Portuguez*, 1.ª parte, Typographia Commercial Portuense, Porto, 1843, pág. 243, o §902 do Código Comercial de 1833 inspirou-se na *actio institoria* e na doutrina de Michele de Jorio.

Art. VII

§ 928. Dá-se a acção institoria contra o filho ou herdeiro do preponente, que continua a servir-se do mesmo institor preposto pelo pae ou testator, uma vez que não seja publica e expressamente revogado.

No sistema do Código Comercial de 1833, um terceiro podia acionar o comerciante pelos negócios celebrados pelo seu institor através da ação *institoria* (§§902 e 922). Mas o preponente apenas ficava vinculado se o preposto agisse no âmbito da preposição (§926). A preposição podia ser expressa ou tácita (§924), e embora não fosse exigida forma especial, as limitações do seu âmbito só eram oponíveis a terceiros se a preposição fosse *feita notória e publica* (§927). Caso contrário, presumia-se que a preposição abrangia todos os ramos de comércio *negociados na mesma casa, loja ou armazem*. Assim, não havia um dever de respeitar determinada forma, nem de tornar pública a preposição, antes incidindo sobre o comerciante preponente um ónus de tornar pública e notória a preposição, se pretendia limitar o seu âmbito.

O preponente ficava solidariamente obrigado por todos os contratos celebrados pelo preposto (§924). Embora, como regra, o preposto devesse agir em nome do preponente, não o vinculando nos casos em que agisse em nome próprio, previa-se a possibilidade do preposto poder agir em nome próprio. Neste caso, presumia-se que não agia como preposto, mas era possível ilidir a presunção, vinculando o preponente mesmo em contratos celebrados pelo preposto em nome próprio (§§924 e 925).

Tal como acontecia desde a *actio institoria*, qualquer pessoa podia ser preposto, incluindo mulheres e menores, e mesmo independentemente da sua *condição* (§923). A relação de preposição estava ligada à exploração do comércio, razão pela qual, a preposição não caducava com a morte do preponente, nem com a passagem do estabelecimento para um filho (§928).

Por último, através da ação *util*, o preponente podia agir contra o terceiro que houvesse celebrado um contrato com o seu preposto, *independentemente de cessão* (§899). Mesmo que não se demonstrasse haver uma preposição prévia, podia o preponente aceitar ou ratificar o negócio, aproveitando-o como se houvesse prévia preposição. Assim, a preposição operava bidirecionalmente, permitindo ao terceiro acionar o comerciante e permitindo a este acionar aquele.

4. O gerente de comércio no Código Comercial de 1888

I. A importância do Código Comercial de 1888 resulta manifesta da sua sobrevivência. É o mais antigo Código em vigor em Portugal. E, muito embora tenha sido despido de várias parcelas de regimes, numa solução que só se pode criticar, o Código Comercial mantém a sua pujança, cerca de cento e cinquenta anos depois da sua aprovação.

A atual importância do Código Comercial de 1888 apenas é comparável à atual falta de estudo do mesmo. No entanto, o repositório de dois mil anos de evolução do Direito Comercial tem, ainda hoje, muito a ensinar a todos. Em especial, a quem pensa que o comércio evoluiu e já não se consegue reger com base em Códigos do Séc. XIX, sendo necessário recorrer a ordenamentos estrangeiros ou a Direito Comunitário para conseguir acompanhar os "novos tempos". Sucede, apenas, que os "novos tempos" pouco, ou nada, têm de novo. Acontecem agora os mesmos problemas que sempre se deram, com pequenas diferenças resultantes da evolução tecnológica. Note-se que a evolução se verificou na tecnologia, mas não no comércio, que mantém as mesmas práticas que sempre teve, embora agora seja de moda usar terminologia inglesa de modo a tentar demonstrar a modernidade das antigas soluções.

Como é natural, a passagem de mais de cem anos sobre um Código, implica adaptações na sua aplicação. A língua portuguesa mudou, os nomes usuais no comércio mudaram, o regime político mudou, sendo que todas estas novidades devem ser consideradas. Mas o Espírito do Comércio, do comerciante e do Direito Comercial, não mudou. O Direito Comercial serve para resolver problemas, sendo que um dos principais problemas do Direito Comercial é a tutela da confiança e da boa fé e a proteção do crédito. O comércio e os comerciantes são avessos à lei, rejubilando na autonomia privada. Mas no que respeita à tutela da confiança e da boa fé, o comércio e os comerciantes precisam da lei, sob pena de destruição do comércio.

Nunca é demais repetir as palavras de MICHELE DE JORIO, [426] um dos maiores comercialistas de sempre:

> *Não há comércio sem dinheiro, não há dinheiro sem crédito, não há crédito sem boa fé, não há boa fé sem leis; o dinheiro, o crédito e a boa fé, as leis, eis os princípios e os instrumentos*

---

[426] JORIO, MICHELE DE, *Codice Ferdinando o Codice Marittimo*, Cap. XXXII (3), in MOSCHETTI, CESARE MARIA, *Il Codice Marittimo del 1781 di Michele de Jorio per il Regno di Napoli*, Vol. I, Giannini Editore, Napoli, 1979, pág. 281.

do Comércio. O crédito, porém, não se adquire senão pela boa fé, e a boa fé não se mantém, senão com leis proporcionais. O Comércio portanto não pode florir, senão por via de leis justas, iguais, adequadas, e que sejam as mais adaptadas.

A lei é fundamental para a proteção da confiança e boa fé no comércio. Um dos mais importantes exemplos desta importância é o regime da preposição do Código Comercial de 1888. O impacto deste regime não passou despercebido quando foi aprovado o novo Código Comercial de 1888, tal como resulta das expressivas e impressionantes palavras de Alves de Sá:[427]

As attribuições expressamente conferidas aos gerentes, auxiliares e caixeiros pelo codigo novo são tão importantes, que devem os comerciantes immediatamente prevenir-se.

II. O regime da preposição foi integrado no Código Comercial de 1888 nos arts. 248.º a 265.º, que regulam a matéria "dos gerentes, auxiliares e caixeiros". Para uma boa compreensão desta matéria, é necessário tomar dois pontos em consideração.[428]

Por um lado, à data do Código Comercial de 1888 não existia Direito do Trabalho, razão pela qual o próprio Código Comercial regulava algumas matérias que atualmente seriam reguladas pelo Código de Trabalho.

Por outro lado, é necessário tomar em consideração que a preposição é uma figura geral. Sucede apenas que a preposição não está regulada na lei como um tipo único, antes surgindo regulada através de vários tipos. De entre estes tipos, avulta o denominado "gerente de comércio". Mas são ainda relevantes o "auxiliar", o "caixeiro" e outras manifestações legais de preposição.

O regime jurídico do "gerente de comércio" tem uma importância central nesta matéria. O "gerente de comércio" é o nome dado no Código Comercial de 1888 ao institor, que é a manifestação atual do antigo *institor*, com origem na *actio institoria*. Este é o tipo negocial central, ou de referência, sendo os demais regimes, casos de sub-tipos.

Assim, o estudo da preposição será efetuado tendo como figura nuclear o regime do "gerente de comércio" ou institor. No entanto, apesar de o Código Comercial fazer uma abordagem subjetivista nesta matéria, olhando para a

---

[427] SÁ, ALVES, *Primeiras Explicações do Código Comercial Português*, Vol. I, Lisboa, 1903, pág. 51.
[428] Sobre a génese do Código Comercial de 1888 remetemos para CORDEIRO, ANTÓNIO MENEZES, *Direito Comercial*, 4.ª ed., Almedina, Coimbra, 2016, págs. 101 a 105.

A PREPOSIÇÃO

posição do "gerente de comércio", procurar-se-á fazer também uma análise objetivista, olhando-se ainda para o negócio jurídico da preposição.

Começamos, então, com uma análise do regime do "gerente de comércio".

A. Influências sobre o Código Comercial de 1888

I. O regime do gerente de comércio do Código Comercial de 1888 foi influenciado pelo Código Comercial português de 1833, pelo Código Comercial do Reino de Itália de 1882 e pelo Código Comercial espanhol de 1885.[429] Sucede, no entanto, que estes Códigos sofreram influências várias, que no caso do Código Comercial do Reino de Itália retroagem ao Código Comercial francês de 1807 e, por via deste, ao Código Savary de 1673. Por sua vez, o Código Comercial de 1833 e o Código Comercial espanhol de 1885 foram influenciados pelo Código Comercial espanhol de 1829.

Estas influências não são longínquas, ou indiretas, antes resultando manifestamente da simples comparação entre os Códigos em causa. Os arts. 248.º a 265.º do Código Comercial de 1888 são mera transposição de disposições equivalentes dos Códigos Comerciais de 1833 (Portugal), 1882 (Itália) e 1885 (Espanha), com poucas ou mesmo nenhumas adaptações, sendo que o Código Comercial português de 1833, por sua vez, é uma tradução literal do Código Comercial espanhol de 1829.

Os arts. 250.º, 251.º (corpo), 252.º, 253.º, 259.º, 260.º, 261.º, 263.º, 264.º (salvo o §2.º) e 265.º do Código Comercial de 1888 resultam do Código Comercial português de 1833 (sendo traduções do Código Comercial espanhol de 1829).

Os arts. 248.º, 249.º, 251.º (§§ 1 e 2), 254.º, 255.º e 257.º do Código Comercial de 1888 resultam do Código Comercial italiano de 1882.

Os arts. 256.º, 258.º e 264 (§2.º) do Código Comercial de 1888 resultam do Código Comercial espanhol de 1885.

Apenas o art. 262.º do Código Comercial de 1888 é inovador, sendo o restante regime obtido através do recurso aos demais Códigos. Este sistema, contudo, tem uma linha estrutural bastante definida.

Em primeiro lugar, foi totalmente abandonada a técnica das *actiones*, que ainda se mantinha no Código Comercial de 1833 com a ação institória. Em

---

[429] Neste sentido também, no que respeita especificamente ao Código Comercial espanhol e ao Código Comercial italiano, ABREU, JORGE MANUEL COUTINHO, *Curso de Direito Comercial*, Vol. I, 10.ª ed., Almedina, Coimbra, 2016, pág. 151.

segundo lugar, é de notar que a maioria das disposições do Código Comercial de 1888 têm origem em disposições do Código Comercial de 1833. No entanto, apesar de ser este o Código que teve maior impacto quantitativo, foi o Código Comercial italiano de 1882 que teve a mais importante influência direta, sendo baseadas neste Código as disposições mais relevantes em matéria de preposição. Por sua vez, o Código Comercial espanhol de 1885 teve influência em matérias pontuais. Contudo, uma vez que as disposições do Código Comercial de 1833 que foram relevantes para o Código Comercial de 1888 não são mais do que uma tradução do Código Comercial espanhol de 1829, pode afirmar-se que o regime da preposição do Código Comercial de 1888 resulta de igual modo da influência italiana (Código Comercial de 1882) e espanhola (Códigos Comerciais de 1829 e 1885).

i. O "institor" do Código Comercial italiano de 1882

I. O Código Comercial italiano de 1882 foi precedido pelo Código Albertino de 1842 (Código Comercial do Reino da Sardenha) que seguia quase literalmente o Código Comercial francês de 1807. A razão desta proximidade tem origem nas invasões francesas. Com a conquista francesa de vários reinos de Itália, o Código Comercial francês de 1807 foi adotado como modelo legal.[430] Assim sucedeu com o Reino da Sardenha, cujo Código Albertino promulgado em 30 de dezembro de 1842, seguiu de perto o Código Comercial francês de 1807. Por esta razão, o Código Albertino padecia dos mesmos defeitos do Código Comercial francês, limitando-se a regular o regime do comissário (art. 97 e seguintes). De acordo com o Código Albertino, os comissários que agissem em nome do comitente (representantes) eram regulados pelo regime do mandato civil, que constava no Livro III, Título XVII do Código Civil Albertino, ou Código Sabaudo, de 1838.[431] O Código Civil Albertino, tal como o Código de Napoleão no qual se inspirou, não distinguia mandato de procuração (art. 2018).

Tal como sucedeu em França, no Reino da Sardenha não existia uma figura comercial de representação, sendo a representação limitada aos casos civis do mandato. E, tal como sucedia em França, este sistema resultava de uma remissão operada pelo Código Comercial para o Código Civil em maté-

---

[430] Neste sentido também, CORDEIRO, ANTÓNIO MENEZES, *Direito Comercial*, 4.ª ed., Almedina, Coimbra, 2016, pág. 60.

[431] Aprovado em 20 de julho de 1837, entrou em vigor em 1 de janeiro de 1838.

A PREPOSIÇÃO

ria de representação voluntária comercial. Em lugar de se regular um regime de representação comercial no Código Comercial, remetia-se para o Código Civil, o que implicava forçar a aplicação de um regime civil da representação ao comércio.

II. Com a unificação do Reino de Itália, a necessidade de ter um Código Comercial para todo o Reino, levou ao aproveitamento (com alterações) do Código Comercial do Reino da Sardenha (Código Albertino de 1842) como modelo legal a seguir. Após sofrer alterações, a nova versão foi aprovada em 1 de janeiro de 1866 como Código Comercial unificado para todo o Reino de Itália. No entanto, logo em 1869 foi nomeada uma comissão para a sua reforma, que foi dinamizada por Stanislao Mancini. Aproveitou-se a oportunidade para proceder a algumas alterações, sendo que uma incidiu precisamente em matéria de representação. A redação final do novo Código Comercial, já influenciada por Zanardeli, foi aprovada em 31 de outubro de 1882, entrando em vigor em 1 de janeiro de 1883.

Na versão aprovada, o Código Comercial de 1882 contém um Título XII, dedicado ao mandato comercial e à comissão. Por sua vez, a parte relativa ao mandato comercial divide-se numa parte geral (arts. 349 a 366), uma parte relativa aos institores e representantes (arts. 367 a 375), e partes relativas a outros representantes (arts. 377 a 379). Só depois era regulada a comissão (arts. 380 a 387).

Como se pode concluir, o Código Comercial italiano de 1882 não segue a mesma opção do Código Comercial do Reino da Sardenha, nem do Código Comercial francês de 1807. Em lugar de mandar regular a representação pelo Direito Civil, recupera esta matéria para o Direito Comercial. Muito embora incluído no capítulo sobre mandato, este é já um mandato comercial, e não um mandato civil. Regressa, assim, a solução que já vinha do Direito Romano: um regime de representação civil diferente do regime de representação comercial. No regime civil, a regra era de a representação estar associada a um mandato. No regime comercial, no entanto, a figura jurídica tipicamente associada à representação não era o mandato, mas sim a *praepositio*. Em consequência, o caso do preposto recupera a autonomia em relação ao mandato. A única crítica que se pode apontar, incide sobre a opção de chamar mandato à preposição e mandatário ao *institore*. Mesmo com a especificação de se tratar de um mandato comercial (e não civil), o recurso ao *nomen* mandato, conduz a alguma ofuscação da verdadeira figura aqui em causa: a *praepositio*. Mais do que um mandato, o *institore* é um preposto, surgindo

O LADO EXTERNO DA PREPOSIÇÃO

com base numa preposição, razão pela qual devia ter sido esta a terminologia usada. No entanto, o conjunto do *nomen* mandato comercial, com o regime jurídico do *institore* não deixam dúvidas sobre a autonomia da figura.

ii. O "factor" no Código Comercial espanhol de 1885

A revisão do Código Comercial espanhol de 1829 começou logo na década seguinte, apesar dos elogios que aquele Código Comercial recebeu.[432] Contudo, só na sequência da revolução liberal de 1868, a partir de 1869 é que se pode afirmar que se verificou o verdadeiro arranque dos trabalhados dirigidos a um novo Código Comercial.[433]

Nesta data foi emitido[434] pelo Regente do Reino, Francisco Serrano y Domínguez (Francisco Serrano) um Decreto a ordenar a extinção da anterior comissão para elaboração de um Código Comercial, e a constituição de uma nova comissão, que devia seguir as propostas contidas na exposição de motivos do Ministro do Fomento, José Echegaray y Eizaguirre (José Echegaray). José Echegaray pretendia modernizar o Comércio espanhol, levantando vários limites que ainda constavam no Código Comercial de 1829, nomeadamente no que respeitava às profissões comerciais e aos grémios comerciais, e modernizando-o de modo a traduzir os usos vigentes em Espanha e as novas atividades e atos entretanto surgidos. Em suma, pretendia-se um Código Comercial liberal e moderno,[435] um Código ambicioso que era um dos mais completos da sua época.[436]

O Código Comercial espanhol de 1885 regula a comissão mercantil no Título III, do Livro Segundo, dedicado aos contratos especiais de comér-

---

[432] DOMÍNGUEZ, JUSTINO F. DUQUE, *El Código de Comercio y la Codificación de su Época*, *in* Centenario del Codigo de Comercio, Vol. I, Ministerio de Justicia, Madrid, 1986, págs. 98 e segs, pág. 98.

[433] DOMÍNGUEZ, JUSTINO F. DUQUE, *El Código de Comercio y la Codificación de su Época*, *in* Centenario del Codigo de Comercio, Vol. I, Ministerio de Justicia, Madrid, 1986, págs. 98 e segs, pág. 99.

[434] Publicado na Gazeta de Madrid, ano 208, número 267, de 24 de setembro de 1869, págs. 1 e 2.

[435] DOMÍNGUEZ, JUSTINO F. DUQUE, *El Código de Comercio y la Codificación de su Época*, *in* Centenario del Codigo de Comercio, Vol. I, Ministerio de Justicia, Madrid, 1986, págs. 98 e segs, pág. 99.

[436] DOMÍNGUEZ, JUSTINO F. DUQUE, *El Código de Comercio y la Codificación de su Época*, *in* Centenario del Codigo de Comercio, Vol. I, Ministerio de Justicia, Madrid, 1986, págs. 98 e segs, pág. 106.

A PREPOSIÇÃO

cio. Já não se trata da regulamentação de uma profissão ou ofício comercial, como sucedia no Código Comercial espanhol de 1829, mas de uma regulamentação de um contrato.

A comissão mercantil dividia-se em duas figuras, cada uma regulada numa Secção do referido Título. Na Secção I regulava-se o mandato comercial, que tinha por objeto um ato ou atividade comercial, e em que o mandante ou o mandatário fosse comerciante ou intermediário comercial. Na Secção II, regulava-se outras formas de mandato mercantil: *factores, dependientes y mancebos*. Assim, apesar de se manter uma terminologia próxima, estes eram considerados como casos especiais de um contrato, e não como profissões ou ofícios de comércio.

No que respeita ao regime jurídico dos prepostos, e ressalvando-se esta alteração de ponto de vista, o Código Comercial de 1885 não era mais do que uma atualização do Código Comercial de 1829, com algumas melhorias de redação, e algumas modificações.

Uma das alterações mais profundas, encontra lugar no art. 301, que regula a justa causa de revogação por parte do preposto. Assim, enquanto o Código Comercial de 1829 apenas regulava a justa causa de revogação por parte do comerciante preponente (art. 199), o Código Comercial de 1885 regula a justa causa de revogação por qualquer uma das partes, preponente (art. 300) e preposto (art. 301). Esta era, contudo, uma alteração que apenas incidia na relação interna, sendo uma típica matéria de Direito do Trabalho.

Em suma, nesta matéria o Código Comercial espanhol de 1885 veio trazer poucas novidades face ao de 1829, ressalvando-se uma atualização da sua redação, à parte de outras alterações pontuais.

B. A influência concreta sobre o Código Comercial de 1888

A influência dos Códigos Comerciais de 1833 (Portugal), 1882 (Itália) e 1885 (Espanha) sobre o Código Comercial de 1888 resulta patente da comparação lado a lado das disposições deste último com as disposições legais onde foi recolhida a influência mais próxima. Esta experiência permite reconstruir, sem margens para dúvidas, quais as verdadeiras influências próximas do regime do gerente de comércio e, acima de tudo, quais os ordenamentos jurídicos de referência nesta matéria. Não se olvidando, claro está, quais as influências mais distantes e qual o percurso de evolução da figura do preposto, ao longo da história, que fica mais facilitada sabendo-se qual o efetivo ponto de partida.

140

Fonte próxima	Código Comercial 1888
Art. 366 do Código Comercial italiano de 1882	Art. 248.º do Código Comercial de 1888
É instutore celui, che viene preposto all'esercizio del commercio del preponente, nel luogo dove questi lo exercita, o in luogo diverso.	*É gerente de comércio todo aquele que,* sob qualquer denominação, consoante os usos comerciais, *se acha proposto para tratar do comércio de outrem no lugar onde este o exerce ou noutro qualquer.*
Art. 369 do Código Comercial italiano de 1882	Art. 249.º do Código Comercial de 1888
Rispetto ai terzi, *il mandato conferito* tacitamente all'institore è sempre *generale, e compreende tutti gli atti appartenenti e necessari all'esercizio del commercio, per cui e dato.* *Il preponente non può opporre ai terzi veruna limitazione del mandato conferito all'institore, se non prova che essi la conoscenvano al tempo in cui fu contratta la obbligazione,*	*O mandato conferido ao gerente,* verbalmente ou por escrito, enquanto não registado, presume-se *geral e compreensivo de todos os actos pertencentes e necessários ao exercício do comércio para que houvesse sido dado, sem que o proponente possa opor a terceiros limitação alguma dos respectivos poderes, salvo provando que tinham conhecimento dela ao tempo em que contrataram.*
§144 do Código Comercial português de 1833	Art. 250.º do Código Comercial de 1888
Os feitores tractam e negoceiam em nome de seus proponentes: nos documentos, que nos negócios d'elles assignarem, devem declarar que firmam com poder da pessoa, ou sociedade, que representam.	*Os gerentes tratam e negoceiam em nome de seus proponentes: nos documentos que nos negócios deles assinarem devem declarar que firmam com poder da pessoa ou sociedade que representam.*
§145 do Código Comercial português de 1833	Art. 251.º do Código Comercial de 1888
Procedendo os feitores nos termos do artigo precedente, todas as obrigações por eles contrahidas recaem sobre os proponentes. E a execução das acções, a que derem causa, será feita effectiva nos bens do estabelecimento, e não em propriedade do feitor, salvo estando com elles confundida de tal modo, que não possa facilmente discriminar-se.	*Procedendo os gerentes nos termos do artigo anterior, todas as obrigações por eles contraídas recaem sobre os proponentes.*

A PREPOSIÇÃO

Fonte próxima	Código Comercial 1888
Art. 367 do Código Comercial italiano de 1882	Art. 251.º do Código Comercial de 1888
Il preponente è responsabile dei fatti dell'institore, e delle obbligazioni da lui contratte, entro i limite del commercio, a cui è preposto. *Se più sono i preponente, ciascuno di essi è responsabile solidariamente.* Se il preponente è una società di commercio, la responsabilità dei soci si regola seconto la diversa natura della società.	*§1. Se os proponentes forem muitos, cada um deles será solidariamente responsável.*
Art. 367 do Código Comercial italiano de 1882	Art. 251.º do Código Comercial de 1888
Il preponente è responsabile dei fatti dell'institore, e delle obbligazioni da lui contratte, entro i limite del commercio, a cui è preposto. Se più sono i preponente, ciascuno di essi è responsabile solidariamente. *Se il preponente è una società di commercio, la responsabilità dei soci si regola seconto la diversa natura della società.*	*§2. Se o proponente for uma sociedade comercial, a responsabilidade dos associados será regulada conforme à natureza dela.*
§147 do Código Comercial português de 1833	252.º do Código Comercial de 1888
Fóra dos casos prevenidos no artigo precedente, todo o contracto celebrado por um feitor em seu nome obriga-o directamente para com a pessoa com que contractar. Se porém a negociação fosse feita por conta do proponente, e o contrahente o provar, terá opção de acionar o feitor, ou o proponente, mas não ambos.	*Fora do caso prevenido no artigo precedente, todo o contrato celebrado por um gerente em seu nome obriga-o directamente para com a pessoa com quem contratar.* § único. *Se porém a negociação fosse feita por conta do proponente, e o contratante o provar, terá opção de accionar o gerente ou o proponente, mas não poderá demandar ambos.*
§ 148 do Código Comercial português de 1833	Art. 253.º do Código Comercial de 1888
Nenhum feitor poderá negociar por conta própria, nem tomar interesse debaixo do	*Nenhum gerente poderá negociar por conta própria, nem tomar interesse debaixo do seu nome ou alheio em negociação do mes-*

Fonte próxima	Código Comercial 1888
seu nome ou alheio em negociações do mesmo genero ou especie da sua feitoria, salvo com expressa autorização do proponente: fazendo-o, os lucros farão a proveito dos proponentes, que todavia não responderam pelas perdas.	*mo género ou espécie da de que se acha incumbido, salvo com expressa autorização do proponente.* *§ único. Se o gerente contrariar a disposição deste artigo,* ficará obrigado a indemnizar de perdas e danos o proponente, *podendo este reclamar para si, como feita em seu nome, a respectiva operação.*
Art. 374 do Código Comercial italiano de 1882	Art. 254.º do Código Comercial de 1888
L'institore può stare in giudizio ed essere convenuto in nome del preponente, per gli atti appartenenti al commerciol, a cui è preposto.	*O gerente pode accionar em nome do proponente, e ser accionado como representante deste pelas obrigações resultantes do comércio que lhe foi confiado,* desde que se ache registado o respectivo mandato.[438]
Art. 375 do Código Comercial italiano de 1882	Art. 255.º do Código Comercial de 1888
Le disposizione di questa sezione si applicano ai rappresentanti di case commerciali o di società estere, che trattano o conchiudono habitualmente in nome e per conto di esse nel Regno gli affari appartenenti al loro commercio.	*As disposições precedentes são aplicáveis aos representantes de casas comerciais ou sociedades constituídas em país estrangeiro que tratarem habitualmente no reino, em nome delas, de negócios do seu comércio.*
Art. 292 do Código Comercial espanhol de 1885	Art. 256.º do Código Comercial de 1888
Los comerciantes podrán encomendar á otras personas, además de los factores, el desimpeño constante, en su nombre y por sua cuenta, de alguna ó algunas gestiones próprias del tráfico á que se dediquen, en virtude de pacto escrito ó verbal; consignadolé en sus reglamentos las compañias, y comunicándolo los particulares por aviso públicos ó por medio de circulares á sus corresponsales.	*Os comerciantes podem encarregar outras pessoas, além dos seus gerentes, do desempenho constante, em seu nome e por sua conta, de algum ou alguns dos ramos do tráfico a que se dedicam, devendo os comerciantes em nome individual participá-lo aos seus correspondentes.* *§ único. As sociedades que quiserem usar da faculdade concedida neste artigo, devem consigná-la nos seus estatutos.*

---

[438] A última frase foi adicionada pelo Decreto n.º 15623, de 25 de junho de 1928, não constando da versão original do Código Comercial de 1888.

A PREPOSIÇÃO

Fonte próxima	Código Comercial 1888
Los actos de estos dependientes ó mandatários singulares no obligarán á su principal sino en las operaciones próprias del ramo que determinadamente les estuviere encomendado.	
Art. 376 do Código Comercial italiano de 1882	Art. 257.º do Código Comercial de 1888
Chi manda in altro luogo un suo dependente, autorizato con lettere, avvisi, circolari, o simili documenti, a trattare affari, o fare operazioni del suo commercio, è obbligato per i fatti del medesimo, e per le obbligazioni da lui contratte entro i limite dell'incarico, colle restrizioni expresse nei documenti che lho autorizzano.	*O comerciante pode igualmente enviar a localidade diversa daquela em que tiver o seu domicílio um dos seus empregados, autorizando-o por meio de cartas, avisos, circulares ou quaisquer documentos análogos, a fazer operações do seu comércio.*
Art. 292 do Código Comercial espanhol de 1885	Art. 258.º do Código Comercial de 1888
Los comerciantes podrán encomendar á otras personas, además de los factores, el desimpeño constante, en su nombre y por sua cuenta, de alguna ó algunas gestiones próprias del tráfico á que se dediquen, en virtude de pacto escrito ó verbal; consignadolé en sus reglamentos las comañias, y comunicándolo los particulares por aviso públicos ó por medio de circulares á sus corresponsales. *Los actos de estos dependientes ó mandatários singulares no obligarán á su principal sino en las operaciones próprias del ramo que determinadamente les estuviere encomendado.*	*Os actos dos mandatários mencionados nos dois artigos antecedentes não obrigam o mandante senão com respeito à obrigação do negócio de que este os houver encarregado.*
§159 do Código Comercial português de 1833	Art. 259.º do Código Comercial de 1888
Os caixeiros, encarregados de vender por miudo em lojas publicas, reputam-se auc-	*Os caixeiros encarregados de vender por miúdos em lojas reputam-se autorizados*

Fonte próxima	Código Comercial 1888
torisados para cobrar o produto das vendas que fazem; os seus recibos são validos, sendo passados em nome do proponente.	*para cobrar o produto das vendas que fazem: os seus recibos são válidos, sendo passados em nome do proponente.*
§161 do Código Comercial português de 1833	Art. 260.º do Código Comercial de 1888
Quando um comerciante encarregar o caixeiro do recebimento de fazendas compradas, ou que por qualquer outro titulo devem entrar em seu poder e o caixeiro as receber sem objecção ou protesto, a entrega será tida por boa em prejuízo do proponente; e não serão admittidas reclamações algumas, que não podessem ter logar, se o proponente pessoalmente as houvesse recebido.	*Quando um comerciante encarregar um caixeiro do recebimento de fazendas compradas, ou que por qualquer outro título devam entrar em seu poder, e o caixeiro as receber sem objecção ou protesto, a entrega será tida por boa em prejuízo do proponente; e não serão admitidas reclamações algumas que não pudessem haver lugar, se o proponente pessoalmente as tivesse recebido.*
§152 do Código Comercial português de 1833	Artigo 261.º do Código Comercial de 1888
A personalidade d'um feitor, para administrar o estabelecimento que está a seu cargo, não se interrompe pela morte do proponente, em quanto os seus poderes não são revogados; ella termina todavia pela alheação do estabelecimento. São contudo validos os contractos que celebrar, até que a revogação e alheação chegue á sua noticia por meio legitimo.	**A morte do proponente não põe termo ao mandato conferido ao gerente.**
Sem correspondência em nenhum dos Códigos Comerciais em causa	Artigo 262.º do Código Comercial de 1888
	A revogação do mandato conferido ao gerente entender-se-á sempre sem prejuízo de quaisquer direitos, que possam resultar-lhe do contrato de prestação de serviços.
§163 do Código Comercial português de 1833	Artigo 263.º do Código Comercial de 1888
Não se achando accordado o prazo do ajuste, celebrado entre o proponente	**Não se achando acordado o prazo do ajuste celebrado entre o patrão e o cai-**

A PREPOSIÇÃO

Fonte próxima	Código Comercial 1888
§ e o feitor ou caixeiro, qualquer dos contraentes póde dal-o por acabado, avisando o outro contrahente da sua resolução com um mez de antecipação. O feitor ou caixeiro despedido terá direito ao salario correspondente a esse mez, e o proponente não será obrigado a conserval-os no estabelecimento, nem no exercício das suas funcções.	xeiro, qualquer dos contraentes pode dá-lo por acabado, avisando o outro contraente da sua resolução com um mês de antecedência. *§ único. O caixeiro despedido terá direito ao salário correspondente a esse mês, e o patrão não será obrigado a conservá-lo no estabelecimento nem no exercício das suas funções.*
§164 do Código Comercial português de 1833	Artigo 264.º do Código Comercial de 1888
Tendo o ajuste entre o proponente o caixeiro ou feitor um termo estipulado, nenhuma das partes poderá arbitrariamente desligar-se da convenção. O que assim o fizer será obrigado a indemnizar a outra parte dos prejuizos que d'esse facto resultarem.	**Tendo o ajuste entre o patrão e o caixeiro termo estipulado, nenhuma das partes poderá arbitrariamente desligar-se da convenção, sob pena de indemnizar a outra de perdas e danos.**
§165 do Código Comercial português de 1833	Artigo 264.º do Código Comercial de 1888
Julga-se arbitraria a inobservância do contracto entre o proponente e o seu feitor ou caixeiro, uma vez que se não fundar em injuria feita por um á seguridade, honra, ou interesses do outro. O juiz qualificará prudentemente o facto, tendo em consideração o character das relações entre súbdito e superior.	**§1. Julga-se arbitrária a inobservância do contrato, uma vez que se não funde em ofensa feita por um à honra, dignidade ou interesse do outro, cabendo ao juiz qualificar prudentemente o facto, tendo em consideração o carácter das relações de inferior para superior.**
§166 do Código Comercial português de 1833	Artigo 264.º do Código Comercial de 1888
Com respeito aos commerciantes são causas especiais para despedir os seus feitores ou caixeiros, sem em embargo de ajuste por tempo fixo: – 1.º todo o acto de fraude e abuso de confiança	**§2. Para os efeitos do parágrafo antecedente são consideradas como ofensivas: 1.º Com respeito aos patrões – qualquer fraude ou abuso de confiança na gestão encarregada ao caixeiro, bem**

Fonte próxima	Código Comercial 1888
na gestão encarregada ao feitor ou caixeiro: 2.º fazendo estes negociação por conta propria ou alheia, que não do proponente, sem conhecimento e permissão sua expressa.	como qualquer acto de negociação feito por este, por conta própria ou alheia que não do patrão, sem conhecimento ou permissão deste;

Art. 301 do Código Comercial espanhol de 1885	Artigo 264.º do Código Comercial de 1888
Serán causas para que los dependientes pudem despedirse de sus principales, aunque no haya cumplido el plazo de empeño: 1.ª La falta de pago en los plazos fijados del sueldo ó estipêndios convenidos. 2.ª La falta del cumplimiento de qualquiera de las demás condiciones concertadas en beneficio del dependiente. 3.ª Los malos tratamientos ú ofensas graves por parte del principal.	*§2. Para os efeitos do parágrafo antecedente são consideradas como ofensivas:* 2.º Com respeito aos caixeiros – a falta de pagamento pontual do respectivo salário ou estipêndio, o não cumprimento de qualquer cláusula do contrato estipulado em favor deles, e os maus tratamentos.

§168 do Código Comercial português de 1833	Artigo 265.º do Código Comercial de 1888
Os accidentes imprevistos ou inculpados, que impedirem as funcções dos feitores ou caixeiros assalariados, não interrompem a acquisição do salario competente; salvo convenção em contrario, e uma vez que a inabilitação não exceda os três mezes contínuos.	Os acidentes imprevistos ou inculpados, que impedirem as funções dos caixeiros, não interrompem a aquisição do salário competente, salva convenção em contrário, e uma vez que a inabilidade não exceda a três meses contínuos.

§169 do Código Comercial português de 1833	Artigo 265.º do Código Comercial de 1888
Se, por effeito immediato e directo do serviço, acontecer ao feitor ou caixeiro algum damno extraordinario ou perda, não havendo pacto expresso a esse respeito, o proponente será obrigado a indemnisal-o. A quota da indemnização será determinada por arbitros.	*§ único. Se por efeito imediato e directo do serviço acontecer ao caixeiro algum dano extraordinário ou perda, não havendo pacto expresso a esse respeito, o patrão será obrigado a indemnizá-lo* no que justo for.

A PREPOSIÇÃO

5. Gerente de comércio e preposto
I. Diz o art. 248.º do Código Comercial:

> *É gerente de comércio todo aquele que, sob qualquer denominação, consoante os usos comerciais, se acha proposto para tratar do comércio de outrem no lugar onde este o exerce ou noutro qualquer.*

Esta disposição corresponde integralmente ao art. 336 do Código Comercial italiano de 1882, que tem o seguinte teor:

> *É institore celui, che viene preposto all'esercizio del commercio del preponente, nel luogo dove questi lo exercita, o in luogo diverso.*

Por sua vez, estas disposições correspondem, sem alterações substanciais, à noção romana que consta no Digesto (D. 14, 3, 3) da autoria de Ulpiano:

> *É chamado institor aquele, que é preposto* [ou, instituído] *para gerir um negócio. Não importa muito que seja preposto à frente de uma loja ou de qualquer outro negócio.*

A noção de preposto manteve-se, como se pode concluir com alguma facilidade, estável e intocada durante mais de dois mil anos de evolução do Direito, num caso impressionante de estabilidade jurídica.

Uma das principais dificuldades do regime da preposição consiste na sua interpretação e aplicação em pleno Séc. XXI. Uma figura que nasceu no Séc. II a.C. e que se mantém atualmente em aplicação sem modificações dignas de nota, tendo como fonte legal mais recente um Código de 1888, implica naturais dificuldades. Desde 1888 mudou a estrutura da sociedade, modou a estrutura do comércio, mudou a língua portuguesa, mudou a linguagem comercial, e o mesmo sucedeu com a linguagem jurídica. Surgiram novos termos, novas profissões, novos meios de exercer o comércio, novos sistemas de organização empresarial, novas tecnologias. O comércio deixou de ser uma atividade por natureza internacional, passando a ser uma atividade global. Global no sentido de ser simultaneamente local, regional, nacional, internacional, continental, planetária, alocalizado e omnilocalizado. Todos estes comércios coexistem e concorrem uns com os outros, numa miríade de combinações possíveis. Desde a pequena loja de esquina, pertença de um comerciante individual, que continua a existir, até à empresa *online*[438] que está em lado nenhum e em todo o lado (porque o programa está alojado em *IaaS*),[439] tudo existe no comércio atual.

A inovação nunca foi um problema para o Comércio. Foi sempre, e sempre será, uma oportunidade. É assim que a inovação deve ser vista, sob pena da estagnação do Comércio. No entanto, novas oportunidades trazem inevitavelmente novos problemas, que exigem novo Direito ou nova adaptação de Direito vigente. O Direito Comercial nunca se coibiu de apresentar as soluções para os novos problemas que permitem aproveitar as novas oportunidades e, assim, promover o avanço do comércio. Para novos problemas, novas soluções; este podia ser o lema do Direito Comercial. A paralisação do Direito Comercial é a sua morte e a do Comércio. Apesar da natural aversão do comerciante pela lei e pelo Direito, muitas vezes vistas como impedimentos ou burocracias inúteis, o Comércio não vive sem o Direito e a sua tutela.

Só com um Direito Comercial dinâmico e capaz de se adaptar às novas oportunidades de Comércio e aos novos problemas que estas criam é possível manter o próprio Comércio. No entanto, por vezes os problemas não são novos, limitando-se a aparecer com novas roupagens, disfarçados por um véu de modernidade que esconde a realidade subjacente: o problema é antigo e conhecido, mas operou um rejuvenescimento que o rodeia de uma névoa. Este é o caso perante o qual estamos.

O regime do gerente de comércio, dos auxiliares e dos caixeiros é isso mesmo: um regime jurídico. Um regime jurídico que foi criado para resolver um problema e que, efetivamente, o resolve, desde que seja aplicado. No

---

[438] Ou "empresa virtual" na designação de ABREU, JORGE MANUEL COUTINHO, *Empresas Virtuais (Esboços)*, *in* Estudos em Homenagem ao Professor Doutor Inocêncio Galvão Telles, Vol. IV, Almedina, Coimbra, 2003, págs. 599 a 609.

[439] IaaS, ou *Infraestructure as a Service*, é um sistema *cloud computing* no qual o *software* está alojado num servidor virtual (numa máquina virtual) alojado em servidores físicos múltiplos e conforme a disponibilidade de capacidade de armazenamento. Nestes sistemas, o *software* pode estar sempre a circular por vários servidores físicos que corram o mesmo sistema operativo, nunca estando verdadeiramente localizado em nenhum lado. O utilizador tem acesso ao *software*, porque acede ao servidor virtual (à máquina virtual), mas este (que é também *software*) não se encontra verdadeiramente alojado em nenhum servidor físico, antes circulando pelos servidores físicos disponíveis, que podem ser todos os servidores públicos ou acessíveis do mundo. Pode mesmo suceder que diferentes parcelas do mesmo *software* estejam a correr em diferentes máquinas virtuais, em diferentes servidores físicos, todos em permanente circulação.

A PREPOSIÇÃO

entanto, com o passar do tempo, em especial desde 1888 até ao presente, o problema dos prepostos foi sendo esquecido,[440] caindo paulatinamente como vítima de interpretações literais da lei, sem qualquer preocupação com o problema subjacente. Pouco a pouco, a letra da lei passou a ser o centro da atenção, deixando de lado o problema que se pretendia resolver. A lei passou a valer pela lei, e o problema passou a consistir em como interpretar a lei. Contudo, a lei não serve a lei e o Direito não serve o Direito. O Direito e a lei servem para resolver problemas.[441] É do problema que se deve partir e não da lei ou do Direito.

No caso em análise, o problema está identificado há mais de dois mil anos. O problema consiste, em suma, na prática comercial de exercer o comércio através de outras pessoas, que tanto podem exercer todo o comércio em substituição do comerciante, como podem exercer parcelas do comércio em substituição do comerciante, criando-se a aparência que essa pessoa tem legitimidade para agir. Esta prática causa problemas, pois permite ao comerciante evitar a vinculação a esses atos sempre que tal lhe seja útil, invocando que os atos foram praticados por terceiros. Permite ainda ao comerciante aproveitar os atos dessas pessoas quando lhe são úteis. Esta opção que, na prática o comerciante tem, é hábil para causar uma fundamental perda de confiança no Comércio, ou seja, uma perda de fé no Comércio. Esta é uma prática que é má para a fé no Comércio, sendo uma prática de má fé, que apenas pode ser corrigida por intervenção legislativa. Assim sucedeu com a *actio exercitoria* e a *actio institoria*, assim sucedeu no Código Comercial de 1833 e assim sucedeu no Código Comercial de 1888.

Este problema foi sempre resolvido através de uma intervenção legislativa, porque não se consegue resolver o mesmo dentro dos limites da autonomia privada. É, aliás, a autonomia privada e a limitação que esta provoca, pela proteção da esfera jurídica de cada um contra atuações de terceiros (contra a heterodeterminação privada) que é usada pelo comerciante para

---

[440] Assim, por exemplo, em CAPEROCHIPI, JOSÉ ANTONIO ÁLVAREZ, *El Mandato y la Comissión Mercantil*, Editorial Comares, Granada, 1997, em especial págs. 114 a 123, que apesar de se referir aos factores, não identifica qualquer ligação com a preposição, fundando as suas opiniões numa teoria da aparência, de base puramente dogmática e jurisprudencial, sem sequer tomar em consideração o Código Comercial espanhol de 1829.

[441] Como se pode observar em RAMALHO, ROSÁRIO PALMA, *Da Autonomia Dogmática do Direito do Trabalho*, Almedina, Coimbra, 2000, pág. 1021.

evitar a vinculação, sempre que tal lhe é útil. A solução tem sido sempre a mesma: provocar a heterodeterminação por intervenção legal.

O regime dos gerentes de comércio, auxiliares e caixeiros provoca essa heterodeterminação, resolvendo o problema. Contudo, com o passar dos anos, a Doutrina e Jurisprudência acompanharam com dificuldade a evolução do Comércio, o que provocou neste assunto algum desfasamento entre o Ser e o Dever Ser sem qualquer justificação. Entre o Ser do Comércio e o Dever Ser do Direito Comercial. É esse desfasamento que se pretende colmatar.

II. Para os artigos 248.º a 265.º do Código Comercial, um gerente de comércio não é uma pessoa que gere um estabelecimento por conta de um comerciante. Gerente de comércio é o nome que o Código Comercial atribui ao regime jurídico aplicável a determinada pessoa que atua em determinada qualidade, ocupa determinada posição socialmente típica. Assim, para o Código Comercial, e para o Direito Comercial, não há uma profissão ou atividade de gerente de comércio, muito menos existindo uma classe social de gerente de comércio. O gerente de comércio também não é o nome que se dá a uma parte num contrato, como sucede, por exemplo com o mandatário, que é uma das partes no contrato de mandato.

O gerente de comércio é um *nomen* para efeitos exclusivos de delimitação do campo de aplicação de um dos regimes jurídicos legais de preposição, que se distingue dos demais por ser o mais típico e mais importante regime de preposição, que opera como regime subsidiário nesta matéria. Assim, gerente de comércio, mais do que um preposto, é "o" preposto, pois é o caso mais típico de preposto. É o *nomen* que o legislador reservou para o regime legal geral da preposição.

Gerente de comércio, ou melhor, preposto é uma pessoa que surge pública e estavelmente à frente de um determinado comércio, no todo ou em parte, no lugar onde este é exercido ou em qualquer outro lugar. Ou seja, o gerente de comércio é mais do que um preposto, é "o" preposto típico.

III. No Código Comercial de 1833 a questão de saber em que consistia um gerente de comércio foi evitada, esclarecendo-se que só nos casos em que os gerentes de comércio correspondessem ao regime do feitor é que este regime lhes seria aplicável. No Código Comercial de 1888 procurou-se evitar esta questão afirmando que o gerente de comércio podia apresentar-se no Comércio com qualquer *nomen*. No entanto, em última análise, o gerente de comércio é uma noção normativa e não de facto. Assim, os gerentes de comércio do mundo real não correspondem necessariamente à noção jurídica de gerente de comércio, sendo o inverso também verdadeiro.

Nos tempos de Código Comercial de 1833, o gerente de comércio que era feitor, era visto ou como alguém que fazia negócios no estabelecimento, ou como um chefe de estabelecimento, mesmo que fizesse negócios fora do estabelecimento.[442] Esta ligação entre o feitor e o estabelecimento era uma típica manifestação de um Direito Comercial centrado no estabelecimento. Desde 1833 até à presente data, o eixo do comércio foi abandonando o estabelecimento, passando-se a centrar na atividade. Em sintonia com esta evolução, o Direito Comercial passou o seu eixo do estabelecimento para a atividade comercial, tal como antes tinha passado o eixo do comerciante para o estabelecimento. A atividade da empresa e não o estabelecimento é, hoje, o verdadeiro eixo do Comércio e do Direito Comercial.[443]

Já em Roma, numa demonstração de marcada visão, era a atividade comercial, o exercício comercial, que era a razão de ser da *actio exercitoria*, da *actio institoria* e da *praepositio*. Estes regimes pretendiam salvaguardar o Comércio face a problemas relacionados com a atividade comercial. Não de problemas com o comerciante, nem com o estabelecimento, nem mesmo com atos específicos, mas antes com a atividade, com o exercício do comércio. Em Roma, o *institor* estava à frente de uma loja ou de qualquer outro negócio, quer fosse exercido num local determinado ou não.[444] Não era *institor* apenas quem estava à frente de um estabelecimento ou loja (*tabernae*), mas também quem estivesse à frente de qualquer negócio (*alii negotiationi*), quer o negócio fosse exercido num local fixo ou determinado, quer fosse exercido sem qualquer local determinado.

---

[442] BORGES, JOSÉ FERREIRA, *Dicionário Jurídico-Comercial*, 2.ª ed., Typographia de Sebastião José Pereira, Porto, 1856, págs. 167 e 168.

[443] A ligação entre a questão da empresa e a questão dos prepostos é patente em SANTOS, FILIPE CASSIANO, *Direito Comercial Português*, Vol. I, Coimbra Editora, Coimbra, 2007, págs. 170, "*A empresa, modo normal de exercício da atividade económica, é uma estrutura complexa, em que, entre outros factores produtivos, há uma cadeia interna ou externa de colaboradores que actuam na dependência do comerciante-empresário e que estão em relação com ele em posições múltiplas e diferenciadas (podem ser gerentes, mandatários, simples trabalhadores, agentes, etc.)*".

[444] D.14,3,3 – Ulpiano libro aisenino octauo ad edictum. *Institor appellatus est ex eo, quod negotio gerendo instet: nec multum facit, tabernae sit praepositus an cuilibet alii negotiation* (É chamado institor aquele, que é proposto [ou, instituído] para gerir um negócio. Não importa muito que seja proposto à frente de uma loja ou de qualquer outro negócio).

O LADO EXTERNO DA PREPOSIÇÃO

III. O gerente de comércio é o preposto que está publicamente e estavelmente à frente de toda a atividade, ou de uma sub-atividade do comerciante, em qualquer lugar que a atividade seja exercida. Ou, nas palavras do Código Comercial, é um preposto "para tratar do comércio de outrem no lugar onde este o exerce ou noutro qualquer".

O comércio é a atividade comercial e não o estabelecimento comercial. O gerente de comércio trata da atividade comercial de outrem, não trata do seu estabelecimento comercial. Naturalmente que, tratando da atividade, irá estar frequentemente no estabelecimento e tratará também de questões relativas ao estabelecimento. Mas estas são questões que surgem no âmbito da atividade de que trata. Assim, um gerente de comércio não é um chefe de um estabelecimento, nem uma pessoa que está num estabelecimento a fazer negócios. Um gerente de comércio é um chefe de uma atividade comercial, ou alguém que está nessa atividade a celebrar negócios. Pela natureza das coisas, quem chefia uma atividade comercial, irá provavelmente chefiar um ou mais estabelecimentos. Na mesma medida, quem está integrado na atividade, celebrando negócios no âmbito dessa atividade, estará também integrado num estabelecimento e poderá mesmo estar presente num determinado estabelecimento local. Mas o ponto fulcral do regime do gerente de comércio é a atividade comercial e não o estabelecimento comercial.

Analisando a questão do ponto de vista do estabelecimento, quem chefia um estabelecimento, chefia também a atividade que é desenvolvida a partir desse estabelecimento, sendo gerente de comércio porque chefia a atividade do comerciante exercida através desse estabelecimento. O mesmo sucede com quem está no estabelecimento, celebrando negócios presencialmente nesse estabelecimento, pois estes negócios integram a atividade do comerciante, sendo simplesmente celebrados num determinado local, que é o do estabelecimento. Contudo, é a integração na atividade, e a integração dos negócios por si celebrados nessa atividade, que o fazem gerente de comércio. Não é a sua integração no estabelecimento, nem a coincidência de estar fisicamente no local de um determinado estabelecimento que lhe atribuem essa qualidade.

IV. Já em Roma, a figura do *institor* se dividia em duas principais subfiguras, sendo que uma destas figuras podia ter duas manifestações. Existiam prepostos gerais e especiais, sendo que os prepostos gerais podiam tratar de todos os assuntos do comerciante (do seu negócio), ou de apenas alguns dos seus assuntos (fazendo negócios no estabelecimento). Por sua vez, os prepostos especiais apenas podiam tratar de determinados assuntos especí-ficos, como a cobrança de valores, ou a entrega de mercadorias. Atualmente, a divisão mantém-se, sendo os prepostos gerais denominados gerentes de comércio, e alguns prepostos especiais denominados caixeiros ou auxiliares. Mas, para além destas figuras, foram nascendo muitas outras figuras de pre-postos, umas derivadas das figuras base e outras criadas de origem, mas com base na mesma estrutura.

No caso dos prepostos gerais, estes têm em geral poderes para prati-car todos os atos inerentes ao comércio de que tratam, salvo os que forem excluídos. Os prepostos especiais não têm poderes gerais para tratar de um comércio, mas antes poderes para parte de um comércio.

A atividade à frente da qual está o preposto é aquilo a que hoje se ape-lida de empresa.[445] O comércio a que faz referência o art. 248.º do Código Comercial é a empresa, não é o estabelecimento. A empresa como atividade, é este o objeto do preposto. Assim, o preposto que é gerente do comércio, está colocado à frente da empresa do comerciante, no todo ou em parte.[446]

V. Um gerente de comércio é uma pessoa que é colocada à frente do comércio (empresa) de outrem, que é "pré posta" nessa posição.[447] Ser preposto significa algo diferente de ser gerente. O gerente gere; o pre-posto está à frente, liderando ou chefiando a atividade. Há gerentes que não chefiam, como há prepostos que não gerem. Há também prepostos que gerem. De entre estes últimos, há prepostos que gerem uma empresa (no todo ou em parte) – estes são os gerentes de comércio. Contudo, não é a função gestória que é relevante no gerente de comércio, mas antes a sua posição de preposto.

Estando colocado à frente do negócio e tendo o poder de gerir a empresa, o gerente de comércio é hábil para substituir o comerciante. Não significa que substitua efetivamente o comerciante, porquanto este pode continuar a tratar da sua própria empresa em paralelo. Contudo, a concentração de poderes no gerente de comércio é de ordem a permitir a substituição. Assim,

---

[445] VASCONCELOS, PEDRO PAIS DE, *Direito Comercial*, Vol. I, Almedina, Coimbra, 2015, págs. 76 a 82.

[446] No mesmo sentido, VASCONCELOS, PEDRO PAIS DE, *Direito Comercial*, Vol. I, Almedina, Coimbra, 2015, pág. 97, que se refere à empresa como o comércio do comerciante.

[447] RAMOS, JOSÉ ARIAS, *Representación y "praepositio"*, *in* Boletin de la Universidad de Santiago de Compostela, Ano X, n.º 31, janeiro-março de 1941, pág. 11.

o gerente de comércio tem, como regra, os mesmos poderes do comerciante. Mesmo nos casos em que a preposição do gerente de comércio seja restringida, não abrangendo uma ou outra parte da atividade, mantém-se a aptidão para a substituição do comerciante em geral, limitada ao âmbito da preposição, mas, mesmo assim, ocupando uma posição que em geral é equivalente ou próxima da do próprio comerciante.

A ideia fundamental no gerente de comércio é a possibilitação de uma pessoa que opere como se fosse o comerciante, numa ampliação de sujeitos com legitimidade para agir sobre a empresa, passando a estar à frente do comércio, ficando "pré posto" do comércio. Havendo um comerciante e um seu gerente de comércio, é indiferente quem atue, pois ambos têm a mesma legitimidade para agir. Por esta razão, quando se afirma que o gerente de comércio substitui o comerciante, não se pretende significar que este fica afastado. O que sucede é uma cumulação de sujeitos com legitimidade ativa e passiva para agir sobre a empresa. Assim, no caso do gerente de comércio, a preposição é um facto legitimador positivo com efeitos sobre a titularidade[448] do gerente de comércio, ficando este com legitimidade para agir sobre a empresa do comerciante seu preponente.

O gerente de comércio é tipicamente um preposto geral, abrangendo todo o comércio ou um comércio, um sub comércio autónomo, ou autonomizado para esse efeito.

VI. Existem prepostos gerais e prepostos especiais, sendo que os prepostos especiais podem ser mais ou menos especiais. A figura mais ampla de todas é a do preposto que substitui o comerciante em toda a sua atividade, que trata de toda a sua empresa. Esta é uma figura rara, mas que existe. Um comerciante recorre a outra pessoa para o substituir em todo o seu comércio, abrangendo a totalidade da sua atividade comercial, incluindo todas as sub-atividades, com a totalidade do seu estabelecimento, incluindo todos os sub-estabelecimentos. Nestes casos, o comerciante pode mesmo nunca tratar de nada relativamente ao seu comércio, pois tudo é tratado pelo preposto. É o preposto que está à frente da empresa, sendo que o comerciante exerce toda a sua atividade através do preposto.

Estas situações ocorrem, normalmente, em três casos.

---

[448] VASCONCELOS, PEDRO LEITÃO PAIS DE, *A Autorização*, 2.ª ed., Almedina, Coimbra, 2016, págs. 89 a 92.

No primeiro caso, o comerciante já não quer tratar do seu comércio, pois pretende aproveitar a riqueza criada, ou quer treinar e preparar outra pessoa para lhe suceder. Estes são casos normais de prepostos gerais absolutos, sendo que em regra o preposto é um familiar (por exemplo, um filho que irá herdar o negócio), ou uma pessoa da total confiança do comerciante, nas mãos de quem deposita a sua riqueza.

No segundo caso, o comerciante não quer aparecer, recorrendo a um testa-de-ferro para toda a sua atividade. Nestes casos, o preposto existe para esconder o comerciante, exercendo toda a atividade do comerciante, por conta deste, mas em nome próprio. Estes prepostos gerais são gerentes de comércio.

O terceiro caso consiste no gerente de comércio que opera em paralelo com o comerciante. Nestes casos, a empresa é gerida pelo comerciante e pelo gerente de comércio, em paralelo ou em conjunto. Deste modo o comerciante consegue duplicar, triplicar, ou multiplicar por qualquer número a sua capacidade de tratar da empresa, sem perda de qualidade e sem perder o negócio. Nestes casos não há uma verdadeira substituição, porque o comerciante continua a tratar da empresa. O que há é uma cumulação de pessoas que tratam do comércio, estando ambos à frente da empresa. Claro está que um será titular da empresa, enquanto o outro não o será, pelo que nunca estarão em pé de igualdade. Mas, fora os casos em que se confrontem estas figuras (comerciante e o seu gerente de comércio), ficam em pé de igualdade no que respeita ao exercício da atividade. O mesmo sucede se existirem mais gerentes de comércio, o que apenas amplia ainda mais a abrangência empresarial do comerciante. Assim, pode suceder que um comerciante gira a sua empresa em conjunto com um ou mais gerentes de comércio. Também estes gerentes são prepostos gerais, porque mesmo em paralelo com o próprio comerciante, e eventualmente com outros gerentes de comércio, tratam de toda a empresa ou, pelo menos, tratam em geral da empresa.

VII. No entanto, estes são apenas os casos mais amplos de prepostos gerais. Considera-se também como preposto geral aquele que substitui o comerciante numa única atividade. Há comerciantes cuja atividade comercial está dividida em várias sub-atividades. Esta divisão pode ocorrer por áreas de negócio, por zonas geográficas, por estabelecimento, ou com qualquer outro critério comercial. Nestes casos, pode suceder que uma destas sub-atividades esteja entregue a um preposto, para dela tratar. Estes são os casos mais frequentes de gerentes de comércio, nos quais o preposto está à frente de um estabelecimento (o gerente de hotel integrado numa rede de hotéis, por exemplo), ou de uma área de negócios (diretor de uma das muitas marcas do comerciante, por exemplo), ou de uma área geográfica (diretor regional da empresa, por exemplo). O que é necessário para este efeito, é que se possa autonomizar uma atividade do comerciante, da sua restante atividade. É também necessário que o preposto que fica à frente desta atividade fique colocado numa posição equivalente à que o próprio comerciante ocupa nessa sub-atividade, ou sub-empresa. Em regra, os casos em que um comerciante institui vários gerentes de comércio verificam-se para estas hipóteses. Ou seja, o comerciante institui vários gerentes de comércio, sendo um para cada sub-atividade, ou sub-empresa, que geralmente são exercidas através de um sub-estabelecimento. Por vezes surgem ainda situações mistas, nas quais, em paralelo com o comerciante, temos gerentes de comércio para a totalidade da empresa e ainda gerentes de comércio para sub-empresas. Todos estes prepostos são gerentes de comércio.

VIII. Já não serão gerentes de comércio, sendo, no entanto, prepostos, as pessoas que são colocadas à frente de um qualquer assunto comercial de modo estável, mas que não constitua uma atividade autónoma, mas antes uma atividade autonomizada para o efeito. Estes são prepostos especiais, não estando à frente – em geral – de uma empresa do comerciante, mas de um mero assunto, de uma parte específica da sua atividade.

Assim sucede, por exemplo, com os prepostos a que o Código Comercial chama auxiliares e caixeiros. Sendo ainda prepostos, partilham elementos de regime com o gerente de comércio, pois este é o regime geral do preposto, operando como regime supletivo. No entanto, nestes casos são abrangidos por algumas – poucas – regras especiais contidas no Código Comercial. As diferenças entre o regime jurídico dos gerentes de comércio, dos auxiliares e dos caixeiros são muito pequenas. Por um lado, porque todos são prepostos. Por outro lado, todos são regulados pelo regime do gerente de comércio, embora nos dois últimos casos, tal suceda a título supletivo. Por último, porque a distinção entre gerentes de comércio, auxiliares e caixeiros é artificial, e não traduz a realidade do Comércio, nem sequer traduz a realidade histórica.

A divisão entre gerentes de comércio, caixeiros e auxiliares resulta do ambiente social que existia em Espanha e Portugal, nos anos 30 do séc. XIX, e não tem reflexo no presente. Neste período, o comércio era chefiado por uma pessoa, o feitor ou *factor*, que beneficiava de determinado estatuto social

A PREPOSIÇÃO

dentro da empresa, sendo quem chefiava a empresa em lugar do comerciante. Todos os demais colaboradores se encontravam numa posição social inferior, e eram tratados de modo correspondente. Estes eram os auxiliares, prepostos que não ocupavam a posição cimeira na hierarquia orgânica da empresa comercial. Em Portugal estes auxiliares não tinham um *nomen* próprio, sendo apenas designados pela expressão *todos os demais empregados com salario fixo, que os commerciantes costumam instituir como auxiliares do seu gyro.*[449] Em Espanha, estes auxiliares eram denominados de *mancebos*, pois eram, em regra, rapazes jovens.

De entre estes auxiliares ou *mancebos*, distinguia-se um conjunto particular de pessoas, que estava à frente da parte financeira do negócio, recebendo pagamentos em dinheiro e noutros meios, passando os respetivos recibos, fazendo os lançamentos de caixa. Claro está que estas pessoas também poderiam proceder a vendas, mas aquilo que verdadeiramente os distinguia era tratarem do dinheiro. Estes eram os caixeiros, que tratavam da caixa. Não no sentido atual de estarem na caixa a fazerem vendas, mas no de estarem na caixa a receberem pagamentos e passarem recibos. A sua importância no Comércio decorria precisamente de tratarem do dinheiro do comerciante, o assunto mais importante de qualquer comerciante, razão pela qual eram autonomizados. Assim, apesar de não estarem à frente da atividade, de não serem o "chefe" da empresa, tratavam de um assunto da maior importância e sensibilidade comercial.

Como tal, esta divisão operava fundamentalmente com dois critérios, um jurídico e um social. Por um lado, de acordo com um critério social, o chefe (feitor ou gerente de comércio) estava acima dos chefiados (auxiliares). Por outro lado, de acordo com um critério jurídico, o feitor ou gerente de comércio era um preposto geral para uma atividade, enquanto os auxiliares eram prepostos especiais. De entre estes prepostos especiais era ainda regulado um caso especial de preposto, que estava à frente da atividade especial de tratar do dinheiro do comerciante. Contudo, desde que devidamente instituídos como prepostos, todos tinham esta qualidade, limitada apenas ao âmbito da atividade à frente da qual estavam prepostos.

No que respeita ao *status* de preposto nas relações externas, não há diferença entre gerentes de comércio, auxiliares e caixeiros. Todos são prepostos, e todos vinculam o comerciante. Sucede, apenas, que os âmbitos das res-

---

[449] §155 do Código Comercial português de 1833.

petivas preposições são diferentes. Mas, dentro desse âmbito, a vinculação é igual, e opera do mesmo modo, com o mesmo regime e com as mesmas consequências. É, aliás, manifesto que todos estes casos são abrangidos pelo art. 248.º do Código Comercial, pois todos surgem *sob qualquer denominação, consoante os usos comerciais, se acha proposto para tratar do comércio de outrem no lugar onde este o exerce ou noutro qualquer.* Apenas varia a denominação, o âmbito do comércio de que tratam e, eventualmente, o local.

XIX. O gerente de comércio é, por estas razões, o *nomen* típico do preposto, operando este regime jurídico como regime supletivo a todos os prepostos. Como tal, gerente de comércio pode ser entendido como preposto em geral, ou como um caso especial de preposto, que corresponde a um preposto de alto nível. Um preposto que está à frente de toda a atividade comercial do preponente, ou à frente de uma parte autónoma ou autonomizável dessa atividade, que constitui ela própria uma atividade empresarial, mesmo que dedicada apenas a uma área específica do comércio. Neste contexto, gerente de comércio é o preposto que chefia a empresa, ou um departamento da empresa, ou um estabelecimento, ou uma área geográfica do negócio, ou qualquer outro sistema de autonomizar a empresa, de acordo com o que suceda na concreta empresa comercial.

Em conclusão, o gerente de comércio é mais do que um preposto, antes sendo "o" preposto.

O regime legal típico de preposto que opera como regime geral de preposto no âmbito do Direito Comercial, tanto sendo supletivamente aplicável aos casos dos "auxiliares" e "caixeiros", como a todos os demais casos de prepostos que surjam no Comércio, sob qualquer designação e em qualquer lugar é o regime do gerente de comércio.

6. A atividade como função do preposto

A função do preposto não consiste na prática de atos, mas antes no exercício de uma atividade, enquanto conjunto ordenado de atos.[450] Não de atos organizados pela sua espécie, ou de acordo com um qualquer critério formal, mas de um conjunto de atos funcionalmente ordenados à empresa ou sub-empresa do preponente.

---

[450] Sobre a noção de atividade, PEDRO LEITÃO PAIS DE VASCONCELOS, *Sociedades Comerciais Estrangeiras*, Almedina, Coimbra, 2015, págs. 54-75.

A PREPOSIÇÃO

Tipicamente, a função do preposto é a de substituir o preponente em toda uma sua atividade, quer na totalidade da atividade do preponente, quer numa sub-atividade.[451] Assim, no caso típico do gerente de comércio, o preposto exerce o comércio em lugar do comerciante, fazendo tudo o que o comerciante faria. Ou seja, o preposto desenvolve a empresa como se fosse o seu titular. Não a empresa no sentido de pessoa, mas no sentido de atividade unificada dirigida a um determinado fim.

Pode instituir-se um preposto para uma atividade, mas pode também instituir-se para uma sub-atividade, nomeadamente, para a atividade de um sub-estabelecimento como, por exemplo, uma loja ou um hotel de uma cadeia de lojas ou hotéis. Pode, também, instituir-se um preposto para uma sub-atividade organizada pelo tipo de atividade, por exemplo, um preposto para a área comercial, ou para a área contabilística. Pode mesmo instituir-se um preposto para um assunto específico, desde que o assunto constitua uma atividade (e não um ato) e nesse assunto o preposto atue em substituição do comerciante, nomeadamente, um caixa de supermercado. Por esta razão, a empresa desenvolvida pelo preposto pode ser mais ou menos ampla, incluindo toda a empresa do preponente, ou apenas uma sub-empresa e mesmo uma sub-atividade que não constitui uma empresa. No caso do gerente de comércio, contudo, a sua função consiste numa atividade que tem natureza de empresa. Pode ser "a" empresa, ou "uma" empresa que integra "a" empresa. A atividade pode ser mais ou menos ampla, mas tem de ter um grau de autonomia suficiente para se poder considerar como uma empresa.[452]

A função do preposto não consiste em praticar atos. Desde o início – em Roma – que um dos principais critérios de distinção entre o preposto, por um lado, e o *procurator*,[453] pelo outro, consistia em que aquele exercia

---

[451] A estabilidade duradoura da atuação por conta de outrem é o que há de comum nos vários regimes de "representação comercial" ou de "representantes comerciais", segundo BRITO, MARIA HELENA, *O Contrato de Concessão Comercial*, Almedina, Coimbra, 1990, págs. 100 e 101.

[452] VASCONCELOS, PEDRO PAIS DE, *Direito Comercial*, Vol. I, Almedina, Coimbra, 2011, págs. 74 a 100.

[453] Referimo-nos ao procurador, não ao *procurator omnium bonnorum*, cuja função era também de exercício de uma atividade, mas que na escala social romana ocupava uma posição tendencialmente superior à dos prepostos, sendo que substituía o *dominus* em toda a sua atividade patrimonial, não se limitando à atividade comercial – AUBERT, JEAN-JAQUES, *Business Managers in Ancient Rome, A Social and Economic Study of Institores, 200 B.C – A.D. 250*, E.J. Brill, Leiden –

uma atividade por conta do *dominus*, enquanto este praticava um ato (ou um número limitado de atos) por conta deste. Claro está que, exercendo uma atividade, irá praticar atos. Contudo, não são os concretos atos que constituem o fulcro da sua função, mas antes a atividade que resulta da ordenação dos atos ao comércio do seu preponente.

II. A atividade do gerente de comércio é tipicamente externa, operando perante terceiros, mas pode também ser interna. O gerente de comércio substitui o comerciante na sua atividade, quer perante terceiros, quer no que respeita a outras pessoas que integrem a estrutura do próprio comerciante. Assim, o gerente de comércio pode agir perante funcionários do comerciante, perante sócios, perante órgãos sociais, perante clientes, fornecedores, Tribunais e o Estado, entre outros.

Os regimes de preposição têm como fim proteger os terceiros. Sucede que esta noção de terceiros é extremamente ampla, pois não se refere a um contrato. Os terceiros não são os sujeitos que não são partes de um contrato, mas antes os sujeitos que não são o comerciante. No caso de o comerciante ser individual, são terceiros todas as demais pessoas. No caso de comerciantes que são pessoas coletivas, são terceiros todas as pessoas que não são a própria pessoa coletiva, o que abrange não só os próprios trabalhadores e outros colaboradores da pessoa coletiva, como as próprias pessoas que integram órgãos da pessoa coletiva, desde que estas não estejam nesse concreto ato a representar a pessoa coletiva em si.

O gerente de comércio pode, contudo, agir de modo interno no âmbito de um comerciante que seja pessoa coletiva. Pode, por exemplo, agir perante um administrador da sociedade comercial. Sucede que, nestes casos, estaremos na relação interna, pelo que o regime aplicável será o determinado pelo regime da preposição, que neste caso manda aplicar o regime jurídico

---

New York – Köln, 1994, pág. 109. O *procurator omnium bonnorum* era uma espécie de preposto (mas não era visto como tal) para todos os assuntos, comerciais e não comerciais. Contudo, em matéria comercial, a *actio institoria* era aplicável ao próprio *procurator omnium bonnorum*, pelo que, apesar de não ser um *institor*, e pertencer a uma classe social superior, quando agia no comércio era possível tratá-lo como se fosse um *institor*, concedendo *actio institoria*, conforme resulta de D.14,3,6 – *Paulus, livro 30* [do comentário] *ao édito. Mas também se deve dar ação institória contra o mesmo procurador, se for procurador de todo o património.*

que resulta da relação subjacente[454] como, por exemplo, um contrato de trabalho.

7. O poder de representação do preposto

O regime de representação do gerente de comércio tem particularidades que se explicam pela sua origem histórica e que são fundamentais para o seu bom funcionamento. A solução da *actio exercitoria* e da *actio institoria* constituiu, para além de uma inovação, uma resposta substancial a um problema prático. Não se tratou de uma resposta formal, de *ius civile*, pois era a própria abordagem formal do *ius civile* que causava o problema. Assim, a resposta foi fundamentalmente prática, tendo em conta a substância do problema, e optando por conceder uma *actio* que resolvia o problema prático, salvaguardando a confiança no comércio[455]. A solução a que se chegou, e que foi evoluindo ao longo dos tempos, é uma solução prática, substantiva, sem grandes preocupações dogmático-formais.

A resposta é prática, direta, eficaz e justa: a vinculação do comerciante pelos atos do seu preposto. Um sistema de heterovinculação representativa que se pode denominar de representação institória.

Este é um sistema de heterovinculação de tipo representativo tipicamente comercial, que vai além da mera representação voluntária, e que tem duas componentes básicas:

– Representação resultante de atuação do preposto em nome alheio (do preponente).
– Representação resultante de atuação do preposto em nome próprio (do preposto).

Como rapidamente se pode concluir, este sistema ultrapassa em muito os regimes de representação voluntária, legal e orgânica, que apenas integram a primeira componente: representação com atuação em nome alheio.

Na generalidade dos casos de representação – voluntária, legal ou orgânica – exige-se que a atuação seja realizada em nome do *dominus*, sendo que apenas se considera a atuação como representativa se houver *contemplatio*

---

[454] Arts. 248.º e 249.º do Código Comercial.

[455] Assim, o que era relevante para a *actio institoria* era a *praepositio* (que não integrava o *ius civile*) e não a relação subjacente de *ius civile* – LAZO, Patricio, *La interpretación de la cláusula «eius rei nomine» de los edictos de exercitoria y de institoria actione*, in Revista Chilena de Derecho, vol. 43, n.º 3, pags. 1081 a 1099, 2016, em especial, pág. 1083.

domini. Contudo, a referida segunda componente da representação institó-ria, ao permitir o efeito representativo em casos de atuação em nome pró-prio, é específica deste regime. As disposições que permitem a possibilidade de vincular o preponente por atuações do preposto em nome próprio são das mais importantes deste regime.

A aparente complexidade deste sistema resulta, não só do fim desempe-nhado pelo regime do gerente de comércio, mas também pela excessiva puri-ficação e simplificação do regime civil da representação. O regime civil da representação – com base na chamada teoria da representação – foi extraído do regime de representação do preposto, através da exclusão do segundo componente. Ou seja, foi criado abstraindo do complexo sistema de repre-sentação comercial, um único componente: a atuação em nome alheio. Por esta razão a representação sem *contemplatio domini* pode causar perplexidade a quem esteja a operar a partir da dogmática própria do sistema da represen-tação voluntária[456].

Em razão da importância que o regime civil da representação veio a ganhar, em especial do regime da representação voluntária, o regime da representação comercial foi caindo no esquecimento, com as mais gravosas consequências.[457] Contudo, o regime civil da representação não só não é apto para o Comércio, como é frequentemente anticomercial, podendo causar

---

[456] Como aparentemente sucede com CORDEIRO, António Menezes, *Tratado de Direito Civil*, Vol. V, 3.ª ed., Almedina, Coimbra, 2018, pág. 147, quando afirma que "a contemplatio é indis-pensável: a doutrina, em especial a alemã, afigura-se unânime". Admite, contudo, o Autor que tal será possível "através da ponderação das circunstâncias". Entendemos nós que foi a ocor-rência dessas circunstâncias no comércio que conduziu o Pretor a conceder a *actio exercitoria* e a *actio institoria*, que após mais de dois mil anos de evolução, se encontram positivadas em diversas figuras legais, como resulta da presente obra. Tal como lemos a opinião do Autor, não divergimos na questão essencial de exigência da *contemplatio*, como caso regra no instituto da representação (aliás, exigida no caso do art. 250.º do Código Comercial), com a conco-mitante possibilidade de atuação sem *contemplatio* quando assim resulta da "ponderação das circunstâncias", o que ocorre – dizemos nós – no caso da preposição (art. 252.º, § único do Código Comercial) e, também, embora com uma ponderação mais concreta, no caso do con-trato de agência. Como é natural, a questão da essencialidade da *contemplatio* depende do que se entenda por este *nomem*.

[457] O mesmo fenómeno pode observar-se no que respeita ao esquecimento da doutrina da confiança que, aliás, tem uma ligação íntima com o problema dos prepostos. Sobre o esque-cimento da doutrina da confiança, CORDEIRO, ANTÓNIO MENEZES, *Da Boa Fé no Direito Civil*, Almedina, Coimbra, 1997, pág. 1237.

A PREPOSIÇÃO

importantes distorções e injustiças flagrantes. Os problemas da representação no Comércio só podem ser devidamente evitados, ou resolvidos, pelo sistema de representação comercial, como foi claramente compreendido há mais de dois mil anos e foi continuamente aplicado desde esta data, até que, há relativamente pouco tempo, foi quase esquecido.

Estes problemas são atualmente detetados pelos Tribunais, mas, numa clara demonstração do esquecimento do regime da preposição, estes vêm-se forçados a criar soluções *ad hoc* para estes problemas, através do recurso a válvulas de escape do sistema. Ou, em alternativa, a aplicar o regime civil da representação, com fundamentos formais, mas chegando a soluções manifestamente injustas e prejudiciais, não só para os terceiros, mas, acima de tudo, para o Comércio. Ou, ainda, recorrendo a um regime de "representação aparente", de base dogmática, com base numa aplicação analógica do regime do contrato de agência. Em regra, os Tribunais percorrem o mesmo percurso, com a mesma fundamentação e a mesma solução prática, que o Pretor percorreu e concedeu há mais de dois mil anos, através da *actio institoria*.

Contudo, não se deve recorrer a soluções *ad hoc*, quando existe um regime em vigor que responde à questão. O mesmo sucede com o recurso a válvulas de escape do sistema, ou a soluções de base dogmática. Por último, não se deve aplicar por analogia um regime de um contrato comercial, quando existe um regime geral comercial aplicável, que é mais adequado, mais aperfeiçoado e mais correto que o desse específico contrato. Especialmente quando a solução resulta já de um regime em vigor em Portugal, que não só sempre vigorou em Portugal, como vigorava já neste território antes de Portugal existir. As consequências negativas que se têm verificado na prática, resultando de aplicações formais e dogmaticamente marcadas, ou de soluções com recurso a válvulas de escape do sistema, só podem ser devidamente evitadas com o estudo deste regime, o que se fará de seguida.

É, pois, essencial proceder a uma análise do sistema de representação da preposição e retomar o seu estudo.

A. Representação resultante de atuação do gerente em nome do preponente

I. O art. 250.º do Código Comercial obriga o gerente de comércio a agir em nome do comerciante, obrigando-o a agir com *contemplatio domini*.

Este regime pode causar uma perplexidade: qual a razão de ser de instituir uma obrigação de agir com *contemplatio domini*? A representação não exige sempre *contemplatio domini*?

O teor da disposição, ao impor a *contemplatio domini* como uma obrigação, pode causar alguma estranheza quando comparado com o que ocorre no Código Civil. Na teoria da representação voluntária, que é a regra no nosso Direito, em especial por estar sedeada no Código Civil e pela influência determinante que a *Repräsentationstheorie*[458] teve (e tem) entre nós,[459] a *contemplatio domini* integra o próprio agir representativo.[460] Assim, há agir representativo quando se atua com *contemplatio domini*, mesmo que não se tenha poderes de representação, embora neste caso o agir seja ineficaz.[461]

A teoria da representação opera com base em elementos fundamentais com diferentes efeitos: na *contemplatio domini* e no poder de representação. Ao agir-se com *contemplatio domini*, os efeitos são dirigidos à esfera jurídica do *dominus* em exclusivo, assim se apartando da esfera jurídica do agente.[462] Por esta razão, como regra, um ato praticado com *contemplatio domini* nunca produz efeitos na esfera jurídica do próprio agente, apenas podendo eventualmente provocar efeitos na esfera jurídica do *dominus*. Para que estes efeitos se verifiquem é, contudo, necessário que o agente seja titular de um poder de representação, exercendo esse poder na atuação que tenha realizado. Só nos casos em que o agente atua com base no poder de representação é que a atuação que foi dirigida à esfera jurídica do representado pode, efetivamente, afetar essa esfera jurídica.[463] Este é, de um modo muito resu-

---

[458] Sobre a *Repräsentationstheorie* ALBUQUERQUE, PEDRO DE, *A Representação Voluntária em Direito Civil*, Almedina, Coimbra, 2004, págs. 335 a 391 e GUICHARD, RAÚL, *A Representação sem Poderes no Direito Civil Português. A Ratificação*, polic., Porto, 2009, pág. 237 a 259.

[459] ALBUQUERQUE, PEDRO DE, *A Representação Voluntária em Direito Civil*, Almedina, Coimbra, 2004, pág. 19.

[460] Sem prejuízo das críticas que podem ser apontadas à ligação entre a teoria da representação e a *contemplatio domini*, como faz ALBUQUERQUE, PEDRO DE, *A Representação Voluntária em Direito Civil*, Almedina, Coimbra, 2004, págs. 334 e 335.

[461] CORDEIRO, ANTÓNIO MENEZES, *Tratado de Direito Civil*, Vol. V, 3.ª ed., Almedina, Coimbra, 2018, págs. 115 e 116.

[462] VASCONCELOS, PEDRO LEITÃO PAIS DE, *A Autorização*, 2.ª ed., Almedina, Coimbra, 2016, págs. 273 a 298.

[463] O problema é, em última análise, relativo à legitimidade, tal como sucede no caso da autorização para alienação – VASCONCELOS, PEDRO LEITÃO PAIS DE, *A Autorização*, 2.ª ed., Almedina, Coimbra, 2016, págs. 360 a 366.

A PREPOSIÇÃO

mido, o sistema que resulta da teoria da representação, no qual é essencial a *contemplatio domini*, mesmo que tácita.[464]

O sistema da representação na preposição é fundamentalmente diferente.

Para bem compreender esta questão, importa atentar que a decisão de elaborar o Código Comercial de 1888 foi tomada por Decreto de 13 de julho de 1859, sendo que a teoria da representação apenas dá os primeiros passos com Jhering, em 1857[465] e apenas se autonomiza verdadeiramente com Laband, em 1866.[466] Ao que acresce que esta disposição do Código Comercial de 1888 é profundamente inspirada no §144 do Código Comercial de 1833 que, por sua vez, é uma mera tradução do art. 176 do Código Comercial espanhol de 1829. Em suma, o art. 250.º do Código Comercial de 1888 "nasceu" em 1829, em Espanha, pelas mãos de Pedro Sainz de Andino, sem receber influências da teoria da representação de Laband, que é de 1866. Em especial, porque todo este regime tem origem na *actio institoria*, que é muito anterior à teoria da representação. Esta questão é, contudo, acessória. O problema não decorre da relativa novidade da teoria da representação de Laband, sendo totalmente autónomo e independente dessa teoria.

II. No Comércio, em especial no comércio de massa, não se invoca o nome do comerciante. Quando alguém vende uma qualquer mercadoria, não o vende em nome de ninguém: limita-se a vendê-lo. Age-se por conta alheia, mas, em regra, não se age em nome alheio, propriamente dito, e nem mesmo em nome próprio. Em regra, age-se sem invocação de nome algum. Mesmo quando se invoca um qualquer nome, só raramente será o nome do comerciante. É muito mais frequente que o nome invocado seja uma marca ou um

---

[464] Sobre a especial relação entre os atos tácitos e a representação, PINTO, PAULO MOTA, *Declaração Tácita e Comportamento Concludente no Negócio Jurídico*, Almedina, Coimbra, 1995, págs. 114 e 115.

[465] JHERING, RUDOLF VON, *Mitwirkung für fremde Rechtgeschäfte*, Jherings Jahrbücher für die Dogmatik des bürgerlichen Rechts, Bd. I, 1857, págs. 274 segs. e Bd. II, págs. 67 e segs. VASCONCELOS, PEDRO LEITÃO PAIS DE, *A Procuração Irrevogável*, 2.ª ed., Almedina, Coimbra, 2016, págs. 35 a 38.

[466] LABAND, PAUL, *Die Stellvertretung bei dem Abschlub von Rechtsgeschäften nach dem allgemeinen Deutschen Handelsgesetzbuch*, Zeitschrift für das gesamte Handels und Wirtschaftsrecht, Bd. 10, 1866, págs. 183 e segs. Sobre a teoria de Laband, ALBUQUERQUE, PEDRO DE, *A Representação Voluntária em Direito Civil*, Almedina, Coimbra, 2004, em especial págs. 335 a 377 e VASCONCELOS, PEDRO LEITÃO PAIS DE, *A Procuração Irrevogável*, 2.ª ed., Almedina, Coimbra, 2016, págs. 35 a 38.

nome de estabelecimento, ou outro qualquer sinal distintivo de comércio. Esta solução é tão frequente, que existem comerciantes que são conhecidos pelo nome da sua marca ou do seu estabelecimento, não pelo seu nome ou firma.[467] Claro está que por vezes é possível interpretar a referência a uma marca ou ao nome de um estabelecimento como sendo um modo de cumprir a obrigação de agir com *contemplatio domini*. Mas mesmo este esforço interpretativo é exigente demais para o bom funcionamento do Comércio, porquanto cria um nível inaceitável de insegurança e demora nos negócios. Por exemplo, não se invocando o nome do comerciante – propriamente dito – poder-se-ão levantar questões relativas ao nexo entre a marca ou nome de estabelecimento, por exemplo, e o concreto comerciante por conta de quem se atua. Assim, a referência feita pelo gerente de comércio que atua por conta de uma marca, ou de um estabelecimento, nem sempre será suficiente para resolver o problema da determinação do sujeito a quem os efeitos são imputados. Acresce que mesmo estes casos são raros no comércio de massa. O mais frequente é não se invocar nome algum. Assim torna-se necessário que a lei obrigue o comerciante, nos casos que se entendam necessários ou úteis para o comércio, sob pena de tal não ocorrer.

Este é um dos principais problemas do exercício do comércio através de prepostos, que se pretende resolver com o presente regime jurídico. A atuação do preposto é sempre por conta alheia, mas nem sempre é em nome alheio.

Uma das maneiras de resolver o problema consiste em exigir que o preposto atue em nome do preponente, o que ocorre com o art. 250.º do Código Comercial. Esta disposição é necessária porque no mundo real os prepostos nem sempre atuam com *contemplatio domini*.

III. A questão é, contudo, mais complexa do que aparenta. O legislador obriga o preposto a agir com *contemplatio domini*, mas sabe que não pode erguer esta exigência ao nível de uma condição necessária da representação. Caso assim sucedesse, seria suficiente ao preposto não agir em nome de preponente para o proteger de toda a sua atuação. Nestes casos, o preponente poderia exercer a sua atividade comercial usando o preposto como um *testa*

---

[467] Para além de uma função indireta de qualificação dos objetos contratuais, conforme afirma ALMEIDA, CARLOS FERREIRA DE, *Contratos II*, 4.ª ed., Almedina, Coimbra, 2016, págs. 93 e 94, entendemos que a marca pode ter também uma função indireta de qualificação dos sujeitos contratuais.

de ferro, apenas aproveitando os negócios que lhe fossem úteis, e evitando as vinculações nos demais negócios.

Este foi precisamente o problema que a *actio institoria* veio resolver no séc. II a.C.. Na altura, a questão colocava-se com a inexistência de representação, que permitia ao comerciante escolher apenas os negócios que lhe fossem úteis. Ou seja, o comerciante invocava a falta de representação para se furtar aos negócios que não lhe fossem úteis.

O mesmo sucederia caso se exigisse a *contemplatio domini* como um requisito da representação em matéria comercial dos prepostos. Exigir a *contemplatio domini* no Comércio é convidar, promover e proteger a fraude e a desonestidade. Seria suficiente que preponente e preposto combinem que o preposto atue sempre em nome próprio, para assim proteger o preponente. Ou seja, a exigência de *contemplatio domini* permite, e promove mesmo, os *testas de ferro*, as interposições fictícias de pessoas, as *offshores* e todas as práticas análogas.

Sucede, no entanto, que o Pretor compreendia perfeitamente esta questão, tendo criado uma figura de representação que opera sem *contemplatio domini*. Compreensão esta que foi evoluindo e aperfeiçoando-se ao longo de séculos, surgindo positivada no Digesto, no Código Comercial de 1833 e no Código Comercial de 1888.

IV. Como vimos já, o Código Comercial de 1833 tinha dois regimes paralelos, sendo que o regime que ficou a constar no art. 250.º do Código Comercial de 1888 resultou fundamentalmente do regime do §144 do Código Comercial de 1833, que era uma simples cópia do art. 176 do Código Comercial espanhol de 1829.

Contudo, o outro regime do Código Comercial de 1833, que traduzia o regime anteriormente em vigor em Portugal, também regia esta matéria. Segundo o §924, o institor vinculava o comerciante seu preponente, quando agia na qualidade de preposto, sendo que se agisse em nome próprio não o vinculava. Contudo, o §925 previa que fosse acordado que o institor pudesse agir em nome próprio. Nestes casos, presumia-se que se vinculava a si próprio, mas era admissível provar que agia por conta do preponente, vinculando-o.

Deste modo, tanto no Código Comercial de 1833, como no Código Comercial de 1888, admitia-se a representação do comerciante pelo gerente de comércio, quer nos casos em que este atuasse em nome do comerciante, quer nos casos em que este atuasse em nome próprio. Sendo possível a representação com ou sem *contemplatio domini*, a regra sempre seria a da sua desnecessidade. A *contemplatio domini* operaria, então, apenas como um modo de facilitar a prova. No caso de *contemplatio domini*, o ato era do preponente; no caso de falta de *contemplatio domini*, era necessário provar a quem pertencia o ato, presumindo-se que pertencia ao preposto.

Mesmo no caso de falta de *contemplatio domini*, determinava ainda o Código Comercial de 1833, no seu §146, que:

> *Os contractos celebrados pelo feitor de um estabelecimento comercial, ou fabril, que notoriamente pertença a uma pessoa ou sociedade conhecida, entendem-se feitos por conta do proprietário do estabelecimento, ainda que o feitor o não declarasse ao acto de celebral-os, recaindo taes convenções sobre objectos abrangidos no gyro e tráfico do estabelecimento; ou quando, ainda que de diversa natureza, resultar que o feitor obrou com ordem do proponente; ou que este aprovou a sua gestão por termos expressos, ou por factos positivos, que induzam uma presunção legal.*

O Código Comercial de 1833 regulava, pois, vários casos de representação sem *contemplatio domini*, embora exigisse a *contemplatio domini*, com o fim de evitar que através da não invocação do nome do preponente este se conseguisse furtar aos negócios que não lhe fossem úteis, aproveitando-se da aparência que resultava da posição socialmente típica do preposto.

V. O art. 250.º do Código Comercial de 1888 (tal como já ocorria com o §144 do Código Comercial de 1833) estatui a *contemplatio domini*, como uma obrigação e não como um requisito, de modo a atingir o mesmo fim.

Pretende-se que a regra, prática e teórica, seja a da atuação com *contemplatio domini*, deixando-se a atuação representativa em nome próprio como um sub-caso estrutural. Para tanto, faz-se incidir sobre o gerente de comércio a obrigação de agir com *contemplatio domini*, mesmo sabendo-se que essa pode não ser (e não é) a prática corrente no Comércio. Impõe-se um Dever Ser contra o Ser, como modo de promover um melhor Ser. Esta obrigação é, efetivamente, uma obrigação. Não se trata de um requisito legal da representação, sem o qual não há representação. É, antes, uma vinculação do gerente de comércio que, caso não seja respeitada, é geradora de responsabilidade civil do próprio gerente de comércio, perante as pessoas (preponente e terceiros), que sofrerem danos em resultado dessa omissão. Mas não é um requisito da representação.

A PREPOSIÇÃO

Como se verá melhor *infra,* mesmo nos casos em que o gerente de comércio está obrigado a agir com *contemplatio domini,* se não respeitar esta obrigação, pode em certos casos verificar-se o efeito representativo, podendo o ato ser imputado ao comerciante, para além de poder haver lugar a responsabilidade civil.

No entanto, sem prejuízo do referido, agindo o gerente de comércio em nome do comerciante, em cumprimento do art. 250.º do Código Comercial, os efeitos do negócio verificam-se diretamente no preponente, tal como resulta do art. 251.º do Código Comercial.

B. Representação resultante de atuação do gerente em nome próprio, por opção do terceiro

I. Segundo o corpo do art. 252.º do Código Comercial, se o gerente de comércio agir em nome próprio, obriga-se a si próprio. Aparentemente esta disposição nada tem de especial, correspondendo ao normal funcionamento da autonomia privada: se uma pessoa atua em nome próprio, fica pessoalmente vinculada. Contudo, no caso do gerente de comércio, o regime não termina com o corpo do art. 252.º do Código Comercial.

Segundo o § único, do art. 252.º do Código Comercial, o preponente pode ficar vinculado mesmo que o preposto atue em nome próprio. É esta parte do regime que traduz uma das principais diferenças e especialidades deste sistema de representação. Este é um regime de representação que opera com base na atuação por conta alheia, contrariamente ao que sucede no regime que resulta da teoria da representação, que opera com base na atuação em nome alheio.[468]

Para bem compreender esta solução, é necessário tomar em consideração que esta é uma solução extremamente experimentada ao longo da história.

II. O legislador (do Código Comercial de 1888, do Código Comercial de 1883, do Digesto e da *actio institoria* original) tomou em consideração o Comércio, e os problemas que verdadeiramente ocorrem no Comércio, para chegar à solução que efetivamente resolve esses problemas.

Este regime, que é típico da preposição, vigora no ordenamento positivo desde o séc. II a.C., constituindo, aliás, o regime original da representação.

---

[468] Tal como sucede em Espanha – GREGORACI, BEATRIZ FERNÁNDEZ, *La Representación Indirecta*, Thomson – Civitas, Navarra, 2006, págs. 291 e 292.

A exigência de *contemplatio domini* é que surgiu como um acrescento, como uma novidade. Ou seja, quando a representação nasceu – com a *actio exercitoria* e a *actio institoria* – o que era fundamental era a atuação por conta alheia e não a atuação em nome alheio. Assim, de certo modo, este é o regime geral da representação, sendo o regime que exige a *contemplatio domini* o regime especial. Ocorre, no entanto, que o regime que resulta da teoria da representação se generalizou de tal modo que constitui atualmente o regime geral, tendo o regime da preposição passado a ser um regime especial, apesar de ser o regime original.

III. No corpo do art. 252.º do Código Comercial, o legislador exige que, no mundo do Dever Ser, o preposto atue em nome do preponente. Mas o legislador sabe muito bem que o Ser nem sempre respeita o Dever Ser, especialmente no Comércio. Pretendendo-se uma solução prática e eficaz, a solução é simples: mesmo que o preposto não atue em nome do preponente, pode vincular o preponente. Deste modo, evita-se a obtenção de uma vantagem através da atuação contrária ao Dever Ser. Ou seja, mesmo que o Ser não respeite o Dever Ser, o resultado é o mesmo. A aproximação é extremamente prática, porquanto o próprio problema é, em si, prático. Não é geralmente praticável o exercício do comércio no qual se exija a *contemplatio domini*. Por esta razão, não se pode sancionar a falta de *contemplatio domini* com a ineficácia do negócio (decorrente da ineficácia da representação), mas também não se pode permitir que o principal invoque a falta de *contemplatio domini* para evitar a sua própria vinculação.

O problema é prático,[469] porque a falta de *contemplatio domini* é normal no Comércio, e não significa necessariamente uma atuação desvaliosa. Tanto pode ocorrer, por exemplo, num comércio de massa, porque a sua velocidade não permite a demora que a *contemplatio domini* implica, como se verifica no recurso a um *testa de ferro* destinado a proteger o comerciante de responsabilidades ou litígios de um modo fraudulento. Assim, o facto de alguém agir no comércio como preposto, mas sem invocar o nome do preponente, não significa, só por si, que se trate de um comportamento menos honesto, menos correto, ou de má fé. A solução adotada resolve este problema pois

---

[469] Assim, Azuni, Domenico Alberto, *Dizionario Universale Ragionato della Giurisprudenza Mercantile*, 1.ª ed., Tomo II, Società Tipografica, Nizza, 1787, pág. 273, que afirma que esta é *regola di ragione comunemente adottata* que quando o preposto atua em seu próprio nome, apenas se presuma que atua por sua própria conta.

A PREPOSIÇÃO

opera independentemente de qualquer intenção do preposto e ou do preponente, e mesmo independentemente de qualquer juízo de valor, aplicando-se a todos os casos em que o preposto atue por conta do preponente, mas sem invocar o seu nome. O sistema aplica-se porque alguém surge na posição típica de um preposto, para regular essa posição, e não porque alguém atuou de modo censurável.

IV. É o seguinte o teor do §único do art. 252.º do Código Comercial:

> *Se porém a negociação fosse feita por conta do proponente, e o contratante o provar, terá opção de accionar o gerente ou o proponente, mas não poderá demandar ambos.*

Desta disposição o que releva é a atuação ser por conta do preponente. Ou seja, fica vinculada a pessoa por conta de quem se age, e não a pessoa em nome de quem se age. Apesar da aparência que decorre do texto do Código Comercial, esta é a regra geral em matéria de representação por prepostos, sendo a atuação com *contemplatio domini* um caso especial.

Esta é a regra especial por duas ordens de razões. Por um lado, é o caso mais frequente na realidade, porquanto em regra os prepostos não invocam o nome do preponente, sendo que em determinadas áreas do comércio o normal é não invocar nome algum. Deste modo, a representação decorrerá em regra de a atuação ter sido realizada por conta alheia em lugar de resultar de se ter agido em nome alheio. Por outro lado, este é o regime original da preposição que decorre da *actio institoria*.[470] A questão da invocação do nome do preponente é algo de prático, que facilita a imputação. É um mais, que auxilia, mas que não é necessário e não é só por si determinante. O que é determinante, em última análise, é saber por conta de quem se atuou. A pessoa por conta de quem se atua é o verdadeiro dono do comércio à frente do qual está o preposto. Por esta razão, a pessoa a quem faz mais sentido imputar a atuação, é ao dono da empresa, o dono do comércio. Se uma pessoa está à frente de uma empresa que é efetivamente pertença de outrem, os atos praticados pelo preposto devem ser imputados a essa empresa e, logo, ao dono dessa empresa. Assim sucede, mesmo que o preposto atue em nome próprio, escondendo a identidade do verdadeiro comerciante, quer esconda

---

[470] GREGORACI, BEATRIZ FERNÁNDEZ, *La Representación Indirecta*, Thomson – Civitas, Navarra, 2006, págs. 291 e 292.

de propósito ou não. O mesmo sucedendo se agir sem invocar nome algum, mas agindo por conta de um comércio alheio.

É esta imputação da atuação à empresa alheia que é o centro do regime representativo da preposição. Por esta razão, mesmo que o preposto tenha agido em nome próprio, caso se prove que atuou por conta de outra pessoa, esta pessoa poderá ficar vinculada.

O que decorre da relação entre o corpo do art. 252.º e o respetivo § único, é uma presunção. Atuando um preposto em nome próprio, presume-se que atuou por conta própria, pelo que quem atuou fica pessoalmente vinculado. Mas caso o terceiro prove que a atuação foi efetuada por conta alheia, pode vincular a pessoa por conta de quem foi efetuada a atuação.

Resulta, pois, com clareza que a "atuação por conta" é um critério fundamental no que respeita à vinculação por um preposto pois permite, só por si, o efeito representativo. Contudo, não é o único critério, porquanto a "atuação em nome de" também opera como critério de representação por um preposto.

Assim sucede, porque o preposto que atue em nome próprio, mas por conta alheia, também fica vinculado. Ou seja, num caso destes o preposto fica pessoalmente vinculado porque agiu em nome próprio, e o preponente fica também vinculado porque a atuação foi efetuada por sua conta.

Caso o terceiro prove que o preposto agiu em nome próprio, mas por conta alheia, pode optar por imputar a vinculação a qualquer um dos dois (embora não aos dois), o que significa que nesta matéria, tanto a "atuação em nome", como a "atuação por conta" operam como critérios de imputação (representativa) dos atos, ficando vinculada a pessoa em nome de quem se agiu e – simultaneamente – a pessoa por conta de quem se agiu, desde que estas pessoas sejam prepostos ou preponentes.

V. Este regime, que resulta da parte final do § único do art. 252.º do Código Comercial, tem a sua razão de ser na tentativa de obter um equilíbrio entre a proteção do terceiro, por um lado, e a proteção do comerciante e gerente de comércio (preponente e preposto), por outro, tudo para bem do Comércio.

Pela natureza das coisas, para o terceiro é regra geral preferível imputar a atuação do preposto ao comerciante preponente em vez de a imputar ao próprio preposto. O comerciante terá, em regra, um maior ativo patrimonial e estará, também em regra, mais apto para realizar quaisquer prestações eventualmente devidas que incidam sobre o seu comércio pois, tendo o gerente de comércio agido por conta do negócio do comerciante, em regra as prestações incidem – de um modo ou outro – sobre bens incluídos nesse negócio. Assim sucede, porque, pela natureza das coisas, o gerente de comércio poderá não ter legitimidade para realizar eventuais prestações devidas que incidam sobre o negócio do comerciante. No que respeita a eventuais responsabilidades patrimoniais, ocorre o mesmo, pois, em regra, o património do comerciante está mais apto para saldar essas responsabilidades do que o património do gerente de comércio. Assim, normalmente, será mais útil ao terceiro acionar o próprio comerciante preponente.

No entanto, por vezes o património do gerente de comércio é mais hábil para sanar quaisquer eventuais responsabilidades perante o terceiro do que o património do próprio comerciante, o que pode ocorrer, por exemplo, nos casos em que o património do preposto é mais líquido, ou mais facilmente liquidável, ou mais acessível do que o património do próprio comerciante. Para tanto, é suficiente que o património do comerciante esteja situado no estrangeiro e o do gerente de comércio esteja situado em Portugal ou, por exemplo, que o património do comerciante consista na titularidade de várias sociedades *offshore*, e o património do preposto consista em imóveis e contas bancárias. Ou, ainda por exemplo, nos casos em que, apesar de o comerciante ter um ativo superior ao ativo do seu preposto, o passivo do comerciante é de tal modo elevado que pode colocar em causa a efetivação do direito do terceiro, o que pode especialmente ocorrer no caso de o comerciante se encontrar numa situação de falência, com insolvência declarada ou não.
Sucede ainda que, em alguns casos, o preposto age em seu nome próprio, mas com domínio direto sobre o estabelecimento do comerciante seu preponente. Muitas das vezes estando o próprio estabelecimento em nome do gerente de comércio ou, não estando em nome de ninguém, mas sendo na prática dominado pelo gerente de comércio que está à sua frente. Nestes casos, de pouco servirá acionar judicialmente o comerciante, porquanto o domínio sobre o estabelecimento e bens que o integram pertence, na prática, ao gerente de comércio.

Como último exemplo, há também casos nos quais não se sabe quem é o comerciante e nunca se chega a saber.[471] Casos de total anonimato do

---

[471] Por exemplo, porque contrata com um preposto que foi antigo titular da empresa, mas que a cedeu a outrem, sem informar a clientela, mantendo-se à frente da mesma atividade, mas agora por conta do novo titular da empresa – GREGORACI, BEATRIZ FERNÁNDEZ, *La Representación Indirecta*, Thomson – Civitas, Navarra, 2006, pág. 297.

comerciante, que exerce toda a sua atividade através de um ou mais gerentes de comércio. Estes casos chegam, por vezes, ao extremo de o próprio gerente de comércio não saber a identidade do comerciante. Sabe-se qual é o negócio, qual é o comércio, mas não se sabe quem é o verdadeiro titular do mesmo. Ou seja, sabe-se que o preposto agiu por conta alheia, mas não se sabe por conta de quem. Este anonimato pode resultar de uma vontade diretamente dirigida a ocultar a verdadeira identidade do comerciante, como pode resultar de sistemas de organização e de exercício do comércio no qual a volatilidade do comerciante é total, por exemplo, sistemas de sociedades de capitais titularizados mas sem personalidade jurídica, nas quais os comerciantes serão os portadores dos títulos, sendo estas anónimas, mas em que a falta de personalidade jurídica impede a imputação dos efeitos à própria sociedade. Casos estes que atualmente, com o avanço do comércio *online* têm vindo a multiplicar-se a um ritmo elevado, em especial nos sistemas *online* de *crowd partnership, crowd capital investment, equity crowdfunding* e sistemas análogos nos quais o investidor *online* fica diretamente titular de uma parte do comércio. Pode, no entanto, suceder que o anonimato do comerciante resulte da simples não prova em Tribunal sobre a sua identidade o que, apesar de não se tratar de um caso de anonimato substantivo, mas apenas processual, vai provocar o mesmo efeito no caso de uma ação judicial.

Assim, tendo-se demonstrado em Tribunal que o gerente de comércio agiu por conta do comércio do seu preponente (seja este quem for), a regra de imputar a atuação apenas à pessoa por conta de quem se havia atuado, levaria a que o preposto não ficasse vinculado, ficando apenas vinculado o comerciante seu preponente. Mas, a ser assim, o terceiro apenas poderia acionar o comerciante preponente e não o gerente de comércio. Contudo, como vimos, pode suceder que lhe seja mais útil acionar judicialmente o gerente de comércio, do que o próprio comerciante.

Por outro lado, do ponto de vista do terceiro, nos casos em que o gerente de comércio age em nome próprio, é normal que o terceiro não saiba que este é um gerente de comércio, nem saiba quem é o preponente. Do ponto de vista do terceiro, a aparência que resulta da omissão de *contemplatio domini*, leva-o a convencer-se que contratou com o gerente de comércio, mas não nesta qualidade. Terá contratado com este, convencido que era o próprio comerciante titular daquele negócio, mas não que era um gerente de comércio. Assim, terá contado com o património do próprio gerente de comércio como garante de quaisquer obrigações. Mas, o que é ainda mais importante, terá contado com a imputação do negócio ao gerente de comércio, pelo que, em caso de litígio, acionará o gerente de comércio a título pessoal. Como resulta da natureza das coisas, se o terceiro está convencido que celebrou um contrato com o gerente de comércio a título pessoal, em caso de litígio irá acionar judicialmente o próprio preposto, mas a título pessoal. Contudo, nestes casos o preposto poderia invocar que o negócio não era seu, que havia apenas agido por conta do comerciante, procurando deste modo evitar a sua própria condenação. Alegaria, então, que sempre teria agido em representação do comerciante e que a sua atuação devia ser interpretada como constituindo uma *contemplatio domini* tácita ou implícita.[472] Ou, mesmo que houvesse agido expressamente em nome próprio, invocaria que o terceiro "bem sabia" que aquela marca ou nome de estabelecimento – a firma substancial – não lhe pertencia, pelo que quem tinha "verdadeiramente" agido tinha sido o titular da referida firma, e não o próprio que nada mais era do que um "intermediário", "auxiliar", ou ainda que era um "subcontratado", invocando ainda que não tinha poderes de representação porque não lhe tinha sido outorgada nenhuma procuração.

Por sua vez, o comerciante poderia invocar o inverso, defendendo que o gerente de comércio não havia agido em seu nome e que, apesar de ser o titular daquele comércio, daquela firma, marca ou nome de estabelecimento, não lhe poderiam ser imputados os atos de um terceiro que não tinha agido em seu nome, sem *contemplatio domini*, mesmo que o destino das utilidades da atuação daquela pessoa fosse o comerciante. Ou seja, mesmo que ficasse demonstrado que a atuação era por conta do comerciante este defender-se-ia invocando a teoria civil da representação, alegando que não tendo havido *contemplatio domini*, não poderia ser responsabilizado, nem os atos lhe podiam ser imputados.[473]

O § único do art. 252.º do Código Comercial, ao permitir que se processe pessoalmente o próprio preposto, fazendo com que este responda pessoalmente pelo negócio celebrado, resolve este problema.

---

[472] Nomeadamente no caso do chamado "silêncio eloquente" – GUICHARD, RAÚL, *A Representação sem Poderes no Direito Civil Português. A Ratificação*, polic., Porto, 2009, pág. 770.

[473] O problema é também abordado por ASCENSÃO, JOSÉ DE OLIVEIRA E FRADA, MANUEL CARNEIRO, *Contrato Celebrado por Agente de Pessoa Colectiva. Representação, Responsabilidade e Enriquecimento sem Causa*, in Revista de Direito e Economia, XVI a XIX (1990 a 1993), págs. 43 a 77, Centro Interdisciplinar de Estudos Jurídico-Económicos, Coimbra, págs. 50 e 51, que apesar de trabalharem sobre a figura da "procuração aparente", nesta parte recorrem ao regime dos arts. 248.º e seguintes do Código Comercial.

VI. Apesar de neste caso ficarem em abstrato vinculados quer o preposto, quer o preponente, o terceiro tem de optar entre pedir a condenação do preponente ou do preposto.[474] O § único do art. 252.º do Código Comercial não admite a cumulação, nem a título solidário, nem conjunto. Embora o negócio celebrado pelo gerente de comércio em nome próprio, mas por conta do comerciante, vincule de igual modo o preposto e o preponente, o gerente de comércio e o comerciante, esta disposição apenas permite a cada terceiro direcionar o negócio e os seus efeitos ou ao preposto, ou ao preponente, mas não a ambos. Por esta razão, cada terceiro afetado pode optar por acionar o gerente de comércio a título pessoal, com fundamento em este ter agido pessoalmente (mesmo que por conta do comerciante), ou pode acionar o comerciante com fundamento em o gerente de comércio ter agido por sua conta (apesar de o ter feito em nome próprio).

Em última análise, perante o terceiro, o ato ou contrato celebrado será imputado a um ou ao outro, mas não a ambos, tal como era a opinião de Ulpianus no livro 28 do comentário ao Édito, e que veio a ser integrada na *actio exercitoria*:[475]

> *"(17) Podemos escolher entre demandar o armador ou o mestre.*
> *(24) Esta ação se dará contra o armador pelos factos realizados pelo mestre, por conta daquele, e se se demandar um não se pode demandar o outro. Se algo tiver sido pago, tendo sido pago pelo mestre, resulta reduzida a obrigação. Mas se foi pago pelo armador em seu nome, quer dizer em virtude de obrigação pretoriana, mesmo que em nome do mestre, a obrigação é diminuída; pois quando uma parte paga por mim, a obrigação resulta diminuída."*

Assim, neste caso, embora o comerciante e o gerente de comércio sejam ambos responsáveis, não o são em comunhão de responsabilidade, mas antes em disjunção de responsabilidade e vinculação relativamente ao terceiro.

Este regime opera a dois níveis. Objetivamente, ambos são responsáveis e ficam vinculados; subjetivamente, relativamente a cada concreto terceiro, ficará um ou outro responsável e vinculado, conforme opção de cada um dos terceiros afetados, em cada contrato celebrado. Em consequência, no caso de atos que afetem vários terceiros, pode ocorrer que uns terceiros optem

---

[474] O mesmo sucede em Espanha – GREGORACI, BEATRIZ FERNÁNDEZ, *La Representación Indirecta*, Thomson – Civitas, Navarra, 2006, págs. 291 a 298.
[475] D.14,1,1.

por acionar o comerciante enquanto outros terceiros optem por acionar o gerente de comércio.

É, no entanto, possível acionar ambos, mas apenas em regime de subsidiariedade. O terceiro pode acionar o comerciante, formulando um pedido contra este com fundamento no § único do art. 252.º do Código Comercial, para o caso de ficar demonstrado que quem agiu era um gerente de comércio e que agiu por conta do comerciante; mas pode subsidiariamente, pedir a condenação do gerente de comércio para o caso de nos autos não se demonstrar que tinha essa qualidade, ou que não agiu com essa qualidade ou seja, que não agiu por conta do comerciante.

VII. Em termos práticos, o problema da falta de *contemplatio domini* ocorre com muita frequência, sendo que, no comércio de massa, a regra que resulta da prática, dos usos do Comércio,[476] consiste na atuação sem *contemplatio domini* expressa, sendo muito frequente a total falta de *contemplatio domini*. Os casos de falta de *contemplatio domini* podem ser divididos em dois grupos:

– Casos nos quais não há verdadeira *contemplatio domini*, mas em que o gerente de comércio também não invoca agir em seu próprio nome.
– Casos, nos quais o gerente de comércio invoca agir em seu próprio nome.

Nos primeiros casos, o problema que se coloca consiste em, não se invocando nome alheio, se dever como regra considerar que o gerente de comércio agiu em nome próprio. Em regra, ninguém invoca agir em nome próprio. Essa invocação não é necessária, pois é-se o próprio, havendo identidade entre o agente e o destinatário dos efeitos. Em regra, quando se age, age-se para si próprio, sem necessidade de invocar qualquer nome. Nestes casos, na prática, seria então necessário decidir se, apesar de não ter sido invocado nenhum nome alheio, havia ou não *contemplatio domini,* de modo tácito, implícito ou outro. Só após esta decisão seria possível imputar os efeitos ao comerciante ou ao gerente de comércio. Esta prática, embora possa ser tecnicamente admissível, causa grave perturbação no Comércio, especialmente em caso de litígio judicial. A insegurança, a demora, o custo que causa a

---

[476] Sobre a importância dos usos do comércio, CARLOS, ADELINO DA PALMA, *Direito Comercial*, J. Rodrigues & C.a, Lisboa, 1924, págs. 65 a 71.

necessidade de se imputar formalmente a atuação do gerente de comércio, perturba gravemente a confiança no Comércio.

Nos segundos casos, o preposto invoca efetivamente agir em nome próprio. No entanto, é possível que esteja a agir por conta do comerciante, usando este subterfúgio para evitar a imputação dos efeitos a este. Pode também ocorrer que, embora não seja essa a sua intenção, o comerciante procure aproveitar-se desta situação para se furtar a qualquer imputação da atuação. Em última análise, o problema traduz-se num caso manifesto do princípio *ubi commoda, ibi incommoda*.[477]

A expressão deste princípio na *actio exercitoria* é manifesta, julgando-se mesmo que esta *actio* tenha sido a primeira manifestação positivada do princípio *ubi commoda, ibi incommoda*, daqui resultando todos os casos de responsabilidade e vinculação análogos. Nas palavras de Ulpianus, no livro 28 do comentário ao Édito:[478]

> *"O pretor considerou justo que assim como nos beneficiamos com os atos dos institores, também fiquemos obrigados e nos possam demandar pelos contratos celebrados por ele."*

Ou seja, *ubi commoda, ibi incommoda*, mas sem pruridos teóricos e formais que permitem a fácil manipulação do Direito para evitar o próprio Direito. A *actio exercitoria* e a *actio institoria* e, como decorrência destas, o regime de gerente de comércio, têm soluções eficazes, que são eficazes porque extremamente experimentadas. É fundamental ter em consideração que desde a primeira concessão da *actio institoria* – que terá ocorrido entre o Séc. II a. C. e o Séc. I a C. – e o Digesto – meados do Séc. VI d.C. – passaram cerca de 600 a 700 anos. Ou seja, a *actio institoria* foi aplicada, experimentada, afinada, corrigida, melhorada e ampliada ao longo de 600 a 700 anos. Assim se explica que, quase 1500 anos depois do Digesto, o regime do gerente de comércio tenha poucas alterações de substância, relativamente à *actio institoria* do Digesto.

VIII. O § único do art. 252.º do Código Comercial resolve os dois problemas práticos referidos.

---

[477] ALBUQUERQUE, PEDRO DE, *A Representação Voluntária em Direito Civil*, Almedina, Coimbra, 2004, págs. 141 e 142.

[478] D.14,3,1 (pr) – *Aequum praetori uisum est, sicut commoda sentimus ex actu institorum, ita etiam obligari nos ex contractibus ipsorum et conueniri.*

Não se invocando expressamente nenhum nome, caso se consiga interpretar determinado comportamento como uma forma de *contemplatio domini*, o problema resolve-se pelo corpo do art. 252.º, sendo a atuação imputada em exclusivo ao comerciante preponente, em cujo nome o preposto agiu. Caso não seja possível interpretar um comportamento como constituindo *contemplatio domini*, o § único do art. 252.º resolve o problema permitindo acionar qualquer um dos dois: comerciante e gerente de comércio. Mas, mesmo que tenha agido expressamente em nome próprio, aplica-se este sistema, podendo acionar-se qualquer um dos dois. Assim impede-se que, para evitar a vinculação do comerciante, o gerente de comércio venha invocar que agiu em nome próprio. Evita-se que o comerciante se defenda alegando que o gerente de comércio não agiu em seu nome. Evita-se que o gerente de comércio invoque o nome do comerciante, com o fim de salvaguardar o seu próprio património. Evita-se que uma pessoa atue no comércio colocando alguém formalmente à frente dos seus negócios, como se fosse o comerciante, mas mantendo a verdadeira gestão dos mesmos, como gerente de comércio, assim se furtando à imputação dos negócios a si próprio.

Por último, o regime do gerente de comércio que resulta do art. 252.º do Código Comercial evita, com extrema eficácia, a simulação[479] e a fraude à lei.

Na prática, este regime estatui um sistema de representação no qual a *contemplatio domini* não é necessária, embora seja útil e relevante. Ou seja, a representação não resulta apenas da atuação em nome alheio, mas também da atuação por conta alheia, mesmo que em nome próprio, sendo que o mais relevante consiste em saber quem é o beneficiário último da atuação e não tanto determinar em nome de quem se agiu.

IX. Este sistema de representação que assenta na atuação por conta alheia, em vez de assentar na atuação em nome alheio, é algo que é característico do Comércio. É por esta razão que o Código Comercial, no seu art. 250.º obriga o gerente de comércio a invocar o nome da pessoa por conta de quem exerce a atividade. Não fora esta exigência, e vigoraria o regime geral comercial de representação, não sendo necessário a invocação do nome alheio, mas apenas a atuação por conta alheia. Assim sucede na preposição, tal como sucede no mandato comercial, onde também não existe a *contemplatio domini*. Por

---

[479] Sobre a simulação, Vasconcelos, Pedro Pais de, *Teoria Geral do Direito Civil*, 8.ª ed., Almedina, Coimbra, 2015, págs. 598 a 613 e Cordeiro, António Barreto Menezes, *Da Simulação no Direito Civil*, Almedina, Coimbra, 2014, *passim*.

sua vez, no que respeita à comissão, na qual não há representação, exige-se no art. 266.º do Código Comercial que se contrate "por si e em seu nome, como principal e único contraente".

O Comércio é uma área especial da Sociedade, como o Direito Comercial é uma área especial do Direito. No Comércio vende-se antes de comprar, vendendo-se o que não se tem; fazem-se negócios com base no crédito, não nos fundos próprios; atua-se para buscar o lucro,[480] não por altruísmo; e atua-se em regra perante pessoas que não se conhece, que não se vai conhecer, que não se pretende conhecer e que é irrelevante o conhecimento, confiando-se em quem não se conhece, com base nas aparências.[481] Estas são, entre muitas outras, caraterísticas que se destacam no Comércio e com que o Direito Comercial deve contar.

No Comércio atua-se por conta de marcas e de estabelecimentos e não de pessoas. Os verdadeiros sujeitos no Comércio não são os comerciantes, são as marcas e os estabelecimentos, no sentido mais lato e não jurídico destes termos; no seu significado comercial. Contudo, estas marcas e estabelecimentos são traduções da empresa, são sinais da empresa comercial. Assim, no Comércio o sujeito é a empresa comercial[482] identificada pelos seus sinais exteriores, sendo que a marca, o nome do estabelecimento, o próprio estabelecimento, o *website*, o logótipo, a firma, e outros sinais identificam a empresa. A empresa atua no Comércio e é identificada por parte dos terceiros através dos sinais que a distinguem das demais empresas. Claro está que, no Direito Comercial, os sujeitos são necessariamente pessoas. Mas Comércio e Direito Comercial não são o mesmo, sendo que o Direito Comercial opera tendo em consideração a realidade que é o Comércio, mas não sendo Comércio. O Comércio é Ser, enquanto o Direito Comercial é Dever Ser. No Comércio o sujeito é a empresa comercial; é a empresa do comerciante. Assim sucede mesmo quando é o próprio comerciante a agir. Mesmo nestes casos, em regra o comerciante age invocando uma marca, nome de estabelecimento ou outro sinal, e não o próprio nome. Nos casos em que o comer-

---

[480] SANTOS, FILIPE CASSIANO, *Direito Comercial Português*, Vol. I, Coimbra Editora, Coimbra, 2007, págs. 169 e 170.

[481] Sobre a importância que a aparência e a confiança têm no Direito Comercial, FRADA, MANUEL A. CARNEIRO DA, *Teoria da Confiança e Responsabilidade Civil*, Almedina, Coimbra, 2004, em especial, págs. 46 e 47.

[482] CORREIA, FERRER, *Lições de Direito Comercial*, Vol. I, Universidade de Coimbra, Coimbra, 1973, págs. 25 a 28.

A PREPOSIÇÃO

ciante age invocando o próprio nome, invoca-o em regra como marca ou nome de estabelecimento e não como o seu próprio nome. Por esta razão, o comércio é exercido sob uma firma, firma esta que pode ser a marca, o nome de estabelecimento, o próprio nome do comerciante ou outro sinal. Mas no Comércio é a firma que conta, não o nome da pessoa; do mesmo modo, no Direito Comercial é também a firma que é relevante e não o nome. De certo modo – no modo comercial e jus-comercial – os comerciantes não têm nome, ou não tem um nome relevante – têm firma.

Sucede que, mesmo tendo uma determinada firma registada, a regra é a da atuação invocando o nome de uma marca, de um estabelecimento ou outro sinal. Age-se por conta de uma marca, ou age-se por conta de um estabelecimento. Ou, melhor dito, age-se por conta de uma atividade comercial exercida sob o nome de uma marca, sob o nome de um estabelecimento, ou ainda, não agindo sob qualquer nome, mas agindo no próprio local do estabelecimento. Esta é a realidade do Comércio e é com esta realidade que o Direito Comercial tem de lidar para evitar problemas e resolver os que não consiga evitar.

X. No Direito Comercial, os comerciantes deviam agir sempre sob uma firma (de preferência, registada), que os identificasse com verdade e exclusividade. Este é o Dever Ser que resulta do art. 18.º, 1.º do Código Comercial.

Sucede no entanto que, no Comércio, os comerciantes e os negociantes atuam frequentemente sob várias firmas. A firma do Dever Ser e a firma do Ser são, atualmente, dificilmente compatíveis, em virtude da acentuada diminuição de qualidade do Legislador, que cada vez mais confunde Direito Comercial com Direito Administrativo,[483] tentando o impossível: espartilhar o Comércio dentro do Direito Administrativo.

O que acontece, na realidade, em resultado do cruzamento entre o Comércio e o Direito Comercial, é que os comerciantes usam com frequência várias firmas.[484] Uma estará registada (caso esteja, pois nem sempre são registadas); as demais não estão registadas, sendo antes firmas substanciais (comerciais), mas não formais (jus-comerciais). Esta é uma prática comercial que pode ser equiparada à prática civil do uso de pseudónimos, prevista

---

[483] O que se nota na evolução do regime legal da firma, que pode ser observado em CORDEIRO, ANTÓNIO MENEZES, *Direito Comercial*, 4.ª ed., Almedina, Coimbra, 2016, págs. 369 a 404, em particular no que respeita à "burocratização asfixiante (pág. 381)..

[484] Neste sentido, CORDEIRO, ANTÓNIO MENEZES, *Direito Comercial*, 4.ª ed., Almedina, Coimbra, 2016, págs. 398 a 400.

no art. 74.º do Código Civil. No entanto, no Comércio, o fim do uso destas firmas substanciais difere do fim dos pseudónimos. E no Direito Civil, os pseudónimos têm um regime que os equipara ao nome, sendo que não existe um verdadeiro regime jus-comercial positivado para este fenómeno de multitude de firmas.

No Comércio em regra, não é o comerciante que é conhecido pela firma substancial, mas antes a sua atividade, o seu comércio, a sua empresa. Como afirmámos, o sujeito do Comércio é a atividade, e esta é normalmente identificada pela marca ou pelo nome de estabelecimento, constituindo estes a verdadeira firma. Nos casos em que um comerciante explore várias marcas, ou vários estabelecimentos, com diferentes nomes, pode suceder (e sucede com frequência), que cada uma dessas atividades seja conhecida pelo respetivo nome. Ou seja, cada atividade tenha uma firma própria, que corresponde à marca ou nome de estabelecimento. Assim sucede, por exemplo, com os comerciantes que exploram vários *sites* ou *apps*, e que são efetivamente conhecidos pelo nome de domínio do *site* ou pela marca da *app*.

Não havendo nomes verdadeiramente relevantes no Comércio, mas antes firmas, e sendo que estas firmas em regra identificam atividades e não pessoas, nenhum sentido há em exigir, como regra, que se atue em nome alheio, com *contemplatio domini*. O que faria sentido seria exigir que se atuasse em firma alheia, não em nome alheio. É, contudo, muitíssimo frequente que se atue sob outro nome que não o da firma, ou que se atue sob uma firma não registada, que pode consistir numa marca ou num nome de estabelecimento, ou ainda, que se atue sem invocar qualquer nome ou firma, sendo apenas efetuada uma referenciação geográfica a determinado local no qual se exerce o comércio, mas onde podem exercer o comércio muitos outros comerciantes, sob diversas marcas.

Por todas estas razões, pouca (ou mesmo nenhuma) utilidade efetiva há em exigir que na prática comercial se proceda com *contemplatio domini*, indicando-se quem é o dono do negócio. É também de pouca utilidade exigir-se a indicação da firma, mesmo que se trate de uma firma substancial, que se traduza numa marca, ou num nome de estabelecimento, por exemplo; aquilo a que se poderia chamar *contemplatio negotiationis*. O que se pretende, no Direito Comercial é regular a substância da atividade comercial, não a forma dessa atividade. O que é verdadeiramente relevante não é a prática de "dizer", ou "invocar", que se age em nome de uma pessoa, firma, atividade, marca ou estabelecimento. Dizer-se ou invocar-se algo é praticamente irrelevante no Comércio, o que sempre foi do conhecimento do Direito Comer-

A PREPOSIÇÃO

cial. O que verdadeiramente releva é saber que se age no âmbito de uma determinada atividade comercial, de um determinado comércio, de uma determinada empresa ou de um determinado estabelecimento. Saber-se que a atividade de uma pessoa pertence a essa atividade, integrando-a.

Ou seja, o que releva é saber por conta de que atividade comercial é que o preposto age. O que permite, num segundo momento lógico, saber por conta de que sujeito jurídico (ou sujeitos jurídicos) age o preposto. Estes serão, então, os titulares jurídicos dessa atividade comercial. O Código Comercial resolve o problema através deste método, que está positivado no art. 252.º, § único, do Código Comercial.

XI. O gerente de comércio atua por conta do preponente quando os benefícios últimos da sua atividade se destinam àquele.

Contudo, esta afirmação não explica suficientemente o que efetivamente sucede. Um gerente de comércio exerce atividade por conta do seu preponente, quando exerce atividade no âmbito de um negócio ou comércio que pertence ao seu preponente. De tal modo que as utilidades e comodidades da atividade do gerente de comércio sejam recolhidas pelo preponente, que as aproveita para si, tal como afirmava Ulpianus:[485]

> *"O Pretor considerou justo que assim como nos beneficiamos com os atos dos institores, também fiquemos obrigados e nos possam demandar pelos contratos celebrados por ele".*

Tudo depende de saber quem é o dono do negócio, se o preposto, se o preponente, pois é o dono do negócio que, em última análise, irá beneficiar com os atos do gerente de comércio que integram o negócio. Se o dono do negócio for o preponente, o gerente de comércio é um mero preposto e, mesmo que atue em nome próprio, atua por conta alheia, por conta do comerciante seu preponente. Caso se apure que o dono do negócio é o próprio gerente de comércio, então não será um preposto, apesar de poder surgir publicamente numa posição socialmente típica de preposto. Neste caso, a pessoa que surge perante terceiros numa posição de preposto será o próprio comerciante, respondendo diretamente, apesar de aparecer numa posição social típica de preposto. Nos casos em que o gerente de comércio atua por conta do preponente, mas em nome próprio, o terceiro pode optar por

---

[485] D.14,3,1.

O LADO EXTERNO DA PREPOSIÇÃO

processar o gerente de comércio ou o preponente, mas não pode processar ambos.[486]

Contudo, é possível acionar ambos, caso o preposto seja também preponente, o que ocorre nos casos em que o preposto age em nome próprio e, simultaneamente, por conta própria e alheia. Por exemplo, se o preposto estiver em sociedade com o preponente, caso em que é preposto à frente de um negócio comum seu e do preponente: é preposto do seu sócio, e é sócio do comércio comum – preposto e comerciante preponente. Contudo, neste caso, ambos são acionados na qualidade de comerciante, porque ambos são titulares do comércio, sendo que apenas um estava preposto à frente desse comércio. O que o § único do art. 252.º do Código Comercial impede é que se processe o preposto e o preponente simultaneamente, nessas específicas qualidades. Mas se o preposto for também o comerciante, ou um dos comerciantes, pode ser processado solidariamente com os demais comerciantes titulares desse comércio. Sucede apenas que continua a ser necessário escolher entre processar essa pessoa na qualidade de preposto ou de preponente.

XII. Em conclusão, o que este regime determina é uma imputação à esfera jurídica que recolhe os benefícios da atuação, mesmo que a atuação não seja efetuada em nome do titular dessa esfera jurídica. Note-se que, no Comércio, a regra é a da atuação por conta alheia não ser efetuada em nome alheio. Não significa que seja efetuada em nome próprio, mas antes que em regra não é efetuada em nome nenhum; que, quando muito, é efetuada em firma alheia; que na maioria destes casos é efetuada em firma alheia não registada, que identifica mais um comércio do que um comerciante, sendo que esta firma é constituída por outros sinais substancialmente destintivos de comércio. As variações que ocorrem no Comércio são de tal modo amplas, que não é possível afirmar qual é o caso dominante. A única coisa que se pode afirmar, é que no Comércio em geral os casos de atuação em nome alheio são casos especiais e relativamente pouco frequentes.

O Direito Comercial reflete esta realidade. Assim, embora pareça resultar do § único do art. 252.º do Código Comercial, que esta é uma disposição especial, ou mesmo excecional, não é isso que verdadeiramente ocorre.

---

[486] Esta técnica já vigorava na *actio exercitoria*, conforme C.14,1,1, (17) e (24) – diz Ulpianus, no livro 28 de comentário ao Édito: [...] *(17) Podemos escolher entre demandar o armador ou o mestre.* [...] *(24) Esta ação se dará contra o armador pelos factos realizados pelo mestre, por conta daquele, e se se demandar um não se pode demandar o outro.*

A PREPOSIÇÃO

A vinculação do preponente por atos praticados pelo preposto em nome próprio, ou em nome nenhum, mas por conta do preponente, não é um caso excecional: é a regra.

Nestes casos, contudo, o legislador deixa ao terceiro a opção de responsabilizar o preposto que atuou em nome próprio, ou o preponente por cuja conta aquele atuou. O que permite ao terceiro optar pelo que melhor garantias ofereça, ou seja o mais fácil de responsabilizar ou, simplesmente, aquele que o terceiro preferir responsabilizar.

C. Representação resultante de atuação do gerente em nome próprio, por opção do preponente (avocação de contratos)

I. Como vimos, é possível que uma pessoa seja gerente de comércio de vários preponentes, sendo então aplicável o art. 251.º do Código Comercial.

Nestes casos, há um único negócio que pertence a vários comerciantes que, por sua vez, colocam o gerente de comércio à frente desse negócio. Assim sucede, por exemplo, no caso de um casal de comerciantes que coloca um gerente de comércio à frente do estabelecimento; e assim sucede, também por exemplo, no caso de uma empresa plurissocietária, ou seja, uma empresa que pertence a várias sociedades, que colocam à sua frente um gerente de comércio. Nestes casos, embora existam vários preponentes, há apenas um negócio à frente do qual se encontra o gerente de comércio, numa situação de contitularidade do negócio.

No entanto, é também possível uma situação na qual alguém é gerente de comércio de diversos comércios. Ou seja, o gerente de comércio pode ficar colocado à frente de vários negócios, pertença de diferentes comerciantes. Nestes casos, a cada preponente (ou conjunto de preponentes) corresponde um diferente negócio, pelo que o gerente de comércio é, mais propriamente, gerente de [vários] comércios.

Pode também suceder que uma pessoa que seja gerente de comércio por conta de um comerciante exerça também comércio a título pessoal, por sua própria conta. Nestes casos, o sujeito é comerciante, desenvolvendo o seu próprio comércio, sendo simultaneamente gerente de comércio, desenvolvendo o comércio de outros comerciantes.

Pode ainda suceder que alguém exerça profissionalmente a atividade de gerente de comércio, tendo uma empresa comercial que consiste em ser preposto de outros comerciantes, de tal modo que seja comerciante por ser gerente de comércio, exercendo profissionalmente essa atividade: um comerciante preposto. Neste caso, por exemplo, é gerente de comércio de vários outros comerciantes, exercendo profissional e comercialmente a atividade de gerente de comércio, no sentido de estar no mercado ao dispor de comerciantes para ser colocado à frente dos seus negócios.

Por último, é ainda possível que se verifiquem combinações destes casos, por exemplo, estando um gerente à frente de vários comércios, de vários comerciantes, ao mesmo tempo que exerce o seu próprio comércio, à frente do qual também está, sendo que está no mercado como gerente de comércio profissional ao dispor dos demais comerciantes.

Como se torna manifesto, a constelação de combinações possíveis nesta matéria, cria um campo fértil para os conflitos de interesse. Estando o gerente de comércio à frente de vários comércios, pode suceder que esses comércios tenham áreas de negócios, total ou parcialmente coincidentes. Esta coincidência de áreas de negócios ocorrerá com alguma frequência, pela natureza das coisas, porquanto normalmente o preposto será escolhido pelos comerciantes pelo seu conhecimento do negócio, sendo que os comércios à frente dos quais é preposto estarão provavelmente no âmbito das suas especiais competências comerciais. Esta coincidência implica a concorrência entre os vários comércios à frente dos quais está a mesma pessoa, o mesmo preposto que potencia um conflito entre os interesses dos vários comércios à frente dos quais está colocado.

O Direito é regra geral avesso ao conflito de interesses. Um dos casos mais paradigmáticos de um regime de conflito de interesses é o regime do art. 261.º do Código Civil, aplicável ao conflito de interesses no caso da representação voluntária no caso de negócio consigo mesmo. De acordo com o art. 261.º do Código Civil, o negócio celebrado pelo procurador consigo mesmo é anulável, sem prejuízo de eventual responsabilidade civil que possa incidir sobre o procurador, em razão da violação da relação subjacente à procuração.

Este é um regime conhecido de qualquer jurista e tido como paradigmático. É, no entanto, um regime típico de Direito Civil, que não é adequado ao Comércio. No Direito Civil a preocupação incide sobre a heterodeterminação do representado. Pretende-se evitar que o procurador vincule o representado numa situação de conflito de interesses, assim protegendo o representado de vinculações que lhe poderão ser prejudiciais. Sendo um "negócio consigo mesmo", o procurador age em representação do seu *dominus* e, por outro lado, age em nome próprio ou em representação de outro *dominus*. Ou seja, há duas partes, mas apenas um cérebro a tomar a decisão de celebrar o negócio, com todos os perigos que daqui advêm. Havendo apenas um cérebro, não há dualidade de critérios na negociação, não há dualidade de deci-

A PREPOSIÇÃO

sões, e não há uma verdadeira e substancial dualidade de declarações. Não existem *chinese walls* dentro de um único cérebro humano, pelo que tudo redunda numa unidade de interesses concretos do procurador, que poderá ser incompatível com a dualidade de interesses das partes. O interesse que É fica, assim, incompatível com os interesses que Deviam Ser. Na falta desta dualidade de interesses em confronto na negociação e no negócio, o art. 261.º do Código Civil permite anular o negócio.

A preocupação, no entanto, não incide verdadeiramente sobre a não vinculação, mas sobre a má vinculação. Permite-se, através da anulabilidade, que o representado evite o "mau negócio" celebrado pelo procurador em conflito de interesses. Caso o representado entenda que o negócio é "bom", ou que não é "mau", ou mesmo que não quer anulá-lo, pode confirmar o negócio, ou simplesmente deixar terminar o prazo de anulação.

Este regime, contudo, não resolve o problema que resulta da não celebração de negócios.

Há casos em que o conflito de interesses leva o procurador a não celebrar um negócio, sendo que é essa não celebração do negócio que constitui um "mau negócio". Esta questão não é resolvida pelo regime da procuração, porquanto este é visto como um problema exclusivo da relação subjacente. Não tendo celebrado o negócio, o procurador não fez uso dos seus poderes de representação. Assim, poderá haver consequências da não celebração do negócio, mas estas não se verificam na relação de representação.

Este é um sistema que tem sentido no Direito Civil no qual a regra não é da celebração de negócios. No Direito Civil a regra é precisamente a oposta: a não celebração de negócios. Assim, a celebração de negócios, ainda para mais por um representante, é sempre vista com alguma desconfiança, como algo que merece especial cuidado e tutela.

Contudo, no Comércio, a regra consiste na celebração de negócios. O Comércio é constituído pela sistemática e contínua celebração de negócios, pelo que a celebração de negócios é algo que integra o sistema fundamental do Direito Comercial. De tal modo, que é comerciante quem fizer da celebração de negócios a sua profissão de modo empresarial. Assim, no Comércio, é tão "mau negócio" celebrar um negócio prejudicial, como é "mau negócio" não celebrar um negócio vantajoso. No Comércio ganha-se dinheiro celebrando negócios vantajosos e não celebrando negócios desvantajosos, mas não em igualdade de circunstâncias. É mais importante celebrar negócios vantajosos do que não celebrar negócios desvantajosos. É a celebrar negócios vantajosos que se ganha dinheiro. A não celebração de negócios desvantajosos pode impedir perdas, mas não cria nunca lucros. Quem não celebra negócios, não ganha dinheiro.

No Comércio é fundamental celebrar negócios, razão pela qual pouca utilidade tem um sistema que apenas permite anular um negócio. Um sistema que permite evitar o negócio prejudicial, mas não permite aproveitar o negócio vantajoso que não foi celebrado, ou que não foi imputado à esfera do comerciante.

O Direito Comercial tem, assim, diferentes preocupações, que acrescem às preocupações do Direito Civil. Claro está que a preocupação com o conflito de interesses que se verifica no "negócio consigo mesmo" também existe no Comércio. Mas a esta preocupação acresce a do "não negócio consigo mesmo", que não foi celebrado por causa do conflito de interesses. Em especial no caso do gerente de comércio que não celebra um negócio por conta do comerciante preponente, para o celebrar por conta de outro comerciante de que seja preposto, ou mesmo para o celebrar por conta própria. Nestes casos, limitar-se a permitir a anulação do negócio prejudicial não traz qualquer utilidade ao comerciante preponente, porque o negócio não fica celebrado. É necessário um sistema que permita resolver o problema da não celebração do negócio.

II. Este problema é resolvido pelo art. 253.º do Código Comercial através de um regime composto por três elementos:

– Dever de exclusividade.
– Responsabilidade civil.
– Representação do preponente.

O elemento principal deste regime consiste no dever de exclusividade. Os gerentes de comércio estão em regra vinculados por um dever de exclusividade ao seu preponente. Não a um mero dever de lealdade, que também se verifica, mas a um verdadeiro dever de exclusividade em relação àquela atividade. Não se trata de um mero dever de não concorrência, pois a proibição incide sobre o exercício dessa atividade por conta própria ou alheia, independentemente do efeito concorrencial (art. 253.º do Código Comercial).

Em regra, na falta de acordo, o gerente de comércio exerce a sua atividade em exclusivo. Contudo, a exclusividade do gerente de comércio não é tanto perante o seu preponente, sendo antes perante o comércio do seu preponente. O gerente de comércio está à frente do comércio (ou de um sub-comércio) do seu preponente, em regime de exclusividade. Não interessa tanto quem é o preponente, nem a ligação ao preponente, mas antes a ligação ao comércio e ao âmbito desse comércio.

De qualquer modo, de uma perspetiva subjetiva, esse comércio há-de ter um ou mais titulares, sendo que a relação jurídica se verificará entre o gerente de comércio – por um lado – e os titulares do comércio – por outro lado – sejam estes quem forem.

Este dever de exclusividade é um elemento útil do regime jurídico, por duas ordens de razões. Por um lado, exercendo a sua atividade com exclusividade, torna-se muito mais simples a imputação da atuação do gerente de comércio ao comércio respetivo. Caso apenas exerça atividade no âmbito de um determinado comércio, toda a atividade comercial por si exercida será, em princípio, imputada a esse comércio.

Por outro lado, ao exercer a sua atividade com exclusividade, evita-se o problema do conflito de interesses. O corpo do art. 253.º do Código Comercial estabelece como âmbito do dever de exclusividade o género e espécie de negócio para o qual foi preposto. Como tal, impede efetivamente a concorrência. Sucede apenas que, em lugar de estabelecer um dever de não concorrência, estabelece um dever de exclusividade. Assim, em razão deste dever de exclusividade, toda a atividade do gerente de comércio que se inclua no "género e espécie" do negócio à frente do qual foi preposto, deve ser exercido por conta do respetivo preponente.

III. O art. 253.º, § único do Código Comercial impõe – supletivamente – um dever de exclusividade do preposto, que é delimitado pelo "género ou espécie" dos negócios que integram a atividade do preposto. A expressão é propositadamente ampla, de modo a abranger toda a atividade do preponente que o preposto exerce em substituição. Não se trata dos concretos negócios jurídicos celebrados, nem dos tipos de negócios jurídicos. O que se trata nesta disposição é do negócio, do comércio, da atividade para que o gerente de comércio foi preposto. Sendo preposto para determinada atividade, não pode exercer a mesma atividade (no todo ou em parte) por conta de outrem, quer em nome próprio, quer em nome alheio.

A razão de ser do dever de exclusividade está intimamente ligada à ideia de substituição integral, que carateriza a preposição. É verdade que o preposto substitui o comerciante. Mas esta afirmação, só por si, não exprime a intensidade do fenómeno, pois também o procurador substitui o representado e o mesmo sucede com várias figuras que integram elementos de substituição. A preposição é, no entanto, uma das mais fortes figuras de substituição jurídica. Para encontrarmos substituições mais fortes, temos de entrar nos campos das incapacidades e em figuras próximas, como sejam o tutor do interdito, o curador do inabilitado e o administrador da insolvência. Mas estas figuras não são de base negocial, razão pela qual a preposição é o negócio jurídico com o maior efeito substitutivo.

Face à intensidade da substituição que resulta da preposição, é de todo relevante que o preposto tenha um dever de exclusividade. O comerciante que institui um gerente de comércio, em regra, não quer ter de se preocupar com o seu negócio, passando essa preocupação para o seu preposto. De tal modo, que o comerciante deixa frequentemente de exercer a sua atividade diretamente, passando a ser exercida pelo preposto em sua substituição. Por esta razão, a atividade do preposto é, em regra, a atividade do instituidor, não tendo o preposto outra atividade que não a do comerciante por conta de quem comerceia. Ou seja, resulta da prática comercial que a regra é a da exclusividade do preposto, regra esta que nascendo no comércio tem consagração no dever de exclusividade do art. 253.º do Código Comercial, o que faz baixar substancialmente o risco de conflitos de interesse entre o preposto e o seu preponente.

Caso o preposto mantenha uma atividade própria que seja coincidente com a do comerciante instituidor, a probabilidade e a gravidade dos conflitos de interesse atinge níveis muito elevados. Note-se que, como vimos, o mesmo problema ocorre com a procuração, por exemplo. No entanto, a maior intensidade e abrangência da preposição faz com que o problema do conflito de interesses seja também mais intenso e abrangente. De tal modo que não resulta supletivamente, nem para o procurador, nem para o mandatário, qualquer dever de exclusividade.

O dever de exclusividade do preposto é, no entanto, de interesse privado, servindo para proteger o comerciante preponente. É um mero regime supletivo, que traduz o tipo social do contrato, integrando-o no tipo legal como parcela supletiva de regime.[487] Por esta razão, pode o preponente autorizar o seu preposto a exercer a mesma atividade por conta própria ou alheia.

Por razões de segurança jurídica, o corpo do art. 253.º do Código Comercial exige que a exclusão do dever de exclusividade tenha de resultar de declaração expressa. A lei não admite que esta autorização seja tácita, embora

---

[487] Sobre a distinção entre tipo social e tipo legal, VASCONCELOS, PEDRO PAIS DE, *Contratos Atípicos*, 2.ª ed., Almedina, Coimbra, 2009, págs. 61 a 66.

A PREPOSIÇÃO

como é normal em matéria comercial, não se exige uma forma legal. Deste modo, a autorização para exercício de atividade pelo gerente em nome próprio ou de terceiro, pode ser escrita, oral, ou adotar qualquer forma. Deve, no entanto, ser expressa, por exigência legal como modo de garantir um adequado nível de segurança. Por esta razão, caso se conclua que, com toda a probabilidade (art. 217.º do Código Civil), resulta de um qualquer comportamento do preponente a vontade de levantar o dever de exclusividade do gerente de comércio, essa declaração é ineficaz, mantendo-se o dever de exclusividade.

IV. No caso de violação do dever de exclusividade, o preposto é civilmente responsável pelos danos causados ao preponente. Esta é uma responsabilidade obrigacional, com fonte na relação subjacente, pelo que em regra – estando subjacente um contrato obrigacional – tem culpa presumida, prescrevendo em 20 anos, sendo ainda aplicável o demais regime da responsabilidade obrigacional.

Contudo, é o último elemento *supra* referido que apresenta caraterísticas especiais.

V. Como já se afirmou, o regime do gerente de comércio pretende-se substancialmente eficaz. Como é sobejamente sabido, a responsabilidade civil por violação do dever de exclusividade é um sistema com eficácia muito limitada.

Se um gerente de comércio aproveitar a sua posição para ficar com um negócio para si, ou para um terceiro, em violação do dever de exclusividade, a mera responsabilidade civil pode ser pouco eficaz, não fornecendo uma solução substancial. Claro está que, formalmente, os danos ficam reparados pela responsabilidade civil. Mas, na prática, na substância, é por vezes extremamente difícil provar o montante dos danos, o que redunda em sentenças de condenação com valores irrisórios face aos danos efetivamente sofridos, ou em sentenças de absolvição por não se conseguir sequer provar um dano.

No caso do gerente de comércio com dever de exclusividade, o problema causado pela fragilidade do regime da responsabilidade civil, é resolvido pela representação. Assim, o § único do art. 253.º do Código Comercial permite que, a par da responsabilidade civil a que haja eventualmente lugar, o preponente possa "reclamar para si, como feita em seu nome, a respetiva operação".

Havendo violação do dever de exclusividade, o preponente pode avocar para si todos os negócios celebrados pelo gerente de comércio em violação desse mesmo dever de exclusividade.

Esta solução resolve eficazmente o problema, nos casos de violação do dever de exclusividade. Caso o preposto não celebre determinado negócio por conta do seu preponente, em violação do dever de exclusividade, mas celebre esse negócio por sua própria conta, ou por conta de terceiro, o preponente pode ficar com o negócio para si.

Não se está aqui a falar de responsabilidade civil pelos danos causados. Nem em enriquecimento sem causa. Muito menos se fala em transferência de resultados económicos do negócio. Nem mesmo em qualquer sistema de *disgorgment*. Nem sequer de transmissão de posição contratual. Este é um regime de representação por opção do preponente. Um poder potestativo do preponente que incide sobre a esfera do preposto e sobre a esfera da outra pessoa por conta de quem o preposto tenha agido (outro representado do preposto) e, ainda, sobre a esfera do terceiro com quem o preposto tenha celebrado o negócio.

Tendo o gerente de comércio o dever de agir em nome do preponente, e sendo que a esse dever acresce um dever de exclusividade, caso viole esses deveres pode o preponente assumir o negócio como seu, como se o gerente de comércio o houvesse celebrado respeitando os deveres de agir em nome do preponente, com exclusividade. O gerente de comércio devia ter agido em nome do seu preponente, e este sistema provoca esse mesmo resultado. Assim, o art. 253.º, § único do Código Comercial, opera uma imputação do negócio ao preponente com eficácia retroativa, retirando essa imputação ao próprio gerente de comércio, ou a outra pessoa em nome de quem tenha agido.

Se o Ser (o negócio celebrado) não ocorreu como o Dever Ser impunha (em nome do preponente), então o Direito intervém e altera o negócio de modo a que passe a Ser como Devia Ser, ou seja, passe a vigorar entre o preponente e o terceiro, e não entre o gerente de comércio ou outro seu representando e o terceiro.

Assim, o comerciante preponente tem o poder potestativo de provocar a reafetação do negócio à sua própria esfera jurídica, retroativamente, ou seja, "como se feita em seu nome". Não sendo o negócio celebrado em nome do preponente pode – por opção deste – ficar celebrado em sua representação, como teria ocorrido se o gerente de comércio tivesse respeitado o regime aplicável.

VI. O regime do § único do art. 253.º do Código Comercial em matéria de representação, pode ser aplicado em dois casos:

– Caso o gerente de comércio celebre o negócio em seu nome.
– Caso o gerente de comércio celebre o negócio em nome de outrem.

Os dois casos são profundamente diferentes, apesar de aparentarem ser idênticos.

Nos casos em que o preposto negoceia no mesmo género e espécie que o preponente em violação do dever de exclusividade, vimos já que esta disposição atribui ao preponente o poder potestativo de se apropriar do negócio, como se tivesse sido efetuado em seu nome.

Neste caso, o principal afetado pelo regime jurídico é o próprio preposto, que deixa de ser parte no contrato, passando a sua posição a ser ocupada – retroativamente – pelo seu preponente. Assim, sem prejuízo de a outra parte no contrato também ser reflexamente afetada, a questão apenas se coloca diretamente entre o preponente e o preposto. Por outro lado, tendo o gerente de comércio agido em violação do dever de exclusividade não existe qualquer confiança sua a tutelar.

O problema torna-se mais complexo nos casos em que o gerente de comércio negoceia em nome de outrem no mesmo género e espécie que o seu preponente em violação do dever de exclusividade. Nestes casos, o exercício do poder de o preponente se apropriar do negócio celebrado pelo preposto afeta o terceiro em nome de quem o preposto agiu. Terceiro este que pode ser qualquer outro representado, incluindo outro preponente, que pode nem sequer saber da existência do primeiro preponente. Pode mesmo suceder que o preposto tenha o dever de exclusividade relativamente a ambos os preponentes, sem que nenhum dos dois (ou mais) tenha conhecimento da existência do outro preponente (ou outros).

Nos casos de outros representados, que não sejam preponentes, a questão não levanta grandes dificuldades, porquanto não existe dever de exclusividade nem, acima de tudo, poder de avocar negócios celebrados em violação desse dever. Como tal, o regime da preposição será o único a permitir avocar o negócio, sem que o outro representado nada possa invocar (salvo, eventualmente, abuso de direito de avocar o negócio).

Mas sendo o outro representado um preponente, também com direito à exclusividade da atuação do mesmo preposto, e não tendo este qualquer culpa na atuação do preposto, como justificar que perca o negócio a favor do primeiro preponente? Podia mesmo, levando-se este regime ao limite do absurdo, criar-se uma situação na qual tendo um preponente avocado o negócio, viesse depois o outro preponente avocá-lo de volta, com fundamento no dever de exclusividade a seu favor.

Como resulta patente, esta disposição carece de uma interpretação mais cuidada.

Tendo dois preponentes um mesmo preposto, e tendo cada um direito à exclusividade da atuação do preposto, não é de admitir a avocação do negócio em prejuízo de um preponente de boa fé. Assim, caso o gerente de comércio tenha violado o dever de exclusividade perante ambos os preponentes, e encontrando-se ambos de boa fé, não sabendo efetivamente que o "seu" preposto também era preposto de outrem, não é possível recorrer a este regime.

Caso o comerciante que pretenda beneficiar deste regime esteja de má fé, sabendo que o gerente de comércio também é preposto de outro comerciante, em violação do dever de exclusividade, não poderá invocar este regime contra o comerciante preponente de boa fé. Fazê-lo, constituiria um caso de abuso de direito de exclusividade, no qual um preponente, sabendo que o gerente de comércio, que tem um dever de exclusividade perante outro preponente viola esse dever, não o autorizando a agir sem exclusivo, para depois pretender exercer esse direito contra quem tem igual direito, constitui abuso de direito.

Caso nenhum preponente tenha conhecimento da existência de outro preponente, e estando uma preposição registada e a outra não, deve dar-se prevalência à preposição que esteja registada, em prejuízo da não registada. Sendo a preposição sujeita a registo, mesmo sendo um registo voluntário, caso tenha sido registada deve aplicar-se o regime de oponibilidade a terceiros. Assim, neste caso deve considerar-se que estando uma preposição registada e a outra não, prevalece a preposição registada e o inerente dever de exclusividade.

Caso o outro comerciante, em nome de quem o preposto agiu, não tiver o direito ao exclusivo, por não haver preposição, ou por ter autorizado essa atividade, não se justifica a sua proteção relativamente a um preponente com direito à exclusividade, sem prejuízo do eventual dever do preposto indemnizar o preponente pelos danos que lhe forem causados. Esta parece ser a solução que melhor se coaduna com o espírito do Código Comercial, tal como é imposto pelo art. 3.º do mesmo diploma.

VI. Este é o sistema da eficácia representativa da atuação por conta alheia no regime do gerente de comércio:

A PREPOSIÇÃO

Nos casos em que o preposto age em nome do comerciante seu preponente, os efeitos do negócio verificam-se na esfera deste.

Nos casos em que o preposto age por conta do comerciante seu preponente, mas em nome próprio, o terceiro pode optar por imputar os efeitos do negócio ao comerciante ou ao preposto.

Nos casos em que o preposto age em nome próprio ou em nome alheio, em violação do dever de exclusividade, o preponente pode optar por avocar para si o negócio, sendo os efeitos do mesmo imputados retroativamente ao comerciante preponente; ou pode optar por não o fazer, ficando então o negócio na esfera do preposto ou da outra pessoa em nome de quem agiu.

D. Representação de vários preponentes

I. É frequente que um único preposto tenha vários preponentes, em vez de ter apenas um preponente. Assim pode suceder nos casos de comerciantes individuais que sejam contitulares de uma mesma empresa. Como pode também suceder nos casos de prepostos que sejam profissionais (prepostos comerciantes) e cuja atividade consista em estar à frente de atividades comerciais de vários outros comerciantes. Como pode ainda suceder com o preposto de um grupo de comerciantes, nomeadamente de um grupo de sociedades. São inúmeros os exemplos de prepostos com vários preponentes, não se restringido aos referidos que são, contudo, frequentes.

De modo a fazer face a este problema, o art. 251.º do Código Comercial tem dois parágrafos que regulam o que sucede quando há mais de um preponente, incluindo quando o preponente é uma sociedade. De acordo com este regime, havendo vários preponentes, a atuação do gerente de comércio vincula-os a todos de igual modo, solidariamente. Sendo o preponente uma sociedade, a vinculação dependerá da sua natureza, conforme tenha ou não personalidade jurídica e conforme o regime de vinculação dos sócios por atos imputáveis à sociedade.

II. O problema não é novo. A atividade comercial envolve riscos, por vezes muito elevados, que sempre conduziram os comerciantes a juntarem-se e a partilharem investimentos e recursos. Um dos casos desta partilha consiste, precisamente, na comunhão de um preposto. O problema é de tal modo antigo e de tal modo conhecido, que já o Digesto o regulava. Assim dizia Ulpianus, no livro 28 de comentário ao Édito:[488]

---

[488] D.14,3,13.

(2) Se dois ou mais tiverem uma loja e tiverem preposto à frente dela um escravo, que tinham em compropriedade em partes desiguais, obrigam-se na proporção das suas partes, ou por partes iguais, ou na proporção da mercadoria vendida, ou solidariamente, pergunta Julianus. E diz que é mais certo que, de modo semelhante à ação exercitoria e à ação de pecúlio, pode cada um ser demandado solidariamente. E o que tiver pago a mais pode obter do outro pela ação de sociedade ou pela [ação] de divisão de coisa comum. Opinião esta que já aprovámos antes.

Conforme resulta desta opinião de Ulpianus, tendo dois comerciantes um preposto comum (no caso, um escravo comum), o terceiro pode acionar cada um dos comerciantes solidariamente. Sendo que, nas relações internas entre os dois comerciantes, há regresso de acordo com a ação de sociedade ou de divisão de coisa comum, conforme o caso. Como se pode observar, já no Digesto, se resolvia o problema da pluralidade de preponentes para um mesmo preposto fazendo todos responder solidariamente, sem prejuízo das relações internas entre os vários comerciantes preponentes. Cerca de 1800[489] anos depois, a mesma solução continua a vigorar, agora no art. 251.º, § 1 do Código Comercial:

Se os proponentes forem muitos, cada um deles será solidariamente responsável.

Como é referido por Ulpianus, esta solução tem origem na *actio exercitoria*. Efetivamente, na *actio exercitoria*, Ulpianus dá a mesma solução, sendo que nesta a posição do comerciante é ocupada pela do armador, sendo preposto o mestre da embarcação que exerce o comércio por conta do armador:[490]

(25) Se forem vários os armadores que exploram uma embarcação, podem demandar-se todos solidariamente.

Foi desta parte da *actio exercitória* que resultou a solução da *actio institoria*, e que veio a ser positivada no art. 251.º, § 1 do Código Comercial. Esta solução operava nas relações externas, porquanto nas relações internas, havia lugar a direito de regresso do preponente que houvesse pago, contra os demais co-

---

[489] Considerando que a opinião é de Ulpianus.
[490] D.14,1,1.

A PREPOSIÇÃO

-preponentes, como já há cerca de 1800 anos era defendido por Paulus, no livro 29 do comentário ao Édito:[491]

> *E não faz diferença a parte que cada um tenha na embarcação, pois quem tiver pago recupe-rará dos outros quanto tiver pago pela ação de sociedade.*

Mas nem Ulpianus, nem Paulus, chegam a dar uma razão de ser para esta solução. É Gaius,[492] no livro 9 do comentário ao Édito Provincial, que explica porque razão ficam todos igualmente responsáveis pela atuação do preposto:[493]

> *Para que não se veja obrigado a litigar com muitos o que contratou com apenas um.*

É esta a razão de ser do §1, do art. 251.º do Código Comercial: evitar que os terceiros que contrataram com um preposto (*o que contratou com apenas um*), tenham de processar todos os comerciantes que o prepuseram (*Para que não se veja obrigado a litigar com muitos*), cada um pela sua parte. Assim, todos os pre-ponentes ficam vinculados perante o terceiro, havendo regresso entre eles, de acordo com o regime concretamente aplicável nas relações internas:[494]

> *E o que tiver pago a mais pode obter do outro pela ação de sociedade ou pela [ação] de divi-são de coisa comum).*

V. Apesar da antiguidade deste regime, ele não só mantém hoje a mesma importância que tinha há cerca de 1800 anos, como tem vindo a ganhar nova importância.

Por um lado, de acordo com o art. 100.º do Código Comercial, os co--obrigados respondem solidariamente, o que de certo modo corresponde ao mesmo sistema. No entanto, o § único desta disposição exclui deste sis-tema os não comerciantes quanto aos contratos que, em relação a estes, não constituam atos comerciais. Já no que respeita ao art. 251.º, §1 do Código Comercial, este determina um regime de plurivinculação solidária a todos os preponentes de um mesmo gerente de comércio, independentemente da

---

[491] D.14,1,3.
[492] Também há cerca de 1800 anos.
[493] D.14,1,2.
[494] D.14,3,13 (2).

O LADO EXTERNO DA PREPOSIÇÃO

qualidade do terceiro. Quer este seja, ou não, comerciante, e quer o ato seja ou não comercial em relação ao terceiro, o regime do art. 251.º, §1 do Código Comercial impõe a vinculação solidária de todos os preponentes.

Por outro lado, embora o sistema em Roma tivesse como fim proteger o Comércio, em especial através da tutela da confiança e aparência no Comércio,[495] este regime ganhou atualmente uma enorme relevância no que respeita à proteção do consumidor[496] e casos análogos. É inegável que numa multidão de casos, o terceiro será um consumidor. Ou, não sendo consumidor, será uma pequena ou média empresa, frequentemente numa situação de enorme desequilíbrio de facto, face ao comerciante preponente do gerente de comércio com quem contrata, numa situação mais ou menos análoga à de um consumidor.

Um dos graves casos de violação de confiança no comércio a que hoje se assiste é composto pelos casos em que uma pessoa exerce o comércio por conta de várias outras pessoas, de modo público e estável, mas sem identificar por conta de qual das pessoas age. Em consequência, sempre que um terceiro aciona judicialmente uma dessas pessoas, esta defende-se invocando que o preposto não agia por sua conta, mas por conta de uma das outras pessoas.[497]

Assim sucede, em especial nos casos em que o preposto atua por conta de uma marca, sem identificar o nome do preponente. Casos nos quais é muito comum que vários comerciantes (em regra, sociedades comerciais) atuem sob a mesma marca, sem nunca se conseguir saber quem é o titular da marca. Esta pode não estar registada, podendo também ir "circulando" a sua titularidade conforme for útil aos comerciantes, ou estar registada em nome de um comerciante, mas sendo usada por outros comerciantes do mesmo grupo.[498] Ora, nestes casos, de acordo com este regime do Código

---

[495] Sobre a importância da confiança e da aparência no Comércio FRADA, MANUEL A. CARNEIRO DA, *Teoria da Confiança e Responsabilidade Civil*, Almedina, Coimbra, 2004, em especial, pág. 44 a 60.

[496] Sobre os problemas que conduziram à proteção do consumidor e a inadequação do sistema jurídico então vigente para garantir essa proteção (tal como ocorreu com a preposição), SILVA, JOÃO CALVÃO DA, *Responsabilidade Civil do Produtor*, Almedina, Coimbra, 1990, págs. 3 a 38.

[497] O que, aliás, é precisamente o que acontecia em Roma, há mais de 2000 anos, prova cabal da extraordinária propensão para a estabilidade da prática comercial.

[498] Por razões fiscais, por exemplo.

A PREPOSIÇÃO

Comercial, devem considerar-se como preponentes todos os comerciantes (individuais ou pessoas coletivas) que exercem o comércio sob essa marca, pois o preposto está colocado à frente do comércio que é exercido sob essa marca. Ou seja, o preposto está à frente do comércio que é exercido sob uma marca, sendo que são vários os comerciantes que exercem a sua atividade sob essa mesma marca. Assim, imputando-se a atuação do preposto à marca, e através desta ao comércio que é exercido sob essa marca, obtém-se a identidade das pessoas que exercem comércio sob essa marca, que serão os preponentes dessa marca. Nestes casos, um terceiro que pretenda acionar alguém por conta dessa marca, por atos praticados por um preposto que esteja pública e estavelmente a desenvolver a atividade dessa marca, pode acionar todos e qualquer um dos comerciantes, de acordo com o regime da solidariedade, havendo depois eventualmente lugar a direito de regresso nas relações internas.

VI. O §2 do art. 251.º do Código Comercial estatui que, sendo o preponente uma sociedade, a responsabilidade dos sócios depende do regime aplicável à sociedade. Esta disposição é uma inovação do Código Comercial de 1888, inspirada (traduzida) do Código Comercial italiano de 1882. O Código Comercial de 1833 também previa o caso de o preponente ser uma sociedade. No entanto, não tendo então as sociedades, em regra, personalidade jurídica, a questão da responsabilidade dos sócios colocava-se noutros termos.

No Código Comercial de 1888, a responsabilidade dos sócios dependerá muito de o preponente ser uma sociedade comercial com ou sem personalidade jurídica. Por esta razão, em regra, caso o preponente seja uma sociedade comercial com personalidade jurídica, será esta a ficar vinculada pela atuação do preposto, mas se for uma sociedade comercial sem personalidade jurídica, serão os sócios a ficar vinculados pela atuação do gerente de comércio. No entanto, importa atender que este é o regime regra, existindo um número muito grande de variações, conforme o tipo de organização empresarial em concreto. Diferentes tipos de sociedades comerciais com personalidade jurídica têm diferentes regimes de responsabilidade dos sócios por atos de pessoas que atuam por conta da sociedade. Mesmo no caso das sociedades comerciais sem personalidade jurídica, o regime jurídico pode variar de caso para caso. No entanto, o que em suma o §2 do art. 251.º do Código Comercial determina é a vinculação das pessoas conforme o que resulte do respetivo regime jurídico.

E. A representação em juízo – os poderes forenses do gerente de comércio

I. É o seguinte o atual teor do art. 254.º do Código Comercial:

O gerente pode acionar em nome do proponente, e ser acionado como representante deste pelas obrigações resultantes do comércio que lhe foi confiado, desde que se ache registado o respetivo mandato.

Na versão original do Código Comercial não existia nenhuma limitação aos casos em que se houvesse efetuado o registo, tendo então a disposição o seguinte teor:

O gerente pode acionar em nome do proponente, e ser acionado como representante deste pelas obrigações resultantes do comércio que lhe foi confiado.

A parte final da disposição foi aditada pelo Decreto 15.623, de 25 de junho de 1928,[499] por razões de segurança jurídica. Face à importância que os poderes forenses têm, tornava-se importante assegurar que os mesmos tivessem um âmbito definido. A natural indefinição e imprecisão dos limites da preposição, quando aplicadas aos poderes forenses, poderiam causar graves riscos para o comerciante preponente, que ultrapassavam largamente o que seria desejável. Por um lado, para fins de proteção dos terceiros, os normais poderes de representação constituiriam proteção suficiente, não sendo necessários – embora úteis – os poderes forenses. Por outro lado, da perspetiva do comerciante preponente, caso todo e qualquer preposto tivesse plenos poderes forenses em todas as matérias relacionadas com o comércio que exercesse, implicaria um grave aumento do risco desse comércio. Uma coisa é o comerciante ficar vinculado pela atuação do seu preposto; uma outra coisa, totalmente diferente, é o comerciante ser representado em juízo pelo seu preposto em todas as matérias incluídas na preposição. Assim, o legislador de 1928 decidiu limitar os poderes forenses aos limites que resultem do âmbito da preposição que conste do registo comercial. Esta solução permite um muito maior grau de segurança jurídica, mesmo para os terceiros, pois

---

[499] SILVA, MANUEL GOMES DA e VELOSO, FRANCISCO JOSÉ, *Sebenta de Direito Comercial coligida por Manuel Gomes da Silva e Francisco José Veloso a partir das lições de Barbosa de Magalhães*, polic., 1938, págs. 556 e 557.

A PREPOSIÇÃO

torna-se relativamente simples saber se um preposto tem ou não poderes forenses, e quais os seus limites, consultado o registo comercial.

Como se pode concluir com alguma facilidade, face a este regime a importância da relação entre o registo comercial e a preposição é marcante. Na prática, será o registo comercial a determinar o âmbito dos poderes forenses, mais do que a própria preposição. No entanto, face às especialidades desta relação, a mesma será analisada em conjunto com as questões relativas ao registo comercial da preposição do gerente de comércio.

Esta disposição resolve dois problemas fundamentalmente práticos: a citação do comerciante e a ligação entre Comércio e ação judicial. Estes problemas foram em parte também resolvidos pelo Código de Processo Civil, mas numa perspetiva diferente.

II. No que respeita à citação, o Código de Processo Civil divide o regime em citação de pessoas singulares e coletivas. No entanto, no Comércio, esta divisão tem pouca razão de ser, como vimos já. Mesmo em questão de processo civil, a influência do Comércio sobre o Direito deve ser tomada em consideração.

O Código de Processo Civil, como diploma de Direito Civil, assume como princípio que as pessoas singulares exercem a sua própria atividade a título pessoal, sendo que no caso das pessoas coletivas ocorre o inverso, pois a atividade da pessoa coletiva é sempre exercida em representação.

Contudo, no Comércio, a regra é a de que toda (ou quase toda) a atividade é exercida em representação, sendo quase excecional a atuação puramente pessoal do comerciante, que fica reduzida aos comerciantes individuais e, mesmo quanto a estes, fica reduzida aos atos que pratiquem pessoalmente, atos estes que serão muito raros salvo no microcomércio. Assim sucede com os comerciantes que sejam pessoas coletivas e com os comerciantes que sejam pessoas singulares.

Em regra, qualquer comerciante que pretenda expandir a sua atividade e, logo, a sua aptidão para gerar rendimentos, recorrerá a terceiros seus representantes ou prepostos. Mesmo nos casos em que o comerciante exerça a sua atividade *online*, o que lhe permite um comércio individual com um âmbito muito maior do que era tradicional, a certo ponto necessitará de recorrer a outras pessoas que o representem, pelo menos para determinadas áreas de negócio, assuntos, *sites*, ou outra divisão qualquer de matérias. Qualquer comerciante com um determinado nível de êxito e que pretenda crescer, terá de recorrer a terceiros que o representem. Como tal, salvo nos casos de comerciantes que exerçam a sua atividade individualmente, ou nos casos em que, por coincidência, foi a pessoa do comerciante que praticou o ato, todos os demais são praticados através de uma ou outra modalidade de representação.

Esta inversão de sistema é específica do Comércio, pois no Direito Civil e na Sociedade Civil, a regra consiste em não se recorrer a representantes, salvo em casos especiais.

Como resultado, a solução que se encontra no Código de Processo Civil é uma solução adequada para o Direito Civil e para a Sociedade Civil, mas é, também, adequada para o Direito Comercial e para o Comércio. É uma solução essencialmente de Direito Processual Civil, e não de Direito Processual Comercial, sendo, contudo, aplicável por falta de um Código de Processo Comercial.

No que respeita ao réu que seja pessoa singular o Código de Processo Civil regula a citação feita em pessoa diversa do citando, pois não contempla a normalidade da representação comercial – art. 233.º do Código de Processo Civil. Para o Código de Processo Civil, a citação ser feita em pessoa diversa do citando não é vista como o caso regra, pelo que é tratada com cuidados especiais.

No comércio, esta solução não é necessariamente a mais correta, pelo menos no que respeita a citações feitas em prepostos. Embora jus-civilmente o preposto seja (em regra) uma pessoa diversa do comerciante, comercialmente são a mesma pessoa: a empresa. A atuação de qualquer um – comerciante e preposto – vincula comercialmente a empresa, o que determina a vinculação jus-comercial do comerciante. Assim, uma citação efetuada num preposto não pode ser considerada como sendo realizada em pessoa diversa do citando, mas antes como uma citação no próprio citando. O art. 254.º do Código Comercial resolve este problema através da criação de um regime especial para o Comércio.

De acordo com o art. 254.º do Código Comercial, a citação pode ser efetuada no preposto, não como uma citação feita em pessoa diversa do réu, mas antes como uma citação feita em pessoa com poderes forenses para receber a citação e, como tal, como uma citação direta. Assim, neste caso Comercial, a citação feita no preposto é tratada como feita na pessoa do citando.

O mesmo sucede, por exemplo, com a citação do incapaz na pessoa do seu legal representante, ou no caso da citação em pessoa com procuração com poderes especiais para receber citações (art. 225.º, n.º 5 do Código de Processo Civil). Sucede, no entanto, que comparando com este último caso,

A PREPOSIÇÃO

o regime do Código Comercial ora em análise não é um verdadeiro regime de outorga voluntária de poderes forenses com base numa procuração e não é limitada a quatro anos.

O regime do art. 254.º do Código Comercial constitui um regime especial para o Comércio, aplicando-se independentemente do regime do Código de Processo Civil e parcialmente em derrogação deste regime. Razão pela qual, a citação efetuada na pessoa do preposto registado, em ação que tenha ligação com o âmbito da preposição que esteja inscrita no registo comercial, produz plenos efeitos como sendo efetuada na pessoa do réu, independentemente de se tratar de um réu que seja pessoa singular ou coletiva.

III. Outro problema resolvido pelo art. 254.º do Código Comercial é o da ligação entre o Comércio e a ação judicial. No Direito Civil, as ações judiciais são algo que não é desejável, sendo vistas como um mal necessário. O ideal seria que todo o Direito fosse respeitado sem necessidade de recorrer a Tribunal. Claro está que, havendo litígio, a tutela judicial é o melhor modo de o resolver; mas o ideal seria que as ações judiciais não existissem.

A visão do Comércio é, mais uma vez, muito diferente. No Comércio, o recurso a juízo faz parte do negócio. Em alguns casos é uma parte pequena do negócio, noutros casos é uma parte grande do negócio e, por último, em alguns casos é o próprio núcleo do negócio. Em qualquer um destes casos, o recurso a juízo é visto como parte do negócio, sendo aferido como uma oportunidade de obter lucros, ou como um risco comercial. Em suma, o recurso a juízo integra a atividade do comerciante, fazendo parte do seu negócio.

A preposição de uma pessoa à frente deste comércio inclui em regra a necessidade de concessão dos poderes para recorrer a juízo, como elemento integrante da atividade à frente da qual é preposto. Assim, pouco sentido faria que um comerciante colocasse alguém à frente do seu comércio, deixando-lhe a exclusividade da gestão do mesmo, mas sem que este pudesse, por exemplo, tentar obter pagamentos, entrega de bens, ou uma indemnização, por via judicial. A ser assim, limitava-se a atividade comercial que o preposto poderia desenvolver, impedindo – na prática – que o comerciante se fizesse substituir, se assim o desejasse. Por estas razões, na perspetiva do comerciante e do gerente de comércio, o art. 254.º do Código Comercial apresenta a maior importância.

Em suma, os dois problemas referidos – a citação do comerciante e a ligação entre Comércio e ação judicial – traduzem-se no seguinte:

O LADO EXTERNO DA PREPOSIÇÃO

– Protegem-se os terceiros, permitindo-lhes processar judicialmente o comerciante, mas citado na pessoa do preposto registado, atribuindo--se ao preposto poderes forenses passivos, e ficando nos autos em representação do comerciante.

– Protege-se a empresa do comerciante, permitindo ao preposto regis-tado recorrer a juízo, atribuindo-se poderes forenses ativos.

IV. Estes poderes forenses do gerente de comércio resultam da lei. Sem prejuízo de o comerciante poder outorgar uma procuração forense a favor do gerente de comércio, para matérias que não estejam incluídas no registo comercial, os poderes forenses que resultam do art. 254.º do Código Comer-cial são de fonte legal e são injuntivos, não podendo ser renunciados, revo-gados nem modificados. Tal como sucede com os poderes de representação comercial propriamente ditos (não forenses) estes poderes forenses exis-tem para tutela do comércio, em especial, dos terceiros que interagem com o gerente de comércio. Não são poderes forenses outorgados voluntaria-mente, mas antes uma decorrência do regime legal do gerente de comércio.

O problema coloca-se com a integração entre os poderes forenses e os poderes de representação, face a uma pretensão processual de um terceiro.

Como vimos, um terceiro pode acionar o comerciante ou o preposto. Nos casos em que o preposto atua em nome do comerciante, o terceiro apenas pode acionar o comerciante, não podendo acionar o preposto. Contudo, pode tornar-se extremamente difícil acionar o comerciante, por exemplo, por questões práticas relacionadas com a obtenção de uma citação. Pode ainda suceder que surjam problemas relacionados com a identificação das pessoas que podem representar o comerciante, em especial quando se trata de um comerciante pessoa coletiva (por exemplo, uma sociedade comer-cial). Ao atribuírem-se poderes forenses ao preposto registado, sabe-se sem-pre quem é o preposto, onde está sedeado e qual o âmbito desses poderes.

Assim, quando um terceiro interage com um preposto registado, com toda a confiança extra que o registo comercial proporciona, não necessita de se preocupar em conhecer o domicílio do comerciante, nem em saber quem tem poderes para o representar, nem mesmo em saber quem é o comer-ciante, pois pode acionar o preposto em nome do comerciante. Por outro lado, numa perspetiva prática, é muito mais simples acionar o comerciante representado pelo preposto nos casos em que a questão surgiu no âmbito ou na sequência de contactos com o próprio preposto. Tendo o terceiro cele-brado um negócio com o preposto, que agiu em nome do comerciante, é frequentemente mais simples acionar o comerciante através da pessoa do seu preposto que é conhecido pelos terceiros. Especialmente nos casos em que o comerciante é estrangeiro ou desenvolve a sua atividade no estrangeiro ou a partir do estrangeiro, mas tem em Portugal um preposto.

Ainda por outro lado, também o preposto não necessita de procuração forense para acionar terceiros. Os seus poderes provam-se com uma simples certidão do registo comercial, permitindo-se que este acione quem entender, no exercício do seu comércio, o que é especialmente importante nos casos de ações executivas e injunções, por exemplo.

Assim, encontrando-se o preposto registado, tem sempre necessariamente todos os poderes forenses para toda e qualquer ação judicial inerente ao âmbito do comércio que resulte do registo comercial.

V. Os poderes forenses do preposto são totais. Dentro dos limites desses poderes, que como vimos são os que resultam do registo comercial, o preposto tem todos os poderes forenses. Não tem poderes forenses gerais e muito menos tem poderes forenses especiais, simplesmente porque esta distinção não se aplica no caso do preposto. O preposto tem todos os poderes forenses, para todas as matérias relacionadas com a sua preposição tal como consta registada.

Dito de outro modo, dentro dos limites do registo comercial, o preposto tem os mesmos poderes forenses que o comerciante seu preponente, pois o preposto substitui o comerciante no seu comércio. Quando em Tribunal, o preposto substitui o comerciante no litígio. Assim, o preposto pode receber citações e notificações, constituir mandatário judicial, confessar, depor, transigir, desistir, estar presente em todas e quaisquer audiências, integrar assembleias e comissões (por exemplo, de credores), proceder a pagamentos, passar recibos, votar e tudo o mais que o preponente possa fazer em juízo.

Ter todos os poderes forenses significa, ainda, que tem todos os poderes forenses independentemente da natureza do processo. Assim, tem todos os poderes forenses em matéria civil, comercial, penal, fiscal, administrativa e todas as demais.

Este regime tem algumas consequências importantes. Dentro dos limites do comércio para o exercício do qual está registado como preposto, em matéria cível, os seus depoimentos não constituem prova testemunhal, mas antes prova por confissão da parte ou por declaração da parte, conforme os casos. Assim, o regime aplicável será o dos arts. 352.º a 361.º do Código Civil e arts. 452.º a 466.º do Código de Processo Civil. Por sua vez, em matéria penal, por exemplo, ao preposto, no exercício das suas funções, é aplicável o mesmo regime que é aplicável ao comerciante quando é parte no processo penal. O que sucede é que a empresa do comerciante é representada pelo preposto, mesmo quando em juízo e independentemente da natureza do processo e da posição processual da parte. O preposto representa a empresa que pertence ao comerciante. Caso o processo esteja abrangido pela atividade dessa empresa à frente da qual está o preposto, o comerciante é legalmente representado pelo seu preposto. De certo modo, o sistema opera como se fosse uma modalidade de representação orgânica da empresa; da empresa, mas não da sociedade comercial nem do comerciante. O preposto integra a orgânica da empresa, independentemente do modo como esta esteja juridicamente estruturada, ou seja, independentemente da natureza jurídica do comerciante, quer seja uma pessoa singular, quer seja uma pessoa coletiva.

VI. Uma questão que se pode colocar consiste na diferenciação entre o art. 254.º do Código Comercial e o n.º 1, do art. 13.º Código de Processo Civil,[500] segundo o qual, *as sucursais, agências, filiais, delegações ou representações podem demandar ou ser demandadas quando a ação proceda de facto por elas praticado.*

Conforme tivemos já oportunidade de afirmar,[501] o art. 13.º tem como função atribuir personalidade judiciária a entes que, por não terem personalidade jurídica, estariam também desprovidos de personalidade judiciária.[502] Por esta razão, o que resulta do art. 13.º é a atribuição de personalidade judiciária às sucursais (sem personalidade jurídica). Assim, no caso do art. 13.º do Código de Processo Civil, as sucursais não atuam em representação do comerciante – são o próprio comerciante. Ou, melhor, o que o art. 13.º do Código de Processo Civil permite é processar diretamente a empresa, numa sua sucursal sem personalidade jurídica, que é autonomizada para efeitos processuais. De tal modo que quem estará em juízo não serão as pessoas que

---

[500] No que respeita à relação com o art. 13.º, n.º 2 do Código de Processo Civil, remetemos para VASCONCELOS, PEDRO LEITÃO PAIS DE, *Sociedades Comerciais Estrangeiras*, Almedina, Coimbra, 2015, págs. 111 a 115.

[501] VASCONCELOS, PEDRO LEITÃO PAIS DE, *Sociedades Comerciais Estrangeiras*, Almedina, Coimbra, 2015, pág. 113.

[502] REIS, ALBERTO DOS, *Código de Processo Civil Anotado*, Vol. I, 3.ª ed., Coimbra Editora, Coimbra, 1980, pág. 26.

A PREPOSIÇÃO

integram essa sucursal, nem o comerciante, nem o preposto em representação do comerciante, mas antes a própria sucursal.

Já no caso do art. 254.º do Código Comercial a preocupação é outra. Neste caso, a técnica usada consiste em atribuir poderes de representação forenses ativos e passivos ao próprio preposto. No caso do art. 254.º do Código Comercial, a concreta pessoa que é preposto tem poderes para agir em Tribunal, mas em nome e representação do comerciante. Por esta razão, quem age em juízo é o preposto, mas em nome e representação do comerciante que, para efeitos processuais, constitui a parte em juízo.

Assim, no caso do sistema do art. 13.º do Código de Processo Civil, a parte é a sucursal, sendo que qualquer decisão que afete a sucursal, afeta substancialmente de modo automático o comerciante. Mas no caso do art. 254.º do Código Comercial, a parte é o comerciante (e não a sucursal), sucedendo apenas que é representado pelo preposto. Diferentemente da sucursal, o preposto não é parte, sendo um mero representante com poderes forenses.

A diferença de sistemas resulta de uma sucursal não ser o mesmo que um preposto e resulta também de diferentes abordagens adotadas por ambos os Códigos.

Uma sucursal pode existir sem que exista um preposto e um preposto pode existir sem que exista uma sucursal. A preocupação do Código de Processo Civil consiste em permitir a atuação processual de sucursais, ou seja, de estruturas que não têm personalidade jurídica. Enquanto a preocupação do Código Comercial consiste em atribuir poderes de representação ao preposto. O Código de Processo Civil olha para a sucursal como uma estrutura que não tem personalidade jurídica, mas que mesmo assim deve poder agir em juízo, reconhecendo-lhe personalidade judiciária, tal como ocorre noutros casos semelhantes. Já o Código Comercial assume que haverá necessariamente alguém na empresa que terá necessariamente personalidade jurídica – o preposto – e atribui-lhe os necessários poderes de representação.

De tal modo que, caso se esteja perante uma filial (logo, com personalidade jurídica),[503] o Código de Processo Civil não atribui personalidade judiciária, porquanto esta já tem personalidade jurídica. Neste caso, o problema, mesmo para o Código de Processo Civil, ocorrerá apenas no caso de a filial ser um preposto, porque importará saber quem é a parte processual, se a

---

[503] Sobre as filiais, VASCONCELOS, PEDRO LEITÃO PAIS DE, *Sociedades Comerciais Estrangeiras*, Almedina, Coimbra, 2015, em especial págs. 148 a 166.

O LADO EXTERNO DA PREPOSIÇÃO

filial em nome e por conta próprios, se a filial em nome próprio mas por conta do seu preponente (enquanto preposto agindo em nome próprio), ou se a filial agindo em nome e representação do comerciante seu preponente (enquanto preposto agindo em nome alheio).

Estas questões apenas surgem no Código de Processo Civil porque o legislador assumiu que podiam existir sucursais sem personalidade jurídica e que podiam não integrar um preposto com poderes forenses, o que corresponde à verdade. Nestes casos, não seria possível agir judicialmente contra a sucursal, nem esta poderia agir processualmente. É para resolver este problema que existe o art. 13.º do Código de Processo Civil. Mas o Código Comercial não parte do mesmo princípio, porque não está a regular sucursais, mas sim prepostos, sendo que atualmente os prepostos têm necessariamente personalidade jurídica.[504] Assim, o Código Comercial assume a existência de personalidade jurídica e resolve toda esta questão através da atribuição de poderes de representação.

Nenhuma das duas disposições consegue resolver a totalidade dos problemas que podem surgir. Mas as duas em conjunto atingem esse objetivo. Assim, nos casos de sucursais sem um preposto aplica-se apenas o art. 13.º do Código de Processo Civil. Nos casos de prepostos que não integram sucursais, aplica-se apenas o art. 254.º do Código Comercial. Nos casos em que o preposto integra uma sucursal, pode verificar-se uma duplicidade de soluções, mas que são compatíveis. Neste caso, a atuação processual tanto pode ser efetuada pela sucursal (preposto) enquanto parte, como pode ser efetuada pelo preposto (sucursal) em representação da parte que é o comerciante. Não há, pois, uma situação de derrogação, encontrando-se ambas as disposições em vigor.

Existem ainda outras diferenças de regime, nomeadamente o art. 13.º do Código de Processo Civil que pode aplicar-se em qualquer caso de sucursal, enquanto o art. 254.º do Código Comercial apenas se pode aplicar se o preposto estiver inscrito no registo comercial e caso a questão processual esteja incluída pelo âmbito das atividades constantes do registo comercial. Razão pela qual, caso a representação permanente não esteja registada, ou extravase o âmbito do registo, apenas vigora o regime do art. 13.º do Código de Processo Civil. Como podemos concluir, apesar das duas disposições parecerem coincidentes, aplicam-se a casos diferentes.

---

[504] O que não sucedia necessariamente no que respeitava aos escravos.

A PREPOSIÇÃO

Nos casos em que tal for exigido por lei, o preposto deve outorgar uma procuração forense a favor de um advogado, que represente o comerciante em Tribunal e cujos poderes são concedidos pelo próprio preposto.

8. A natureza da representação do preposto – a representação institória

I. É tradicional na Doutrina a divisão da representação em três modalidades: a representação voluntária, legal e orgânica.[505] Em consequência, é também tradicional integrar os casos de representação numa destas modalidades, o que por vezes causa algumas dificuldades práticas e mesmo teóricas. Estas dificuldades justificam-se em razão da falta da precisão e de assistematicidade dos critérios definidores das modalidades referidas.

A representação voluntária é normalmente caraterizada por ter como causa um negócio jurídico e, por esta razão, estar dependente da vontade.[506] No entanto, apesar do seu nome, a representação voluntária não abrange todos os casos nos quais o poder de representação resulta de uma causa voluntária, mas apenas os casos negocialmente mais puros ou mais negociais. Pelo menos com um nível de pureza negocial que lhe permita ainda apelidá-la de "negócio jurídico puro", sem prejuízo de alguma interferência da heteronomia pública a nível acessório, face ao domínio estrutural que a autonomia privada desempenha nesse tipo negocial.

Por sua vez, a representação legal abrange supostamente os casos de poderes de representação que têm causa na lei. A importância deste critério resulta, não só da heteronomia pública no que respeita à constituição do poder de representação, mas ainda da determinação do âmbito e regime do poder de representação. Sucede, no entanto, que os casos normalmente integrados nesta classe de representação incluem não só os poderes de representação que têm causa na lei, mas também os que têm causa em decisões judiciais. Em ambos os casos, a constituição do poder de representação é imposta heteronomamente, pela lei ou pelo Tribunal, apesar de existir uma diferença fundamental entre ambos.

---

[505] ASCENSÃO, JOSÉ DE OLIVEIRA E FRADA, MANUEL CARNEIRO, *Contrato Celebrado por Agente de Pessoa Colectiva. Representação, Responsabilidade e Enriquecimento sem Causa*, in Revista de Direito e Economia, XVI a XIX (1990 a 1993), págs. 43 a 77, Centro Interdisciplinar de Estudos Jurídico-Económicos, Coimbra, pág. 46.

[506] GUICHARD, RAÚL, *A Representação sem Poderes no Direito Civil Português. A Ratificação*, polic., Porto, 2009, pág. 581.

O LADO EXTERNO DA PREPOSIÇÃO

Casos há nos quais o poder de representação resulta exclusivamente da lei, como sucede no poder paternal, no qual a constituição e o âmbito do poder de representação estão definidos e resultam do regime legal, pelo que o seu conhecimento é relativamente simples. O conhecimento da lei e da constituição da relação de representação (por exemplo, a relação de filiação) permite em regra aos terceiros tomarem conhecimento da existência e do âmbito dos poderes de representação. Estes são os verdadeiros casos de representação legal, nos quais o poder de representação resulta exclusivamente da lei e de um facto jurídico, sem qualquer interferência relevante da vontade, sem qualquer ato jurídico (negocial ou não). São casos de representação legal *stricto sensu*.

Ainda incluídos por regra na representação dita legal, encontram-se os casos de poder de representação constituído por decisão judicial,[507] o que pode suceder em três situações:

- Casos nos quais o poder de representação é constituído por decisão judicial, mas em que o âmbito do poder de representação resulta da lei (por exemplo, no caso do tutor do interdito).
- Casos nos quais o poder de representação tem causa em decisão judicial, sendo que o âmbito resulta parcialmente da lei e parcialmente da sentença judicial, ou resulta da lei, mas podendo ser modificado pela decisão judicial (por exemplo, o curador do inabilitado ou o administrador judicial provisório).
- Casos nos quais a constituição do poder de representação e o respetivo âmbito resultam da decisão judicial (por exemplo, o curador *ad litem*).

Este último caso não constitui um verdadeiro caso de representação legal (*stricto sensu*), mas antes um caso de representação judicial ou, melhor, com causa judicial. Por sua vez, os dois casos anteriores constituem casos mistos de representação legal e judicial. No entanto, dita a tradição que todos estes casos sejam denominados de representação legal. Devemos, contudo, ter em consideração que apenas *lato sensu* se podem apelidar estes últimos casos como "representação legal".

A diferença não é irrelevante. As decisões judiciais são atos jurídicos, sendo por esta razão factos humanos voluntários. Não são atos de autonomia

---

[507] GUICHARD, RAÚL, *A Representação sem Poderes no Direito Civil Português. A Ratificação*, polic., Porto, 2009, pág. 587.

A PREPOSIÇÃO

privada, mas traduzem efetivos comportamentos voluntários do agente (o Juiz), sendo-lhes aplicável o regime do art. 295.º do Código Civil, com todas as consequências que esse regime importa, nomeadamente no que respeita à interpretação e vícios da vontade.[508] Por esta razão, são substancialmente diferentes os casos da chamada representação legal (*lato sensu*) que constituem casos de representação legal (*stricto sensu*), casos de representação judicial e casos mistos. Esta diferença é especialmente relevante no que respeita à interpretação, porquanto as decisões judiciais são interpretadas de acordo com o regime dos arts. 236.º e seguintes do Código Civil, enquanto os diplomas legais são interpretados de acordo com o regime dos art. 9.º e seguintes do Código Civil.

Por último, temos ainda a representação dita orgânica. Esta é usualmente caracterizada por ser limitada aos casos nos quais o sujeito ativo (representante) é titular de um órgão de uma pessoa coletiva e o sujeito passivo (representado) é a própria pessoa coletiva. Apesar de alguma discussão doutrinária sobre se constitui verdadeira representação, não temos qualquer dúvida sobre esta qualificação. A representação orgânica resulta de situações jurídicas que se caracterizam por poderes de heterodeterminação jurídica direta de natureza privada de um sujeito por parte de outro (o agente), com exclusão de autodeterminação do agente. O facto de o agente integrar um órgão de uma pessoa jurídica de natureza coletiva e de esta ser a representada é de todo irrelevante para a figura geral da representação, o mesmo sucedendo com a discussão sobre se são os efeitos dos atos praticados ou os próprios atos que são imputados.[509]

No entanto, os casos de representação orgânica resultam de um complexo causal voluntário e legal, constituindo um caso misto. A constituição dos poderes de representação dos gerentes e administradores (*inter alia*) resulta de um complexo formado pelo negócio ou negócios que envolvem o representante e o representado, com uma enorme influência estrutural da lei. De tal modo, que uma parte substancial da questão da representação orgânica resulta da lei, enquanto a outra parte substancial resulta do complexo negocial subjacente.

---

[508] Sobre o assunto SILVA, PAULA COSTA E, *Acto e Processo*, Coimbra Editora, Coimbra, 2003, *passim*.
[509] Sobre esta questão, GOMES, JOSÉ FERREIRA, *Da Administração à Fiscalização das Sociedades*, Almedina, Coimbra, 2015, págs. 680 a 689.

Por um lado, temos o negócio ou negócios (um contrato ou vários negócios unilaterais em união) entre a pessoa coletiva e o seu administrador (por exemplo), que são necessários para vincular ambos os sujeitos, constituindo a relação de representação. Por outro lado, o regime legal que delimita os poderes de representação, especialmente no que respeita a terceiros. Regime este que tanto resulta de diplomas legais ditos fundamentais (Código Civil, Código Comercial, Código das Sociedades Comerciais), como resulta de diplomas sobre regimes de registo, em particular do Código de Registo Comercial.

É este complexo que constitui e determina o poder de representação orgânico.

Assim, nas duas primeiras modalidades (representação voluntária e legal) o critério classificativo é a causa do poder de representação (negócio jurídico, lei ou decisão judicial), enquanto, na terceira modalidade, o critério já não consiste na causa do poder de representação, mas antes na qualidade e natureza dos sujeitos. Nos primeiros casos a representação decorre em razão da causa, enquanto no último caso a representação decorre em razão da qualidade da posição dos sujeitos, porquanto um integra um órgão do outro (é uma modalidade de representação *adiecticia qualitatis*).

Contudo, estas figuras não dão resposta ao problema da preposição, de tal modo que são tentadas, por vezes, outras respostas. Assim sucede, por exemplo, em Menezes Cordeiro, a propósito da figura que propõe sob a denominação de "procuração institucional" que existe "*sempre que uma pessoa, de boa fé, contrate com uma organização em cujo nome atue um «agente» em termos tais que, de acordo com os dados sócio-culturais vigentes e visto a sua inserção orgânica, seja tranquila a existência de poderes de representação*".[510] O Autor tenta fundar esta solução no art. 23.º da Lei do Contrato de Agência, em resultado da constatação da incapacidade dos regimes "normais" de representação para darem uma resposta cabal a esta questão.

A resposta encontra-se, contudo, no preposto e no respetivo poder de representação.

II. No caso do preposto, o poder de representação tem causa no negócio jurídico e na lei. Tanto o contrato de preposição, como o regime legal dos

---

[510] CORDEIRO, ANTÓNIO MENEZES, *Tratado de Direito Civil*, Vol. V, 3.ª ed., Almedina, Coimbra, 2018, pág. 146 e 147.

A PREPOSIÇÃO

arts. 248.º e seguintes do Código Comercial, atribuem poderes de representação ao preposto, embora com regimes que não são necessariamente iguais.

Um preposto tem poderes de representação perante o preponente porque celebrou um contrato de preposição, em regra de modo tácito. Assim, sempre que a relação subjacente integre ou consista numa preposição, o preposto tem poderes de representação. Mas o próprio regime legal da preposição atribui poderes de representação ao preposto, integrando os poderes de representação no *status* de preposto.[511] Este regime vigora mesmo que não tenha sido celebrado um contrato de preposição, ou um outro contrato que integre um elemento de preposição, ou que tal celebração não seja provada. É suficiente que se demonstre que alguém está colocado na posição de preposto, para ser representante. Contudo, para que este regime seja aplicável, é necessário que o preponente tenha instituído o preposto nessa posição, sendo que o âmbito dos poderes de representação é determinado pela atividade na qual está preposto, e não pela vontade do preponente.

Em matéria de representação, contudo, não é possível separar o contrato de preposição do *status* de preposto. O contrato de preposição, quando executado, determina a aplicação do *status* de preposto; o *status* de preposto decorre, em regra, de um contrato de preposição, ou de um contrato com preposição, mesmo que não se prove o mesmo. Assim, a questão da representação do preposto só pode ser devidamente compreendida nesta estrutura complexa. De certo modo, que é típico do Comércio com a sua abordagem prática, o que interessa é que um preposto é um representante, não interessando tanto a origem dogmática desse poder de representação, se do contrato de preposição, se do *status* de preposto.

Face a este regime, a representação do preposto não constitui uma modalidade de representação voluntária, em virtude do peso estrutural da lei no tipo. Mas tendo em consideração a importância fundamental do contrato no tipo, também não é um caso de representação legal. É, de certo modo, um poder de representação misto de representação voluntária e legal (*stricto sensu*).

Assim sendo, poder-se-ia questionar se não se trataria de um caso de representação orgânica. No entanto, como vimos já, o preposto não integra

---

[511] Segundo CARBONI, BRUNO, *Status e Soggettività Giuridica*, Giuffrè, Milano, 1998, págs. 133 e 134, o *status* decorre da lei, num caso de relação entre o indivíduo (neste caso o preposto) e a comunidade (neste caso, o Mercado, ou a comunidade mercantil).

um órgão de uma pessoa coletiva. O preposto está à frente do negócio do comerciante, sendo que este pode ser uma pessoa coletiva, mas pode ser uma pessoa singular e, podendo ainda suceder que existam vários preponentes que explorem um mesmo negócio. Por sua vez, há prepostos à frente de todo o comércio, e prepostos à frente de uma pequeníssima parte do comércio, o que é incompatível com um sistema de orgânica de pessoa coletiva. Assim sendo, o preposto é um elemento externo à orgânica do comerciante, mesmo quando este é uma pessoa coletiva. Integra a empresa, ficando à frente desta, ou de parte desta, mas não integra a orgânica da sociedade comercial, não integra o comerciante, muito menos a orgânica do comerciante pessoa humana. Como se pode concluir, nenhum sentido faz considerar como sendo representação orgânica uma modalidade de representação na qual o representante é externo ao representado e em que o representado pode ser uma pessoa humana, nas quais não se levantam questões de orgânica. A representação do gerente de comércio não é, por estas razões, uma representação orgânica.

A representação do preposto é um caso aparte, um quarto caso de representação.[512]

Por mais perplexidade que esta afirmação possa causar, há que tomar em consideração que esta modalidade de representação não é – em boa verdade – um quarto caso, mas antes o verdadeiro primeiro caso.[513] São as demais

---

[512] E não um caso de representação voluntária, conforme defendem ASCENSÃO, JOSÉ DE OLIVEIRA E FRADA, MANUEL CARNEIRO, *Contrato Celebrado por Agente de Pessoa Colectiva. Representação, Responsabilidade e Enriquecimento sem Causa*, in Revista de Direito e Economia, XVI a XIX (1990 a 1993), págs. 43 a 77, Centro Interdisciplinar de Estudos Jurídico-Económicos, Coimbra, pág. 47.

[513] Assim, a *actio institoria* é anterior ao séc. II a.C., sendo que nos finais deste século já era concedida mesmo para prepostos que não integravam a família, enquanto a procuração e mandato apenas surgem verdadeiramente no séc. II a.C. – AUBERT, JEAN-JACQUES, *Business Managers in Ancient Rome*, E.J.Brill, Leiden-New York-Köln, 1944, págs. 91 e 105. A *actio institoria* terá sido precedida pela *actio exercitoria* – ALBUQUERQUE, PEDRO DE, *A Representação Voluntária em Direito Civil*, Almedina, Coimbra, 2004, págs. 142 a 151. No entanto, ambas as *actiones* referidas davam lugar à criação de um preposto, para o comércio marítimo (*actio exercitoria*) e para o comércio terrestre (*actio institoria*). Poder-se-á, contudo, considerar como segundo caso, após a representação legal, caso se considere a relação entre pai de família e os respetivos filhos e servos como um caso de representação legal. VASCONCELOS, PEDRO LEITÃO PAIS DE, *A Procuração Irrevogável*, 2.ª ed., Almedina, Coimbra, 2016, págs. 23 a 26.

A PREPOSIÇÃO

modalidades de representação que constituem verdadeiramente o segundo, terceiro e quarto casos de representação.[514]

Efetivamente, o poder de representação da preposição é o núcleo gravitacional de toda a atual teoria da representação, sendo assim o primeiro caso ou modalidade. Foi da preposição e da subsequente assimilação desta pelo mandato e procuração, que nasceu a moderna teoria da representação.[515] A preposição é o modelo de toda a representação, que permitiu a distinção entre a representação e o mandato. Sucede apenas que o caso modelo usado por Laband[516] para efetuar a distinção entre representação e mandato permite confundir o poder de representação com a preposição ao recorrer principalmente ao *Prokurist*. No entanto, o *Prokurist* de Laband não era um procurador, sendo antes um preposto, um institor.[517] Ou seja, a figura de representação sem mandato que Laband descobriu e com base na qual cons-

---

[514] A preponderância atual da procuração sobre a preposição coincide com a preponderância que se verificava em Roma do estatuto social do procurador (*procuratore omnium bonorum*) sobre o do preposto (*praepositus*) – AUBERT, JEAN-JACQUES, *Business Managers in Ancient Rome*, E.J. Brill, Leiden-New York-Köln, 1944, pág. 109. De modo tal, que os procuradores podiam nomear prepostos, que em regra pertenciam a um estrato social inferior. Por outro lado, os procuradores geriam toda a atividade, enquanto os prepostos se limitavam a gerir um estabelecimento ou um ramo de negócio. Em 294 d.C., a *actio institoria* foi alargada para incluir mandatários, passando o preposto e o mandatário a partilhar grande parte do regime jurídico, o que terá determinado a inversão sistemática que hoje se observa – AUBERT, JEAN-JACQUES, *Business Managers in Ancient Rome*, E.J. Brill, Leiden-New York-Köln, 1944, pág. 109. Este alargamento foi efetuado através da *actio ad exemplum institoriae*, que constituiu um "passo decisivo" em matéria de representação voluntária – ALBUQUERQUE, PEDRO DE, *A Representação Voluntária em Direito Civil*, Almedina, Coimbra, 2004, 158 a 167. Sobre a diferença entre mandato, *praepositio* e *procuratio* – MICELI, MARIA, *Studi sulla "Rappresentanza" nel Diritto Romano*, Vol. I, Giuffrè, Milano, 2008, págs. 301 a 331.

[515] RAMOS, JOSÉ ARIAS, *Representación y "praepositio"*, *in* Boletin de la Universidad de Santiago de Compostela, Ano X, n.º 31, janeiro-março de 1941, pág. 18.

[516] LABAND, PAUL, *Die Stellvertretung bei dem Abschlub von Rechtsgeschäften nach dem allgemeinen Deutschen Handelsgesetzbuch*, Zeitschrift für das gesamte Handels und Wirtschaftsrecht, Bd. 10, 1866, págs. 183 e segs. e ALBUQUERQUE, PEDRO DE, *A Representação Voluntária em Direito Civil*, Almedina, Coimbra, 2004, em especial págs. 347 a 351.

[517] Conforme GUICHARD, RAÚL, *A Representação sem Poderes no Direito Civil Português. A Ratificação*, polic., Porto, 2009, pág. 243 (266), o art. 45 do Código Comercial alemão (ADHGB) "*não resultou de considerações dogmáticas, mas das exigências do tráfico comercial*". Note-se que solução equivalente já se encontrava nos arts. 497 e seguintes do ALR prusso de 1794 e, claro está, na *actio institoria*.

O LADO EXTERNO DA PREPOSIÇÃO

truiu a teoria da representação, foi baseada numa preposição e não numa procuração, apesar de ter sido expandida para abranger a procuração ou, melhor, o poder de representação concedido voluntariamente.[518] O mesmo sucedeu com os gerentes das sociedades, usados também por Laband para suportar a sua teoria.

No entanto, apesar desta questão, Laband conseguiu efetivamente demonstrar que eram possíveis o poder de representação sem mandato e o mandato sem poder de representação,[519] assim revolucionando estas matérias no Direito Civil, e permitindo um impressionante desenvolvimento do Direito Civil. O que Laband não efetuou, foi a distinção entre o poder de representação e a preposição. A razão desta omissão surge de modo quase intuitivo. Embora seja possível um poder de representação sem preposição, não é possível uma preposição sem poder de representação, tal como não é possível uma procuração sem poder de representação.

A natureza jurídica da representação do preposto é, por esta razão, um caso misto de representação voluntária e legal, que é típica na preposição, e que integra elementos de representação orgânica, mas que incidem na orgânica da empresa e não na orgânica da estrutura jurídica do próprio comerciante.

Em consequência, a representação de preposto não consiste num caso de representação voluntária,[520] nem de representação legal, nem mesmo de representação orgânica.

A modalidade de representação que se verifica na representação do preposto é uma representação institória.

Esta é a melhor designação para este tipo de fenómeno representativo, traduzindo assim a sua origem romana, como herdeira da *actio institoria* e

---

[518] ALBUQUERQUE, PEDRO DE, *A Representação Voluntária em Direito Civil*, Almedina, Coimbra, 2004, em especial págs. 348 a 351.

[519] CORDEIRO, ANTÓNIO MENEZES, *Tratado de Direito Civil*, Vol. V, 3.ª ed., Almedina, Coimbra, 2018, pág. 74 e 75.

[520] ASCENSÃO, JOSÉ DE OLIVEIRA E FRADA, MANUEL CARNEIRO, *Contrato Celebrado por Agente de Pessoa Colectiva. Representação, Responsabilidade e Enriquecimento sem Causa*, *in* Revista de Direito e Economia, XVI a XIX (1990 a 1993), págs. 43 a 77, Centro Interdisciplinar de Estudos Jurídico-Económicos, Coimbra, que entendem tratar-se de uma questão de "procuração tácita" e, enquanto procuração, de um caso de representação voluntária.

A PREPOSIÇÃO

aproveitando este termo que, apesar de ter caído em desuso, é o que melhor traduz o fenómeno[521].

III. A representação institória nasceu no Direito Comercial, tendo sido uma das primeiras – senão a primeira[522] – figura jurídica de base legal específica de Direito Comercial. Com esta figura nasceu o Direito Comercial de base legal, nascendo aqui a autonomização do Direito Comercial como um ramo de Direito interno. Esta autonomização, que teve o seu primeiro passo com a representação institória (*actio exercitoria* e *actio institoria*), mas que se manifestou no conjunto das cinco *actiones adiecticiae qualitatis*, que são a fonte de toda a atual teoria da empresa.

A primeira empresa de responsabilidade limitada a surgir em Roma, era constituída pela atribuição pelo *pater familias* de um pecúlio (*actio de peculio*) a um seu escravo, que ficava preposto (*actio institoria*) à frente desse pecúlio. Assim, a *actio institoria* não só foi a origem da representação, como integrou (com a *actio de peculio*) a origem da limitação de responsabilidade empresarial.[523]

Foi através desta figura que o Direito que vigorava entre os comerciantes saiu do mero *Ius Gentium* e integrou o *Ius Praetorium*, tendo mais tarde sido integrado no *Ius Civile*. Ou seja, é a modalidade de representação que nasceu com a *actio exercitoria* e se desenvolveu com a *actio institoria* e com a *actio ad exemplum institoria* e que chegou aos nossos dias através do Digesto, do Código Comercial de 1833, do Código Comercial de 1888 e, ainda, de muitos outros diplomas. É a fonte de todos os sistemas de representação, sendo a original representação voluntária.

---

[521] CORDEIRO, ANTÓNIO MENEZES, *Tratado de Direito Civil*, Vol. V, 3.ª ed., Almedina, Coimbra, 2018, págs. 146 a 147, recorre ao *nomem* "representação institucional" para se referir a este fenómeno. Entendemos, contudo, que a expressão proposta pelo Autor não só não traduz todo o acumulado histórico da figura, como ultrapassa a sua natureza comercial. Este não é um caso de representação de uma instituição, mas antes um caso de representação por um institor. Por outro lado, a expressão "representação institucional" ganhou na sociedade uma outra conotação, em que um ente (e não uma pessoa) representa um conjunto de pessoas ou interesses, que não tem paralelo com a representação institória.

[522] Pelo menos de Direito Romano, sem prejuízo de já existirem figuras de Direito Comercial pelo menos em Rodes, mas que se perderam na história (salvo nas partes que foram integradas no Direito Romano, como, por exempo, a *lex rhodia de jactu*).

[523] GAGLIARDI, LORENZO, *Lo Schiavo Manager*, in L'Antichità. Vol 10 – Roma, organizado por Uberto Eco, págs. 348 a 353, Encylomedia Publishers, Milano, 2011, pág. 352.

A principal caraterística da representação institória consiste em ter como fim proteger o interesse coletivo do Comércio e de todos os que integram o Comércio: o interesse do Mercado. A representação institória não tem como fim típico principal proteger o interesse do representado, nem do representante, nem sequer do concreto terceiro com quem o contrato é celebrado, mas antes dos terceiros enquanto coletividade indefinida de pessoas que integram o Comércio, dos terceiros que agem nos Mercados.

Tendo nascido no Comércio, a representação institória começou por proteger os terceiros no Comércio: fundamentalmente os comerciantes, fornecedores e clientes dos comerciantes. Mas a figura evoluiu, e passou a surgir numa miríade de casos, sempre com o fim de proteção dos terceiros. Deste modo, a representação institória é, tipicamente, um sistema de representação para tutela de terceiros genericamente considerados, do público em geral, operando sempre através da interseção entre uma base negocial e uma base legal, mas que se manifesta através de uma orgânica empresarial. Tem, pois, natureza mista, legal, negocial e orgânica.

Face a esta natureza, a representação institória pode operar com base em todos os regimes de representação. Se atentarmos apenas no seu elemento legal, no *status* de preposto, tem o que é necessário para fundar a teoria da representação legal. Se atentarmos apenas no contrato de preposição, tem o que é necessário para fundar a teoria da representação voluntária, sendo apenas necessário passar do contrato de preposição, para outro tipo negocial. Se atentarmos na integração do preposto na orgânica da empresa, tem o que é necessário para fundar a teoria da representação orgânica, sendo apenas necessário passar da noção de empresa, para a noção de pessoa coletiva.

A representação institória não se limita, contudo, a ter esta habilidade, como foi – e é – a base de variadíssimos casos de representação legal, voluntária ou orgânica, que atualmente existem, e que evoluíram a partir deste sistema de representação. Casos estes que têm a sua origem longínqua na *actio institoria* e na *actio exercitoria*, ou seja, casos que nasceram da representação institória. Mas também casos que atualmente vigoram e que são verdadeiros casos de representação institória, mesmo que diferentes do caso dos arts. 248.º e seguintes do Código Comercial. E, mesmo, de casos de representação institória que ocorrem fora do Direito Comercial.

9. Imputação da atuação do preposto
I. No regime civil da representação voluntária a imputação representativa é efetuada através da *contemplatio domini*, sendo através da invocação do nome

alheio que o ato jurídico é dirigido à esfera do representado, sem prejuízo de a eficácia representativa estar dependente da efetiva titularidade dos poderes de representação. Assim, neste regime é através da *contemplatio domini* que se determinam a pessoa a quem irão ser imputados os atos praticados em representação, ou os respetivos efeitos.

Como vimos, a representação institória não exige *contemplatio domini*, sendo esta uma das principais diferenças face ao regime da representação voluntária civil. A representação institória foi criada para evitar argumentações formais destinadas a evitar a sua aplicação, sendo que um dos argumentos formais mais eficientes consiste precisamente na falta de *contemplatio domini*. Para além desta razão, é necessário ter em consideração que a questão da *contemplatio domini* não se colocava à data da concessão das *actiones exercitoria et institoria*.

Como vimos também, a falta de exigência da *contemplatio domini* justifica-se plenamente porque esta é extremamente rara no Comércio. No Comércio, normalmente não se invoca o nome do comerciante, nem mesmo a sua firma registada. Quando se invoca algo, é frequente invocarem-se marcas, nomes de estabelecimentos, firmas não oficiais, ou outros sinais substancialmente distintivos de comércio. Aliás, o mais corrente em alguns ramos de comércio é nem sequer invocar nada expressamente, especialmente no comércio exercido em estabelecimento, quer físico, quer virtual. É essa a prática, por razões variadas; porque "é assim que se faz sempre", porque os clientes "não querem saber" com quem contratam, mas apenas se conseguem obter o bem que desejam, porque "demora muito tempo" a invocar o nome do representado sempre que se celebra um contrato, porque "seria ridículo" invocar o nome do representado sempre que se celebra um contrato (quase como se fosse um ato religioso), porque não interessa ao comerciante, porque é frequente que o representante não saiba o nome correto do representado ou nem sequer saiba quem é o representado ou, sequer, se existe representado, entre outras razões.

Nenhum sentido existiria em exigir a *contemplatio domini* como necessária para provar a hétero-determinação, para provocar o efeito representativo, quando no comércio esta prática quase não existe e, caso se tentasse impor pela Lei, conduziria não só a um grande aumento de tempo na celebração dos negócios, como conduziria à ineficácia da quase totalidade dos contratos comerciais, com a inerente paragem do Comércio e aumento exponencial dos litígios judiciais em matéria comercial. A probabilidade de se conseguir impor plenamente ao Comércio a *contemplatio domini* é quase nula, pelo que mesmo que a Lei o exija injuntivamente, o resultado seria a generalização da violação dessa Lei.

A representação institória não exige como necessária a *contemplatio domini*, mas permite-a e promove-a. O ideal do ponto de vista jus-comercial seria que houvesse sempre *contemplatio domini*, apesar de essa prática não poder ser exigida do ponto de vista do Comércio. O Comércio funciona com ou sem *contemplatio domini*, pelo que a representação institória está estruturada de origem para funcionar com ou sem *contemplatio domini*, sendo qualquer um deles um caso normal. Não há uma regra geral, e uma regra especial e muito menos uma regra excecional. Há representação nos casos de atuação em nome próprio, de atuação em nome alheio, de atuação em nome próprio e alheio, de atuação sem indicação de qualquer nome e de atuação em nome de pessoa errada. A falta de relevância da *contemplatio domini* no Comércio é de tal modo estrutural e imanente ao próprio Comércio, que pode haver representação institória sem qualquer *contemplatio domini*, com *contemplatio domini*, e mesmo com uma errada (ou falsa) *contemplatio domini*.

Em consequência, na representação institória não se pode recorrer à *contemplatio domini* como critério único da imputação da atuação do gerente de comércio ao comerciante seu preponente. Esta situação levanta a questão da determinação do critério da imputação da atuação do preposto, nos casos em que não é possível recorrer à *contemplatio domini*.

II. Os prepostos atuam por conta de comércios, por conta de negócios, por conta de empresas. Podem agir por conta de todo ou parte do comércio do seu preponente, mas acima de tudo atuam por conta do comércio que pertence ao comerciante. Contudo, os comércios, ou negócios, ou empresas não têm personalidade jurídica. Não são comerciantes; são comércios.

Como tal, a imputação tem dois passos. Num primeiro momento lógico é necessário imputar a atuação do preposto a determinado comércio. Num segundo momento lógico é necessário imputar esse comércio a um determinado comerciante. Pode, claro está, ocorrer que um preposto declare agir em nome de um determinado comerciante, agindo com *contemplatio domini*, caso no qual em regra se pode saltar o primeiro momento lógico. Mas mesmo nestes casos, essa invocação pode não ser verdadeira, pelo que será então necessário determinar qual o comércio por conta do qual agiu o preposto, para seguidamente se poder determinar quem é titular desse comércio.

A PREPOSIÇÃO

III. O preposto atua por conta de um comércio quando surge à frente desse comércio. Não significa que seja o chefe desse comércio, o "operacional de topo", mas apenas que é quem "dá a cara" por esse comércio, que é a frente de comércio, tal como sucede com quem exerce funções como "frente de loja". Dito de outro modo, é preposto de um comércio, quem está "posto" à frente desse comércio, ou "posto" antes desse comércio, ou ainda "pré" "posto" desse comércio ou empresa, ou de uma parte desse comércio ou empresa.

Na prática do Comércio os sujeitos são as empresas, os comércios, os negócios. Os comerciantes são sujeitos no Direito Comercial, mas só raramente no Comércio. E quando tal sucede, resulta frequentemente de situações de confusão entre o comerciante e a sua empresa. Assim, o que releva no Comércio é a empresa e não tanto o seu titular. Por sua vez, no Direito Comercial, o que releva é o titular da empresa e não tanto esta.

III. As empresas podem ser identificadas por uma multidão de nomes, que normalmente constituem marcas ou nomes de estabelecimento, mas também por outros elementos identificativos, por exemplo um *DNS* (*Domain Name System*) ou mesmo um *sTLD* (*Sponsored Top Level Domain*).

Quando, por exemplo, um preposto age invocando o nome de estabelecimento, marca, ou outro sinal distintivo do produto ou serviço, a imputação deve ser efetuada à empresa ou comércio que é identificado por esses sinais. Isto não significa que a imputação seja efetuada necessariamente ao dono da marca, mas ao dono (ou donos) do negócio que é exercido sob essa marca. Assim, pode acontecer que, apesar do titular registado da marca ser um determinado comerciante, o negócio que é exercido sob essa marca pertence a outro comerciante, ou mesmo a vários comerciantes, caso em que a atuação do gerente de comércio é imputada a esses mesmos comerciantes, na qualidade de titulares do comércio que é exercido sob essa marca. Ou seja, a atuação é imputada à empresa, através da marca que esta usa, e só depois é imputada aos comerciantes que são titulares da empresa, não sendo necessariamente os mesmos que são titulares da marca. Esta situação pode decorrer de várias causas, sendo que uma delas consiste na prática (corrente em alguns setores do comércio) de registar a marca em nome de uma empresa *offshore* que depois cede o uso dessa marca a várias empresas do mesmo grupo, passando os lucros a título de *royalties* para o ordenamento *offshore* e assim evitando pagar impostos. Mas as consequências desta prática implicam que os comerciantes que usam a marca, não são os mesmos que são

222

donos da marca. Na prática, nestes casos a marca identifica uma empresa, um comércio, mas essa empresa não é pertença do titular da marca. Como tal, é a empresa identificada e o respetivo titular que se deve procurar identificar, e não necessariamente o titular da marca.

O mesmo sucede quando o preposto age usando para tal uma morada de *email* com um nome de domínio de *DNS (Domain Name System)* pertencente a um comerciante, quer seja referente à sua firma, quer a produtos ou serviços desta. E também no caso de o gerente de comércio agir invocando um *site* de internet com o mesmo nome de domínio de *DNS (Domain Name System)* que o comerciante usa, quer seja referente à firma do comerciante, quer a produtos ou serviços deste. Também no caso da presença em redes sociais, se o preposto usar a mesma morada *online* que é usada pelo comerciante que representa, ou versões nacionais dessa presença. Ou, ainda, se o preposto agir através de uma determinada *app*.

Em todos estes casos, é a ligação entre o preposto, o sinal distintivo, e o negócio ou comércio que é exercido sob esse sinal distintivo, que permitem a imputação. Esta – a imputação – é efetuada aos comerciantes titulares do comércio que seja realizado sob esse sinal distintivo, e que poderão ser, ou não, titulares desse mesmo sinal distintivo.

Pode ainda suceder – como é ainda tradicional – que o preposto atue estando fisicamente presente num qualquer estabelecimento que esteja identificado publicamente como sendo do comerciante quer por ter a firma do comerciante publicamente e facilmente visível, quer por o estabelecimento estar decorado com a imagem que integre uma marca do comerciante, quer ainda por o nome de estabelecimento ser imputável ao comerciante. Neste caso, o sinal distintivo do comércio é o próprio local em que o gerente de comércio exerça a atividade, estável e publicamente.

III. Por vezes um preposto age por conta de um comércio que pertence a vários comerciantes. Assim sucede, por exemplo quando age por conta de uma marca que identifica uma empresa cuja atividade engloba a atividade (total ou parcial) de vários comerciantes. É frequente suceder que um determinado comércio seja exercido em conjunto por vários comerciantes. Nestes casos, a empresa comercial (não o comerciante) é composta por determinada atividade comercial que, formalmente, pertence em comunhão a vários comerciantes, ou resulta da união de várias atividades parciais, cada uma pertencente a um comerciante, mas que operam no Comércio como uma única atividade, uma única empresa. O que releva é que, no Comér-

A PREPOSIÇÃO

cio, essa empresa opere como uma unidade, como um centro de imputação comercial. No Direito, este centro de imputação comercial será repartido por vários centros de imputação jurídicos, ou seja, por várias pessoas jurídicas, vários comerciantes.

Um dos exemplos mais comuns, é o do preposto que atua por conta de uma qualquer marca, mas que é explorada em regime de franquia, ou que é explorada por um grupo de empresas, de tal modo que não é possível distinguir os comércios por conta de quem atua o preposto.

Nestes casos, não havendo qualquer limitação à atuação do preposto, a atuação será imputada à marca por conta da qual agiu. Através desta imputação à marca, a atuação será, então, imputada à empresa comercial identificada por essa marca. Por sua vez, subjacente a essa empresa comercial, poderão estar todas as empresas que integram a franquia ou o grupo, dependendo de como está organizada a franquia. Por último, a imputação a essas empresas, permite a imputação da atuação aos comerciantes que sejam os respetivos titulares.

Assim, num caso em que uma pessoa surge pública e estavelmente à frente de uma marca, tratando do comércio dessa marca sem que seja oponível aos terceiros qualquer limitação (art. 249.º, do Código Comercial), essa pessoa poderá ser considerada como preposto de todos os comerciantes que integram a franquia ou o grupo, sendo os efeitos jurídicos imputados subjetivamente e solidariamente a todos esses comerciantes. Esta situação pode ocorrer porque, por exemplo, não existe uma contramarca pertença apenas de um franqueado o que impede a efetiva distinção entre a marca do franqueador e a marca do franqueado, determinado assim a indistinção entre a empresa do franqueador e a empresa do franqueado que passam, do ponto de vista do terceiro (*external approach*)[524] a ser uma única.

É um caso inverso ao problema da identidade de indiscerníveis: quando dois entes são indiscerníveis, não são – afinal – dois entes, mas apenas um. Contudo, em lugar de se partir de dois entes, para se questionar se afinal existe apenas um, parte-se de um único ente, para se questionar sobre a eventual existência de vários entes e, acima de tudo, da oponibilidade a ter-

---

[524] Sobre a *external approach* VERHAGEN, *Agency in Private Internacional Law, The Hague Convention on the Law Aplicable to Agency*, Martinus Nijhoff Publishers, The Hague/Boston/London, 1995, págs. 304 e 305 e BRITO, MARIA HELENA, *A Representação nos Contratos Internacionais, Um contributo para o estudo do princípio da coerência em direito internacional privado*, Almedina, Coimbra, 1999, págs. 478 e 479.

ceiros da multiplicidade de entes. Ou seja, no caso em apreciação, havendo um ente comercial (uma atividade comercial discernível ao terceiro de boa fé), o problema coloca-se quanto à eventual distinção comercial deste ente, em dois (ou mais) entes.

Assim, por exemplo, identificando-se a atividade através de uma marca única, ou de uma imagem comercial única, do ponto de vista do terceiro (*external approach*), apenas existe uma única empresa, identificada por essa marca ou imagem comercial.[525] Neste caso, o terceiro não discerne duas empresas, apenas identificando uma única atividade, uma única empresa, não sabendo, no momento da perfeição contratual, a quem pertence essa empresa. Pode desconfiar que poderão existir vários comerciantes, cada um com a sua empresa; mas não sabe, não tendo conhecimento efetivo desse facto.

Segundo o art. 249.º do Código Comercial, para que se possa opor ao terceiro a existência de duas empresas diferentes, cada uma pertença de um comerciante, é necessário que se prove que o terceiro tenha conhecimento efetivo desta dualidade. Não é suficiente que se demonstre que o terceiro tinha o dever de saber que se tratava de duas empresas diferentes, pertença de diferentes comerciantes.

Conforme o tipo e nível de integração empresarial, pode suceder (e sucede frequentemente) que os terceiros não tenham conhecimento efetivo, por exemplo, que diferentes lojas que operam com base numa única imagem e sob uma única marca de roupas, pertencem a diferentes comerciantes, cada um com a sua empresa, a sua atividade. Ao terceiro, todas as lojas surgem como integrando uma única empresa, uma única atividade: a marca de roupas. Como tal, apenas no caso de prova de conhecimento efetivo desse facto por parte do terceiro, é que será possível opor ao terceiro a questão da divisão empresarial interna à franquia.

Face a este regime, se a posição socialmente típica do preposto surgir à frente da marca, de tal modo que fique publicamente à frente dessa marca, sem que o terceiro saiba efetivamente quem é o preponente ou sem que o preposto esteja registado, todos os comerciantes que exercem atividade sob essa marca serão considerados como preponentes, ficando todos solidaria-

---

[525] O problema é também identificado por OLIVEIRA, ANA PERESTRELO DE, *Grupos de Sociedades e Deveres de Lealdade. Por um Critério Unitário do "Conflito do Grupo"*, Almedina, Coimbra, 2012, págs. 618 a 625, numa perspetiva de eventual tutela das expetativas de terceiros no âmbito de grupos de sociedades. A Autora, contudo, prossegue uma via de responsabilidade civil, e não uma via de vinculação.

mente vinculados perante o terceiro, sem prejuízo das relações internas que entre eles vigorem.

Assim sucede nos casos em que, por exemplo, um conjunto de comerciantes explora uma mesma marca, ou um mesmo produto, sendo todos donos desse negócio. Sendo o negócio ou comércio pertença de vários comerciantes, a atuação do gerente de comércio será realizada por conta desse comércio e, como tal, de todos esses comerciantes. Basta que vários comerciantes (que integrem um grupo societário, por exemplo) sejam titulares de um qualquer produto, sendo preposto um funcionário de uma dessas sociedades, para a exploração desse produto em cada zona geográfica, o que sucede com frequência no comércio internacional *online*. Nestes casos, o mais frequente é que o preposto afirme estar a agir em nome de uma dessas sociedades, mas atue efetivamente por conta de todas as sociedades, porquanto o negócio pertence a todas essas sociedades.

Também ocorre que o preposto surja publicamente como se fosse o comerciante titular do negócio. Ou seja, que se identifique como titular, quando efetivamente é um preposto do titular. Não é o verdadeiro dono do comércio, mas surge publicamente à frente desse comércio, de modo estável, agindo em nome próprio.

Em ambos os casos a questão consiste em identificar a quem são dirigidos os benefícios da atuação do preposto ou, dito de outro modo, por conta de quem é que o preposto atua. Independentemente de saber em nome de quem age o preposto, importa sempre saber por conta de quem age. Sabendo-se por conta de quem age, sabe-se quem são os preponentes, mesmo que nunca sejam mencionados pelo preposto, ou que este negue representá-los.

Outro caso frequente deste fenómeno prende-se com comerciantes que são donos de um produto, ou marca, mas sendo que esse produto ou marca é usado por vários comerciantes, que integram todos o mesmo grupo, cada um desenvolvendo uma parte de um negócio, mas todos exercendo atividade com a mesma base comum.

Pode suceder, por exemplo, que um comerciante tenha um motor de busca na *internet*, explorando uma atividade comercial com base nesse motor de busca e na respetiva marca, mas outro comerciante explore atividade publicitária com base no mesmo motor de busca e marca, e ainda outro comerciante explore uma atividade de estudos estatísticos com base nos dados recolhidos no mesmo motor de busca, sob a mesma marca.

Num caso como este, é frequente que o preposto invoque agir em nome dessa marca, ou em nome desse motor de busca, sem sequer identificar a firma de um determinado comerciante. Ao agir desse modo, por conta da marca ou do motor de busca, está a agir por conta de todos os comerciantes que explorem uma atividade comercial com base nesses elementos. Embora cada comerciante possa ter a sua própria atividade comercial, todas estas atividades são identificadas pela referência ao mesmo motor de busca ou marca. Assim, a atuação de um preposto que atue por conta dessa marca ou motor de busca é imputada a todos esses comerciantes.

Pode também suceder que o preposto atue em nome de um desses comerciantes. Mas tal não significa que essa sociedade seja o preponente ou, pelo menos, o único preponente. Neste caso, é frequente que o preposto não identifique a sociedade por conta de quem age, mas antes da sociedade em nome de quem age. Assim sucede porque, apesar de agir em nome de uma sociedade comercial, os benefícios dessa atuação são destinados a outra sociedade comercial. Por exemplo, age em nome de uma sociedade com sede registada na União Europeia, de modo a poder beneficiar da liberdade de estabelecimento, mas todos os proveitos transitam para uma sociedade nas Ilhas Caimão e, daí, transitam para uma sociedade com sede registada no Delaware (EUA), mas com escritórios principais na Califórnia (EUA). Nestes casos, embora o preposto atue em nome de uma sociedade, atua por conta de todas as demais sociedades, pelo que provando-se este facto, o terceiro pode escolher imputar a atuação aos comerciantes por conta de quem atuou o preposto.

Também pode ocorrer, por exemplo, que vários comerciantes exerçam atividade de transporte de pessoas sob a mesma marca, e um preposto atue invocando essa marca, sendo então todos esses comerciantes preponentes, em regime de solidariedade. Assim, um contrato feito com esse preposto, que tenha celebrado em nome da marca, vincula todos esses comerciantes solidariamente, como partes do contrato representados pelo preposto. Este é um caso misto de atuação em nome de terceiro e por conta de terceiro. Ou seja, o preposto age em nome de um comerciante ao mesmo tempo que age por conta de outros comerciantes. Neste caso, deve ser aplicado o regime do art. 251.º, § 1.º, conjugado com o art. 252.º, § único do Código Comercial. Ou seja, desde que se demonstre que a atuação foi efetuada por conta de todos os comerciantes (art. 252.º, § único), a atuação é imputada a todos, solidariamente (art. 251.º, § 1). Claro está que o art. 252.º, § único do Código Comercial se refere literalmente aos casos nos quais o preposto age em nome próprio, mas por conta do comerciante seu preponente. Mas, por maioria de razão (art. 3.º do Código Comercial), o mesmo deve suceder quando o preposto age em nome de uma pessoa, mas por conta de outra pessoa, ou em nome de uma pessoa e por conta dessa pessoa e mais outras pessoas.

De certo modo, o que sucede nestes casos é uma indefinição da identificação do comerciante preponente. Seja propositadamente ou não, ocorrem casos em que o exercício do comércio com base numa marca, ou outro sinal distintivo, não permite aferir com certeza qual é o concreto comerciante que é o representado, pois são vários os comerciantes que exercem o seu comércio com base nessa marca ou sinal distintivo. Estes casos de indefinição são o território natural do regime do preposto. Este regime opera com base na realidade do Comércio, não sendo relevante um ideal de Comércio que não existe.

IV. Como vimos, por vezes ocorre que o preposto atua invocando a firma de um comerciante, mas não todas as firmas de todos os comerciantes seus preponentes. Neste caso, contudo, como o elemento identificado é uma firma, a ligação a um comerciante é direta o que pode criar a aparência de uma imputação subjetiva em resultado de *contemplatio domini*. Contudo, o que releva na representação institória é saber quem é que vai beneficiar com essa atuação, ou seja, por conta de quem atua o preposto.

Como é da natureza das coisas, e da história do Direito Comercial e do Comércio, é frequente que uma empresa comercial pertença a vários comerciantes, mas apenas um surja publicamente. Uma das manifestações deste fenómeno é o caso do preposto que age em nome de um comerciante, mas por conta de vários outros preponentes. São casos em que a atividade em si pertence a vários comerciantes, mas estes acordam que só um dá o seu nome. Assim ocorreu, ocorre, e continuará a ocorrer com as comanditas informais. Ou seja, com aquelas comanditas que não surgem publicamente como tal, mas que são efetivamente comanditas. Assim sucede também com outros casos semelhantes, nos quais uma atividade é exercida em benefício de vários comerciantes, mas em que apenas um surge publicamente como titular. Ou que vários comerciantes atuam com base numa marca, mas a marca está registada em nome de um comerciante com sede registada num paraíso fiscal.

As motivações para a criação destas estruturas de empresa podem ser as mais variadas, e não são necessariamente – nem mesmo normalmente – razões fiscais, nem razões ilícitas ou fraudulentas. Antes, em regra, a razão de ser de determinados comerciantes organizarem a sua atividade em determinada empresa resulta do modo como se lançaram no Comércio, como o negócio evoluiu, e como se foram estabelecendo. Nada tem de necessariamente fraudulento, nem sequer de intencional; apenas aconteceu de determinado modo. Mas, nestes casos, as pessoas que surgem à frente dessa empresa, atuam por conta de uma empresa que pertence a pessoas diferentes da pessoa em nome de quem agem, o que é corrente no comércio exercido através de prepostos.

Em suma, na representação institória, e como regra, os atos são imputados ao titular, ou titulares, da empresa à frente da qual se está, ou seja, são imputados às pessoas por conta de quem se atue, às pessoas que beneficiam com essa atuação. Este é o principal critério de imputação.

Por uma questão prática, agindo o preposto em nome de um determinado comerciante – quando tal sucede – presume-se que atua por conta desse comerciante. Contudo, mesmo que o preposto atue em nome próprio, pode o terceiro provar que atuou por conta alheia, caso em que a atuação será imputada a essa pessoa (art. 252.º, § único do Código Comercial). E, por maioria de razão, o mesmo sucede caso atue em nome de um comerciante, mas se prove que atuou por conta de outro comerciante (arts. 3.º e 252.º, § único do Código Comercial).

Em conclusão, o principal critério de imputação na representação institória é a atuação por conta alheia, sendo que a atuação em nome alheio presume essa atuação por conta alheia. A atuação é por conta alheia, quando o preposto está à frente de um comércio, de uma empresa, cujos benefícios não lhe sejam destinados em exclusivo.

A. Imputação de responsabilidade civil – o art. 800.º do Código Civil

I. Uma das manifestações atuais do regime da preposição é o art. 800.º do Código Civil, sobre a responsabilidade civil por atos de representantes legais e auxiliares. Este regime nada mais é do que uma atualização do regime da preposição e da autorização comercial, mas limitado à imputação da responsabilidade civil por incumprimento da obrigação, em lugar de imputação da obrigação em si mesma.

Esta ligação surge no estudo de Vaz Serra com título "Responsabilidade dos devedores pelos factos dos auxiliares dos representantes legais ou dos substitutos" publicado em 1958, no BMJ 72. Logo na primeira página, afirma o autor que *"No direito francês, ao passo que o art.º 1.384.º consagra o princípio da responsabilidade dos propostos (cfr. o art.º 2.380 do nosso Código), em matéria de responsabilidade extracontratual, nenhuma disposição consigna análogo princípio no domínio da responsabilidade contratual".*[526] A ligação entre prepostos (*propostos*, na linguagem do autor) e o art. 800.º do Código Civil é, pois, anterior ao próprio Código Civil.

A afirmação de Vaz Serra não estava correta no que respeita ao Direito português, pois essa "disposição análoga" encontrava-se no Código Comercial.[527] Contudo, no que respeita ao Código Civil, tinha razão; o Código Civil não regulava esta matéria, e não o fazia porque era uma matéria Comercial, que em regra ocorre no Comércio.

O art. 800.º do Código Civil tem origem em três ações de Direito Romano: a *actio exercitoria* e a *actio institoria*, que regulam os prepostos, e a *actio quod iussu*, que regula os autorizados. Assim, o regime do art. 800.º do Código Civil abrange os auxiliares estáveis (prepostos) e os auxiliares pontuais (autorizados). Este regime nasceu no Direito Comercial Romano, com base nestas três *actiones adjecticiae qualitatis*, tendo evoluído para o Direito Civil. Esta é, aliás, a principal razão da diferença entre o regime do art 800.º do Código Civil e o correspondente art. 500.º.

O art. 500.º do Código Civil tem origem na *actio noxal* do Direito Civil Romano, segundo a qual o *pater familias* era civilmente responsável pelos danos causados por um seu servo, filho, ou mesmo um seu animal, podendo optar entre pagar uma indemnização ou entregar o servo.[528] Esta era uma figura de Direito Civil e não de Direito Comercial, fundando-se exclusivamente no modo de funcionamento da família romana, e que veio a evoluir até ser recebida no art. 1384.º do Código Napoleão,[529] tendo passado para o art. 2380.º do Código de Seabra[530] e posteriormente para o art. 500.º, apesar de neste caso ter recebido influência do § 278 BGB.[531] Efetivamente, o estudo de Vaz Serra abrange vários ordenamentos, mas é patente a influências do

---

[526] Serra, Adriano Vaz, *Responsabilidade dos devedores pelos factos dos auxiliares dos representantes legais ou dos substitutos, in* BMJ 72-259, 1958, pág. 259.

[527] O próprio Autor faz referência a um caso do Código Comercial: o comissário de transporte – Serra, Adriano Vaz, *Responsabilidade dos devedores pelos factos dos auxiliares dos representantes legais ou dos substitutos, in* BMJ 72-259, 1958, pág. 260.

[528] Cordeiro, António Menezes, *Tratado de Direito Civil*, Vol. IX, 3.ª ed., Almedina, Coimbra, 2017, págs. 394 a 396.

[529] Cordeiro, António Menezes, *Tratado de Direito Civil*, Vol. IX, 3.ª ed., Almedina, Coimbra, 2017, pág. 399.

[530] Cordeiro, António Menezes, *Tratado de Direito Civil*, Vol. IX, 3.ª ed., Almedina, Coimbra, 2017, págs. 400 e 401.

[531] Cordeiro, António Menezes, *Tratado de Direito Civil*, Vol. IX, 3.ª ed., Almedina, Coimbra,

O LADO EXTERNO DA PREPOSIÇÃO

alemão. Não tanto do §278.º do BGB em si, mas antes da opinião de Ennece-rus-Lehmann sobre essa disposição. Vaz Serra recorreu fundamentalmente à tradução para castelhano da obra de Ennecerus-Lehmann,[532] para proceder ao levantamento dos problemas e possíveis soluções. Contudo, ao ler-se o texto de Vaz Serra resulta muito patente que a generalidade das questões que este vai buscar a Ennecerus-Lehmann são problemas de Direito Comer-cial e não de Direito Civil.[533] Em resultado, os problemas que Vaz Serra usava como base para resolver a questão tinham, como regra, natureza Comer-cial e não Civil. Em consequência, a solução Civil foi obtida através de uma figura do Comércio. O art. 800.º do Código Civil é uma disposição de Direito Comercial que foi enxertada no Código Civil e que, assim, viu expandido o seu âmbito, passando a ser uma regra geral de Direito Comum.

Enquanto o art. 500.º do Código Civil teve origem no Direito Civil Romano, o art. 800.º do Código Civil teve origem no Direito Comercial Romano. São, pois, duas figuras totalmente diferentes, sendo apenas aproxi-madas por regularem casos de imputação objetiva de responsabilidade civil por atos de terceiros, pela similitude de linguagem usada e, ainda, por terem atualmente a sua sede no Código Civil.

As questões do art. 500.º do Código Civil são relativas a atos praticados por pessoas numa situação de estrita dependência do principal,[534] pois a figura original regulava a atuação dos servos e filhos, que estavam sujeitos ao *pater familias*. Já no que respeita ao art. 800.º do Código Civil, as questões são relativas aos atos praticados por pessoas que são colocadas à frente da ativi-dade do principal, quer de um modo estável e público (prepostos), quer de modo pontual (autorizados). No art. 800.º do Código Civil não se exige uma

2017, pág. 400 e LIMA, PIRES DE e VARELA, ANTUNES, Código Civil Anotado, Vol. II. 4.ª ed. Coimbra Editora, Coimbra,

[532] Sem prejuízo de recorrer a outros Autores.

[533] Veja-se, por todos, as notas 17, 18, 19 e 20 a págs. 273 a 277 da obra de Vaz Serra – SERRA, ADRIANO VAZ, *Responsabilidade dos devedores pelos factos dos auxiliares dos representantes legais ou dos substitutos, in* BMJ 72-259, 1958, págs. 273 a 277 (17 a 20). O mesmo ocorreu com outros Autores a que recorreu, nomeadamente Von Thur e Heck – SERRA, ADRIANO VAZ, *Respon-sabilidade dos devedores pelos factos dos auxiliares dos representantes legais ou dos substitutos, in* BMJ 72-259, 1958, pág. 277 (23) e pág. 278 (24).

[534] FRADA, MANUEL CARNEIRO DA, *A responsabilidade objectiva por facto de outrem face à distinção entre responsabilidade obrigacional e aquiliana, in* Direito e Justiça, Vol. 12, n.º 1, págs. 297 a 311, Universidade Católica Editora, 1998, pág. 307.

A PREPOSIÇÃO

relação de dependência, porque *nas actiones adjecticiae qualitatis* não se exigia essa dependência, podendo o auxiliar ser dependente ou não.

As duas disposições resolvem problemas diferentes. O art. 500.º do Código Civil resolve o problema dos dependentes, enquanto o art. 800.º resolve o problema dos auxiliares. A diferença pode parecer pequena, mas torna-se manifesta quando se toma em consideração a origem Civil ou Comercial das figuras. No art. 500.º do Código Civil, a questão original era de responsabilidade de uma pessoa pelos atos praticados por pessoas por si dominadas. No art. 800.º do Código Civil o que estava originalmente em questão era a problemática de um comerciante recorrer a um auxiliar para aumentar os seus lucros, expandindo a sua empresa.[535] São duas problemáticas muito diferentes e que, de certo modo, ainda hoje se mantêm.

O problema que nos ocupa agora é, contudo, apenas o do art. 800.º do Código Civil, nos casos comerciais. Note-se, no entanto, que apesar da inserção desta disposição no Código Civil, o recurso a auxiliares para cumprimento de obrigações é muito mais frequente no Comércio, onde em regra as obrigações são sempre cumpridas através do recurso a auxiliares. Contrariamente, fora do Comércio (no mundo Civil), em regra as obrigações são cumpridas pessoalmente, provocando uma muito menor probabilidade de aplicação do art. 800.º do Código Civil. Esta realidade só não é mais patente, porque normalmente o intérprete-aplicador português não distingue entre Direito Civil e Direito Comercial, entre Sociedade Civil e Sociedade do Comércio, limitando-se a aplicar acriticamente Direito Civil às questões de Direito Comercial.

II. O primeiro problema que se coloca é o da distinção entre o regime do art. 800.º do Código Civil e o regime geral dos prepostos regulado nos art. 248.º e seguintes do Código Comercial.

Numa abordagem formal, poder-se-ia afirmar que quando se tratasse de uma questão de responsabilidade civil se estaria perante um caso do art. 800.º do Código Civil, e que quando fosse uma vinculação negocial se estaria

---

[535] Fazendo também uma associação entre o art. 800.º do Código Civil e a questão do "raio de ação" do devedor (comerciante) através do uso de auxiliares, como modo de aumentar os lucros da atividade, FRADA, MANUEL CARNEIRO DA, *A responsabilidade objectiva por facto de outrem face à distinção entre responsabilidade obrigacional e aquiliana*, in Direito e Justiça, Vol. 12, n.º 1, págs. 297 a 311, Universidade Católica Editora, 1998, pág. 303.

perante um caso dos art. 248.º e seguintes do Código Comercial. Contudo, a questão pode ser mais complexa.

O art. 800.º do Código Civil não abrange apenas prepostos, incluindo os autorizados sem estabilidade. No caso destes últimos, não se coloca o problema dos arts. 248.º e seguintes, porquanto estes não são prepostos. Assim, quando o auxiliar é um autorizado sem estabilidade, a única questão é da aplicação, ou não, do art. 800.º do Código Civil, não se aplicando o regime dos art. 248.º e seguintes do Código Comercial.

Contudo, quando o auxiliar é um preposto, é antes de mais necessário saber que tipo de ato foi praticado. Se o ato praticado pelo auxiliar for passível de representação, o regime a aplicar será o dos art. 248.º e seguintes do Código Comercial. Só nos casos em que o ato do auxiliar não for passível de representação é que será de aplicar o art. 800.º do Código Civil em matérias comerciais.

Assim, por exemplo, se o incumprimento da obrigação decorre do facto de o auxiliar ter celebrado um determinado contrato em violação de um dever de exclusividade do principal perante a sua contraparte, é o próprio contrato celebrado pelo auxiliar que é imputado ao principal através do regime dos arts. 248.º e seguintes do Código Comercial. Como tal, neste caso não é aplicável o art. 800.º do Código Civil, porquanto o art. 3.º do Código Comercial impede essa possibilidade.

Note-se que, aplicando-se o regime dos arts. 248.º e seguintes do Código Comercial, não é necessário provar a relação jurídica entre o auxiliar e o principal, sendo apenas necessário provar que o auxiliar surge pública e estavelmente como auxiliar. Este é um regime muito mais apropriado ao Comércio, do que o regime Civil do art. 800.º do Código Civil, no qual é necessário provar o contrato (por exemplo, uma subempreitada) celebrado entre o principal e o auxiliar, prova esta que é muito mais complexa.

Assim sendo, quando surge uma questão de eventual responsabilidade civil obrigacional de um comerciante por atos praticados por um seu auxiliar (no significado do art. 800.º do Código Civil) é necessário:

– Saber se o ato de incumprimento da obrigação é, ou não, passível de representação.
– Saber se o auxiliar surge estável e publicamente à frente da atividade do principal na qual se verificou o ato de incumprimento da obrigação.

Conforme o caso, a solução será diferente:

Se o ato não admitir representação, será aplicável o regime do art. 800.º do Código Civil.

Se o auxiliar não estiver estável e publicamente colocado à frente da atividade do principal, será aplicável o regime do art. 800.º do Código Civil.

Mas se o ato admitir representação e o auxiliar estiver estável e publicamente colocado à frente da atividade do principal, não será aplicável o regime do art. 800.º do Código Civil, mas antes dos art. 248.º e seguintes do Código Comercial. Como tal, nestes casos não se trata de responsabilidade por atos praticados por terceiros, mas antes de responsabilidade de atos praticados por quem atua por conta da empresa, que pertence ao comerciante. Dito de outro modo, são atos praticados pela própria empresa. Uma vez que a empresa não tem personalidade jurídica, estes atos são imputados ao titular da empresa. Assim, estes são casos de responsabilidade civil por atos próprios, e não por atos de terceiro.

Note-se que caso se trate de uma questão de Direito Civil na qual não vigore o regime da preposição, será já uma questão de responsabilidade por atos de terceiros, aplicando-se o art. 800.º do Código Civil. Contudo, mesmo que seja uma questão Civil, caso o auxiliar seja um preposto civil, o regime a aplicar será o da correspondente preposição.

10. Capacidade para ser preponente ou preposto

I. Quem pode ser preposto e quem pode ser preponente? Esta foi sempre uma das principais questões em Roma.

A estrutura da sociedade romana provocava enormes variações entre a capacidade jurídica das pessoas, verificando-se diferentes categorias de pessoas com diferentes níveis de capacidade, nomeadamente pais de família, mulheres casadas, mulheres solteiras, mulheres viúvas, filhos maiores, filhos menores, rapazes, raparigas, homens livres, servos, cidadãos ou estrangeiros. Num ambiente sócio-jurídico tão diversificado no que respeita à capacidade, a questão "capacidade para ser preposto" tinha necessariamente de surgir e de obter uma resposta cabal.

A resposta foi obtida, tendo sido uma das mais avançadas de que há memória, dando o primeiro passo para a construção de uma diferente sociedade, através de uma abordagem que constitui ainda hoje uma das marcas dogmáticas do Direito Comercial.

Para bem compreender esta questão, importa recordar que, embora o sistema social em Roma fosse muito estratificado, sendo que hoje o consideraríamos como gravemente violador de várias disposições fundamentais, era esse o regime efetivamente vigente.

Apenas o *pater familias* teria aquilo a que hoje se poderia chamar de plena capacidade genérica de gozo. Assim, a mulher do *pater familias*, os seus filhos e os seus escravos tinham – na melhor das hipóteses – uma capacidade de gozo muito reduzida, ou beneficiavam apenas de capacidade de gozo específica a título excecional. Por sua vez, aos estrangeiros nem sequer se aplicava o *ius civile*, encontrando-se numa posição extremamente inferiorizada nesta matéria (embora fossem abrangidos pelo *ius gentium*). Em suma, em Roma mandava o "homem da casa". As mulheres eram pessoas inferiores, o mesmo sucedendo com os filhos, mesmo que maiores. Os escravos eram seres quase absolutamente inferiores, sucedendo de algum modo (no *ius civile*) o mesmo com os estrangeiros. Foi neste ambiente, que hoje apelidaríamos de gravíssima desigualdade social, que se desenvolveu a *actio institoria*.

No entanto, a *actio institoria* trabalhava com outros princípios, que diferiam muito dos princípios que resultavam do *ius civile* e que regulavam a sociedade romana. A *actio institoria* era Direito Comercial, regulava o Comércio e a Sociedade do Comércio. Não regulava a Sociedade Civil, a Sociedade dos Cidadãos, mas a Sociedade dos Comerciantes.

O Comércio não se centra nas pessoas, mas nas empresas. De certo modo, no Comércio não há pessoas, há empresas, pois são as empresas que criam a riqueza. Claro está que a empresa pertencerá a uma pessoa e será desenvolvida por pessoas, perante outras pessoas; mas o verdadeiro sujeito no Comércio é a empresa. Independentemente da conceção formal de Direito Comercial, que foi evoluindo através da história, o que vale no Comércio é a empresa, e é a empresa porque é esta que dá dinheiro, permitindo ao comerciante enriquecer. Um verdadeiro comerciante desenvolve a sua atividade, explora a sua empresa, para dela retirar dinheiro e riqueza patrimonial. Esse é o fim da sua atividade, o único fim da sua atividade. Pode, claro está, atingir esse fim através de vários modos, desenvolvendo vários objetos, podendo ter este ou aquele objeto de atividade, mais ou menos amplo. Mas o fim último é sempre o mesmo: a obtenção de riqueza patrimonial. Esta visão do Comércio é partilhada por todos os comerciantes, mesmo que não o seja por todos os jus-comercialistas. Mas é esta a verdadeira razão de ser do Comércio: a obtenção de riqueza.

Para obter riqueza é totalmente indiferente o sexo das pessoas que exercem a atividade. É também totalmente indiferente a idade que essas pessoas têm. O mesmo sucede com o seu estado civil. É ainda irrelevante se é uma

A PREPOSIÇÃO

pessoa livre ou se é um escravo ou servo. Ou, se é nobre, plebeu, religioso, burguês ou se pertence a qualquer classe social. Por último, é irrelevante se é nacional, estrangeiro, apátrida, amigo ou inimigo. Qualquer pessoa consegue gerar riqueza através do Comércio e consegue-se gerar riqueza através da atividade de qualquer pessoa. Razão pela qual qualquer pessoa pode – no mundo do Ser – exercer o Comércio e todas estas pessoas exerceram o Comércio ao longo da história. O modo como exerceram o Comércio variou, e a reposta do Direito também variou. Contudo, no Comércio todos os sujeitos são iguais, pois os sujeitos são as empresas desenvolvidas pelas pessoas. E todas as pessoas são iguais, pois todas podem gerar riqueza exercendo a empresa.

No Comércio nem sequer se coloca a questão da dignidade da pessoa humana, pois não interessam as diferenças de idade, sexo, cor da pele, religião, classe social, ou outra. Apenas se pretende saber se se consegue fazer negócio com aquela pessoa. Caso seja possível fazer negócio com uma determinada pessoa, e assim obter riqueza, faz-se o negócio. Esta visão das coisas, que é muito própria – quiçá exclusiva – do Comércio, pode parecer chocante para quem está habituado a visões de Direito Civil ou de Direito Constitucional. Mas é esta a visão que prevalece na substância do Comércio: todos são iguais, pois todos são hábeis para negociar e assim obter riqueza. E foi esta a visão do mundo real, do mundo do Ser, que veio a integrar o Direito Comercial através da *actio institoria*.

Assim, tal como o Direito Comercial de base legal nasceu com a *actio exercitoria* e *actio institoria*, nasceu também a primeira grande manifestação do princípio da igualdade. Que nasceu no Comércio e no Direito Comercial pela simples constatação que todos eram iguais no que respeitava à aptidão para gerar riqueza. Note-se que o fundamento da igualdade no Comércio pode não ser o mais ético, mas os efeitos secundários são-no na prática.

A *actio institoria* foi um dos primeiros e mais poderosos instrumentos jurídicos dos quais resulta o princípio da igualdade. Na *actio institoria* não havia diferenças entre as pessoas. Não vigoravam as diferenças entre homens e mulheres,[536] entre pessoas livres e escravos, entre *pater familias* e pessoas

---

[536] Uma das primeiras manifestações de igualdade entre homens e mulheres verificou-se precisamente em matéria de representação comercial, nos casos de concessão de pecúlios às filhas, para que estas exercessem o comércio como prepostas do pai de família – OLIVER, GABRIEL BUIGUES, *La Posición Jurídica de la Mujer en Roma. Pressupuestos para un Estudio de la Capacidad Negocial de la Mujer*, Dykinson, Madrid, 2014, págs. 57 a 66.

sujeitas a *patria potestas*, entre adultos e menores,[537] entre cidadãos (nacionais) e estrangeiros, e mesmo entre classes sociais.[538]

São expressivos os textos do Digesto nesta matéria e que surgem, quer na *actio exercitoria*, quer na *actio institoria*:

Ulpianus, *Ad Edictum*, livro 28[539]

(4) Não importa qual a condição do mestre, se homem livre se escravo, nem se é propriedade do armador ou de outrem, e tampouco importa qual a sua idade, pois isso só é imputável a quem o nomeou.

(16) Pouco importa que quem explora a embarcação seja homem ou mulher, pai ou filho de família, livre ou escravo; mas se for pupilo [menor] exigiremos autorização do tutor.

Ulpianus, *Ad Edictum*, livro 28[540]

(1) Porém pouco importa que o institor seja homem ou mulher, livre ou escravo, próprio ou alheio. Também pouco importa quem o propôs, pois mesmo que tenha sido proposto por uma mulher compete [ação] institória à semelhança do que sucede na ação exercitória; e se tiver sido proposta uma mulher, também ficará obrigada. Mesmo que seja preposta uma filha de família ou uma escrava, compete ação institoria. (2) O menor preposto como institor obriga a quem o propôs pela ação institória, pois aquele que o prepôs deve sofrer as consequências.

Gaius, *Ad Edictum provinciale*, livro 9[541]

Porque também muitos prepõem à frente da sua loja rapazes e raparigas.

---

[537] Conforme GUICHARD, RAÚL, *A Representação sem Poderes no Direito Civil Português. A Ratificação*, polic., Porto, 2009, pág. 357 (45) esta caraterística da *actio institoria* veio a ter reflexos no regime da capacidade para ser procurador do nosso Código Civil.

[538] A *actio institoria* e a *actio exercitoria* nasceram como uma "exigência particular do comércio", tal como sucedeu com matérias relativas aos juros e à onerosidade das relações, por exemplo. Sobre esta questão, CORDEIRO, ANTÓNIO MENEZES, *Direito Comercial*, 4.ª ed., Almedina, Coimbra, 2016, pág. 50.

[539] D.14,1,1.

[540] D.14,3,7.

[541] D.14,3,8.

Ulpianus, *Ad Edictum*, livro 28[542]

Se o institor for preposto por um menor, que o fez sob a autoridade do tutor, o menor fica obrigado; se não, não.

Gaius, *Ad Edictum provinciale*, livro 9[543]

Mas dá-se ação contra o menor se tiver enriquecido com o negócio.

Como resulta patente, esta igualdade entre as pessoas não resultou de um qualquer reconhecimento da essencial dignidade da pessoa humana, nem de qualquer outra conceção ética ou moral. Resultou, antes de mais, da constatação da igualdade na aptidão para exercer o comércio e para gerar lucros. E, muito embora este fundamento possa ser eticamente questionável, a verdade é que foi um primeiro, e importante, passo no reconhecimento da essencial igualdade qualitativa de todas as pessoas. Os comerciantes recorriam a qualquer pessoa para exercer a sua atividade, pois qualquer pessoa tinha aptidão para gerar lucros para o comerciante. Por outro lado, qualquer pessoa exercia o comércio, independentemente da sua condição social, sexo, idade ou qualquer outro critério, pois qualquer pessoa conseguia gerar lucros com o comércio.

No Comércio todos são iguais.

Foi a prática do comércio por qualquer pessoa e através de qualquer pessoa que foi a causa do problema, pois no *ius civile* as pessoas não eram iguais. Eram iguais no Comércio, mas não no *ius civile*. Sendo que os comerciantes usavam o *ius civile* para aproveitar os lucros que lhes advinham do comércio que exerciam através de outras pessoas, mas também para evitar os custos, prejuízos e outos danos que essas pessoas lhes causassem. Era suficiente invocar que um escravo, ou um filho, ou uma mulher não podiam vincular o *pater familias* em *ius civile* para evitar toda e qualquer vinculação que fosse prejudicial. Assim, o sistema era perfeito para o comerciante sem escrúpulos: quando obtinha lucros, o lucro era seu; quando o negócio corria mal, o prejuízo era do terceiro.

Nenhum Comércio pode sobreviver a um sistema no qual os comerciantes ficam com o lucro da sua atividade, mas não com o prejuízo.

[542] D.14,3,9.
[543] D.14,3,10.

Por exemplo, quando o preposto de um comerciante de banca obtivesse um bom juro pelo empréstimo, o comerciante assumia esse negócio e auferia o respetivo juro. Mas no caso de o preposto negociar um mau juro, o comerciante banqueiro limitar-se-ia a não assumir esse negócio, invocando falta de poderes de representação, assim evitando o prejuízo. Ou, por exemplo, quando o preposto do comerciante entrasse num negócio a longo prazo que desse lucro, o comerciante ia ficando com os lucros. Mas se a certa altura o negócio começasse a dar prejuízo e fosse necessário entrar com mais dinheiro para cobrir esse prejuízo, o comerciante recusaria entrar com mais dinheiro, ficando os terceiros sem compensação pelos danos sofridos. Ou, por último, se o preposto do comerciante negociasse um seguro, o comerciante assumia o seguro se não houvesse sinistro, ficando com o prémio, mas recusando o mesmo no caso de sinistro, assim evitando o prejuízo. Para tanto, o comerciante apenas necessitaria de invocar que o preposto não o representava, pois tal não era possível em *ius civile*.

Assim, a *actio exercitoria* e, especialmente, a *actio institoria* nasceram com o fim específico de ultrapassar as limitações do *ius civile* que o impediam de regular devidamente o Comércio. E, para tanto, a solução passou por considerar todas as pessoas por igual e, ainda, permitir que uma pessoa represente outra pessoa.

Qualquer um destes elementos foi revolucionário. Com a *actio institoria* surgiu a representação como figura geral; e surgiu a igualdade entre todas as pessoas, sem qualquer discriminação.

Assim nasceu a autonomização do Direito Comercial face ao Direito Civil, como uma necessidade criada pela fundamental diferença face ao Direito Civil, que exigia que toda e qualquer pessoa pudesse ser preponente e, também, que toda e qualquer pessoa pudesse ser preposto. Só assim se conseguiria resolver o problema da interposição de pessoas que não vinculavam o comerciante, em casos nos quais o comércio lhe pertencia. Ou seja, *ubi commoda, ibi incommoda*, independentemente de a atividade ser exercida através de terceiros e independentemente do estatuto social dessa pessoa. Sendo a atividade exercida indiretamente, o comerciante ficava vinculado pelo preposto, independentemente das qualidades subjetivas de preponente e preposto. Só são relevantes as qualidades objetivas comerciais de preponente e preposto. Foi esta ligação essencial às qualidades adjetivas de comerciantes e de preposto que determinou o *nomen* de *actiones adiecticiae qualitatis*, que englobam a *actio exercitoria*, a *actio institoria*, a *actio tributoria*, *actio de peculio*, *actio de in rem verso* e *actio quod iussu*,[544] que no conjunto constituem a fonte do Direito Comercial e de toda a teoria da empresa.

Em suma, qualquer pessoa, com quaisquer qualidades, podia ser preponente e qualquer pessoa, com quaisquer qualidades podia ser preposto.

II. Atualmente já não se coloca uma parte do problema que se colocava em Roma. A escravatura está abolida, os filhos maiores e a mulher não estão sujeitos à *patria potestas*, não há classes sociais institucionalizadas, os estrangeiros têm personalidade jurídica.

Assim, como regra, qualquer pessoa pode ser preponente e qualquer pessoa pode ser preposto. As únicas exceções, que aliás já se verificavam no Digesto, dizem respeito ao exercício do comércio por menores, que carece de suprimento da incapacidade, através de representação ou de autorização, pelos pais ou tutores. Mas mesmo no caso destes, no caso de serem prepostos, a questão apenas se coloca no que respeita às parcelas de regimes jurídicos que afetam a sua própria esfera patrimonial. Como tal, não se colocam no que respeita aos poderes de representação face ao comerciante.

A questão coloca-se atualmente no que respeita às pessoas coletivas, em particular, às sociedades comerciais, e consiste em saber se pode uma sociedade comercial ser preponente, saber se os seus "legais representantes" podem ser prepostos e saber se pode uma sociedade comercial ser um preposto.

11. O preposto comerciante

I. Uma questão tradicional em tema de gerente de comércio consiste em procurar saber se o preposto é, ou pode ser, um comerciante.[545] A resposta tradicional é usualmente negativa, considerando-se que o preposto é um mero auxiliar do comerciante, mas que não é um comerciante em si mesmo. Exerce atividade comercial, mas como o faz por conta de outrem, estando à

---

[544] PETRUCCI, ALDO, *Per una storia della protezione dei contraenti con gli impreditori*, Vol. I, G. Giappichelli Editore, Torino, 2007, págs. 9 e 10 e ALBUQUERQUE, PEDRO DE, *A Representação Voluntária em Direito Civil*, Almedina, Coimbra, 2004, págs. 43 a 178.

[545] ANTHERO, ADRIANO, *Comentario ao Codigo Commercial Portuguez*, Vol. I, Typographia Artes & Letras, Porto, 1913, pág. 465 e CORREIA, FERRER, *Lições de Direito Comercial*, Vol. I, Universidade de Coimbra, Coimbra, 1973, págs. 142 a 144.

frente de um comércio de outrem, apenas praticando atos acessórios, não é um comerciante.[546]

Contudo, este modo de ver a questão é preconceituoso, pois parte do pré conceito de o preposto, em geral o gerente de comércio ou o caixeiro, ser um trabalhador do comerciante. Efetivamente, há muitos casos de prepostos que são trabalhadores do comerciante, limitando-se a estar à frente do comércio de outrem, sendo que o comércio que exercem não é seu. Como tal, exercem o comércio, mas apenas em representação do comerciante, sujeitos ao poder de direção deste e integrados na sua estrutura produtiva, sem terem eles próprios uma estrutura empresarial sua. Nestes casos, e noutros análogos, o preposto não é um comerciante.

II. O caso mais típico do preposto que não é comerciante é o do trabalhador do comerciante que é colocado de modo estável e público à frente do comércio. Ou seja, do trabalhador preposto. O trabalhador do comerciante é, em regra, um não comerciante, pelo que quando está preposto, mesmo que como gerente de comércio de topo, não é comerciante. Claro está que o trabalhador pode desenvolver uma outra atividade, fora da relação laboral, que tenha natureza comercial. Nesse caso, a pessoa do trabalhador é um comerciante, mas não no âmbito da relação laboral e da respetiva preposição. Ou seja, enquanto preposto do seu empregador não é comerciante, embora possa ser preposto na sua própria atividade comercial.

Mas este não é o único caso de preposto não comerciante. Assim sucede, por exemplo, com o cônjuge ou filho do comerciante, que esteja preposto à frente do comércio. A relação de família e de economia comum não é uma relação comercial, mas antes familiar. Muito embora seja frequente que o comércio de um membro da família seja exercido com recurso a todos os membros da família, sucede que por vezes não há contratos de trabalho. Nestes casos, a relação negocial mais típica é um mandato ou uma autorização. São, contudo, contratos civis de mandato ou autorização, e não as manifestações comerciais destes tipos negociais.

O mesmo sucede com o sócio de uma sociedade comercial que seja preposto à frente do comércio, ou de um comércio dessa sociedade. O sócio poderá não ter um contrato de trabalho, nem um contrato de mandato, sendo

---

[546] Por todos, CORREIA, FERRER, *Lições de Direito Comercial*, Vol. I, Universidade de Coimbra, Coimbra, 1973, págs. 142 a 144.

que aufere rendimentos através da distribuição de dividendos, exercendo a sua atividade gratuitamente. O sócio, não sendo gerente nem administrador societário, é colocado à frente do comércio da sociedade, de modo público e estável, fazendo os contactos comerciais e mesmo os contratos dessa sociedade. A qualidade de sócio de uma sociedade comercial não atribui a qualidade de comerciante, razão pela qual, neste caso, o gerente de comércio não é um comerciante.

Outro caso é o do preposto que é uma associação, ou outra pessoa coletiva que não tenha por objeto interesses materiais. Segundo o art. 14.º, n.º 1 do Código Comercial as associações e outras pessoas corporativas que não tenham por objeto interesses materiais estão proibidas de exercer profissionalmente o comércio. Podem, contudo, praticar os mesmos atos que um comerciante, mas desde que não o façam comercialmente. Um dos casos é o do grupo de sociedades comerciais que recorre a uma associação comercial que coloca à frente do seu comércio, ou de um seu comércio. Neste caso a associação comercial fica preposta à frente desse comércio, de modo estável e público, sendo preposto, mas não sendo um comerciante. Assim pode suceder, por exemplo, com uma associação comercial que é colocada à frente do comércio de um ou mais comerciantes que se desenvolva num determinado país. Nesse país, todos os contactos com estes comerciantes são feitos na pessoa da associação, que é preposto desses comerciantes, sem nunca ganhar a qualidade de comerciante.

Por outro lado, há atividades profissionais que não são consideradas comerciais. Assim, por exemplo, se um advogado for colocado nessa qualidade à frente do comércio de um comerciante, de modo público e estável, será um preposto, sem, contudo, ser comerciante.

Contudo, despida deste preconceito de ligar a preposição ao contrato de trabalho, a questão da natureza comercial do gerente de comércio toma outras vestes que altera, em muito, a maneira de abordar o problema.

II. A preposição é uma figura tipicamente comercial. Sucede que a comercialidade da preposição se verifica em razão da posição típica do preponente e não do preposto. A preposição é um ato tipicamente comercial, porque é uso do Comércio que os comerciantes recorram a prepostos.

Assim sucede porque, embora os prepostos atuem, em regra, profissionalmente, não fazem da preposição a sua profissão empresarial. Podem ter uma profissão da qual decorre serem prepostos, mas em regra não são prepostos que exercem profissionalmente e empresarialmente essa atividade, pois a preposição não é o seu comércio. Por outro lado, como regra, o comércio que exercem não é seu, mas sim do seu preponente. Ou seja, embora o preposto seja continuamente um preposto de um comerciante, e muito embora possa exercer uma determinada profissão, essa profissão não é exercida empresarialmente, não sendo o preposto titular de uma empresa comercial.

A comercialidade da posição do preposto depende da comercialidade da sua profissão, depende de o preposto exercer profissionalmente um comércio seu, sendo titular de uma empresa comercial que tem como atividade (ou como uma das atividades) ser preposto, conforme resulta do art. 13.º, n.º 1 do Código Comercial.[547]

Assim, um preposto será comerciante se exercer uma determinada atividade comercial profissionalmente e empresarialmente, da qual decorra a preposição, como pode suceder, por exemplo, com um mediador de seguros. Contrariamente, se essa profissão não for comercial, mesmo que seja um preposto, não será um comerciante preposto.

III. Pode também ocorrer que o preposto seja comerciante, porque surge pública e estavelmente à frente do seu próprio comércio. Neste caso, o que sucede é que o comerciante se encarrega do exercício do seu próprio comércio. Como é natural, ao agir deste modo, surge púbica e estavelmente à frente de um determinado comércio. Apesar deste comércio ser o seu próprio comércio, tal não é necessariamente percetível pelos terceiros. Numa aproximação externa ao problema, efetuada do ponto de vista do Mercado, do Comércio, dos terceiros, apenas se sabe que aquela pessoa está à frente daquele comércio, não sabendo que é o titular do próprio comércio, que é o comerciante dono da empresa. Assim, apesar de poder causar alguma perplexidade, é possível aplicar o art. 248.º do Código Comercial ao comerciante que gere o seu próprio comércio, porquanto este irá surgir do ponto de vista dos terceiros como alguém que está preposto à frente desse comércio. Como a relação interna apenas pode ser oposta a terceiros de má fé,[548] não é possível opor a terceiros a posição de titular da empresa e, mesmo que fosse, o resultado prático seria o mesmo. A imputação seria sempre efetuada ao comerciante, mas em lugar de uma imputação da atuação por via repre-

---

[547] E não apenas no caso em que o preposto atue *"desobedecendo à proibição do art. 253.º, exerce, em seu próprio nome e por sua própria conta, o comércio"*, conforme defende CORREIA, FERRER, *Lições de Direito Comercial*, Vol. I, Universidade de Coimbra, Coimbra, 1973, págs. 142 a 144.

[548] Segundo o art. 249.º do Código Comercial.

A PREPOSIÇÃO

sentativa, a imputação seria direta. Ou, visto de outro modo, mais comercial, esta pessoa atua por conta de uma empresa, que pertence a um comerciante. Sucede apenas que o comerciante é essa mesma pessoa. Comercialmente, este age em representação da empresa, sendo os atos imputados à empresa. É o efeito jurídico deste sistema que torna a situação estranha, em virtude de jus-comercialmente nunca ter havido representação, porquanto representante e representado eram a mesma pessoa jurídica. Mas comercialmente houve representação, porque a atuação foi efetuada por um sujeito comercial (o preposto), e foi imputada a outro sujeito comercial (a empresa), uma vez que as empresas são sujeitos no Comércio, no mundo do Ser comercial. Assim, nestes casos o preposto é um comerciante.

IV. Por último, no que respeita às sociedades comerciais, estas são sempre comerciantes, conforme resulta do art. 13.º, n.º 2 do Código Comercial, pelo que quando prepostas, são comerciantes prepostos.

Assim, salvo no caso das sociedades comerciais que são prepostos de outro comerciante, a qualidade de comerciante do preposto decorre da atividade subjacente à preposição. Da atividade subjacente, mas não necessariamente da relação subjacente, ou não apenas da relação subjacente. O preposto, por o ser, não é, nem deixa de ser, comerciante. Tanto podemos ter prepostos que são comerciantes, como ter prepostos que não são comerciantes.

Assim, podemos ter:

- Prepostos singulares que não são comerciantes.
- Prepostos singulares que são comerciantes porque exercem profissionalmente uma atividade comercial, que integra preposições.
- Comerciantes singulares que surgem prepostos à frente do seu próprio comércio.
- Prepostos que são comerciantes porque são sociedades comerciais.

A. O preponente sociedade comercial

I. A primeira questão que se coloca, consiste em saber se uma sociedade comercial pode instituir um preposto, colocando-o à frente do seu comércio, ou de um seu comércio, de modo público e estável.

O regime do gerente de comércio e demais prepostos, regulado nos arts. 248.º e seguintes do Código Comercial, aplica-se a preponentes comerciantes. Não havendo dúvida que as sociedades comerciais são comerciantes (art. 13.º, § 2.º do Código Comercial), por maioria de razão, estas podem ser preponentes.

Poder-se-ia colocar a dúvida, porque em Roma as sociedades não tinham personalidade jurídica, sendo o preponente sempre uma pessoa singular. Contudo, se no Código Comercial de 1833 esta dúvida ainda podia subsistir, no Código Comercial de 1888 a mesma não pode ter qualquer razão de ser e muito menos no atual Código das Sociedades Comerciais.

O preponente é um comerciante, sendo irrelevante se é singular ou coletivo e, sendo coletivo (uma sociedade comercial), se tem ou não personalidade jurídica. Neste mesmo sentido vai o art. 251.º do Código Comercial ao remeter a vinculação dos sócios para o regime concreto de cada sociedade. Em conclusão, uma sociedade pode ser preponente, podendo instituir prepostos.

II. Outra das questões que surge nesta matéria prende-se com o art. 189.º, n.º 3 do Código das Sociedades Comerciais, que determina que a nomeação de gerentes de comércio está sujeita a deliberação dos sócios. Esta disposição levanta três problemas.

O primeiro problema consiste em saber se esta disposição, ao se referir literalmente a gerentes de comércio, é aplicável a todos os prepostos, ou se apenas é aplicável aos prepostos de topo, com uma função equivalente à de um membro do próprio órgão de direção da sociedade. A resposta só pode ser esta última. Por um lado, nenhum sentido faria a exigência de deliberação social no caso de contratação de todo e qualquer preposto aos quais se aplica o regime de gerente de comércio, porquanto tal abrangeria uma enorme categoria de trabalhadores. Mesmo que se excluíssem os chamados "caixeiros" e os "outros auxiliares", mantendo-se a questão limitada aos gerentes de comércio *stricto sensu*, ficariam abrangidos os chamados "diretores de serviços"[549] das empresas pertença de sociedades comerciais, como por exemplo os diretores comerciais, ou financeiros ou de recursos humanos. Esta interpretação não faria qualquer sentido e seria impraticável e contrária ao Comércio e ao seu espírito. Assim, por esta razão, deve a disposição ser interpretada como sendo apenas aplicável aos casos de prepostos equivalentes a um membro do órgão de administração e direção da sociedade, ou seja, ao preposto de topo na organização empresarial da sociedade.

---

[549] Ou "chefes de serviços", caso analisado por Ascensão, José de Oliveira e Frada, Manuel Carneiro, *Contrato Celebrado por Agente de Pessoa Colectiva. Representação, Responsabilidade e Enriquecimento sem Causa*, in Revista de Direito e Economia, XVI a XIX (1990 a 1993), págs. 43 a 77, Centro Interdisciplinar de Estudos Jurídico-Económicos, Coimbra.

A PREPOSIÇÃO

O segundo problema consiste na manifesta ignorância do legislador sobre o regime da preposição, conforme decorre desta disposição. O regime da preposição não tem como fim, nem nunca teve como fim proteger o comerciante, mas sim proteger o Mercado, o Comércio, os terceiros. Uma norma com o conteúdo literal do art. 189.º, n.º 3 do Código das Sociedades Comerciais é uma norma típica de Direito Civil, e não de Direito Comercial. Este é, aliás, um dos muitos exemplos da atual tentação de regular o Comércio com base no Direito Civil, resultado de uma má compreensão do Comércio.

Afirmar que é necessária uma deliberação social para instituir um gerente de comércio, é o mesmo que afirmar que só se pode aplicar o regime dos administradores de facto àqueles que tenham sido nomeados por deliberação social. A falta de sentido desta solução é manifesta. É tão destituído de sentido deliberar em assembleia geral a nomeação de um administrador de facto, como é destituído de sentido a deliberação de nomeação de um gerente de comércio.

Contudo, sem prejuízo deste elemento do problema, o regime da preposição é suficientemente sofisticado para o resolver só por si. O regime da preposição apenas permite a oponibilidade de exceções relativas à relação interna perante terceiros de má fé subjetiva psicológica à data do contrato, ou caso a exceção conste inscrita em registo comercial, conforme decorre do art. 249.º do Código Comercial. Como tal, mesmo no caso dos prepostos de topo, a falta de deliberação social apenas será relevante perante terceiros que tenham conhecimento efetivo da falta dessa deliberação, ou se a sua falta estiver registada. Como é da natureza das coisas, não é possível registar uma não deliberação, pelo que a falta de deliberação nunca pode estar registada. Assim, só no caso de conhecimento efetivo da falta de deliberação é que esta será oponível a um terceiro.

Por último, coloca-se o problema da consequência da falta de deliberação, nos casos em que existe um preposto de topo, um "gerente de comércio" nas palavras do Código das Sociedades Comerciais. Os regimes de prepostos sempre tiveram uma caraterística muito própria no que respeita às consequências da sua violação de certos elementos do regime. Estando instituído um preposto, os vícios formais (*lato sensu*) do ato de instituição não importam a ineficácia da instituição, mas antes a ineficácia dos limites da instituição. Ou seja, é preposto quem for colocado à frente da atividade comercial, de modo público e estável. Se tal suceder sem respeitar a tramitação exigida por uma deliberação social, e sem respeitar a publicidade inerente a uma deliberação social, essa pessoa continua instituída como preposto, pois ocupa essa posição social típica: a de uma pessoa que está à frente do comércio da sociedade. Note-se que, apesar de ser exigida deliberação social, esta só por si não institui um preposto, nem constitui um contrato de preposição. O preposto apenas surgirá na sua posição social típica em resultado do exercício estável e público na atividade à frente do comércio da sociedade e, por sua vez, o contrato de preposição apenas surge com o acordo das partes, não sendo suficiente uma deliberação social. Na normalidade dos casos, à deliberação social acrescerá a celebração de um qualquer contrato entre a sociedade, representada pelos seus administradores, e o próprio preposto. Assim, em regra, a instituição do preposto resulta da execução do contrato celebrado entre o preposto e a sociedade, mas representada pelos seus administradores e não pelos seus sócios. Daqui resulta que não é a deliberação que institui o preposto, mas que esta deliberação é uma formalidade necessária de acordo com o Código das Sociedades Comerciais.

Não havendo deliberação social, o que sucede é que falta uma formalidade e não há publicidade da instituição que era suposta verificar-se, pelo que não há limites à instituição. Em consequência, a quantidade de terceiros de boa fé aumenta exponencialmente, porquanto apenas as pessoas que assistiram à instituição do preposto (à preposição) é que saberão quais são os efetivos limites dessa preposição. A isto acresce que, na falta de deliberação, não é possível o registo comercial. Assim, a consequência da falta de deliberação social de instituição de um "gerente de comércio" não é a invalidade ou ineficácia dessa instituição, mas antes a falta da publicidade, com as inerentes consequências.

B. Os prepostos gerentes e administradores societários
I. Outra questão que se pode colocar é da compatibilização entre o regime do gerente de comércio e o regime orgânico da sociedade comercial, em particular, se faz sentido colocar uma pessoa à frente do comércio da sociedade, quando já se colocaram outras pessoas à frente dos órgãos da sociedade.

A questão coloca-se porque pode causar perplexidade a duplicação de estruturas de comando da mesma entidade, que poderia causar conflitos. No entanto, a duplicação é apenas aparente, o mesmo sucedendo com os conflitos.

O órgão de administração de uma sociedade comercial está à frente da sociedade e, necessariamente, à frente de toda a sociedade. Um preposto está à frente do comércio, da empresa, da sua atividade, mas não da sociedade. Sucede ainda que não está necessariamente à frente de todo o comércio da empresa, podendo estar à frente de um sub-comércio da empresa, de uma parcela desse comércio, de um ou mais estabelecimentos.

Poder-se-ia pensar que o preposto tem uma relação com a sociedade comercial, que é representada pelo órgão de administração. Assim sendo, o preposto relacionar-se-ia com a sociedade comercial através do órgão de administração desta. Numa lógica hierárquica, seria então possível afirmar que na estrutura empresarial, o órgão de administração se encontraria numa posição de superioridade, face a qualquer preposto. Que o órgão de administração seria interno à sociedade comercial, enquanto o preposto seria sempre uma pessoa externa, que não integrava a orgânica da sociedade comercial; um mero auxiliar da sociedade comercial. Contudo, apesar de assim poder suceder, tal não ocorre necessariamente pois esta caraterística constitui uma simples coincidência. Uma coincidência frequente, mas não mais do que uma coincidência.

II. As diferenças fundamentais entre o órgão de administração e os prepostos, em particular do preposto de topo ou gerente de comércio, prendem-se com a razão de ser das duas figuras.

Antes de mais, é necessário tomar em consideração que a figura do órgão de administração da sociedade comercial com personalidade jurídica tem fonte no regime da preposição, em especial, tem fonte precisamente na antiga figura do gerente de comércio.

A evolução da empresa ao longo da história, levou que as empresas fossem frequentemente administradas por profissionais, em lugar, ou paralelamente, à administração efetuada pelo comerciante titular da empresa. O regime que determinava que estes profissionais vinculassem a empresa e, logo, o comerciante seu titular, era o regime da preposição. Ou seja, antes da existência de sociedades comerciais com personalidade jurídica, a vinculação externa da empresa comercial operada por pessoas que não o próprio comerciante, resultava em regra do regime da preposição, em especial do gerente de comércio, sob a denominação de *institor* ou sob qualquer outra denominação.[550] Esta prática teve origem na *actio de peculio*, uma das

---

[550] O problema da variação de denominações no Comércio pode ser apreciado, por exemplo, no contrato de concessão, em Vieira, José Alberto, *O Contrato de Concessão Comercial*, reimp., Coimbra Editora, Coimbra, 2006, págs. 17 a 19.

outras *actiones adiecticiae qualitatis* (a par da *actio institoria*). Era frequente que à frente do pecúlio estivesse um preposto, ou seja, à frente da empresa com limitação de responsabilidade do titular (o pecúlio) era colocado um preposto, que vinculava o titular da empresa através da representação institória.

Assim sucedia, também, nos casos das sociedades. Nestes casos, os bens adquiridos por um sócio podiam não integrar a sociedade, mas o seu património pessoal, ficando este apenas obrigado a "fazer a coisa comum".[551] Conforme consta no Digesto:

Paulus, *Ad Edictum*, livro 62[552]

Se alguém tiver contraído sociedade, o que comprou torna-se dele mesmo, não comum; mas pela acção de sociedade é obrigado a fazer a coisa comum.

Papinianus, *Responsa*, livro 3[553]

Por direito de sociedade, um sócio não se obriga por outro sócio a uma dívida, se as quantidades não ingressarem na caixa comum.

Contudo, se um dos sócios fosse colocado à frente da sociedade como preposto, perante o terceiro poderia ser aplicável a *actio institoria* ficando então vinculados todos os sócios, sem prejuízo de regresso nas relações internas.

Nos casos em que os vários titulares eram comerciantes, mas nem todos estivessem colocados à frente da empresa, a vinculação da totalidade dos comerciantes titulares da empresa podia ser obtida através de regimes de preposição. Por sua vez, se todos os comerciantes sócios estivessem coloca-

---

[551] Justo, Santos, *O contrato de sociedade no Direito Romano (breve referência ao Direito português)*, *in* Lusíada. Direito, n.º 12 (2014), págs. 11 a 49, pág. 12.

[552] D. 17, 2, 74 – *Si quis societatem contraxerit, quod emit ipsius fit, non commune: sed societatis iudicio cogitur rem communicare.* A tradução é de Justo, Santos, *O contrato de sociedade no Direito Romano (breve referência ao Direito português)*, *in* Lusíada. Direito, n.º 12 (2014), págs. 11 a 49, pág. 12.

[553] D. 17, 2, 82 – *Iure societatis per socium aere alieno socius non obligatur, nisi in communem arcam pecuniae versae sunt.* A tradução é de Justo, Santos, *O contrato de sociedade no Direito Romano (breve referência ao Direito português)*, *in* Lusíada. Direito, n.º 12 (2014), págs. 11 a 49, pág. 12.

A PREPOSIÇÃO

dos à frente do comércio, todos ficavam vinculados pela atuação de qualquer um na qualidade de preposto.

Dito de outro modo, os sócios de uma empresa, de um comércio, eram vinculados pela pessoa que geria o comércio, pelo gerente do comércio. Gerente de comércio é, pois, uma expressão que descreve o que sucedia com alguns dos prepostos: geriam o comércio.

III. Com o surgimento das sociedades comerciais com personalidade jurídica, nem por isso deixaram de existir pessoas a gerir o comércio. Contudo, algumas destas pessoas deixaram de ser gerentes de comércio e passaram a ser administradores ou gerentes da sociedade, gerentes sociais. As funções desempenhadas no que respeitava ao comércio pertença da sociedade eram fundamentalmente as mesmas, e o modo de vinculação também, mas estas pessoas tratavam também das questões puramente societárias, que não constituam o comércio dessa sociedade. Surgiram então os "legais representantes" das sociedades comerciais. Pessoas que, por pertencerem ao órgão de administração, podiam vincular a sociedade comercial, mas que ao integrarem esse órgão tratam também de assuntos puramente sociais.

Por esta razão, os administradores e gerentes das sociedades comerciais são um caso de preposto, que se autonomizou, sendo hoje um caso *a se stante*. Contudo, é relativamente fácil identificar estas pessoas como prepostos, sucedendo apenas que são mais do que prepostos. Ou seja, o seu regime tem as caraterísticas da preposição, mas inclui ainda todo o especial regime jurídico no âmbito das relações intraorgânicas da sociedade comercial, que extravasa em muito o regime do gerente de comércio.

IV. Com esta integração do gerente de comércio na estrutura da sociedade comercial e com a consequente autonomização, criou-se uma barreira mental entre ambas as figuras. De tal modo que se passou a fazer uma diferenciação binária entre os administradores e gerentes da sociedade, por um lado, e os gerentes de comércio, pelo outro. Esta diferenciação não tem tanta razão de ser como pode parecer à primeira vista.

O gerente ou administrador de uma sociedade é um membro de um órgão, que integra a orgânica da sociedade comercial, sendo abrangido por um regime jurídico que regula os órgãos da sociedade. O gerente de comércio é um regime jurídico que se aplica a qualquer pessoa que esteja estável e publicamente colocada à frente do comércio de um comerciante. Acresce que a razão de ser deste regime é, fundamentalmente, a proteção dos terceiros que interagem no comércio com essa pessoa, de modo a evitar a invocabilidade perante terceiros da eventual falta de poderes para vincular o comerciante. Sendo os regimes diferentes, com fins diferentes e conteúdos diferentes têm, no entanto, a mesma origem, mantendo alguns traços comuns que permitem a sua coincidência.

Em regra, um gerente ou administrador societário surge na posição social típica de um preposto, aparecendo colocado pública e estavelmente à frente do comércio da sociedade. Nestes casos, que são a regra, é possível aplicar o regime do gerente de comércio aos gerentes e administradores de sociedades. Assim sucede, por exemplo, quanto aos chamados gerentes e administradores executivos, pois estes estão, por natureza, colocados à frente do comércio de modo estável e público. Os gerentes e administradores de uma sociedade, que tenham funções executivas comerciais são, normalmente, gerentes de comércio, sendo prepostos e estando sujeitos a este regime.

Claro está que, na maioria dos casos concretos, os administradores ou gerentes sociais estão inscritos no registo comercial, pelo que esta sua qualidade é oponível aos terceiros – art. 259.º do Código Comercial. Nestes casos, a sua qualidade de prepostos, que resulta do art. 248.º do Código Comercial, apenas determina a aplicação do art. 249.º do Código Comercial, sendo efetivamente aplicável perante os terceiros o regime do Código das Sociedades Comerciais. Na prática, nestes casos, que são a regra, o que se aplica é o regime do Código das Sociedades Comerciais, sem uma grande relevância prática do regime da preposição. Mas ocasionalmente o regime do gerente de comércio faz toda a diferença. Assim sucede, por exemplo:

- No caso de falta de prova legalmente exigida da qualidade de gerente ou administrador da sociedade.
- No caso de falta de invocação da firma da sociedade comercial (preponente) pelo gerente ou administrador societário, em casos nos quais agem em nome próprio, mas por conta da sociedade comercial.
- No caso de desvio de atividades pelo gerente ou administrador societário, em prejuízo da sociedade comercial, em violação de um dever de exclusividade.
- No caso de invocação perante terceiros de limitações à atuação do gerente ou administradores societários não registados.
- No caso de gerentes ou administradores societários não inscritos no registo comercial.

A PREPOSIÇÃO

Como se pode concluir, não só as sociedades comerciais podem instituir prepostos de topo, ou gerentes de comércio, colocando-os à frente da totalidade ou parte do seu comércio, como os seus próprios gerentes ou administradores societários podem ser considerados como prepostos, sendo-lhes aplicável o regime dos arts. 248.º e seguintes do Código Comercial, sem prejuízo de, na maioria dos casos, o art. 249.º determinar a plena aplicação do regime do Código das Sociedades Comerciais em virtude da inscrição dos gerentes e administradores no registo comercial.

C. O preposto sociedade comercial

A terceira questão consiste em saber se uma sociedade comercial pode ser um preposto.

Como dissemos já, o regime do gerente de comércio veio resolver um problema concreto do Comércio, que consistia no exercício do comércio através de terceiros. Um comerciante recorria a terceiros para exercer o seu comércio, para explorar comercialmente o seu próprio negócio, mas vinha depois invocar que esses terceiros não o representavam. Esta situação causava grave perturbação no Comércio, em especial pela quebra de confiança que determinava. Os terceiros que contratavam com aquela pessoa que estava pública e estavelmente à frente de um determinado negócio, confiavam que essa pessoa podia vincular esse negócio, fazendo-o por vezes de modo inconsciente. A solução passou por desconsiderar soluções formais de *ius civile*, instituindo um dos primeiros regimes legais de Direito Comercial, que passou por determinar a vinculação direta do comerciante nestes casos. Assim, em vez de se seguir a solução de Direito Civil, que implicaria a não vinculação do comerciante, criou-se uma nova solução de Direito Comercial, que se traduziu na sua vinculação, excluindo-se a aplicação do Direito Civil. O que era fundamentalmente relevante era saber a quem pertencia o negócio, e saber se o comerciante havia preposto essa pessoa à frente desse negócio de modo estável e público.

Em Roma não havia sociedades comerciais com personalidade jurídica tal como as atuais. Por esta razão, à primeira vista poder-se-ia pensar que a *actio institoria* nada teria para nos ensinar quanto a esta questão. No entanto, apesar de não haver sociedades comerciais com personalidade jurídica como hoje as concebemos, existiam figuras extremamente próximas, com autonomia patrimonial, os antecedentes da autonomia patrimonial das sociedades comerciais.

De modo a compreender o que se passava em Roma, e da enormíssima proximidade com o atual problema, é necessário abordar o problema sem preconceitos, o que nem sempre é fácil. No entanto, numa abordagem despida de preconceitos, a resposta torna-se patente.

Uma sociedade comercial é uma pessoa, que é dominada por outras pessoas (os sócios), sendo que detém um património que lhe foi entregue por essas outras pessoas (os sócios), para que essa pessoa (a sociedade comercial) o gira, distribuindo os lucros desse património pelas pessoas que lhe entregaram esse património (os sócios), sendo que o património da sociedade e dos sócios são autónomos. Em Roma também existiam pessoas, que eram dominadas por outras pessoas, e que detinham um património que era entregue por essas outras pessoas, para que fosse gerido, sendo os lucros distribuídos por essas pessoas, sendo autónomos os patrimónios das pessoas que procediam à entrega do património e o património da pessoa encarregada da gestão.

Foi precisamente a existência de pessoas, que exerciam atividade através de outras pessoas, que levou à concessão da *actio institoria*. Mesmo no caso de pessoas que eram donas de outras pessoas (escravos), ou que fossem dominadas por outras pessoas (filhos) e mesmo que estas tivessem um património próprio que fosse autónomo do património do principal (*pater familias*) como ocorria no caso da *actio de peculio*.

A *actio institoria* nasceu com o fim de evitar que argumentos formais evitassem a vinculação e inerente responsabilização do comerciante. Para tanto, eram irrelevantes as qualidades pessoais dos prepostos, apenas sendo relevante a qualidade de estar estável e publicamente à frente de negócio alheio. Em Roma não se regulou o caso do preposto que fosse uma sociedade comercial com personalidade jurídica, porque estas não existiam. Mas a *actio institoria* e a *actio exercitoria* eram aplicáveis mesmo no caso mais próximo, que se traduzia no filho ou escravo que tivesse um pecúlio, exercendo o comércio com esse pecúlio por conta do *pater familias*. Ou seja, no caso em que o comércio de uma pessoa era exercido através do recurso a uma empresa alheia, com autonomia patrimonial.

Atualmente, com a existência de pessoas coletivas, é fundamental compreender a razão de ser do regime da preposição. O gerente de comércio[554] não é um cargo, nem um estatuto, nem um órgão. O gerente de comércio

---

[554] E os demais prepostos.

é, na sua essência, um regime legal de proteção da confiança e boa fé no Comércio. Tem como fim evitar que um comerciante possa exercer o seu comércio através de uma outra pessoa, que coloca pública e estavelmente à frente do seu comércio, e venha depois invocar que não fica vinculado por essa pessoa por razões jurídico-formais (tradicionalmente, de Direito Civil), mas que, por outro lado, beneficie pessoalmente da atividade dessa pessoa. Ou seja, que colha as comodidades do seu comércio, sem assumir os respetivos incómodos, assim perturbando a confiança no Mercado, às custas da confiança depositada pelo Mercado na aparência que resulta da preposição.[555]

Hoje em dia é frequente que um comerciante (individual ou coletivo) coloque uma sociedade comercial à frente do seu comércio, de modo estável e público. São casos nos quais o comércio pertence efetivamente a uma pessoa, mas é desenvolvido por outra pessoa por conta desta. Ou seja, o negócio pertence a uma pessoa, mas é desenvolvido por outra pessoa em nome daquela ou por conta dela, sendo os benefícios últimos dessa atividade destinados ao dono desse comércio. Sendo a atividade desenvolvida em nome alheio, ou por conta alheia, o público afeta essa atividade ao preponente, como sendo desenvolvida por sua conta. Como tal, quem contrata com esta sociedade comercial, julga estar a contratar com o comerciante preponente. No entanto, quando surge um qualquer problema, o comerciante invoca que não está vinculado, pois o contrato foi celebrado por outra sociedade. Fica com os proveitos da atividade da sociedade comercial que colocou à frente do seu negócio, mas não assume as vinculações e responsabilidades inerentes.

Em suma, é exatamente o mesmo que sucedia em Roma no séc. II a.C.

Assim sucede, por exemplo, nos casos de comerciantes (individuais ou coletivos) que recorrem a sociedades comerciais que operam *call centers*. Como é usual, os colaboradores destas sociedades não invocam a firma do comerciante, mas antes uma marca do comerciante. No entanto, sempre que alguém pretende entrar em contacto com o comerciante, nomeadamente para negociar um contrato, é atendido por telefone pela sociedade comercial de *call center* e não por um *call center* do próprio comerciante. Nestes casos, esta sociedade comercial que explora o *call center* é um preposto da sociedade sua cliente, sendo que, por sua vez exerce atividade através dos

---

[555] E não numa aparência concreta criada na esfera do terceiro, como bem diz Santos, Filipe Cassiano, *Direito Comercial Português*, Vol. I, Coimbra Editora, Coimbra, 2007, pág. 172.

seus funcionários, que são prepostos daquela sociedade e, eventualmente, de outras sociedades.

Outro exemplo ocorre nos casos de comerciantes (individuais ou coletivos) que recorrem a sociedades comerciais que colocam à frente do seu comércio, explorando uma marca. Assim, nestes casos, a marca e o negócio associado à mesma, com o respetivo plano de negócios, incluindo todas, ou quase todas, as facetas do negócio pertencem a um comerciante, mas são exercidas por outro comerciante por conta daquele. Estes casos, em que o negócio em si, o comércio, pertence a um comerciante, mas que são exercidos através de outrem, são casos de preposição.

Diferentemente, nos casos em que apenas há a disponibilização de uma marca a sociedades comerciais alheias, sem que estas explorem o negócio do outro comerciante, não há um regime de preposição. Assim, se uma sociedade comercial estrangeira associar ao seu próprio comércio uma marca alheia, por exemplo, para melhorar a perceção pública do seu próprio negócio, não se trata de uma preposição, pois não está colocado à frente de comércio alheio. Mas se o comércio explorado for alheio, estamos já perante uma preposição, neste caso, um caso de gerente de comércio.

Outro exemplo consiste nos casos em que diferentes áreas de atividade de um grupo comercial são colocadas sob gestão de uma sociedade comercial desse grupo. Assim, por exemplo, todos os comerciantes (individuais ou coletivos) que integram esse grupo prepõem uma sociedade comercial do próprio grupo, de modo a colocá-la à frente da atividade de obtenção de financiamentos. Neste caso, essa sociedade comercial é gerente de comércio de todos os comerciantes (individuais ou coletivos) que integram esse grupo.

Em suma, uma sociedade comercial é um preposto, quando está de modo público e estável à frente de comércio alheio, quando assim é percetível pelo público desse comércio, como por exemplo, clientes, fornecedores, colaboradores ou, ainda, pelo Tribunal. Naturalmente que a preposição poderá resultar de uma miríade de relações jurídicas, incluindo relações de grupo, relações de *franchising*, relações de prestação de serviço, ou outras. O regime dos arts. 248.º e seguintes do Código Comercial não toma em relevância a natureza destas relações, sendo aplicável independentemente da natureza jurídica da relação subjacente. O que releva é surgir na posição social típica de quem está estável e publicamente à frente de determinado comércio.

A PREPOSIÇÃO

O preposto não é um dependente, ou um trabalhador, nem tem de estar integrado na estrutura interna da empresa, como é corrente ler-se.[556]

A ligação do preposto com o trabalhador dependente (ou figuras análogas) decorreu da aplicação do Direito Romano até 1833 que, como é natural, não regulava prepostos que fossem pessoas coletivas. Mas já em Roma os prepostos não tinham de ser dependentes, podendo ser qualquer pessoa. O que interessava era saber se certa pessoa havia sido colocada pública e estavelmente à frente da atividade do comerciante, independentemente da relação interna e da natureza da pessoa.

A ideia da dependência do preposto é o resultado de uma certa visão paternalista da sociedade, com um sistema de classes sociais extremamente marcado, que influenciou a codificação do Séc. XIX.[557] Este sistema não tem atualmente qualquer razão de ser, nem sequer tinha vigência no Comércio em Roma, pois a *actio institoria* tanto se aplicava a prepostos dependentes como a prepostos independentes.

Em conclusão, tanto o comerciante, como o preposto, podem ser pessoas singulares ou coletivas, dependentes ou não, sendo a natureza e as qualidades da pessoa irrelevantes para a qualidade de preposto ou de preponente.[558]

Como era já em Roma, o que interessa é a qualidade adjetiva com que se age, e com que se surge ao público no Mercado, e não a natureza pessoal que se tem.

12. A instituição do preposto

I. O preposto é geralmente instituído através da celebração do contrato de preposição.

Esta afirmação, embora correta, não explica o que verdadeiramente ocorre. O regime legal da preposição é um regime de proteção da confiança e boa fé no comércio, que opera com base numa técnica de *status*. Assim nasceu a figura e sempre tem tido esta função e técnica operacional. O ponto fulcral da preposição não se encontra verdadeiramente na celebração do

---

[556] Assim, em BRITO, MARIA HELENA, *O Contrato de Concessão Comercial*, Almedina, Coimbra, 1990, pág. 90.

[557] Assim, o Código Comercial espanhol de 1829 dividia os prepostos em *factores, dependientes y mancebos*.

[558] MAMEDE, GLADSTON, *Empresa e Atuação Empresarial*, 8.ª ed., Editora Atlas, São Paulo, 2015, págs. 379 a 382, por exemplo, inclui dentro do assunto dos prepostos, a matéria da "terceirização", na qual inlcui, *inter alia*, os sistemas de *crowdfunding*.

contrato entre o preponente e o preposto, mas nos efeitos práticos dessa celebração. Acima de tudo, é preposto quem se encontre posto à frente de uma atividade comercial de outrem ou, como diz o art. 248.º do Código Comercial quem "se acha proposto para tratar do comércio de outrem". O que releva fundamentalmente é a posição social típica de preposto e não tanto a posição contratual típica de preposto.

II. Em regra, o contrato de preposição não é celebrado de modo expresso, resultando implícita ou tacitamente da relação subjacente, quer como uma parte integrante desse contrato, quer como um contrato autónomo. Contrariamente à generalidade dos tipos negociais, o contrato de preposição é tipicamente tácito. Não queremos afirmar que este tipo é normalmente celebrado de modo tácito, mas antes que, o próprio tipo contratual é tácito na sua estrutura. Um contrato de preposição que seja celebrado de modo expresso constitui uma variação face ao caso típico, um subtipo, o que contraria a normalidade do sistema de contratação.

É frequente suceder que um comerciante contrate um trabalhador para desempenhar as funções de diretor de um hotel e, como consequência, este surja pública e estavelmente à frente desse negócio sendo, como tal, um preposto gerente de comércio. Claro está que, se se contrata um trabalhador para estar pública e estavelmente à frente do comércio do empregador, se está a contratar uma preposição, mesmo que integrada no próprio contrato de trabalho. Resulta com toda a probabilidade que se uma pessoa é contratada para diretor de um hotel, é para estar colocada à frente do hotel de modo público e estável. Embora seja possível acordar que o diretor do hotel não deve agir publicamente, ou não deve exercer essas funções estavelmente, na falta de acordo contrário resulta tacitamente uma preposição.

É raro que alguém celebre um contrato de preposição de modo expresso e sem ligação a outro tipo contratual. O que normalmente ocorre é a celebração de um determinado contrato que implica, reflexamente, a colocação de alguém à frente do negócio ou assunto, surgindo pública e estavelmente nessa posição. Nestes casos, do ponto de vista do público (dos terceiros), é do facto de a pessoa estar colocada à frente do negócio de um modo público e estável que resulta a preposição. Mas do ponto de vista negocial, do ponto de vista das partes, resulta da celebração do contrato subjacente, com toda a probabilidade, a vontade de celebrar um contrato de preposição. Pretende-se colocar alguém à frente do assunto ou negócio, mas, em lugar de se cele-

A PREPOSIÇÃO

brar uma preposição, celebra-se outro contrato (de trabalho ou de mandato, por exemplo), do qual resulta essa consequência.

A vontade negocial de colocar alguém à frente do negócio ou assunto revela-se tipicamente como um fim a atingir, que se manifesta no mundo real como uma consequência necessária da relação subjacente. Pretende-se a preposição, pois pretende-se colocar outrem à frente do assunto ou negócio. No entanto, não se celebra a preposição desligada da relação subjacente. Antes, celebra-se em regra um outro contrato (a relação subjacente) do qual resulta a preposição, razão pela qual a relação entre a preposição e a relação subjacente tem a maior relevância.

No caso da preposição, a relação subjacente é não só a causa do contrato de preposição, mas também a causa do *status* da preposição. É dos factos que constituem o contrato subjacente que resulta, tacitamente, a preposição; mas é dos factos que decorrem da execução dessa mesma relação subjacente e do resultante contrato de preposição, que decorre a posição social típica de preposto que determina o *status* de preposto.

Por estas razões, tipicamente, o contrato de preposição é celebrado de modo tácito resultando com toda a probabilidade do facto de alguém celebrar um outro contrato que implica que passe a estar de modo público e estável à frente de comércio alheio. Mas desta celebração tácita da preposição, e da respetiva execução, resulta o efeito prático de o preposto surgir pública e estavelmente à frente do negócio ou assunto, que determina a aplicação dos arts. 248.º e seguintes do Código Comercial.

III. Para além de ser celebrado tacitamente, o contrato de preposição surge frequentemente como *implied term*.[559]

Na generalidade dos casos, a preposição é um negócio que "é tão óbvio que «fala por si» (*so obvious that it goes without saying*), de tal modo que, se fosse sugerido por alguém que assistisse à negociação, as partes teriam comentado «está claro!» (*Oh, of course!*)".[560]

Por exemplo, alguém quer contratar um diretor de um hotel, o que implica a sua colocação à frente do hotel de modo estável e público. Nenhum sen-

---

[559] Sobre os *implied terms*, VASCONCELOS, PEDRO PAIS DE, *Contratos Atípicos*, 2.ª ed., Almedina, Coimbra, 2009, págs. 391 a 395, e PINTO, PAULO MOTA, *Declaração Tácita e Comportamento Concludente no Negócio Jurídico*, Almedina, Coimbra,1995, págs. 132 a 139.

[560] VASCONCELOS, PEDRO PAIS DE, *Contratos Atípicos*, 2.ª ed., Almedina, Coimbra, 2009, pág. 392.

tido faz querer contratar um diretor de hotel não querendo que este dirija o hotel, ou que o faça pontualmente ou furtivamente. Neste caso, a preposição está implícita no contrato de trabalho celebrado com o diretor do hotel. Ou seja, resulta necessariamente desse contrato, como uma consequência da relação subjacente, de tal modo ligado a esta relação que é impossível separar ambas. Se há um, verifica-se necessariamente o outro. Não há diretores de hotel que não sejam prepostos. Se não forem prepostos, se não forem verdadeiros gerentes do comércio que é o hotel, não são verdadeiros diretores de hotel, mas apenas alguém que usa esse título.

III. O que sucede com a relação entre o contrato de preposição, a sua natureza tácita e a sua natureza de *implied term*, é extremamente relevante para a boa compreensão prática desta figura.

O contrato de preposição tem tipicamente esta dupla natureza – tácita e implícita – em simultâneo, sendo que ambas as naturezas têm a mesma importância teórica-científica. No entanto, já assim não sucede ao nível da relevância prática. Conforme o concreto caso real, poderá ser mais relevante a natureza tácita ou a natureza de *implied term* da preposição. Assim, num caso concreto no qual se saiba qual é a relação subjacente (em especial, no qual o terceiro[561] saiba qual é a relação subjacente), será normalmente a natureza de *implied term* a prevalecer. Sabendo-se qual é a específica e concreta relação subjacente, em regra a preposição resultará implícita. De tal modo que, se for um facto conhecido que determinada pessoa celebrou um contrato de trabalho como diretor de hotel, "está claro!" que é preposto e substitui com estabilidade o comerciante de modo público, ficando à frente dos seus negócios, aplicando-se o regime do gerente de comércio. Nem sequer faz sentido pensar noutra coisa; seria um contrassenso considerar que uma pessoa é um diretor de hotel, mas considerar que o mesmo não está à frente do hotel, e não pode geri-lo perante os terceiros, sendo que os atos que pratica não vinculam o comerciante dono do hotel.

Contudo, há casos nos quais não se sabe qual é a concreta relação subjacente, ou não interessa saber qual é essa relação. Nestes casos, não é possível recorrer aos *implied terms* pois não há nada de onde a preposição possa resultar implicitamente. O mesmo sucede quando se sabe que existe algo, mas não se sabe concretamente em que consiste esse algo (apenas que existe),

---

[561] Que pode ser o Tribunal, por exemplo.

pelo que não é possível retirar desse algo uma preposição como elemento implícito. É fundamentalmente nestes casos, em que o terceiro (que pode ser o Tribunal) não sabe qual é a concreta relação subjacente, que é mais relevante a natureza tipicamente tácita da preposição.

Se, por exemplo, sem se conhecer o efetivo contrato celebrado, nem sequer se saber se foi celebrado um contrato, se tiver conhecimento que determinada pessoa é o diretor do hotel, porque assim foi afirmado pelo dono do hotel na presença do diretor, a preposição decorre tacitamente dessa afirmação. Do facto de o dono do hotel afirmar que certa pessoa é o diretor do hotel e da tolerância deste, não decorre tacitamente que tem um contrato de trabalho, mas decorre tacitamente que tem um contrato de preposição.

Assim, mesmo que não se saiba se determinada pessoa celebrou um contrato de trabalho, um contrato de mandato, ou outro negócio, nem se sabendo qual o conteúdo de uma qualquer relação subjacente, nem quais as funções acordadas, podemos estar perante uma preposição tácita caso seja possível concluir que determinada pessoa está, de facto, pública e estavelmente à frente do negócio ou assunto de outrem por vontade comum.

Assim, em alguns casos o contrato de preposição é celebrado expressamente, mas normalmente obtém-se de modo implícito ou de modo tácito. Caso se considere que os negócios implícitos são casos de negócios tácitos,[562] sucederá que a preposição é, tipicamente, um negócio tácito, quer resultando tacitamente da relação subjacente (*implied term*), quer resultando tacitamente do facto de alguém surgir colocado à frente de negócio ou assunto alheio, de modo público estável, ou seja, resultar tacitamente das consequências da relação subjacente.

IV. Estas questões, contudo, apenas se colocam em casos de terceiros que tenham conhecimento efetivo destes factos, ou de factos equivalentes, à data da celebração do contrato. Nos casos de terceiros sem conhecimento efetivo de factos dos quais resulte expressa, implícita ou tacitamente o contrato de preposição, será apenas relevante o *status* de preposto do art. 248.º do Código Comercial, nos termos do art. 249.º do mesmo diploma.

---

[562] Neste sentido PINTO, PAULO MOTA, *Declaração Tácita e Comportamento Concludente no Negócio Jurídico*, Almedina, Coimbra, 1995, págs. 869 a 892.

O LADO EXTERNO DA PREPOSIÇÃO

É frequente que um terceiro não conheça o contrato ou relação subjacente, nem conheça factos dos quais decorra com toda a probabilidade a celebração de um contrato de preposição. Ou seja, é frequente que os terceiros não conheçam a relação subjacente à posição socialmente típica de preposto. Pelo menos, é frequente que tal suceda no momento em que o terceiro celebre um contrato com esse preposto, que é o momento relevante de acordo com o art. 249.º do Código Comercial.

Foi precisamente por causa de problemas com a relação subjacente e para ultrapassar esses problemas que foi criado o regime da preposição.

A razão de ser da natureza tipicamente implícita ou tácita do contrato de preposição era (e é) a prática comercial: é assim que sucede no Comércio, é este o uso do Comércio. Este uso causa problemas, nomeadamente com a prova da celebração do contrato de preposição, mas que são resolvidos pelo regime legal do preposto. Por esta razão, na generalidade dos casos, estando o terceiro de boa fé, releva mais a instituição de alguém como preposto de acordo com o art. 248.º do Código Comercial, do que a celebração do contrato de preposição.

Se alguém surge publicamente e estavelmente à frente de um comércio é tido por preposto, o que dispensa o terceiro que pretenda invocar essa qualidade de alegar e provar a celebração do contrato de preposição, quer a celebração seja tácita quer a celebração seja implícita. Ao terceiro de boa fé apenas é necessário alegar e provar que determinada pessoa está publicamente e estavelmente à frente de determinada atividade ou empresa, que abrange o contrato que o terceiro celebrou com essa pessoa. Não necessita alegar nem demonstrar que foram trocadas declarações negociais, ou celebrado qualquer contrato, nem é necessário – sequer – saber se foi celebrado qualquer contrato, nem mesmo por que razão essa pessoa está à frente do negócio. Não precisa alegar, nem provar, a data da troca de declarações, as palavras que foram trocadas, entre quem foram trocadas, nem qualquer elemento comumente necessário nestes casos. Nem mesmo se a pessoa que agiu é um trabalhador, mandatário, agente, procurador, gerente, administrador, cônjuge, ou se tem qualquer outra relação com o comerciante.

O terceiro apenas necessita alegar e provar que determinada pessoa surge colocada de modo público e estável à frente de determinado assunto ou negócio. Nem sequer é necessário invocar que se trata de um preposto. Se resultar provado em Tribunal que a pessoa que agiu está publicamente à frente do negócio de um modo estável, este é um preposto, permitindo neste caso aplicar o respetivo regime jurídico do gerente de comércio.

A PREPOSIÇÃO

Claro está que o preponente e o preposto podem defender-se invocando a inexistência de preposição. Mas, nestes casos, a invocação surge como uma exceção, competindo-lhes o respetivo ónus de alegação e prova. Assim, se o comerciante alegar que determinada pessoa usurpou a sua atividade, colocando-se a si próprio à frente do negócio do comerciante, de um modo estável e público, contra ou sem a vontade do comerciante, este terá de provar estes factos. Neste caso, não estaremos perante uma preposição, mas perante uma usurpação. Contudo apenas será uma usurpação, se for plenamente contra a vontade do comerciante. Se a atividade for tolerada[563] pelo comerciante, respeitará já a sua vontade e estaremos então perante um caso de verdadeira preposição e não de usurpação.

Este modo de instituição do preposto, e prova da instituição do preposto, surge como modo de proteger a confiança e boa-fé no Mercado, nos terceiros. Um terceiro que confie na colocação do preposto pública e estavelmente à frente do negócio é protegido nessa confiança, porque é suficiente esta colocação pública e estável à frente do negócio. Este sistema opera eficazmente porque passa a generalidade do ónus da prova da celebração da própria relação subjacente e de tudo o que ocorre na relação subjacente para o preponente, e ainda da falta de boa fé do terceiro, impondo apenas ao terceiro a prova da instituição do preposto na posição socialmente típica de preposto, ou seja, a prova de que o preposto surge pública e estavelmente à frente do comércio. Assim se protegendo a confiança do Mercado na aparência causada pela instituição do preposto, sendo que esta foi uma das razões pela qual foram concedidas a *actio exercitoria* e a *actio institoria*.

V. Esta caraterística da preposição tem a maior importância prática. Determinando-se que alguém está pública e estavelmente à frente de uma atividade comercial de outrem, será um preposto, tipicamente um gerente de comércio. Tradicionalmente, pensa-se no gerente de comércio como uma categoria profissional, correspondendo ao chefe do estabelecimento. No entanto, esta visão das coisas é extremamente limitada, não traduzindo a verdadeira função da figura. Como já afirmámos, o gerente de comércio não é um posto ou categoria de trabalho. Nem sequer é um nome dado a uma parte num contrato. O gerente de comércio é um regime jurídico que se

---

[563] Sobre a tolerância e sua natureza jurídica – VASCONCELOS, PEDRO LEITÃO PAIS DE, *A Autorização*, 2.ª ed., Almedina, Coimbra, págs. 103 a 139

aplica a quem esteja em determinada posição socialmente típica no Comércio. O gerente de comércio é um regime transversal, de topo, que opera sobre qualquer outro regime jurídico de base. Não é um regime que opera com trabalhadores, ou mandatários, ou prestadores de serviços, ou agentes, nem com qualquer outro tipo específico de atividade. O único negócio que se pode afirmar estar ligado ao gerente de comércio é a preposição, mas mesmo este negócio não implica necessariamente que se esteja perante um gerente de comércio, pois pode estar-se perante outro caso de preposto.

Os regimes de preposição em regra são aplicados sem que as pessoas, incluindo os juristas, se apercebam, sendo de aplicação de tal modo natural que passam despercebidos. A falta de perceção não significa uma inutilidade ou defeito deste regime. Significa, isso sim, que o regime é de tal modo perfeito que o grau de separação entre Ser e Dever Ser é, em regra, mínimo, sendo difícil de detetar. Efetivamente, em matéria de preposição, em particular, em matéria de gerente de comércio, normalmente o Ser (o Comércio) respeita integralmente o Dever Ser (o Direito Comercial), de tal modo que se pode afirmar com alguma segurança que nesta matéria, em regra, o Ser é Dever Ser pois É como Devia Ser.[564]

As consequências deste fenómeno apresentam a maior relevância. Contrariamente ao que geralmente se entende em matéria de Direito, normalmente não se aplicam os regimes mais conhecidos de representação no comércio de massa. Mesmo no grande comércio, no mundo dos negócios, os regimes de representação mais conhecidos não operam tanto quanto é opinião comum. O regime que normalmente se aplica em matéria de representação comercial é o da preposição, pois normalmente no Comércio os terceiros estão de boa fé, sendo que a relação subjacente não lhes é oponível.

Por outro lado, a preposição é o principal sistema de representação em matéria comercial no exercício de uma atividade perante terceiros, porquanto normalmente os comerciantes são representados estável e publicamente pelas mesmas pessoas. Assim sendo, estas pessoas são prepostos, aplicando-se o regime da preposição, sendo em regra irrelevante o regime que os colocou nessa posição.

---

[564] Não se verificando o inverso, ou seja, não é o Dever Ser que É, não tendo o Ser se transformado em Dever Ser. A aproximação verifica-se do Ser para o Dever Ser e não do Dever Ser para o Ser.

A PREPOSIÇÃO

VI. Outras das consequências da técnica usada no regime legal da preposição é a irrelevância da figura do sub-preposto. Não existem sub-prepostos, porque os eventuais sub-prepostos, enquanto prepostos, não estão subordinados a um outro preposto sendo, por esta razão, prepostos diretos do preponente.

Por oposição, na procuração podem existir sub-procuradores, que recebem os seus poderes através de um substabelecimento. Esta técnica implica que um procurador apenas possa substabelecer poderes que tenha, pelo que o procurador substabelecido é um verdadeiro sub-procurador. Pode, contudo, ser constituído um procurador para contratar determinada pessoa, e mesmo para lhe outorgar uma procuração, com poderes muito diferentes dos poderes desse procurador. Neste caso, apesar de o novo procurador receber os poderes do anterior procurador, não os recebe por substabelecimento, pelo que não é um sub-procurador, mas um verdadeiro procurador.

No regime legal da preposição, dos arts. 248.º e seguintes do Código Comercial, apenas pode ocorrer este último caso. Um preposto pode celebrar contratos com outras pessoas, que assim passam a ser prepostos. Contudo, um preposto não delega ou substabelece os seus poderes num outro preposto. Quando um preposto institui outro preposto para o mesmo comerciante, a relação de preposição ocorre diretamente entre o comerciante e o novo preposto, como consequência do regime legal da preposição.

Se, por exemplo, alguém for diretor de recursos humanos (preposto) de uma empresa de supermercado exercendo pública e estavelmente a atividade da contratação de funcionários de caixa, estes funcionários não são sub-prepostos do diretor de recursos humanos, mas sim prepostos diretos da empresa de supermercado.

O mesmo sucede se, por exemplo, uma empresa de telecomunicações contratar uma empresa de *call center* para proceder aos contactos e contratos com os seus clientes, colocando esta empresa pública e estavelmente à frente desta parte da sua atividade comercial. Neste caso, os trabalhadores da empresa de *call center* surgirão pública e estavelmente à frente da atividade de contratação da empresa de telecomunicações, pelo que serão prepostos da empresa de telecomunicações. Assim, quando agem, vinculam a empresa de telecomunicações e não a empresa de *call center*.

Nesta matéria é fundamental não se confundir a relação interna com a relação externa. Na relação interna, um contrato de trabalho, por exemplo, poderá ou não ser admitida a delegação de poderes, ou sistemas de organização hierárquicos. Mas na relação externa de preposição, regulada pelos arts. 248.º e seguintes do Código Comercial, a relação é sempre direta entre o preposto e o preponente, mesmo que o preposto não tenha sido instituído diretamente pelo preponente. O que releva não é o modo de instituição, mas sim que a instituição se tenha verificado, e que o preposto surja pública e estavelmente à frente do comércio em causa.

Também importa não confundir esta solução, com o modo como é resolvida, no Direito do Trabalho, a questão do sub-contrato de trabalho. O contrato de trabalho não admite o sub-contrato em razão da natureza *intuitu personae* da posição do trabalhador. Assim, é pela especialíssima qualidade pessoal do trabalhador que não é admissível que este sub-contrate a sua posição noutra pessoa, não podendo usar auxiliares seus para desenvolver a respetiva atividade.[565] No *status* de preposto, não há sub-preposição, porque uma das consequências da aproximação externa consiste no reconhecimento da relação direta entre o preposto e o preponente, independentemente do modo como esta relação surge, sendo a relação interna irrelevante.

13. Forma e preposição

I. O contrato de preposição não está sujeito a qualquer exigência de forma, sendo um contrato consensual. Numa abordagem estritamente legal, de Direito Civil, segundo o art. 219.º do Código Civil, este é um contrato consensual porque não existe nenhuma exigência legal de forma. Por um lado, do regime dos arts. 248.º e seguintes do Código Comercial, não só não resulta qualquer exigência de forma, como resulta do art. 249.º do Código Comercial que o contrato de preposição ("mandato" na letra da lei) pode ser conferido "verbalmente ou por escrito". Sendo esta uma disposição especial para a preposição comercial, mesmo que existisse uma disposição geral no Código Civil que impusesse um qualquer nível de forma, sempre prevaleceria o regime do art. 249.º do Código Comercial de acordo com o art. 3.º do Código Comercial, pelo que a preposição poderia ser celebrada por forma verbal ou escrita.

---

[565] Sobre a questão da inadmissibilidade do sub-contrato de trabalho, RAMALHO, MARIA DO ROSÁRIO PALMA, *Tratado de Direito do Trabalho*, Parte II, 6.ª ed., Almedina, Coimbra, 2016, pág. 252.

A PREPOSIÇÃO

II. De um ponto de vista substancial, de Direito Comercial, a questão que se coloca no que respeita à forma da preposição do gerente de comércio tem contornos particulares.

Como já vimos, o contrato de preposição é tipicamente celebrado de modo tácito. Em regra, as partes não afirmam expressamente que pretendem que o preposto fique à frente da atividade comercial, de modo público e estável. O que sucede é que o preposto surge colocado nessa posição, deduzindo-se a preposição com toda a probabilidade de determinados factos associados à sua posição.

Este regime de tipicidade tácita do negócio resulta de toda a evolução histórica da preposição, dos usos de mais de dois mil anos, razão pela qual nenhum sentido faz impor um qualquer nível de forma para os factos dos quais se deduz a preposição.

É efetivamente possível a celebração tácita de negócios com um determinado nível de forma, o que sucede com bastante frequência. É suficiente que o negócio tácito resulte, com toda a probabilidade, de um negócio formal. Assim, nos negócios formais tácitos, a forma verifica-se nos factos dos quais se deduz a vontade de modo tácito. Este regime resulta do art. 217.º do Código Civil e é adequado para a generalidade dos negócios tácitos, incluindo os negócios comerciais por via do art. 3.º do Código Comercial. No entanto, no caso da preposição, o complexo factual do qual esta se deduz é dificilmente compatível com este regime. Os factos dos quais se deduz a preposição consistem na maioria das vezes de uma pessoa ser colocada à frente de atividade comercial alheia, de modo estável e público e do comportamento de preponente e preposto no que respeita a esta posição. É possível, com algum (grande) esforço de abstração, conduzir estes factos a uma multidão de declarações, que terão a sua forma.

Em matéria de preposição, esta operação é inútil e desnecessária. Pouco sentido faz discutir a forma de um negócio, quando da sua execução decorre uma posição socialmente típica, que determina a vigência de um *status*, mesmo que em violação de uma qualquer regra de forma. O que sucede na preposição é que o contrato de preposição, e demais relação subjacente, apenas vai ser relevante perante terceiros de má fé, ou nos casos de preposição registada. Contudo, estes não são os casos problemáticos que deram origem à *actio institoria*. O regime da preposição existe para resolver o problema dos terceiros de boa fé sendo que, quanto a estes, apenas o *status* de preposto será relevante. Ou seja, nos casos problemáticos o regime relevante não será o aplicável ao contrato de preposição, mas antes o regime dos arts. 248.º e seguintes do Código Comercial, incluindo nas questões de forma.

III. O regime do preposto dos arts. 248.º e seguintes do Código Comercial é de base legal, sem prejuízo de decorrer de um ato voluntário, e sem prejuízo de operar com bastante abstração face à relação subjacente. Esta questão é particularmente relevante no que respeita aos poderes de representação do preposto, que tendo natureza institória decorrem fundamentalmente da Lei, apesar de a posição de preposto decorrer de um ato jurídico.

A questão é relevante, porquanto em matéria de forma da procuração, o art. 262.º, n.º 2 do Código Civil, estabelece um sistema de forma legal dependente, devendo a procuração revestir a forma do ato para cuja celebração foi outorgada.

Este regime não é aplicável em matéria de preposição, por várias razões:

Em primeiro lugar, no caso da procuração, o poder de representação é voluntário, pelo que decorre integralmente da vontade do *dominus*. É este que causa o poder de representação através da sua declaração de vontade e que estabelece o seu âmbito. Ou seja, o poder de representação decorre da procuração, sendo que esta pode – de facto – revestir qualquer forma. Contudo, exige a lei – e bem – que a procuração revista a forma do ato que se pretende que o procurador celebre, e para o qual a procuração foi outorgada. Contudo, a preposição, mesmo enquanto contrato, não é destinada à celebração de atos, mas ao exercício de uma atividade. Como tal, não é possível saber de antemão quais os atos que irão integrar essa atividade. Caso se exigisse que o contrato de preposição respeitasse a forma de todos os atos que iriam ser integrados na atividade exercida, tal iria redundar muito provavelmente numa grande quantidade de atos viciados, o que permitiria ao preponente invocar esses vícios para evitar a vinculação contratual. Como sabemos, é precisamente para evitar defesas formais que o regime da preposição existe. Não faz, pois, qualquer sentido aplicar o regime do art. 262.º, n.º 2 do Código Civil, em questões de preposição. Mais uma vez, passados dois mil anos, pretende-se impedir que os comerciantes recorram ao Direito Civil para evitar vinculações que colocam em causa o bom funcionamento do Comércio.

Contudo, o problema parece manter-se: como justificar que um contrato de preposição celebrado oralmente possa fundar um poder de representação suficiente para celebrar um contrato com forma legal escrita, por

A PREPOSIÇÃO

exemplo? A resposta é dada pelo regime da preposição, mas não pelo regime contratual da preposição. O regime legal da preposição é, recorde-se, a resposta dada ao problema causado pelo contrato de preposição. Assim sucedeu com a *actio institoria* e assim sucede com os arts. 248.º e seguintes do Código Comercial.

O poder de representação do preposto, que decorre do *status* de preposto regido pelos arts. 248.º e seguintes do Código Comercial, tem fonte num ato jurídico com o nível de forma e formalidade mais elevado que existe: a lei. É a lei, em especial o art 251.º do Código Comercial, enquanto ato jurídico formal, que em regra determina o regime aplicável ao preposto. O complexo formado pela forma e formalidades da lei é o mais elevado que existe. Apesar de a lei seguir forma simples, as formalidades inerentes ultrapassam qualquer outro complexo de forma/formalidades, nomeadamente, a escritura pública e a sentença. Uma vez que o poder de representação institório do preposto decorre da lei, nunca se coloca o problema da forma quanto à concessão desse poder. Por esta razão, embora a instituição do preposto decorra de um ato voluntário, tendo o poder de representação institório fonte na lei, são irrelevantes as questões com a forma do ato de concessão dos poderes de representação, pois o ato de concessão destes poderes é a lei.

Assim sendo, não existem vícios de falta de forma relativamente ao ato de concessão de poderes de representação de um preposto, quando este não esteja inscrito em registo comercial, ou quando, não estando registado, atue perante um terceiro de boa fé subjetiva psicológica à data da celebração do contrato.

Por exemplo, caso alguém seja contratado como trabalhador de um banco para celebrar contratos de compra e venda de imóveis, ao exercer essa atividade de modo público e estável, será um preposto. Nestes casos, o mais frequente é que o banco outorgue uma procuração a favor desse funcionário. Contudo, sucede por vezes que essa procuração caduca, sem que o notário se aperceba, por estar habituado a celebrar centenas de escrituras com esse funcionário do banco, apesar de a administração do banco ter concedido novos poderes ao funcionário através de um *email*. Ou, então, a procuração tem poderes para determinados negócios, mas não para outros, sendo que como a administração enviou um *email* ao funcionário a mandar celebrar esses negócios, este passou a realizá-los também. Neste caso, como o notário está habituado a esse procurador, não tendo o cuidado de ler atentamente a procuração, fica convencido que a procuração com o nível de forma adequado, tem os necessários poderes, quando tal não

O LADO EXTERNO DA PREPOSIÇÃO

sucede; por outro lado, os necessários poderes resultam do *email*, que não reveste a forma correta.

Nestes casos, este funcionário do banco será considerado como um preposto para a celebração de escrituras públicas de compra e venda, ou de hipoteca, ou outro qualquer negócio que integre a atividade à frente da qual surge, de acordo com o art. 248.º do Código Comercial. Como tal, mesmo que a procuração (no caso, a procuração que resulta dos *emails*) não revista a forma legalmente exigida, este vício não pode ser invocado perante terceiros de boa fé, ficando o banco vinculado com base no art. 251.º do Código Comercial.

Como se pode concluir, nos casos para os quais o regime legal da preposição foi criado, não existem vícios de forma na concessão de poderes de representação a favor do preposto.

IV. O que se pretende com o art. 248.º do Código Comercial é, precisamente, evitar dificuldades de prova e demonstração da qualidade de preposto e dos respetivos poderes de representação, assim se facilitando a defesa da confiança e boa fé dos terceiros. Este resultado é atingido transferindo para o comerciante (ou para o preposto) o ónus e risco de não afastar a qualificação como preposto de quem esteja pública e estavelmente à frente do seu comércio. Nestes casos, sendo preposto, é representante, evitando-se a oponibilidade de todos os vícios da relação subjacente e do próprio contrato de preposição, incluindo vícios de forma, que são assim tornados irrelevantes perante a generalidade dos terceiros. Ou seja, o sistema do art. 248.º do Código Comercial tem como fim proteger os terceiros de defesas meramente formais, incluindo argumentações formais e vícios formais.

Este é um sistema de prevalência absoluta da substância sobre a forma, e atrevemo-nos a afirmar que é um dos casos por excelência de prevalência da substância sobre a forma. Foi isso que o Pretor pretendeu no Séc. II a.C, e tem sido sempre esse o fim deste regime jurídico.

De certo modo, a preposição tem o sistema inverso ao das letras e livranças. Nestas, a exigência de forma é uma questão substancial, sendo um caso de forma interna.[566] Se uma letra não respeitar a forma e formalidades legais verifica-se um vício substancial. No caso da preposição do gerente de comér-

---

[566] VASCONCELOS, PEDRO PAIS DE, *Teoria Geral do Direito Civil*, 8.ª ed., Almedina, Coimbra, 2015, págs. 620 a 622.

A PREPOSIÇÃO

cio, é a liberdade de forma que é substancial ao negócio. É uma questão de forma interna, mas na modalidade de liberdade de forma, no sentido de a forma ser irrelevante para a validade dos poderes de representação.

V. As dúvidas que poderiam suscitar-se nesta matéria exigem uma especial atenção à evolução do regime do contrato de preposição em matéria de forma.

Atualmente, a única disposição legal que se refere à forma do contrato de preposição é o art. 249.º do Código Comercial.

Esta disposição recorre a uma técnica fundamentalmente diferente da técnica usada no Código Civil. Neste diploma, a violação da forma legalmente exigida determina, como regra, a nulidade do negócio. O sistema do art. 249.º do Código Comercial não exige qualquer forma, nem faz depender o conteúdo da forma, antes fazendo depender o conteúdo do registo do contrato.

No Código Civil, verificando-se a falta da forma preconizada pela lei, o negócio é nulo, ficando sem qualquer âmbito efetivo; mas no Código Comercial, verificando-se a falta do registo preconizado pela lei para a preposição, o negócio tem o maior âmbito possível.

O problema que o art. 249.º do Código Comercial resolve não consiste em saber se a preposição deve ser outorgada por escrito, verbalmente, por gestos, ou por qualquer outro modo de expressar a vontade. O problema resolvido é um problema muito particular à preposição do gerente de comércio, que consiste na obtenção de um equilíbro entre a proteção da vontade das partes na preposição e a proteção da confiança dos terceiros. Esta questão, que será analisada de seguida, é resolvida através de um determinado equilíbro entre âmbito e publicidade da preposição, através do qual o âmbito e abrangência da preposição dependem do nível de publicidade, mas não do nível de forma.

A natureza incidental da referência à forma no art. 249.º do Código Comercial torna-se mais notória quando se confronta esta disposição do nosso Código, com a sua fonte, o art. 369.º do Código Comercial italiano de 1882.

Código Comercial italiano de 1882

Art. 369.º

Rispetto ai terzi, il mandato conferito tacitamente all'institore è sempre generale, e comprende tutti gli atti appartenenti e necessari all'esercizio del commercio, per cui e dato.

Il preponente non può opporre ai terzi veruna limitazione del mandato conferito all'institore, se non prova che essi la conoscenvano al tempo in cui fu contratta la obbligazione.[565]

Código Comercial português de 1888

Art. 249.º

O mandato conferido ao gerente, verbalmente ou por escrito, enquanto não registado, presume-se geral e compreensivo de todos os actos pertencentes e necessários ao exercício do comércio para que houvesse sido dado, sem que o proponente possa opor a terceiros limitação alguma dos respectivos poderes, salvo provando que tinham conhecimento dela ao tempo em que contrataram.

Como é fácil de concluir, ressalvando-se a natural diferença entre as línguas usadas, estas disposições têm apenas duas diferenças:

– O art. 369.º do Código Comercial italiano começa por referir que se aplica apenas nas relações entre terceiros, sendo que o art. 249.º do Código Comercial português não o afirma expressamente.
– O art. 369.º do Código Comercial italiano refere-se ao contrato celebrado tacitamente, enquanto o art 249.º do Código Comercial português se refere ao contrato celebrado *"verbalmente ou por escrito, enquanto não registado"*.

O nosso Código aproveitou parte do teor do art. 369.º do Código Comercial italiano, mas alterou a sua substância. O art. 369.º do Código Comercial italiano funcionava em conjunto com o art. 368.º do mesmo diploma,[568] que regulava a preposição expressa. Assim, o regime da preposição celebrada expressamente tinha fonte no art. 368.º, enquanto o regime da preposição tácita tinha fonte no art. 369.º. A preposição expressa estava sujeita a registo comercial, mas não a preposição tácita.

No Código Comercial italiano de 1882, existiam dois regimes de preposição (*institor*). As preposições expressas estavam sujeitas a registo, sendo

---

[567] Relativamente a terceiros, o mandato conferido tacitamente ao institor é sempre geral, e compreende todos os atos pertencentes e necessários ao exercício do comércio para o qual é concedido. O preponente não pode opor aos terceiros nenhuma limitação do mandato conferido ao institor, se não provar que esses [os terceiros] as conheciam ao tempo em que foi contratada a obrigação.

[568] *Art. 368 – Il mandato conferito all'institore può essere expresso o tacito. Il mandato espresso dev'essere depositato nella cancelleria del Tribunale di commercio, nei cui circondario l'institore.*

A PREPOSIÇÃO

que em caso de falta de registo, seguiam o regime das preposições tácitas. Estas, por sua vez, não estavam sujeitas a registo, mas eram gerais, não sendo oponíveis limitações a terceiros de boa fé. Em suma, nenhuma preposição estava obrigatoriamente sujeita a registo, sendo que as registadas seguiam um regime, enquanto as não registadas seguiam outro regime. Mas como o teor das duas disposições dividia as preposições entre expressas e tácitas, esta redação causava inevitáveis dificuldades, nomeadamente, porque em regra as preposições expressas seriam as escritas, sendo tácitas as não escritas, apesar de nem sempre assim suceder. Criava-se, por esta razão, uma enorme complexidade prática, decorrente da qualificação da preposição entre tácita e expressa, escrita ou não escrita, registada ou não registada.

O legislador português evitou a complexidade do sistema do Código Comercial italiano, regulando no art. 249.º a relação entre registo da preposição e o seu âmbito, independentemente da natureza expressa ou tácita da preposição, e esclarecendo expressamente que a forma era irrelevante.

Note-se que o ponto de partida nacional era o Código Comercial de 1833, que continha um regime ainda mais complexo do que o italiano. O §924 do Código Comercial de 1833 estatuía que "*a preposição de institor pode ser expressa ou tácita*". Contudo, no §142 estatuía-se que a preposição só era válida com o registo da mesma. Este sistema, que resultou da duplicação de regimes de preposição que ficou a constar no Código Comercial de 1833 era efetivamente muito complexo pois, ao mesmo tempo, permitia-se que a preposição fosse tácita, mas exigia-se que fosse inscrita no Registo Comercial. Assim, uma preposição – expressa ou tácita – não registada não era válida nas relações internas, mas era eficaz nas relações externas, perante terceiros, numa manifestação clara de toda a evolução da preposição. Esta solução, evitava que o comerciante nunca inscrevesse a preposição no Registo Comercial para assim fugir ao seu regime jurídico no que respeitava ao terceiro, embora conseguisse evitar a vinculação na relação interna.

No Código Comercial de 1888 o problema foi resolvido dividindo as preposições em registadas e não registadas, sendo irrelevante se eram expressas ou tácitas, escritas ou não. O legislador nacional decidiu não manter a solução de 1833, mas também não aceitou a solução italiana de dividir as preposições em expressas e tácitas. Ou seja, não aceitou (e não aproveitou) o art 368.º do Código Comercial italiano, que regulava as preposições expressas. Para tanto, criou uma disposição que aproveita o que de melhor resultava do conjunto formado pelos arts. 368.º e 369.º do Código Comercial italiano de 1882. Assim, o nosso art. 249.º corresponde fundamentalmente ao art. 369.º do Código Comercial italiano de 1882, mas em lugar de este regime ser aplicável às preposições tácitas ou expressas embora não registadas, passou a ser aplicado a todas as preposições não registadas.

A alteração de redação, no sentido de se fazer referência às preposições verbais ou escritas, tem por isso o sentido de fazer uma referência a todas as preposições, sem exceção, quer sejam tácitas ou expressas, e independentemente da sua forma, seja ela qual for. Por esta razão o contrato de preposição é um negócio que não está sujeito a qualquer forma legal, sendo um contrato consensual.

O problema não se coloca no que respeita à forma do contrato, mas no que respeita ao seu registo, pois o registo do contrato faz variar o seu âmbito.

14. Registo e âmbito da preposição

I. A preposição levanta complexas questões de compatibilização entre a autonomia privada e a tutela da confiança, para resolução das quais é fundamental a publicidade, em particular, a publicidade através do registo comercial.

A preposição é um contrato, podendo ser um contrato autónomo, encontrar-se em união com outro negócio, ou integrar um contrato atípico. Como sucede em qualquer contrato, o seu âmbito decorre da vontade das partes. Assim, a definição da atividade comercial à frente da qual fica o preposto, nomeadamente, qual a concreta atividade que este desempenhará e se esta atividade sofre limitações ou não, são matérias que integram o conteúdo do concreto negócio ou complexo negocial, resultando do exercício da autonomia privada pelas respetivas partes. Em consequência, o âmbito do contrato de preposição é o que for acordado entre as partes.

Porém, é em regra muito pouco provável (para não lhe chamar um "acidente estatístico"), que no comércio de massa um terceiro tenha conhecimento do conteúdo interno da preposição. Mesmo no mundo dos negócios, no comércio de grosso, no grande comércio e no comércio financeiro, será muito raro que tal suceda. Como regra, o conhecimento do acordo entre o preponente e o preposto fica limitado às próprias partes.

Caso se respeitasse integralmente a autonomia privada, todas as limitações decorrentes da preposição seriam oponíveis a terceiros. Assim, se uma pessoa fosse preposta para gerente de comércio de todos os estabelecimentos de um comerciante, com exceção de um, e atuasse no âmbito da atividade deste estabelecimento, a sua atuação não vincularia o comerciante preponente. Esta solução redundaria na desproteção dos terceiros, que confiaram na sua qualidade de gerente de comércio. Mesmo nos casos em que uma pessoa estivesse

A PREPOSIÇÃO

estável e publicamente à frente de uma empresa de outrem, este poderia sempre invocar o conteúdo da preposição para excluir qualquer responsabilização ou vinculação à atuação do agente. Resulta manifesto que o problema fundamental consiste no conhecimento ou, pelo menos, na cognoscibilidade pelos terceiros do conteúdo do acordo celebrado entre o comerciante e o seu preposto. Nos casos em que os terceiros conhecem esse acordo, ou em que teriam um acesso facilitado ao respetivo conhecimento, não haveria confiança a proteger ou, pelo menos, não se justificaria a proteção de uma confiança que apenas resultava da falta de diligência por parte dos terceiros.

O problema do modo de obter um justo equilíbrio entre a autonomia privada e a proteção da confiança no comércio, que é essencial na preposição, foi desde logo identificado e solucionado em Roma. Solução esta que é a fonte do atual regime do art. 249.º do Código Comercial português e constitui um dos principais mecanismos técnicos da preposição.

É importante ter em consideração que, em princípio, a preposição deve resultar do acordo das partes. Nenhum sentido faria impor ao comerciante a atuação de uma pessoa só porque esta decidiu começar a agir invocando o seu nome, ou apresentando-se à frente de um determinado negócio. Uma coisa é alguém agir assim com o acordo do comerciante, ou com a sua tolerância – com a sua "ciência e paciência" –, coisa completamente diferente é alguém agir como se fosse um gerente de comércio, mas sem o acordo do comerciante, nem mesmo a sua tolerância, usurpando essa qualidade.

Mas o problema da existência de preposição é diferente do problema do seu âmbito.

II. Já em Roma o problema do âmbito da preposição apresentava a maior importância. O sistema da *actio institoria* nasceu como uma reação ao uso de prepostos por parte dos comerciantes. Apesar de a abordagem não ser efetuada numa perspetiva contratual, não se tomando em consideração o contrato de preposição propriamente dito, especialmente porque nos casos iniciais os prepostos eram servos ou filhos, a verdade é que a *actio institoria* nasceu como uma reação àquilo que hoje se chamaria de negócio de preposição.

Mesmo em Roma, a fonte primordial dos efeitos do negócio unilateral ou contratual de preposição, resultava da vontade das partes, preponente e preposto.[569] Um dos problemas práticos então colocados consistia na

---

[569] Ou da vontade de uma parte, o *pater familias*, nos casos de prepostos que fossem *allieni iuris*.

prova do âmbito da preposição. Caso esta pudesse ser efetuada por simples declaração do comerciante e respetivo preposto, a posição do terceiro sairia extremamente fragilizada. Bastaria que estes combinassem o que dizer (ou escrever), e nunca se conseguiria obter em juízo a prova de um âmbito da preposição que fosse compatível com a atuação do preposto. Sendo assim, todo o regime redundaria num efetivo nada. Ao se obter a prova com base nas declarações de preponente e preposto sobre qual o âmbito da preposição, na prática, permitir-se-ia ao comerciante invocar que nunca tinha acordado qualquer preposição, para na prática inviabilizar a aplicação do regime de gerente de comércio. Nada se provando quanto à eventual celebração de um contrato de preposição, numa perspetiva de puro respeito pela autonomia privada, não seria aplicável o regime jurídico. A *actio institoria* veio mudar este paradigma.

A solução romana foi engenhosa e prática e, acima de tudo, extremamente eficaz: tornar a preposição pública. Sendo pública, qualquer terceiro teria acesso à mesma e poderia confirmar com relativa facilidade, se o *institor* tinha ou não poderes para praticar determinados atos. Ou seja, se os atos em causa eram compatíveis com a atividade para a qual estava preposto. O sistema romano foi de tal modo sofisticado, completo, detalhado e eficaz, que é útil revisitá-lo.

III. A solução, como dissemos, consistia em tornar pública a preposição. No entanto, esta era uma solução complexa, num período no qual não existia um verdadeiro sistema de registo comercial, muito menos um sistema acessível ao público.

A solução foi engenhosa: era preposto quem tratasse publicamente do comércio de outrem, quer no estabelecimento, quer fora de um estabelecimento. Estando pública e estavelmente a tratar de uma determinada atividade comercial, era preposto para essa atividade comercial, podendo praticar todos os atos inerentes a essa atividade. Assim, era a própria atividade que garantia a publicidade. Todo e qualquer ato do preposto vincularia o comerciante, desde que fosse praticado no âmbito da atividade à frente da qual estivesse. Assim, a publicidade era sempre garantida, protegendo-se a confiança do comércio nessa mesma publicidade.

A publicidade era obtida pela aparência que resultava da atividade do preposto.

Colocava-se então outro problema: como limitar a preposição? Não seria justo impor a um comerciante todas as atuações do preposto que tivessem

A PREPOSIÇÃO

sido excluídas, assim impedindo – na prática – que o preponente limitasse a preposição. Teria de ser possível que um comerciante pudesse escolher quais as atividades à frente das quais colocava os prepostos, delimitando o âmbito da preposição. De outro modo, os comerciantes não escolheriam prepostos para exercer a sua atividade, ou ficariam muito limitados nessa opção, o que seria negativo para o comércio. O problema seria ainda mais grave nos casos de pessoas que, trabalhando num estabelecimento, não fossem prepostos. Pessoas que parecessem prepostos, mas que não pudessem celebrar negócios por conta desse comércio. Como garantir que um comerciante não ficaria vinculado pela atuação de alguém que, estando no estabelecimento, não fosse um preposto? Só criando um sistema efetivo de limitação de preposição que fosse oponível a terceiros.

Para que as limitações pudessem ser oponíveis a terceiros, seria necessário que também estas fossem públicas. Todavia, esta publicidade não poderia ser obtida com o mesmo sistema usado para a publicidade da preposição. Se a publicidade das limitações resultasse da aparência que decorria da própria atividade, nunca existiriam limitações, pois sempre que o preposto exercesse alguma atividade, poderia exercê-la. Este sistema que funciona na publicidade da existência da preposição, seria um contrassenso na publicidade das limitações da preposição. Era necessária outra solução de publicidade.

Foi então imposto um sistema diferente: colocar cartazes à porta do estabelecimento do comerciante. A solução surge no Digesto, de um modo expresso e com a concretização típica deste sistema, sendo da autoria de Ulpianus:[570]

> *(2) Não ocupa o posto de institor aquele sobre o qual foi publicamente anunciado que com ele não se deve contratar; porque não se deve com ele contratar como institor, porque se alguém não quer que se contrate, deve proibi-lo publicamente. Se não o faz fica obrigado pela prepositura que tiver feito.*
>
> *(3) Entendemos proibir publicamente no sentido de o fazer através de escritos claros, que se possam ler a partir do chão, como os que se colocam em frente da loja ou do lugar onde se exerce o comércio; não num local escondido, mas num evidente. Deverá estar escrito em Latim ou Grego? Na minha opinião, de acordo com as condições do lugar, de modo a que ninguém possa invocar a ignorância dos escritos. Certo é que, se alguém disser que não sabia*

---

[570] D.14,3,11.

ler ou que não viu os escritos, uma vez que muitos podem ler e os escritos estavam expostos ao público, não será ouvido.

(4) É necessário que a proibição esteja exposta permanentemente, porque se se contratou antes de estar exposta ou quando estava escondida, há lugar a [ação] institória. Portanto, se o comerciante tiver publicado a proibição, mas outro a retirou, ou em virtude do tempo, ou da chuva, ou outra razão semelhante tenha sucedido que tenha deixado de estar exposta ou que não seja visível, responde-lhe que existe preposto. Mas se o próprio instintor retirou o anúncio para me defraudar, o dolo deste deve prejudicar ao que o prepôs, a não ser que tenha participado no dolo aquele [terceiro] com que contratou.

Como resulta claro, perante terceiros, o regime legal da preposição foi construído de modo a atribuir ao preposto plenos poderes, exceto no que respeita às limitações públicas. Não havendo limitações, ou na falta de publicidade das limitações, a preposição tem o âmbito da atividade desenvolvida pelo preposto e inclui todos os poderes para a prática de todos os atos inerentes a essa atividade,[571] sejam eles quais forem.

IV. Mais de dois mil anos depois, o sistema legal é o mesmo, tendo apenas evoluído o regime da publicidade no que respeita às limitações. Os cartazes à porta do estabelecimento foram substituídos pela inscrição no Registo Comercial, mas nada mais mudou.

Segundo o art. 249.º do Código Comercial, a preposição conferida ao gerente de comércio enquanto não for inscrita em registo presume-se geral e compreensiva de todos os atos pertencentes e necessários ao exercício do comércio para que houvesse sido dada, sem que o preponente possa opor a terceiros limitação alguma dos respetivos poderes, salvo provando que tinham conhecimento dela ao tempo em que contrataram.

Por esta razão, existem dois regimes de preposição de gerente de comércio no que respeita ao seu âmbito: a registada e a não registada.

A. A preposição de gerente de comércio não registada

I. Segundo o art. 249.º do Código Comercial a preposição de gerente de comércio não registada presume-se geral e compreensiva de todos os atos pertencentes e necessários ao exercício do comércio para que houvesse sido dada. Esta presunção é extremamente forte, sendo quase inilidível, pois é

---

[571] BRITO, MARIA HELENA, *O Contrato de Concessão Comercial*, Almedina, Coimbra, 1990, pág. 90.

A PREPOSIÇÃO

necessário provar que, à data em que o terceiro celebrou o contrato com o preposto, tinha conhecimento efetivo do conteúdo da preposição, instruções ou limitações. Na prática comercial é muito difícil que um terceiro tenha conhecimento destes factos, sendo ainda mais difícil que alguém consiga provar esse conhecimento efetivo à data do contrato.

Da letra do art. 249.º do Código Comercial parece resultar que este é um regime excecional. Ou seja, que em regra a preposição seria oponível a terceiros, mas que tal apenas sucede caso se prove a má fé do terceiro. Contudo, o que o art. 249.º do Código Comercial faz é operar a ligação entre o regime contratual da preposição e o *status*. Assim sendo, a regra do *status* de preposto é a inoponibilidade da relação subjacente. Admite-se, contudo, que provando-se que o terceiro estava de má fé à data do contrato, lhe seja oponível o contrato de preposição e restante relação subjacente. Como tal, do facto de alguém estar colocado na posição típica de preposto, decorre que tem todos os poderes para o exercício do comércio em causa. Este é o conteúdo do *status* do preposto, que é relevante como regra geral: os poderes aparentes (que resultam da posição e preposto) são poderes efetivos.

Admite-se, contudo, que seja atribuída relevância ao regime do contrato de preposição, nos casos em que se prove que o terceiro estava da má fé subjetiva psicológica à data do contrato. Nestes casos, em lugar de ser relevante o conteúdo do *status* do preposto, e relevante o conteúdo contratual da preposição.

Esta última parte do art. 249.º do Código Comercial opera como uma salvaguarda, de modo a não proteger pessoas que tendo conhecimento efetivo do âmbito ou limitações à atividade do preposto, não merecem proteção em razão da falta de relevância da aparência que resulta da posição social típica do preposto. Nos casos em que o terceiro tem conhecimento efetivo da concreta posição contratual do preposto, a aparência que objetivamente pode resultar da posição socialmente típica torna-se irrelevante. Em suma, a aparência que resulta da preposição não se sobrepõe ao conhecimento efetivo do âmbito contratual da preposição.

II. Na falta de registo, os poderes do preposto, a que o art. 249.º do Código Comercial se refere como "mandato", não são os "normais" poderes gerais de administração típicos de um "mandato geral". Os poderes do preposto que resultam do art. 249.º do Código Comercial são compostos pela totalidade dos poderes, quer gerais, quer especiais, inerentes à atividade à frente da qual surge.[572] Todo e qualquer poder que seja útil ou necessário para o exercício da atividade à frente da qual surge pública e estavelmente é abrangido pelo *status* de preposto do art. 249.º do Código Comercial. Por esta razão, nos casos não registados, estando alguém colocado à frente de uma atividade comercial de outrem, de forma estável e pública, essa pessoa pode em geral praticar todos os atos inerentes à referida atividade, sem limites oponíveis a terceiros.

O *status* da preposição é, portanto, muito diferente do mandato geral, não é um caso de existência de poderes gerais de administração, como sucederia, por exemplo, num mandato geral (art. 1159.º, n.º 1 do Código Civil). Nesta matéria, a preposição do gerente de comércio é muito mais semelhante ao mandato especial do art. 1159.º, n.º 2 do Código Civil, ou, melhor, o mandato especial do art. 1159.º, n.º 2 do Código Civil é muito semelhante ao regime da preposição. Sucede, contudo, que a preposição é especial para a execução de toda a atividade à frente da qual o preposto foi colocado. Como tal, abrange não só os chamados "atos de administração ordinária", mas todos e quaisquer atos que sejam, não só necessários, mas também úteis ao exercício dessa atividade.

A preposição não registada tem como objeto a atividade comercial do comerciante, delimitada pela atividade para a qual é preposto. No âmbito dessa atividade, o gerente de comércio tem todos os poderes, gerais e especiais, que sejam úteis ou necessários ao bom desempenho dessa atividade. A preposição pode, pois, ser assemelhada a um mandato especial para toda a atividade do mandante.

Esta afirmação pode causar perplexidade em matéria de mandato, porquanto um mandato para toda a atividade é um mandato geral e não especial, mas esta é uma das diferenças entre preposição e mandato. A preposição nasceu como uma figura destinada a ser geral, e que apenas pode ser geral; por sua vez, o mandato nasceu como uma figura que apenas podia ser especial, e que por influência e confusão com a preposição, se passou a admitir que fosse geral. Contudo, o mandato geral foi (e é) sempre influenciado pela sua origem de figura especial, dirigida a um ato específico. Nunca teve como função operar a substituição do comerciante, mas apenas a ampliação da sua projeção no comércio em casos determinados. Assim, a preposição

---

[572] ANTHERO, ADRIANO, *Comentario ao Codigo Commercial Portuguez*, Vol. I, Typographia Artes & Letras, Porto, 1913, pág. 466.

A PREPOSIÇÃO

é especificamente destinada a ser geral ou, melhor, a ser total, enquanto o mandato é destinado especificamente a ser especial, podendo ser geral, mas limitado a atos de administração ordinária.

Numa diferente abordagem, pode afirmar-se que a preposição abrange todos os poderes destinados à prática de um ato especial, mas sendo que o ato é, antes, uma atividade, e esta atividade é toda a atividade. Assim, a preposição é um negócio gestório dirigido especialmente à gestão da totalidade de um comércio, abrangendo, como regra, todos os poderes para o exercício dessa atividade, quer os chamados "poderes gerais" como os chamados "poderes especiais".

Os únicos poderes que o preposto não registado não tem são aqueles que a lei excluir.

Assim sucede, por exemplo, com os poderes forenses, que o preposto não registado não beneficia, porque são excluídos pelo art. 254.º do Código Comercial. Mas, mesmo estes poderes apenas foram excluídos em 1928, pelo Decreto n.º 15.623, de 25 de junho, que alterou o art. 254.º do Código Comercial. Na versão original do Código Comercial de 1888, todos os gerentes de comércio tinham plenos poderes forenses, gerais e especiais, em tudo o que fosse relacionado com a sua atividade, incluindo poderes forenses. No entanto, atualmente, os gerentes de comércio não registados, não têm poderes forenses, apenas os tendo os gerentes de comércio registados.

III. No *status* de preposto, em regra, o âmbito dos poderes da preposição é determinado pela publicidade da atividade estável desenvolvida. Dito de outro modo, o preposto tem poderes para aquilo que publicamente faz de modo estável. Só assim não será nos casos registados, e nos casos de terceiros de má fé.

Para bem compreender esta questão, importa ter em consideração que não existem preposições pontuais. A preposição é sempre dirigida a uma atividade, mesmo que seja uma atividade limitada. Contrariamente ao mandato e à procuração, que podem ser outorgados para a prática de um único ato,[573] a preposição é sempre dirigida a uma atividade. Assim, dizer-se que o preposto exerce uma atividade estavelmente é quase uma redundância. Só não é necessariamente uma redundância porque, pela natureza das coisas,

---

[573] Já neste sentido, ANTHERO, ADRIANO, *Comentario ao Codigo Commercial Portuguez*, Vol. I, Typographia Artes & Letras, Porto, 1913, pág. 463.

a atividade se inicia pela prática de um único ato: o primeiro de todos. Se tiver sido apenas praticado um único ato (porque é o primeiro), mas o ato estiver incluído num projeto de atividade estável, poderemos estar perante uma preposição. Sucede apenas, que esta preposição ainda só se manifestou num único ato, mas integrado num projeto de atividade. Por esta razão, em especial no primeiro ato, a diferenciação face a figuras próximas faz-se pelo projeto da estabilidade que liga todos os atos individualmente considerados. Contudo, quando a questão da qualificação surja numa atividade já em pleno curso, a questão da estabilidade dissolve-se na própria noção de atividade, típica da preposição.

É a publicidade da atividade que é o ponto fulcral da preposição. E foi esta publicidade que legou o Pretor a impor o regime jurídico da *actio institoria*. É também esta publicidade que leva o Código Comercial a impor o regime jurídico do gerente de comércio, pois é a publicidade que causa a confiança e que pode por em causa o comércio. Uma atividade exercida publicamente é hábil para causar problemas de confiança no comércio que ultrapassa, em muito, uma atividade que é exercida de modo não público.

Tal como em Roma, a solução do problema passa por vincular o comerciante a toda a atividade que o preposto gerente de comércio exerça publicamente quando trata do seu comércio. Exercendo uma atividade pública, tem todos os poderes para essa atividade sem limites; salvo se esses limites forem também públicos, o que pode ocorrer pelo registo, ou, então, naqueles casos concretos que conduzem ao conhecimento efetivo dos limites por parte do terceiro. A regra, contudo, é sempre a mesma. Na falta da publicidade indicada na lei, ou de conhecimento efetivo por parte do terceiro, os poderes são totais.

IV. Como referimos, o Código Comercial estabelece o âmbito do regime do gerente de comércio que resulte de uma preposição não registada através do recurso a uma presunção quase inilidível.

Na falta de registo, o art. 249.º do Código Comercial, pode ser repartido em duas partes, correspondendo a duas presunções diferentes, mas que operam sequencialmente, formando uma dupla presunção:

1.ª parte – "presume-se geral e compreensivo de todos os actos pertencentes e necessários ao exercício do comércio para que houvesse sido dado"
2.ª parte – "sem que o proponente possa opor a terceiros limitação alguma dos respectivos poderes, salvo provando que tinham conhecimento dela ao tempo em que contrataram."

A PREPOSIÇÃO

Assim, perante um terceiro, mesmo que o comerciante ilida a presunção da primeira parte, demonstrando que o preposto não tinha determinados poderes, ou que vigoravam certos limites a seu exercício; terá ainda de ilidir a presunção da segunda parte, e provar que o terceiro tinha conhecimento efetivo dessa falta de poderes ou dos seus limites, ao tempo da prática do ato.

A falta de ilisão de qualquer uma das presunções implica que o âmbito da presunção é total. Não se provando que existiam limitações à presunção, esta terá âmbito total. Mas mesmo que se prove que existiam limitações, estas não poderão ser opostas ao terceiro sem que se prove que este estava de má fé. Na prática, a falta de ilisão da segunda presunção provoca o mesmo efeito da falta de ilisão da primeira presunção, pois a consequência é uma e só uma: na relação com aquele terceiro, o preposto tem todos os poderes.

V. Não estando registada a preposição, o que é o mais corrente, o comerciante dificilmente consegue opor aos terceiros uma limitação que decorra da relação subjacente, pois só muito dificilmente conseguirá provar o conhecimento efetivo por parte dos terceiros à data do contrato.

Este conhecimento não é normativo nem ético, mas antes psicológico. É irrelevante que o terceiro adotasse qualquer comportamento, ou que "devesse" ter conhecimento, ou que seja "inexplicável" como é que o terceiro não teve conhecimento, ou que só não teve conhecimento com base em negligência grosseira. O *modus operandi* do art. 249.º do Código Comercial usa como critério o conhecimento efetivo e apenas o conhecimento efetivo. Assim sucede, pois só deste modo é possível manter a confiança no mercado. Este regime não tem como fim principal proteger a confiança daquele concreto terceiro, mas sim proteger a estabilidade do mercado e da confiança no mercado: objetivo que apenas se atinge transferindo o risco para o preponente, o que isenta o terceiro de qualquer dever de averiguação de limitações. Não seria possível o Comércio se incidisse sobre os terceiros um qualquer dever, por mais ténue que fosse, de averiguarem as limitações de uma preposição não registada. Assim sendo, ou o terceiro conhece efetivamente essas limitações à data do ato, ou não as conhece.

VI. Face a este regime, apenas existem dois casos nos quais os limites podem ser oponíveis aos terceiros.

O primeiro caso consiste nas situações em que se prove que o suposto preposto não o é, o que exige que se demonstre que não está colocado, à frente do comércio, de modo público e estável. Neste caso, não se tratando de um gerente de comércio, não é aplicável o respetivo regime jurídico. Este caso tanto poderá suceder em casos nos quais a pessoa simplesmente não está a tratar do comércio em causa, como poderá suceder nos casos em que está a tratar desse comércio, mas não foi colocado pelo comerciante, antes tendo usurpado estas funções. No primeiro caso, poderá mesmo ser preposto daquele comerciante, mas à frente de uma outra atividade, caso em que, numa atividade é preposto, mas não na outra. Assim sucede, por exemplo, com um diretor de um hotel, pertença de uma cadeia hoteleira. O diretor de um hotel é preposto à frente desse hotel, mas não dos demais hotéis da mesma cadeia hoteleira. No que respeita ao hotel de que é preposto, terá todos os poderes. Mas não é preposto no que respeita aos demais hotéis da cadeia hoteleira (assumindo-se que não está colocado estável e publicamente à frente dos mesmos).

O segundo caso no qual é possível opor limitações a um terceiro, é o que resulta do próprio art. 249.º do Código Comercial. Neste caso, é necessário que o comerciante prove que a presunção tinha determinados limites e, cumulativamente, que o terceiro tinha efetivo conhecimento desses limites à data do contrato. Só neste caso é que o âmbito efetivo da preposição será o acordado entre preponente e preposto. Nos demais casos, o âmbito efetivo da preposição será pleno para a atividade à frente da qual surge pública e estavelmente o preposto.

Face a este regime jurídico, caso se esteja efetivamente perante um preposto, para que o terceiro não seja protegido face às limitações da preposição é necessário que saiba efetivamente que o gerente de comércio não podia praticar um determinado ato. Quanto aos restantes atos inerentes à atividade publicamente exercida, são todos incluídos no âmbito da preposição, com a única exceção dos poderes forenses (art. 254.º do Código Comercial). Salvo esta exceção, que não constava na versão original do Código Comercial, não existem exceções à eficácia dos poderes do preposto perante terceiros de boa fé subjetiva psicológica, acrescendo ainda que cabe ao preponente o ónus de provar que estes terceiros não estavam de boa fé subjetiva psicológica, à data do contrato.

Dito de outro modo, perante terceiros não são invocáveis quaisquer questões relativas à relação interna de um preposto com o seu preponente, exceção feita para os terceiros com conhecimento efetivo dessa questão à data da prática do ato, correndo o ónus da prova integralmente pelo comerciante e nunca pelo terceiro.

A PREPOSIÇÃO

VII. No que respeita à oponibilidade entre as próprias partes, esta presunção é normalmente ilidível.

Assim, entre preponente e preposto, aplica-se a primeira presunção, mas não a segunda presunção, pelo que apenas se presume, que a preposição é geral e compreensiva. Caso alguma das partes (preposto e preponente) pretenda invocar uma qualquer limitação, caber-lhe-á o ónus de ilidir essa presunção.

Mas, mesmo que o faça, essa limitação não será – como vimos – oponível a terceiros (salvo a exceção legal referida). Deste modo, pode ocorrer que numa ação judicial que oponha preponente, preposto e terceiro, fique provado que a preposição tinha um determinado âmbito, sendo que esse âmbito será relevante no que respeita às questões entre preposto e preponente, mas não será relevante perante o terceiro.

VIII. Em resultado deste regime, a delimitação do âmbito de atividade comercial desenvolvida pelo gerente de comércio é da maior importância.

Assim se, por exemplo, uma pessoa for gerente de comércio global de toda a atividade do comerciante, estando à frente da totalidade da empresa do seu preponente, tem plenos poderes para praticar todos os atos, sem exceção alguma que não os forenses. Por esta razão, todos os atos jurídicos praticados por um gerente de comércio com este âmbito são imputáveis ao comerciante seu preponente.

Se for um gerente de comércio encarregue de tratar de um estabelecimento comercial, pode praticar todos os atos inerentes a esse estabelecimento comercial, nomeadamente contratando funcionários, tomando seguros, comprando e vendendo mercadorias, contratando empreitadas de remodelação, adquirindo sistemas informáticos, subscrevendo letras, e todos os atos inerentes ao comércio desse estabelecimento. Mas não o poderá fazer em relação a um outro estabelecimento.

Se for um estabelecimento (restaurante) de uma cadeia de restauração, pode agir em tudo o que for relacionado com esse concreto restaurante, mas não com os demais restaurantes da cadeia. Mas pode praticar atos que acabem por influenciar todos os estabelecimentos, desde que sejam úteis ou necessários ao "seu" estabelecimento.

Se, por exemplo, se tratar de um gerente de comércio de uma área de negócio, poderá praticar todos os atos inerentes a essa área de negócios. Não só os especificamente inerentes a essa área de negócios, mas também atos inerentes a todos os negócios desde que sejam úteis ou necessários a essa área de negócio.

A preposição do gerente de comércio pode abranger toda a atividade do comerciante (individual, ou sociedade comercial), toda a sua empresa, mas pode abranger apenas uma parte, ou ramo, dessa atividade, pode abranger uma zona, um produto ou uma marca, ou qualquer divisão da atividade comercial do preponente.

B. A preposição de gerente de comércio registada

I. Interpretando o art. 249.º do Código Comercial *a contrario*, registada a preposição do gerente de comércio, esta não se presume geral, nem vigora a inoponibilidade das limitações aos terceiros de boa fé. Assim sendo, aparentemente o preponente poderia opor a qualquer terceiro os limites da preposição. Contudo, o regime da oponibilidade da preposição registada não decorre em exclusivo do art. 249.º do Código Comercial e das regras gerais de Direito, sendo necessário confrontar este regime com o de registo comercial aplicável à preposição. Só analisando este regime se pode saber não só como se regista uma preposição, como ainda quais as efetivas consequências que esse registo tem sobre os terceiros.

Na sua versão original, o Código Comercial era a fonte do regime do registo comercial. Em consequência, em 1888, quer a preposição registada, quer a não registada eram reguladas pelo Código Comercial.

Atualmente o regime do registo comercial encontra-se positivado no Código de Registo Comercial e no Regulamento do Registo Comercial, sendo que a preposição encontra a sua base legal no Código Comercial. Assim, é com base na combinação destes três diplomas que se deve buscar a concretização do regime do registo da preposição.

II. A primeira dificuldade que surge no Código do Registo Comercial consiste na falta de previsão literal de registo de preposições, gerentes de comércio, caixeiros ou outros auxiliares. Esta dificuldade, contudo, não deve impressionar, porquanto não só a linguagem mudou desde 1888, como a própria técnica legislativa foi evoluindo. Assim, é necessário procurar no Código do Registo Comercial as disposições que abrangem o registo a que faz referência o art. 249.º do Código Comercial.

A resposta intuitiva aponta para o art. 10.º, al. a) do Código de Registo Comercial que sujeita a registo o mandato comercial escrito. O regime dos gerentes de comércio, caixeiros ou outros auxiliares está incluído no Título

A PREPOSIÇÃO

V, do Livro Segundo do Código Comercial ("Do mandato"), sendo amiúde referido como constituindo um tipo de mandato. Contudo, esta primeira intuição carece de uma análise mais profunda, de modo a se poder garantir a sua correção, buscando-se a fonte do art. 10.º, al. a) do Código de Registo Comercial. Só assim se pode aferir se esta disposição abrange as preposições podendo-se então, nesse caso, proceder à concretização do respetivo regime jurídico.

III. No Código Comercial de 1833 a questão do registo da preposição era complexa.

No Código Comercial de 1833, o mandato não estava sujeito a forma escrita (§§764), nem a registo. O mandatário agia em nome do mandante, e só em caso de disputa entre o mandatário e o terceiro é que se colocava a necessidade de ser exibido o mandato, ou ser ratificada a atuação (§779). Este sistema era um reflexo do que sucedia no Comércio, onde as pessoas em geral não se preocupam com a verificação do mandato alheio, e não se preocupam em passar a escrito os mandatos, a menos que tal seja necessário. Assim era o Comércio, e assim é (ainda hoje) o Comércio.

Como tal, o mandato nem era escrito, nem estava sujeito a registo.

Contudo, o §6 do Código Comercial de 1833, que regulava a matrícula do comerciante, incluía nesta "*o nome do proposto, feitor ou empregado, que põe à testa do estabelecimento*". Ficava, portanto, a constar na matrícula de cada comerciante, quem eram os seus prepostos, em especial, do preposto chefe ou de topo.

Por outro lado, a mesma disposição exigia ainda que o pedido de matrícula do comerciante incluísse, também "*a cópia da circular que tem a dirigir*". Circular esta que poderia incluir não só a identificação dos prepostos, como as eventuais limitações aplicáveis a estes, em especial no que respeita à definição dos ramos de comércio à frente dos quais eram colocados.

Concretizando esta imposição, os §§ 208 e 211 do Código Comercial de 1833 obrigavam a registo comercial "*a autorização, procuração ou poderes dados a feitores, ou a quaisquer empregados na direcção e administração dos negócios dos commerciantes*", registo este que era efetuado com base no referido documento (autorização, procuração ou poder).

Esta "*autorização*" era o *nomen* então usado para o negócio base da preposição do feitor, sendo que, por sua vez, a "*procuração*" e o "*poder*" eram procurações institórias. Ou seja, em todos estes casos, o que se registava era a preposição, usando como suporte o documento do qual a mesma decorria,

O LADO EXTERNO DA PREPOSIÇÃO

ou o documento que servia de prova da mesma. Este regime era consentâneo com o § 142 do Código Comercial de 1833, que exigia que a preposição fosse celebrada por escrito, sob pena de ineficácia.[574]

Em consequência, no regime de 1833, as preposições deviam ser registadas, sob pena de *"não produzirão acção entre o mandante e mandatário"* (§216). Razão pela qual, *"em quanto os poderes conferidos não estiverem registados, o proponente e o proposto são extranhos um ao outro nas suas relações de dependência".*[575]

O Código Comercial de 1833 não exigia o registo do mandato, mas apenas exigia de quem tivesse poderes para representar outrem de um modo estável e geral, ficando à *"testa do estabelecimento. "O registo supõe direcção ou administração duradoura e tracto geral: quando aquella administração ou direcção é passageira ou momentânea, ou quando o tracto é restricto a certas pessoas, o registo da procuração é desnecessário".*[576] Ou, dito em linguagem atual, o Código Comercial de 1833 sujeitava a registo as preposições (e as respetivas procurações institórias), mas não estavam sujeitos a registo os mandatos com representação, nem as procurações comuns.

Deste modo, o Código Comercial de 1833 continha dois regimes de registo de preposição, um para as relações internas e outro para as relações externas, sendo, o regime então em vigor caraterizado pelo seguinte:

– Os mandatos e procurações não careciam de registo, tendo forma livre.[577]
– A preposição carecia de registo.[578]
– Faltando o registo da preposição:
– Na relação interna, entre preponente e preposto, não se produziam quaisquer efeitos.[579]
– Na relação externa, entre preposto e terceiro, aplicava-se o regime dos feitores e da ação institória.[580]

---

[574] Campos, João Mota, *Código Comercial*, edição de autor, Esposende, 1955, pág.122, apelidava este vício de inexistência.

[575] Pimentel, Diogo Sampaio, *Annotações ou Sythese Anootada do Codigo do Commercio*, Tomo I, Nova Edição, Coimbra, Imprensa da Universidade, 1875, pag. 137. Sem prejuízo de o Autor ser muito crítico em relação a esta solução.

[576] Pimentel, Diogo Sampaio, *Annotações ou Sythese Anootada do Codigo do Commercio*, Tomo I, Nova Edição, Coimbra, Imprensa da Universidade, 1875, pag. 129.

[577] §211, 3.º, *a contrario* e §764 do Código Comercial de 1833.

[578] §142 e §211, 3.º do Código Comercial de 1833.

[579] §216 do Código Comercial de 1833.

[580] §216, §141 e seguintes e §922 e seguintes do Código Comercial de 1833.

A PREPOSIÇÃO

– Tendo sido registada a preposição, aplicava-se o regime dos feitores também na relação interna.

Por outro lado, perante terceiros, face ao regime da ação institória, os limites da preposição apenas eram oponíveis se fossem públicos e notórios (*"feita notória e pública"*).[581] Assim, caso a preposição estivesse registada, constando da matrícula do comerciante,[582] teria o âmbito que resultasse do registo, mas era necessário que do registo resultassem os limites da mesma, de tal modo que estes fossem públicos e notórios (*"feita notória e pública"*). Caso contrário, limitando-se a constar no registo que determinada pessoa era institor de outra, a preposição abrangeria a totalidade do seu comércio.

Assim, no regime do Código Comercial de 1833, a questão principal não era relativa ao âmbito e limites da preposição perante terceiros (relação externa), antes incidindo sobre a própria relação interna entre preponente e preposto: a falta de registo da preposição determinava a ineficácia da relação subjacente, em regra a ineficácia do mandato ou do contrato de trabalho. Este regime tinha como fim, fundamentalmente, a promoção da obrigatoriedade do registo da preposição, como modo de salvaguardar a sua publicidade.

Contudo, de modo a não premiar o comerciante faltoso, que optasse por não registar a preposição, aos terceiros era sempre facultado o recurso ao regime dos feitores. Na prática, o resultado deste regime era que, na falta de registo, não eram oponíveis aos terceiros as limitações da preposição, tal como ocorre atualmente no Código Comercial de 1888.

Em conclusão, no Código Comercial de 1833 as preposições de topo (feitores) estavam sujeitas a registo (§142) o que implicava que fossem reduzidas a escrito (pelo menos na parte necessária a dar cumprimento ao registo). Dito de outro modo, as preposições de topo deviam ser escritas e estavam sujeitas a registo. Já os mandatos não estavam sujeitos a registo, quer fossem escritos ou não.

Era, portanto, a preposição escrita que estava sujeita a registo.[583]

---

[581] §927 do Código Comercial de 1833.

[582] §6, 4.º, do Código Comercial de 1833.

[583] Embora, nem todas as preposições escritas o estivessem, e nem todas as preposições necessitassem de ser escritas, e sendo que perante terceiros se aplicaria o regime da preposição mesmo que não registada.

IV. No Código Comercial de 1888 a terminologia e o sistema foram profundamente alterados, tendo sido criada uma figura geral, que foi denominada de mandato, incluindo-se nesta figura não só o mandato, mas também a preposição e a comissão. Ou seja, no atual Código Comercial o *nomen* mandato tem dois significados: uma classe[584] contratual e um tipo contratual.[585] Esta opção de alterar o *nomen* paradigmático de "comissão" para "mandato" foi um erro grave do legislador de 1888. O "mandato" não é um tipo de atividade comercial, é um tipo de contrato comercial. Aquilo que constitui um tipo de atividade comercial é a "comissão", ou seja, o exercício do comércio à comissão, recebendo comissões. Atividade esta que pode ser desenvolvida através de vários contratos, incluindo o mandato. Mas considerar o mandato como uma classe de contratos que inclui toda a atividade de "comissão" é um contrassenso, que resultou da influência do Código Comercial italiano de 1882, por oposição à solução do Código Comercial espanhol de 1885, que era a correta.

Contudo, apesar de ser uma má opção, foi esta a opção do legislador de 1888.

Em matéria de registo comercial, o Código Comercial de 1888 optou por seguir o seu antecessor, integrando o regime do registo comercial no próprio Código,[586] mas no que respeita à presente questão, as diferenças entre os dois Códigos são patentes.

O art. 49.º, § 4.º do Código Comercial de 1888, na sua redação original, estatuía a obrigatoriedade do registo das "*procurações escriptas concedidas a quaesquer mandatários comerciais, e as respectivas modificações, renuncias e revogações*". O novo Código Comercial veio, pois, transferir a obrigatoriedade de registo para as procurações escritas, independentemente do tipo de contrato de "mandato comercial" que tivessem como relação subjacente. Assim, por um lado, eram as procurações que estavam sujeitas a registo e não os mandatos, preposições, comissões ou outros negócios gestórios. Por outro lado, esta regra abrangia todas as procurações desde que escritas, quer se tratasse de procurações comuns, quer de procurações institórias.

---

[584] Vasconcelos, Pedro Pais de, *Contratos Atípicos*, 2.ª ed., Almedina, Coimbra, 2009, pags. 27 a 54.

[585] No Código Comercial de 1833 a nomenclatura era a inversa, sendo a classe contratual denominada de "comissão", que integrava o mandato, a comissão, e outros tipos contratuais.

[586] Arts. 45.º a 61.º do Código Comercial de 1888, atualmente derrrogados.

A PREPOSIÇÃO

Esta aparente passagem do eixo do registo, da preposição para a procuração carece de uma análise mais aprofundada.

Comparando com o Código Comercial de 1833, o Código Comercial de 1888 já efetuava uma distinção mais clara entre procuração e mandato, embora não fosse ainda a distinção que consta no atual Código Civil. O que sucedia era que em 1888 o art. 1319.º do Código Civil de Seabra considerava a procuração como um documento escrito que corporizava o mandato, não sendo ainda efetuada uma verdadeira distinção entre mandato e procuração. Assim, na linguagem do Código Civil, uma procuração era um mandato escrito, e um mandato escrito era uma procuração, o que implicava que o mandato era sempre com representação.[587]

A seguir-se esta linguagem, mandar proceder ao registo das procurações ou dos mandatos escritos seria quase o mesmo. Contudo, contrariamente ao Código Civil, o Código Comercial regulava vários "mandatos", em virtude da má opção do legislador de substituir a "comissão" pelo "mandato" como figura paradigmática no que respeita à terminologia e sistematização do Código. Assim sendo, no Código Comercial havia "mandatos" com e sem representação, enquanto no Código Civil o mandato era com representação.

O problema, no fundo, agravado pelo recurso ao Código Civil como regime supletivo em matéria comercial, o que neste caso, para além de constituir um erro, trouxe nefastas consequências.

Nenhum sentido há em mandar registar os mandatos, pois uma disposição deste teor abrangeria, para além dos mandatos propriamente ditos, também o contrato de comissão mercantil, que não inclui poderes de representação. A obrigação de registo de contratos de comissão mercantil constituiria um contrassenso comercial. Em regra, o comércio de comissão pretende-se sigiloso, pelo menos no que respeita à identidade do comitente. O segredo é a alma do negócio, e por vezes nenhuma utilidade há em que se saiba quem é o comitente. Este segredo nada tem de mal, só por si, sendo necessário ao bom funcionamento do Comércio. Como tal, não poderia o Código Comercial sujeitar os mandatos a registo, porquanto tal abrangeria um conjunto de contratos quanto aos quais estas disposições, não só seria prejudicial, como não faria qualquer sentido dentro do espírito do Comércio.

Como modo de evitar esta questão, o Código Comercial mandava registar as procurações, enquanto documentos probatórios dos poderes de repre-

---

[587] Seguindo-se a tradição do Código Civil francês, por oposição ao sistema comercial.

sentação dos "mandatos" com representação. Por um lado, resolvia-se o problema dos "mandatos" sem representação (como, por exemplo, a comissão). Por outro lado, aquilo que efetivamente interessava para defesa da confiança no comércio era que os poderes de representação fossem conhecidos e não a relação interna entre representado e representante.

Como tal, no Código Comercial de 1888, o que estava sujeito a registo era o documento escrito do qual resultavam os poderes de representação. Esta era uma solução muito mais ampla da que vigorava no Código Comercial de 1833, no qual apenas eram registados os documentos de suporte dos poderes de representação dos prepostos.

Apesar desta questão, o art. 49.º era interpretado como obrigando ao registo dos mandatos escritos, mas no sentido de apenas fazer referência aos mandatos escritos com representação.[588] Claro está que estes mandatos com representação escritos significavam, à data, o mesmo que as procurações escritas. Assim, o que o Código Comercial de 1888 verdadeiramente exigia (e exige) é o registo dos documentos escritos dos quais decorram poderes de representação, sob pena de ineficácia desses poderes perante terceiros (art. 57.º). Uma vez que um dos principais efeitos dos poderes de representação se verifica perante terceiros, este regime exige, na prática, que os poderes de representação comercial que decorram de ato escrito estejam registados, sob pena de ineficácia. Regime este que é especialmente importante nos casos em que, em razão do ato ou contrato a celebrar, se exige que os poderes de representação decorram de um negócio escrito, por exemplo, de uma procuração escrita. Porquanto, nestes casos, mesmo que a procuração seja escrita, caso não tenha sido registada é ineficaz, pelo que o procurador age sem poderes de representação. Este é um regime muito exigente, mas muito seguro, o que é essencial no Comércio. Face a este regime, é extremamente seguro saber quem representa e quem não representa o comerciante, evitando-se ou diminuindo-se as dúvidas, as discussões e os litígios.[589]

---

[588] SILVA, MANUEL GOMES DA e VELOSO, FRANCISCO JOSÉ, *Sebenta de Direito Comercial coligida por Manuel Gomes da Silva e Francisco José Veloso a partir das lições de Barbosa de Magalhães*, polic., 1938, pág. 485.

[589] Claro está que, na falta de eficácia dos poderes de representação, é possível ao comerciante proceder à ratificação do ato praticado, mas a incerteza da futura ratificação constitui, só por si, um risco acrescido.

Ou seja, como regra, no Código Comercial de 1888 todos os poderes de representação que decorram de documento escrito estão sujeitos a registo, sob pena de ineficácia.

Contudo, o regime geral dos arts. 49.º e 57.º do Código Comercial de 1888 não era aplicável às preposições. Nestas, as consequências da falta de registo não resultavam do art. 57.º do Código Comercial, mas antes do art. 249.º. Assim, em lugar de os poderes de representação não serem oponíveis a terceiros, ocorria precisamente o oposto, sendo estes eficazes e, mais do que eficazes, presumindo-se totais. Este sistema é uma decorrência do sistema do Código Comercial de 1833, no qual a falta de registo da preposição não isentava o preponente dos efeitos do regime jurídico, e não lhe permitia invocar limitações à preposição.

O que o Código Comercial de 1888 veio trazer de verdadeiramente novo consistiu na nova sujeição a registo comercial das procurações escritas, impedindo a sua oponibilidade perante terceiros no caso de falta de registo. No que respeita às preposições, estas já em 1833 estavam sujeitas a registo, mas para limitar o seu âmbito, sendo que a falta de registo permitia ao terceiro aproveitar-se do regime da preposição contra o preponente e o preposto.

Em consequência, passaram a existir dois regimes jurídicos de registo de negócios fonte de poderes de representação:

– Um regime geral, aplicável a todos os poderes de representação que resultassem de documento escrito, por exemplo, as procurações escritas (arts. 49.º e 57.º);
– Um regime especial, aplicável às preposições, por exemplo, o gerente de comércio (art. 249.º).

Estes dois regimes de registo comercial são totalmente diferentes no que respeitava às consequências da sua violação:

– No caso do art. 49.º do Código Comercial, a falta de registo determina a ineficácia do poder de representação perante terceiros.[590]
– No caso do art. 249.º do Código Comercial, a falta de registo determina a plena e total eficácia do poder de representação perante terceiros.[591]

---

[590] CAMPOS, JOÃO MOTA, *Código Comercial*, edição de autor, Esposende, 1955, págs. 67 a 70.
[591] CAMPOS, JOÃO MOTA, *Código Comercial*, edição de autor, Esposende, 1955, págs. 121 a 123.

Ou seja, em caso de falta de registo, o que ocorria perante terceiros, no caso de procurações e preposições era o seguinte:

– As procurações escritas não produziam quaisquer efeitos;
– As preposições podiam produzir todos os efeitos, mesmo que mais amplos do que o acordado entre preponente e preposto.

Passaram, pois, a existir dois regimes de registo em matéria de representação, um geral (arts. 49.º e 57.º do Código Comercial) e um especial (art. 249.º do Código Comercial).

V. O problema adensou-se ainda mais com a aprovação do novo regime do registo comercial pelo Decreto Lei n.º 42.644, de 14 de novembro de 1959, que derrogou grande parte das disposições relativas ao registo comercial do Código Comercial e do Regulamento de Registo Comercial de 1888. Na parte que agora nos interessa, o Decreto Lei n.º 42.644 alterou o teor da disposição que sujeitava estas matérias a registo, e que passou a ter uma redação diferente da que constava no Código Comercial.

Código Comercial	**Decreto Lei n.º 42.644**
Art. 49.º	Artigo 3.º
Ficam sujeitos ao registo comercial:	Estão sujeitos a registo:
[...]	[...]
4.º As procurações escriptas concedidas a quaesquer mandatários commerciaes, e as respectivas modificações, renuncias e revogações;	c) O mandato comercial escrito, sua modificação, renovação ou renúncia;

Assim, enquanto no Código Comercial se fazia referência ao registo das procurações escritas, no novo regime legal passou a fazer-se referência ao registo dos mandatos.

Esta foi mais uma má opção do legislador. Nenhum sentido há em sujeitar a registo obrigatório os contratos de mandato escritos. O conteúdo de um mandato pouco ou nada tem a ver com o conteúdo de uma procuração. É suficiente pensar no valor a pagar ao mandatário, e outros elementos do negócio que apenas são relevantes nas relações internas do mandato, e que não integram procurações para de imediato se concluir pela falta de sentido desta solução. O Comércio não consegue funcionar adequadamente se os mandatos escritos estiverem sujeitos a registo, porque faz cessar um segredo numa parte fundamental do Comércio, ainda para mais tendo em conside-

A PREPOSIÇÃO

ração a amplitude que o termo "mandato" tem no Código Comercial. Basta pensar no que sucederia se sempre que um comerciante decidisse celebrar um "mandato" por escrito, por razões de segurança jurídica, tivesse depois de o inscrever em registo, ficando ao dispor de todas as pessoas.

O que sucedeu em 1959 foi o resultado da falta de conhecimento das diferenças entre comissão, mandato e procuração, confundindo-se mandato com procuração. É verdade que em 1959 o Código Civil ainda traduzia essa confusão, mas o Código Comercial não seguia nesse sentido, sujeitando apenas a registo as procurações e não os mandatos propriamente ditos. Em 1959, o Código mais avançado em matéria de "mandato" era (e ainda é) o Código Comercial de 1888.

O Código Comercial sabia que mandato escrito e procuração não podiam ser o mesmo, pois existiam mandatos sem poderes de representação, ou seja, mandatos escritos que não tinham como instrumento procurações: as comissões. Por outro lado, existiam procurações escritas que não titulavam verdadeiros mandatos, como sucede com as procurações institórias, relativas a preposições e não a mandatos. Muito particularmente nos casos em que o preposto era um trabalhador do preponente, um seu assalariado, ou ainda nos casos em que o preposto era um mestre de embarcação. Assim, muito embora o Código Comercial ainda não fizesse a atual distinção entre mandato e procuração, tributária de Laband, já era claro que uma procuração não podia ser uma mera manifestação escrita de um mandato.

Por outro lado, em 1959 já a Doutrina distinguia entre mandato e procuração.[592] Contudo, o legislador de 1959 decidiu substituir a expressão "*procuração*" pela expressão "*mandato*", talvez para aproximar a terminologia do registo comercial àquela usada no Título V, do Livro Segundo do Código Comercial: "Do mandato".

Contudo, esta alteração terminológica não deve ser interpretada como nada mais do que uma questão terminológica. Eram as procurações que, no Código Comercial de 1888, estavam sujeitas a registo comercial – público – porque eram estas que podiam operar perante o público. Em 1959 nada havia mudado, sendo ainda as procurações que podiam operar perante o público, e não os mandatos propriamente ditos. O problema coloca-se no que respeita

---

[592] CORDEIRO, ANTÓNIO MENEZES, *Direito Comercial*, 4.ª ed., Almedina, Coimbra, 2016, pág. 659.

ao documento escrito do qual resultam negocialmente os poderes de representação, e não no que respeita à relação subjacente a esse negócio.

Por estas razões, o art. 3.º, al. c) do Decreto Lei n.º 42.644 deve ser interpretado como se aplicando às procurações escritas ou, melhor, aos poderes de representação escritos, tal como ocorria no Código Comercial, e não aos mandatos. Esta disposição foi uma simples "atualização" do art. 49.º do Código Comercial. Assim sendo, as procurações escritas eram de registo necessário nos termos da referida disposição, enquanto as preposições eram sujeitas a registo comercial por imposição do art. 249.º do Código Comercial, conjugado com o art. 3.º, al. n)[593] do Decreto Lei n.º 42.644.

Ou seja, o art. 3.º, al. c) do Decreto Lei n.º 42.644 correspondia à "atualização" do art. 49.º do Código Comercial de 1888, na sua redação original. Já o art. 3.º, al. n) do Decreto Lei n.º 42.644, era uma disposição que tinha como fim receber no novo regime de registo comercial todos os outros casos em que a lei mandava proceder ao registo de factos comerciais como sucedia, por exemplo, com o art. 249.º do Código Comercial.

O sistema evoluiu como segue:

- O regime geral – aplicável, por exemplo, às procurações escritas – passou dos arts. 49.º e 57.º do Código Comercial para o art. 3.º, al. c) do Decreto Lei n.º 42.644 e art. 7.º, n.º 1 do Código de Registo Predial, aprovado pelo Decreto Lei n.º 42.565, de 8 de outubro de 1959;[594]
- O regime especial – aplicável às preposições – manteve-se no art. 249.º do Código Comercial, mas sendo recebido no registo comercial através do art. 3.º, al. n) do Decreto Lei n.º 42.644.

Apesar da má solução de redação do Decreto Lei n.º 42.644, esta terminologia manteve-se em vigor até aos dias de hoje, surgindo atualmente no art. 10.º do Código do Registo Comercial, aprovado pelo Decreto-Lei n.º 403/86, de 3 de dezembro.

Assim, a expressão *"mandato escrito"* que ainda hoje consta no Código do Registo Comercial, refere-se às procurações escritas, e não aos mandatos

---

[593] *n) Quaisquer outros factos referentes aos comerciantes que a lei expressamente declare sujeitos ao registo comercial.*

[594] Aplicável subsidiariamente às matérias de registo comercial, por imposição do art. 19.º do Decreto Lei n.º 42.644

A PREPOSIÇÃO

escritos propriamente ditos.[595] Ou, melhor, refere-se aos poderes de representação escritos e não às respetivas relações subjacentes.

Em conclusão, o art. 10.º, al. a) do Código do Registo Comercial corresponde ao regime geral que teve origem nos arts. 49.º e 57.º da versão original do Código Comercial, apenas obrigando ao registo das procurações escritas. As preposições, escritas ou não, continuam abrangidas pelo seu regime especial de registo, que tem fonte nuclear no art. 249.º do Código Comercial, ao qual acresce o art. 10.º al. f), do Código do Registo Comercial.

VI. Como vimos, o registo das preposições é regulado no Código do Registo Comercial pelo art. 10.º al. f), em virtude do regime do art. 249.º do Código Comercial, e não pela alínea a) do art. 10.º do Código do Registo Comercial.

Estando as procurações comerciais escritas sujeitas a registo obrigatório, não são oponíveis a terceiros antes de serem registadas (art. 13.º do Código do Registo Comercial). Por sua vez, quando registadas presume-se ilidivelmente que a procuração tem o conteúdo que consta no registo comercial (art. 11.º do Código do Registo Comercial). No que respeita às preposições escritas, estas estão sujeitas a registo de acordo com o regime o art. 249.º do Código Comercial, ou seja, de acordo com um regime legal externo ao próprio Código do Registo Comercial, sendo abrangidas pela al. f), do art. 10.º do Código do Registo Comercial.

Ou seja, as preposições não estão sujeitas a registo por imposição do próprio Código do Registo Comercial, mas antes por imposição de um outro diploma, cabendo então a esse diploma determinar o registo e fixar o regime aplicável. No caso da preposição, este regime é o que resulta do art. 249.º do Código Comercial, que regula as consequências da falta do registo comercial, sendo um regime jurídico especial relativamente ao Código do Registo Comercial. Por esta razão, apenas é de aplicar o regime geral do Código do Registo Comercial às preposições a título subsidiário, nas matérias que não sejam regidas pelo próprio art. 249.º do Código Comercial, e sempre de modo compatível com este último regime.

Como tal, quando não registada a preposição, aplica-se o regime do art. 249.º do Código Comercial e não o regime do art. 13.º do Código Comer-

---

[595] Neste sentido, Parecer do Conselho Técnico do Registo e Notariado referente ao Proceso n.º R.Co.30/2003/DSJ-CT, *in* Boletim dos Registos e Notariado, Abril de 2004, págs. 38 a 40.

cial. Assim, as preposições não registadas são oponíveis a terceiros, mas presumindo-se que têm todos os poderes, não sendo oponíveis limitações a terceiros de boa fé subjetiva psicológica. Por sua vez, quando registadas, presume-se ilidivelmente que a preposição tem o conteúdo que consta no registo comercial (art. 11.º do Código do Registo Comercial).

Note-se que, outra das diferenças entre o regime do registo das procurações comerciais e das preposições é da variação de regime de acordo com a forma dos referidos negócios. O art. 10.º, al. a) do Código do Registo Comercial apenas sujeita a registo as procurações escritas. Já o art. 249.º do Código Comercial determina o regime aplicável ao registo das preposições, quer estas sejam escritas, quer não o sejam. Assim, não é possível registar uma procuração comercial não escrita, mas é possível registar uma preposição não escrita.

Deste modo, uma procuração não escrita e não registada, não é abrangida pelo art. 13.º do Código do Registo Comercial. Já uma preposição não escrita e não registada é abrangida pelo regime do art. 249.º do Código Comercial.

São, pois, sem qualquer dúvida, dois regimes bastante diferentes.

VII. O regime da oponibilidade a terceiros das limitações da preposição está intimamente ligado com a sua publicidade, assim sendo desde Roma.

De acordo com esta ligação, as preposições não registadas pretendem-se – na prática – totais, ou tendencialmente totais, no sentido de abranger todos os poderes gerais e especiais, úteis ou necessários, para desenvolver a atividade à frente da qual se está preposto,[596] assim se salvaguardando a confiança no comércio e assim se promovendo o bom andamento dos negócios.

Caso o preponente pretenda excluir, limitar ou conformar um qualquer poder, ou mesmo limitar eficazmente as atividades à frente da qual o preposto está de modo público, tem de proceder à publicitação dessas limitações. Pode fazê-lo de duas maneiras: informando previamente o terceiro de modo a que este tenha conhecimento efetivo das mesmas à data do contrato, ou procedendo ao registo da preposição com a inerente oponibilidade das limitações.

---

[596] SANTOS, FILIPE CASSIANO, *Direito Comercial Português*, Vol. I, Coimbra Editora, Coimbra, 2007, págs. 172 e 173 e ASCENSÃO, JOSÉ DE OLIVEIRA E FRADA, MANUEL CARNEIRO, *Contrato Celebrado por Agente de Pessoa Colectiva. Representação, Responsabilidade e Enriquecimento sem Causa*, *in* Revista de Direito e Economia, XVI a XIX (1990 a 1993), págs. 43 a 77, Centro Interdisciplinar de Estudos Jurídico-Económicos, Coimbra, pág. 48.

Caso informe o terceiro das limitações da preposição, este deixará de ser abrangido pelo regime de proteção do art. 249.º, *in fine*, do Código Comercial. Ao ser informado das limitações, este passa a estar necessariamente num estado de conhecimento efetivo das mesmas, pelo que o regime permite a oponibilidade. Assim, apesar de se manter a presunção de que a preposição tem todos os poderes, no caso de esta presunção ser ilidida, as limitações serão oponíveis ao terceiro.[597]

Caso a preposição esteja registada, os terceiros podem tomar conhecimento dos seus limites, pois estes constam no registo comercial. Como resulta da natureza das coisas, os terceiros nem sempre tomarão – ou quase nunca tomarão – conhecimento desses limites. Contudo, tendo em consideração que a preposição opera perante um universo indefinido de terceiros, este é um dos melhores métodos de promover a publicidade. Assim, sendo públicas as limitações através do registo, estas tornam-se oponíveis a terceiros.

VIII. Esta publicidade através do registo é uma evolução do sistema romano de publicidade através de cartazes afixados na loja. Assim, em Roma as limitações à *praepositio* podiam decorrer da *denuntiatio* ou da *proscriptio*.[598] A *denuntiatio*[599] consistia numa modalidade de publicidade dirigida especificamente a um terceiro, que no caso da *praepositio* permitia ao comerciante declarar a revogação da preposição, ou declarar que, apesar das aparências, a pessoa que estava no comércio e que parecia estar à frente deste não era um preposto, ou ainda que, sendo um preposto, tinha determinadas limitações. Assim, o terceiro passava a ter conhecimento efetivo de que determinada pessoa não era um preposto ou que, sendo-o, sofria determinados limites, permitindo invocar contra o terceiro a exceção *"ne illi institore credere"*. Por sua vez, a *proscriptio*[600] era uma modalidade de publicação *erga omnes*, destinada

---

[597] Provando-se, claro está, que o terceiro tinha conhecimento efetivo desses limites.

[598] RAMOS, JOSÉ ARIAS, *Representación y "praepositio"*, *in* Boletin de la Universidad de Santiago de Compostela, N 31, Ano X (1941), janeiro-março, págs. 16 e 17.

[599] RAMOS, JOSÉ ARIAS, *Representación y "praepositio"*, *in* Boletin de la Universidad de Santiago de Compostela, N 31, Ano X (1941), janeiro-março, págs. 16 e 17.

[600] RAMOS, JOSÉ ARIAS, *Representación y "praepositio"*, *in* Boletin de la Universidad de Santiago de Compostela, N 31, Ano X (1941), janeiro-março, págs. 16 e 17 e AUBERT, JEAN-JAQUES, *Business Managers in Ancient Rome, A Social and Economic Study of Institores, 200 B.C – A.D. 250*, E.J. Brill, Leiden – New York – Köln, 1994, pág. 13.

O LADO EXTERNO DA PREPOSIÇÃO

ao mesmo efeito que, no que respeita à *praepositio*, era efetuada através da afixação de cartazes na fachada da loja (em local visível, e língua falada no local) eram oponíveis a terceiros, independentemente do seu conhecimento efetivo. Atualmente apenas as limitações que constam no registo comercial podem ser oponíveis a terceiros, independentemente do seu conhecimento efetivo. Estes dois sistemas de publicidade da preposição – o atual e o romano – não são nem melhores, nem piores, um do outro; são apenas diferentes.

O atual sistema, é mais eficaz no caso do Comércio exercido fora de um local fixo, enquanto o sistema romano é mais eficaz do que o atual no caso de comércio exercido em local fixo. Aplicando-se hoje o sistema romano (cartazes afixados no estabelecimento), caso o comércio fosse exercido fora de um local fixo, por exemplo por telefone ou venda porta-a-porta, pouca utilidade teriam os cartazes afixados no estabelecimento. Por sua vez, o atual sistema (registo público) tem pouca utilidade prática no comércio de massa, porque serão raras as pessoas que consultam o registo comercial. É suficiente pensar num terceiro que se desloque a um supermercado para efetuar as suas compras, para de imediato se concluir que, pela natureza das coisas, essa pessoa não irá consultar o registo comercial para saber quais os limites dos eventuais gerentes de comércio desse supermercado.

Por esta razão, ambos os sistemas têm qualidades que permitem a sua vigência nos dias de hoje, embora sejam diferentes. Assim, enquanto no caso da preposição do gerente de comércio, o legislador optou pelo sistema do registo comercial, no atual sistema do contrato de agência, voltou a vigorar o sistema dos cartazes afixados no estabelecimento, tal como acontecia em Roma – art. 22.º Decreto-Lei n.º 178/86, de 3 de julho.

IX. Não existe dever de registar a preposição, porquanto, tal como decorre do art. 249.º do Código Comercial, o registo da preposição do gerente de comércio é facultativo.

O que existe é um ónus de proceder ao registo, que incide sobre o comerciante, caso este pretenda afastar a presunção do âmbito da preposição e invocar limitações da preposição perante terceiros.

Este é um sistema mais consentâneo com a evolução da preposição. Efetivamente, no Código Comercial de 1833 as preposições eram de registo obrigatório. Contudo, este sistema de registo obrigatório podia ser extremamente prejudicial para os terceiros, sendo que o próprio Código teve a necessidade de estatuir que os terceiros se podiam aproveitar do regime da preposição mesmo que não registada. O Código Comercial de 1888 veio melhorar e aperfeiçoar este sistema, impondo o ónus de registo. Se o comerciante pretender opor as limitações aos terceiros de boa fé, tem o ónus de registar a preposição. Caso não o faça, aplicam-se os limites do art 249.º do Código Comercial, mas o seu comportamento não viola qualquer dever, pelo que não é ilícito.

Deste modo, o art. 249.º do Código Comercial sujeita a preposição a um registo verdadeiramente voluntário, ficando abrangida pelo art. 10.º, al. f) do Código de Registo Comercial. Este não é um caso de registo obrigatório, não só porque o Código Comercial não o exige, mas também porque essa exigência não é imposta pelo próprio Código de Registo Comercial, que apenas impõe obrigatoriamente o registo dos factos referidos no art. 15.º do Código do Registo Comercial, disposição esta que não inclui a preposição, nem mesmo qualquer caso de mandato *lato sensu*.

No que respeita às consequências da falta de registo, estas não decorrem do Código de Registo Comercial, mas antes do Código Comercial. Contrariamente, as consequências da falta de registo das procurações escritas, por exemplo, são impostas pelos arts. 13.º e 14.º do Código de Registo Comercial, disposições estas que não se aplicam às preposições.

X. O registo da preposição é efetuado por transcrição, de acordo com o art. 53.º-A, n.º 5, *a contrario*, do Código de Registo Comercial. Nem faria sentido outra solução, uma vez que a preposição não carece de forma, sendo tipicamente celebrada de modo tácito e sem ser por escrito, razão pela qual nada haveria a depositar. Esta era, aliás, a modalidade de registo que vigorava no Código Comercial italiano de 1882 (art. 369.º), segundo o qual o contrato era inscrito por transcrição no registo, para além de ser publicado no jornal das publicações judiciárias.

A transcrição da preposição deve ser efetuada com base em documentos que legalmente a comprovem, segundo o art. 32.º do Código de Registo Comercial. Contudo, a preposição não carece de forma escrita, pelo que, sendo não escrita, a prova da preposição para efeitos de registo deve ser efetuada por declaração no próprio impresso. Solução análoga ocorre com o registo automóvel, no qual a generalidade dos contratos de compra e venda são celebrados sem ser por escrito. Assim, no caso das preposições não escritas, estas inscrevem-se em registo com base nas declarações prestadas perante a própria Conservatória.

XI. Face a este regime, como regra geral, o âmbito de uma preposição registada é, em princípio, o que resulta do acordo das partes. Claro está que poderá suceder que o registo não reflita na perfeição o que foi acordado, caso em que o âmbito e limites oponíveis a terceiros serão os que constarem no registo. Mas, de qualquer modo, estando registada a preposição, é o âmbito do negócio (registado) que é oponível a terceiros, e não o âmbito imposto pela lei.

Por esta razão, na prática, o âmbito da preposição registada poderá ser diferente conforme se esteja perante terceiros, ou na relação interna. Na relação interna, que é conhecida de ambas as partes, vigora o âmbito acordado entre as partes. Mas perante terceiros, em regra o âmbito é o que resulta do registo comercial. Encontrando-se registado um gerente de comércio, os terceiros não necessitam de provar que este é gerente de comércio, nem qual o âmbito da atividade à frente da qual está. Em suma, não necessitam provar os factos do art. 248.º do Código Comercial, mas apenas alegar e provar a inscrição no registo comercial, o que se faz através de uma certidão de registo comercial.

Esta presunção do art. 11.º do Código de Registo Comercial é estabelecida no interesse da segurança do comércio, tal como resulta do art. 1.º, n.º 1 do Código de Registo Comercial, mas é uma presunção ilidível (art. 350.º, n.º 2 do Código Civil, aplicável *ex vi* art. 3.º do Código Comercial). Como tal, caso seja registada uma preposição com um âmbito inferior ao verdadeiro, o terceiro pode ilidir a presunção contra o comerciante (e o preposto).

Para ilidir a presunção será necessário ao terceiro provar os factos constitutivos do art. 248.º do Código Comercial. Ou seja, que apesar de o gerente de comércio apenas estar registado para uma determinada atividade, exerce pública e estavelmente uma atividade diferente. Assim pode suceder, por exemplo, com um gerente de comércio que está registado para o exercício de um determinado estabelecimento comercial, mas que também trata do comércio de outro estabelecimento comercial. Ou, um gerente de comércio que segundo o registo não pode fazer vendas a crédito, mas que faz pública e estavelmente vendas a crédito (concedendo prazos de pagamento, por exemplo). Nestes casos, a única defesa do comerciante consistirá em provar que esta atividade ocorre sem, ou contra, a sua vontade, não havendo sequer uma simples tolerância no que respeita à mesma.

Por sua vez, o preponente não pode ilidir a presunção caso esta esteja registada com um âmbito diferente do verdadeiro.

Se o registo da preposição tiver um âmbito inferior ao da preposição verdadeira, tendo o preposto mais poderes do que aqueles inscritos em registo, estar-se-á perante um caso do art. 14.º, n.º 1 do Código de Registo Comercial.

A PREPOSIÇÃO

Ou seja, há uma parte da preposição que não foi inscrita em registo e, como tal, não é oponível a terceiros.

Se o registo da preposição tiver um âmbito maior do que o âmbito do contrato de preposição, de tal modo que parte da preposição contratada não está inscrita em registo, é de aplicar a esta parte não registada o art. 249.º do Código Comercial. Assim, por um lado presume-se que a preposição tem o preciso limite que consta do registo (art. 11.º do Código de Registo Comercial), sendo necessário ilidir esta presunção. Caso seja ilidida, é então aplicável a primeira presunção do art. 249.º do Código Comercial.

Contudo, em regra a ilisão da presunção do art. 11.º do Código de Registo Comercial importa, também, a ilisão da primeira presunção do art. 249.º do Código Comercial. Por esta razão, nestes casos é possível provar que o âmbito da presunção é diferente do âmbito que consta em registo. Mantém-se, no entanto, integralmente aplicável a segunda presunção do art. 249.º Código Comercial, que impede a oponibilidade de limites não registados a terceiros de boa fé subjetiva psicológica. Assim, caso se prove que a preposição é efetivamente mais ampla do que o âmbito que conste inscrito em registo, na parte que ultrapasse este registo, não é possível ao preponente opor limites relativos a essa parte, a terceiros de boa fé.

Em conclusão, as discrepâncias entre o registo da preposição e a preposição verdadeira correm contra o preponente.

XII. Como tal, o âmbito da preposição registada depende da concreta pessoa que invoque esse âmbito e da concreta pessoa contra quem esse âmbito for invocado.

Sendo o comerciante a invocar a preposição perante um terceiro, o âmbito da preposição será o que resulta do registo comercial, salvo se provar que a preposição tinha um âmbito diferente do que consta do registo comercial e, cumulativamente, provar que o terceiro tinha conhecimento efetivo desse limite à data do contrato.

Sendo o terceiro a invocar a preposição, presume-se que o âmbito da preposição é o que resulta do registo comercial, mas o terceiro pode ilidir a presunção, provando que a preposição tem um âmbito diferente, que pode ser mais amplo, ou mais restrito.

O Código Comercial nada diz quanto ao caso de a preposição registada ser invocada pelo preposto. Este pode, contudo, ter interesse em invocar a preposição, quer contra o comerciante seu preponente, quer contra o terceiro. No primeiro caso, situando-se a questão nas relações internas, não se aplica a presunção registal (art. 13.º do Código de Registo Comercial), pelo que o âmbito relevante será o acordado entre as partes. Caso pretenda invocar a preposição contra um terceiro, deverá aplicar-se o regime da invocação por parte do preponente, por analogia, nos termos do art. 3.º do Código Comercial. Efetivamente, nenhum sentido faria impedir o preponente de invocar contra terceiros exceções que se fundem na relação interna, permitindo que o preposto o faça, sendo que o preposto age por conta do preponente.

A proibição de invocação de exceções contra um terceiro que não esteja de má fé subjetiva psicológica foi instituída no interesse da proteção da generalidade dos terceiros, ou seja, do público em geral, para defesa do Comércio.[601] Como tal, nem o preponente, nem o preposto, podem invocar estas limitações contra terceiros de boa fé. Neste caso, o âmbito da preposição registada será o que resulta do registo, apenas podendo ser ilidida pelo terceiro.

15. A extinção da preposição

I. O problema da extinção do regime da preposição ocorre fundamentalmente na sua vertente externa, no *status* de preposto regulado pelos arts. 248.º e seguintes do Código Comercial.

Nas relações internas o problema é diferente, dependendo da específica relação subjacente que vigore. Assim é no âmbito das relações externas que ele deve ser analisado.

Nas relações com terceiros a preposição é irrevogável, não caduca por morte do preponente, não caduca por dissolução, não caduca por insolvência, não é denunciável, não é resolúvel, não se extingue em razão do cancelamento da inscrição em registo comercial, nem se extingue por qualquer outra causa voluntária. Este é o regime que resulta dos arts. 248.º e seguintes do Código Comercial.

A preposição apenas tem uma causa de extinção, que é a caducidade e se verifica em quatro situações, especificamente relacionadas com a noção de preposto.

É preposto, ocupando essa posição socialmente típica, e sendo-lhe aplicável o respetivo *status*, quem estiver colocado à frente do comércio de modo

---

[601] Também neste sentido, CORDEIRO, ANTÓNIO MENEZES, *Direito Comercial*, 4.ª ed., Almedina, Coimbra, 2016, pág. 684.

público e estável. Como tal, a preposição extingue-se quando o preposto deixa de estar estável e publicamente à frente desse comércio.

Esta situação ocorre, naturalmente, quando o preposto morre ou se extingue. Mas não ocorre, por exemplo, no caso de extinção da relação subjacente, desde que apesar dessa extinção o preposto se mantenha pública e estavelmente à frente desse comércio ou, por exemplo também, apesar da extinção da relação subjacente se mantiver a inscrição do preposto no registo comercial.

Enquanto esta situação de facto se mantiver, enquanto o preposto se mantiver, pública e estavelmente, à frente do negócio do comerciante, de acordo com a vontade deste, mesmo que esta vontade consista numa mera tolerância, há preposição.

Assim, para extinguir a preposição, é necessário que, por qualquer razão, o preposto deixe de surgir pública e estavelmente à frente da atividade comercial do comerciante, ou que assim se mantenha, mas contra a vontade do comerciante. Não é suficiente que o comerciante diga que não tem mais vontade, mas necessita agir ativamente nesse sentido, de modo a não ser possível sequer considerar que se trate de uma tolerância. Assim sendo, caso cesse a vontade do comerciante, mas o preposto se recuse a cessar a sua atividade, o comerciante deve agir ativamente, no sentido de remover o preposto. Não pode nada fazer, ou adotar uma atitude de inércia, antes devendo adotar uma atuação pública no sentido de nem sequer tolerar o comportamento do preposto. Note-se que só se for pública é que a não tolerância será relevante, não sendo relevante uma não tolerância que seja interna à relação entre preposto e preponente. Assim, por exemplo, se o preposto se recusar a cessar a atividade, contra a vontade do preponente, um dos modos de obter essa atuação dinâmica no sentido da cessação da preposição, e simultaneamente obter um meio publicável, consiste em acionar judicialmente o preposto, e tornar pública essa ação judicial. Caso contrário, na falta de publicidade, continuará a ser aplicável o regime legal da preposição, ficando o preponente vinculado pelas atuações do preposto perante terceiros de boa fé.

II. No caso de preposições registadas, a extinção dá-se com o cancelamento da inscrição no registo comercial, desde que o preposto não continue de facto a exercer a mesma atividade. Caso tal suceda, a preposição deixa de ser registada, passando a ser não registada e passando a vigorar de acordo com este regime, mas não se extingue. Ou seja, a preposição extingue-

-se quando se dá publicidade a essa extinção através do cancelamento do registo, mas sempre com a salvaguarda de que essa publicidade seja verdadeira, correspondendo a uma verdadeira cessação da atividade do preposto.

No caso de preposições não registadas, a extinção dá-se com a cessação da atividade do preposto, o que deve ocorrer de um modo estável e público. Ou seja, uma mera suspensão de atividade, ou uma atividade que passe a incluir atos menos frequentes, não integra uma extinção da preposição. Apenas ocorre a extinção da preposição se a extinção da atividade for estável, de tal modo que cesse efetivamente e permanentemente.

Como é natural, pode ser extremamente difícil determinar o preciso momento da extinção da preposição num caso como o agora referido. Por esta razão, é necessário que se dê publicidade à cessação da atividade do preposto. Ou seja, a cessação da atividade deve ser estável, e deve ser ainda pública. A publicidade pode ser obtida de vários modos, nomeadamente através de anúncios, colocação no sítio da *internet* da empresa, por *email*, circulares, ou qualquer outro modo corrente e usual no Comércio. O modo de garantir esta publicidade depende muito da atividade e do modo como essa se processa no Comércio.

Assim, por exemplo, no que respeita a um operador de caixa de supermercado, cuja atividade é tipicamente exercida na própria caixa do supermercado, como é uso do Comércio, é suficiente que este deixe de estar na caixa de supermercado de modo estável, para se obter naturalmente a inerente publicidade, pois apenas surge pública e estavelmente como operador de caixa de supermercado, quem estiver fisicamente na caixa do supermercado e enquanto aí estiver.

Contudo, no caso de um preposto que exerça a sua atividade através de telefone, como, por exemplo, um comercial, a questão é muito mais complexa. Nestes casos, será necessário proceder a um modo muito mais abrangente de publicidade, o que poderá depender de o comercial ter uma carteira definida de clientes ou não. No primeiro caso, sabendo-se quem é o público (que corresponde à carteira de clientes) será suficiente um *email*, por exemplo, no qual o próprio comercial ou a empresa, comunicam a saída desse comercial da empresa, ou a passagem para diferentes funções (que não impliquem uma preposição, claro está). Mas no segundo caso, não existindo uma carteira de clientes definida, será necessário colocar essa informação de modo público, por exemplo no sítio de *internet* da empresa.

Claro está que, por vezes, nem mesmo este método será suficiente. Esta é uma das razões para a existência do regime do registo comercial dos prepostos. Se o comercial estiver registado como preposto, o que apesar de não constituir um dever jurídico (mas antes um ónus), constitui uma boa prática comercial, será fácil obter a publicidade através do cancelamento da inscrição, que determina a presunção da extinção da preposição. Não estando registado, o risco da falta de publicidade da cessação da preposição corre pelo preponente. Ou seja, o risco da manutenção da atuação do preposto corre pelo preponente, que fica vinculado perante os terceiros de boa fé pelos atos do preposto.

III. Por último, e tal como decorre do art. 261.º do Código Comercial, a morte do preponente não extingue a preposição, o mesmo ocorrendo com a extinção do comerciante preponente que seja pessoa coletiva.

Como referimos já, quem surge como actor no Comércio, que são os sujeitos no Comércio, não são os comerciantes, mas sim as empresas. É no Direito Comercial que os sujeitos são os comerciantes, mas não no Comércio. Uma das manifestações deste fenómeno é visível na preposição, em especial no que respeita à sua extinção. No Comércio, é-se preposto da empresa e não do comerciante. Já no Direito Comercial é-se preposto do comerciante e não da empresa.

O Direito Comercial, contudo, tem uma grande ligação com a realidade subjacente – o Comércio – de tal modo que a preposição apenas se extingue em caso de extinção da empresa, e não em caso de extinção (ou morte) do comerciante titular da empresa. É porque a empresa deixa de o ser, deixando de ter atividade, que a preposição se extingue. Esta extinção resulta naturalmente, porquanto não é possível estar à frente de uma atividade comercial que não mais existe. Assim, extinguindo-se a atividade comercial, extinguindo-se a empresa, extingue-se a preposição.

Por sua vez, morrendo ou extinguindo-se o comerciante, o preposto segue com a empresa, desde que se mantenha à frente de toda ou parte do comércio exercido na empresa. Caso a empresa seja herdada, a preposição mantém-se, com ligação à mesma empresa, mas agora pertença de outro comerciante. Caso a empresa seja transmitida, em falência por exemplo, mantém-se o preposto, como preposto dessa empresa, agora com um novo titular.

III. O lado interno da preposição

I. O lado interno da preposição opera entre o preponente e o preposto, sem que, em regra, tenha eficácia direta relativamente a terceiros. Como vimos já, tipicamente o contrato de preposição resulta tacitamente de uma outra relação, ou integra outra relação, sendo que a posição de preposto surge como uma consequência da execução do complexo que constitui a relação subjacente. Esta relação subjacente constitui não só o lado interno da preposição, mas também a causa da posição ocupada pelo preposto e que conduz à aplicação do respetivo *status*. Assim, na relação interna, a relação subjacente é a causa-função da preposição ou, dito de outro modo, o preposto é preposto por causa da relação interna, e deve agir de acordo com a relação interna.

Historicamente, foram duas as relações subjacentes típicas à preposição, às quais se juntou pouco tempo depois mais uma. Assim sucedeu inicialmente com a relação de filiação e de servidão e, pouco tempo depois, com o mandato. Atualmente, estas relações mantêm-se como típicas relações subjacentes à preposição, com as devidas evoluções verificadas ao longo dos séculos. A *patria potestas* evoluiu para o poder paternal, enquanto a servidão e alguns casos de mandato evoluíram para o contrato de trabalho, a par de outros casos de mandato que se mantiveram quase intocados. Estas são atuais relações jurídicas que estruturaram a preposição no que respeita à relação interna, que causaram historicamente o problema da preposição e que continuam hoje a manter essa posição estruturante.

A par destas relações, muito em resultado da evolução e atomização do mandato, encontram-se muitas outras relações jurídicas que operam tipicamente como relações subjacentes à preposição. Estas outras relações jurídicas não podem ser consideradas como relações internas historicamente estruturantes da preposição, sem prejuízo da enorme importância prática que atualmente possam ter. São, pois, estruturantes de novos problemas que a preposição resolve.

Por último, mas não em último, temos ainda o caso de preposições autónomas, nas quais a posição de preposto decorre exclusivamente de um contrato de preposição. Ou seja, casos nos quais a relação subjacente à preposição é uma preposição.

II. O problema da preposição foi resolvido em Roma através de uma abordagem a partir do exterior. Em lugar de se partir de um negócio jurídico para se determinar o regime legal que determinaria as suas consequências, partiu-se das consequências que se verificavam perante terceiros, no mercado, para então se elaborar o regime legal de proteção desses terceiros e do mercado. Não se partiu da causa da posição de preposto para a relação jurídica com o terceiro, mas antes da posição pública de preposto perante o terceiro, passando-se para a relação de preposição e, desta, para a respetiva relação subjacente. Ainda hoje é assim, e deve ser assim, pois só assim se resolve o problema dos prepostos.

O regime legal da preposição nasceu para tornar a relação interna irrelevante perante os terceiros de boa fé. O legislador impôs a vinculação do preponente contra o que então resultava do Direito Civil, independentemente da relação subjacente, e com muito pouca relevância da vontade do preponente. Contudo, isto não significa que não exista uma relação subjacente, mas apenas que esta – como regra – não é oponível a terceiros, ou só muito dificilmente o será. Esta menor relevância da relação interna faz com que na relação externa, a preposição possa operar sem sequer se saber qual é a relação interna, ou independentemente da relação interna.

Apesar desta menorização da relação subjacente na relação com terceiros, a relação subjacente continua a desempenhar alguns papeis fundamentais na preposição. Por um lado, em regra, é da execução da relação subjacente que resulta a própria posição de preposto e, logo, a aplicação do regime legal da preposição, porquanto é dos atos de execução da relação subjacente que resulta o facto de alguém estar colocado à frente do negócio do comerciante, pública e estavelmente. Por outro lado, a relação subjacente pode ser oposta a terceiros em alguns casos.

A relação interna é, pois, importante para estudar como é causada a preposição, como é que ela nasce. Mas a relação interna é ainda relevante nos casos em que o regime da preposição admite que seja oponível a terceiros. Em regra, a relação interna é oponível a terceiros nos casos em que se encontre registada ou em que os terceiros tenham conhecimento efetivo da relação interna. Por esta razão, é importante analisar as relações subjacentes mais típicas, de modo a procurar estabelecer a ligação com a preposição.

Claro está que alguns tipos contratuais têm uma maior aptidão para serem relações subjacentes a preposições. Não por uma questão qualquer técnico-jurídica, mas porque nesses contratos uma pessoa exerce funções que, a serem executadas, implicam que normalmente surja pública e estavelmente à frente do negócio, ou parte do negócio de outrem. Pelo contrário, os tipos negociais de cuja execução não possa resultar uma pessoa à frente de assunto alheio não causam, em princípio, preposições. Razões estas que exigem que se proceda à análise dos tipos de negócios que com mais frequência operam como relações subjacentes à preposição.

1. A falta de relação subjacente e o contrato de preposição enquanto relação subjacente à preposição

Pode causar alguma perplexidade iniciar a análise dos tipos de relações subjacentes à preposição por um caso aparentemente sem relação subjacente. Contudo, por um lado, a questão de saber o que sucede quando não existe relação subjacente é inevitável e paradigmática. De certo modo, é o caso da relação subjacente em grau zero. Para se compreender algo é necessário compreender o seu zero, a sua ausência. Só assim é possível aferir quais as consequências que todos os outros casos efetivamente provocam, saber quais as diferenças que se verificam face ao caso zero. Assim, o estudo da preposição sem relação subjacente é um imperativo.

Por outro lado, pela complexidade própria do Comércio, nos casos de aplicação dos arts. 248.º e seguintes do Código Comercial, podem ocorrer dezasseis diferentes cominações possíveis no âmbito da relação interna, envolvendo a relação subjacente (ao contrato de preposição) e o contrato de preposição, tanto no plano da existência como no plano da prova. Em todos estes casos há um preposto para os efeitos dos arts. 248.º e seguintes do Código Comercial, ou seja, há alguém que surge pública e estavelmente colocado à frente de um comércio (a relação externa), mas na relação interna pode ocorrer que:

1. Exista uma relação subjacente, que se prova, e exista um contrato de preposição,[602] que se prova.

---

[602] Em união com a respetiva relação subjacente, ou numa relação mista, nomeadamente, integrado num contrato misto com a respetiva relação subjacente.

A PREPOSIÇÃO

2. Exista uma relação subjacente, que se prova, e exista um contrato de preposição, mas que não se prova.
3. Exista uma relação subjacente, que se prova, mas não exista um contrato de preposição, apesar de este resultar provado.
4. Exista uma relação subjacente, que se prova, mas não exista um contrato de preposição, que não resulta provado.
5. Exista uma relação subjacente, mas que não resulta provada, e exista um contrato de preposição, que se prova.
6. Exista uma relação subjacente, mas que não resulta provada, e exista um contrato de preposição, que não resulta provado.
7. Exista uma relação subjacente, mas que não resulta provada, e não exista um contrato de preposição, apesar de este resultar provado.
8. Exista uma relação subjacente, mas que não resulta provada, e não exista um contrato de preposição, que não resulta provado.
9. Não exista uma relação subjacente, apesar de esta resultar provada, e exista um contrato de preposição,[603] que se prova.
10. Não exista uma relação subjacente, apesar de esta resultar provada, e exista um contrato de preposição, mas que não se prova.
11. Não exista uma relação subjacente, apesar de esta resultar provada, mas não exista um contrato de preposição, apesar de este resultar provado.
12. Não exista uma relação subjacente, apesar de esta resultar provada, mas não exista um contrato de preposição, que não resulta provado.
13. Não exista uma relação subjacente, que não se prova, e exista um contrato de preposição, que se prova.
14. Não exista uma relação subjacente, que não se prova, e exista um contrato de preposição, que também não resulta provado.
15. Não exista uma relação subjacente, que não se prova, e não exista um contrato de preposição, apesar de este resultar provado.
16. Não exista uma relação subjacente, que não se prova, e não exista um contrato de preposição, que não resulta provado.

A complexidade que resulta patente impede que se abordem todos os casos de um modo sistemático neste local. Contudo, importa ter em consi-

---

[603] Em união com a respetiva relação subjacente, ou numa relação mista, nomeadamente, integrado num contrato misto com a respetiva relação subjacente.

deração que, na prática, a inexistência e a falta de prova são questões que se colocam perante diferentes problemas sendo que, em regra, o problema que agora nos interessa é relativo à prova. A questão da existência é relevante para a Ciência do Direito, mas é menos relevante para o Direito Comercial e para o Comércio.

No que respeita à prova, os casos são quatro:

- Prova-se a relação subjacente e o contrato de preposição (casos 1, 3, 9 e 11).
- Prova-se a relação subjacente, mas não o contrato de preposição (casos 2, 4, 10 e 12).
- Não se prova a relação subjacente, mas prova-se o contrato de preposição (casos 5, 7, 13, e 15).
- Nada se prova quanto à relação subjacente e ao contrato de preposição (casos 6, 8, 14 e 16).

Face a estes casos, a questão da falta da relação subjacente pode ser limitada aos dois últimos referidos, nos quais se prova que há um contrato de preposição, mas não se prova a relação subjacente a este, e ainda os casos em que nada se prova no âmbito da relação interna.

Não significa isto que os casos de inexistência de relação subjacente, mas com prova da mesma, não possam ocorrer. Pode suceder que, apesar de não haver efetivamente um contrato de trabalho, por exemplo, um Tribunal entenda que se provou a sua existência, e esta decisão transite em julgado. A questão pode ser relevante porquanto, pode ocorrer outro litígio com outro terceiro, mas com o mesmo preponente e preposto, no qual não se prove o contrato de trabalho que efetivamente não existia. Uma vez que os problemas com os prepostos se colocam fundamentalmente perante terceiros, a modificação do terceiro impede o caso julgado em relação a esse terceiro, pelo que uma decisão de prova de um determinado facto (quer esteja correta ou errada) pode não ser determinante noutro caso.

Contudo, iremos limitar esta análise aos dois casos referidos, em que nada existe (se prova) quanto à relação interna, e em que existe (se prova) que a relação interna é um contrato de preposição.

A. A falta de relação subjacente

A questão da falta de relação subjacente, ou interna, pode ocorrer nos casos em que efetivamente não existe uma relação interna, ou nos casos em que não se prove que existe essa relação, apesar de ela existir.

Em ambos, existe alguém que surge pública e estavelmente à frente de uma determinada atividade comercial, mas sem que exista uma causa jurídica para tanto, ou sem que se prove qual é essa causa. Nestes casos há um preposto, para efeitos do art. 248.º do Código Comercial, mas não se sabe porquê. Apenas se sabe que determinada pessoa ocupa a posição socialmente típica de um preposto, mas sem se saber porque razão está nessa posição, porque razão faz o que faz.

A questão está intimamente ligada ao ónus da prova em matéria de preposição.

Compete ao terceiro provar que se está perante um preposto, ou seja, provar que determinada pessoa está pública e estavelmente colocada à frente de determinado comércio. Provado este facto, aplica-se o regime dos arts. 248.º e seguintes do Código Comercial, ou seja, aplica-se o *status* de preposto àquela pessoa.

Perante terceiros, incide sobre o alegado preponente o ónus de provar a exceção de que não existe uma preposição, que apesar da aparência de preposto não existe efetivamente um preposto. Ou seja, que apesar de certa pessoa surgir pública e estavelmente à frente desse comércio, não foi celebrado nenhum contrato de preposição, expressa ou tacitamente, com qualquer forma, e autónomo ou como elemento que integra um contrato misto.

Podem ocorrer três situações:

– O preponente prova que não existe preposição.[604]
– O preponente não prova que não existe preposição, porque esta existe com determinado conteúdo.
– O preponente não prova que não existe preposição, apesar de esta não existir efetivamente.

No primeiro caso não é aplicável o regime da preposição do Código Comercial, nem o regime contratual da preposição.

No segundo caso, não se cumprindo o ónus da prova desta exceção, é aplicável o regime dos arts. 248.º e seguintes do Código Comercial nas rela-

---

[604] Por exemplo, porque o "preposto" agiu sem ou contra a usa vontade, incluindo sem ou contra a sua tolerância, usurpando a atividade comercial alheia. O que constitui casos do chamado "negócio sob nome alheio" no qual o "representante" usurpa o nome do "representado" assim enganando o terceiro – GUICHARD, RAÚL, *A Representação sem Poderes no Direito Civil Português. A Ratificação*, polic., Porto, 2009, pág. 565.

ções com os terceiros.[605] No que respeita à relação com o próprio preposto, é aplicável o regime que resulta da relação subjacente, incluindo o contrato de preposição.

No terceiro caso, é aplicável o regime dos arts. 248.º e seguintes do Código Comercial perante terceiros e perante o próprio preposto, aproveitando-se quanto a este último, as disposições especificamente destinadas a regular a relação interna, aplicando-se subsidiariamente as regras gerais do mandato comercial.

O que sucede, neste último caso, é que é possível aproveitar várias disposições legais contidas nos arts. 248.º e seguintes do Código Comercial para regular a relação interna, porque estas disposições foram efetivamente introduzidas com esse fim específico. Tanto o Código Comercial de 1833, como o Código Comercial de 1888 incluem disposições sobre a relação interna entre o comerciante e o seu preposto como, por exemplo, os arts. 261.º e seguintes. Para além destas disposições, existem ainda algumas disposições relativas à relação externa que também têm efeitos na relação interna, como sucede, por exemplo, com o dever de exclusividade do art. 253.º do Código Comercial. Por último, de acordo com o art. 3.º do Código Comercial, as regras dos arts. 231.º a 247.º do Código Comercial são aplicáveis subsidiariamente aos prepostos.

Esta é uma consequência da falta de autonomização entre a relação interna e externa que ocorreu em ambos os Códigos Comerciais, que se deveu em parte à – então – falta de autonomia do Direito do Trabalho, que conduzia a uma visão do preposto como um dependente do comerciante. Como tal, ficaram a constar no Código Comercial disposições que atualmente terão pouca aplicabilidade, salvo nos casos em que havendo uma preposição (ou não sendo excluída a preposição), não se prova o concreto conteúdo da relação interna. Serão, contudo, situações pouco frequentes, especialmente nos casos em que o preposto seja uma pessoa singular, pela natural probabilidade de ficar assente a natureza laboral da relação interna.

---

[605] Sem prejuízo de questões práticas, como sucede no caso de o comerciante alegar reserva mental na colocação do preposto à frente do seu comércio, como é analisado em ASCENSÃO, JOSÉ DE OLIVEIRA E FRADA, MANUEL CARNEIRO, *Contrato Celebrado por Agente de Pessoa Colectiva. Representação, Responsabilidade e Enriquecimento sem Causa*, in Revista de Direito e Economia, XVI a XIX (1990 a 1993), págs. 43 a 77, Centro Interdisciplinar de Estudos Jurídico-Económicos, Coimbra, pág. 50.

B. O contrato de preposição

I. O contrato de preposição é, na sua estrutura básica, um contrato de autorização gestória.[606]

Através do contrato de preposição, um comerciante coloca outrem à frente do seu negócio para o gerir. O preposto não é um procurador. O preposto gere uma atividade do preponente, de modo estável e público, o que, pela natureza das coisas, inclui o exercício dessa atividade, praticando os atos inerentes à mesma, perante a própria estrutura empresarial do preponente e perante terceiros.

Quando se afirma que o preposto está à frente da atividade do preponente, resulta necessariamente que este gere essa atividade. Não quer dizer que não esteja vinculado a determinados critérios de atuação ou a obedecer a instruções do preponente. Contudo, o preposto, ao estar à frente dessa atividade – ao estar pré-posto, ou posto antes – necessariamente procede à gestão da atividade, em particular no que respeita à atuação externa. Sucede, no entanto, que a atuação gestória externa tem reflexos internos que não podem ser separados. Assim, o exercício da atividade externa por parte do preposto tem como reflexo interno a gestão sendo o inverso verdadeiro. Nas relações internas, o preposto gere; nas relações externas, o preposto surge colocado à frente da atividade.

A gestão efetuada pelo preposto, no entanto, não resulta necessariamente de uma obrigação. O preposto pode estar obrigado pela relação subjacente a exercer a gestão, como sucede, por exemplo, quando a relação subjacente é composta por um contrato de mandato com preposição. Contudo, pode suceder que a relação subjacente não obrigue o preposto a gerir, mas que permita essa gestão, ou que a possibilite. É possível que uma pessoa que gira um comércio o faça sem estar "adstrita para com outra à realização de uma prestação", tal como decorre da noção de obrigação do art. 397.º do Código Civil. Acima de tudo, é possível que não se prove que essa pessoa esteja "adstrita para com outra à realização de uma prestação". Nestes casos, não há, ou não fica provada uma obrigação, pelo que o preposto não está obrigado a gerir, não está obrigado a agir.

---

[606] Sobre o contrato de autorização gestória, VASCONCELOS, PEDRO LEITÃO PAIS DE, *A Autorização*, 2.ª ed., Almedina, Coimbra, 2016, págs. 307 a 347.

Apesar de poder não haver obrigação de gestão, há necessariamente autorização de gestão ou, no mínimo, possibilidade de gestão.[607] Na sua versão estruturalmente mais simples, o preposto fica autorizado a gerir o negócio, mas não fica obrigado a fazê-lo. Este contrato, através do qual uma pessoa fica autorizada a gerir um negócio sem que fique obrigada a fazê-lo, é um contrato de autorização gestória.

Nesta matéria a diferença entre a preposição e a procuração é fundamental. A procuração é um negócio que tem apenas um efeito, que é a constituição do poder de representação. Este efeito pode ser modelado, mas a procuração em si não produz outros efeitos, a menos que a "procuração" em causa seja um negócio misto de procuração, integrando o conteúdo de outros negócios. A preposição, embora constitua também um poder de representação, é um negócio de gestão, incluindo no seu conteúdo um regime apto a regular a relação interna. A preposição, não só constitui o poder de representação, como o poder de gestão, podendo incluir ainda outros conteúdos. Normalmente, a preposição é um contrato obrigacional, que inclui a obrigação de gerir a atividade à frente da qual o preposto é instituído. Mas no caso estruturalmente mais simples, a preposição não é um contrato obrigacional, mas antes autorizativo: um contrato de autorização gestória de uma atividade comercial, com representação.

O contrato de autorização gestória é um contrato legalmente atípico, que é estruturado sobre o contrato de mandato[608] mas com uma adaptação fundamental: em lugar do agente ficar *obrigado* a praticar os atos, fica *autorizado* a praticá-los.[609]

Como regra, os contratos gestórios são obrigacionais, como sucede, por exemplo, com o mandato, o contrato de trabalho e a agência. Podem, contudo, ser celebrados contratos gestórios nos quais o gestor não está obrigado

---

[607] Sobre a relação entre autorização, precário, tolerância, possibilidade e poder VASCONCELOS, PEDRO LEITÃO PAIS DE, *A Autorização*, 2.ª ed., Almedina, Coimbra, 2016, págs. 99 a 139.

[608] Como negócio gestório prototípico – LEITÃO, ADELAIDE MENEZES, *"Revogação Unilateral" do Mandato, Pós-Eficácia e Responsabilidade pela Confiança*, em Estudos em Homenagem ao Prof. Doutor Inocêncio Galvão Telles, Vol. I, págs. 305 a 346, Almedina, Coimbra, cit. "Revogação Unilateral", pág. 311.

[609] Nomeadamente alienando bens, o que traduz um importante elemento de autorização para dispor. Sobre a autorização para dispor, VASCONCELOS, PEDRO LEITÃO PAIS DE, *A Autorização*, 2.ª ed., Almedina, Coimbra, 2016, págs. 360 a 366 e FARINA, VICENZO, *L'Autorizazzione a Disporre in Diritto Civile*, Edizione Scientifiche Italiane, Napoli, 2001, *passim*.

A PREPOSIÇÃO

a gerir, mas apenas autorizado a fazê-lo.[610] Assim sucede, por exemplo, nos casos em que o gestor é amigo ou familiar do dono do negócio, aceitando o contrato por favor, ou no âmbito das relações familiares. O caso mais frequente é o do cônjuge ou filho que gere um negócio da família, mas sem estar obrigado a fazê-lo.

Sendo o preposto colocado à frente de um assunto do preponente, para gerir esse assunto, de modo estável e público, essa colocação implica necessariamente a sua autorização para gerir. Não é possível celebrar um contrato segundo o qual uma pessoa é colocada à frente de um negócio para o gerir, não autorizando essa gestão. A colocação da pessoa à frente do negócio para o gerir importa, necessariamente, a autorização para gerir esse negócio. Assim, sempre que é celebrada uma preposição, o preposto fica – pelo menos – autorizado a gerir esse negócio. Claro está que poderá estar obrigado a gerir esse negócio. Contudo, neste caso não estaremos já perante um contrato de autorização gestória, mas antes perante um contrato com obrigação gestória, que poderá ser um mandato, contrato de trabalho ou outro tipo obrigacional, podendo constituir um único negócio misto com a preposição, ou constituir dois negócios autónomos em união de negócios.

Esta autorização gestória não constitui uma relação subjacente à preposição porque é a própria preposição. É nisso que consiste uma preposição, no que tem de mais essencial: autorizar outrem a gerir um assunto alheio, de modo estável e público. Assim, tanto podemos estar perante um caso em que apenas é celebrado um contrato de preposição, como podemos ter um caso em que existe um contrato de preposição e uma relação subjacente, ou em que a relação subjacente e o contrato de preposição surgem como um único negócio misto.

Nos casos em que existe um outro elemento na relação subjacente para além da preposição, é esse outro elemento negocial que regula as relações internas e, em alguns casos especiais, as relações externas. Nas restantes relações externas vigora o elemento de preposição, pois é este que integra o poder de representação.

---

[610] BETTI, *Teoria Geral do Negócio Jurídico*, Tomo III, tradução de Fernando de Miranda, Coimbra Editora, Coimbra, 1970, pág. 264, embora considere que a autorização tem normalmente uma função meramente negativa (de excluir a ilicitude do ato autorizado), aceita que esta possa *ser coordenada com uma finalidade gestória*.

Nos casos em que não existe uma outra relação subjacente à preposição, em que toda a relação interna é regulada pelo contrato de preposição, esta regula todas as relações, internas e externas.

Assim, diferentemente do que sucede com a procuração, a preposição tanto pode operar nas relações externas como nas internas, podendo funcionar de modo plenamente autónomo, o que a aproxima – nesta matéria – do mandato.[611] Ou seja, o contrato de preposição tanto pode ter uma relação subjacente, como pode ser autónomo de qualquer relação subjacente.

II. Como tivemos já oportunidade de afirmar noutro local,[612] o tipo do contrato de autorização gestória deve ser integrado por recurso ao contrato de mandato, adaptando-se este tipo de modo a excluir os elementos que exijam uma obrigação. Obtém-se assim, através da analogia,[613] um tipo contratual completo de autorização gestória, hábil para gerir o lado interno da relação de preposição nos casos em que não exista uma relação subjacente propriamente dita. No entanto, no caso é necessário optar pelo tipo adequado de contrato de mandato. Assim, se a preposição for de Direito Civil, deve recorrer-se ao mandato civil, como fizemos de modo detalhado em "A Autorização".[614] A preposição é, contudo, tipicamente comercial, razão pela qual em regra se deve recorrer ao contrato de mandato comercial e ao contrato de comissão comercial, e não ao mandato civil.

Ou seja, nos casos de preposição autónoma, o conteúdo da preposição é obtido por aplicação analógica do regime do mandato e da comissão mercantil, adaptado de modo a substituir a obrigação de praticar os atos, pela autorização de praticar os atos. Estes regimes encontram-se positivados nos arts. 231.º a 247.º e 266.º a 277.º do Código Comercial, devendo ser adotado um ou outro (ou ambos), conforme o preposto atue em nome do preponente (mandato comercial) ou em nome próprio (comissão). No entanto, o

---

[611] Ou, melhor, o que aproxima o mandato da preposição, pois historicamente foi o mandato que obteve esta caraterística da preposição, e não o inverso.

[612] VASCONCELOS, PEDRO LEITÃO PAIS DE, *A Autorização*, 2.ª ed., Almedina, Coimbra, 2016, págs. 307 a 347.

[613] VASCONCELOS, PEDRO PAIS DE, *Contratos Atípicos*, 2.ª ed., Almedina, Coimbra, 2009, págs. 234 a 247 e VASCONCELOS, PEDRO LEITÃO PAIS DE, *A Autorização*, 2.ª ed., Almedina, Coimbra, 2016, pág. 311.

[614] Sobre a distinção entre mandato e autorização, VASCONCELOS, PEDRO LEITÃO PAIS DE, *A Autorização*, 2.ª ed., Almedina, Coimbra, 2016, págs. 267 a 273.

A PREPOSIÇÃO

recurso a estes regimes apenas pode ser relevante para regular o lado interno da relação, e não para o lado externo da relação. Assim, estes regimes não serão aplicados à relação entre o preponente ou preposto, por um lado, e o terceiro, pelo outro lado, apenas podendo vigorar no lado interno, entre preponente e preposto.[615]

2. Tipos estruturantes da relação interna

A filiação foi, a par da escravatura, a primeira relação subjacente à preposição.

Foi a prática comercial romana de recorrer a filhos e escravos (por vezes, libertos) como prepostos à frente do seu comércio, que fez nascer a *actio institoria*.

Com o passar dos séculos, a estas duas relações juntou-se o contrato de mandato, exercido por homens livres.

Em paralelo, alguns escravos foram sendo libertados através da *manumissio*, mas mantendo a sua atividade, sendo que a estes acresceram ainda os casos de trabalho livre, exercido por homens livres. Estes casos de prepostos que eram homens livres, fora da estrutura da família, evoluíram também, nuns casos para contratos de mandato, e noutros casos para contratos de trabalho.[616]

Por sua vez, o regime jurídico aplicável aos filhos evoluiu também ao longo dos séculos, mas, contrariamente ao que sucede com a escravatura, não evoluiu para uma diferente figura jurídica, nunca deixando de vigorar. Evoluiu e adaptou-se a novos modelos de sociedade e de família, mas sem se extinguir.

É, como tal, possível afirmar que os dois casos originários continuam hoje a existir, correspondendo ao caso do filho preposto à frente do negócio do comerciante seu pai, e do trabalhador preposto à frente do negócio do comerciante seu empregador e, ainda, do mandatário preposto à frente do negócio do seu mandante.

Esta são as relações que estruturam a *actio institoria* e que operam, ainda hoje, como os tipos de referência das relações subjacentes ao contrato de preposição e ao *status* de preposto.

---

[615] A eventual relevância destes regimes para a concretização do regime aplicável ao lado externo da relação de preposição será analisada *infra*.

[616] Sobre a relação entre escravatura e contrato de trabalho, em especial nos séc. XVIII e XIX, SEIXAS, MARGARIDA, *Pessoa e Trabalho no Direito Português (1750-1878): Escravo, Liberto e Servi-çal*, AAFDL, Lisboa, 2016, *passim*.

A. Filiação

I. Enquanto relação subjacente à preposição, a filiação operava com base na *patria potestas*. Dito de outro modo, era o regime da *patria potestas* que era a relação subjacente à preposição. O filho exercia o comércio em execução da *patria potestas*, sob autoridade do *pater familias*. Assim sucedia até à morte do *pater familias*, pelo que o recurso aos filhos para o exercício do comércio sucedia até muito tarde. Ou seja, o problema que conduziu à *actio institoria*, não dizia respeito necessariamente aos casos de *patria potestas* sobre filhos com menos de 18 anos, incluindo filhos de qualquer idade, desde que integrassem a família romana. Assim, seria normal que o problema surgisse relativamente a filhos com 20, 30 ou mesmo 40 anos de idade, ou seja, até que o *pater familias* morresse, ou os filhos deixassem de integrar a família.

Em suma, o *pater famílias* podia dar ordens aos filhos, que estavam juridicamente subordinados ao seu poder de dirigir a sua vida. Podia, portanto, dar ordens aos filhos para exercerem o comércio por sua conta e à frente do seu estabelecimento. Este poder regulava a relação interna entre o *pater familias* comerciante e o filho preposto, mas não era hábil para regular a relação externa comercial.

Ainda hoje este sistema se mantém. Como dissemos já, evoluiu muito, mas mantém-se o sistema básico no que nos interessa. O conteúdo do poder paternal não é o mesmo da *patria potestas*, nem tem a mesma duração. Contudo, o poder paternal permite regular a relação interna entre o pai comerciante e o filho preposto. Sucede, no entanto, que o poder paternal se extingue aos 18 anos, não se mantendo mais até à morte do *pater famílias*, pelo que esta questão, que em Roma se prolongava até à data da morte do pai, é agora limitada à idade de 18 anos do filho. Contudo, enquanto se mantém o poder paternal, esta relação é hábil para regular a relação entre pai e filho, na qual o pai é um comerciante e o filho fica colocado à frente do seu comércio, no todo ou em parte, de modo público e estável.

Ainda hoje é frequente que os pais comerciantes coloquem filhos à frente do seu comércio, de modo público e estável, de tal modo que estes atuem por conta ou em nome daqueles. Em algumas áreas do comércio, em particular no pequeno comércio e no comércio de feiras, é frequente encontrar menores na frente de loja, fazendo o comércio por conta dos seus pais, de modo público e estável. Noutras áreas do comércio é frequente encontrar os filhos a ajudar os pais, depois das aulas, ou aos fins de semana e férias, quer na frente de loja, quer – o que é frequente – nas entregas e distribuições, recebendo pagamentos, negociando preços e mercadorias, fazendo a

A PREPOSIÇÃO

receção de encomendas, e muitas outras atuações próprias do comércio. Em alguns casos, estes filhos têm contratos de trabalho, mandatos, autorizações, ou outros títulos de atuação. Contudo, em alguns casos, não existe nenhuma outra relação que não o próprio poder paternal inerente à relação de filiação. Os filhos exercem essa atividade porque os pais mandaram. Nestes casos, a relação subjacente à preposição é a própria relação de poder paternal.

Note-se que a questão aqui em apreciação não consiste em saber se um pai pode mandar um filho exercer atividade comercial por sua conta sem lhe pagar, ou sem que o filho termine os seus estudos, ou sem respeitar outras exigências que porventura existam. O que agora está em causa é saber o que sucede quando o filho menor surge como preposto, com base nos arts. 128.º e 1878.º, n.º 2 do Código Civil, que atribuem aos pais, no exercício do poder paternal, a possibilidade de integrarem o filho menor na sua estrutura empresarial, de tal modo que este surja colocado à frente do comércio dos comerciantes seus pais; se tal ocorrer levanta-se um problema de atuação de prepostos perante os terceiros.

Do ponto de vista externo, o problema dos filhos menores prepostos consiste em saber se nestes casos o filho menor preposto representa os pais comerciantes. Do ponto de vista interno, interessa saber qual a razão pela qual o filho surge nessa qualidade, qual a relação subjacente. Assim sucede, por um lado, porque em alguns casos a relação subjacente poderá ser invocada contra o terceiro. Por outro lado, porque é a obediência pelo filho ao pai que o leva a surgir, de facto, à frente do comércio do pai, o que é importante saber, de modo a não se buscar em vão um qualquer contrato, de trabalho ou outro.

Assim, nos casos de prepostos filhos menores, que assim atuam em obediência aos seus pais, estes devem ser considerados efetivamente como prepostos. Ou seja, foram colocados voluntariamente pelos pais à frente do seu comércio.

Embora o poder paternal não resulte de um negócio jurídico, pode operar como relação subjacente à preposição. Sendo preposto, e sendo um filho menor, as ordens que os pais derem ao filho no exercício do poder paternal, apenas poderão ser oponíveis a terceiros no caso de tal ser admitido pelo regime da preposição. Assim, por exemplo, se o filho menor for um gerente de comércio, as exceções com fonte na relação de poder paternal apenas serão oponíveis a terceiro, se o terceiro tiver efetivamente conhecimento da concreta limitação, que pode ser uma ordem para não exercer atividade durante o período e avaliação na escola.

O LADO INTERNO DA PREPOSIÇÃO

A constatação da aptidão do poder paternal para operar como relação subjacente à preposição é importante ainda para outras parcelas de regime jurídico. Assim sucede, no caso do filho menor preposto agir em nome próprio, mas por conta alheia, celebrando negócios jurídicos. Segundo o regime geral da menoridade, agindo o menor em nome próprio, o negócio ser-lhe-ia imputado pessoalmente, mas seria anulável por menoridade (art. 125.º do Código Civil). Contudo, se o menor for um preposto, caso o terceiro prove que o negócio foi celebrado por conta dos comerciantes seus pais e preponentes, o terceiro pode optar por imputar esse negócio à esfera jurídico dos pais preponentes, e não à esfera jurídica do menor. Neste caso, passando o menor da posição de parte no negócio, para a posição de representante no negócio, o negócio deixa de ser anulável por menoridade. Assim, caso o terceiro não tenha conhecimento da menoridade, mesmo não se tratando de um caso de dolo do menor, é possível aproveitar o negócio imputando-o aos pais do menor, na qualidade de seus preponentes, de acordo com o parágrafo único do art. 252.º do Código Comercial.

Por último, importa ter em atenção que este regime é também aplicável ao interdito, conforme a analogia das situações (139.º do Código Civil). O regime de tutela do interdito opera de modo semelhante ao do poder paternal, de tal modo que, o que se afirmou relativamente ao menor, se verifica também em relação ao interdito.

II. O caso referido, no entanto, apenas ocorre nos casos de menores (ou de maiores incapazes). No caso de filhos maiores ou emancipados, o problema não se coloca nos mesmos termos, porquanto já não vigora o poder paternal. Note-se que, mesmo em Roma, o problema colocava-se fundamentalmente com filhos sujeitos à *patria potestas* (e com escravos). O problema colocava-se com pessoas sujeitas a autoridade e não com pessoas livres – *alieni iuris*. A *actio institoria* evoluiu de modo a incluir outras pessoas, mas, efetivamente, quando nasceu era limitada a filhos e escravos. No que respeita a pessoas livres, o problema colocou-se mais tarde (embora provavelmente ainda no séc. I a.C.), mas com base noutras relações subjacentes, que podiam ser casos de sociedade, de gestão de negócios, de trabalho, ou outras. Mas, nestes casos, o ponto de vista era diferente, pois não havia sujeição ao nível de autoridade que existia com filhos e escravos.

Ainda hoje ocorre o mesmo sistema básico. No que respeita a filhos maiores ou emancipados, a relação subjacente será outra, que não o poder paternal. O filho pode trabalhar para os próprios pais, ou pode ser seu mandatário, sócio, ou ter com os próprios pais outra relação jurídica. No entanto, já não surge no âmbito de uma relação próxima à do poder paternal. Assim, por exemplo, ocorrem vários casos de autorizações autónomas, em que o filho surge como autorizado a gerir o comércio do próprio pai. Estes casos são, por vezes, confundidos com sistemas de economia comum. Contudo, em regra, os casos de economia comum têm como suporte negocial uma sociedade informal (nos casos de paridade) ou uma autorização gestória (nos casos de relação hierarquizada). Assim, no que respeita aos filhos maiores ou emancipados prepostos, o problema da relação subjacente não traduz o caso estruturalmente típico, que é o poder paternal.

B. Contrato de trabalho

I. Uma das principais relações subjacentes à preposição é o contrato de trabalho,[617] assim sucedendo desde o início da *actio institoria*. Inicialmente, por referência ao trabalho dos escravos, mas que rapidamente evoluiu também para o trabalho dos libertos e para os trabalhadores livres. Apesar de não se tratar – então – de verdadeiros contratos de trabalho, tal como hoje são concebidos, a proximidade permite fazer esta ligação entre preposição e trabalho.[618]

A relação entre preposição e contrato de trabalho é de tal modo íntima, que se torna extremamente difícil analisar uma figura, sem analisar a outra. No entanto, apesar desta intimidade, sucede mais uma vez que o elevado peso gravitacional do contrato de trabalho, núcleo de todo um importante ramo de Direito, com um impressionante desenvolvimento técnico e científico, causa o apagamento relativo da preposição. Apesar deste ofuscamento:

- A preposição é anterior ao contrato de trabalho.
- A preposição é uma das fontes do contrato de trabalho.
- A preposição consistiu num dos primeiros casos de regulamentação avançada do trabalho, com proteção dos trabalhadores, nomeadamente regimes especiais de despedimento e, mesmo, regimes de acidentes de trabalho.[619]

---

[617] Neste sentido, por referência ao gerente de comércio, MARTINEZ, PEDRO ROMANO, *Direito do Trabalho*, 8.ª ed., Almedina, Coimbra, 2017, págs. 345 e 346.

[618] Sobre a evolução do trabalho escravo para o contrato de trabalho, por todos, SEIXAS, MARGARIDA, *Pessoa e Trabalho no Direito Português (1750-1878): Escravo, Liberto e Serviçal*, AAFDL, Lisboa, 2016, em especial, páginas 533 a 777.

[619] O que ocorre muito antes do início das legislações gerais sobre condições de trabalho – RAMALHO, MARIA DO ROSÁRIO PALMA, *Tratado de Direito do Trabalho*, Parte II, 6.ª ed., Alme-

O LADO INTERNO DA PREPOSIÇÃO

Ou seja, a preposição é um dos antepassados do contrato de trabalho. Não de todo o contrato de trabalho, nem do seu núcleo do tipo central, mas de um caso particular de contrato de trabalho. O seu contributo não foi central, mas não pode ser esquecido, nem apagado pelo fulgor do contrato de trabalho.

II. Como é sabido, o Direito do Trabalho teve o seu grande desenvolvimento com a revolução industrial[620] e com a reação do Direito aos problemas decorrentes da exploração da força laboral ocorrida nos finais do séc. XIX e inícios do séc. XX.[621] Contudo, mesmo antes deste período havia uma área na qual as coisas sucediam já de modo algo diferente. Uma espécie de percursor do que viria a ser o Direito do Trabalho; ainda incipiente, mas inegavelmente um arranque de soluções que, mais tarde, viriam a integrar o Direito do Trabalho.

Este é o caso do trabalhador do comércio.

O problema do trabalhador do comércio não pode – nunca – ser devidamente analisado e estudado sem ser do ponto de vista da preposição. Só olhando para a *actio institoria* do *ius praetorium* e do Digesto, e só olhando para a evolução que partiu destas figuras até chegar ao regime dos feitores e caixeiros, do Código Comercial de 1833, e destes para os gerentes de comércio, auxiliares e caixeiros, do Código Comercial de 1888, é possível compreender este importante caso de contrato de trabalho.

O problema do trabalhador do comércio, e do seu contrato, é antiquíssimo e diverge diametralmente do trabalhador braçal, que ocorria fundamentalmente na agricultura e indústria. O trabalhador do comércio tinha tendencialmente um nível social superior ao trabalhador braçal.[622] Quer

---

dina, Coimbra, 2016, págs. 710 a 713.

[620] MARTINEZ, PEDRO ROMANO, *Direito do Trabalho*, 8.ª ed., Almedina, Coimbra, 2017, págs. 73 a 81.

[621] RAMALHO, ROSÁRIO PALMA, *Da Autonomia Dogmática do Direito do Trabalho*, Almedina, Coimbra, 2000, pág. 167.

[622] Neste sentido em LISBOA, JOSÉ DA SILVA (VISCONDE DE CAIRU), *Principios de Direito Mercantil e Leis de Marinha*, Vol. V., Impressão Régia, Lisboa, 1811, págs. 24 e 25, segundo o qual "*o serviço dos Caixeiros de Casas de Commercio, e Mercadores de grosso trato, tendo por objecto meramente a mercancia, he, pela natureza, e extensão do mesmo objecto, hum emprego de maior consideração civil do que de hum criado de servir, que tem simplesmente a seu cuidado a economia interior da casa, e não goza de confiança pública para tratar em nome de seu amigo*".

fosse escravo, liberto ou trabalhador livre, a posição a que chegava como *praepositus* e mesmo como *procuratorem omnium bonnorum*, colocava-o numa posição diferente das restantes forças laborais.

É exemplo desta diferença do trabalhador do comércio face aos restantes trabalhadores o facto de um dos primeiros diplomas nacionais em matéria de Direito de Trabalho – a Lei n.º 295, de 22 de janeiro de 1915 – regular os tempos de trabalho dos trabalhadores do comércio e o trabalho extraordinário. Estes são definidos como "todos os indivíduos de qualquer idade ou sexo que exerçam a sua atividade em estabelecimentos onde se façam transações comerciais".

Mas o problema do trabalhador do comércio não nasceu em 1915. O Comércio, com a sua incomparável busca pelo lucro, exige e sempre exigiu o recurso a auxiliares. O crescimento da empresa de uma só pessoa está limitado às capacidades humanas dessa pessoa. A partir de certo ponto, a única maneira da empresa crescer consiste em exercer o comércio através de mais pessoas. Contudo, um comerciante típico, apenas partilha a sua riqueza quando antecipa que essa partilha venha a gerar ainda mais riqueza. Um comerciante não quer sócios, nem parceiros, e só os aceita quando necessário, pois não quer outras pessoas a partilhar a sua riqueza. Quer alguém que lhe permita expandir a sua propensão para o lucro, auxiliando-o nessa missão, e pagando-lhe conforme for uso da praça, ou menos, se possível. Mas só integrando um terceiro no seu comércio como parceiro ou sócio se o seu contributo o justificar.

Com a evolução do comércio era inevitável o recurso a auxiliares. Escravos, filhos, libertos, homens livres, romanos, estrangeiros, e toda e qualquer pessoa que permitisse ao comerciante expandir a sua fortuna. Assim é desde Roma, pelo menos. Assim era no início do séc. XIX, quando surgiu em Portugal o Código Comercial de 1833. Assim era nos finais do séc. XIX, quando surgiu o Código Comercial de 1888. E ainda assim é.

Ao longo dos milénios, os comerciantes foram exercendo o seu comércio fundamentalmente com recurso a inúmeros auxiliares, alguns dos quais evoluíram como contratos de trabalho.

III. O contrato de trabalho não é geralmente visto como um ato de comércio. No entanto, há contratos de trabalho que são atos subjetivamente comerciais, em razão da natureza comercial do empregador, sendo que assim sucede na larguíssima maioria dos contratos de trabalho de Direito Privado. Por esta razão, a maioria dos contratos de trabalho do setor privado são atos subjetivamente comerciais, sendo abrangidos pelo Direito Comercial. A questão consiste em saber se existe algum regime jurídico de Direito Comercial que se sobreponha à especialidade do Direito do Trabalho e que regule, pelo menos em parte, o contrato de trabalho. Só através da identificação deste regime é que a qualificação do contrato de trabalho como um ato de comércio será relevante. Caso contrário, de nada servirá, sendo inútil a qualificação como ato comercial, porquanto nenhum regime comercial lhe será aplicável.

Atualmente, a quase integralidade do conteúdo do contrato de trabalho é especialmente regulada pelo Direito do Trabalho. Mas nem sempre assim sucedeu. Como vimos, no Código Comercial de 1833 regulava-se já casos de prepostos, sob a denominação de feitores e caixeiros, quer eram distinguidos de *"Todos os demais empregados com salario fixo, que os commerciantes costumam instituir como auxiliares do seu gyro e trafico..."*.[623] Contudo, apesar de em 1833 o regime apenas abranger os feitores e caixeiros, não resta dúvida que estes poderiam, em alguns casos, ser atualmente qualificados como trabalhadores. Contudo, em 1833 não se fazia ainda uma verdadeira distinção entre prepostos trabalhadores, e prepostos não trabalhadores. A Sociedade e o Direito eram, ainda, muito diferentes do que atualmente ocorre. Não existia ainda o Direito do Trabalho e não se regulava o contrato de trabalho enquanto tal. O trabalhador não era verdadeiramente tutelado enquanto trabalhador, mas tendo em consideração a função desempenhada, ou era abrangido por um estatuto sem qualquer autonomização laboral, sendo mais vistos como "dependentes" do que como "trabalhadores". Assim, embora as funções desempenhadas fossem as mesmas que atualmente integram tipicamente o contrato de trabalho, a relação jurídica não era qualificada como "contrato de trabalho". No entanto, tal não significa que não fosse regulada por lei, nem significa que essa lei não seguisse já alguns dos princípios que vieram mais tarde a integrar e a autonomizar o Direito do Trabalho.

Assim ocorreu com os feitores e caixeiros prepostos que, logo no Código Comercial de 1833, na parte influenciada pelo Código Comercial espanhol de 1829,[624] beneficiavam já de alguns meios de tutela que são típicos do atual Direito do Trabalho. A mesma solução passou para o Código Comercial de

---

[623] Código Comercial de 1833, §155.

[624] No Código Comercial de 1829, tal como no português de 1833, os prepostos eram vistos mais como dependentes do comerciante e não como compartes num contrato. Nas palavras de RUBIO, JESUS, *Sainz de Andino y la Codificacion Mercantil*, Consejo Superior de Investigaciones Científicas, Madrid, 1950, pág. 141: *No nos hallamos en presencia de una pura relación obliga-*

1888 quase sem modificações. Neste encontramos várias disposições que são caraterísticas de um contrato de trabalho: manutenção do emprego em caso de morte do empregador (art. 261.º); manutenção dos direitos adquiridos na vigência do contrato em caso de revogação do mesmo (262.º); proibição de despedimento sem justa causa nos contratos com termo (264.º); proteção do salário em caso de acidente de trabalho (265.º).

Embora o regime do Código Comercial não seja específico para o contrato de trabalho pois o sistema jurídico era muito diferente, é possível reconhecer a preocupação de regular e proteger as pessoas que auxiliavam o comerciante na sua atividade. Não qualquer pessoa, qualquer auxiliar, mas os auxiliares que estavam à frente de atividades do comerciante, que exercesse o comércio por conta do comerciante. Estes, contudo, eram pessoas que surgiam em regra numa posição de trabalhador, ou análoga à de um trabalhador. Por esta razão, estes casos eram muito próximos do atual contrato de trabalho, denotando-se algumas das mesmas preocupações que ocorrem hoje no Direito do Trabalho.

O que ocorreu no Código Comercial espanhol de 1829, no Código Comercial português de 1833 e no Código Comercial português de 1888 foi uma verdadeira intuição sobre a proximidade da figura do preposto com a figura do trabalhador. Um preposto não é necessariamente um trabalhador, nem o era na altura. Na altura podia ser um trabalhador, um escravo, um liberto, um filho, um cônjuge, ou qualquer outra pessoa, tal como ocorre atualmente. Mas é – e era – de tal modo frequente que os prepostos fossem trabalhadores (especialmente após a cessação do regime da escravatura e do liberto), que o tipo de proteção adequada é próximo da que é exigível em matéria juslaboral. Assim, sem que existissem as atuais preocupações de tutela do trabalhador, no sentido próprio, a verdade é que o regime comercial dos prepostos os protegia em matérias que hoje integram o Direito do Trabalho, assim sucedendo tanto no Código Comercial de 1833 como no Código Comercial de 1888, de modo que existia já em 1833 e 1888 um embrião comercial da tutela juslaboral aplicável a alguns contratos de trabalho (e não só).

IV. Esta proximidade entre prepostos e trabalhadores impõe-se intuitivamente. Como vimos, logo em 1915 foi aprovada legislação laboral destinada

---

cional privada; junto a ella subsiste outra de lealdade y consideración humana que confiere a la figura del dependiente mercantil una fisionomia peculiar.

aos trabalhadores do comércio, traduzindo a importância social desta classe de trabalhadores. Esta legislação, contudo, não fazia qualquer ligação aos prepostos, abrangendo todos os trabalhadores do comércio, independentemente da sua qualidade de prepostos.

Mas em 1937, na Lei 1952, de 10 de março,[625] o Direito do Trabalho reconheceu a ligação íntima entre trabalhadores do comércio e prepostos e positivou-a, incluindo na definição de "empregados" do art. 4.º, §1.º,[626] aqueles *"que, pelo grau de hierarquia profissional devam ser considerados colaboradores directos da entidade patronal, tais como gerentes, contabilistas ou quaisquer profissionais de escritório, caixeiros e seus auxiliares, dactilógrafos e outros que desempenhem funções similares"*. Em regra, a generalidade destas categorias de trabalhadores são compostas por prepostos: gerentes, contabilistas, caixeiros e seus auxiliares. Assim, logo em 1937 o novo ramo do Direito do Trabalho reconheceu a ligação entre trabalhadores e prepostos que o Direito Comercial já conhecia: é frequente que os prepostos pessoas singulares sejam trabalhadores. Os *"gerentes, contabilistas ou quaisquer profissionais de escritório, caixeiros e seus auxiliares"* (prepostos) foram considerados como integrando a classe dos *"empregados"* (trabalhadores). Esta solução traduzia, mesmo que inadvertidamente, a constatação que, com frequência, os prepostos são trabalhadores, ou *"empregados"* na terminologia de 1937.

Chegados a 1966, a situação altera-se. A nova Lei do Contrato de Trabalho[627] surge já como um instrumento de Direito Comum do Trabalho. Ou seja, como um diploma que pretende regular em geral todo o trabalho, seja qual for a sua origem, estabelecendo um regime geral comum a todos os trabalhadores, abandonando a distinção entre *"empregados"* e *"assalariados"*. À semelhança do Código Civil, criava-se uma lei que operava como fonte de Direito Comum, mas neste caso como Direito Comum para o Trabalho. Assim, o sistema passava a ser composto por um contrato de trabalho paradigmático, regulado a título principal pela Lei do Contrato de Trabalho, sem prejuízo da coexistência de regimes especiais de contrato de trabalho. Mas

---

[625] Segundo, MARTINEZ, PEDRO ROMANO, *Direito do Trabalho*, 8.ª ed., Almedina, Coimbra, 2017, pág. 88, este foi o primeiro diploma nacional a regular o contrato de trabalho de forma autónoma, sendo o percursor da Lei do Contrato de Trabalho.

[626] Que se contrapunha à definição de "assalariados".

[627] Decreto-lei 47.032, de 27 de maio, publicada no Diário do Governo n.º 125/1966, Série I, de 27 de maio de 1966.

A PREPOSIÇÃO

o ponto de referência deixou de traduzir a diferença entre *"empregados"* e *"assalariados"*, passando a existir apenas *"trabalhadores"*.

Esta alteração traduz um esfoço de generalização e abstração, que caracteriza também o Código Civil. Mas, no âmbito do Direito do Trabalho, esta opção teve como consequência o desaparecimento da menção aos prepostos como sendo trabalhadores. Optava-se por recorrer apenas à noção geral e abstrata de contrato de trabalho, pelo que a Lei do Contrato de Trabalho não traduzia a ligação intuitiva entre as duas figuras, apesar de se manter a ligação efetiva entre prepostos e trabalhadores. A opção faz algum sentido, porquanto a generalidade dos trabalhadores não são prepostos, não se justificando integrar a preposição num regime destinado a regular o caso mais geral e frequente de contrato de trabalho.

Esta omissão causou, no entanto, uma quebra entre a preposição e o contrato de trabalho, que era bidirecional. Embora o art. 4.º, §1.º da Lei 1952, de 10 de março de 1937, não constituísse uma verdadeira presunção de que os prepostos eram trabalhadores, era inegável que, da ligação entre ambas as figuras, resultava uma presunção lógica (e, provavelmente, judicial) de que um preposto era um *"empregado"* e, como tal, um trabalhador.

Ao ser excluída esta espécie de presunção pela Lei do Contrato de Trabalho de 1966, a mesma perdeu-se ou, pelo menos, perdeu uma parte do seu suporte legal.

O Código do Trabalho de 2003 veio a alterar a situação, estabelecendo uma verdadeira presunção de contrato de trabalho, no seu art. 12.º. Esta presunção não se refere aos prepostos, nem é esse o seu fim. Não retoma ainda a ligação direta entre os prepostos e os trabalhadores. Mas ao presumir-se existir contrato de trabalho nos casos de pessoas inseridas na estrutura organizativa do dono do negócio, que prestem atividade sob orientação deste abrange-se, pelo menos tendencialmente, os prepostos. Contudo, esta inclusão dos prepostos nesta alínea constitui mera coincidência, não sendo – ainda – uma ligação direta entre as duas figuras.

A ligação evolui novamente com o novo Código de Trabalho de 2009, em especial com a alínea e) do n.º 1, do art. 12, segundo a qual se presume que existe um contrato de trabalho quando uma pessoa desempenhe funções de direção ou chefia na estrutura orgânica da empresa de outrem. Estas pessoas que desempenham funções de direção ou chefia na estrutura orgânica da empresa de outrem são, em regra, prepostos de alto nível, em princípio gerentes de comércio ou figuras próximas. Tratando-se de uma presunção de contrato de trabalho, a preocupação do legislador prendeu-se com o lado interno da relação de preposição no que respeitava à estrutura interna, ou seja, com o surgimento de alguém à frente da atividade do comerciante (empregador) nas relações deste com os demais trabalhadores ou colaboradores da empresa. Contudo, embora sem se usar a mesma terminologia, restabeleceu-se a ligação que existia já em 1937. Não para os mesmos efeitos, de distinguir entre classes de trabalhadores, mas agora para presumir a existência de contrato de trabalho.

Assim se voltou a estabelecer no Direito positivo a ligação íntima entre prepostos e trabalhadores. Finalmente, a presunção de facto foi transformada numa verdadeira presunção jurídica. Sabia-se já que, na prática, os gerentes de comércio eram em regra trabalhadores. Mas o Código de Trabalho transformou essa sabedoria factual numa presunção que faz com que os gerentes de comércio que sejam pessoas singulares se presumam trabalhadores. Esta presunção aplica-se apenas aos gerentes de comércio, e não a outros auxiliares e caixeiros, mas constitui um inegável passo em frente.

Assim, atualmente presumem-se trabalhadores os gerentes de comércio que sejam pessoas singulares.

VI. A ligação entre o regime do contrato de trabalho e a preposição não se limita à ligação entre prepostos e trabalhadores, verificando-se também em matéria de poder de representação.[628] Nesta matéria é necessário tomar em consideração o art. 115.º, n.º 3 do Código do Trabalho (2009), segundo o qual:

> *3 – Quando a natureza da actividade envolver a prática de negócios jurídicos, considera-se que o contrato de trabalho concede ao trabalhador os necessários poderes, salvo se a lei exigir instrumento especial.*

Esta disposição tem vindo a evoluir ao longo da vida do Direito do Trabalho nacional, desde a sua autonomização.

---

[628] MARTINEZ, PEDRO ROMANO, *Direito do Trabalho*, 8.ª ed., Almedina, Coimbra, 2017, pág. 342, afirma que o sistema de representação do art. 115.º, n.º 3 do Código do Trabalho *"assenta num pressuposto diferente do Código Civil"*, defendendo que este sistema se traduz numa "representação implícita" que se justifica *"por um motivo de simplificação e tendo em conta a tutela de terceiros que contactam com a empresa através dos respetivos trabalhadores"*. Não concordamos, contudo, com o Autor quando afirma que este é um sistema de representação específica do contrato de trabalho.

A PREPOSIÇÃO

Na Lei do Contrato de Trabalho de 1966 (Decreto-lei 47032, de 27 de maio de 1966), a matéria era regulada pelo art. 5.º, n.º 3, com o seguinte teor:

3. Quando a natureza da actividade do trabalhador envolver a prática de actos jurídicos, o contrato de trabalho implica a concessão àquele dos necessários poderes, salvo nos casos em que a lei exija mandato expresso.

Na Lei do Contrato de Trabalho de 1969 (Decreto-Lei n.º 49408 de 24 de novembro de 1969), a matéria continuou a ser regulada pelo art. 5.º, n.º 3, agora com o seguinte teor:

3. Quando a natureza da actividade do trabalhador envolver a prática de negócios jurídicos, o contrato de trabalho implica a concessão àquele dos necessários poderes, salvo nos casos em que a lei expressamente exigir procuração especial.

No Código do Trabalho de 2003 (Lei n.º 99/2003, de 27 de agosto de 2003), a matéria passou para o art. 111.º, n.º 3, mas agora com a seguinte redação:

3. Quando a natureza da actividade para que o trabalhador é contratado envolver a prática de negócios jurídicos, o contrato de trabalho implica a concessão àquele dos necessários poderes, salvo nos casos em que a lei expressamente exigir instrumento especial.

Por último, no atual Código do Trabalho (Lei n.º 7/2009, de 12 de fevereiro de 2009), a matéria é tratada no art. 115.º, n.º 3, com o seguinte teor:

3. Quando a natureza da actividade envolver a prática de negócios jurídicos, considera-se que o contrato de trabalho concede ao trabalhador os necessários poderes, salvo se a lei exigir instrumento especial.

Assim, a partir de 1966 o contrato de trabalho passou a ser fonte de poder de representação autónomo, podendo haver contrato de trabalho com representação e contrato de trabalho sem representação.

A técnica usada na legislação laboral para relacionar o poder de representação com o contrato de trabalho foi, no entanto, completamente diferente da usada no Código Civil.

No Código Civil de 1966, foram previstos dois tipos de contrato de mandato: um com representação e um sem representação. Assim, o conteúdo

O LADO INTERNO DA PREPOSIÇÃO

dos atos a praticar pelo mandatário é irrelevante para a existência de poderes de representação. O poder de representação depende da vontade das partes, não resultando automaticamente do conteúdo dos atos a praticar. De acordo com este sistema, caso se esteja perante um mandato com representação, o ato é praticado em nome do mandante; e caso se esteja perante um mandato sem representação, o ato é praticado em nome do mandatário que depois o deve transferir para o mandante.

Este é o sistema de mandato do Código Civil, no qual a existência de poderes de representação depende da vontade das partes. Neste sistema, o mandato com representação é construído através da junção de um mandato com uma procuração, de tal modo que a parte relativa à representação é regulada pelas disposições legais aplicáveis à procuração (art. 1178.º do Código Civil). Pode-se discutir se este é um único negócio de mandato com procuração, ou se são dois negócios, mas é inegável que é possível haver mandato com ou sem representação.

No contrato de trabalho o sistema é diferente. O sistema de representação do contrato de trabalho não é apoiado sobre o mandato, nem sobre a procuração, mas antes sobre a preposição. O núcleo fundamental do poder de representação do trabalhador face ao empregador resulta de uma estrutura inspirada na preposição, tendo natureza de representação institória. Não se trata, como tal, nem de um caso de representação voluntária, nem legal, nem orgânica, mas antes de um caso de representação institória.

Os contratos de trabalho que tenham como objeto a prática de atos jurídicos têm – necessariamente – poderes de representação para a prática desses atos. Ou seja, se alguém for trabalhador, tem poderes de representação para os atos para cuja prática foi contratado, quer tais poderes resultem ou não do contrato. Estes poderes de representação não decorrem diretamente da vontade do empregador (representado), mas antes do regime legal do art. 115.º, n.º 3 do Código do Trabalho.[629] Claro está que o empregador pode querer conceder esses poderes, e pode mesmo declarar essa vontade. Mas no que respeita ao conteúdo do contrato, a vontade é irrelevante para a existência de poderes de representação. Estes resultam do contrato, quer as partes o queiram, quer não o queiram.

---

[629] Defendendo que estes poderes de representação decorrem da lei, LEITÃO, LUÍS MENEZES, *Direito do Trabalho*, 5.ª ed., Almedina, Coimbra, 2016, pág. 267.

A PREPOSIÇÃO

De acordo com o art. 115.º, n.º 3 do Código do Trabalho, o trabalhador tem sempre poderes de representação para os atos abrangidos pelo seu contrato de trabalho, o que impede que o empregador invoque a falta de poderes de representação do trabalhador para evitar a vinculação relativamente aos atos praticados por este. Em suma, é mais uma manifestação com origem remota na *actio institoria*, embora mitigada e distinta da relação interna. Os poderes de representação do trabalhador não têm como fim proteger os interesses do empregador, nem do trabalhador, mas antes proteger os interesses dos terceiros. Se uma pessoa contrata um trabalhador para praticar atos jurídicos por sua conta, fica vinculado pelos atos praticados por este. Quer queira, quer não queira, tal como sucede nos regimes de preposição. Ao contratar o trabalhador, o empregador está a prepô-lo à frente da sua atividade, ou de parte da sua atividade. Ou seja, está a colocá-lo como preposto e, tal como sempre sucede com os prepostos, o preponente fica vinculado pelos atos do seu preposto.

Em suma, o art. 115.º, n.º 3 do Código do Trabalho (2009) reflete mais uma vez a ligação íntima entre prepostos e trabalhadores. Os trabalhadores que têm como função a prática de atos jurídicos são prepostos, sendo que o art. 115.º, n.º 3 do Código do Trabalho (2009) regula um caso especial de preposição.

Dito de outro modo, nos Códigos Comerciais (de 1833 e 1888) quem era preposto era (de certo modo) trabalhador; no atual Código do Trabalho, quem é trabalhador é (de certo modo) preposto.[630]

VII. Este regime de preposição do contrato de trabalho não afasta o regime da preposição do Código Comercial.

Por um lado, o regime do art. 115.º do Código do Trabalho é um regime geral, aplicável em todos os contratos de trabalho, comerciais ou não. O regime do Código Comercial, por sua vez, apenas é aplicável em matérias comerciais.

Por outro lado, o regime do Contrato de Trabalho é um regime que vigora nas relações internas, e que toma como ponto de partida a própria relação interna. Ou seja, embora seja usada uma preposição como sistema de base, o problema da representação por parte do trabalhador é abordado através

---

[630] Embora não necessariamente.

332

O LADO INTERNO DA PREPOSIÇÃO

de uma aproximação interna[631] e não de uma aproximação externa. A questão consiste, em suma, no problema da oponibilidade, ou invocabilidade, perante terceiros do conteúdo do contrato de trabalho, especialmente tendo em conta o regime do art. 406.º, n.º 2 do Código Civil sobre a relatividade das obrigações.

No sistema do art. 115.º, n.º 3 do Código do Trabalho, o âmbito dos poderes de representação coincide com o âmbito do contrato de trabalho. Assim, para se saber quais os limites dos poderes de representação, é necessário provar que há contrato de trabalho e qual o âmbito do mesmo.

Esta é uma aproximação interna, pois parte-se da relação interna (empregador – trabalhador) para a relação externa (trabalhador – terceiro). Contudo, é praticamente impossível a um terceiro saber se alguém é – efetivamente – trabalhador de outrem, e saber qual o conteúdo do contrato de trabalho. O que significa que qualquer empregador "mal-intencionado" pode sempre invocar a falta de poderes de representação do trabalhador, quando tal lhe parecer útil. Para tanto, é suficiente invocar que o trabalhador não é trabalhador, ou que as suas funções não abrangem aquela concreta atividade. Se conseguir obter a colaboração do trabalhador para este intento, tornará ao terceiro quase impossível a prova do poder de representação.

Este sistema de aproximação interna é prejudicial para a segurança do Comércio, pois faz com que o risco de violação do contrato de trabalho por parte do trabalhador corra pelo terceiro. Assim sucede porque se o trabalhador agir fora do âmbito do contrato de trabalho (que o terceiro não sabe qual é, nem se existe), não vincula o empregador, ficando o terceiro com um contrato ineficaz.

Por último, estes problemas seriam aumentados exponencialmente por regimes de flexibilização laboral, como por exemplo, instruções e *ius variandi*. Nestes casos, conforme o âmbito de um concreto caso de *ius variandi*, assim se modificariam os poderes de representação, o que causaria uma inaceitável instabilidade em matéria de representação.

Foi precisamente para evitar estes casos que, em Roma, o Pretor concedeu a *actio institoria*, e que o legislador de 1888 incluiu no Código Comercial o regime do gerente de comércio, auxiliares e caixeiros. Para evitar a instabi-

---

[631] VERHAGEN, *Agency in Private Internacional Law, The Hague Convention on the Law Aplicable to Agency*, Martinus Nijhoff Publishers, The Hague/Boston/London, 1995, págs. 304 e 305 e BRITO, MARIA HELENA, *A Representação nos Contratos Internacionais, Um contributo para o estudo do princípio da coerência em direito internacional privado*, Almedina, Coimbra, 1999, págs. 478 e 479.

A PREPOSIÇÃO

lidade causada no exercício do comércio pela não vinculação – prática – do comerciante pelos atos dos seus auxiliares.

Ubi commoda, ibi incommoda.

Aplicando-se o regime do Código Comercial, a aproximação é inversa: uma aproximação externa.[632] No Código Comercial parte-se da atividade efetivamente exercida para, a partir desta, se obter a existência de poderes de representação. Ou seja, não interessa saber se quem agiu é um trabalhador, nem se agiu de acordo com o conteúdo do contrato de trabalho, apenas interessando saber se está colocado à frente da atividade. Claro está que, tendo contrato de trabalho, será muito provável que surja pública e estavelmente à frente do negócio do empregador. Mas, no sistema do Código Comercial, o que interessa é essa colocação à frente do negócio, sendo pouco relevante a razão pela qual está à frente do negócio.

Na generalidade dos casos, quem contrata com um trabalhador de um comerciante não sabe efetivamente se a pessoa que está à frente do negócio do comerciante é um trabalhador. E muito menos sabe qual o âmbito do seu contrato. Presume subjetivamente que é trabalhador e que está a agir dentro dos limites do contrato; acredita que assim sucede. Mas não sabe.

Para comprovar esta realidade, basta pedir ao terceiro que prove que a pessoa com quem contratou é trabalhador. A resposta mais frequente é que "é trabalhador porque está a trabalhar". Contudo, é trabalhador quem tem um contrato de trabalho e não quem trabalha. A resposta não é adequada para o regime do art. 115.º, n.º 3 do Código do Trabalho. Mas é perfeitamente adequada para o regime dos arts. 248.º e seguintes do Código Comercial.

Não é necessariamente trabalhador quem trabalha; mas quem "trabalha" pública e estavelmente à frente da atividade de um comerciante, é preposto.

Mesmo nos casos em que o terceiro sabe que essa pessoa é um trabalhador do comerciante, o mais corrente é que não saiba qual o conteúdo do contrato de trabalho, e muito menos saiba quais as instruções emitidas, pelo que tam-

---

[632] Técnica usada por VERHAGEN, *Agency in Private Internacional Law, The Hague Convention on the Law Aplicable to Agency*, Martinus Nijhoff Publishers, The Hague/Boston/London, 1995, págs. 304 e 305 e BRITO, MARIA HELENA, *A Representação nos Contratos Internacionais, Um contributo para o estudo do princípio da coerência em direito internacional privado*, Almedina, Coimbra, 1999, págs. 478 e 479.

bém nestes casos se aplica o Código Comercial. Só nos casos em que o terceiro sabe que a pessoa com que contrata é um trabalhador do comerciante e – cumulativamente – sabe qual o conteúdo do contrato de trabalho, é que lhe será oponível a relação subjacente (art. 249.º do Código Comercial). Assim, só neste caso, de terceiros de má fé subjetiva psicológica, é que o regime do art. 115.º, n.º 3 do Código do Trabalho funcionará perante terceiros. Em todos os outros casos que ocorrem no Comércio, apenas releva o regime do Código Comercial, que consta nos respetivos arts. 248.º e seguintes.

Note-se que, neste caso, a aplicação do regime do Código Comercial não depende da qualificação do contrato de trabalho como ato objetivamente comercial. Antes, depende da qualificação da atividade do empregador como comercial, o que tanto pode resultar da qualidade de comerciante do próprio empregador, como da qualidade de ato objetivamente comercial do contrato celebrado pelo trabalhador. Ou seja, nas questões em apreciação é irrelevante a natureza comercial objetiva do próprio contrato de trabalho.

VIII. O regime do Código Comercial pode, ainda, ser aplicado na relação interna laboral, caso em que é relevante saber se o contrato de trabalho é, ou não, um ato subjetivamente comercial.

O art. 115.º, n.º 3 do Código do Trabalho apenas determina se há, ou não, poderes de representação e qual o seu âmbito. Nada mais diz sobre qual o regime desses poderes de representação. Nada diz sobre a necessidade de agir com *contemplatio domini* e quais as consequências da violação desta obrigação. Nada diz sobre o registo comercial e qual o regime aplicável. Nada diz sobre o desvio de contratos pelo trabalhador preposto a seu favor, e nada diz sobre as consequências do conflito de interesses. Em todos estes casos é aplicável o regime do Código Comercial como regime supletivo aplicável em todos os atos de comércio, incluindo os contratos de trabalho comerciais.

No que respeita à *contemplatio domini,* como vimos, é extremamente raro que um trabalhador preposto atue invocando o nome do empregador. Em regra, os trabalhadores não invocam nenhum nome (pelo menos expressamente) e, quando o fazem, não invocam o nome do comerciante, mas a sua firma, marca, sítio de internet, ou outro sinal distintivo de comércio. Sucede ainda que, por vezes, invoca um qualquer sinal distintivo que é partilhado pelo seu empregador e por outros comerciantes. Ou que nem sequer é usado pelo seu empregador, mas por um cliente do seu empregador. Estes casos não são regulados pelo Código do Trabalho, que nada diz nesta matéria, mas antes pelos arts. 250.º a 251.º do Código Comercial. Este regime permite aos terceiros acionar o trabalhador, ou o empregador, ou o empregador e outros comerciantes, conforme o caso.

O mesmo sucede nos casos em que o trabalhador, estando obrigado a agir em nome do empregador, decide agir em nome próprio, de modo a se apropriar da atividade que exercia por conta do empregador. São casos em que o trabalhador, estando obrigado a agir em nome e por conta do empregador, decide desviar essa atividade em seu proveito próprio. Estes casos apenas são regulados no Código do Trabalho no que respeita à eventual responsabilidade disciplinar e responsabilidade civil, mas não no que respeita à imputação da atuação ao empregador ou ao trabalhador. Nesta matéria vigora o art. 253.º, § único do Código Comercial, o que permite ao empregador comerciante avocar esses negócios para a sua própria esfera jurídica, como se houvessem sido celebrados em seu nome. Claro está que, nesta matéria, é necessário interpretar o corpo do art. 253.º do Código Comercial à luz do art. 128.º, n.º 1, al. f) do Código do Trabalho, porquanto os deveres de exclusividade, lealdade e não concorrência não têm o mesmo âmbito em ambos os Códigos.[633] Mas, dentro do âmbito juslaboral desses deveres, é aplicável o regime do art. 253.º, § único do Código Comercial.

O mesmo sucede com o caso do registo comercial. Caso um trabalhador seja inscrito no registo comercial como preposto, as consequências desse registo decorrem do Código Comercial e do Código de Registo Comercial e não do Código do Trabalho. Assim, o âmbito dos poderes de representação serão, nesse caso, os que resultam do Código Comercial e não do Código do Trabalho. Este último Código não regula os casos de representação registada, mas apenas casos de representação não registada. Assim, os casos de representação registada ficam excluídos do art. 115.º, n.º 3 do Código do Trabalho, sendo regulados pelo Código Comercial (art. 249.º e 254.º) e pelo Código de Registo Comercial (arts. 10.º, 11.º, 13.º e 14.º). Este regime afeta fundamentalmente a relação externa de representação, mas também afeta a relação interna, substituindo o regime do art. 115.º, n.º 3 do Código do Trabalho.

Como se pode concluir, há parcelas do contrato de trabalho que são reguladas pelo Código Comercial. São, efetivamente, casos muito especiais. De

---

[633] Sobre os deveres de exclusividade e de não concorrência no contrato de trabalho, RAMALHO, MARIA DO ROSÁRIO PALMA, *Tratado de Direito do Trabalho*, Parte II, 6.ª ed., Almedina, Coimbra, 2016, págs. 243 a 248.

tal modo especiais, que a sua natureza comercial ultrapassa largamente a natureza laboral. A razão é simples, são casos em que o trabalhador, mais do que um trabalhador, é um preposto. É enquanto preposto, pela qualidade de preposto, que é regulado pelo Código Comercial. Enquanto trabalhador, quando é a qualidade de trabalhador que é relevante, é regulado pelo próprio Código do Trabalho. Por último, nos casos em que o próprio Código do Trabalho regula a atividade dos prepostos, será regulado por este diploma na qualidade de preposto.

Como preposto, o interesse protegido é o do Comércio; ou, seja, dos terceiros que agem no Comércio e com quem o trabalhador contrata por conta do empregador quando age no Mercado.

O que sucede neste caso, é que o regime supletivo em matéria de representação comercial é o que consta no Código Comercial e não o que consta no Código Civil. Assim, nos casos em que o contrato de trabalho é um ato de comércio, o regime legal supletivo em matéria de representação é o do Código Comercial e, só supletivamente a este será aplicável o regime do Código Civil, mas por imposição do art. 3.º do Código Comercial.

Como tal, nos casos de contrato comercial de trabalho, em que o contrato de trabalho é um ato de comércio, aplica-se o regime da preposição do Código Comercial como regime supletivo de preposição comercial.

VIII. Segundo o art. 115.º, n.º 3 do Código do Trabalho, o poder de representação do trabalhador pode resultar de duas causas:

– De uma preposição que resulta do contrato de trabalho.
– De uma procuração concedida ao trabalhador.

No caso dos contratos de trabalho comerciais, em regra o poder de representação resultará da preposição que decorre da execução do contrato de trabalho. Claro está que poderá ser também outorgada uma procuração, mas que será na maioria das vezes uma procuração institória. Ou seja, a procuração não é a verdadeira causa do poder de representação, porquanto este poder já resultava da preposição que integra o próprio contrato de trabalho. Estes são os casos regra, pois sempre que o âmbito da execução pública e estável do contrato de trabalho é ampliado, mesmo que temporariamente, são inerentemente ampliados os poderes de representação institórios. Como tal, só raramente será necessária a outorga de uma procuração, exceto por questões de forma, que porventura não sejam salvaguardadas no próprio contrato de trabalho.

A PREPOSIÇÃO

Assim, em regra, o poder de representação do trabalhador comercial não resulta de uma procuração, mesmo que esta tenha sido outorgada, pois resulta da preposição laboral. Face a este regime, é inevitável questionar qual a utilidade do art. 115.º, n.º 3 do Código Comercial, pois o mesmo pode parecer ser consumido pelo regime do art. 248.º e seguintes do Código Comercial.

Contudo, o regime do Código Comercial apenas é diretamente aplicável nos casos comerciais. Assim, o art. 115.º, n.º 3 do Código do Trabalho tem a sua utilidade principal no que respeita aos contratos de trabalho não comerciais, que não são regulados pelo Código Comercial. Nestes contratos de trabalho, o sistema de representação é duplo: ou o da preposição laboral, ou o da procuração.

A preposição laboral é o sistema que decorre do art. 115.º, n.º 3 do Código do Trabalho, segundo o qual o contrato de trabalho integra em si os necessários poderes de representação. Distingue-se da preposição comercial, porque opera toda ao nível da relação subjacente,[634] sem autonomização da relação de representação. Ou seja, é um contrato de trabalho com representação necessária. Este é um contrato construído legalmente através da fusão entre um contrato de trabalho e uma preposição, tendo também origem na *praepositio* e na *actio institoria*. Contudo, neste caso a figura originária pode ser ligada ao estatuto dos *vicili*, administradores de grandes propriedades agrícolas em Roma. Os *vicili* tinham natureza de prepostos para a gestão da propriedade agrícola,[635] substituindo o proprietário nessa gestão, sendo em regra escravos (embora pudessem ser libertos, cidadãos livres, ou qualquer outra pessoa).[636]

Aos *vicili* era aplicável a *actio institoria* nos casos em que fossem incumbidos de praticar atos jurídicos, nomeadamente contratos. Assim, os *vicili* que apenas tratassem da gestão do amanho das terras não eram abrangidos pela concessão da *actio institoria*. Contudo, no caso dos *vicili* que fossem incumbidos pelo seu senhor de proceder à venda dos produtos da terra na feira ou

---

[634] Segundo CORDEIRO, ANTÓNIO MENEZES, *Direito Comercial*, 4.ª ed., Almedina, Coimbra, 2016, pág. 686,, "*os poderes de representação do trabalhador, automaticamente decorrentes do seu contrato de trabalho, só funcionam no âmbito da empresa.*

[635] AUBERT, JEAN-JAQUES, *Business Managers in Ancient Rome, A Social and Economic Study of Institores, 200 B.C – A.D. 250*, E.J. Brill, Leiden – New York – Köln, 1994, págs. 169 a 175.

[636] AUBERT, JEAN-JAQUES, *Business Managers in Ancient Rome, A Social and Economic Study of Institores, 200 B.C – A.D. 250*, E.J. Brill, Leiden – New York – Köln, 1994, págs. 149 a 158.

O LADO INTERNO DA PREPOSIÇÃO

mercado, ou incumbidos de obtenção de empréstimos para financiamento das colheitas, agindo como prepostos, era concedida a *actio institoria* contra o seu principal.[637] Tal como defendiam Paulus, Labeo e Ulpianus, se um *vicilius* for incumbido de praticar atos jurídicos, é concedida *actio ad exemplum institoria* contra o seu principal.[638]

Paulus, livro 29 [do comentário] ao édito.

> *Se alguém tiver contratado com um feitor agrícola de outrem, não se dá ação [institória] contra o proprietário, pois o feitor agrícola é preposto à frente da propriedade agrícola para recolher os frutos e não para os comerciar. Mas se eu tivesse preposto o feitor agrícola também para vender as mercadorias, não será injusto que uma ação a exemplo da institória seja competente contra mim.*[639]

Ou seja, mesmo em Roma, era admitida a aplicação da *actio institoria* a prepostos cujo principal não era considerado como um comerciante, mas antes como um agricultor (o que, em Roma constituíam duas figuras diametralmente opostas). Assim, já em Roma existiam prepostos de comerciantes e prepostos de não comerciantes, neste caso de agricultores. Mas neste último caso, a *actio institoria* era aplicável como *actio ad exemplum institoria*, e não como o caso regra. Era reconhecido que este não era um caso típico de prepostos, pois não se tratava de uma atividade comercial. No entanto, como agiam do mesmo modo, vendendo ou comprando coisas, ou celebrando outros negócios, tal como sucedia com os prepostos comerciais, sendo uma situação análoga aplicava-se um regime semelhante.

Este regime foi evoluindo até que chegámos ao art. 115.º, n.º 3 do Código do Trabalho. Neste sistema, o regime de preposição em casos não comerciais exclui a aplicação do Código Comercial.

Note-se que os casos não comerciais, são aqueles em que o empregador não é comerciante, pelo que a atividade do trabalhador exercida por conta

---

[637] AUBERT, JEAN-JAQUES, *Business Managers in Ancient Rome, A Social and Economic Study of Institores, 200 B.C – A.D. 250*, E.J. Brill, Leiden – New York – Köln, 1994, pág. 169.

[638] D. 14.3.16 e AUBERT, JEAN-JAQUES, *Business Managers in Ancient Rome, A Social and Economic Study of Institores, 200 B.C – A.D. 250*, E.J. Brill, Leiden – New York – Köln, 1994, pág. 169.

[639] Digesto 14, 3, 16 – *Paulus libro uicensimo nono ad edictum. Si cum uilico alicuius contractum sit, non datur in dominum actio, quia uilicus propter fructus percipiendos, non propter quaestum praeponitur. si tamen uilicum distrahendis quoque mercibus praepositum abuero, non erit iniquum exemplo institoriae actionem in me competere.*

do empregador não é comercial. Nestes casos, estaremos perante atividades não comerciais, não havendo lugar à aplicação do regime da preposição do Código Comercial, mas apenas do regime do art. 115.º, n.º 3 do Código do Trabalho.

Face exclusivamente ao regime do art. 115.º, n.º 3 do Código do Trabalho, é necessário provar a existência de um contrato de trabalho e provar o seu âmbito para se conseguir demonstrar a existência de poderes de representação. Ou seja, o facto do qual resulta a preposição não é a atividade desempenhada pelo trabalhador, mas o próprio contrato de trabalho ou, melhor, a qualidade de trabalhador. Este é um sistema mais típico do Direito Civil do que do Direito Comercial. Contudo, neste caso este é um sistema adequado, pois apenas opera em casos não comerciais. Por esta razão, um sistema Civil é adequado, muito embora não se esteja no âmbito do Direito Civil, mas sim do Direito do Trabalho. É, de certo modo, uma importação do espírito do Direito Civil.

Contudo, caso seja demonstrada a existência de contrato de trabalho e o respetivo âmbito, os poderes de representação resultam necessariamente do contrato, não sendo possível separar o contrato de trabalho dos respetivos poderes de representação. Este é o elemento de preposição do contrato de trabalho. Ou seja, estando alguém preposto como trabalhador para praticar atos jurídicos por conta de um empregador não comerciante, são-lhe necessariamente atribuídos poderes de representação independentemente da vontade direta das partes, como modo de proteger o tráfego jurídico. Existindo contrato de trabalho que inclua a prática de atos jurídicos, há necessariamente poderes de representação, o que impede o empregador de invocar a falta de poderes de representação para evitar a vinculação perante o terceiro.

Assim, por exemplo, um trabalhador doméstico que tenha como uma das funções receber o correio do empregador, tem necessariamente poderes de representação para o fazer, pelo que a assinatura do aviso de receção vincula a esfera jurídica do empregador. O empregador apenas pode impedir esta vinculação caso o empregado doméstico não tenha incluído no âmbito da sua atividade a receção de correio. Ora, como em regra – tipicamente – os empregados domésticos recebem o correio dos seus empregadores, neste caso será necessário que tal conste do contrato de trabalho, ou de instruções do empregador.

A qualificação do regime do art. 115.º, n.º 3 do Código do Trabalho permite, contudo, a aplicação subsidiária do Código Comercial. Tratando-se de uma preposição, o tipo de representação de referência associado ao regime do art. 115.º, n.º 3 do Código do Trabalho não é o da representação voluntária do Código Civil, mas o da representação institória. Por esta razão, apesar de nestes casos a preposição ser não comercial, deve aplicar-se subsidiariamente o regime do Código Comercial e não o do Código Civil. Não faz sentido aplicar subsidiariamente o regime da representação voluntária do Código Civil a um caso que não é de representação voluntária, mas sim de representação institória.

Esta supletividade opera apenas nas matérias que o Código do Trabalho não regula e que possam ser aplicadas ao regime laboral.

Assim, por exemplo, não faz sentido aplicar o regime da preposição registada em matéria laboral quando o empregador não é comerciante, pois não é abrangido pelo registo comercial. Contudo, o regime da preposição não registada (art. 249.º do Código Comercial) já é aplicável à preposição laboral. O mesmo sucede com o regime de solidariedade dos preponentes em caso de serem vários os empregadores no mesmo contrato de trabalho (art. 251.º, §1.º do Código Comercial), com o regime de imputação do ato ao empregador nos casos em que o trabalhador não atue com *contemplatio domini* (art. 252.º, § único do Código Comercial), com o regime dos poderes forenses do preposto não registado (art. 254.º do Código Comercial, *a contrario*).

Todos estes casos são regulados supletivamente pelo Código Comercial, mesmo nos casos de preposição laboral num contrato de trabalho não comercial. Não por aplicação direta do Código Comercial, mas antes como regime supletivo em matéria de preposição, com natureza de tipo de referência.[640]

Outro caso no qual não é possível aplicar o regime comercial da preposição é o que consta no final do art. 115.º, n.º 3 do Código do Trabalho. Assim, nos casos de preposição laboral em matéria não comercial, quando a lei exige um instrumento especial, não é aplicável o regime do art. 115.º, n.º 3 do Código do Trabalho, nem é possível recorrer ao Código Comercial, pois a especialidade do Código do Trabalho nesta matéria impede o recurso supletivo ao Código Comercial. Este caso é particularmente relevante em matéria de exigências de forma no que respeita à fonte dos poderes de representa-

---

[640] Sobre o tipo de referência e o seu impacto na concretização de regimes jurídicos negociais, VASCONCELOS, PEDRO PAIS DE, *Teoria Geral do Direito Civil*, 8.ª ed., Almedina, Coimbra, 2015, págs. 504 a 507.

A PREPOSIÇÃO

ção. No caso do art. 115.º, n.º 3 do Código do Trabalho, sempre que a lei exija determinada forma e o contrato de trabalho não a respeite, será necessário um instrumento especial, por exemplo uma procuração. No caso do Código Comercial esta limitação não existe, porque a representação é institória, e não voluntária.

IX. Em suma, em matéria de relação entre contrato de trabalho e preposição[641] é necessário ter em conta quatro casos, que correspondem a três diferentes regimes jurídicos:

- Contrato comercial de trabalho não registado, estando o terceiro de boa fé subjetiva psicológica.
- Contrato comercial de trabalho não registado, estando o terceiro de má fé subjetiva psicológica.
- Contrato comercial de trabalho registado.
- Contrato não comercial de trabalho.

No primeiro caso, à matéria de representação aplica-se o regime da preposição comercial, regulado pelos art. 248.º e seguintes do Código Comercial,[642] não sendo oponível ao terceiro o regime laboral de representação – a preposição laboral – do art. 115.º, n.º 3 do Código do Trabalho.

No segundo caso, aplica-se o regime da preposição comercial, mas sendo invocável o regime da preposição laboral, regulado pelo art. 115.º, n.º 3 do Código do Trabalho, sendo supletivamente aplicável o regime do Código Comercial nas matérias omitidas no Código do Trabalho. Contudo, é necessário que seja invocada uma exceção com causa no contrato de trabalho. Como tal, caso não seja invocada a relação subjacente (a preposição laboral que integra o contrato de trabalho), apenas vigorará o regime da preposição comercial.

No terceiro caso, aplica-se o regime do art. 248.º e seguintes do Código Comercial, sendo os poderes de representação limitados pelo registo comercial, sem prejuízo do regime de registo comercial.

---

[641] Sem prejuízo de poderem, ainda, existir relações entre o contrato de trabalho e a procuração, que são reguladas por regimes diferentes.

[642] Segundo CORDEIRO, ANTÓNIO MENEZES, *Direito Comercial*, 4.ª ed., Almedina, Coimbra, 2016, pág. 685, o caso do gerente de comércio trabalhador é um caso atípico.

No quarto caso, aplica-se o regime da preposição laboral do art. 153.º, n.º 3 do Código do Trabalho, sendo supletivamente aplicável o regime do Código Comercial nas matérias omitidas no Código do Trabalho, mas que sejam compatíveis com o Direito do Trabalho.[643] Neste caso, o núcleo fundamental do regime da preposição comercial não é relevante, mas apenas aquelas matérias que não foram reguladas no Código do Trabalho, como por exemplo a imputação ao empregador de atos praticados pelo trabalhador em nome próprio, mas por conta do empregador.

C. Mandato

I. Estruturalmente, o mandato não é a relação subjacente mais típica da preposição.

A inclusão do regime da preposição comercial no capítulo do mandato comercial deveu-se fundamentalmente à falta de autonomia entre contrato de trabalho e contrato de mandato que ocorria em 1888 e, por maioria de razão, em 1833, aliada a uma real e efetiva indefinição entre as duas figuras no Direito de então.[644] Contudo, o regime legal da preposição é estruturado para um determinado caso típico, no qual tanto o preposto como o preponente são pessoas singulares, sendo que o preposto é um trabalhador do comerciante.[645] Assim estruturalmente, é o contrato de trabalho que é a relação subjacente mais típica da preposição.[646]

---

[643] Sobre a aplicação de soluções de Direito Comercial noutras áreas, CORDEIRO, ANTÓNIO MENEZES, *Direito Comercial*, 4.ª ed., Almedina, Coimbra, 2016, pág. 148 e 149.

[644] Neste sentido, ASCENSÃO, JOSÉ DE OLIVEIRA E FRADA, MANUEL CARNEIRO, *Contrato Celebrado por Agente de Pessoa Colectiva. Representação, Responsabilidade e Enriquecimento sem Causa*, in Revista de Direito e Economia, XVI a XIX (1990 a 1993), págs. 43 a 77, Centro Interdisciplinar de Estudos Jurídico-Económicos, Coimbra, pág. 53.

[645] Segundo CORREIA, MIGUEL PUPO, *Direito Comercial*, 5.ª ed., SPB Editores, Lisboa, 1997, pág. 190, os gerentes de comércio, auxiliares e caixeiros *"são mandatários comerciais com poderes de representação do comerciante para quem trabalham subordinadamente"*. Não acompanhamos esta posição, mesmo no que respeita apenas à relação interna, porquanto sendo trabalhadores subordinados, não são mandatários, a menos que se use a terminologia em vigor ao tempo da aprovação do Código Comercial.

[646] Neste sentido, ABREU, JORGE MANUEL COUTINHO, *Curso de Direito Comercial*, Vol. I, 10.ª ed., Almedina, Coimbra, 2016, págs. 151 e 152. Contra, CORDEIRO, ANTÓNIO MENEZES, *Direito Comercial*, 4.ª ed., Almedina, Coimbra, 2016, pág. 684 e ALMEIDA, CARLOS FERREIRA DE, *Contratos II*, 4.ª ed., Almedina, Coimbra, 2016, pág. 178, que entende o gerente de comércio como um caso especial de mandato comercial.

A PREPOSIÇÃO

A solução é diferente quando o preposto é uma pessoa coletiva, pois nestes casos o mandato ganha o estatuto de relação subjacente mais típica. A impossibilidade legal de celebrar um contrato de trabalho no qual o trabalhador seja uma pessoa coletiva,[647] conduz a uma forte tendência para qualificar o contrato em causa como um mandato ou, pelo menos, como um contrato com grande influência do mandato. Podem, efetivamente, ocorrer relações subjacentes que não sejam contratos de mandato; mas não podem existir relações subjacentes que consistam exclusivamente em contratos de trabalho quando o preposto é uma pessoa coletiva.

Face a esta dualidade de situações, pode-se afirmar que, atualmente, a relação subjacente à preposição mais típica é o contrato de trabalho, nos casos de prepostos que sejam singulares, sendo que, no caso de prepostos que sejam pessoas coletivas, a relação subjacente mais típica é o contrato de mandato (*lato sensu*).

Tal não significa que não possam existir prepostos singulares que sejam mandatários. São muitos os casos de mandatos celebrados por pessoas singulares que operam subjacentemente a uma preposição. Com a natural salvaguarda da necessidade de se proceder a uma correta qualificação da relação subjacente, não se pode excluir, nem mesmo diminuir, a importância que o mandato tem como relação subjacente à preposição.

II. Um dos primeiros problemas com o contrato de mandato enquanto relação subjacente à preposição resulta da sua enorme extensão estrutural do tipo "mandato". O mandato é um tipo contratual de cobertura, existindo à sua sombra um elevado número de sub-tipos legais e um ainda maior número de sub-tipos sociais de mandato. Agência, intermediação financeira, mediação[648] e contrato do administrador da sociedade são apenas alguns dos muitos casos possíveis. Se passarmos dos tipos legais para os tipos sociais,[649] e ainda dos tipos contratuais para os concretos contratos celebrados, a variação tipológica é tal, que se torna impraticável abordar o problema. Como tal, procederemos a uma abordagem mais geral, deixando para outro momento

---

[647] MARTINEZ, PEDRO ROMANO, *Direito do Trabalho*, 8.ª ed., Almedina, Coimbra, 2017, págs. 133 a 138.

[648] Sobre o contrato de mediação, por todos, CASTELO, HIGINA ORVALHO, *O Contrato de Mediação*, Almedina, Coimbra, 2014, *passim*.

[649] Sobre os tipos sociais, VASCONCELOS, PEDRO PAIS DE, *Contratos Atípicos*, 2.ª ed., Almedina, Coimbra, 2009, págs. 61 a 66.

O LADO INTERNO DA PREPOSIÇÃO

a apreciação de alguns casos particulares. Esta abordagem exige um acompanhamento da evolução paralela entre mandato e preposição, que tem origem em Roma.

III. Em Roma a distinção entre mandato e preposição era clara, sendo duas figuras diferentes entre si e inconfundíveis.[650]

O mandato era um contrato consensual pelo qual uma parte se obrigava, gratuitamente, a fazer algo de que havia sido encarregado pela outra parte.[651] O mandato era extremamente limitado, não podendo o mandatário violar, de modo algum, os limites estritos do mandato, sob pena de *ignominia*.[652] Não tinha, então, o caráter que hoje tem, com uma natural amplitude de conteúdo, que atribui uma discricionariedade ao mandatário, que pode atingir níveis extremamente elevados de discricionariedade no exercício do mandato. Em Roma, o mandato era específico e, apesar de ser um contrato consensual, operava mais como uma ordem, ou comando – um "mando", ou mandato – que era para ser cumprido nos seus precisos termos. O "mandatário, de facto, gozava de uma margem de autonomia extremamente limitada".[653] Tinha, naturalmente, alguma margem de autonomia, mas o "parâmetro fundamental" da atuação do mandatário consistia na vontade do mandante.[654] O mandatário cumpria a vontade do mandante, nos precisos termos em que este havia mandado ou ordenado.

A situação da preposição era diametralmente oposta.

---

[650] Sobre a distinção entre preposição e mandato no Direito Romano, MICELI, MARIA, *Studi sulla "Rappresentanza" nel Diritto Romano*, I Vol., Giuffrè, Milano, 2008, em especial págs. 317 a 321.

[651] ARANGIO-RUIZ, VINCENZO, *Istituzioni di Diritto Romano*, 12.ª ed (reimp.), Casa Editrice Dott. Eugenio Jovene, Napoli, 1959, pág. 351, JORGE, FERNANDO PESSOA, *O Mandato sem Representação*, Atica, Lisboa, 1961, págs. 33 a 42 e JUSTO, SANTOS, *Direito Privado Romano*, Vol. II, 3.ª ed., Coimbra Editora, Coimbra, 2008, págs. 80 a 84.

[652] Sobre a pena de *ignominia* e a relação de causas que podiam levar à sua aplicação, ARANGIO-RUIZ, VINCENZO, *Istituzioni di Diritto Romano*, 12.ª ed (reimp.), Casa Editrice Dott. Eugenio Jovene, Napoli, 1959, págs. 59 a 60 e 351 a 353.

[653] MICELI, MARIA, *Studi sulla "Rappresentanza" nel Diritto Romano*, I Vol., Giuffrè, Milano, 2008, pág. 319.

[654] MICELI, MARIA, *Studi sulla "Rappresentanza" nel Diritto Romano*, I Vol., Giuffrè, Milano, 2008, pág. 319.

A PREPOSIÇÃO

Na preposição, a vontade do preponente era apenas "o ato inicial da investidura",[655] sendo que na preposição se concretizava "apenas genericamente o âmbito da atividade desenvolvida pelo preposto, que de modo oposto apenas se concretiza e especifica durante o exercício do encargo".[656]

Por outro lado, a preposição produzia efeitos relativamente a terceiros, enquanto o mandato era puramente interno. O mandato não produzia quaisquer efeitos relativamente a terceiros, não tinha qualquer efeito representativo, fosse qualquer fosse a natureza ou designação desse efeito.[657]

Esta combinação entre o efeito externo da preposição e o seu elevado grau de indefinição de conteúdo, exigia a tipicidade da preposição. Só a tipicidade podia proteger a segurança jurídica, especialmente nas relações perante terceiros. A tipicidade protegia os terceiros relativamente à possibilidade de contínua variação dos limites e conteúdo da preposição, determinando quando estas lhes eram, ou não, oponíveis. Assim, sendo a preposição tipificada em lei (no caso, no Édito), as variações de conteúdo eram reguladas pelo tipo legal no que respeitava à sua eficácia representativa, impedindo-se que a relação interna fosse oponível aos terceiros. Era oponível a terceiros aquilo que o Édito determinava, independentemente do que vigorava na relação interna, quando o Édito o determinava através da *actio institoria*.

Em suma, o mandato era uma relação que ocorria apenas entre o mandante e o mandatário, não existindo ainda a atual figura do mandato com representação. Em matéria de representação, o mandato correspondia mais ao atual contrato de comissão do que ao contrato de mandato, pois era sem representação. Não havendo eficácia perante terceiros, não existia também necessidade de proteger os terceiros. Em suma, as partes na relação jurídica que resultava do mandato eram as partes do contrato de mandato: contrato e relação jurídica dele decorrente tinham os mesmos sujeitos.

A relação jurídica de preposição, contudo, ocorria entre preponente, preposto e terceiros, mas resultava apenas de um ato celebrado entre o preponente e o preposto, sem intervenção de terceiros. Assim, enquanto o negócio jurídico de preposição tinha como partes o preponente e o preposto, já

---

[655] MICELI, MARIA, *Studi sulla "Rappresentanza" nel Diritto Romano*, I Vol., Giuffrè, Milano, 2008, pág. 320.

[656] MICELI, MARIA, *Studi sulla "Rappresentanza" nel Diritto Romano*, I Vol., Giuffrè, Milano, 2008, pág. 320.

[657] MICELI, MARIA, *Studi sulla "Rappresentanza" nel Diritto Romano*, I Vol., Giuffrè, Milano, 2008, pág. 320.

a relação jurídica que resultava desse negócio integrava ainda os terceiros, genericamente considerados. Neste caso, as partes da relação jurídica não coincidiam com as partes do negócio que era a sua causa. Como tal, era fundamental proteger os terceiros, que não conheciam a combinação ocorrida entre o preponente e o preposto.

Esta proteção foi obtida atribuindo cobertura legal (*actio*) a toda a atuação do preposto realizada dentro dos amplíssimos limites da execução da atividade publicamente assumida.[658]

IV. A preposição manteve-se quase intocada ao longo de mais de dois mil anos. Mas o mandato evoluiu – muito – ganhando efeitos representativos e confundindo-se com a preposição e com a procuração.

Para tanto, o mandato teve de passar a ser amplo (em vez de limitado ao ato mandado realizar) e teve de passar a ter poderes de representação (em vez de produzir efeitos apenas entre as partes). O modo como sucedeu esta evolução foi através da confusão de figuras, em particular com o *procurator omnium bonorum* e com o *praepositus*.

O *procurator omnium bonorum* era uma pessoa (em regra, um escravo ou liberto) colocado à frente de todos os assuntos do *pater familias*,[659] representando-o ou substituindo-o. Embora não fosse um mandatário (sendo fundamentalmente regulado pela *actio negociorum gestorum*),[660] nem mesmo um *procurator* (pois este apenas tinha poderes socio-económicos, mas não jurídicos),[661] a certo momento começou-se a aplicar a *actio mandati* à relação interna entre o *dominus* e o *procurator omnium bonorum*.[662]

Note-se que esta aplicação não era efetuada diretamente, pois o *procurator omnium bonorum* não era um mandatário. Contudo, era possível apli-

---

[658] MICELI, MARIA, *Studi sulla "Rappresentanza" nel Diritto Romano*, I Vol., Giuffrè, Milano, 2008, pág. 320.

[659] JORGE, FERNANDO PESSOA, *O Mandato sem Representação*, Atica, Lisboa, 1961, págs. 43 a 46.

[660] ARANGIO-RUIZ, VINCENZO, *Istituzioni di Diritto Romano*, 12.ª ed (reimp.), Casa Editrice Dott. Eugenio Jovene, Napoli, 1959, pág. 351.

[661] MICELI, MARIA, *Studi sulla "Rappresentanza" nel Diritto Romano*, Vol. I, Giuffrè, Milano, 2008, pág. 156.

[662] JORGE, FERNANDO PESSOA, *O Mandato sem Representação*, Atica, Lisboa, 1961, págs. 43 a 46, MICELI, MARIA, *Studi sulla "Rappresentanza" nel Diritto Romano*, I Vol., Giuffrè, Milano, 2008, págs. 329 a 331 e ALBUQUERQUE, PEDRO DE, *A Representação Voluntária em Direito Civil*, Almedina, Coimbra, 2004, págs. 153 a 157.

A PREPOSIÇÃO

car a *actio mandati* à relação interna do *procurator omnium bonorum* com o seu *dominus*. [663] Com o passar do tempo, a frequente aplicação da *actio mandati* ao *procurator omnium bonorum* teve como consequência a confusão das figuras. Na prática, se um *procurator omnium bonorum* tinha poderes gerais e podia ser abrangido pela *actio mandati*, então tal equivalia a reconhecer a existência de mandatários que tinham poderes gerais.[664] Assim se foi criando a prática de admitir que o mandato pudesse ser geral, em lugar de ter de ser necessariamente específico.

Deste modo foi aberta a porta à ampliação do mandato, tendo em resultado nascido o mandato geral, de Direito Civil (*ius civile*) ou como também é conhecido, o mandato com poderes gerais de administração, que atualmente vem regulado no art. 1159.º do Código Civil. O *procurator omnium bonorum* veio a desaparecer do Direito e da Sociedade, mas não sem antes deixar esta marca indelével, que ainda hoje se pode observar.

Contudo, o *procurator omnium bonorum* era uma figura de *ius civile*, de Direito Civil e não de Direito Comercial. Note-se que era possível aplicar a *actio institoria* ao *procurator omnium bonorum*, mas face à organização social romana, tal não seria em regra necessário, pois o *procurator omnium bonorum* seria reconhecido como tal. O que em regra sucederia, seria que o *procurator omnium bonorum* procederia à constituição de prepostos para determinadas atividades comerciais do *dominus*. Estes prepostos, que ficavam à frente do comércio do *dominus*, foram também sendo associados a mandatários. A evolução da Sociedade romana, com o progressivo recurso a homens livres para o exercício do comércio por conta alheia, a par dos filhos e servos, levou à necessidade de recorrer à *actio mandati* para regular a relação interna entre esses auxiliares livres e o respetivo comerciante.[665] Como tal, foi-se confundido a preposição com o mandato, através da ligação da *actio mandati* à relação interna entre o comerciante e o seu preposto que fosse um homem livre.

Com o passar dos séculos ocorreu o seguinte fenómeno:

---

[663] MICELI, MARIA, *Studi sulla "Rappresentanza" nel Diritto Romano*, I Vol., Giuffrè, Milano, 2008, pág. 330.

[664] O que terá ocorrido por volta do Séc. II d.C. – MICELI, MARIA, *Studi sulla "Rappresentanza" nel Diritto Romano*, I Vol., Giuffrè, Milano, 2008, pág. 329 a 331.

[665] ALBUQUERQUE, PEDRO DE, *A Representação Voluntária em Direito Civil*, Almedina, Coimbra, 2004, págs 154 e 155.

O LADO INTERNO DA PREPOSIÇÃO

– No Direito Comercial ocorreu uma associação/unificação entre mandato e preposição;[666]

– No Direito Civil,[667] ocorreu uma associação/unificação entre mandato e procuração.[668]

V. Chegados ao século XIX e ao movimento codificador, este processo de inversão de importância entre as figuras atingiu o seu ponto mais alto.[669] As figuras principais já não eram a procuração e a preposição, mas antes o mandato. Tudo era chamado de mandato: o mandato, a procuração e a preposição (e, ainda, a autorização e a comissão).

Como exemplo paradigmático temos o regime do mandato do *Code Napoléon*, segundo o qual "*Le mandat ou procuration est un acte par lequel une personne donne à une autre le pouvoir de faire quelque chose pour le mandante et en son nom*" (art.º 1894). A confusão entre procuração e mandato era manifesta, verificando-se na generalidade dos Códigos Civis do séc. XIX, e ocorrendo ainda hoje, por exemplo, no Código Civil brasileiro de 2002 em cujo art. 653 se pode ler "*A procuração é o instrumento do mandato*".[670]

No Comércio, a evolução da estrutura da Sociedade foi conduzindo cada vez mais à utilização de auxiliares contratados para o efeito. As situações jurídicas de poder pessoal sobre terceiros foram-se mitigando, podendo dizer-se que desapareceram, especialmente nos sécs. XVIII e XIX.[671] o que conduziu a um inevitável aumento do peso da figura do contrato na consti-

---

[666] Figuras que eram extremamente próximas – ALBUQUERQUE, PEDRO DE, *A Representação Voluntária em Direito Civil*, Almedina, Coimbra, 2004, pág. 157.

[667] Que terá ocorrido no período justinianeu – D'ORS, ALVARO, *Elementos de Derecho Privado Romano*, Estudio General de Navarra, Pamplona, 1960, 342 a 344.

[668] Ou, a *procuratio* passou a estar submersa no mandato, nas palavras de ALBUQUERQUE, PEDRO DE, *A Representação Voluntária em Direito Civil*, Almedina, Coimbra, 2004, pág. 157.

[669] Conforme sucede, por exemplo, com o ALR prusso de 1794 (*Allgemeines Landrecht für die Preussischen Staaten*), que nos §§497 e seguintes regulava os factores, gerentes e diretores (*Faktor, Disponent, Handlungsvorsteher*), como casos de mandato (*Auftrag*). Note-se que o ALR também regulava, embora em local completamente distinto, a procuração e o mandato na sua "versão" civil – ALBUQUERQUE, PEDRO DE, *A Representação Voluntária em Direito Civil*, Almedina, Coimbra, 2004, págs. 297 a 300.

[670] O mesmo é afirmado por BORGES, JOSÉ FERREIRA, *Dicionário Jurídico-Comercial*, 2.ª ed., Typographia de Sebastião José Pereira, Porto, 1856, págs. 321 e 322.

[671] Sobre a evolução das relações de poder em matéria familiar – BRIGAS, MÍRIAM AFONSO, *As Relações de Poder na Construção do Direito da Família Português [1750-1910]*, AAFDL, Lisboa,

tuição de relações entre pessoas, nomeadamente no que respeita aos auxiliares do comerciante.

Contudo, no comércio debatiam-se dois modos de exercer atividade:

– Através de pessoas que exerciam o comércio por conta e em nome do comerciante;
– Através de pessoas que exerciam o comércio por conta do comerciante, mas em nome próprio.

A primeira figura correspondia então ao mandato, enquanto a segunda figura correspondia à comissão. De um certo modo, ambas as figuras eram mandato, mas o primeiro caso (mandato) correspondia ao "novo" mandato com representação, enquanto o segundo caso (comissão) correspondia a uma versão mais "antiga" de mandato antes de ter representação e que regulava apenas a relação entre mandante e mandatário. Ambos os casos eram já bastante avançados, admitindo mandatos especiais e mandatos gerais, o que diferia da versão original do mandato que apenas admitia mandatos especiais.

A questão confundiu-se ainda mais com a aprovação do *Code de Commerce* de 1807. A falência de *Ouvrard, Desprez* e *Vanleberghe* (os *Negociants Réunis*), responsável pela crise bancária de 1805, que conduziu à falência de mais de vinte bancos em menos de um mês e à cessação da circulação de moeda em França, tendo quase provocado a derrota de Napoleão Bonaparte na campanha da Áustria, e tendo contribuído para a invasão de Espanha e Portugal, e à total reforma do *Banque de France*, levou a que o *Code de Commerce* fosse aprovado num ambiente de enorme urgência nacional,[672] de tal modo que do mesmo não ficaram a constar duas matérias da maior importância: o mandato e a preposição.

No que respeita ao mandato (com representação), a opção foi propositada, por se ter entendido que seria aplicável supletivamente o regime civil do mandato que constava no *Code Civil*. Esta opção foi rapidamente criti-

---

2016, *passim,* e sobre a evolução das relações de trabalho, Seixas, Margarida, *Pessoa e Trabalho no Direito Português (1750-1878): Escravo, Liberto e Servi*çal, AAFDL, Lisboa, 2016, *passim.*
[672] Sobre o assunto, Vasconcelos, Pedro Leitão Pais de, *A Miragem das Piastras. Napoleão, Ouvrard, Récamier e o Code de Commerce de 1807*, Bubok, Madrid, 2015, *passim.*

cada, face à incompatibilidade do mandato civil com o mandato comercial, nomeadamente, no que respeitava à sua gratuitidade ou onerosidade.[673]

No que respeita à preposição, a omissão ocorreu por lapso. A pressa não foi boa conselheira, e a matéria ficou esquecida. Assim, por uma opção errada e por um esquecimento causado pela urgência da aprovação, o *Code de Commerce* regulou apenas o contrato de comissão e não o contrato de mandato, nem a preposição. Ou, dito de outro modo, deixou de fora a representação, que se pretendia ser regulada pelo *mandat* civil. Criou-se deste modo uma aparência de que o mandato era sempre com representação sendo uma figura tipicamente civil regulada no Código Civil, sendo que a comissão era sempre sem representação sendo uma figura tipicamente comercial e regulada no Código Comercial.

Apesar das goradas tentativas italianas, efetuadas logo entre 1806 e 1808,[674] a situação apenas foi corrigida com o Código Comercial Espanhol de 1829, cujo Título Terceiro era dedicado aos *"ofícios auxiliares del comercio, y sus obligaciones respectivas"*, regulando os corretores, os comissários, os factores (gerentes de comércio), os mancebos (caixeiros e outros auxiliares) e os transportadores. O Código Comercial espanhol de 1829 veio a admitir a comissão com e sem poderes de representação, conforme o comissionista agisse em nome próprio ou em nome alheio (arts. 118.º e 119.º). Ao fazê-lo quebrou na lei (pelo menos, em Espanha) a separação mandato/comissão no que respeita à representação, tendo deixado de ser necessário o recurso ao Direito Civil para regular a representação no Comércio. Por outro lado, ao regular a atuação dos *factores* e *mancebos*, regulou a preposição, pois tanto *factores* (gerentes de comércio) como *mancebos* (caixeiros e outros auxiliares) eram prepostos, tendo o Código Comercial de 1829 sido o primeiro Código Comercial a regular a preposição. Regulou-a, no entanto, dentro da matéria dos comissários, como um sub-tipo, influenciando determinantemente o Código Comercial português de 1833.

No Código Comercial de 1888, por sua vez, a influência veio do Código Comercial italiano de 1882, em particular do Titulo XII – *Del mandato commerciale e della comissione*. Em 1882 o mandato (e não a comissão) já tinha reentrado na terminologia legal comercial, mas o percurso foi árduo.

---

[673] ALBUQUERQUE, PEDRO DE, *A Representação Voluntária em Direito Civil*, Almedina, Coimbra, 2004, págs. 300 a 302.

[674] SCIUMÈ, ALBERTO, *I progetti del codice di commercio del regno italico (1806-1808)*, Giuffrè, Milano, 1999, *passim*.

A PREPOSIÇÃO

VI. Este percurso começou com os quatro projetos de Código Comercial elaborados entre 1806 e 1808 para o *Regno d'Italia* – a Itália Napoleónica. [675]

Os primeiros dois projetos foram da autoria de Pompeo Baldasseroni e seguiam a tradição jurídica italiana, vinda do Direito Romano e de toda a evolução havida. Estes projetos foram vistos como uma reminiscência do *Ancién regime*, e como tal contrários aos ideais Napoleónicos. Os dois projetos seguintes, da autoria de uma comissão na qual sobressaia Giuseppe De Stefani, eram já mais "subservientes" aos novos ideais e mais do agrado da nova classe dirigente.[676]

As diferenças não podiam ser mais relevantes. Durante séculos o Comércio italiano, a par dos Comércios de outros países, tinha conseguido manter-se fundamentalmente à margem da intervenção legislativa dos Estados, sendo uma área profundamente autorregulada. A situação manteve-se mesmo com a Revolução Francesa, não havendo profundas intervenções legislativas no Comércio durante vários anos. As razões foram várias,[677] mas a consequência era relevantíssima. Enquanto a maioria das áreas da Sociedade passaram para o domínio da lei, o Comércio manteve-se no domínio dos usos, o que constituía um manifesto contrassenso ideológico face aos ideais revolucionários. Não só se mantinham os usos do *Ancién regime* como se permitia um privilégio a uma classe social, o que era politicamente inadmissível para Napoleão. Era fundamental transferir para o Estado o controlo sobre todo o setor económico, o que exigiria que passasse a ser o Estado a assumir a regulação do Comércio. A opção de deixar as matérias comerciais fora do *Code Civil*, contrariamente ao que fora a primeira opinião de Napoleão Bonaparte,[678] levou ao arranque do movimento codificador comercial, como uma emanação ideológica da Revolução Francesa.

---

[675] Sobre estes quatro projetos, SCIUMÈ, ALBERTO, *I progetti del codice di commercio del regno italico (1806-1808)*, Giuffrè, Milano, 1999.

[676] SCIUMÈ, ALBERTO, *I progetti del codice di commercio del regno italico (1806-1808)*, Giuffrè, Milano, 1999, pág. 7.

[677] Sobre estas razões e o processo de aprovação do Code de Commerce francês de 1807, VASCONCELOS, PEDRO LEITÃO PAIS DE, *A Miragem das Piastras. Napoleão, Ouvrard, Récamier e o Code de Commerce de 1807*, Bubok, Madrid, 2015, *passim*.

[678] Quando Napoleão Bonaparte decidiu avançar com a elaboração de um Código Civil, pretendia que esta obra abrangesse todas as matérias, à semelhança do Digesto de Justiniano. Foi, então, necessário convencer Napoleão Bonaparte que não havia necessidade de uma obra tão abrangente, sendo suficiente um Código de Direito Civil, o que permitiria criar um corpo de Direito Comum que pusesse fim à multidão de costumes e leis diversas, diferentes em cada

O LADO INTERNO DA PREPOSIÇÃO

No *Regno d'Italia*, contudo, foi tentada uma resistência camuflada, contra o próprio Napoleão Bonaparte. Em 1806, o Governo italiano, embora sujeito ao poder Napoleónico, tentou demonstrar a sua autonomia através da elaboração de um Código Comercial próprio,[679] que não seguisse o *Code de Commerce* francês, cujo projeto quase final era já publicamente conhecido.[680] Para tanto, encomendaram o projeto a Pompeo Baldasseroni. Pretendia-se um Código Comercial que mantivesse as tradições e modo de ser italiano do Comércio, mantendo-o autónomo da maneira de ser do Comércio francês.[681]

Como se pode concluir, a questão era muito mais política do que técnica. O que interessava era manter uma política comercial italiana, pretendendo-se assim manter a autonomia da *polis* comercial italiana, face à força ocupante francesa. A técnica pouco interessava; só o conteúdo.

A luta era titânica, e mantém-se ainda na atualidade. Um conflito entre o Direito Contratual e Privado do Comércio e o Direito Administrativo e Estatal do Comércio e da Economia.[682] Entre o Comércio autorregulado, enquanto pura emanação da autonomia dos comerciantes ou o Comércio heterorregulado, como emanação do poder do Estado. Em suma, a luta entre o Comércio e a Economia.

A pura autorregulação do Comércio, contudo, era já impossível perante o avanço ideológico (e militar) dos ideais da Revolução Francesa. Mas era possível uma solução de compromisso, entre a autorregulação e a heterorregulação. A questão consistia em saber onde ficava a fronteira entre estes dois modos de ver.

A defesa da autorregulação do Comércio tinha o seu campeão na pessoa de Pompeo Baldasseroni; a defesa do império da Economia, por sua vez,

---

província francesa. Por esta razão, em lugar de mais um diploma gigante e pouco eficaz, que na tentativa de tudo regular pouco conseguiria, procedeu-se à elaboração de um verdadeiro Código Civil – ROGRO, JOSEPH ADRIEN, *Code de commerce expliqué*, Adolphe Mahlent et Comp., Bruxelas, 1839, pág. I.

[679] SCIUMÈ, ALBERTO, *I progetti del codice di commercio del regno italico (1806-1808)*, Giuffrè, Milano, 1999, pág. 8.

[680] VASCONCELOS, PEDRO LEITÃO PAIS DE, *A Miragem das Piastras. Napoleão, Ouvrard, Récamier e o Code de Commerce de 1807*, Bubok, Madrid, 2015, *passim*.

[681] Sobre estes quatro projetos, SCIUMÈ, ALBERTO, *I progetti del codice di commercio del regno italico (1806-1808)*, Giuffrè, Milano, 1999, pág. 8.

[682] SCIUMÈ, ALBERTO, *I progetti del codice di commercio del regno italico (1806-1808)*, Giuffrè, Milano, 1999, pág. 9.

A PREPOSIÇÃO

era capitaneada por Giuseppe Compagnoni. [683] O primeiro assalto foi claramente favorável à autorregulação do Comércio, tendo sido entregue a Pompeo Baldasseroni a incumbência de elaborar um projeto de Código Comercial. Os seus dois projetos de Código Comercial, embora seguindo a nova técnica codificadora, traduziam os antigos usos. A forma era *revolucionária*, mas o conteúdo era do *Ancién regime*, sendo transposto para a lei aquilo que advinha dos usos.

Seguindo a tradição comercial que vinha desde o Direito Romano, Pompeo Baldasseroni regulava separadamente o mandato e a preposição. Assim, no Livro II o Título IX regulava o mandato (sob a epígrafe *"Del mandato"*), enquanto a preposição era regulada no Título X (sob a epígrafe *"Degl'institori o complimantarii"*). O mandato surgia como uma figura geral, com representação, remetendo-se a matéria para o Código Civil (então, provisoriamente para o *Code Civil* francês).

Contudo, Pompeo Baldasseroni não se limitou a este caso, incluindo no projeto vários casos especiais que decorriam da tradição comercial italiana, entre os quais se incluíam os institores e outros prepostos, tanto na sua versão terrestre como na sua versão marítima – a *actio institoria* e a *actio exercitoria*. Assim foi tentada a integração no novo movimento codificador italiano de uma figura que estava manifestante esquecida no movimento codificador francês.

De certo modo, Pompeo Baldasseroni não caiu no erro francês de confundir Direito Comercial com Direito Civil em matéria de representação. Reconhecia as proximidades entre os dois, que permitiam usar o *Code Civil* como regime subsidiário para o mandato. Mas reconhecia também que existiam casos que eram específicos do comércio, para os quais o *Code Civil* não tinha resposta, pois não correspondiam a tradições de Direito Civil, mas antes de Direito Comercial.

É, no entanto, necessário ter em consideração que Napoleão Bonaparte participou pessoalmente nas reuniões de discussão e elaboração tanto do *Code Civil* de 1801, como do *Code de Commerce* de 1807,[684] o que não ocorreu com os projetos italianos. Por esta razão, os vários autores dos projetos italianos tiveram muito mais liberdade inicial para elaborar o projeto, do que os

---

[683] Sciumè, Alberto, *I progetti del codice di commercio del regno italico (1806-1808)*, Giuffrè, Milano, 1999, pág. 9.

[684] Vasconcelos, Pedro Leitão Pais de, *A Miragem das Piastras. Napoleão, Ouvrard, Récamier e o Code de Commerce de 1807*, Bubok, Madrid, 2015, págs. 132 a 138.

O LADO INTERNO DA PREPOSIÇÃO

membros da comissão de redação do *Code de Commerce*, que corriam sempre o risco de serem acusados de traição, por "se atreverem" a propor soluções que contrariassem o *Code Civil* ou a opinião do Imperador.

Pompeo Baldasseroni procedeu, então, à elaboração daquilo que pode ser considerado como o primeiro regime moderno de preposição, e que consta nos arts. 605.º a 632.º do segundo projeto,[685] que apesar da sua modernidade, e da autonomia entre mandato e preposição, ainda definia no art. 605 os prepostos como casos especiais de mandatários.[686]

Contudo, nas palavras de Sciumè, "o sucesso, naturalmente, não podia senão agraciar aqueles que eram intérpretes do «novo» mundo transalpino". O ponto de viragem ocorreu no Inverno de 1806, com uma carta enviada por Giuseppe Compagnoni,[687] ao Ministro da Justiça Luosi. Defendia Compagnoni que era essencial fazer uma divisão fundamental entre os dois tipos de códigos, no que respeitava à sua estrutura técnica e conteúdo.

A partir deste momento, tudo mudou e a resistência italiana começou a capitular.[688] O *Regno d'Italia* dava mais um passo na adesão, agora no Direito Comercial, aos ideais revolucionários e à vontade e personalidade de Napoleão Bonaparte. Foi então criada uma comissão para "rever" o segundo projeto de Baldesseroni, tendo o Ministro da Justiça Luosi encarregado Giuseppe De Stefani dos trabalhos de redação.[689]

Contudo, a opção de Pompeo Baldasseroni em matéria de preposição e a qualidade do seu trabalho, foram reconhecidos, mantendo-se a preposição nos projetos da comissão, embora com alterações.[690] Este era, ainda, um

---

[685] Sciumè, Alberto, *I progetti del codice di commercio del regno italico (1806-1808)*, Giuffrè, Milano, 1999, págs. 150 a 156.

[686] *Art. 605 – Nella classe dei mandatarii si riconosce in commercio il complimentario od institore el quale è conlui che viene incaricato dal capitalista o dal socii di una casa di negozio ad amministrare quei fondi che sono destinati ad esse impiegati in quel ramo di commercio che gli viene prescritto* – Sciumè, Alberto, *I progetti del códice di commercio del regno italico (1806-1808)*, Giuffrè, Milano, 1999, pág. 150.

[687] Constitucionalista, protegido de Napoleão e secretário do Conselho de Estado do Reino Itálico.

[688] Sciumè, Alberto, *I progetti del codice di commercio del regno italico (1806-1808)*, Giuffrè, Milano, 1999, pág. 9.

[689] Sciumè, Alberto, *I progetti del codice di commercio del regno italico (1806-1808)*, Giuffrè, Milano, 1999, pág. 7.

[690] Agora nos arts. 177 a 183 do novo projeto – Sciumè, Alberto, *I progetti del codice di commercio del regno italico (1806-1808)*, Giuffrè, Milano, 1999, págs. 479 e 480.

A PREPOSIÇÃO

projeto italiano, diferente do projeto francês. Pelo menos no que respeita ao mandato e preposição, a solução italiana traduzia ainda uma grande autonomia de pensamento e vontade de resistência.

A visão revolucionária francesa, que tinha em Compagnoni um verdadeiro "comissário político",[691] implicava, contudo, grandes avanços técnicos. Uma das consequências das ideias de Rousseau implicava, em particular, o abandono do *status* de comerciante, como classe social (quase) integralmente autorregulada. Para tanto, era necessário fazer a divisão entre o Direito Privado Comercial e o Direito Administrativo Comercial, fixando-se as matérias que ficavam nas mãos dos comerciantes e as que ficavam nas mãos do Estado.

Esta transferência de eixo do Direito Comercial constituiu um dos grandes avanços em milhares de anos, introduzindo a regulamentação Estatal do Direito Comercial como algo de normal, face à excecionalidade anteriormente verificada.

A nova codificação comercial, contudo, compatibilizava a ideia de reivindicar para o Estado todo o Direito, com um Direito Comercial tradicionalmente privado. Estas ideias tinham origem em França, no projeto do *Code de Commerce*, mas é em Itália que se pode observar a evolução entre os dois mundos, através dos vários projetos elaborados entre 1806 e 1808. Nestes verifica-se uma gradual passagem do *Ancién regime* para o "novo mundo" pós-revolucionário.

Contudo, os projetos italianos eram autónomos demais para a maneira de ser de Napoleão Bonaparte, Rei de Itália. Mesmo os últimos projetos de 1808, muito influenciados por Domenico Alberto Azuni, mantinham ainda um nível de autonomia face ao *Code de Commerce* que nunca poderia ser admitido por Napoleão Bonaparte. Em última análise, a versão final do Código Comercial teria de ser aprovado por Napoleão Bonaparte, como Rei de Itália, e não podia ser interpretado como aceitação de qualquer nível de autonomia italiana. O texto do decreto de aprovação demonstra claramente o domínio francês, sendo autoexplicativo, pelo que se transcreve:

---

[691] Sciumè, Alberto, *I progetti del codice di commercio del regno italico (1806-1808)*, Giuffrè, Milano, 1999, pág. 10.

NAPOLEÃO,
PELA GRAÇA DE DEUS E PELA CONSTITUIÇÃO
IMPERADOR DOS FRANCESES, REI DE ITÁLIA E PROTETOR DA CONFEDERAÇÃO DO RENO,
VISTA A TRADUÇÃO EM LÍNGUA ITALIANA DO CÓDIGO COMERCIAL DE FRANÇA, DECRETA-
MOS E ORDENAMOS COMO SEGUE:

Artigo Primeiro.
A tradução do Código Comercial mandada fazer pelo Grande Juiz, Ministro da Justiça, e as modificações propostas, são aprovadas.

II
O Código Comercial será posto em vigor a contar do primeiro dia de setembro de 1808.

III
A partir do dia em que o Código Civil seja posto em vigência, as leis romanas, as ordenações, os estatutos os regulamentos cessam de ter força de lei geral ou particular naquilo que for disposto diferentemente no mesmo Código.

IV
O Grande Juiz, Ministro da Justiça do Nosso Reino de Itália, é encarregado da execução do presente Decreto, que será publicado e colocado no início do Código.
Dado em Baiona, neste dia 17 de julho de 1808

NAPOLEÃO.
Pelo Imperador e Rei,
O Ministro Secretário de Estado.
Aldini

Depois de dois anos de trabalho, de quatro versões do Código Comercial, a vontade de Napoleão Bonaparte não podia admitir senão um único resultado: o Código Comercial italiano só podia ser uma mera tradução do *Code de Commerce*. Itália estava sob o jugo francês e do Direito francês e não era admissível qualquer autonomia no Império napoleónico. Foi, então, aprovada a tradução para a língua italiana do *Code de Commerce*.

Em resultado, tal como sucedeu com o *Code de Commerce*, a preposição não ficou a integrar a lei, sendo que a própria *actio institoria* havia sido revogada pelo artigo III do decreto de Napoleão Bonaparte que revogava as "leis romanas". E, tal como sucedia com o *Code de Commerce*, toda a matéria de representação ficou esquecida do Direito Comercial, sendo remetida para

A PREPOSIÇÃO

o *Code Civil*. Em resultado, a preposição "caiu" ou, melhor, foi "empurrada" para fora do Direito positivo italiano, pelo domínio francês.

Mas ficou a memória da *actio institoria* e, acima de tudo, dos quatro projetos de Código Comercial do *Regno d'Italia*, com os seus regimes jurídicos de preposição, elaborados de acordo com as mais avançadas e modernas técnicas codificadoras de então.

A influência napoleónica não foi eterna e a questão da elaboração de um Código Comercial voltou a surgir no Reino da Sardenha. O Rei Carlos Alberto da Sardenha, levou a cabo grandes reformas no sentido de modernizar o Reino, abandonando o feudalismo a favor de uma monarquia constitucional moderna. No âmbito das reformas, foi aprovado um novo Código Civil, conhecido como Código Civil Sabaudo ou Código Albertino, que entrou em vigor em 1838. O Código Civil Sabaudo foi recolher a sua inspiração ao Código de Napoleão, pelo que, em consequência, o sistema era o mesmo no que respeitava à representação, no qual o mandato e a procuração eram um mesmo negócio (art. 2018).

Na continuação das reformas sardenhas, foi também aprovado um Código Comercial, que entrou em vigor em 1842: o *Codice di Commercio per glie Stati de S.M. Il Re di Sardegna*. Tal como ocorreu com o Código Civil, o Código Comercial foi inspirado no *Code de Commerce* de 1807, regulando a comissão no seu Titulo V – *Dei Commissionari* -[692], mas não regulando o mandato (com representação), antes remetendo esta matéria para o Código Civil,[693] e determinando que a atuação do comissário não era imputável ao comitente.[694]

O movimento do *Rissorgimento*, que conduziu à unificação italiana e ao nascimento do *Regno d'Italia* em 1861, teve como ponto de partida o Reino da Sardenha. Como resultado da unificação italiana, então já em fase muito avançada, em 1865 o Código Comercial Sabaudo foi adotado (com modificações) como o primeiro Código Comercial italiano, sob a designação de *Codice di Commercio del Regno d'Italia*. Em consequência, o sistema deste Código Comercial era o mesmo do *Codice di Commercio* de 1842, não regulando o mandato (com representação), remetendo esta matéria para o

---

[692] Arts. 97.º e segs. do *Codice di Commercio per glie Stati de S.M. Il Re di Sardegna* de 1842.

[693] Art. 100.º do *Codice di Commercio per glie Stati de S.M. Il Re di Sardegna* de 1842.

[694] Art. 99.º do *Codice di Commercio per glie Stati de S.M. Il Re di Sardegna* de 1842.

Código Civil,[695] e determinando que a atuação do comissário não era imputável ao comitente.[696]

Contudo, em 1873 foi elaborado um novo projeto de Código Comercial para Itália, mas agora com profundas diferenças. Mandato e comissão eram autonomizadas, passando a existir um título dedicado ao mandato comercial e à comissão como figuras diferentes, e regulando ambas as figuras e já não apenas o mandato (Título XI – *Del mandato commerciale e della commissione*). Assim se quebrava a técnica que tinha tido origem no *Code de Commerce* de 1807 de remeter a matéria do mandato (com representação) para o Código Civil, passando ambos os negócios a ser regulados no Código Comercial. Dentro do capítulo do mandato comercial (Capítulo I – *Del mandato commerciale*), foram integradas quatro Secções:

- Secção I, dedicada ao mandato comercial em geral (*del mandato commerciale in generale*);
- Secção II, dedicada aos institores e representantes (*Degl'institori e dei rappresentanti*);
- Secção III, dedicada aos prepostos simples ou comerciantes ambulantes (*Dei preposti semplici o viaggiatori de commercio*);
- Secção IV, dedicada aos caixeiros e outros auxiliares (*Dei commessi ed alti dependenti di negozio*).

Por sua vez, o Capítulo II era dedicado à comissão e ao transporte (*Della comissione e del transporto*). Neste projeto de Código Comercial era possível identificar uma ultrapassagem do sistema anterior, sendo abandonado o sistema francês, aproximando-se mais dos sistemas espanhol (Código Comercial de 1829) e português (Código Comercial de 1833), mas beneficiando de todo o avanço doutrinário entretanto ocorrido.

Este sistema, que integrava o projeto de 1873 para um novo Código Comercial italiano, veio a ver a luz do dia no Livro I, Título XII, do Código Comercial italiano de 1882 que regulava o mandato e a comissão como dois contratos diferentes. Veio também a ser recebido no Código Comercial português de 1888.

O sistema já estava parcialmente recebido no Código Comercial de 1833, pois nesta matéria o Código Comercial português de 1833 era pouco mais

---

[695] Art. 71.º do *Codice di Commercio del Regno d'Italia* de 1865.
[696] Art. 70.º do *Codice di Commercio del Regno d'Italia* de 1865.

A PREPOSIÇÃO

do que uma tradução do Código Comercial espanhol de 1829. Contudo, no Código Comercial de 1888 o sistema é mais avançado e sofisticado, beneficiando da melhor organização do Código Comercial italiano de 1882. Contudo, apesar de o sistema seguido no Código Comercial de 1888 ser muito inspirado no Código Comercial italiano de 1882, as disposições portuguesas não são influenciadas apenas pelo Código Comercial italiano de 1882, mas também pelo Código Comercial português de 1833 e, por esta razão, também pelo Código Comercial espanhol de 1829. Outra das influências teve origem no Código Comercial espanhol de 1885, que manteve a tradição do Código Comercial de 1829, mas de um modo que se pretendia mais objetivista.[697] Sendo um Código de cariz objetivista, dedicou-se a regular o contrato, em lugar de regular a atividade do sujeito (como ocorria no Código Comercial de 1829). Em razão do grande aumento de atividade comercial através da comissão que se verificara em Espanha deste 1829, entendeu-se regular detalhadamente o contrato de comissão, ou melhor, a *comisión mercantil* (Titulo III – art. 244.º e segs.).[698] De acordo com o art. 244.º do Código Comercial espanhol de 1885 a comissão mercantil era *"el mandato, quando tenga por objet un acto ú operación de comercio y sea comerciante ó agente mediador del comercio el comitente ó el comissionista".*

Como regra, a comissão era exercida em nome próprio, não correspondendo ao mandato (com representação). Contudo, entendeu-se adequado permitir que os comissionistas agissem em nome do comitente (art. 245.º), à maneira do mandato, pois essa prática estava instalada em Espanha, sendo frequente que assim sucedesse.[699] Em resultado, o comissário tanto podia agir em nome próprio, como em nome do comitente, o que equivale ao atual regime nacional do mandato.

Ou seja, no Código Comercial espanhol de 1885, a comissão nada mais era do que o nome que, no Comércio, se dava ao mandato. Comissão mercantil era o mesmo que mandato comercial, podendo o *comisionista* (mandatário)

---

[697] Rubio, Jesus, *Sainz de Andino y la Codificacion Mercantil*, Consejo Superior de Investigaciones Cientificas, Madrid, 1950, págs. 133 a 137.

[698] Conforme resulta do projeto do Código Comercial apresentado às Cortes em 20 de março de 1882 (publicado no Diario de las Sesiones de Córtes, apêndice trigésimo oitavo ao número). Esta questão surge na pág. 16.

[699] Conforme resulta do projeto do Código Comercial apresentado às Cortes em 20 de março de 1882 (publicado no Diario de las Sesiones de Córtes, apêndice trigésimo oitavo ao número). Esta questão surge na pág. 16.

agir em nome próprio ou em nome do comerciante. Nesta matéria o Código Comercial espanhol era um verdadeiro Código Comercial, que recorria à linguagem do Comércio para regular as figuras do Comércio Como tal, usava o *nomen* "comissão" em vez de "mandato", pois é "à comissão" que grande parte dos comerciantes trabalham – mesmo os comerciantes que são mandatários de outros comerciantes.

O Código Comercial espanhol de 1885 incluía ainda no mesmo capítulo (Secção Segunda), como um caso especial, o regime da preposição, sob a epígrafe *"De otras formas del mandato mercantil – Factores, dependientes y mancebos"*. Esta parte do Código Comercial espanhol de 1885 é profundamente inspirada no Código Comercial espanhol de 1829, que tinha uma índole objetivista,[700] e cuja influência transparece especialmente nesta parte do Código de 1885. Deste modo, o Código Comercial espanhol de 1885 regulava duas figuras no Título dedicado à comissão: na Secção Primeira, regulava o mandato sem representação que denominava de comissão, permitindo ainda uma comissão representativa, que corresponde ao mandato com representação; na Secção Segunda, regulava vários casos de preposição.

Como tal, ao nível do Título do Código Comercial, este regulava num único capítulo mandato, comissão, preposição e representação, não distinguindo mandato de comissão, nem distinguindo mandato de representação, nem distinguindo mandato de preposição. Contudo, ao nível das Secções desse Título, dividia entre, por um lado, a comissão (que incluía o mandato) e, por outro lado, a preposição.

Como se pode concluir, verificava-se uma grande flutuação terminológica entre mandato e comissão. A Itália usava mandato e comissão para se referir ao mandato com e sem representação. Por sua vez, em Espanha a comissão era a figura geral, correspondendo ao mandato comercial, podendo ser com ou sem representação, sendo que o mandato era o conteúdo da comissão.

VII. O Código Comercial de 1888 seguiu o Código Comercial italiano de 1882 ao escolher o *nomen* "mandato" como significando a figura geral, em lugar de optar pelo *nomen* "comissão" como ocorreu em Espanha. Em razão desta influência terminológica, que se associou à influência substantiva, a estrutura dos dois Códigos Comerciais (italiano e português) é a mesma:

---

[700] Rubio, Jesus, *Sainz de Andino y la Codificacion Mercantil*, Consejo Superior de Investigaciones Científicas, Madrid, 1950, págs. 133 a 137.

A PREPOSIÇÃO

Código Comercial	Portugal 1888	Itália 1882
Mandato em geral	Arts. 231 a 247 (16 disposições)	Arts. 349 a 366 (17 disposições)
Preposição	Arts. 248 a 265 (17 disposições)	Arts. 367 a 379 (12 disposições)
Comissão	Arts. 266 a 277 (11 disposições)	Arts. 380 a 388 (8 disposições)

Em resultado deste avanço, o Código Comercial de 1888 passou a integrar a preposição dentro do capítulo do mandato, como havia ocorrido nos projetos para o *Regno d'Italia* de 1806-1808, causando inevitável confusão. Mas, apesar do avanço inegável que constituiu a integração do mandato (com representação) no Código Comercial, este diploma não refletia ainda o novo sistema de autonomização da representação que hoje damos por garantido. A representação não era, ainda, uma figura autónoma. Os escritos de Laband sobre a representação são de 1866, anteriores ao Código Comercial de 1888,[701] mas este ainda não os refletia, o mesmo sucedendo com o Código Civil de 1867,[702] de acordo com o qual a procuração nada mais era do que o suporte escrito do mandato. Em consequência, mandato e representação mantinham-se confundidos em 1888, o que não permitia distinguir claramente mandato e procuração.

O mesmo sucedia com outras figuras, que correspondiam a atividades e contratos que existiam no Comércio, mas que ficaram todos incluídos nesta designação de "mandato". Em suma, a expressão "mandato" usada no Código Comercial de 1888 é uma designação tão abrangente, que pode significar:

– Um mandato.
– Um contrato de trabalho
– Uma comissão.
– Uma procuração.
– Uma preposição.

---

[701] LABAND, PAUL, *Die Stellvertretung bei dem Abschlub von Rechtsgeschäften nach dem allgemeinen Deutschen Handelsgesetzbuch*, Zeitschrift für das gesamte Handels und Wirtschaftsrecht, Bd. 10, 1866, págs. 183 e segs.

[702] CORDEIRO, ANTÓNIO MENEZES, *Direito Comercial*, 4.ª ed., Almedina, Coimbra, 2016, págs. 656 a 660.

O LADO INTERNO DA PREPOSIÇÃO

VII. O Código Comercial confunde mandato e preposição, tal como confunde mandato e procuração. Mandato e preposição são duas figuras diferentes, mas a confusão que ocorre no Código Comercial tem a sua razão de ser.

A preposição não é um mandato. O mandato é que é uma preposição. Ou, melhor, há um caso denominado de mandato que é uma preposição.

Em regra, divide-se o mandato em mandato com ou sem representação, e mandato geral e especial. Contudo, o mandato carece de ser dividido ainda entre mandato para a prática de atos e mandato para o exercício de atividade. De certo modo, esta classificação traduz a diferença entre o caso original de mandato romano (a *actio mandati*) e a preposição romana (a *actio institoria*). O mandato era destinado à prática de atos determinados, não sendo diretamente aplicável no caso de exercício de uma atividade. Contrariamente, a preposição era destinada ao exercício de uma atividade, não sendo aplicável a atos limitados (salvo os que integram o exercício de uma atividade).

Com a ampliação da figura do mandato de modo a poder incluir o exercício de uma atividade, tornou-se mais difícil a diferenciação entre as duas figuras. Mas a dificuldade resultou do facto de passar a ser permitido que um mandato pudesse operar como uma preposição. E também da atribuição do *nomen* mandato, a casos de preposição. Assim, a dificuldade de distinção não resulta de a preposição ser um mandato, mas antes de alguns mandatos serem preposição, mas serem chamados de mandato: os mandatos para o exercício de uma atividade, nos quais uma pessoa fica preposta à frente da atividade de outra de modo estável e público.

Os outros casos, de mandato para prática de atos isolados, sem estabilidade, que não integram o exercício de uma atividade, não causam problemas, pois nestes casos não é possível existir uma preposição. O mesmo sucede nos casos em que uma pessoa não esteja publicamente à frente da atividade comercial de outrem, pois também não é possível aplicar o regime da preposição.

Mas nos casos em que se institui um preposto através de um mandato, o que se está a fazer é a celebrar-se um contrato de mandato cujo objeto será o exercício, por parte do mandatário, da atividade comercial do mandante, sendo que, dos atos de execução deste contrato – do exercício da atividade – o mandatário resulta preposto à frente do negócio do mandante, estável e publicamente. Ou seja, da execução deste mandato resulta a preposição.

Conforme é da natureza das coisas, a relação íntima entre estes casos de mandato e a preposição, que decorreu (e decorre) ao longo de vários sécu-

A PREPOSIÇÃO

los, conduziu à integração de vários casos de prepostos nos diplomas legais que regulam estes casos de mandatos. Era quase inevitável que o legislador, ao pretender regular a atividade das pessoas que eram contratadas para exercer o comércio por conta do comerciante, regulasse também o regime de representação de acordo com a preposição. Assim pode suceder propositadamente, nos casos em que o legislador quer regular diretamente os prepostos, mas também pode resultar inadvertidamente, em casos nos quais o legislador quer regular mandatários, mas que são prepostos. Nestes casos, sucede que, ao querer regular a atuação dos mandatários, acaba por criar regimes especiais de preposição.

VIII. Este mandato comercial subjacente à preposição, tem poderes representativos, mas não é a figura geral do mandato com representação.

O poder de representação do típico mandato com representação (civil e comercial) não tem a sua origem na *praepositio*, mas no *procurator omnium bonorum*. Assim, o caso geral do mandato com representação resulta da unificação de um mandato com uma procuração, e não com uma preposição.

Contudo, a par destes casos de mandato com representação, há um outro caso denominado de mandato e que tem poderes de representação, mas cujo poder de representação tem origem na *praepositio* e já não no *procurator omnium bonorum*. Este é o caso do mandato para o exercício de uma atividade que consiste em estar colocado à frente do comércio de outrem, estável e publicamente, com poderes de representação. Este é um caso de mandato com preposição, e não de mandato com procuração.

Como tal, temos várias combinações frequentes de tipos principais de mandatos:

- Mandato civil para a prática de atos
    - Sem representação e sem *contemplatio domini*.[703]
    - Com representação e com *contemplatio domini*.[704]
- Mandato civil para o exercício de atividade
    - Sem representação e sem *contemplatio domini*.[705]
    - Com representação, mas com ou sem *contemplatio domini*.[706]

---

[703] Próximo do mandato civil original.
[704] Próximo do mandato civil original, mas associado a uma procuração.
[705] O "novo" mandato civil.
[706] O "novo" mandato civil, associado a uma preposição.

– Mandato comercial para a prática de atos:
  – Sem representação e sem *contemplatio domini*.[707]
  – Com representação, mas com *contemplatio domini*.[708]
– Mandato comercial para o exercício de atividade
  – Sem representação e sem *contemplatio domini*.[709]
  – Com representação e com ou sem *contemplatio domini*.[710]

Como se pode concluir, contrariamente ao que decorre da letra do Código Comercial, o gerente de comércio, não é um caso de mandato. O mandato é que pode ser um caso de gerente de comércio, ou, melhor, da execução de um mandato pode resultar um contrato de preposição e pode resultar a aplicação do regime legal da preposição. Mas este regime legal pode resultar aplicável em razão da execução de muitos outros contratos.

A confusão criada pela evolução histórica destas figuras, aliada a alguma tendência para confundir a parte com o todo, levou a que se considere geralmente o gerente de comércio e os demais prepostos como um caso de mandato, quando o inverso é que será verdade.

IX. Pode suceder que, estando-se perante um caso de mandato que não levaria tipicamente à aplicação do regime dos arts. 248.º e seguintes do Código Comercial, o mandato seja executado de tal modo que o mandatário surja como preposto.

Como tal, o que releva não é só saber qual a estrutura e conteúdo do mandato, mas também – e antes de mais – como é que o mandato está a ser executado. Se, independentemente do conteúdo do mandato este for executado de modo público e estável nos mesmos moldes de um mandato comercial com representação para exercício de atividade, será aplicável o regime dos arts. 248.º e seguintes do Código Comercial, pois estes casos preenchem substancialmente a previsão do art. 248.º do Código Comercial.

Esta é uma questão da maior importância, pois impede o recurso a argumentos meramente formais para negar a aplicação do regime dos arts. 248.º e seguintes do Código Comercial. Surgindo uma pessoa, estável e publicamente, à frente do comércio alheio, não é possível invocar a estrutura e con-

---

[707] A comissão comercial simples.

[708] O "novo" mandato comercial, associado a uma procuração.

[709] A comissão comercial de execução contínua.

[710] O "novo" mandato comercial, associado a uma preposição.

A PREPOSIÇÃO

teúdo da relação contratual subjacente, salvo em caso de má fé psicológica do terceiro.

O que releva para a aplicação do regime dos arts. 248.º e seguintes do Código Comercial é a execução que se faz do mandato, muito mais do que o concreto conteúdo do mandato que, efetivamente, apenas será relevante perante terceiros que se encontrem em má fé subjetiva psicológica à data da celebração do contrato. Assim, pode suceder que o contrato de mandato seja inicialmente celebrado sem representação, mas a certa altura o mandatário passe a agir representativamente, com tolerância do mandante, surgindo como um preposto. Ou, pode suceder que, com base num contrato de comissão, se crie uma situação de facto da qual decorra publicamente e estavelmente que o comissário esteja colocado pelo comerciante à frente do comércio. Nestes casos, do ponto de vista do terceiro, o comissário é um preposto e, logo, um representante. Assim, o regime da comissão apenas é aplicável nas relações internas, nas relações externas perante terceiros de má fé subjetiva psicológica (à data do contrato), e ainda nos casos em que o comissário não surja pública e estavelmente à frente do comércio do comitente. Caso contrário, o regime dos arts. 248.º e seguintes do Código Comercial irá sobrepor-se ao regime da comissão no que respeita à relação com os terceiros.

X. No que respeita aos mandatos civis, estes em regra não constituem relações subjacentes à preposição, em virtude da natureza tipicamente comercial da preposição. No entanto, e sem prejuízo de existirem alguns casos de preposições civis, é de admitir a aplicação dos regimes comerciais de preposição a mandatos civis, tal como sucedia em Roma, por analogia, nos casos em que esta se justifique. Normalmente, este recurso analógico à preposição comercial, para integrar regimes jurídicos de preposições civis associadas a mandatos civis, ocorre quando o regime da preposição civil existe, mas é lacunoso, ou nos casos em que não existe um regime positivado de preposição civil aplicável, mas em que esta inexistência traduz uma efetiva lacuna. É, necessária, contudo, uma especial cautela na identificação de lacunas nesta matéria, devendo tratar-se de casos de tal modo próximos dos comerciais, que se manifestam as mesmas razões substantivas que conduziram à *actio institoria*.

XI. O gerente de comércio e os restantes prepostos não correspondem a casos de mandato.

O LADO INTERNO DA PREPOSIÇÃO

Como se pode concluir, a preposição não se confunde com o mandato, nem mesmo com o mandato comercial (com representação) para exercício de atividade. Apesar das influências que a preposição teve sobre o mandato, as figuras são diametralmente opostas.

A relação entre o mandato e o poder de representação opera através de uma *internal approach*.[711] Ou seja, celebra-se o contrato de mandato com representação, e da celebração deste contrato resulta o poder de representação. Mas a relação entre a preposição e o poder de representação decorre de uma *external approach*. O preposto tem poderes de representação porque surge colocado de modo estável e público à frente da atividade do comerciante, independentemente do negócio que esteja na origem dessa colocação e independentemente do conteúdo e efeitos jurídicos desse negócio. Assim sendo, as duas figuras podem ocorrer em simultâneo, mas podem também ocorrer uma sem a outra.

Verifica-se contrato de mandato e contrato de preposição nos casos em que seja celebrado um contrato de mandato, no qual o mandatário se obrigue a exercer parte ou toda a atividade comercial do mandante por sua conta, ficando à frente de todo ou parte do comércio. Celebrado este contrato misto de mandato e preposição, e sendo o mesmo executado, o mandatário surgirá colocado à frente dessa atividade comerciante do mandante, de modo público e estável. Por esta razão (e não por causa dos contratos em si) será aplicável o *status* de preposto.

Pode, contudo, acontecer a celebração de um contrato de mandato comercial para exercício de atividade com representação, mas sem que se verifique o *status* de preposto. Assim ocorrerá nos casos em que, apesar da celebração do contrato, este não seja executado (por qualquer razão), ou em que seja executado sem estabilidade, ou sem publicidade. Ou seja, em caso de, apesar da celebração do contrato de mandato com preposição, o mandatário não surja colocado pública e estavelmente à frente do negócio do comerciante seu mandante. Nestes casos, mesmo que o contrato seja de mandato com preposição, não se aplica o regime dos arts. 248.º e seguintes do Código Comercial.

---

[711] Sobre a *internal approach* e *a external approach*, *Agency in Private Internacional Law, The Hague Convention on the Law Aplicable to Agency*, Martinus Nijhoff Publishers, The Hague/Boston/London, 1995, págs. 304 e 305 e BRITO, MARIA HELENA, *A Representação nos Contratos Internacionais, Um contributo para o estudo do princípio da coerência em direito internacional privado*, Almedina, Coimbra, 1999, págs. 478 e 479.

Pode ainda ocorrer que tenhamos um preposto, sendo aplicável o referido regime, mas sem que exista um mandato, o que sucederá nos casos em que existe uma outra relação subjacente.

3. Outros tipos de relação interna

A. Comissão

I. Pode causar perplexidade a referência à comissão como um tipo de relação subjacente à preposição. Tipicamente diz-se que o comissário não tem poderes de representação, agindo em nome próprio.[712] É nesse sentido que vai o art. 266.º do Código Comercial, ao afirmar que neste caso o mandatário "executa o mandato mercantil sem menção ou alusão alguma ao mandante, contratando por si e em seu nome, como principal e único contraente".

Face a esta caraterística do contrato de comissão, em regra não resulta uma preposição, pelo que não seria aplicável o regime dos art. 248.º e seguintes. De certo modo, existiriam três casos de mandato comercial: o caso geral do mandato (com ou sem representação, mas em regra com representação), o caso especial do gerente de comércio (com representação) e o caso especial da comissão (sem representação).

Contudo, este esquema é apenas aparente, não traduzindo a realidade que resulta dos regimes jurídicos do Código Comercial. O que se verifica, na realidade, é uma confusão entre o que são as figuras em causa, que se traduz numa errada separação das mesmas, o que normalmente resulta de uma abordagem conceptual do problema.

A causa deste problema é mais simples do que aparenta.

Tipicamente, o comissário age em nome próprio. Logo, numa visão civilística, se este age em nome próprio, não é representante, não podendo o comitente ficar pessoalmente vinculado pelos atos do comissário. Esta é uma visão civilística, pois a representação de Direito Civil exige a *contemplatio domini*. Esta abordagem parece tornar simples a distinção entre as figuras: quando não há representação é um caso de comissão; quando há representação é um caso de mandato comercial (geral) ou de gerente de comércio.

A abordagem comercialista é diferente.

---

[712] BRITO, MARIA HELENA, *O Contrato de Concessão Comercial*, Almedina, Coimbra, 1990, pág. 12.

O LADO INTERNO DA PREPOSIÇÃO

Por um lado, o regime dos arts. 248.º e seguintes do Código Comercial aplica-se a comissários, pois não pode ser invocada a relação subjacente perante terceiros de boa fé (art. 252.º do Código Comercial). Como não se pode invocar a relação subjacente, ou melhor, a invocação da relação subjacente será inoponível a terceiros de boa fé, qualquer falta de poderes de representação que resulte do contrato de comissão não será relevante.

Dito de outro modo. O comissário pode não ter poderes de representação, porque se trata de uma comissão. Mas se não for possível invocar o próprio contrato de comissão contra um terceiro de boa fé, tudo sucederá perante esse terceiro como se não se estivesse perante um caso de comissão. É suficiente, para tanto, que o comissário surja pública e estavelmente colocado à frente do comércio do comitente.

Por outro lado, o contrato de comissão não exclui a representação, mas sim a atuação em nome alheio. O comissário age em nome próprio, mas por conta alheia, o que exclui a representação voluntária, mas não exclui a representação institória. Por esta razão, um comissário que esteja pública e estavelmente à frente do comércio do comitente, agindo em nome próprio, mas por conta do comitente, será considerado como um preposto para efeitos dos arts. 248.º e seguintes do Código Comercial.

Por último, como é caraterístico do Comércio, os comissários surgem publicamente com várias designações, organizados de diversos modos e com diferentes estruturas.[713]

II. Quando estamos perante um comissário que é preposto, o regime da preposição impede a invocação do regime da comissão perante terceiros de boa fé, o que inverte o regime de representação. Assim, o comissário (que não tem poderes de representação voluntários), é visto como preposto (que tem poderes de representação institórios). Para tanto, é necessário que o comissário surja estável e publicamente à frente de negócio do comerciante, situação esta que ocorre com muita frequência no Comércio. São casos em que um comissário surge estável e publicamente à frente de um determinado comércio que é publicamente pertença de outrem e é publicamente identificado como sendo de outrem. São, por exemplo, casos nos quais, apesar do comissário ter o seu próprio comércio, este comércio consiste

---

[713] Como resulta patente em BRITO, MARIA HELENA, *O Contrato de Concessão Comercial*, Almedina, Coimbra, 1990, págs. 7 a 13.

em explorar um comércio que é pertença de outro comerciante, e que é publicamente reconhecido como tal. Nestes casos, apesar de o comissário agir (formalmente) em nome próprio, age por conta alheia (ou por conta mista) do comerciante dono do negócio. Assim sucede, por exemplo, com inúmeros casos de *franchising*, nos quais o franqueado age em nome próprio, mas por conta do franqueador, na exploração de um comércio que, não só é pertença do franqueador, como é publicamente reconhecido como pertença do franqueador.

Nestes casos, aplica-se o regime dos arts. 248.º e seguintes do Código Comercial, o que impede a invocabilidade do regime (interno) do contrato de comissão perante terceiros. Como tal, apesar de se tratar de um comissário, a sua atuação poderá ser diretamente imputada ao comitente, com base no regime da preposição.

O que releva para aplicar o regime do art. 248.º do Código Comercial é que se demonstre que uma pessoa está colocada à frente de parte, ou todo, o comércio de outrem, de modo estável ou público, no lugar onde o comerciante o exerça ou noutro lugar qualquer. Ora, bem analisadas as coisas, todos estes elementos estão presentes em vários casos de comissões, pelo menos naquelas comissões em que o negócio pertence ao comitente. Ou seja, nas comissões em que o comissário, embora atue em nome próprio, surge à frente de um comércio de outrem de modo estável e público e não à frente do seu próprio comércio. São casos em que a atividade comerciante do comissário consiste no exercício profissional da atividade de explorar um comércio alheio, quer pela exploração de uma loja alheia, quer pela exploração de um sistema comercial alheio, por exemplo.

Vista a questão em esquema, surge o seguinte:

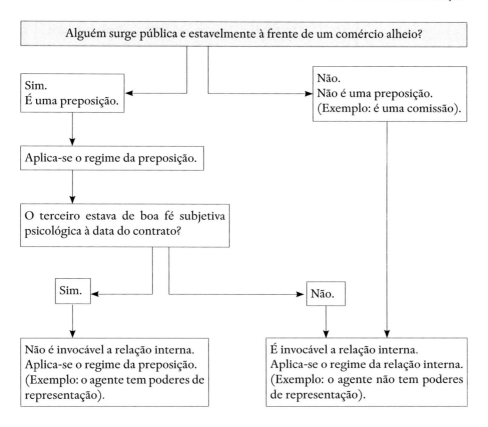

Demonstrando (provando) o terceiro, que determinada pessoa está a exercer um comércio que pertence a outrem, agindo por conta dessa pessoa, estando colocado de modo estável e público à frente desse comércio, pode acionar o comerciante ou o agente (art. 252.º, §único do Código Comercial). O comitente tentará então invocar que se tratava de um contrato de comissão, pelo que o comissário não tinha poderes de representação. Contudo, segundo o art. 249.º do Código Comercial, na falta de inscrição do contrato em registo comercial, ou não provando que não se trata de um terceiro de boa fé, não podem ser invocadas quaisquer limitações de poderes do "mandato".

No sistema do Código Comercial, o contrato de comissão é um mandato com uma importante limitação de poderes: não tem poderes de representação voluntários. Sendo um mandato (*lato sensu*), o contrato de comissão pode ser abrangido pelo art. 249.º do Código Comercial,[714] razão pela qual, na falta de registo, não se pode invocar a falta de poderes de representação perante terceiros de boa fé.

Claro está que o art. 249.º do Código Comercial não é suficiente para operar a representação. É necessário que o comissário surja como um preposto. Ou seja, que surja pública e estavelmente à frente de todo, ou parte, do comércio do comerciante. Note-se que nem sempre assim sucede. Há casos em que o comissário não atua publicamente, ou em que não atua estavelmente. Noutros casos, não está colocado à frente do comércio de outro comerciante, mas de um comércio que lhe é próprio e que não é confundível ou identificável como pertencendo a outro comerciante. Assim, um comissário que atue ostensivamente sob a sua própria firma, através de um sítio da *internet* com o seu próprio domínio, de tal modo que seja possível identificar que esse comércio é seu, não será abrangido pelo art. 248.º do Código Comercial, mesmo que venda produtos cuja marca pertença a outro comerciante. Não sendo abrangido pelo art. 248.º, também não é abrangido pelos restantes artigos do gerente de comércio, pelo que neste caso não haverá representação.

Mas se o comissário, apesar de não invocar agir em nome do comerciante, agir com base nos sinais distintivos do comércio do principal, de modo estável e público, por exemplo tendo lojas decoradas com todo o *branding* do principal, de tal modo que um terceiro normal, colocado na posição do real terceiro, interprete essa decoração como sendo do próprio principal será abrangido pelo art. 248.º do Código Comercial.

Assim, nestes casos, apesar de se poder estar perante uma comissão, que é um mandato sem representação, será aplicável o regime dos arts. 248.º e seguintes do Código Comercial, havendo representação institória. Nestes casos, o terceiro poderá optar entre acionar o comerciante ou o agente – art. 252.º, § único do Código Comercial.

Claro está que, nos verdadeiros casos típicos de comissão, em que o comissário age sob a sua própria firma e os seus próprios sinais distintivos de comércio, de tal modo que se um terceiro normal, colocado na posição do concreto terceiro, possa identificar o agente como "o comerciante", este regime não será aplicável. Mas nos outros casos, em que um terceiro normal

---

[714] Nos casos em que o concreto contrato de comissão seja abrangido pelo art. 248.º do Código Comercial.

identifique como "o comerciante" não o comissário, mas o próprio comitente, este regime será aplicável.

B. Agência

I. A relação entre preposição e agência é de extrema importância, mas tem sido descurada, ao ponto de ser atualmente praticamente ignorada.

A agência é filha da preposição. A agência é uma preposição especial.

O atual regime do contrato de agência corresponde a um dos casos historicamente típicos de prepostos,[715] que corriam os mercados a angariar clientes para o comerciante. Não eram o preposto principal, que estava à frente de toda a atividade do comerciante, mas prepostos para uma parte específica da atividade do comerciante, que é fundamental no Comércio: a angariação de negócios. Sem angariação de negócios não há Comércio, pelo que os comerciantes sempre procuraram investir nesta faceta do comércio. Ainda hoje é possível encontrar em zonas de muita concorrência no setor da restauração, pessoas à porta do restaurante, a tentar convencer quem passe a entrar no restaurante para nele tomarem as suas refeições.

Atualmente, contudo, esta atividade pode ser muito mais sofisticada. Mas, mesmo nos casos mais sofisticados, mantém a sua estrutura básica: uma pessoa "corre" os mercados em busca de pessoas para contratar com o comerciante, exercendo essa atividade de modo estável, por conta do comerciante e, acima de tudo, publicamente.

Ora, como resulta patente, os agentes são pessoas que estão colocadas à frente de uma parte (ou faceta) da atividade de um comerciante, de modo estável e público: são prepostos.[716]

É esta natureza de preposição que a agência tem, que conduz às dificuldades de qualificação do contrato de agência.[717] Dificuldades na sua separa-

---

[715] A ligação entre ambas as figuras é manifesta em LISBOA, JOSÉ DA SILVA (VISCONDE DE CAIRU), *Principios de Direito Mercantil e Leis de Marinha*, Vol. V., Impressão Régia, Lisboa, 1811, págs. 23 a 26, segundo o qual o agente era um tipo de preposto terrestre (de institor), a par do caixeiro e do feitor. Por sua vez, segundo o Autor *"Chama-se Preposição o acto em que o Commerciante contracta com alguém, authorizando-o a tratar em seu nome, e por sua conta, e risco, negocios maritimos, e terrestres: e Agencia o exercicio das funções de qualquer acreditado do Preponente.*

[716] CORDEIRO, ANTÓNIO MENEZES, *Direito Comercial*, 4.ª ed., Almedina, Coimbra, 2016, pág. 776, inicia o capítulo dedicado à agência pelo estudo da figura do feitor e do gerente de comércio.

[717] A ligação entre a preposição e agência pode ser parcialmente apreciada em PINTO, FER-

A PREPOSIÇÃO

ção do mandato, franquia, concessão, representação comercial, e outros.[718] Esta dificuldade não nasce da agência, mas sim da natureza prepositória da agência. Todas as preposições partilham esta dificuldade de distinção dogmática face a outros contratos comerciais "próximos". As razões são extremamente simples:

- Estes contratos nasceram da evolução da *praepositio*, pelo que partilham caraterísticas com a preposição.
- Estes contratos podem ser causa de preposição, coexistindo com a preposição, provocando uma preposição, o que dificulta a sua distinção, pois todos partilham esta caraterística.
- A falta de estudo da preposição, conduziu à atual geral desconsideração sobre o ponto de contacto entre todos estes contratos, o que em regra leva a que se procurem pontos de contato noutras caraterísticas.

II. Um agente atua sempre por conta do principal,[719] de modo estável,[720] promovendo a celebração de contratos,[721] o que implica que a sua atuação seja pública.

NANDO FERREIRA, *Contratos de Distribuição*, Universidade Católica Editora, Lisboa, 2013, págs 49 a 51. O Autor, contudo, defende que os prepostos têm de ser dependentes do comerciante, assim os distinguindo dos agentes que poderiam ser autónomos, podendo agir por conta de vários comerciantes. Como vimos, no entanto, o regime dos arts. 248.º e seguintes do Código Comercial tanto regula o preposto dependente, como o preposto autónomo, quer exista um único ou vários preponentes. Por outro lado, como vimos também, as primeiras regulações dos "agentes" são muito anteriores ao Código Comercial alemão de 1897.

[718] Sobre a distinção entre a agência e outras figuras, mas sem tomar em conta a preposição, MONTEIRO, ANTÓNIO PINTO, *Contrato de Agência*, 8.ª ed., Almedina, Coimbra, 2017, págs. 66 a 77, que não seguimos integralmente, particularmente no que respeita aos critérios formais a que o Autor recorre para autonomizar a agência do mandato e da comissão que são, a nosso ver, incompatíveis com o Comércio e com o Direito Comercial.

[719] MONTEIRO, ANTÓNIO PINTO, *Contrato de Agência*, 8.ª ed., Almedina, Coimbra, 2017, págs. 59 a 61 e CASTELO, HIGINA ORVALHO, *O Contrato de Mediação*, Almedina, Coimbra, 2014, págs. 344 e 345.

[720] MONTEIRO, ANTÓNIO PINTO, *Contrato de Agência*, 8.ª ed., Almedina, Coimbra, 2017, págs. 62 a 64 e CASTELO, HIGINA ORVALHO, *O Contrato de Mediação*, Almedina, Coimbra, 2014, págs. 347 a 351.

[721] MONTEIRO, ANTÓNIO PINTO, *Contrato de Agência*, 8.ª ed., Almedina, Coimbra, 2017, págs. 56 a 59 e CASTELO, HIGINA ORVALHO, *O Contrato de Mediação*, Almedina, Coimbra, 2014, págs. 344 e 345.

O LADO INTERNO DA PREPOSIÇÃO

Estas são as caraterísticas típicas de um preposto e sempre o foram.

Um agente surge sempre, e necessariamente, à frente da atividade comercial de outrem, agindo por conta deste, de modo estável e público. Ao surgir nesta posição é sempre aplicável o regime da preposição, porque os agentes são, todos, e sem exceção, prepostos. Podem ser prepostos só para a angariação, ou ainda para a negociação, ou mesmo para a celebração de contratos. Mas sempre prepostos.

O problema que surge, consiste em saber se o regime da Lei do Contrato de Agência é de tal modo especial que derrogue o regime do Código Comercial, ou se ambos os regimes coexistem e covigoram.

A resposta pode ser obtida de dois modos, um mais formal e um mais substancial.

De um ponto de vista mais formal, nenhum diploma de Direito Comercial derroga o Código Comercial. Segundo o art. 4.º da Carta de Lei de 28 de junho de 1888, que aprova o Código Comercial, todas as modificações que forem feitas ao Código Comercial consideram-se como parte do próprio Código Comercial. A disposição determina ainda que essas modificações sejam integradas no próprio Código Comercial, contudo a (má) prática nacional não tem seguindo nesse sentido, com nefastas consequências práticas.

Assim, de acordo com esta disposição, todos os diplomas legais que regulam matérias que estavam incluídas na versão original do Código Comercial devem considerar-se como integrando o próprio Código Comercial, ou melhor, o sistema de leis que compõe o próprio Código Comercial. Sistema este que tem como corpo principal o Código Comercial e como satélites inúmeros diplomas, entre os quais, o Código das Sociedades Comerciais, o CVM, o RGICSF, o CIRE e, no que agora nos interessa, a Lei do Contrato de Agência.

Em resultado, atualmente o Código Comercial substancial está formalmente repartido por vários diplomas legais.

Numa abordagem mais substancial, a resposta à questão consiste no reconhecimento da identidade entre o Código Comercial e a Lei do Contrato de Agência. A Lei do Contrato de Agência, embora conste de um diploma autónomo, integra o Código Comercial *in subtanciam*.[722] Por esta razão, o regime

---

[722] Em sentido semelhante, mas por referência a um Direito Comercial amplo, que integra as matérias que constavam na versão original do Código Comercial de 1888, CORDEIRO, ANTÓ-

A PREPOSIÇÃO

que resulta da Lei do Contrato de Agência regula um contrato especial de comércio, que deve ser integrado sistematicamente no Código Comercial, Livro II, Título V (Do Mandato), a par do contrato de comissão. Assim, o regime do contrato de agência não é mais nem menos especial que um contrato de comissão; é mais um contrato comercial, integrado na grande classe dos contratos de comissão, que o Código Comercial denomina como "mandato" e que inclui também os hoje chamados "contratos de distribuição".[723]

De um ponto de vista substancial, a questão deve ser abordada numa perspetiva problematizante, de modo tópico.[724] Quais são os problemas que o regime jurídico da agência e da preposição visam resolver? Os problemas são os mesmos? Os problemas que o regime do contrato de agência visa resolver consomem os problemas que a preposição visa resolver?

A resposta surge quase de imediato. Os problemas não são os mesmos, e os problemas visados pelo regime da agência não consomem os problemas visados pelo regime da preposição.

O regime do contrato de agência visa resolver dois patamares de problemas: a relação entre o agente e o seu principal (a relação interna) e a relação entre o agente e os terceiros, no que respeita à eficácia perante o principal (a relação externa). Numa leitura superficial do regime dos arts. 248.º e seguintes do Código Comercial, pode parecer que os problemas são os mesmos. Contudo a abordagem do Código Comercial no que respeita à relação externa é totalmente diferente da abordagem da Lei do Contrato de Agência. A razão de ser da diferente abordagem consiste na reação do Direito à diferente natureza dos problemas abordados:

– A Lei do Contrato de Agência efetua uma *internal approach* ao problema.[725]

NIO MENEZES, *Direito Comercial*, 4.ª ed., Almedina, Coimbra, 2016, págs. 156 e 157.

[723] Sobre contratos de distribuição, embora sem abordarem expressamente a questão da preposição, PINTO, FERNANDO FERREIRA, *Contratos de Distribuição*, Universidade Católica Editora, Lisboa, 2013, págs. 13 a 103 e 185 a 187, MONTEIRO, ANTÓNIO PINTO, *Direito Comercial – Contratos de Distribuição Comercial*, Almedina, Coimbra, 2009, pág. 33 a 172 e BRITO, MARIA HELENA, *O Contrato de Concessão Comercial*, Almedina, Coimbra, 1990, págs. 10 a 20.

[724] Sobre a Tópica – VASCONCELOS, PEDRO PAIS DE, *Contratos Atípicos*, 2.ª ed., Almedina, Coimbra, 2009, págs. 442 e 443 e PERELMAN, CHAIN, *Logique Juridique, Nouvelle Réthorique*, 2.ª ed., Dalloz, 1979, págs. 86 a 96.

[725] Sobre a *internal approach* e a *external approach*, *Agency in Private Internacional Law, The Hague Convention on the Law Aplicable to Agency*, Martinus Nijhoff Publishers, The Hague/Boston/

O LADO INTERNO DA PREPOSIÇÃO

– O Código Comercial efetua uma *external approach* ao problema.

Nos problemas regulados pela Lei do Contrato de Agência, sabe-se à partida que o agente tem essa qualidade. Ou seja, sabe-se que a pessoa que atua é um agente do principal e, por essa razão, aplica-se o regime respetivo. Contudo, nos problemas de prepostos regulados pelo Código Comercial, não se sabe necessariamente qual a relação subjacente à atuação da pessoa que pratica os atos, ou celebra os negócios, nem é necessário que se saiba. Apenas se sabe, e apenas é necessário saber, que essa pessoa surge à frente da atividade de outrem, mas não a que título o faz. Como tal, o regime dos arts. 248.º e seguintes do Código Comercial aplica-se independentemente da efetiva relação subjacente.

Assim, a Lei do Contrato de Agência resolve os problemas dos contratos de agência, quando se sabe que estes contratos são de agência. Aliás, a oponibilidade a um terceiro da natureza de um contrato é sempre uma questão sensível, porquanto como regra o contrato não produz efeitos perante terceiros. Para que a natureza do contrato seja oponível a um terceiro seria necessário que o próprio contrato lhe fosse oponível. No caso do contrato de agência, este beneficia de um regime legal que poderia impor a eficácia do contrato contra terceiros.

Contudo, a Lei do Contrato de Agência não impõe essa qualificação, nem imperativamente, nem mesmo através de uma qualquer presunção. Assim, a Lei do Contrato de Agência aplica-se quando o contrato é de agência, mas não ficciona, nem presume, nem altera o regime probatório no que respeita aos factos dos quais resulta a qualificação do contrato. Por esta razão, cabe ao terceiro provar que o agente tem essa qualidade, caso se pretenda aproveitar do respetivo regime, o que, na prática, pode causar inaceitáveis dificuldades aos terceiros, e uma inerente quebra da confiança no Comércio.

Já o regime dos arts. 248.º e seguintes do Código Comercial resolve os casos nos quais o terceiro não sabe qual é a relação subjacente ou, ainda, em que sabe qual é a relação subjacente, mas não conhece as instruções ou ordens emitidas nesse âmbito. O terceiro apenas tem o ónus de provar que o agente está pública e estavelmente à frente da atividade no âmbito da qual

London, 1995, págs. 304 e 305 e BRITO, MARIA HELENA, *A Representação nos Contratos Internacionais, Um contributo para o estudo do princípio da coerência em direito internacional privado*, Almedina, Coimbra, 1999, págs. 478 e 479.

foi praticado determinado ato, ou celebrado determinado negócio, sem ter o ónus de provar por que razão o agente surge nessa posição.

Como se pode concluir, os problemas abordados pelos dois regimes são diferentes.

A Lei do Contrato de Agência regula um determinado tipo de contrato, sendo que as suas disposições integram o tipo do contrato. Este regime resolve vários problemas, entre as partes, e perante terceiros, mas sempre se assumindo que se está perante um contrato de agência. Ou seja, sendo um contrato de agência, aplica-se este regime para resolver os problemas que porventura existam entre os vários sujeitos.

Os arts. 248.º e segs. do Código Comercial resolvem o problema da proteção do Comércio, e dos terceiros, face à atuação de prepostos, através da imposição de um *status*. Ou seja, face à atuação de pessoas que, sem que os terceiros saibam efetivamente porquê, estão à frente de um comércio, de modo estável e público.

Este regime não regula a agência, nem qualquer outro contrato, antes criando um regime jurídico de proteção dos terceiros face à atuação de prepostos, que é aplicável quando o terceiro não sabe qual é a relação subjacente, ou não conhece as instruções ou ordens emitidas no âmbito dessa relação.

Em consequência, no que respeita a terceiros (à relação externa), a Lei do Contrato de Agência apenas se aplica à questão da vinculação perante terceiros de má fé subjetiva psicológica à data do contrato, ou aos casos de agências registadas, enquanto o Código Comercial se aplica aos demais casos. Como tal, os regimes jurídicos aplicam-se a dois problemas substancialmente diferentes, vigorando em simultâneo, sem que um derrogue o outro.

III. No que respeita à relação externa, o regime da preposição tem precedência lógica sobre o regime do contrato de agência. O art. 249.º do Código Comercial regula os casos em que é possível opor a terceiros a relação subjacente à preposição. Assim, num caso concreto, estando-se perante a atuação de uma pessoa, que está pública e estavelmente à frente da atividade de angariação de contratos (art 248.º do Código Comercial), antes mesmo de se aferir se a relação subjacente é, ou não, um contrato de agência, é necessário aferir se é possível invocar a relação subjacente (art. 249.º do Código Comercial).

Por esta razão, o primeiro passo consiste na qualificação da situação como de preposição, ou seja, na aplicação do art. 248.º do Código Comercial; o segundo passo consiste na aplicação do art. 249.º do Código Comercial, de modo a determinar se a relação subjacente é, ou não, oponível ao terceiro; só após estes dois passos, e caso o art. 249.º do Código Comercial permita opor ao terceiro a relação subjacente ou instruções emitidas no seu âmbito, será possível aplicar o regime jurídico subjacente, por exemplo, o regime do contrato de agência.

Como se pode concluir, a precedência do regime do Código Comercial é lógica, porquanto este regime opera de tal modo que dispensa a relação subjacente. Assim, independentemente de qual for a relação subjacente, recorre-se sempre primeiro ao regime da preposição, só se podendo aplicar perante terceiros um regime subjacente nos casos em que o art. 249.º do Código Comercial o permita.

IV. No que respeita à relação com terceiros, as questões de compatibilização entre o Código Comercial e a Lei do Contrato de Agência ocorrem fundamentalmente face às seguintes disposições deste diploma:

– Art. 2.º que regula o poder de representação do agente.
– Art. 3.º que regula a cobrança de créditos pelo agente.
– Art. 4.º que regula a exclusividade do agente.
– Art. 9.º que regula o dever de não concorrência do agente.
– Art. 21.º que regula a publicidade dos poderes do agente.
– Art. 22.º que regula a representação sem poderes.
– Art. 23.º que regula a representação aparente.

É possível dividir estas disposições em três blocos. Um bloco composto pelos arts. 2.º e 3.º da Lei do Contrato de Agência, outro composto pelos respetivos arts. 4.º e 9.º e um outro composto pelos arts. 21.º, 22.º e 23.º deste diploma.

V. O primeiro bloco (arts. 2.º e 3.º) não levanta grandes questões. Estas disposições apenas são aplicáveis no caso de contratos de agência não registados, caso se esteja perante um terceiro de má fé subjetiva psicológica à data da celebração do contrato.[726] Caso assim suceda, apenas haverá poderes de representação para a celebração de contrato caso tenham sido conferidos

---

[726] Art. 249.º do Código Comercial.

A PREPOSIÇÃO

por escrito,[727] mas há sempre poderes de representação para outras declarações, nomeadamente, reclamações,[728] tendo o agente legitimidade para recorrer a juízo no que respeita a providências urgentes indispensáveis para acautelar os direitos do principal, em regra, providências cautelares.[729]

Contrariamente, se o art. 249.º do Código Comercial não permitir a oponibilidade da relação subjacente, considerar-se-á que o agente (preposto) tem poderes de representação para celebrar contratos pelo preponente independentemente da forma com que tais poderes possam ter sido concedidos,[730] incluindo poderes para representar o principal noutras declarações, nomeadamente, na receção de reclamações. No que respeita ao recurso a juízo pelo agente, caso a agência não esteja registada aplica-se apenas o regime do art. 2.º, n.º 3 da Lei do Contrato de Agência que atribui legitimidade ao agente para requerer providências urgentes. Mas, caso esteja registada, para além desta legitimidade, que permite ao agente recorrer a juízo em nome próprio, mas por conta do principal, ele recebe ainda plenos poderes forenses para agir processualmente em representação do preponente.[731]

O mesmo sistema ocorre com a cobrança de créditos, uma vez que o art. 3.º da Lei do Contrato de Agência apenas será aplicada caso o art. 249.º do Código Comercial o permita. Assim, aplicando-se a Lei do Contrato de Agência, o agente carece de uma autorização escrita autónoma para cobrar créditos,[732] que não se confunde com os poderes de representação eventualmente concedidos, embora se presuma a autorização escrita para cobrança de créditos no caso de concessão escrita de poderes de representação para celebrar contratos.[733] No caso de aplicação da Lei do Contrato de Agência, sendo cobrados créditos sem autorização, remete-se para o regime do art. 770.º do Código Civil:

Caso o art. 249.º do Código Comercial impeça a aplicação do art. 3.º da Lei do Contrato de Agência, o agente terá sempre poderes para receber pagamentos, desde que a atividade à frente da qual esteja preposto inclua

---

[727] Art. 2.º, n.º 1 da Lei do Contrato de Agência.

[728] Art. 2.º, n.º 2 da Lei do Contrato de Agência.

[729] Art. 2.º, n.º 3 da Lei do Contrato de Agência

[730] Arts. 248.º, 249.º, 250.º, 251.º e 252.º do Código Comercial.

[731] Art. 254.º do Código Comercial.

[732] Neste caso, uma autorização constitutiva. Sobre a autorização constitutiva, VASCONCELOS, PEDRO LEITÃO PAIS DE, *A Autorização*, 2.ª ed., Almedina, Coimbra, 2016, págs. 142 a 211.

[733] Art. 3.º, ns.º 2 e 3 da Lei do Contrato de Agência.

essa atuação, independentemente da concessão de qualquer autorização autónoma, através de forma escrita ou não.[734]

VI. A relação do regime dos arts. 248.º e seguintes do Código Comercial com o art. 4.º da Lei do Contrato de Agência tem uma diferente natureza.

O art. 4.º da Lei do Contrato de Agência determina em que caso é que o agente é exclusivo, sendo que o art. 9.º da Lei do Contrato de Agência determina em que caso é que existe dever de não concorrência do agente após a cessação do contrato de agência. Como regra, estas questões apenas seriam relevantes na relação interna, entre principal e agente, não sendo relevantes perante terceiros. Contudo, o Código Comercial estatui a eficácia perante terceiros do dever de não concorrência. Segundo o art. 253.º do Código Comercial, o preposto não pode concorrer com o seu preponente. Esta disposição é aplicável à relação interna do contrato de agência, pois este contrato é uma preposição. A Lei do Contrato de Agência não regula o dever de não concorrência na pendência do contrato de agência, o que leva alguma Doutrina a retirar este dever através da interpretação dos arts. 4.º e 9.º da Lei do Contrato de Agência, considerando a evolução da versão original para a versão atual do art. 4.º.[735] Ou seja, apesar dos arts. 4.º e 9.º não fazerem atualmente referência a qualquer dever de exclusividade ou dever de não concorrência do agente, e de o art. 4.º ter deixado de fazer referência a este dever, existiria um dever de não concorrência que resultara "*a contrario*" das referidas disposições.[736] Note-se que, na sua redação original, o art. 4.º da Lei do Contrato de Agência estatuía um dever de exclusividade para o agente (e para o principal), como regime supletivo. Este regime foi alterado pelo Decreto-Lei n.º 118/93, que positivou a atual redação.

Face à modificação da Lei do Contrato de Agência e à sua atual redação, não resulta deste diploma para o agente qualquer dever de não concorrência ou dever de exclusividade,[737] que não os que possam ser eventualmente integrados através do recurso à boa fé.

---

[734] Arts. 248.º, 249.º, 250.º, 251.º e 252.º do Código Comercial.

[735] Neste sentido, MONTEIRO, ANTÓNIO PINTO, *Contrato de Agência*, 8.ª ed., Almedina, Coimbra, 2017, págs. 79 a 83.

[736] Neste sentido, MONTEIRO, ANTÓNIO PINTO, *Contrato de Agência*, 8.ª ed., Almedina, Coimbra, 2017, págs. 79 e 80.

[737] Em sentido contrário, como referimos, MONTEIRO, ANTÓNIO PINTO, *Contrato de Agência*, 8.ª ed., Almedina, Coimbra, 2017, págs. 79 e 80.

Este dever resulta, contudo, expressamente do art. 253.º do Código Comercial que, recorde-se, tem o seguinte teor:

Artigo 253.º
Nenhum gerente poderá negociar por conta própria, nem tomar interesse debaixo do seu nome ou alheio em negociação do mesmo género ou espécie da de que se acha incumbido, salvo com expressa autorização do proponente.
§ único. Se o gerente contrariar a disposição deste artigo, ficará obrigado a indemnizar de perdas e danos o proponente, podendo este reclamar para si, como feita em seu nome, a respectiva operação.

Este regime é aplicável ao agente, quer na relação interna, quer na relação externa.

No que respeita à relação interna, como vimos já, a Lei do Contrato de Agência integra o Código Comercial,[738] apesar de ter ficado formalmente autonomizada. Como caso especial de preposição comercial,[739] a agência é regulada supletivamente pelo regime geral da preposição que consta dos arts. 248.º e seguintes do Código Comercial, e só depois pelas regras gerais do mandato comercial. Por outro lado, este regime sempre seria aplicável ao contrato de agência, por via do art. 3.º do Código Comercial. Deve, pois, concluir-se que em matéria de concorrência ou exclusivo, o agente está sujeito ao regime do art. 253.º do Código Comercial. Assim, em regra não pode exercer atividade concorrente, nem por conta própria, nem por conta alheia, salvo autorização expressa do principal.

No que respeita à relação externa, este regime tem enorme importância, pois permite ao principal avocar os contratos celebrados pelo agente em violação do dever de não concorrência. Como resulta da natureza das coisas, quando um principal avoca um contrato para si, o terceiro passa a ter uma relação contratual com o principal, deixando de ter essa relação com a parte original (o agente ou a pessoa por conta de quem este agiu). Assim, o regime de concorrência do agente, enquanto preposto, pode ser oposto a terceiros, nos termos do art. 253.º do Código Comercial.

---

[738] Art. 4.º da Carta de Lei de 28 de junho de 1888, que aprova o Código Comercial.
[739] LISBOA, JOSÉ DA SILVA (VISCONDE DE CAIRU), *Principios de Direito Mercantil e Leis de Marinha*, Vol. V., Impressão Régia, Lisboa, 1811, págs. 23 a 26.

O LADO INTERNO DA PREPOSIÇÃO

VII. O regime dos arts. 21.º a 23.º da Lei do Contrato de Agência denota, sem margem para qualquer dúvida possível, a sua natureza prepositória.[740] Apesar da natureza prepositória do contrato de agência resultar imediatamente da noção legal, que consta no art. 1.º, n.º 1 da Lei do Contrato de Agência, é neste conjunto de disposições, em especial nos arts. 21.º e 23.º, que essa natureza se torna cristalinamente patente.

O que se encontra legislado nos arts. 21.º a 23.º da Lei do Contrato de Agência é, nada mais, nada menos, que um misto de *actio exercitoria* com *actio institoria*, razão pela qual não corresponde a qualquer novidade.[741]

O art. 21.º da Lei do Contrato de Agência obriga o agente a publicitar os poderes que tem através, nomeadamente, de "letreiros afixados nos seus locais de trabalho", e ainda nos documentos, deles fazer mencionar se tem ou não poderes representativos e se pode ou não efectuar a cobrança de créditos."

Esta regra corresponde a uma versão moderna do trecho da autoria de Ulpianus, do livro 28 do *Ad Edictum* (Digesto 14, 3, 11, (2) e (3)), que regulava o modo de publicitar os limites à preposição, impondo que o preponente fizesse afixar letreiros ou cartazes no seu estabelecimento, de modo a se saber quem tinha ou não poderes para o representar.[742] Da autoria de

---

[740] Já PINTO, PAULO MOTA, *Aparência de Poderes de Representação e Tutela de Terceiros, in* Boletim da Faculade de Direito, Vol. LXIX, págs. 587 a 645, Universidade de Coimbra, Coimbra, 1995, págs. 588 e 589, abordava o problema como algo que não era específico da relação de agência.

[741] Contra, MONTEIRO, ANTÓNIO PINTO, *Contrato de Agência*, 8.ª ed., Almedina, Coimbra, 2017, pág. 111, referindo-se ao Capítulo III da Lei do Contrato de Agência, sobre "Protecção de terceiros, segundo o qual, *"o presente capítulo, expressamente destinado à protecção de terceiros, constitui uma inovação, em face dos precedentes de direito comparado"*. Também defendendo o carácter inovador desta disposição, PINTO, PAULO MOTA, *Aparência de Poderes de Representação e Tutela de Terceiros, in* Boletim da Faculdade de Direito, Vol. LXIX, págs. 587 a 645, Universidade de Coimbra, Coimbra, 1995, pág. 645

[742] Digesto 14, 3, 11 – Ulpianus, Ad Edictum, livro 28.

(2) Não ocupa o posto de institor aquele sobre o qual foi publicamente anunciado que com ele não se deve contratar; porque não se deve com ele contratar como institor, porque se alguém não quer que se contrate, deve proibi-lo publicamente. Se não o faz fica obrigado pela preposição que tiver feito.

(3) Entendemos proibir publicamente no sentido de o fazer através de escritos claros, que se possam ler a partir do chão, como os que se colocam em frente da loja ou do lugar onde se exerce o comércio; não num local escondido, mas num evidente. Deverá estar escrito em Latim ou Grego? Na minha opinião, de acordo com as condições do lugar, de modo a que

A PREPOSIÇÃO

Ulpianus, esta solução tem, pelo menos, mil e oitocentos anos, sem prejuízo de poder ser anterior.

A única diferença consiste em que, na *actio institoria* era o principal que tinha esse ónus, recaindo sobre este as consequências negativas de não cumprimento do ónus. Agora, o dever recai sobre o agente, recaindo sobre este as consequências negativas (em regra, responsabilidade civil), o que constitui um regime de proteção de terceiros com uma eficácia muito inferior ao regime da *actio institoria*.

O art. 22.º, n.º 1 da Lei do Contrato de Agência, corresponde ao princípio fundamental de *ius civile*, *per extraneam personam nobis adquiri non posse*.[743] Ou, dito de outro modo mais adaptado à nossa atualidade, não há representação quando não há atribuição de poderes de representação (o que em Roma era a regra no âmbito do *ius civile*). A proximidade desta disposição face ao Direito Civil é patente na remissão operada para o art. 268.º, n.º 1 do Código Civil,[744] em lugar de ser efetuada para o Código Comercial.

O art. 22.º, n.º 2 da Lei do Contrato de Agência, corresponde ao regime do mandato comercial, estatuído no art. 240.º do Código Comercial. A principal diferença é a fixação do prazo de cinco dias (art. 22.º, n.º 2), por oposição à necessidade de resposta imediata (art. 240.º). Diferença esta que, no entanto, apenas surgiu com a alteração da Lei do Contrato de Agência que resultou do Decreto-Lei n.º 118/93, de 13 de abril.

O art. 23.º da Lei do Contrato de Agência corresponde ao núcleo das *actiones exercitoria et institoria*. Ou seja: em alguns casos, um negócio celebrado sem atribuição voluntária de poderes de representação, por uma pes-

---

ninguém possa invocar a ignorância dos escritos. Certo é que, se alguém disser que não sabia ler ou que não viu os escritos, uma vez que muitos podem ler e os escritos estavam expostos ao público, não será ouvido.

(4) É necessário que a proibição esteja exposta permanentemente, porque se se contratou antes de estar exposta ou quando estava escondida, há lugar a [ação] institória. Portanto, se o comerciante tiver publicado a proibição, mas outro a retirou, ou em virtude do tempo, ou da chuva, ou outra razão semelhante tenha sucedido que tenha deixado de estar exposta ou que não seja visível, responde-lhe que existe preposto. Mas se o próprio institor retirou o anúncio para me defraudar, o dolo deste deve prejudicar ao que o prepôs, a não ser que tenha participado no dolo aquele [terceiro] com que contratou.

[743] ALBUQUERQUE, PEDRO DE, *A Representação Voluntária em Direito Civil*, Almedina, Coimbra, 2004, pág. 48.

[744] MONTEIRO, ANTÓNIO PINTO, *Contrato de Agência*, 8.ª ed., Almedina, Coimbra, 2017, págs. 114 e 115.

soa que foi colocada estável e publicamente à frente de uma atividade de um comerciante, de tal modo que se justifique a confiança do terceiro, deve vincular o principal.

O que sucede é que, nas *actiones exercitoria et institoria* (e nos arts. 248.º e seguintes do Código Comercial), considera-se que existem "*razões ponderosas, objetivamente apreciadas, tendo em conta as circunstâncias do caso que justifiquem a confiança do terceiro de boa fé na legitimidade do agente, desde que o principal tenha igualmente contribuído para fundar a confiança do terceiro*" sempre que um comerciante coloque alguém à frente de toda, ou parte, do seu comércio, no local em que o exerça, ou noutro local, de modo público e estável. Dito de outro modo, quando institui um preposto.

O legislador, contudo, identificou este problema como se fosse de representação aparente,[745] quanto efetivamente é de preposição. Assim, impôs ao terceiro um ónus da prova quase impossível de cumprir, contrariamente ao sistema da preposição, que faz recair o ónus da prova sobre o principal. Esta é uma solução de Direito Civil, que não tem razão de ser num contrato comercial.

Mais uma vez, tal como sucede no art. 21.º da Lei do Contrato de Agência, a solução do art. 23.º tem uma eficácia de proteção de terceiros muito inferior, quer ao regime da *actio institoria*, quer ao regime dos arts. 248.º e seguintes do Código Comercial, correspondendo a um retrocesso e a um enfraquecimento na proteção de terceiros.

A diferença dos sistemas do Código Comercial e da Lei do Contrato de Agência resulta de uma diferente abordagem aos problemas. O legislador do Código Comercial fez uma abordagem jus-comercial ao problema, seguindo a tradição que vinha ininterruptamente desde o séc. II a.C.. Por sua vez, o legislador da Lei do Contrato de Agência fez uma abordagem jus-civil ao problema, como infelizmente tem vindo a ser frequente nos tempos correntes. Ou seja, em vez de procurar a solução nos regimes jurídicos do Direito Comercial, na sua tradição e na sua história, foi buscar a sua inspiração ao Direito Civil.

Chegado ao Direito Civil, o legislador terá certamente ficado impressionado pelas consequências nefastas que a aplicação do regime civil da

---

[745] Neste sentido, MONTEIRO, ANTÓNIO PINTO, *Contrato de Agência*, 8.ª ed., Almedina, Coimbra, 2017, págs. 114 a 116 e CORDEIRO, ANTÓNIO MENEZES, *Direito Comercial*, 4.ª ed., Almedina, Coimbra, 2016, pág. 787.

A PREPOSIÇÃO

representação podia ter no Comércio. Não é possível manter a confiança no Comércio aplicando-se, sem mais, o regime civil da representação sem poderes, do art. 268.º, n.º 1, do Código Civil. Procurou, então, permitir que em certos casos, em que tal se justificasse, o principal pudesse ficar vinculado, mesmo na falta de concessão de poderes de representação.[746]

Em suma, o legislador da Lei do Contrato de Agência[747] identificou o problema da atuação de prepostos no Comércio e procurou criar uma solução inovadora para esse problema. Sucede, apenas, que o problema dos prepostos foi descoberto no séc. II a.C., e foi solucionado algures na segunda metade do Séc. II a.C..

Podia o legislador ter recorrido a instrumentos de Direito Comercial para solucionar este problema. No entanto, o legislador da Lei do Contrato de Agência optou por criar uma solução recorrendo a uma estrutura de tipo jus-civil que, como é típico das estruturas jus-civis, é complexa, incerta, insegura e pesada (lenta), sendo incompatível com o Direito Comercial e com o Comércio. Como se sabe, o Direito Civil, na sua pureza, nem sempre é apto para resolver problemas do Comércio:

> *Errado vai o Jurisconsulto exclusivamente civil, se em qualquer Paiz do Mundo quizer por esse direito julgar os pleitos do commercio.*[748]

Um dos casos mais claros desta inadequação é, precisamente, o caso dos prepostos, incluindo os agentes. Não é possível manter uma adequada confiança no Comércio regulando o lado externo da agência através de mecanismos jus-civis.

---

[746] No sentido de que o art. 23.º da Lei do Contrato de Agência não traduz uma "procuração tácita", mas antes a necessidade de responsabilizar o principal pela atuação do seu agente, BRITO, MARIA HELENA, *O Contrato de Agência*, in Novas Perspectivas do Direito Comercial, Almedina, Coimbra, 1988, págs. 126 a 128.

[747] O mesmo sucedeu com o contrato de seguro, no art. 30.º do Regime Jurídico do Contrato de Seguro. Sobre a ligação ente a "representação aparente" no contrato de agência e no contrato de seguro, CASTELO, HIGINA ORVALHO, *O Contrato de Mediação*, Almedina, Coimbra, 2014, pág. 27 (19).

[748] BORGES, JOSÉ FERREIRA, *Das Fontes, Especialidades, e Excellencia da Administração Commercial Segundo o Codigo Commercial Portuguez*, Typographia Commercial Portuense, Porto, 1835, pág. 16.

VIII. Apesar desta situação, as consequências desta opção não são tão relevantes quanto se poderia julgar.

O regime dos arts. 21.º a 23.º da Lei do Contrato de Agência apenas é aplicável nos casos em que o art. 249.º do Código Comercial permite a sua oponibilidade ao terceiro. Assim, o regime dos arts. 21.º a 23.º da Lei do Contrato de Agência apenas é oponível a terceiros nos casos em que a agência esteja registada, ou em que o terceiro tivesse conhecimento efetivo dos concretos poderes de representação do agente à data do contrato. Nestes casos, em que o terceiro sabe que o agente é agente, e sabe quais são os concretos poderes de representação de que beneficia, não é aplicável o regime dos arts. 248.º e seguintes do Código Comercial. O mesmo sucede se a agência, e os respetivos poderes de representação, estiverem inscritos em registo comercial. Nestes casos, a proteção do terceiro perante a atuação de um preposto perde a sua justificação típica, valendo então o regime jurídico da agência.

Mantém-se, no entanto, a utilidade da proteção por via do art. 23.º da Lei do Contrato de Agência, mas apenas em casos muito especiais. Casos nos quais, apesar de o terceiro saber (ou estar registado) que o agente não tem poderes de representação, ainda assim se pode considerar que existem "*razões ponderosas, objetivamente apreciadas, tendo em conta as circunstâncias do caso que justifiquem a confiança do terceiro de boa fé na legitimidade do agente, desde que o principal tenha igualmente contribuído para fundar a confiança do terceiro*".

Como tal, em regra, os arts. 21.º a 23.º da Lei do Contrato de Agência apenas se aplicam nos casos em que a agência esteja inscrita em registo comercial, ou em que o terceiro tenha conhecimento efetivo de quais os poderes de representação do agente (e das instruções ou ordens), à data da celebração do contrato. Nos demais casos, aplica-se o regime da preposição, dos arts. 248.º e seguintes do Código Comercial.

C. Comunhão e sociedade

A figura paradigmática do comerciante que exerce o seu comércio sozinho é tão menos frequente, quanto maior dimensão e complexidade tiver a sua atividade. Não se quer afirmar que não existam comerciantes individuais, que exercem todo o seu comércio sozinhos, sem auxiliares nem colaboradores, e que possam mesmo ser titulares de empresas de dimensão consideráveis. Estes existem, e têm vindo a aumentar com o Comércio *online*, mas são a exceção quando confrontados com a totalidade do Comércio. Em regra, os comerciantes não exercem a sua atividade sozinhos, mas através de vários sistemas que lhes permitam maximizar as vantagens económicas.

A PREPOSIÇÃO

Um dos principais sistemas sempre consistiu na conjunção de esforços entre comerciantes, partilhando o investimento de modo a criar sinergias que facilitem a obtenção de lucros. Os comerciantes partilham a eficácia empresarial dos seus meios, mesmo que não partilhem a titularidade dos meios. No fundo, partilham pelo menos a eficácia empresarial dos meios, criando uma estrutura comercial que opera diretamente com base na eficácia comercial desses meios, mesmo que apenas indiretamente se apoie nesses meios. Deste modo, o que releva para a lucratividade do comércio não é tanto a titularidade substantiva dos concretos meios com base nos quais se exerce a atividade comercial, mas antes a sua eficácia no que respeita à atividade comercial.

Por exemplo, dois comerciantes podem decidir avançar para uma nova empresa, uma nova atividade, contribuindo cada um com a eficácia empresarial de vários bens de sua titularidade, mas sem partilhar a titularidade desses bens. Aquilo que partilham é a atividade, não necessariamente os bens com base nos quais exercem a atividade. Como tal, partilham os efeitos dos bens e não os bens,[749] de tal modo que juridicamente se pode afirmar que o efeito do bem é autonomizado como um novo bem.

Assim, o que releva em primeiro lugar é a aptidão dos meios para produzir efeitos comerciais, ou a sua utilidade comercial, e só em segundo lugar importa a titularidade desses meios. Deste modo, como regra, é mais importante para a empresa comercial integrar a capacidade produtiva do meio no universo que é o estabelecimento, do que o meio produtivo em si próprio. Esta caraterística do comércio é hoje muito patente, com um conjunto de novas atividades comerciais, muitas delas *online*, nas quais o comerciante se apoia mais na eficácia produtiva de meios alheios, do que na titularidade dos meios. Usa-se meios alheios, sem os comprar, para exercer a atividade sobre esses meios, por exemplo, usando-se plataformas *online* alheias para nelas explorar a sua própria empresa de venda de bens. Da conjunção destas duas caraterísticas – colaboração entre comerciantes e partilha de utilidades – resulta um tipo de atividade comercial plurisubjetiva, no qual vários comerciantes atuam integrados numa única empresa.

Estes casos têm uma dupla natureza. Por um lado, os comerciantes unem-se em sociedade para desenvolver a sua empresa comercial. Por outro lado, a empresa comercial é da titularidade comum dos comerciantes. Assim, há

---

[749] Embora possam também partilhar os bens.

duas abordagens possíveis a esta questão: a do negócio jurídico que está subjacente à colaboração entre os comerciantes, e a da titularidade em comunhão da empresa.

Este sistema pode levantar várias questões, mas aquela que agora nos interessa é a da imputação da atuação de um dos comerciantes ao outro comerciante. Ou, dito de outro modo, a questão da imputação da atuação de um comerciante à empresa e, através desta, a todos os (con)titulares desta empresa. Dito ainda de outro modo, a questão consiste em saber quem representa a empresa; questão esta que surge com uma antiga e nova complexidade, porquanto nos estamos a referir a empresas comerciais, em sentido próprio, e não a sociedades comerciais com personalidade jurídica.

Numa abordagem formal, não é possível representar empresas, porque as empresas não têm personalidade jurídica. Quem tem personalidade jurídica são os comerciantes, individuais ou coletivos. Mas esta abordagem não explica o fenómeno jus-comercial. As empresas não têm personalidade jurídica, mas têm personalidade comercial. No Comércio, os sujeitos são as empresas, identificadas pelas respetivas firmas, e não os seus titulares. São as empresas que atuam no Comércio, que compram, que vendem, que negoceiam, que barganham, e que fazem a economia avançar. Como é da natureza das coisas, a empresa irá integrar pessoas, quer como seus titulares, quer como representantes. Por um lado, a empresa pertencerá a alguém; por outro lado, alguém terá de agir por conta da empresa para que esta desenvolva atividade. Assim, o problema da imputação da atuação à empresa tem dois níveis: num primeiro nível, é necessário saber quem representa comercialmente a empresa; num segundo nível, é necessário saber a quem são juridicamente imputados os atos da empresa, quem é o representado.

De certo modo, nesta abordagem, a empresa surge como o eixo que faz convergir o lado externo e interno da atuação comercial, o elemento de conexão entre a atuação externa e interna. O lado externo ocorre entre a empresa e os clientes, fornecedores e outros terceiros. O lado interno verifica-se entre a empresa e os seus titulares. Esta estrutura é real, é ser, não é dever ser. É assim que sucede em geral no Comércio. As pessoas fazem negócios com uma empresa e não com os seus titulares, que em regra não conhecem, não querem conhecer e não têm sequer interesse em conhecer. A empresa tem uma mercadoria que as pessoas pretendem, pelo que compram essa mercadoria à empresa. Para quem foi o dinheiro que pagaram e de quem veio a propriedade da mercadoria, é algo que tem pouca, ou nenhuma, relevância real no Comércio (sem prejuízo de ter muita relevância jurídica).

A PREPOSIÇÃO

No presente caso, e para melhor compreender a questão, é necessário abstrair da normal complexidade do Comércio, e limitar a empresa paradigmática à titularidade de dois comerciantes, que partilham a empresa em comunhão e que exercem o seu comércio em sociedade (sem personalidade jurídica), sem recurso a outros auxiliares. O que ocorre nestes casos é que o comércio dessa empresa será desenvolvido por ambos os comerciantes, mas em paralelo. Ou seja, ambos os comerciantes vendem mercadorias da empresa, da qual são ambos titulares.

Numa perspetiva civil, a questão colocar-se-ia no âmbito do regime da comunhão, pois ambos são titulares da empresa, com o inerente estabelecimento e toda a universalidade que este integra. Neste modo mais Civil de abordar a questão, recorrer-se-ia ao Código Civil, em especial ao regime da compropriedade, que é aplicável subsidiariamente a todas a formas de comunhão.[750] Segundo este regime, a administração da empresa seria regulada pelo regime do art. 985.º do Código Civil,[751] pelo que, na falta de convenção, todos os contitulares teriam igual poder para administrar. Contudo, este regime inclui ainda outras disposições relevantes. Segundo o art. 1407.º, n.º 3 do Código Civil, os atos realizados por um dos contitulares contra a oposição da maioria são anuláveis e, segundo o art. 1408.º, n.ºs 1 e 2 do Código Civil, o comproprietário não pode alienar nem onerar parte especificada da coisa comum, sendo esta havida como alienação ou oneração de coisa alheia.

Aplicando-se este regime à contitularidade de uma empresa, esta seria regulada pelo regime civil da compropriedade, sendo que o regime de administração da empresa seria o do art. 985.º do Código Civil, com as alterações que resultam dos art. 1404.º e seguintes do Código Civil. Ou seja, o problema da contitularidade e o problema da sociedade são integrados num único problema, numa única questão.

Em consequência, neste sistema, o problema da administração e representação da sociedade[752] dos comerciantes que formam uma empresa é o mesmo problema da administração e representação da contitularidade da empresa pelos comerciantes.

Mesmo que se entenda que o regime civil da compropriedade não é adequado para regular a contitularidade de uma empresa, e que esta contitu-

---

[750] Art. 1404.º do Código Civil.
[751] Art. 1407.º, n.º1 do Código Civil.
[752] Sem personalidade jurídica.

390

laridade deva ser regida pelo regime do Código das Sociedades Comerciais aplicável às chamadas sociedades irregulares, ou pelo regime das sociedades em nome coletivo, ou ainda por um qualquer regime misto composto pelo Código das Sociedades Comerciais e pelo Código Civil, o problema vai ser sempre o mesmo. Na falta de personalidade jurídica, a regra será a de a empresa (sociedade) ser representada pelos seus titulares (sócios), salvo acordo em contrário.

A questão que surge com estas empresas é exponenciada pela falta de registo.

Enquanto uma "normal" sociedade comercial está inscrita em registo, uma empresa comercial como as referidas não é registada. Pode mesmo suceder que os comerciantes seus titulares estejam inscritos no registo comercial, nas não a empresa em si. Como tal, toda a relação interna é, por regra, desconhecida do público. Não só o conteúdo da relação interna é desconhecido do público, como a simples existência de uma relação interna, como ainda a mera existência de dois contitulares da empresa. Por último, é muito provável que a identificação dos contitulares da empresa seja também desconhecida do público. O público não sabe de quem é a empresa, se de uma ou mais pessoas, qual o acordo quanto a essa empresa, e muito menos quem a representa. O que é apto para causar inevitável insegurança no tráfego comercial, em especial, por não permitir aos terceiros fazer a ligação entre as pessoas que surgem agir por conta da empresa e as pessoas que são titulares da empresa.

No caso agora usado como exemplo, no qual a empresa pertence a dois comerciantes, pode suceder que ambos os comerciantes atuem por conta da empresa, mas cada um sozinho. Assim, cada um dos comerciantes celebra contratos com terceiros, desacompanhado do outro comerciante, sendo que ambos o fazem por conta da empresa. Sendo estes atos imputados à empresa, são imputados a ambos os comerciantes enquanto titulares da empresa ou, dito de outro modo, enquanto suporte jus-subjetivo da empresa. Contudo, quando um destes comerciantes age, tanto pode agir invocando o seu próprio nome, como invocando a firma da empresa, como não invocando nenhum nome, como invocando o nome do seu sócio, ou invocando o nome de ambos. Pode ainda suceder que um dos comerciantes celebre contratos contra a vontade do outro comerciante, seu sócio e contitular da empresa. Contudo, do ponto de vista do terceiro, apenas é possível identificar que existe determinada pessoa que surge colocada pública e estavelmente à frente de determinado comércio, sem que se consiga saber a quem pertence esse comércio, essa empresa, e sem ser possível ter conhecimento de nada que tenha ocorrido nas relações internas.

Chegados a este ponto, é possível concluir que numa empresa com esta configuração, todos os titulares da empresa (todos os sócios da sociedade) podem ser prepostos de todos os demais, desde que surjam pública e estavelmente à frente da empresa, ou de parte desta, o que ocorre quando gerem a empresa. Assim sucede porque a dupla qualidade de contitulares da empresa e de sócios é apta a causar a preposição. Deste modo, um dos casos possíveis – e frequentes – de relação subjacente à preposição é a contitularidade de uma empresa comercial (sem personalidade jurídica), na qual os sócios contitulares dessa empresa, ao gerirem-na, surgem estável e publicamente à frente da respetiva empresa.

Assim sucede, quer os comerciantes sejam pessoas singulares, quer os comerciantes sejam pessoas coletivas. Neste último caso, a situação ocorre se duas sociedades comerciais com personalidade jurídica decidirem unir esforços para, em conjunto, se associarem "informalmente" para desenvolverem uma atividade comercial empresarialmente, com o fim de partilhar os lucros, ou simplesmente beneficiarem das vantagens económicas resultantes, ficando contitulares dessa empresa comercial sem personalidade jurídica. Neste caso, é formada uma nova empresa sem personalidade jurídica cuja titularidade pertence em comunhão a duas sociedades comerciais com personalidade jurídica. Caso uma, ou ambas, as sociedades comerciais surja colocada estável e publicamente à frente dessa empresa, será preposta dessa empresa, pelo que tudo o que fizer nesse âmbito vincula todos os titulares da empresa, ou seja, todas as sociedades comerciais que são contitulares da empresa comum.

D. Administrador ou gerente societário

I. As empresas formadas por sociedades de comerciantes, na sua constelação de manifestações possíveis, sempre funcionaram com prepostos. Não é sequer possível uma sociedade em atividade sem que exista uma preposição, pois irá inevitavelmente surgir alguém pública e estavelmente à frente do comércio da sociedade.

A relação entre a sociedade e a preposição é quase intuitiva. Quando um conjunto de pessoas se junta para exercer uma atividade em comum, essa atividade será exercida por uma ou mais dessas pessoas, que ficarão colocadas à frente do comércio exercido em sociedade, podendo mesmo suceder que todas essas pessoas fiquem colocadas à frente dessa atividade. Uma socie-

O LADO INTERNO DA PREPOSIÇÃO

dade tem sempre quem a gira, administre ou dirija. É da natureza das coisas. Podem ser todos os sócios, alguns sócios, ou terceiros. Podem ainda ocorrer situações mistas, como por exemplo, todos os sócios gerirem a sociedade, mas cada um à frente de um setor de atividade, sendo que existe ainda um terceiro (não sócio) que gere outro setor de atividade, ou um nível inferior da atividade. As combinações possíveis são inúmeras, mas há sempre pessoas à frente do negócio da sociedade.

Claro que, se fizermos uma abordagem interna (*internal approach*) ao problema da atuação externa da sociedade, teríamos de distinguir entre a relação interna e a relação externa. Na relação interna, teríamos de distinguir entre a atividade dessas pessoas enquanto sócias e a atividade dessas pessoas enquanto dirigentes da sociedade.

Mas no Direito Comercial esta questão é diferente e exige uma diferente abordagem. Não interessa tanto saber qual o título ou causa da atuação dessas pessoas, mas antes se essas pessoas surgem colocadas à frente dessa concreta atividade comercial, de modo estável e público, agindo por conta dos titulares dessa atividade. Nesta abordagem externa ao problema (*external approach*),[753] o que releva é que quem exerce efetivamente perante terceiro a atividade do comerciante, quem atua por conta do comerciante. Se são ou não administradores ou gerentes é uma questão interna; se surgem ou não pública e estavelmente como administradores ou gerentes, é uma questão externa.

O problema é real, pois só muito raramente os terceiros sabem qual a causa que leva determinada pessoa a surgir pública e estavelmente à frente da sociedade. É mesmo extremamente raro que um terceiro saiba efetivamente quem são os administradores e gerentes das sociedades. O terceiro pode estar convencido que sabe, mas em regra não sabe; antes, presume que são administradores ou gerentes, porque surgem estável e publicamente como se fossem administradores ou gerentes. Normalmente, os terceiros confiam que quem surge como se fosse gerente ou administrador tem essa qualidade, porque tal consta de um cartão de visita, ou porque um funcionário da empresa o apresenta como "o Senhor Administrador", e porque

---

[753] Sobre a *internal approach* e *a external approach*, *Agency in Private Internacional Law, The Hague Convention on the Law Aplicable to Agency*, Martinus Nijhoff Publishers, The Hague/Boston/London, 1995, págs. 304 e 305 e BRITO, MARIA HELENA, *A Representação nos Contratos Internacionais, Um contributo para o estudo do princípio da coerência em direito internacional privado*, Almedina, Coimbra, 1999, págs. 478 e 479.

393

assim é conhecido em relação àquela empresa. No entanto, é extremamente raro, em especial no comércio de massa, que alguém exija a confirmação dos poderes, ou que vá consultar o registo comercial. O que sucede nestes casos, é que o terceiro trata com essa pessoa porque ela está pública e estavelmente à frente da sociedade e, como tal, à frente da respetiva atividade comercial, presumindo que é um administrador ou gerente societário. Noutros casos, o terceiro trata com o gerente ou administrador da sociedade sem sequer saber que este tem essa qualidade, pois só muito raramente este se irá apresentar como gerente ou administrador da sociedade. É – apenas – a pessoa que trata do comércio da sociedade e que faz os seus negócios.

Os administradores e gerentes societários são prepostos, surgem no Comércio como prepostos, são em regra identificados e tratados como prepostos pelo público no Mercado.

II. Este sistema pode parecer estranho, pois a tradição nacional vai no sentido de tratar ambas as figuras como sendo autónomas e não cumuláveis. Como se uma coisa fosse um administrador ou gerente societário e outra, completamente diferente, fosse um gerente de comércio ou qualquer outro preposto. No entanto, a realidade jurídica e social é muito diferente. Os administradores ou gerentes societários são membros de órgãos da sociedade comercial. O gerente de comércio é um caso de preposto, que espoleta o respetivo regime jurídico. Os critérios de aplicação de ambas as figuras são diferentes, mas não dicotómicas, pelo que podem ser cumuladas, quando se verifica uma coincidência de requisitos. Esta coincidência, contudo, é quase sempre total, porque a figura dos gerentes e administradores de sociedades comerciais é um sub-caso de gerente de comércio, tendo origem no *institor* romano.

III. Antes de existirem sociedades com personalidade jurídica já existiam sociedades comerciais, formadas entre comerciantes. E, como é da natureza das coisas, essas sociedades eram geridas por determinadas pessoas. Podiam ser geridas pelos sócios, por seus familiares, servos, trabalhadores, mandatários, *inter alia*. Contudo, existia sempre alguém que surgia pública e estavelmente à frente da atividade da sociedade, agindo por conta da empresa, por conta da sociedade.

Mesmo que não fosse possível aos terceiros saber quem eram os sócios de determinada sociedade, nem mesmo fosse possível saber se existia ou não uma sociedade, era sempre possível saber quem estava pública e estavelmente à frente de determinada empresa. Estas pessoas eram prepostos da sociedade, quer fossem sócios, seus familiares, servos, trabalhadores, mandatários ou tivessem qualquer outra qualidade. Cada um tinha, contudo, um determinado âmbito de atividade pública e estável, que delimitava a sua preposição.

As pessoas que geriam a sociedade tratando de todos os seus assuntos, e que em regra eram os próprios sócios, eram também prepostos da sociedade, sendo prepostos de topo. Por esta razão, um terceiro não necessitaria provar se essa pessoa era ou não sócio, se era ou não dirigente da sociedade, nem teria de se preocupar se havia alguma deliberação social que pudesse interferir com o contrato celebrado, pois o regime da preposição vinculava a sociedade.

Como vimos, o comércio romano desenvolveu-se com o fim das Guerras Púnicas. Foi a partir desta altura, com a expansão do território romano e com o desaparecimento de outras potências comerciais, que as empresas romanas se desenvolveram e cresceram. Este desenvolvimento levou a que a empresa já não pudesse ser exercida diretamente pelo comerciante, ou não o pudesse ser desenvolvida apenas por este. Assim começou a prática de colocar outras pessoas à frente do negócio, para o gerir e tratar dele, em lugar do comerciante. Estes eram os *institores*, que correspondem aos atuais gerentes de comércio. Assim, já em Roma, à frente de uma empresa estava o comerciante ou um gerente do seu comércio (*institor*). Não se quer dizer com isto que não existem figuras próximas à nossa sociedade (*societas* e *actio pro socio*, por exemplo), nem de limitação e autonomia patrimonial, semelhantes à pessoa coletiva sociedade comercial (*actio de peculio*). Sucede, apenas, que estas *actiones* romanas eram consideradas em paralelo com a *actio institoria*, da qual nasceu o regime legal dos arts. 248.º e seguintes do Código Comercial. O problema da vinculação do comerciante pelos atos das pessoas que colocava à frente da sua atividade empresarial era resolvido pela *actio institoria*, e não pelas outras *actiones*, embora estas pudesse ajudar a resolver parte dos problemas, em casos específicos.

Com a evolução do comércio, ao longo dos séculos, as empresas comerciais foram evoluindo cada vez mais, sendo que algumas se tornaram verdadeiras sociedades transnacionais, verdadeiros "conglomerados mercantis", ou "grupos empresariais", que apesar de poderem não ter personalidade jurídica, nem toda a estrutura orgânica que a acompanha, competiam em tamanho e sofisticação com os maiores e mais sofisticados grupos empre-

A PREPOSIÇÃO

sariais da atualidade. Assim sucedeu, por exemplo, com a empresa francesa conhecida como os *Négociants Reúnis*, ou com o banco holandês *Hope & Co.*

Estas empresas estavam organizadas em sociedade, mas sem personalidade jurídica, sendo geridas pelos próprios comerciantes em conjunto com prepostos, que nos períodos mais tardios eram trabalhadores. Ou seja, os administradores destas grandes empresas eram os próprios titulares da empresa (os próprios comerciantes), mas também os gerentes do seu comércio, que operavam em simultâneo, todos como chefes da empresa. Quando um sócio era instituído como preposto da sociedade pelos demais sócios, era denominado de cumprimentário; quanto o preposto não era sócio, era usada a terminologia antiga, sendo denominado de institor.[754]

IV. Quando surgiram as sociedades comerciais com personalidade jurídica, não mudaram as pessoas que as geriam. Antes e depois da introdução das sociedades com personalidade jurídica, as pessoas que geriam as sociedades e que tratavam do seu comércio foram sempre as mesmas. O surgimento do regime jurídico da sociedade comercial com personalidade jurídica não alterou o mundo real no que respeita a este elemento.

Alterou, contudo, o seu funcionamento jurídico.

Antes destas sociedades existirem no Direito, o comércio das sociedades era gerido por determinadas pessoas. Algumas dessas pessoas seriam os próprios sócios, ou alguns dos sócios (cumplimentários ou sócios cumprimentários),[755] mas outras pessoas não seriam sócios. Todas estas pessoas tratavam do comércio da sociedade. Para além do comércio da sociedade, existiam ainda questões específicas da sociedade em si, das relações entre os sócios e entre os sócios e a sociedade.

Existiam, pois, dois níveis de problemas: os comerciais e os societários. Os problemas comerciais diziam respeito à sociedade enquanto empresa ou, melhor dito, à empresa da sociedade. Os problemas societários diziam respeito às relações entre os sócios, e entre o conjunto da sociedade e os sócios. Os problemas societários eram tratados pelos sócios enquanto sócios; mas os problemas comerciais podiam ser tratados por qualquer pessoa que

---

[754] Neste sentido, Azuni, Domenico Alberto, *Dizionario Universale Ragionato della Giurisprudenza Mercantile*, 1.ª ed., Tomo II, Società Tipografica, Nizza, 1787, pág. 271.

[755] Jorio, Michele de, *La giurisprudenza del commercio umiliata a S. M. Ferdinando IV: Re delle Due Sicilie, e di Gerusalemme, Infante di Spagna, Duca di Parma, Piacenza, e Castro, e Gran Principe Ereditario della Toscana*, Tomo I, Stamperia Simoniana, Napoli, 1799, pág. 128.

os sócios colocassem à frente dessa área de atividade, quer fossem ou não sócios, de modo estável e público. Ou seja: prepostos.

Estas pessoas podiam surgir publicamente em vários níveis da atividade comercial da empresa, desde a gestão de topo da empresa, até à gestão de atividades correntes, por exemplo, a venda das mercadorias ao balcão. Todos eram prepostos, mas a relação interna que tinham com os sócios ou com a sociedade podia variar muito. Deste modo, os sócios dirigentes tinham uma tripla qualidade:

– Eram sócios nas relações com os demais sócios e com a sociedade.
– Eram dirigentes nas relações internas da sociedade.
– Eram prepostos nas relações externas da sociedade.

O sócio administrador preposto era denominado de *cumplimentario*, sendo distinguido do *institor* porque este último era visto como um preposto que *"não é o mais das vezes um criado dos proprietarios, quando o cumplimentario é muitas vezes socio"*.[756] Ambos eram prepostos, sendo que a distinção que era feita era, por um lado, relativa à respetiva classe social e, por outro lado, relativa à titularidade da posição de sócio.[757]

Com o surgimento da personalidade jurídica das sociedades, ocorreu a institucionalização do órgão de gestão e representação da sociedade e, como é da natureza das coisas, foram necessárias pessoas para integrar esse órgão. Este órgão já existia antes mesmo da sua institucionalização; as sociedades já tinham uma "administração", ou "gerência" ou "direção", composta pelas pessoas que, por decisão dos sócios, tratavam da gestão de topo do comércio da empresa. A institucionalização jurídico-formal do órgão não alterou a sua composição, apenas alterou o seu regime jurídico, que passou a ser rígido.[758]

Em paralelo, o surgimento da personalidade jurídica quebrou a ligação direta entre a empresa e os sócios. Os sócios deixaram de ser o suporte per-

---

[756] Borges, José Ferreira, *Diccionário Jurídico-Comercial*, 2.ª ed., Typographia de Sebastião José Pereira, Porto, 1856, pág. 207.

[757] Neste sentido, Azuni, Domenico Alberto, *Dizionario Universale Ragionato della Giurisprudenza Mercantile*, 1.ª ed., Tomo II, Società Tipografica, Nizza, 1787, pág. 271.

[758] De tal modo que conduziu à preocupação de "superação da rigidez dos esquemas jurídicos, na busca da justiça substancial" relativa à figura do chamado administrador de facto, como faz Costa, Ricardo, *Administrador de Facto e Representação das Sociedades*, in Boletim da Faculdade de Direito, Vol. XC, Tomo II, Universidade de Coimbra, Coimbra, 2014, págs. 719 a 759, em especial pág. 728.

A PREPOSIÇÃO

sonalístico da empresa, passando a própria sociedade a ser a pessoa jurídica relevante. Contudo, enquanto as sociedades não tinham personalidade jurídica, havia sempre algum sócio que podia agir, pois seria uma pessoa humana. Mas com o surgimento da personalidade jurídica das sociedades comerciais, deixou de ser fisicamente possível a atuação da própria sociedade. Esta carece necessariamente de pessoas para a gerirem, agindo através de várias pessoas. Assim, "não são tanto os administradores que agem para a sociedade, antes *é mais a própria sociedade que age por meio de administradores*".[759] Aliás, é por esta razão que é na relação externa, entre a sociedade e os terceiros, que o problema dos administradores de facto se coloca com maior premência.[760]

O que sucedeu com o surgimento da personalidade jurídica das sociedades comerciais foi uma passagem das pessoas que integravam um órgão de gestão não institucional, para o novo órgão de gestão institucional. Mas, em suma, no que respeita à atuação externa, as pessoas que dirigiam a sociedade e que estavam prepostas à frente do comércio que pertencia à sociedade sem personalidade jurídica, passaram a estar prepostas à frente do comércio que passou a pertencer à nova pessoa, a sociedade comercial com personalidade jurídica. Ou seja, as pessoas que geriam o comércio que pertencia aos sócios, passaram a gerir o comércio que pertence à sociedade que, por sua vez, pertence aos sócios.

No que respeita ao comércio da sociedade, algumas pessoas tratavam da gestão de topo do comércio da sociedade e integravam o órgão (informal) de gestão da sociedade, enquanto outras pessoas geriam o comércio da sociedade, mas sem integrar o respetivo órgão (informal) de gestão, independentemente do nível em que estivessem inseridas na estrutura empresarial, e independentemente de serem sócias ou não.

Em resumo, antes da existência de sociedades comerciais com personalidade jurídica, e da respetiva institucionalização do órgão de gestão da sociedade, podia ocorrer o seguinte:

– Sócios que não intervinham de nenhum modo na gestão ou comércio da sociedade.[761]

---

[759] COSTA, RICARDO, *Os Administradores de Facto das Sociedades Comerciais*, Almedina, Coimbra, 2014, pág. 772.

[760] Conforme afirma COSTA, RICARDO, *Os Administradores de Facto das Sociedades Comerciais*, Almedina, Coimbra, 2014, pág. 772.

[761] Um sócio puramente capitalista, por exemplo.

O LADO INTERNO DA PREPOSIÇÃO

– Sócios que geriam o comércio da sociedade, mas não praticavam atos perante terceiros.[762]
– Sócios que geriam o comércio da sociedade e praticavam atos perante terceiros.[763]
– Sócios que não geriam o comércio da sociedade, mas praticavam atos perante terceiros.[764]
– Não sócios que geriam o comércio da sociedade, mas não praticavam atos perante terceiros.[765]
– Não sócios que geriam o comércio da sociedade, e praticavam atos perante terceiros. [766]
– Não sócios que não geriam o comércio da sociedade, mas praticavam atos perante terceiros.[767]
– Não sócios que não intervinham de nenhum modo na gestão ou comércio da sociedade.[768]

De todos estes conjuntos de pessoas, eram prepostos todos os que praticavam (estável e publicamente) atos perante terceiros, o que significa que havia prepostos sócios[769] e prepostos não sócios, sendo que alguns prepostos

---

[762] Um sócio que aconselhava os outros sócios sobre a estratégia a seguir, mas sem praticar atos perante terceiros, por exemplo

[763] Um sócio que geria a sociedade, e estava na loja a vender mercadorias a clientes, por exemplo.

[764] Um pequeno sócio capitalista, que não participava nas decisões de gestão da soceidade, mas que trabalhava para a sociedade, por exemplo.

[765] O cônjuge de um sócio que tomava as decisões de topo, mas sem praticar atos perante terceiros.

[766] O cônjuge de um sócio que tomava as decisões de topo, e estava na loja a vender mercadorias.

[767] O típico trabalhador não sócio.

[768] Um funcionário de armazém que apenas arrumava as mercadorias.

[769] Nas palavras de BORGES, JOSÉ FERREIRA, *Diccionario Juridico-Commercial*, Typographia de Sebastião José Pereira, Porto, 1856, pág. 110, *em fraze comum chama-se ao cumplimentario o socio «activo», o «gerente», o «administrador» da sociedade, o «chefe» da casa &c.*. Por sua vez, JORIO, MICHELE DE, *La giurisprudenza del commercio umiliata a S. M. Ferdinando IV: Re delle Due Sicilie, e di Gerusalemme, Infante di Spagna, Duca di Parma, Piacenza, e Castro, e Gran Principe Ereditario della Toscana*, Tomo I, Stamperia Simoniana, Napoli, 1799, pág. 128, chama-lhe cumplimentário ou sócio cumplimentário.

A PREPOSIÇÃO

geriam também a sociedade, enquanto outros prepostos apenas tratavam do comércio da sociedade perante terceiros.

Com a institucionalização do órgão de gestão da sociedade, o sistema tornou-se ainda mais complexo pois, para além de todos os conjuntos de pessoas que já existiam, surgiram mais outros conjuntos:

– Sócios que integravam o órgão de gestão, mas sem intervir de nenhum modo na gestão ou comércio da sociedade.[770]
– Sócios que integravam o órgão de gestão e que geriam o comércio da sociedade, mas não praticavam atos perante terceiros.[771]
– Sócios que integravam o órgão de gestão, geriam o comércio da sociedade e praticavam atos perante terceiros.[772]
– Sócios que integravam o órgão de gestão, não gerindo o comércio da sociedade, mas praticavam atos perante terceiros.[773]
– Não sócios que integravam o órgão de gestão que geriam o comércio da sociedade, mas não praticavam atos perante terceiros.[774]
– Não sócios que integravam o órgão de gestão, gerindo o comércio da sociedade, e praticavam atos perante terceiros.[775]
– Não sócios que integravam o órgão de gestão, não gerindo o comércio da sociedade, mas praticavam atos perante terceiros.[776]

---

[770] Um administrador de uma sociedade anónima, não executivo, que não participa nos conselhos de administração, e se limitou a "ceder" o seu nome para melhorar a reputação comercial da sociedade e que recebe em troca ações da sociedade, por exemplo.

[771] Um sócio gerente que apenas tratava de elaborar estudos financeiros para a sociedade, por exemplo.

[772] O sócio gerente de uma sociedade por quotas unipessoal que é uma micro-empresa, sem trabalhadores, que trata de todos os assuntos da sociedade, por exemplo.

[773] O sócio gerente que se reformou, tendo passado a gerência para os outros sócios gerentes seus filhos, mas que continua formalmente como gerente, nada exercendo efetivamente ao nível da gerência, mas que continua na loja a atender a sua clientela, por exemplo.

[774] Um não sócio contratado para gerente que apenas tratava de elaborar estudos financeiros para a sociedade, por exemplo.

[775] O típico administrador de uma sociedade, que gere a sociedade e exerce o comérico por conta da sociedade, mas que não é sócio, por exemplo.

[776] Um trabalhador da sociedade que é promovido a administrador não executivo, sem exercer efetivamente qualquer função de administração, por exemplo.

O LADO INTERNO DA PREPOSIÇÃO

– Não sócios que integravam o órgão de gestão, mas não intervinham de nenhum modo na gestão ou comércio da sociedade.[777]

No que respeita aos sócios que geriam a sociedade, a relação interna era o próprio contrato de sociedade, enquanto a relação externa era uma preposição. Já no que respeita aos não sócios que geriam a sociedade, a relação interna podia variar, mas em regra era um contrato de trabalho,[778] sendo a relação externa composta por uma preposição. Assim, enquanto a relação interna podia variar, a relação externa era una.

A situação tornou-se mais complexa, não só pelo nascimento do novo órgão institucional de gestão, mas também porque em muitos casos a gestão da sociedade se manteve nas mãos de pessoas que não integravam esse novo órgão de gestão, o que ainda hoje ocorre com alguns casos dos chamados "administradores de facto".[779] Estas pessoas, ao exercer as mesmas funções que um membro do novo órgão de administração, surgiam pública e estavelmente à frente do comércio da sociedade, como se integrassem esse órgão. Assim, tanto eram prepostos os membros do órgão de administração, como as pessoas que administravam a sociedade sem integrar esse órgão. Sendo também prepostos as pessoas que tratavam do comércio da sociedade em níveis inferiores.

No que respeita aos membros do órgão de gestão, o que sucedeu foi que algumas das pessoas que exerciam funções de direção da sociedade e do seu comércio (institores e cumplimentários)[780] passaram a integrar o

---

[777] Um administrador de uma sociedade anónima, não executivo, que não participa nos conselhos de administração, e se limitou a "ceder" o seu nome para melhorar a reputação comercial da sociedade e que não tem ações da sociedade, por exemplo.

[778] Sendo que esta é uma das principais razões de ainda hoje se colocar em causa a eventual natureza laboral da relação entre os membros do órgão de administração e a respetiva sociedade comercial – sobre o problema, RAMALHO, MARIA DO ROSÁRIO PALMA, *Tratado de Direito do Trabalho*, Parte II, 6.ª ed., Almedina, Coimbra, 2016, págs. 79 a 82.

[779] Sobre os administradores de facto, por todos, COSTA, RICARDO, *Os Administradores de Facto das Sociedades Comerciais*, Almedina, Coimbra, 2014, *passim*.

[780] AZUNI, DOMENICO ALBERTO, *Dizionario Universale Ragionato della Giurisprudenza Mercantile*, 1.ª ed., Tomo II, Società Tipografica, Nizza, 1787, pág. 271, JORIO, MICHELE DE, *La giurisprudenza del commercio umiliata a S. M. Ferdinando IV: Re delle Due Sicilie, e di Gerusalemme, Infante di Spagna, Duca di Parma, Piacenza, e Castro, e Gran Principe Ereditario della Toscana*, Tomo I, Stamperia Simoniana, Napoli, 1799, págs. 124 a 129 e BORGES, JOSÉ FERREIRA, *Diccionario Juridico--Commercial*, 2.ª ed., Typographia de Sebastião José Pereira, Porto, 1856, pág. 110.

A PREPOSIÇÃO

órgão (formal) de gestão, e outras não. Por esta razão, alguns dos prepostos que geriam o comércio da sociedade (gerentes de comércio), passaram a membros do órgão de administração, gerindo também a própria sociedade (gerentes societários), sendo simultaneamente gerentes societários e gerentes e comércio.

É por esta razão que os gerentes e administradores da sociedade são prepostos: porque ao exercerem as suas funções surgem pública e estavelmente à frente do comércio da sociedade. Como sempre sucedeu desde que há sociedades.

V. Em teoria, é possível um gerente ou administrador societário que não seja um preposto, sendo para tanto necessário que não surja pública e estavelmente à frente da atividade da sociedade. Sucede, no entanto, que face às atuais regras de registo comercial, estas pessoas estão normalmente inscritas no registo comercial como gerentes ou administradores e, logo, surgem pública e estavelmente à frente da atividade da empresa, mesmo que não pratiquem qualquer ato por conta da empresa. Assim, como regra, todos os membros do órgão de gestão são prepostos, quer porque surgem – de facto – pública e estavelmente à frente da atividade da empresa face à atividade que exercem, quer porque surgem pública e estavelmente à frente da atividade da empresa face à inscrição no regime comercial.

As únicas pessoas que integram o órgão de administração e que não são prepostos, são aquelas que, apesar de integrarem o órgão de gestão, não tratam do comércio da sociedade e não estão registadas como integrando esse órgão. Ou seja, não praticam atos perante terceiros, nem sequer perante os trabalhadores da empresa, nem se encontram registadas como membros desse órgão.

VI. Ainda hoje, na prática, quando os contitulares de um determinado comércio decidem transformá-lo numa sociedade comercial com personalidade jurídica, os gerentes do comércio dos sócios (quer sejam institores, quer sejam sócios cumplimentários), passam a ser os gerentes da sociedade (dos sócios); os prepostos dos sócios passam a ser prepostos da sociedade. Em regra, assim sucede com os sócios, que passam a ser sócios gerentes. Por outro lado, os prepostos que não são sócios, em regra mantêm-se apenas como prepostos, sem passar a gerentes societários. Em suma, os gerentes e administradores societários continuam a ser prepostos: uma pessoa que surge pública e estavelmente à frente de determinada atividade comercial, mas, agora, do comércio da sociedade e não do comércio dos sócios.

VII. Por estas razões, a figura que opera como estrutura base dos gerentes e administradores das sociedades comerciais com personalidade jurídica, no que respeita ao lado externo da relação – entre os sócios ou sociedade, por um lado, e os terceiros, pelo outro – é a preposição, pelo que, em regra, os administradores e gerentes societários têm uma dupla qualidade, sendo também prepostos.[781]

Claro está que, com o avanço da legislação sobre sociedades comerciais com personalidade jurídica, a figura foi-se autonomizando, de tal modo que atualmente existe todo um complexo regime jurídico aplicável aos gerentes e administradores societários que, como regra, conduz à não aplicação do regime geral da preposição, contido nos arts. 248.º e seguintes do Código Comercial. Mas não significa isto que não sejam prepostos, pois ainda hoje é possível reconhecer nos regimes jurídicos dos gerentes e administradores societários vários elementos de preposição, em especial no que respeita à publicidade e seus efeitos na relação com terceiros, e à invocabilidade ou oponibilidade perante terceiros da relação interna.

VIII. Em regra, o regime geral da preposição não é aplicável aos gerentes e administradores societários, em virtude do funcionamento dos arts. 248.º e 249.º do Código Comercial. Não significa isto que não sejam prepostos, nem significa que a aplicação do regime da preposição não faça sentido quanto a estas figuras.

Na normalidade dos casos, os terceiros não sabem quem são os administradores ou gerentes da sociedade. Podem pensar que sabem, e podem mesmo estar convencidos que sabem, mas é raro que o saibam efetivamente. Os terceiros aceitam tratar com quem se apresente pública e estavelmente como administrador ou gerente de uma sociedade, sem saber efetivamente se o é ou não.[782] Em regra, as pessoas tratam com os administradores e geren-

---

[781] Pelo que se pode, pelo menos em abstrato, levantar a questão da vinculação como uma qualidade, nos casos em que a outra qualidade não lhe atribui os competentes poderes, como faz COSTA, RICARDO, *Os Administradores de Facto das Sociedades Comerciais*, Almedina, Coimbra, 2014, pág. 946.

[782] Sobre a problemática relativa à eventual obrigação dos terceiros se informarem ou saberem como se vincula uma sociedade comercial, CUNHA, PAULO OLAVO, *Direito das Sociedades*

A PREPOSIÇÃO

tes de sociedade em razão da sua qualidade de prepostos, sem ter efetivamente em conta a veracidade da sua qualidade como membros do órgão de gestão.

Contudo, mesmo que um terceiro viesse invocar em Tribunal contra a sociedade que determinada pessoa era um preposto, a sociedade podia sempre invocar que este era um administrador e opor ao terceiro o respetivo regime jurídico. A razão decorre do art. 249.º do Código Comercial, uma vez que atualmente os gerentes e administradores societários estão, em regra, registados, o que permite opor a terceiros essa qualidade.

IX. Há casos em que é possível aplicar o regime da preposição a um administrador ou gerente societário. Assim sucede nos casos em que estes não estão inscritos em registo comercial e nos casos em que não se prova que estejam inscritos em registo comercial.

Por vezes ocorre que ainda não se procedeu à inscrição de um novo administrador societário, apesar de este já ter iniciado funções e estar pública e estavelmente à frente do comércio da sociedade. Ou, então, foi cancelado o registo comercial, apesar de ainda ser administrador. Nestes casos, apesar de ser administrador, tal não pode resultar provado, por falta do único meio de prova relevante perante terceiros: a certidão de registo comercial.

O problema, neste caso, não é propriamente de oponibilidade pela sociedade contra o terceiro, mas antes de oponibilidade pelo terceiro contra a sociedade. Um terceiro pode invocar a qualidade de administrador de uma sociedade, independentemente do registo. Contudo, pode não conseguir provar que essa pessoa é gerente ou administrador da sociedade. Sem que tal facto conste do registo comercial, nem sempre é fácil de obter a respetiva prova.

Pode também acontecer – o que é frequente – que num processo em Tribunal, por qualquer razão, não se junte uma certidão de registo comercial da qual resulte a qualidade de administrador. Quer porque não se juntou essa certidão, quer por se ter junto uma certidão desatualizada. Também nestes casos não pode ficar provada a qualidade de gerente ou administrador societário.

Comerciais, 5.ª ed., Almedina, Coimbra, 2014, págs. 767 a 769, que propõe um sistema diferente, mas também destinado a tutelar a confiança dos terceiros.

Estes problemas, que surgem raramente quando a sociedade comercial é portuguesa, aumentam de número quando se trata de uma sociedade comercial estrangeira.[783] Nestes casos pode ser extremamente difícil provar quem são os "legais representantes" da sociedade estrangeira, especialmente tendo em consideração a variação de sistemas de registo comercial e de prova existentes em vários Estados. Problema este que é exponencialmente aumentado, no caso das chamadas "sociedades *offshore*", reguladas por Estados que criam sistemas de registo comercial cuja função não é dar publicidade à sociedade, mas, antes, esconder a realidade societária.

Nestes casos, um terceiro pode ter dificuldades extremas de prova, ficando quase impossibilitado de provar se a pessoa com quem celebrou o contrato é, ou não, um "legal representante" da sociedade (ou se é representante a qualquer título). Contudo, caso essa pessoa surja pública e estavelmente à frente do comércio da sociedade, será aplicável o regime do art. 248.º e seguintes do Código Comercial, ficando a sociedade vinculada. Nestes casos, só se a sociedade estrangeira vier juntar ao processo uma certidão de registo comercial (devidamente legalizada), e provar o regime legal estrangeiro aplicável, é que poderá invocar a relação subjacente de administração ou gestão. Caso contrário, a vinculação da sociedade é determinada segundo o regime dos art. 248.º e seguintes do Código Comercial, e não de acordo com o regime aplicável à vinculação da sociedade pelos atos praticados pelo seu órgão de gestão.

X. Em suma, o contrato de administração e gerência de uma sociedade comercial pode operar como relação subjacente à preposição, pois ao exercerem as suas funções, os administradores e gerentes, em regra ficam colocados à frente do comércio da sociedade, de modo estável e público. Contudo, face ao regime de registo aplicável aos administradores e gerentes, normalmente não é aplicável o regime dos arts. 248.º e seguintes do Código Comercial, pois o regime subjacente será quase sempre oponível a terceiros, de acordo com o art. 249.º do Código Comercial e com o art. 14.º do Código de Registo Comercial.

O regime dos arts. 248.º e seguintes do Código Comercial é, assim, aplicável a administradores e gerentes societários que surjam pública e estavel-

---

[783] Sobre estas sociedades, VASCONCELOS, PEDRO LEITÃO PAIS DE, *Sociedades Comerciais Estrangeiras*, Almedina, Coimbra, 2015, *passim*.

mente à frente de todo ou parte do comércio da sociedade nos seguintes casos:

- Falta de registo do cargo de administrador ou gerente societários.
- Falta de prova do registo de cargo ou gerente societários.
- Em ambos os casos, desde que não se demonstre que o terceiro tinha conhecimento efetivo da qualidade do gerente ou administrador, à data do contrato.

Estas situações sucedem raramente com sociedades nacionais, mas sucedem num número algo elevado no que respeita a sociedades comerciais estrangeiras e, ainda mais, quando são sociedades *offshore*.

Por outro lado, este regime é ainda relevante em alguns casos próximos, como sucede com os seguintes:

- Os administradores de facto.
- Os grupos societários e empresariais.

E. Administrador ou gerente societário "de facto"

I. O estudo dos administradores de facto cruza necessariamente com o estudo da preposição. Não se quer afirmar que todos os administradores de facto sejam prepostos, mas antes que se verifica um enorme campo de coincidências entre ambas as figuras. Assim, no que respeita aos administradores e gerentes, é nos administradores de facto que mais facilmente se deteta a natureza prepositória da figura do administrador ou gerente societário.

Conforme afirma Ricardo Costa:[784]

"A disciplina societária em matéria de representação é norteada pelo desígnio de oferecer proteção excelsa aos terceiros que se relacionam com a sociedade, confiantes na legitimidade e na suficiência de poderes de quem se investe no exterior como atuante orgânico em nome da sociedade".

O problema do administrador de facto abrange várias questões, sendo que uma dessas questões se prende com o fundamento da vinculação da sociedade pelos atos desses administradores que, não integrando o órgão de administração da sociedade, nem por isso deixam de a administrar. Assim

---

[784] Costa, Ricardo, *Os Administradores de Facto das Sociedades Comerciais*, Almedina, Coimbra, 2014, pág. 938.

sucede, por exemplo, com a teoria do *"de facto director"* com origem nos EUA no séc. XIX, que pretendia resolver o problema da vinculação da sociedade perante terceiros de boa fé.[785] A teoria do *"de facto director"* corresponde, no fundo, à teoria da preposição aplicada a *de facto directors* e que, apesar de ter cerca de duzentos anos de idade, é cerca de dois mil anos mais recente que a teoria da preposição.

Como se pode notar na obra de Ricardo Costa,[786] o estudo dos administradores de facto exige que se abordem várias questões, entre as quais avultam:

– O problema de uma pessoa surgir publicamente e estavelmente como se fosse membro do órgão de administração da sociedade.
– O problema da oponibilidade aos terceiros de boa fé dos vícios ou limitações da (eventual) relação interna de administração.
– O problema da tolerância ou vontade da sociedade face à atuação do administrador de facto.

Todas estas questões são típicas da preposição, o que decorre do facto de a figura dos administradores das sociedades comerciais terem nascido como prepostos, sendo ainda hoje prepostos, mas com um regime especial. Por esta razão, os problemas que se levantam na relação da sociedade com terceiros, quando os administradores não integram efetivamente o órgão de gestão, ou não estão registados como integrando esse órgão (administradores de facto), são os já conhecidos e clássicos problemas da preposição.

Como foi referido a propósito dos administradores e gerentes societários, estes são quase sempre prepostos, sucedendo apenas que o regime dos arts. 248.º e seguintes do Código Comercial não lhes é aplicável em virtude do registo da sua qualidade, face ao regime do art. 259.º do Código Comercial. Contudo, em regra, os administradores de facto não estão registados como administradores da sociedade, nem com qualquer outra qualidade, apesar de surgirem – em alguns casos – colocados à frente do comércio da sociedade, de modo público e estável, ocupando uma posição social típica de preposto.

---

[785] Oliveira, Ana Perestrelo de, *Grupos de Sociedades e Deveres de Lealdade. Por um Critério Unitário do "Conflito do Grupo"*, Almedina, Coimbra, 2012, págs. 559 a 561 e Costa, Ricardo, *Os Administradores de Facto das Sociedades Comerciais*, Almedina, Coimbra, 2014, págs. 53 a 60 e *Administrador de Facto e Representação das Sociedades*, in Boletim da Faculdade de Direito, Vol. XC, Tomo II, Universidade de Coimbra, Coimbra, 2014, págs. 719 a 759.

[786] Costa, Ricardo, *Os Administradores de Facto das Sociedades Comerciais*, Almedina, Coimbra, 2014, págs. 938 a 946.

A PREPOSIÇÃO

Estes casos, de administradores de facto estáveis, públicos, e que exercem a atividade comercial da sociedade perante terceiros, são qualificados como prepostos para efeitos dos arts. 248.º e seguintes do Código Comercial. Em especial, importa atender no art. 249.º do Código Comercial, que determina a inoponibilidade da relação subjacente aos terceiros de boa fé. Por esta razão, seja qual for a relação subjacente em razão da qual o administrador de facto ocupa essa posição, este (e a sociedade) serão integralmente abrangidos pelo regime da preposição, salvo nos casos em que se prove que o terceiro estava de má fé subjetiva psicológica à data em que contratou com o administrador de facto, ou que este esteja registado como preposto (o que é raro que suceda).

II. *"Olhando para o ordenamento societário, falta, manifestamente, norma expressa que, ao menos para certos efeitos, equipare a posição de quem exerce de facto a função administrativa à do administrador regular e validamente nomeado"*.[787]
Esta frase de Ricardo Costa traduz, com precisão, um dos gravíssimos problemas do ordenamento societário. Tem o Autor plena razão, porque o Código das Sociedades Comerciais é extremamente limitado em matérias comerciais, sendo mais um Código das Sociedades Civis aplicável às sociedades comerciais, do que um verdadeiro Código das Sociedades Comerciais. Quase toda a técnica usada no Código das Sociedades Comerciais é típica do Direito Civil e não do Direito Comercial, o que constitui uma má opção, a que acresce a má opção de autonomizar o Código das Sociedades Comerciais face ao Código Comercial. Sempre existiram pessoas que exerciam de facto a função de administrador, e sempre existiram disposições legais que equiparavam essas pessoas aos administradores societários. Pelo menos para as matérias comerciais, pois o problema dos administradores de facto tem diversas facetas, algumas das quais não se prendem com a vinculação da sociedade comercial pelo administrador de facto.[788]
É verdade que não existe na nossa legislação societária uma norma como a referida. Contudo, no que respeita à vinculação da sociedade comercial pelo administrador de facto a questão não encontra resposta no Código das Sociedades Comerciais, mas sim no Código Comercial, nos seus arts. 248.º

---

[787] Costa, Ricardo, *Os Administradores de Facto das Sociedades Comerciais*, Almedina, Coimbra, 2014, pág. 84.
[788] Nomeadamente, consequências ao nível do Direito Fiscal – Costa, Ricardo, *Os Administradores de Facto das Sociedades Comerciais*, Almedina, Coimbra, 2014, págs. 85 a 99.

O LADO INTERNO DA PREPOSIÇÃO

e seguintes. É neste regime que se deve buscar o regime de vinculação da sociedade e de imputação à sociedade de atos praticados por «*quem exerce de facto a função administrativa*».

O problema apenas surgiu quando se decidiu "retirar" o regime das sociedades comerciais da sua fonte correta: o Código Comercial. Nenhum sentido existe – ainda para mais hoje, com os meios informáticos que existem – para não integrar o Código das Sociedades Comerciais no Código Comercial. É esta, aliás, a solução que é legalmente imposta pelo art. 4.º do Decreto de aprovação do Código Comercial, que manda integrar todas as modificações ao Código Comercial neste diploma.[789]

Ao se ter separado o regime das sociedades comerciais do Código Comercial, criou-se uma aparência de falta de regime jurídico, e até uma aparência de autonomia dogmática, que sendo uma mera aparência, engana. Contudo, respeitando-se o art. 4.º do Decreto de aprovação do Código Comercial, e considerando-se o Código das Sociedades Comerciais como uma parte do Código Comercial, a resposta torna-se patente. O regime a que Ricardo Costa faz referência como faltando no ordenamento societário, encontra-se no Código Comercial, onde sempre esteve. Foi o Código das Sociedades Comerciais que saiu do Código Comercial e que, com esta má opção, causou o problema.[790]

No que respeita à vinculação da sociedade comercial pelo administrador de facto, que constitui a principal questão que não encontra resposta no Código das Sociedades Comerciais, deve-se buscar o regime nos arts. 248.º e seguintes do Código Comercial. Assim sucede, naturalmente, com os chamados "administradores de facto diretos"[791] que atuam pessoalmente por conta da sociedade. E poderá suceder com os chamados "administradores de facto indiretos",[792] embora raramente, porquanto só em casos muito

---

[789] Sobre esta disposição, CORDEIRO, ANTÓNIO MENEZES, *Direito Comercial*, 4.ª ed., Almedina, Coimbra, 2016, págs. 106 a 112.

[790] A saída desta matéria e de outras do Código Comercial "não era nenhuma fatalidade", podendo ter sido facilmente evitada – neste sentido, CORDEIRO, ANTÓNIO MENEZES, *Direito Comercial*, 4.ª ed., Almedina, Coimbra, 2016, pág. 112.

[791] COSTA, RICARDO, *Os Administradores de Facto das Sociedades Comerciais*, Almedina, Coimbra, 2014, págs. 646 a 648.

[792] COSTA, RICARDO, *Os Administradores de Facto das Sociedades Comerciais*, Almedina, Coimbra, 2014, págs. 648 a 657.

A PREPOSIÇÃO

particulares é que estes surgirão pública e estavelmente à frente do todo ou parte do comércio da sociedade.

II. No que agora nos interessa, podem ocorrer duas situações:

– Administrador de facto registado com outra qualidade que não de administrador.
– Administrador de facto não registado.

No primeiro caso, pode suceder que alguém esteja registado como gerente de comércio, como procurador, como mandatário, como representante comercial, como agente, ou qualquer outra designação ou figura. Serão, contudo, administradores de facto se a sua atuação funcional for substancialmente "equivalente à do administrador desenhado pelo legislador".[793]

Nestes casos, o art. 249.º permite à sociedade opor ao terceiro a relação jurídica subjacente que resulta do registo comercial. Claro está que alguns destes casos são administradores de facto, pois administram a sociedade numa posição de gestão de topo. Fazem-no, contudo, com base numa outra relação jurídica que não a de administração propriamente dita. Assim, nestes casos, apesar de serem administradores de facto, é invocável a relação subjacente que conste no registo comercial.

Contudo, por vezes os administradores de facto estão registados como prepostos, por exemplo, como diretores gerais, mandatários gerais, ou procuradores gerais. Nestes casos, o regime dos arts. 248.º e seguintes aplica-se sem qualquer dificuldade de maior, porquanto não só são prepostos, como estão registados como prepostos. Sucede, apenas, que o registo permite opor aos terceiros as limitações que constem registadas. Assim, não se trata de uma questão de oponibilidade da relação subjacente propriamente dita, mas de oponibilidade dos limites à relação subjacente.

O segundo caso – administrador de facto não registado – é aquele no qual melhor se nota a ligação com a preposição. Quando uma pessoa age como administrador de facto de uma sociedade, surge pública a estavelmente à frente de toda a sua atividade, incluindo a sua atividade comercial. Como tal, no que respeita à atividade comercial, é um preposto ou, se se quiser um gerente de comércio.

---

[793] Costa, Ricardo, *Os Administradores de Facto das Sociedades Comerciais*, Almedina, Coimbra, 2014, págs. 69.

O LADO INTERNO DA PREPOSIÇÃO

Nestes casos, não estando registado, não é possível opor ao terceiro a relação subjacente, nem quaisquer limites à preposição. O que significa que não é possível opor a um terceiro que este tem, ou não tem, um determinado contrato com a sociedade, ou que não pode realizar determinados atos. A relação jurídica com base na qual o administrador de facto exerce as suas funções apenas pode ser oponível a terceiros caso esteja registada (o que não é caso), ou se for demonstrado que o terceiro tem efetivo conhecimento dessa relação à data do contrato. O que sucede na generalidade dos casos, no entanto, é que os terceiros não sabem qual a razão pela qual certa pessoa surge como se fosse administrador. Em regra, as pessoas podem saber que determinada pessoa é, ou parece ser, – de facto – administrador, mas poucas serão as que sabem se essa pessoa é – *de jure* – administrador. Como tal, só muito raramente é que será possível demonstrar que um determinado terceiro teria conhecimento efetivo da falta de qualidade de administrador *de jure*, à data do contrato. Em regra, tal só sucederá com pessoas muito próximas da própria sociedade ou do administrador de facto.

Em consequência, face ao regime dos arts. 248.º e 249.º do Código Comercial, quando alguém surja, pública e estavelmente, sob qualquer designação, à frente da administração da sociedade, é considerado como gerente de comércio, de todo o comércio, de toda a sociedade, vinculando a sociedade em relação a todos os atos que pratique no exercício dessas funções, sendo todos esses atos imputáveis à sociedade, de acordo com o regime da preposição

Na prática não é sequer possível invocar eficazmente que não é administrador da sociedade. Mesmo que a sociedade se defenda dizendo que não pode ficar vinculada por um determinado contrato, invocando que a pessoa que o celebrou não é seu administrador, é suficiente que o terceiro demonstre que essa pessoa surge pública e estavelmente como administrador. Neste caso, a sociedade apenas se pode defender demonstrando que o alegado administrador de facto usurpou essas funções, ou demonstrando que está registado, ou ainda demonstrando que o terceiro tinha conhecimento efetivo à data do contrato, que o alegado administrador de facto não era administrador ou que não tinha poderes para vincular a sociedade na celebração desse contrato, ou que os poderes que tinham sofriam de determinada limitação.

III. A administração de facto não é uma efetiva relação subjacente, porquanto não existe um regime jurídico propriamente dito de administrador de facto. Antes, é a relação jurídica da qual resulta a qualificação como admi-

A PREPOSIÇÃO

nistrador de facto, que opera como relação jurídica subjacente à preposição. Ou seja, da mesma relação jurídica de base pode resultar a aplicação de dois regimes jurídicos de topo ou cúpula:

– O regime dos administradores de facto.
– O regime dos prepostos.

Não se pode, contudo, deixar de fazer notar que o regime da preposição dos arts. 248.º e seguintes do Código Comercial não é um regime de administradores de facto. Este regime é aplicável a todas as pessoas que surjam colocadas à frente do comércio de modo público e estável, o que inclui a generalidade dos administradores de facto. Mas nem todos os administradores de facto serão prepostos, e nem todos os prepostos serão administradores de facto.[794] Assim sucede, numa sociedade comercial, mesmo com "os cargos mais altos das orgânicas de recursos humanos"[795] através dos quais se estrutura a empresa, nomeadamente os diretores gerais, diretores de sucursal, diretores setoriais ou de secção, como por exemplo, diretores de fábrica, diretores de produção, diretores comerciais e financeiros, diretores de contabilidade, diretores de pessoal, diretores jurídicos, diretores de comunicação. Estes últimos casos são prepostos apesar de não serem administradores de facto, porquanto "cumprem as diretivas e as concessões de poderes derivadas do órgão gestório (desde logo como empregador que é)",[796] a menos que "essas «qualidades de relação» sejam apenas uma «cobertura formal» para a assunção da qualidade de verdadeiro administradores de facto".[797]

Independentemente de estes casos não serem administradores de facto, são prepostos, sendo-lhes aplicável o mesmo regime de vinculação dos administradores de facto: o regime dos arts. 248.º e seguintes do Código Comercial. Assim, mesmo que se demonstre que não são administradores de facto, de modo a não lhes ser aplicável o regime de responsabilidade aplicável de acordo com o Código das Sociedades Comerciais, será na mesma aplicável o

---

[794] COSTA, RICARDO, *Os Administradores de Facto das Sociedades Comerciais*, Almedina, Coimbra, 2014, págs. 95 a 99 e 790 a 794

[795] COSTA, RICARDO, *Os Administradores de Facto das Sociedades Comerciais*, Almedina, Coimbra, 2014, págs. 791 e 792.

[796] COSTA, RICARDO, *Os Administradores de Facto das Sociedades Comerciais*, Almedina, Coimbra, 2014, pág. 790.

[797] COSTA, RICARDO, *Os Administradores de Facto das Sociedades Comerciais*, Almedina, Coimbra, 2014, pág. 792.

regime dos prepostos do art. 248.º do Código Comercial, com os respetivos regimes de vinculação e imputação.

O regime da preposição aplica-se, portanto, quer aos cargos dirigentes de topo – os administradores de facto – como a outros cargos ocupados por "figuras subjetivas de produção *«menor»*".[798] Mesmo no que respeita ao diretor geral, em que se discute se este será, ou não, um administrador de facto,[799] sendo sempre um preposto, a questão torna-se irrelevante no que respeita à vinculação da sociedade e da imputação de atos a esta. Seja ou não qualificado como um administrador de facto, a atuação de um diretor geral será abrangida pelo regime dos arts. 248.º e seguintes, salvo exceções quase académicas.

IV. O regime dos administradores de facto pode ser relevante a vários níveis, incluindo a relação interna e externa, e noutros ramos de direito, nomeadamente no que respeita à responsabilidade por dívidas fiscais da sociedade. Já o regime da preposição apenas releva, em regra, na relação externa.[800] É, no entanto, inegável a importância do reconhecimento da ligação entre ambas as figuras, pois quando estamos perante um administrador de facto estamos quase sempre perante um preposto (mas não o inverso, ou quase nunca o inverso). Por outro lado, o regime da preposição fornece uma das mais importantes respostas ao problema dos administradores de facto, que consiste em saber em que casos é que a sociedade fica vinculada pela atuação de um administrador de facto, quais os atos de um administrador de facto que são imputáveis à sociedade, e qual o regime aplicável.

Citando Ricardo Costa, de cujas palavras ressai claramente que o problema é de preposição:

"A sociedade deve ficar vinculada ao reflexo externo perante terceiros que a sua tolerância ou aceitação transmite acerca da sua própria organização, sem por isso poder recorrer à condição fáctica do sujeito (nomeadamente com recurso ao principle of estoppel), mesmo que os responsáveis (sócios e/ou administradores de direito) por essa imagem não estejam plenamente cientes de que esse seu comportamento servirá para precludir a argumentação

---

[798] Costa, Ricardo, *Os Administradores de Facto das Sociedades Comerciais*, Almedina, Coimbra, 2014, págs. 800 e 801.

[799] Costa, Ricardo, *Os Administradores de Facto das Sociedades Comerciais*, Almedina, Coimbra, 2014, págs. 805 a 828.

[800] Sem prejuízo dos casos em que a relação interna é, ela própria, uma preposição.

de falta ou limitação de poderes de quem contrata em nome da sociedade sem estar habilitado oficialmente como administrador."[801]

Dito de outro modo: a *actio institoria*, na sua versão atual dos arts. 248.º e seguintes do Código Comercial, é aplicável a quem a sociedade coloca à frente da administração do seu comércio, de modo público e estável, através do exercício de uma atividade que corresponde substancialmente à de um membro do órgão de administração.

F. Grupos societários e empresariais

I. O problema dos grupos societários tem fundamentalmente origem no desfasamento entre o Direito positivo e a prática comercial, que resulta de uma certa influência de técnicas e mecanismos do Direito Civil sobre o Direito Comercial. Não é possível regular adequadamente empresas comerciais com Direito Civil, sendo que em matéria de grupos empresariais essa realidade é ainda mais patente. A técnica usada no Código das Sociedades Comerciais para regular os grupos empresariais, através da regulação de grupos de sociedades, é de tal modo rígida, que a torna desadequada, constituindo nada mais do que um simples convite à fraude à lei. O Comércio e os comerciantes são ágeis e rápidos demais para o Direito Civil, ou para qualquer teoria jus-civil, por melhor que seja. É na prática e na materialidade das soluções do Direito Comercial que se deve procurar a resposta. Face à variação da realidade do Comércio, assim devem variar as respostas do Direito Comercial aos problemas que surgem.

No caso dos grupos, os critérios da busca da resposta devem ser os concretos problemas que se verifiquem na Sociedade, o que é incompatível com um pequeno regime jurídico no Código das Sociedades Comerciais, destinado a resolver alguns problemas com grupos. Não existindo um problema único, não pode existir uma solução unitária, a menos que essa solução apenas dê resposta a um único dos muitos problemas dos grupos.[802] Não é, pois, possível resolver todos os problemas dos grupos com uma única solução.[803]

---

[801] Costa, Ricardo, *Os Administradores de Facto das Sociedades Comerciais*, Almedina, Coimbra, 2014, pág. 943.

[802] Como sucede no caso do chamado "conflito de grupo", que constitui um problema unitário, conforme faz Oliveira, Ana Perestrelo de, *Grupos de Sociedades e Deveres de Lealdade. Por um Critério Unitário do "Conflito do Grupo"*, Almedina, Coimbra, 2012, *passim*

[803] No mesmo sentido, no que respeita à não aceitação de um critério unitário de grupo, no

O LADO INTERNO DA PREPOSIÇÃO

Existem efetivos problemas com grupos, mas a sua conformação dependente do concreto grupo e do concreto problema. Podem ser problemas de lealdade nas relações internas, problemas de contabilização, problemas fiscais, problemas laborais e, no que agora nos interessa, problemas de vinculação.

II. O problema da vinculação e responsabilidade num grupo societário sempre existiu. A sua atual autonomização decorre de não se tomar em devida atenção o que efetivamente sucede no Comércio.

Como regra, os grupos não ocorrem entre sociedades, mas antes entre empresas que pertencem a comerciantes.[804] Se os comerciantes são sociedades ou não, é irrelevante para a prática comercial. O que interessa, no Comércio, é que se agrupem empresas comerciais de modo a promover o lucro dos comerciantes.[805] Os comerciantes conseguem atingir esse desiderato colaborando entre si,[806] de modo egoísta, é certo, mas convictos que a sua colaboração é útil para a promoção do lucro. Essa colaboração pode organizar-se de inúmeros modos, tantos quanto a imaginação dos comerciantes.

Contudo, o que o legislador do Código das Sociedades Comerciais decidiu fazer foi regular o agrupamento das sociedades comerciais, como se a questão apenas surgisse quanto a sociedades comerciais. Ao fazê-lo, colocou o foco no agrupamento entre sociedades, em lugar de colocar o foco no agrupamento entre as empresas que pertencem aos comerciantes. Para o legislador do Código das Sociedades Comerciais apenas interessam as sociedades comerciais, porque o Código das Sociedades Comerciais apenas

âmbito da problemática jus-laboral dos grupos, RAMALHO, MARIA DO ROSÁRIO PALMA, *Grupos Empresariais e Societários, Incidências Laborais*, Almedina, Coimbra, 2008, págs. 352 e 353.

[804] Sem prejuízo da existência de grupos que incluem empresas não pertencentes a comerciantes e mesmo empresas não comerciais pertencentes a não comerciantes. Face à especialidade das questões que surgem nos grupos que integram comerciantes e não comerciantes, não abordaremos esta problemática neste estudo.

[805] Sobre alguns motivos para o agrupamento, ANTUNES, JOSÉ A. ENGRÁCIA, *Os Grupos de Sociedades*, 2.ª ed., Almedina, Coimbra, 2002, págs. 63 a 71 e MORAIS, LUÍS DOMINGOS SILVA, *Empresas Comuns, Joint Ventures, no Direito Comunitário da Concorrência*, Almedina, Coimbra, 2006, págs. 180 a 194.

[806] Sobre a problemátia da colaboração empresarial, MORAIS, LUÍS DOMINGOS SILVA, *Empresas Comuns, Joint Ventures, no Direito Comunitário da Concorrência*, Almedina, Coimbra, 2006, *passim*.

regulou as sociedades comerciais.[807] Esta é uma das consequências nefastas da existência de um Código das Sociedades Comerciais com pretensões de autonomia face ao Código Comercial. Mas esta fronteira entre o Código Comercial e o Código das Sociedades Comerciais é artificial, sem qualquer reflexo na realidade comercial. O Código das Sociedades Comerciais não é autónomo do Código Comercial; o Código das Sociedades Comerciais é uma parte do Código Comercial, que se encontra fisicamente e legislativamente autonomizado por razões práticas, mas não tem qualquer autonomia jurídica, como resulta, aliás, do art. 4.º do Decreto de 28 de junho de 1888, que aprova o Código Comercial.

O comércio não é exercido por sociedades, é exercido por comerciantes. Limitar a questão às sociedades é excluir uma parte fundamental da questão. Fazê-lo através da criação de uma fronteira formal, artificial e estática nunca poderá resolver adequadamente o problema do Comércio. Nem é possível regular o problema dos grupos com "modelos de regulação parcial", nem através de "modelos de regulação global".[808] No caso dos primeiros modelos, por serem meras tentativas de aplicação de técnicas jus-civis ao Comércio, sem atenção às técnicas desenvolvidas no Direito Comercial ao longo da sua longuíssima história. No caso dos segundos modelos, porque a sua rigidez impede a sua eficácia.[809]

III. As empresas têm uma tendência natural para se agrupar. Ou, melhor, os comerciantes têm uma natural tendência para agrupar empresas. Assim é, assim foi e assim será. Os grupos de empresas sempre existiram e desde cedo foram regulados ou, pelo menos, foi tentada a regulação dos problemas causados pelos grupos. O que nunca sucedeu foi serem tão mal regulados como atualmente ocorre. Atualmente, o regime dos grupos dos arts. 481.º a 508.º do Código das Sociedades Comerciais opera quase como uma punição preventiva contra uma ficção de fraude à autonomia da personalidade jurí-

---

[807] Chamando a atenção para o problema que a limitação do regime dos grupos às sociedades causa, RAMALHO, MARIA DO ROSÁRIO PALMA, *Grupos Empresariais e Societários, Incidências Laborais*, Almedina, Coimbra, 2008, págs. 348 a 350.

[808] ANTUNES, JOSÉ A. ENGRÁCIA, *Os Grupos de Sociedades*, 2.ª ed., Almedina, Coimbra, 2002, págs. 165 a 181.

[809] No mesmo sentido no que respeita aos defeitos dos modelos de regulação globais (mas apontando diferentes críticas aos modelos de regulação parcial) ANTUNES, JOSÉ A. ENGRÁCIA, *Os Grupos de Sociedades*, 2.ª ed., Almedina, Coimbra, 2002, págs. 165 a 181.

dica das sociedades comerciais. Tudo sucede como se os grupos fossem um sistema de fraude à Lei, no qual o recurso a grupos nada mais seria do que um modo fraudulento de fugir às obrigações. Deste modo, o principal critério é o do tamanho da participação social, assumindo-se que quanto maior for a participação social, maior o domínio e, logo, maior a fraude ao regime da personalidade jurídica coletiva. O mesmo sucede no que respeita à criação de grupos por efeito de contratos entre diferentes sociedades que, de certo modo, também são vistos como mecanismos contratuais de defraudar o regime da personalidade jurídica das sociedades comerciais.

Estas opções são todas – sem exceção – de criticar na medida em que se assume como "o" regime dos grupos, traduzindo uma fundamental incompreensão do Comércio. O Comércio e os comerciantes não são regidos, nem regíveis, por regras formais e estáticas. Muito pelo contrário, estes prosperam com regras rígidas e formais impostas pelo legislador; vivem à custa destas regras; festejam a entrada em vigor destas regras. A razão é simples: os comerciantes têm vários milhares de anos de experiência acumulada em fugir, fintar, contornar, defraudar e aproveitar-se de toda e qualquer solução rígida e formal imposta pelo legislador. Por sua vez, o legislador também tem milhares de anos de experiência a formular regras substanciais e práticas, com comprovada eficácia; sucede apenas que atualmente não usa essa experiência. Por outro lado, o Comércio não pode ser regido pelo Direito Civil, sob pena de destruição do próprio Comércio. O Direito Comercial nasceu como uma reação ao Direito Civil, face ao aproveitamento nefasto que os comerciantes faziam do Direito Civil. Tentar recorrer ao Direito Civil para regular o Comércio, é inverter os termos da questão. O regime português dos grupos do Código das Sociedades Comerciais é prova cabal disso mesmo.

O regime dos grupos dos arts. 481.º a 508.º do Código das Sociedades Comerciais resolve (mal) alguns (poucos) problemas de grupos.[810] Contudo, existem hoje muitos outros regimes que, pouco a pouco, vão adotando uma aproximação ao problema totalmente diversa: uma aproximação verdadeiramente prática, que tem mais em consideração a eficácia da solução, do que a teoria subjacente à mesma. Uma aproximação jus-comercial, mesmo que em diferentes Ramos de Direito.

---

[810] Conforme decorre de OLIVEIRA, ANA PERESTRELO de, *Manual de Grupos de Sociedades*, Almedina, Coimbra, 2016, págs. 7 a 31, há vários problemas que não são abrangidos pelo regime do Código das Sociedades Comerciais.

A PREPOSIÇÃO

Assim sucede, por exemplo, no art. 101.º, n.º 1 do Código do Trabalho.[811] O Direito do Trabalho é uma área extremamente próxima do Direito Comercial, não só porque uma parte substancial dos empregadores são comerciantes, mas também porque tem a mesma aproximação prática aos problemas (uma aproximação juslaboral), que ultrapassa uma aproximação de base puramente teórica e dogmática (perspetiva civilista).[812] O Direito do Trabalho nasceu fundamentalmente como uma reação à atuação adotada por determinados comerciantes (fundamentalmente industriais)[813] no que respeitava ao modo como tratavam os seus trabalhadores. Os comerciantes recorriam ao Direito Civil e ao Direito Comercial, para conseguirem maximizar os seus lucros à custa de um nível de exploração da atividade dos trabalhadores que não importa aqui analisar. Mas, em suma, como é uso corrente no Comércio há milhares de anos, os comerciantes recorriam ao formalismo do Direito Civil sempre que tal lhe era útil para aumentar os ganhos ou diminuir as perdas. Foi esta prática que fez nascer o Direito Comercial de base legal (com a *actio exercitoria* e com a *actio institoria*), como modo de evitar o recurso a determinadas figuras jus-civis manifestamente desajustadas.[814] O mesmo aconteceu com o Direito do Trabalho de base legal, com a diferença que este nasceu cerca de dois mil anos depois, como uma reação ao (ab)uso do Direito Civil e também do próprio Direito Comercial por parte dos comerciantes. Assim, o Direito do Trabalho nasceu do mesmo modo que o Direito Comercial, face ao mesmo tipo de comportamento, por parte das mesmas pessoas, mas agora perante os trabalhadores. Embora o conteúdo e princípios destes ramos sejam profundamente diferentes, partilham muito no que respeita ao seu nascimento: uma reação à inadequação do Direito Civil.[815]

---

[811] Que corresponde ao art. 92.º do anterior Código do Trabalho.

[812] Sobre a relação entre a perspetiva civilista e a perspetiva juslaboralista no Direito do Trabalho, RAMALHO, MARIA DO ROSÁRIO PALMA, *Da Autonomia Dogmática do Direito do Trabalho*, Almedina, Coimbra, 2000, em especial págs. 219 a 230.

[813] RAMALHO, MARIA DO ROSÁRIO PALMA, *Grupos Empresariais e Societários, Incidências Laborais*, Almedina, Coimbra, 2008, págs. 25 a 29.

[814] Neste sentido, RAMALHO, MARIA DO ROSÁRIO PALMA, *Da Autonomia Dogmática do Direito do Trabalho*, Almedina, Coimbra, 2000, págs. 223 a 230.

[815] No caso do Direito do Trabalho, este Direito Civil deve ser entendido *lato sensu*, incluindo o Direito Comercial.

O LADO INTERNO DA PREPOSIÇÃO

Neste âmbito de luta de classes ou, melhor, de ramos de Direito, o Direito do Trabalho tem necessariamente de utilizar as mesmas táticas do Direito Comercial, de modo a poder lutar de igual para igual. Assim, no art. 101.º, n.º 1 do Código do Trabalho, para além dos grupos que constam no Código das Sociedades Comerciais, prevê-se ainda uma noção de grupo com uma aproximação eminentemente prática: empregadores com "estruturas organizativas comuns". Note-se que esta noção de grupo ("estruturas organizativas comuns") é de base substancial, e não de base formal. Para a parte final do art. 101.º n.º 1 do Código do Trabalho, é irrelevante se os membros deste grupo são, ou não sociedades comerciais, se têm ou não determinado sistema de domínio, ou se existem determinadas participações sociais. Mesmo com as dificuldades de concretização que a noção de "estruturas organizativas comuns" pode trazer, esta noção está muito mais correta, é muito mais avançada, e muito mais eficaz do que a do Código das Sociedades Comerciais: ou seja, em matéria de grupos, o Código do Trabalho é melhor e mais avançado do que o Código das Sociedades Comerciais.

Outro sistema é o recurso direto à noção de "influência dominante" do art. 21.º, n.º 1 do Código dos Valores Mobiliários e à noção de "empresa" do art. 3.º da Lei da Concorrência, para resolverem problemas concretos decorrentes dessa "influência dominante", ou dessa "empresa".[816] Estas soluções, apesar de serem ainda algo formais, pretendem resolver problemas concretos, através de aproximações mais substanciais e flexíveis ao problema, evitando soluções excessivamente rígidas e formais. Em suma, o Código das Sociedades Comerciais é, de certo modo, o pior regime jurídico dos grupos vigente em Portugal, porque não tem como fim resolver problemas da Sociedade, nem do Comércio, mas antes transpor para a Lei uma teoria.

A questão dos grupos tem de ser vista, não como um problema teórico, nem como um problema dogmático, mas como um problema prático. Os grupos são bons para o Comércio, quer sejam entre sociedades comerciais ou não. Permitem uma melhor gestão de recursos, a maximização de proveitos, limitação de riscos, entre outras vantagens. Em lugar de se combater os grupos, como um anátema, há que determinar quais são os problemas que os grupos efetivamente causam no Comércio e na Sociedade, e combater

---

[816] Sobre o problema da noção de empresa no Direito da Concorrência, MORAIS, LUÍS DOMINGOS SILVA, *Empresas Comuns, Joint Ventures, no Direito Comunitário da Concorrência*, Almedina, Coimbra, 2006, *passim*.

esses concretos problemas. Contudo, estes problemas têm de ser combatidos com regimes substanciais, que recorram a critérios "à prova de comerciante". Nunca com os critérios usados pelo atual legislador português, que são civilizados demais para o Comércio.

IV. Um dos principais, senão mesmo o principal problema dos grupos, é o problema da imputação dos atos jurídicos.

Saber a que comerciantes são imputados os atos jurídicos, quando esses comerciantes atuam em grupo com outros comerciantes é um problema fundamental nos grupos, porquanto o grupo opera no Comércio como uma unidade, apesar de não operar no Direito como um único sujeito.

Caso se impute o ato apenas ao comerciante que o praticou, apenas esse comerciante responderá pelo mesmo. Mas se o ato for imputado a todo o grupo, todos os seus membros responderão pelo ato. A imputação pode ser obtida de vários modos, e pode também operar de vários modos, podendo ainda ser total ou parcial. Pode imputar-se o ato como se praticado por todos os membros, ou pode imputar-se o ato apenas no que respeita a algumas das suas consequências, ou pode imputar-se apenas a responsabilidade pelo ato, nomeadamente, para efeito de garantia geral das obrigações. Por outro lado, podem imputar-se todos os atos, ou apenas alguns atos, e a todos os membros do grupo, ou apenas a alguns membros do grupo. As opções são inúmeras.

Uma das principais ferramentas nesta matéria é a preposição.

Quando vários comerciantes operam em grupo, alguém tem necessariamente de agir por conta do grupo. Quando o grupo é constituído por comerciantes em nome individual, podem ser os próprios comerciantes a agir pessoalmente. Mas quanto o grupo é exclusivamente composto por sociedades comerciais, existem necessariamente pessoas a agir por conta dos comerciantes. No entanto, independentemente da composição do grupo, o mais corrente é que o grupo recorra a pessoas que integram as empresas de um ou mais dos comerciantes do grupo, que passam a atuar por conta da atividade comercial do grupo – por conta do comércio do grupo – pessoas estas que podem ser gerentes, administradores, trabalhadores ou outros colaboradores. Em virtude da sua atuação, estas pessoas surgem pública e estavelmente à frente de um determinado comércio ou empresa, que é do grupo, a que se pode chamar de "empresa de grupo",[817] ou de "empresa

---

[817] Referindo-se a esta noção, mas sem a acompanhar integralmente, RAMALHO, MARIA DO

O LADO INTERNO DA PREPOSIÇÃO

comum".[818] Assim, estas pessoas não atuam por conta do grupo num sentido subjetivo, pois na prática comercial não atuam por conta dos comerciantes que integram o grupo, nem mesmo por conta do concreto comerciante em cuja estrutura empresarial estão contratualmente inseridos. Antes, na prática comercial, atuam por conta de um determinado comércio, de uma determina empresa, comércio este que é o do grupo.

Este comércio do grupo é formado pela atividade desenvolvida em conjunto pelo grupo, ou seja, é a empresa do grupo. Esta empresa não pertence a nenhum membro do grupo em particular, mas a todos os membros do grupo que juntam esforços e meios para o efeito.[819] É precisamente nisso que consiste o grupo, uma estrutura empresarial comum ou, melhor, uma estrutura empresarial identificada como comum, como uma única empresa, independentemente do que causou essa empresa, ou independentemente da denominação sob que se apresenta ou é conhecido. Assim, quando estas pessoas atuam por conta desse comércio (imputação objetiva), atuam por conta dos titulares desse comércio que são os comerciantes membros do grupo (imputação subjetiva). O que ocorre quer atuem em nome do grupo, quer atuem em nome do comerciante em cuja estrutura estão formalmente integrados, quer atuem sem invocar qualquer nome.

No primeiro caso, atuam por conta de uma marca, ou qualquer outro sinal substancialmente distintivo do comércio, que identifique o grupo enquanto tal. No segundo caso, invocam agir em nome de um comerciante que integra o grupo, mas no exercício de uma atividade reconduzível ao grupo. No terceiro caso, não invocam qualquer nome na sua atuação, mas a sua atividade é reconduzível ao grupo. Em todos os casos, estas pessoas atuam no âmbito de determinado comércio que pertence ao grupo. Ao agirem deste modo, os resultados da sua atuação integram o grupo, beneficiando os seus membros.

Em suma, nestes casos, a atuação dessas pessoas é feita por conta dos membros do grupo, quer invoquem agir em nome dos comerciantes que integram o grupo, quer não o invoquem. São, como tal, prepostos do grupo: pessoas que são colocadas pelos comerciantes que integram o grupo, à

ROSÁRIO PALMA, *Grupos Empresariais e Societários, Incidências Laborais*, Almedina, Coimbra, 2008, pág. 344.

[818] MORAIS, LUÍS DOMINGOS SILVA, *Empresas Comuns, Joint Ventures, no Direito Comunitário da Concorrência*, Almedina, Coimbra, 2006, *passim*.

[819] MORAIS, LUÍS DOMINGOS SILVA, *Empresas Comuns, Joint Ventures, no Direito Comunitário da Concorrência*, Almedina, Coimbra, 2006, *passim*.

frente do comércio que exercem em grupo, de um modo público e estável. É irrelevante se é um grupo nos termos do Código das Sociedades Comerciais ou não. O que releva é que essas pessoas surjam pública e estavelmente à frente de uma determinada atividade comercial, de um determinado comércio, e que esse comércio seja exercido por conta dos membros do grupo, para seu benefício. Nestes casos, aplicam-se os arts. 248.º e seguintes do Código Comercial. Como tal, provando-se que a atuação dessas pessoas integra um comércio que pertence a vários comerciantes, ou seja, que foi preposto por vários comerciantes para estar à frente dessa atividade, agindo o preposto com invocação do nome do grupo, através da indicação de um sinal substancialmente distintivo do comércio do grupo, são todos solidariamente responsáveis sendo a atuação imputada a todos.[820] Mesmo que o preposto não invoque agir em nome do grupo, por exemplo invocando agir em nome do seu empregador, pode um terceiro provar que agiu por conta do grupo, ou dos comerciantes que integram o grupo, caso em que pode optar por imputar a atuação a esses comerciantes, responsabilizando-os pelo ato, ou optar por imputar a atuação ao próprio agente ou à pessoa em nome de quem agiu.[821]

IV. Deste modo, o regime de representação externa do grupo opera com base numa preposição, sendo-lhe aplicável o respetivo regime, sem que a concreta relação jurídica interna do grupo seja oponível a terceiros de boa fé. Em consequência, quem atua como preposto de um grupo, em regra vincula todo o grupo e responsabiliza todo o grupo. Assim pode suceder quer o preposto seja uma pessoa singular, quer o preposto seja uma pessoa coletiva, como por exemplo, uma sociedade que integre o próprio grupo.

Assim, num grupo comercial em que toda a contabilidade do grupo é tratada por uma das empresas, que surge pública e estavelmente à frente dos assuntos de contabilidade de todas as empresas do grupo, esta empresa será um preposto do grupo para a atividade de contabilidade, pelo que vincula todos os membros do grupo. Por exemplo se comprar um programa informático de contabilidade para efetuar a contabilidade de todas as empresas desse grupo, agindo por conta do grupo, vincula todos os comerciantes do grupo.

---

[820] Art. 251.º do Código Comercial.
[821] Art. 251.º e 252.º do Código Comercial.

O LADO INTERNO DA PREPOSIÇÃO

Se, por exemplo, um comerciante de um grupo de comerciantes surgir pública e estavelmente à frente da contratação de trabalhadores para o grupo surge um problema de "determinação do empregador real".[822] O problema pode ser abordado numa perspetiva puramente juslaboral, que oferece uma solução *a posteriori*, que exige uma determinação do real empregador após a celebração do contrato.[823] Mas pode também ser abordado numa perspetiva de imputação representativa da atuação de um comerciante a outro comerciante, que oferece uma solução que opera indiferentemente *a priori*, logo no momento da contratação, e *a posteriori*, após a celebração do contrato mas retroativa a esta data. Neste caso, mesmo que o comerciante atue em nome próprio, o trabalhador pode provar que esse comerciante agiu por conta de outros comerciantes do grupo.[824] Neste caso, segundo o art. 252.º, § único do Código Comercial, o trabalhador pode optar entre ficar vinculado ao comerciante que agiu em nome próprio, ou pode optar por ficar vinculado ao comerciante ou comerciantes que integram o grupo e por conta de quem aquele agiu. Neste caso concreto, agir por conta dos demais comerciantes traduz-se no benefício que resulta da contratação do trabalhador, ou seja, traduz-se no benefício que advirá da atividade do trabalhador. Assim, o trabalhador pode optar em manter-se vinculado perante o comerciante com quem celebrou o contrato de trabalho, ou com o comerciante ou comerciantes por conta de quem aquele agiu, que são aqueles a quem a sua atividade era destinada, aqueles para quem o trabalhador efetivamente iria desenvolver a atividade. Esta consequência é, aliás, semelhante e compatível com a consequência estatuída pelo art. 101.º, n.º 5 do Código do Trabalho. Sucede, contudo, que no caso dos art. 248.º e seguintes do Código Comercial, do que se trata é de uma consequência ao nível da imputação representativa da atuação de um comerciante do grupo relativamente aos demais. No caso do art. 101.º, n.º 5 do Código do Trabalho não se trata de efeito representativo da atuação de um dos comerciantes do grupo, mas antes de uma opção do legislador destinada a tutelar o trabalhador face à violação dos n.ºs 1 e 2 do

---

[822] RAMALHO, MARIA DO ROSÁRIO PALMA, *Grupos Empresariais e Societários, Incidências Laborais*, Almedina, Coimbra, 2008, pág. 416.

[823] Sobre esta solução, RAMALHO, MARIA DO ROSÁRIO PALMA, *Grupos Empresariais e Societários, Incidências Laborais*, Almedina, Coimbra, 2008, págs. 413 a 426.

[824] No caso, assumimos que este comerciante não se constituiu como empresa de trabalho temporário. Sobre esta questão, RAMALHO, MARIA DO ROSÁRIO PALMA, *Grupos Empresariais e Societários, Incidências Laborais*, Almedina, Coimbra, 2008, págs. 145 e 416.

art. 101.º do Código do Trabalho. Contudo, o art. 252.º, § único do Código Comercial contém o critério das opções possíveis, o que não sucede com o art. 101.º do Código do Trabalho. No caso do Código Comercial, o terceiro (o trabalhador) pode optar entre o comerciante com quem contratou, ou aqueles que beneficiaram com a sua atividade. Já no que respeita ao art. 101.º, n.º 5 do Código do Trabalho, nada se diz quanto aos critérios possíveis de opção, deixando na dúvida se poderá ser todo e qualquer comerciante que integre o grupo, mesmo que nada beneficie com a atividade do trabalhador.

O mesmo sucede se uma das empresas pertença de um dos comerciantes do grupo surgir pública e estavelmente à frente da atividade de obtenção de financiamento bancário para todas as empresas do grupo. Neste caso, pelos contratos de financiamento celebrados com invocação do nome do grupo, respondem todas a empresas do grupo. E mesmo que não seja invocado o nome do grupo, caso o terceiro demonstre que determinado contrato foi celebrado por conta de determinada empresa do grupo, ou de todas as empresas do grupo, pode optar por acionar estas empresas ou, melhor, todos os comerciantes titulares dessas empresas.

Por último, se por exemplo, uma determinada pessoa estiver pública e estavelmente à frente de todo o comércio de um grupo financeiro e comercial,[825] agindo sempre por conta desse grupo, mesmo que nunca invoque em nome de quem age, ou invocando apenas agir em nome de uma das empresas desse grupo, será um preposto do grupo. Neste caso, se invocar o nome do grupo, vinculará todas as empresas do grupo. Mas mesmo que não invoque o nome do grupo, poderá um terceiro provar que a sua atuação foi em benefício do grupo, podendo então optar por acionar todas as empresas do grupo solidariamente.

---

[825] Caso semelhante ao apresentado por OLIVEIRA, ANA PERESTRELO DE, *Grupos de Sociedades e Deveres de Lealdade. Por um Critério Unitário do "Conflito do Grupo"*, Almedina, Coimbra, 2012, págs. 559 e 560, no que respeita à questão de saber se uma empresa-mãe pode ser considerada como administradora de facto da empresa-filha. A Autora critica esta hipótese, por tal implicar que a empresa-mãe se veria obrigada a agir no interesse da empresa-filha, o que subverteria a realidade económica e jurídica do grupo (pág. 562). A posição é, contudo, destinada a resolver o problema do "conflito de grupo", que ocorre na relação interna. No que respeita à relação externa – na atuação eventualmente vinculativa perante terceiros – a posição da empresa-mãe enquanto preposto da empresa-filha, resolve os problemas típicos da preposição, independentemente de a relação interna ser, ou não, regulada por um regime de administração de facto.

O LADO INTERNO DA PREPOSIÇÃO

V. Este regime tanto se pode aplicar caso o preposto seja uma pessoa singular, quer seja uma pessoa coletiva. No que respeita a este último caso, um dos exemplos possíveis é o da sociedade diretora de grupo, nos casos em que o contrato de subordinação não seja registado, quer tenha sido celebrado por escrito, quer tal não ocorra. Uma sociedade que dirija um grupo, e que o faça de modo externo, surge pública e estavelmente à frente de todo o comércio de todo o grupo ou, pelo menos, de uma parte importante do comércio do grupo. No caso de não ter sido registado o contrato de subordinação, não se demonstrando que o terceiro conhecia o contrato de subordinação à data do contrato que celebra, não será possível opor a qualidade de sociedade diretora ao terceiro. Contudo, a sociedade diretora, será preposta da sociedade subordinada. Ou seja, a sociedade diretora surge pública e estavelmente à frente do comércio da sociedade subordinada, o que ocorre de facto, independente de qualquer registo ou forma do contrato. Num caso como este, não poderá ser oponível ao terceiro o regime interno da subordinação, ou da sua nulidade. A sociedade subordinada ficará, assim, vinculada pela atuação da sociedade diretora, não podendo invocar contra o terceiro os vícios internos do contrato de subordinação. Não pode, por exemplo, invocar que qualquer combinação entre as duas sociedades não foi mais do que um "acordo de cavalheiros", ou que não foi celebrado por escrito, ou que existe um qualquer vício formal. Surgindo pública e estavelmente uma sociedade a gerir outra sociedade, tratando do seu comércio, a primeira é preposta da segunda.

VI. Em conclusão, os regimes de grupo são aptos para operar como uma relação subjacente à preposição, porquanto provocam com enorme frequência a colocação de pessoas, de modo público e estável, à frente da atividade comercial de todo ou parte do grupo. Nestes casos, não havendo registo comercial do grupo, e caso não se demonstre que o terceiro tinha conhecimento efetivo da concreta relação entre os membros do grupo à data do contrato, é aplicável o regime da preposição, podendo ficar vinculados membros do grupo que não celebraram o contrato.

O que ocorre atualmente com os grupos é, de certo modo, o mesmo que ocorreu em Roma no séc. II a.C.: determinados comerciantes que se juntam para exercer o comércio colocando à frente desse comércio um dos seus funcionários, mas quando confrontados com um contrato celebrado por esse funcionário que não lhes seja favorável, recusam o mesmo invocando que não é seu representante. Em Roma, os comerciantes invocavam que não eram representantes, porque o *ius civile* não admitia a representação. Atualmente, os comerciantes invocam que não é seu representante porque não é seu funcionário, ou seu administrador, por exemplo, ou porque não agiu invocando o seu nome. A questão substancial é a mesma: confrontado com o determinado contrato celebrado pela pessoa que está pública e estavelmente à frente de determinado comércio, o comerciante procura evitar a responsabilidade ou vinculação ao mesmo, invocando que foi celebrado por um terceiro sem poderes para o vincular. O regime da preposição destina-se a corrigir precisamente esta prática comercial, imputando e vinculando os comerciantes que são donos desse comércio, e que prepuseram uma determinada pessoa à frente desse comercio de modo público e estável. Assim sucede independentemente de o comércio em causa pertencer a um único comerciante, ou a vários comerciantes. E assim sucede, independentemente de esses vários comerciantes agirem em sociedade, ou com base noutro tipo de colaboração, por exemplo, em grupo. No atual regime, a diferença ocorre apenas na aplicabilidade do §1 ou do §2 do art. 250.º do Código Comercial. Caso o preposto atue invocando o nome desse comércio, desse grupo, o ato será imputável ao grupo, o que abrange todos os seus membros. Se o preposto atua invocando apenas o nome de um dos membros do grupo, ou o seu próprio nome, pode o terceiro provar que o ato foi celebrado por conta dos membros do grupo, caso em que pode optar por vincular e responsabilizar apenas a pessoa que o praticou, ou em nome de quem foi praticado o ato, ou todos os seus beneficiários, de acordo com o art. 252, §1 do Código Comercial.

G. Consórcio e associação em participação

Outros dois casos de relação subjacente à preposição são o consórcio e a associação em participação, regulados pelo Decreto-Lei n.º 231/81, de 28 de julho.

I. No caso do consórcio, a questão surge tanto no consórcio externo, como no consórcio interno, embora este último caso seja menos frequente.

Uma das caraterísticas do consórcio é a partilha de meios para atingir um dos fins comuns indicados no art. 2.º do Decreto-Lei n.º 231/81, de 28 de julho. Num consórcio, todos os membros atuam para um proveito comum, razão pela qual, todos os membros do consórcio atuam por conta própria e, simultaneamente, por conta alheia (dos restantes membros). Assim sucede, porquanto os benefícios últimos do consórcio favorecem todos os membros do mesmo.

No consórcio externo, as atividades ou bens são fornecidos diretamente a terceiros por cada membro do consórcio, com expressa invocação de se tratar de um membro de um consórcio. Por sua vez, no consórcio interno os bens e serviços são fornecidos pelos membros do consórcio a um dos membros que os fornece aos terceiros; ou todos os membros do consórcio fornecem os bens ou serviços diretamente aos terceiros, mas sem invocação expressa da qualidade de membros do consórcio.

Em qualquer dos casos, não tendo personalidade jurídica,[826] o consórcio beneficia todos os membros do consórcio. Deste modo, sempre que um dos membros do consórcio atua, atua simultaneamente por conta própria e alheia.

No caso do consórcio externo, sempre que um membro do consórcio vende um bem, ou presta um serviço a um terceiro, celebra o contrato invocando agir na qualidade de membro do consórcio. Em resultado, surge pública e estavelmente à frente de um comércio que pertence a vários comerciantes ou, dito de outro modo, é preposto de vários comerciantes, sucedendo apenas que um dos comerciantes é o próprio preposto.

Num consórcio externo, todos os membros do consórcio surgem pública e estavelmente à frente de um comércio, que pertence a todos os membros do consórcio. Assim sendo, todos são prepostos de todos o que equivale a dizer que cada um é preposto de todos os demais. Por esta razão, nos termos do art. 251.º §1 do Código Comercial, sendo vários os preponentes, são todos solidariamente responsáveis pelos atos praticados no âmbito do consórcio, por cada um dos membros, vinculando todos os demais membros do consórcio.

Poder-se-ia colocar a questão da limitação da imputação que resulta do art. 15.º do Decreto-Lei n.º 231/81, de 28 de julho. Segundo estas disposição, num consórcio externo apenas é responsável perante terceiros o membro do consórcio que tenha assinado o documento no qual for usada a denominação "...em consórcio" ou outra equivalente.

Contudo, o que sucede com o consórcio externo é que este não está sujeito a registo comercial, o que inviabiliza, na prática, o conhecimento efetivo do consórcio pelos terceiros. Os terceiros podem estar convencidos da existência do consórcio, mas só raramente poderão ter a certeza quanto à sua

---

[826] CORDEIRO, ANTÓNIO MENEZES, *Direito Comercial*, 4.ª ed., Almedina, Coimbra, 2016, pág. 757.

efetiva existência. Como é prática corrente nos problemas de preposição, os terceiros podem "estar convencidos", ou "achar" que existe um consórcio, e que determinado comerciante é membro do consórcio, e mesmo que este tem poderes para agir por conta do consórcio, mas só muito raramente terão um conhecimento efetivo. Assim, nos termos do art. 249.º do Código Comercial, a relação interna (o consórcio) não é oponível aos terceiros de boa fé, independentemente da designação com que alguém surja colocado à frente do comércio alheio, mesmo que a designação usada seja a de "consórcio". Não se encontrando registado o consórcio, este regime apenas será aplicável caso os membros do consórcio demonstrem que o terceiro tinha conhecimento efetivo do consórcio, e do respetivo conteúdo, à data da celebração do contrato entre um dos seus membros e o terceiro. Caso contrário – o que será a regra – o consórcio, com o respetivo regime contratual e limites, não será oponível ao terceiro. O que faz com que, perante o terceiro, tudo ocorra como se não houvesse um consórcio, sendo antes aplicável o regime da preposição.

Assim, na prática, o art. 15.º do Decreto-Lei n.º 231/81, de 28 de julho apenas será aplicável contra terceiros, quando se demonstre que estes estavam, à data do contrato, num estado de má fé subjetiva psicológica. O mesmo sucede com o regime do art. 19.º do Decreto-Lei n.º 231/81, de 28 de julho, que regula as relações com terceiros. Este regime apenas é oponível a terceiros caso o consórcio esteja registado, ou caso os terceiros tenham conhecimento efetivo do consórcio, seu conteúdo e limites à data da celebração de um contrato com um dos membros do consórcio. Ocorre, ainda, o mesmo com a figura do chefe de consórcio,[827] que não está sujeito a registo. Como tal, só se demonstrando que um terceiro tinha conhecimento efetivo, não só do consórcio, seu regime contratado e limites, mas também de que determinado membro do consórcio é chefe de consórcio, com determinados poderes e limites, é que este regime lhe poderá ser oposto. Como se pode concluir com alguma facilidade, a probabilidade de todos estes factos virem a ser julgados provados é muito baixa o que determina, na prática, que a vinculação perante terceiros resulte mais do regime da preposição do que do regime do consórcio.

---

[827] Que é titular de poderes de gestão interna e também de representação – ANTUNES, JOSÉ ENGRÁCIA, *Direito dos Contratos Comerciais*, Almedina, Coimbra, 2009, pág. 404.

O LADO INTERNO DA PREPOSIÇÃO

Em consequência, o regime do consórcio pode operar como relação subjacente a uma preposição, porquanto da execução deste contrato resultarão normalmente como prepostos todos os membros do consórcio que atuem por conta do consórcio, especialmente o chefe de consórcio. Resultarão como prepostos, pois surgirão pública e estavelmente à frente da atividade comercial integrada no consórcio, e que pertence a todos os respetivos membros.

II. A questão do consórcio interno levanta outras questões, a par das já referidas quanto ao consórcio externo. No consórcio interno, os membros do consórcio não divulgam a existência do consórcio, ou então não o fazem expressamente (art. 5.º, n.º 1 do Decreto-Lei n.º 231/81, de 28 de julho). Nestes casos, apesar de o consórcio ser interno e, pela natureza das coisas, ser menos público, os membros do consórcio continuam a agir por conta de todos os membros. Ou seja, a estrutura de atuação é fundamentalmente a mesma, apenas se alterando a publicidade dada ao consórcio. Num consórcio interno, os membros que atuam perante terceiro em execução do consórcio, atuam por conta de todos os seus membros, mesmo que não divulguem estar a agir no âmbito de um consórcio.

Poder-se-ia então levantar a questão da falta de publicidade. Ao não se invocar que se está a agir no âmbito de um consórcio, não se estaria publicamente à frente do comércio. Contudo, a publicidade que é exigida pelo regime da preposição é referente ao comércio à frente do qual se está, e não é relativa à titularidade desse comércio. O que é necessário é que alguém surja pública e estavelmente à frente de um determinado comércio, de um determinado negócio, e não que seja público que se está à frente de um comércio de determinada pessoa. Num consórcio interno, apesar de este não ser divulgado, nem por isso deixam os seus membros de agir por conta uns dos outros. Seja qual for o membro do consórcio que atue perante terceiros, atua sempre por conta própria e dos demais membros do consórcio.

O que sucede no consórcio interno, é que os membros (ou o membro ativo) atuam em nome próprio, sem sequer dar a entender que poderão estar a atuar por conta mista própria e de outrem, e procurando esconder esta realidade. Contudo, o regime da preposição não exige que se atue em nome alheio, nem sequer exige que se atue publicamente por conta alheia. É suficiente que se atue publicamente por conta de um determinado negócio, ou comércio, e que essa atuação beneficie o titular verdadeiro desse comércio ou negócio. Assim, tal como determinado pelo art 252.º, § único do Código Comercial, caso o terceiro prove que o preposto atuou em nome próprio, mas por conta alheia, pode optar por acionar o preposto ou o preponente. No caso do consórcio interno, caso o terceiro demonstre que se trata de um consórcio interno, e que um dos comerciantes atuou por conta de todos os membros do consórcio, apesar de ter agido em nome próprio, o terceiro pode optar entre acionar o preposto ou o preponente (art. 251.º, §1.º do Código Comercial). Existindo vários preponentes, todos serão solidariamente responsáveis, e a todos será imputada a atuação, caso seja essa a escolha do terceiro.

No caso do consórcio interno, uma vez que o próprio preposto é um dos preponentes, o terceiro fica com a faculdade de optar entre processar o preposto na qualidade de parte do contrato, ou todos os preponentes nessa qualidade (o que inclui o próprio preposto, mas agora na qualidade de preponente).

Assim, a execução de um contrato de consórcio interno provoca a preposição de um ou mais dos membros à frente do comércio executado através do consórcio, de modo público e estável. Estes membros do consórcio interno, ao executar o consórcio, surgem pública e estavelmente à frente desse comércio, com a estabilidade necessária à execução desse mesmo comércio. Claro está que, tratando-se de um consórcio interno, o mais provável é que nem todos os membros do consórcio surjam colocados pública e estavelmente à frente desse negócio, sendo mesmo provável que apenas um dos membros surja como preposto. Mas esse membro do consórcio será preposto de todos os membros do consórcio, incluindo preposto de si próprio.

A dificuldade prática no consórcio interno consistirá naturalmente em provar que o negócio pertence a todos os membros do consórcio. Mas esta é uma dificuldade prática, não uma dificuldade jurídica propriamente dita. Demonstrando-se que aquele negócio, aquele empreendimento, pertencia a todos os membros do consórcio, e que um dos membros estava pública e estavelmente à frente dessa atividade, mas que os benefícios dessa atividade comercial visavam beneficiar todos os membros do consórcio (todos os titulares dessa atividade), porque todos eram titulares desse comércio em consórcio, todos serão preponentes.

O regime do consórcio interno, tal com sucede com o consórcio externo, apenas será oponível a terceiros que, à data em que celebraram um contrato com um dos membros do consórcio preposto à frente do negócio, tivesse conhecimento efetivo da existência do consórcio, do regime contratado, e dos inerentes limites. Caso o terceiro apenas venha a descobrir o consórcio interno, o regime contratado, ou os inerentes limites, após a celebração do contrato, não lhe poderá ser oposto esse regime, nem o contrato de consórcio, nem quaisquer limites, sendo aplicável integralmente o regime da preposição dos art. 248.º e seguintes do Código Comercial, podendo então o terceiro optar entre acionar apenas o membro que agiu em nome próprio, mas por conta do consórcio, ou acionar todos os membros do consócio solidariamente.

III. No que respeita à associação em participação, a questão é muito semelhante à questão do consórcio interno. Na versão original do Código Comercial de 1888 do regime da (então) conta em participação, estatuía o art. 229.º que apenas quem atuasse externamente era responsável pelos atos praticados. Com a revogação desta disposição pelo Decreto-Lei n.º 231/81, de 28 de julho, deixou de existir uma disposição expressa sobre esta questão. Contudo, face ao modo como está estruturado o tipo legal da associação em participação, em regra apenas o associante atuará externamente, ou seja, perante terceiros. Contudo, tal como sucede no consórcio, quando o associante atua no exercício da associação em participação, atua por conta de todos os associados, incluindo o próprio associante. Assim, tal como sucede no consórcio, na associação em participação o associado atua simultaneamente por conta própria e por conta alheia.

A principal diferença estrutural face ao consórcio, prende-se com a titularidade do comércio no momento anterior à constituição do consórcio ou associação. No consórcio, o comércio a desenvolver é criado pelo próprio consórcio, ou pelo menos tendo em vista o consórcio. Logo, quando este comércio é instalado, surge originariamente na titularidade de todos os membros do consórcio ou, caso tal não suceda, o contrato de consórcio é estruturado sobre um comércio que já era comum ou, ainda, que foi sempre destinado a ser comum. Na associação em participação, pelo contrário, o comércio é originariamente do associante, sendo que os associados passam a partilhar esse comércio ao celebrarem o contrato de associação em participação. Contudo, após a celebração do contrato (de consórcio ou de associação), o comércio passa a ser de todos os membros do consórcio ou de todos os associados. Acima de tudo, os proveitos desse comércio são de todos os membros do consórcio ou de todos os associados.

Por esta razão, toda a atuação de uma pessoa que gira o negócio integrado no consórcio ou na associação é efetuada por conta de todos os membros ou associados. Pode haver, ou não, uma partilha de perdas, mas no que respeita

A PREPOSIÇÃO

aos benefícios decorrentes desse comércio, estes são sempre destinados a ser integrados na esfera dos membros do consórcio ou dos associados, de modo mediato ou imediato. Quem age por conta de um comércio integrado numa associação em participação age por conta de todos os associados e, ainda, do associante.

No que respeita à associação em participação, ao gerir o negócio, o associante surge pública e estavelmente à frente desse negócio. Claro está que antes da associação em participação ser celebrada, já surgia pública e estavelmente à frente desse mesmo negócio, sucedendo apenas que era então o seu único titular e beneficiário. A partir da celebração do contrato de associação em participação, passa a ser um dos titulares desse negócio, a par dos associados, passando a agir também por conta alheia. Como tal, ao executar o contrato de associação em participação, o associante surge colocado pública e estavelmente à frente de um determinado comércio que pertence a várias pessoas. Assim, o associante é um preposto dos associados e de si mesmo, sem prejuízo de agir em nome próprio.

Trata-se, tal como sucede no consórcio interno, de um caso de preposto que atua simultaneamente por conta alheia e própria, mas apenas em nome próprio. Neste caso, se o terceiro provar que apesar de o associante agir em nome próprio, atua por conta alheia (e própria), pode optar por acionar apenas o associante (porque a atuação foi em seu nome) ou acionar os preponentes solidariamente (os associados e o associante, porque a atuação foi por sua conta). Só assim não sucederá caso se demonstre que o terceiro conhecia efetivamente o contrato de associação em participação, o seu conteúdo contratual e os seus limites, à data em que foi celebrado o contrato entre o terceiro e o associante (preposto).

Pode, contudo, suceder que os associados tomem todo o interesse no negócio do associante, deixando este de ter qualquer parte do negócio, que passa assim a beneficiar exclusivamente os associados, ficando apenas formalmente na titularidade do associante. Neste caso, o associante deixa de agir por conta própria, passando a agir exclusivamente por conta alheia. Como tal, o associante deixa de ser preponente, passando apenas a ser um preposto, sendo os associados os únicos preponentes. De qualquer modo, a única diferença neste caso, reside na exclusão do associante da categoria dos preponentes, ficando apenas como preposto.

Em consequência, tal como sucede com o contrato de consórcio, o contrato de associação em participação pode operar como relação subjacente a uma preposição, porquanto pode provocar a preposição do associante, ficando como preponentes todos os associados e o próprio associante.

H. Casamento

Uma das relações subjacente à preposição que, ainda hoje, tem grande utilidade prática no pequeno e médio comércio, é o casamento.[828]

É corrente no caso de comerciantes individuais, que o cônjuge surja colocado à frente do comércio, quer a par do cônjuge comerciante, quer como a única pessoa à frente do estabelecimento. Assim sucede com grande frequência, por exemplo, nas pequenas e médias empresas, com poucos estabelecimentos, no comércio de feira, e no comércio de exploração de apartamentos em locações turísticas de muito curta duração através de *apps*.

Nestes casos, é frequente que a relação jurídica subjacente, que vigora entre os cônjuges não seja constituída por um contrato de trabalho entre ambos, nem por um contrato de sociedade, nem por uma forma de comunhão, nem de mandato. Antes, o que sucede é que um dos cônjuges ajuda o outro cônjuge no exercício do comércio, o que pode ocorrer por acordo, ou a pedido do outro cônjuge. O contrato de casamento inclui um importante elemento de entreajuda, que também pode abranger a exploração do comércio pertença do outro cônjuge. Como tal, nestes casos, o cônjuge não titular do comércio surge pública e estavelmente à frente desse comércio, tendo a natureza de preposto desse comércio.

O que sucede, nestes casos, é que um terceiro contrata com o cônjuge do comerciante, que está preposto à frente do comércio em causa, mas sem saber que a pessoa perante quem atua é casada com o titular do comércio. Pode desconfiar que é uma pessoa casada (porque, por exemplo, tem uma aliança no dedo anelar esquerdo), mas não sabe se é efetivamente casado, com quem, nem se é casado com o titular do comércio, nem sequer sabe se a pessoa com quem contrata é o próprio titular do comércio, se é contitular, ou se o comércio integra uma comunhão conjugal.

Este regime levanta, contudo, algumas questões. O casamento é um negócio sujeito a registo obrigatório. Contudo, o registo do casamento apenas é obrigatório no âmbito do registo civil. No âmbito do registo comer-

---

[828] O casamente é o tipo contratual com maior impacto patrimonial em vigor em Portugal e é, também, o mais importante contrato gestório do nosso ordenamento. Sucede apenas que o seu conteúdo pessoal é de tal modo marcante, que carateriza o casamento como um ato pessoal. É, contudo, esta parte patrimonial e gestória que agora interessa.

A PREPOSIÇÃO

cial, o registo do casamento do comerciante não é obrigatório, porquanto o registo do próprio comerciante não é obrigatório.[829] Em consequência, são multidão os comerciantes casados que não estão inscritos em registo comercial e que, como tal, não têm o seu estado civil inscrito no registo comercial.

O art. 249.º do Código Comercial exige que a relação subjacente esteja inscrita em registo comercial para poder ser oponível a terceiros de boa fé. Apesar de o art. 249.º do Código Comercial não fazer referência expressa a que o registo em causa seja o comercial, deve ser interpretado neste sentido, por referência ao registo comercial que constava na versão original do próprio Código Comercial. Por outro lado, o que o art. 249.º do Código Comercial exige é o registo do "mandato" ou, melhor, da relação subjacente à preposição que, no caso, é o casamento. Esse "mandato" deve ser inscrito no registo comercial, razão pela qual, quando o "mandato" (ou relação subjacente) é o próprio casamento, é o próprio casamento que deve estar inscrito no registo comercial. No caso de o casamento estar inscrito no registo civil, mas não no registo comercial, de acordo com o art. 249.º do Código Comercial, a relação subjacente – o casamento – não pode ser oposta a terceiros, salvo demonstrando-se que o terceiro tinha conhecimento efetivo desse casamento à data do contrato. Sucede, no entanto, que em matéria patrimonial existem vários regimes de casamento, pelo que será muito raro que um terceiro conheça o concreto regime de titularidade de bens aplicável e, em particular, que conheça o concreto regime de administração de bens aplicável e de eventuais acordos celebrados entre os cônjuges. Contudo, caso o terceiro tenha conhecimento efetivo e concreto do casamento, seu regime e caraterísticas à data do contrato, esse ser-lhe-á oponível. Caso contrário, na falta de registo, e na falta de prova de má fé subjetiva psicológica do terceiro, ao cônjuge agente será aplicável o regime da preposição, vinculando e responsabilizando o cônjuge titular do comércio (o preponente).

Por outro lado, pode ocorrer que o cônjuge preposto atue sem invocar o nome do cônjuge comerciante, podendo mesmo suceder que atue em nome próprio. Assim ocorre nos casos nos quais, apesar de o comércio ser pertença de um dos cônjuges, seja o outro cônjuge a administrar esse comércio, nomeadamente no caso do chamado cônjuge administrador. Nestes casos, contudo, o cônjuge preposto atua por conta do cônjuge comerciante, pelo que demonstrando-se esse facto, pode o terceiro optar por acionar res-

---

[829] Arts. 2.º e 15.º do Código de Registo Comercial.

ponsabilizando e vinculando o cônjuge que atuou em nome próprio, ou o cônjuge comerciante, por conta de quem aquele atuou. Sucede ainda que, dependendo do regime patrimonial aplicável ao casamento, os atos do cônjuge preposto podem beneficiar ambos os cônjuges, caso em que o cônjuge preposto atua por conta de ambos os cônjuges, pois ambos beneficiam com essa atuação. Neste caso, poderão optar por acionar o cônjuge que atuou em nome próprio, ou ambos os cônjuges solidariamente.

Não significa isto que não exista um regime jurídico civil da vinculação e responsabilização dos cônjuges por atos do outro cônjuge. Sucede, apenas, que no Comércio (e só no Comércio), este regime apenas pode ser oposto a terceiros de má fé ou no caso de registo comercial do casamento. Nos demais casos, desde que um dos cônjuges surja pública e estavelmente à frente de um comércio que pertence ao outro cônjuge (ou, mesmo, a ambos os cônjuges), será aplicado o regime dos arts. 248.º e seguintes do Código Comercial.

I. Os auxiliares e caixeiros
I. Pode causar perplexidade a inclusão dos auxiliares e caixeiros entre as relações internas à preposição. Contudo, apesar da aparência que decorre da sua inserção no Código Comercial, estes são casos de relações subjacentes à preposição.

O que sucede, no caso dos auxiliares e caixeiros, é que o Código Comercial apenas contém regras especiais relativas à relação subjacente. Esta relação integra regras internas, e mesmo algumas regras de aplicação perante terceiros. Contudo, no que respeita à relação externa, aplicam-se em primeiro lugar as regras gerais da preposição, que foram integradas no caso dos gerentes de comércio. Ou seja, mesmo nos casos de auxiliares e caixeiros, o percurso lógico jurídico começa pelo art. 248.º do Código Comercial, seguindo-se então o art. 249.º.

II. Os auxiliares e caixeiros são prepostos, porque da execução do contrato que os coloca como auxiliar ou caixeiro, resultam pré-postos para determinada atividade, de modo estável e público. Ao surgirem nesta posição, é aplicável o art. 248.º do Código Comercial, que qualifica essa pessoa como preposto.

Contudo, apenas se sabe se uma pessoa é gerente de comércio, auxiliar ou caixeiro tomando em consideração a relação subjacente. Efetivamente, só com base na relação subjacente é que é possível saber o que se contratou. Se foi contratado que o preposto ficasse à frente de toda uma atividade ou

A PREPOSIÇÃO

sub-atividade do comerciante, ou se de apenas um ramo do seu comércio, ou se está encarregado de apenas vender "por miúdo em lojas".[830] Estas obrigações, deveres, autorizações, permissões, limitações e outros conteúdos integram a relação subjacente, que poderá ser um contrato de trabalho, ou mandato, ou filiação, ou comissão, ou agência, ou comunhão, ou sociedade, ou contrato de administração, ou posição de administrador de facto, ou acordo de grupo, ou consórcio, ou associação em participação, ou casamento, ou uma qualquer outra relação subjacente.

A questão decorre do art. 249.º do Código Comercial, pois segundo esta disposição, apenas é possível tomar em consideração a relação subjacente, caso a preposição esteja registada, ou se prove que o terceiro tinha conhecimento efetivo dessa relação à data do contrato. Ou seja, caso o preposto esteja registado como auxiliar ou caixeiro (sob qualquer designação), ou caso o terceiro tenha conhecimento efetivo da qualidade de auxiliar ou caixeiro.

Em suma, a aplicação ou oponibilidade do regime dos auxiliares e caixeiros perante terceiros, depende, pois, fundamentalmente do art. 249.º do Código Comercial, e do registo do preposto e boa fé do terceiro.

Em consequência, apenas é possível opor a um terceiro que determinada pessoa é um "auxiliar" ou um "caixeiro", caso esteja inscrito em registo comercial com essa qualidade (ou conteúdo), ou caso se prove que o terceiro estava de má fé subjetiva psicológica à data em que contratou. Só então será possível opor ao terceiro esta qualidade, razão pela qual, só então será possível invocar e aplicar contra o terceiro o regime dos arts. 256.º, 257.º, 258.º, 259.º, 260.º e 261.º do Código Comercial.[831]

Em conclusão, pode afirmar-se que os auxiliares e caixeiros são casos especiais de contrato de preposição, que em regra será misto com outro contrato, mas como relação subjacente. Não são casos de relação externa, não constituindo um *status* de preposto. Podem, como qualquer relação subjacente, determinar a aplicação do *status* de preposto, que é regulado pelo regime dos arts. 248.º a 254.º do Código Comercial. Mas o regime específico dos arts. 256.º, 257.º, 258.º, 259.º, 260.º e 261.º do Código Comercial apenas é aplicável caso o auxiliar ou caixeiro esteja registado nessa qualidade, ou caso o terceiro esteja de má fé subjetiva psicológica à data do contrato.

---

[830] No mesmo sentido, SANTOS, FILIPE CASSIANO, *Direito Comercial Português*, Vol. I, Coimbra Editora, Coimbra, 2007, págs. 171 a 173.

[831] Os arts. 262.º a 265.º são exclusivamente aplicáveis na relação interna.

III. A divisão entre gerentes de comércio auxiliares e caixeiros decorreu, como se viu, da evolução histórica da legislação ocorrida durante o Séc. XIX. Nesse período, a questão era fundamentalmente relativa à diferenciação entre classes sociais. Assim, o chefe da empresa ou do estabelecimento era o gerente de comércio (feitor), que era superior aos demais prepostos, e não se podia confundir com os membros da classe inferior. A classe inferior de trabalhadores[832] era dividida entre auxiliares em geral, e um caso especial de auxiliares, que eram os caixeiros. Esta era uma classe ligeiramente acima da generalidade dos demais auxiliares, porquanto merecia a confiança do comerciante no que respeitava ao aspeto financeiro da empresa – a caixa.[833] Assim, o que decorre desta organização do Código Comercial é o reflexo de uma estrutura social classista marcada, em que no topo está o gerente de comércio (feitor ou institor), logo a seguir o caixeiro e depois a generalidade dos auxiliares (*moços de comercio* ou *mancebos*) que em regra eram trabalhadores, ou casos próximos de trabalhadores.[834]

Despindo-se esta análise de preconceitos sociais, resulta, contudo, algo de merecedor de nota. É, efetivamente, típico que no Comércio, exista um sistema organizado de funções, em que certas pessoas (singulares ou coletivas) desempenhem determinadas funções por conta da empresa. Esta constatação, aliás, vinha já expressa na *actio institoria*, não constituindo qualquer novidade. O que sucede, é que estas funções constituem o conteúdo da relação interna, e não o regime da relação externa. Apenas olhando para o contrato de trabalho, ou para o contrato de agência, ou para o contrato de associação em participação, por exemplo, é que será possível aferir se se está perante um gerente de comércio, ou um caixeiro, ou um auxiliar.

---

[832] Estes seriam regulados pelo Direito do Trabalho, segundo GELLA, AGUSTÍN VICENTE Y, *Introducción al Derecho Mercantil Comparado*, 2.ª ed., Editorial Labor, Barcelona, 1934, pág. 185.

[833] A questão surge manifesta em LISBOA, JOSÉ DA SILVA (VISCONDE DE CAIRU), *Principios de Direito Mercantil e Leis de Marinha*, Vol. V., Impressão Régia, Lisboa, 1811, págs. 24 e 25, segundo o qual "*o serviço dos Caixeiros de Casas de Commercio, e Mercadores de grosso trato, tendo por objecto meramente a mercancia, he, pela natureza, e extensão do mesmo objecto, hum emprego de maior consideração civil do que de hum criado de servir, que tem simplesmente a seu cuidado a economia interior da casa, e não goza de confiança pública para tratar em nome de seu amigo*".

[834] Segundo CORDEIRO, ANTÓNIO MENEZES, *Direito Comercial*, 4.ª ed., Almedina, Coimbra, 2016, pág. 686, "*os art.s 260.º, 264.º e 265.º fixam um regime próximo do que hoje resultaria ser uma relação de trabalho*".

A PREPOSIÇÃO

É, no entanto, suficiente observar o modo como essa pessoa surge pública e estavelmente à frente de determinada atividade comercial, para se saber que se está perante um preposto e, assim, se aplicar os arts. 248.º e 249.º do Código Comercial.

Em conclusão, os arts. 256.º, 257.º, 258.º, 259.º, 260.º, 261.º, 262.º, 263, 264.º e 265.º do Código Comercial dizem respeito a duas funções típicas que integram relações subjacentes à preposição, sendo irrelevante se os auxilares ou caixeiros são dependentes ou autónomos,[835] e se são pessoas singulares ou coletivas.

---

[835] Contra, seguindo a posição tradicional, em BRITO, MARIA HELENA, *O Contrato de Concessão Comercial*, Almedina, Coimbra, 1990, págs. 91 e 92.

IV. Qualificação, gravidade tipológica, preposição e relação subjacente

I. É extremamente fácil confundir a preposição com a relação subjacente. Esta facilidade resulta não só do desconhecimento sobre a preposição, como da proximidade entre a preposição e outras figuras como ainda, talvez acima de tudo, do fenómeno da gravidade tipológica.

As diversas relações subjacentes à preposição são diferentes do contrato de preposição e, ainda, do *status* de preposto, tendo diferentes conteúdos, diferentes regimes legais, diferentes funções sociais, resolvendo diferentes problemas através de diferentes soluções. O resultado destas diferenças devia conduzir, em geral, à correta qualificação destas figuras, contudo, atualmente poucos são os que sabem o que é uma preposição, quer no que respeita ao contrato de preposição, quer no que respeita ao *status* de preposto, o que determina uma tendencial confusão com a relação subjacente. O caso mais marcante é o da confusão generalizada entre a preposição e o contrato de trabalho ou o mandato. Assim, mesmo nos casos em que se faz referência a regimes legalmente típicos de preposição – por exemplo, o caso do gerente de comércio – é extremamente fácil e recorrente a confusão entre o gerente de comércio e o mandato.

Como se pode concluir, este é, claramente, um problema de qualificação.

II. A qualificação, em particular a qualificação contratual, é uma operação lógico-jurídica que permite aferir do nível de correspondência entre um concreto contrato e um certo tipo contratual. O tipo contratual pode ser legal ou social, conforme esteja positivado na lei ou na Sociedade.[836]

---

[836] VASCONCELOS, PEDRO PAIS DE, *Contratos Atípicos*, 2.ª ed., Almedina, Coimbra, 2009, págs. 61 a 66.

A PREPOSIÇÃO

Seguindo-se um método tradicional, bastaria procurar subsumir o facto contratual ao facto normativo, para assim se obter a qualificação do contrato. Deste modo, para se procurar saber se determinado facto contratual seria qualificável face a um determinado tipo contratual, bastaria compará-lo com o tipo e verificar se o preenchia. Seguindo ainda este método tradicional, seria necessário determinar quais os elementos essenciais do tipo contratual e verificar se o contrato em causa os incluía e se não incluía qualquer elemento essencial negativo do tipo, que pudesse excluir a qualificação.

A atratividade deste método prende-se com a sua simplicidade. No entanto, é esta simplicidade que importa a sua grave falta de eficiência qualificativa. Este sistema de qualificação opera com base num sistema lógico monotónico e binário, não sendo hábil para operar num sistema não monotónico e multivalorativo.

O sistema jurídico é não monotónico e multivalorativo o que, desde logo, e só por si, determina a insuficiência do método qualificativo tradicional. No fundo, o método qualificativo tradicional peca, porque se apoia num sistema lógico que não é adequado para o Direito.

O juízo de qualificação não pode limitar-se a incidir apenas sobre os elementos essenciais do contrato (positivos ou negativos), verificando quais estão presentes e quais estão ausentes para obter um resultado da soma destes elementos. A qualificação de um contrato com mero apoio na constatação de que esse contrato inclui os elementos essenciais de determinado tipo legal, importa uma redução do juízo qualificativo a uma área muito limitada do contrato, não o respeitando na sua integridade.

O juízo de qualificação pode ser feito por recurso a vários métodos, sendo que o mais adequado é o método tipológico. Segundo este método, procede-se a uma comparação do grau de proximidade entre o contrato e o tipo contratual, tomando como objeto de observação todo o contrato. O primeiro resultado da qualificação tanto pode ser a conclusão da tipicidade do contrato como da sua atipicidade. Contudo, esta primeira conclusão é classificatória, e pouco nos diz sobre o regime aplicável ao contrato. É importante como primeiro passo, mas não constitui a resposta ao problema, sendo necessário proceder então a um juízo de tipicidade. Assim, a classificação do contrato como típico ou atípico, é uma mera conclusão que se pode retirar do juízo de tipicidade. É este juízo que verdadeiramente importa, e não a classificação. Um contrato típico nada mais é do que um contrato que tem um grau zero de atipicidade ou, dito de outro modo, um contrato típico é um contrato atípico em grau zero de atipicidade.

440

O método tipológico, quando efetivamente usado, permite que através do juízo de qualificação tipológica se determine o grau de proximidade do contrato com vários tipos contratuais e se determine ainda a razão desse grau de proximidade. Permite, pois, aferir da semelhança entre um ente (o contrato) e todos os demais entes desse universo (os tipos contratuais), aferindo-se esta semelhante através da correspondência entre as qualidades que se verificam no contrato e que compõem o contrato, e as qualidades dos tipos contratuais. Quanto maior for a correspondência das qualidades entre os vários tipos, maior a semelhança entre os tipos, e mais fácil será confundir os tipos. Por outro lado, quanto maior for a semelhança entre o contrato e um tipo, maior a sua tipicidade. Mas, também, quanto maior for a semelhança entre um contrato e um tipo que, por sua vez, for também semelhante a outro tipo, maior a possibilidade de confusão entre o contrato e os vários tipos e, logo, maior a possibilidade de erro na qualificação.

Usando-se todos os tipos legais e sociais como tipos de referência, o método tipológico dá-nos o grau de semelhança entre o contrato e todos os tipos legais e sociais, grau este que é aferido através do nível de semelhança das qualidades do contrato com as qualidades de todos os tipos.[837]

Assim, um juízo qualificativo tipológico não está preso a um tipo contratual, pelo que não força a qualificação face a um determinado tipo contratual.

Todos os contratos são semelhantes a todos os tipos contratuais, e todos os tipos contratuais são semelhantes a todos os contratos, e todos os contratos são semelhantes a todos os contratos, e todos os tipos contratuais são semelhantes a todos os tipos contratuais.

A semelhança é uma constante apenas variando o grau dessa semelhança.[838] Quando se se procede à determinação do grau de semelhança entre um contrato e um tipo, vai-se sempre encontrar um qualquer grau de semelhança, pois partilharão sempre uma ou outra qualidade escassa, nem que seja em grau zero de semelhança. Contudo, entre contratos há sempre um qualquer grau de semelhança, porque partilham sempre pelo menos uma qualidade: a qualidade de serem contrato. Para além desta qualidade, é corrente que os contratos partilhem outras qualidades com os tipos contratuais,

---

[837] Sobre a relevância da semelhança para o raciocínio tipológico, RODRIGUEZ-PEREYRA, GONZALO, *Resemblance Nominalism. A Solution to the Problem of Universals*, Claredon Press, Oxford, 2002, págs. 53 a 95.

[838] RODRIGUEZ-PEREYRA, GONZALO, *Resemblance Nominalism. A Solution to the Problem of Universals*, Claredon Press, Oxford, 2002, pág. 65.

A PREPOSIÇÃO

pelo que todos os contratos têm um determinado grau de semelhança, em simultâneo, com todos os tipos contratuais.

O problema resulta de o Homem não ter capacidade de processamento de informação suficiente para proceder a um juízo consciente de qualificação de um contrato, em simultâneo com todos os tipos contratais, quer legais, quer sociais. Como tal, em regra procede-se a um juízo de qualificação com base em apenas alguns tipos de referência. É esta prática que causa o erro de qualificação, porque se limita o universo de comparação a um número limitado de tipos, o que falsifica o raciocino. Ao se efetuar um juízo de qualificação de um contrato por referência a um tipo conduz, sempre e sem exceção, a uma natural tendência para qualificar o contrato como integrando esse tipo.

A qualificação de um contrato devia ser sempre feita por referência a todos os tipos, que integram todos os contratos, incluindo os tipos legais, os tipos sociais e os tipos lógicos; nunca por referência a um único tipo. A qualificação de um contrato não nos dá o grau de semelhança entre o contrato e o tipo, mas, antes, e acima de tudo, permite criar uma teia multidimensional de ligações entre o contrato objeto do juízo e os vários tipos contratuais. Estas ligações são as semelhanças, sendo que cada semelhança consiste na partilha de qualidades. A teia tipológica indica quais as semelhanças, quais os graus de semelhanças e quais os elementos do contrato que apresentam essas semelhanças e porquê e com que tipos (ou, mesmo, com que outros contratos que integra esses tipos).

III. A gravidade tipológica consiste na força de atração subjetiva que o tipo exerce sobre o contrato e que promove a sua integração nesse tipo.

Há tipos contratuais mais importantes que outros tipos, mais estruturantes que outros tipos. Por outro lado, há contratos que apresentam uma indubitável proximidade com determinado tipo contratual. A gravidade tipológica provoca no sujeito que procede à qualificação, uma tendência para a qualificação do contrato como integrando um desses tipos, em detrimento de outros tipos contratuais com que a situação em análise apresenta semelhanças e que assim são ignoradas e, mesmo, em detrimento da atipicidade do contrato. Em suma, há tipos contratuais que têm para o "intérprete-aplicador" uma "massa" maior do que outros; quanto maior a "massa" tipológica, maior a gravidade tipológica.

Quando maior a "massa" tipológica de um tipo contratual, maior é a distância do seu efeito gravitacional. Por sua vez, quanto maior a gravidade tipológica de um tipo, maior será a tendência para qualificar contratos como integrando esse tipo, mesmo que estejam já muito longe do tipo.

Salvo em casos nos quais o contrato objeto de qualificação é de tal modo fora do comum que não é afetado pela gravidade tipológica, porque para o sujeito não tem "massa" tipológica, ou porque a distância (dissemelhança) é tanta que ultrapassa os limites gravitacionais, existirá sempre uma enorme atração pela qualificação do contrato como típico, por referência ao tipo que, face à combinação entre "massa" tipológica do tipo de referência e proximidade contrato/tipo, mais força gravítica aplica.

Em regra, as pessoas não gostam do que é estranho, novo, desconhecido ou, simplesmente, diferente. Gostam de certeza, sabedoria, compreensão e, acima de tudo, de facilidade. Estas caraterísticas levam o "intérprete-aplicador" a tendencialmente forçar uma qualificação face ao tipo que, para si, é mais próximo e mais dominante, mesmo que esse nível de proximidade seja quase inexistente, mesmo que existam mais do que um tipo negocial próximo e mesmo que o domínio gravitacional seja puramente subjetivo.

IV. O método tipológico não sofre – tanto – com a gravidade tipológica como sucede com o método tradicional.

Ao tomar em consideração o grau de semelhança do contrato objeto da qualificação relativamente a todos os tipos legais com que tenha qualquer semelhança, evita-se ou, pelo menos, limita-se a atração para o abismo gravitacional do tipo legal dominante.

No entanto, e como transparece destas palavras, o método tipológico é mais complexo do que o método tradicional. A comparação é feita entre o contrato e vários tipos contratuais em simultâneo, em lugar de ser feita com cada tipo contratual, um a um e através da mera verificação de determinados elementos essenciais.[839] Por outro lado, os graus de semelhança podem ser determinados por elementos diferentes do contrato, por conjuntos de elementos do contrato, e por misturas de elementos. É mesmo possível que, conforme a composição de um conjunto de elementos, adicionando-se um ou outro elemento do contrato, surjam diferentes graus de semelhança com diferentes tipos contratuais

---

[839] Ou por determinação do grau de semelhança face a determinado tipo paradigmático, como sucede nas abordagens que seguem o "nominalismo de semelhança aristocrático" – RODRIGUEZ-PEREYRA, GONZALO, *Resemblance Nominalism. A Solution to the Problem of Universals*, Claredon Press, Oxford, 2002, pág. 65.

O juízo qualificativo tipológico não é subsuntivo, nem binário, nem monotónico. Não opera pela relação entre uma premissa maior e uma premissa menor. Antes opera por graus de semelhança. O resultado do juízo não consiste num resultado positivo ou negativo de qualificação face a determinado tipo legal. Ou seja, não vigora o princípio *tertium non datur*. O contrato pode ser classificado como legalmente típico face a um determinado tipo. Mas pode também ser classificado como legalmente atípico, apresentando ligações face a vários tipos contratuais, o que importa a sua qualificação simultânea face a vários tipos contratuais.

Por último, o juízo qualificativo tipológico é não monotónico. Ou seja, no caso de estarem presentes todos os elementos essenciais de um tipo, o adicionar de um elemento novo ao contrato que não seja essencial desse ou de outro tipo, não importa que este contrato seja um subtipo, podendo determinar uma descontinuidade de salto na progressão do tipo, de tal modo que importa uma alteração substancial de qualificação, face a uma situação que, de acordo com o método tradicional, seria considerada como irrelevante. Uma pequena alteração num contrato que integraria um determinado tipo, pode provocar uma bifurcação transcrítica na evolução lógica da estrutura do contrato, que o faz prosseguir como integrando um outro tipo.

V. Uma das diferenças práticas entre estes dois métodos de qualificação consiste no grau de tendência para a qualificação dos contratos como típicos. O método tradicional de qualificação, em virtude de estar mais sujeito à gravidade tipológica, promove (força mesmo) a qualificação de contratos como sendo legalmente típicos. Já o método tipológico, quando devidamente aplicado, não tem este resultado, pois trabalha simultaneamente com graus de proximidade do concreto contrato a vários tipos contratuais. Como tal, comparativamente ao método tradicional, o método tipológico implica uma maior probabilidade de qualificação do contrato como atípico. No entanto, esta maior probabilidade de qualificação do contrato como atípico, não significa uma maior insegurança, nem seja o que for de negativo. Antes significa um maior respeito do Direito pela realidade contratual. A probabilidade de qualificação do contrato como atípico no método tipológico, apenas é maior da que se verifica quando se recorre ao método tradicional, porque o método tradicional força a qualificação dos contratos como típicos (ou seja, qualifica como típicos, contratos que são atípicos). O mesmo sucede com estruturas compostas por múltiplos contratos, em que recorrendo ao método tipológico se torna mais precisa a identificação e qualificação de cada contrato. Não se tentando unificar toda a estrutura contratual num único negócio jurídico.

VI. A preposição sofre muito com a "massa" tipológica que as suas relações subjacentes normalmente têm junto dos "intérpretes-aplicadores". Por um lado, a preposição é uma figura que é geralmente desconhecida e que não é estudada, o que faz com que os "intérpretes-aplicadores" lhe reconheçam muito pouca "massa" tipológica. Por outro lado, a "massa" tipológica" das relações subjacentes que tipicamente surgem associadas à preposição é extremamente alta. Estas relações são geralmente objeto de estudo pela Doutrina, são ensinadas nas Faculdades, são bem conhecidas e frequentemente aplicadas pelos Tribunais e surgem contratadas expressamente pelas partes. A tensão gravitacional entre a "massa" gravitacional da preposição e a "massa" gravitacional das relações subjacentes típicas, especialmente quando considerada a curta distância que efetivamente ocorre entre as várias figuras, conduz geralmente à errada integração da preposição no tipo subjacente. Ou seja, o "intérprete-aplicador" quando confrontado com uma preposição não a deteta, porque a integra na relação subjacente; a preposição fica oculta pela própria relação subjacente. Este fenómeno ocorre mais com o contrato de preposição do que com o *status* de preposto (porque os arts. 248.º e seguintes do Código Comercial ajudam a aumentar a "massa" gravitacional do *status*), mas ocorre em ambos os casos.

Quanto maior e mais forte o campo gravitacional de um tipo subjacente à preposição, maior a distorção do campo de qualificação, fazendo aproximar a preposição da relação subjacente, ao ponto de desaparecer da mente do "intérprete-aplicador". Este, por vezes deteta a preposição, mas considera que faz parte integrante da relação subjacente, à semelhança de uma parcela de regime satélite, mas na grande generalidade dos casos nem sequer deteta a preposição, que fica ofuscada pelo peso do campo gravitacional da sua própria relação subjacente, numa espécie de eclipse tipológico.

A gravidade tipológica é, contudo, um fenómeno profundamente subjetivo. Depende do sujeito, da sua experiência de vida, dos seus conhecimentos jurídicos, da sua técnica jurídica, das suas opções filosóficas e mesmo metafísicas. Mas é um fenómeno que consegue sempre ser controlado, desde que se reconheça a sua existência.

Assim, caso se conheça a preposição, e caso se saiba que existe o fenómeno da gravidade tipológica, é possível controlar e melhorar muito a qua-

A PREPOSIÇÃO

lificação, em particular, no que agora nos interessa, é possível proceder a uma adequada autonomização entre a qualificação da relação subjacente e da preposição, quer no que respeita ao contrato de preposição, quer no que respeita ao *status* de preposto.

V. A procuração institória

I. Da procuração institória resulta um preposto e não um procurador. A procuração institória consiste numa preposição com aparência externa de uma procuração.[840]

Na procuração institória, é emitida uma declaração com o teor típico de uma procuração, mas em lugar de haver um procurador, com a aplicação do respetivo regime jurídico, existe um preposto. Como é natural, a existência desta figura levanta o problema de determinar em que casos se está perante uma procuração e em que casos se está perante uma procuração institória.

II. A procuração é um negócio jurídico que tem como efeito a concessão de poderes de representação para a prática de atos jurídicos, enquanto a preposição é um negócio jurídico que tem como efeito constituir um preposto, ou seja, alguém que ficará à frente da atividade do dono do negócio, de modo público e estável, substituindo-o no comércio.

A procuração é institória em dois casos.[841]

---

[840] A procuração institória nasceu como *praepositio procuratoria*, sendo a origem da *actio ad exemplum institoria* (D.14.3.19pr), atribuída a Papinianus – MICELI, MARIA, *Studi sulla "Rappresentanza" nel Diritto Romano*, I Vol., Giuffrè, Milano, 2008, págs. 338 a 343. Foi esta a figura da qual decorreu toda a teoria da representação voluntária e, acima de tudo, a admissão da generalização da representação.

[841] Tal como sucedia já com a *praepositio procuratoria* de Papinianus – D.14.3.19pr. Neste sentido, MICELI, MARIA, *Studi sulla "Rappresentanza" nel Diritto Romano*, I Vol., Giuffrè, Milano, 2008, pág. 343, segundo a qual, ficava sujeito à *actio institoria*, não só o caso do preposto que tinha uma procuração, mas também o caso do procurador que era colocado estavelmente à frente do comércio (e, dizemos nós, assim surgiria, então, publicamente).

A PREPOSIÇÃO

Quando é vontade das partes[842] que o "procurador" fique colocado à frente de toda ou parte da atividade comercial do dono do negócio, de modo público e estável, no local em que este o exerça ou noutro local.[843] Ou seja, a procuração é institória quando aquilo que se pretende é um preposto e não um procurador, quando é esta a vontade real das partes. Neste caso, a procuração não é uma verdadeira procuração, mas um contrato de preposição. Se a vontade das partes é constituir um preposto, o negócio jurídico em causa é uma preposição e não uma procuração. Sendo uma preposição, aplica-se o *status* de preposto, sendo que a relação interna é um contrato de preposição (eventualmente em conjunto com outro contrato).

A procuração é também institória quando, independentemente da vontade, o "procurador" fique colocado à frente de toda ou parte da atividade comercial do dono do negócio, de modo público e estável, no local em que este o exerça ou noutro local. Neste caso, a procuração tem essa natureza negocial, sucedendo apenas que da execução da relação subjacente à procuração, em conjunto com a procuração, resulta uma pessoa que ocupa a posição social típica de preposto. Como tal, apesar de ser um procurador, aplica-se o *status* de preposto. Neste caso, a procuração fica consumida pelo *status* de preposto, pelo que resulta inútil, deixando de produzir quaisquer efeitos, passando todos os efeitos representativos a decorrer do *status* de preposto.

Tanto a procuração como a preposição concedem poderes de representação, mas a procuração apenas concede poderes de representação voluntários para a prática de atos, enquanto a preposição concede poderes de representação institórios para o exercício de uma atividade comercial alheia, sendo ainda um negócio gestório. Os dois negócios têm algum campo de sobreposição, embora não total. A procuração não tem como efeito, nem fim, colocar uma pessoa à frente de uma atividade comercial alheia como preposto, não concedendo poderes de representação institória, e não sendo um negócio

---

[842] Das partes do contrato de preposição.

[843] Que corresponde a uma *internal approach* ao caso da *praepositio procuratoria* de Papinianus – D.14.3.19pr – ou seja a um contrato de preposição, celebrado ou exteriorizado (em parte) através de uma procuração. Sobre a *internal approach* e *a external approach*, *Agency in Private Internacional Law, The Hague Convention on the Law Aplicable to Agency*, Martinus Nijhoff Publishers, The Hague/Boston/London, 1995, págs. 304 e 305 e BRITO, MARIA HELENA, *A Representação nos Contratos Internacionais, Um contributo para o estudo do princípio da coerência em direito internacional privado*, Almedina, Coimbra, 1999, págs. 478 e 479.

gestório. Por sua vez, o contrato de preposição não tem como fim permitir a prática de atos isolados,[844] nem a prática de atos sem estabilidade, nem a prática de atos sem publicidade.

Já na origem da preposição, em Roma, uma das principais distinções da preposição face ao (então) mandato resultava da estabilidade do primeiro face à acidentalidade do segundo. Enquanto o preposto desempenhava uma atividade estável à frente do negócio do comerciante, o mandatário (a que sucedeu o procurador) era incumbido de praticar um ato, ou um conjunto determinado e limitado de atos, sendo assim possível que um preposto fosse mandatário, nos casos em que o mandato extravasasse a preposição. O mesmo sucede atualmente com a procuração que, nesta matéria sucedeu ao mandato.

III. Com a preposição não deve ser confundida a chamada "procuração aparente".

As figuras são confundíveis, devido à proximidade de elementos caraterísticos, pois ambas implicam a existência de poderes de representação, e em ambas se verifica um importante elemento de aparência e respetiva tutela. Esta proximidade de caraterísticas causa uma certa tendência para qualificar como "procurações aparentes" casos que são efetivamente de preposições, em razão do maior e mais forte campo gravitacional da procuração.

A procuração é mais conhecida do que a preposição, e está de tal modo associada ao poder de representação, que quando um intérprete-aplicador se depara com um caso de poder de representação com um elemento de voluntariedade, gravita naturalmente para a procuração. Assim sucede, mesmo nos casos de Direito Comercial, em que a própria atração gravitacional do Direito Civil atrai a qualificação para este campo.

O que sucede, em regra, são casos nos quais uma pessoa surge estável e publicamente à frente do comércio de outra, com a "ciência e a paciência" do principal, sendo que este depois vem a invocar a falta de outorga de uma procuração para assim evitar a vinculação a um contrato celebrado com o "representante".[845]

---

[844] Salvo os incluídos no conjuto da atividade, claro está.

[845] Conforme sucede em ASCENSÃO, JOSÉ DE OLIVEIRA E FRADA, MANUEL CARNEIRO, *Contrato Celebrado por Agente de Pessoa Colectiva. Representação, Responsabilidade e Enriquecimento sem Causa, in* Revista de Direito e Economia, XVI a XIX (1990 a 1993), págs. 43 a 77, Centro Interdisciplinar de Estudos Jurídico-Económicos, Coimbra.

A PREPOSIÇÃO

Nestes casos, ao não ser identificada uma preposição, as soluções típicas são duas: a "procuração aparente" e o abuso de direito a invocar a falta de poderes de representação.

A primeira solução decorre de uma tendência para o Direito Civil, que implica que o ponto de partida do raciocínio seja a procuração, por exclusão dos casos civis de representação legal e orgânica.[846] A partir deste momento, assumindo-se que se trata de um problema de procuração, a questão fica limitada a saber se esta foi, ou não outorgada. Em seguida, considera-se que os poderes de representação foram concedidos tacitamente, por exemplo, porque *"no campo do direito das empresas, reconhece-se que se alguém foi legitimado para o desempenho de determinada função no âmbito de uma empresa, essa legitimação abrange poderes de representação para os negócios e actos jurídicos próprios dessa função"*.[847] Note-se que este raciocínio não está longe do que defendemos. Efetivamente, o contrato de preposição, mesmo quanto integrado num outro contrato misto, é tipicamente celebrada de modo tácito. Sucede ainda que a preposição (tanto o contrato, como o *status*) são figuras de Direito Comercial, que ocorrem no campo do *"direito das empresas"*. Por último, a preposição (tanto o contrato, como o *status*) integram poderes de representação.

Quer a "procuração aparente", como a preposição, implicam um determinado nível de publicidade ou aparência, pelo que esta caraterística se verifica em ambas. A diferença entre as duas figuras está, principalmente, na estabilidade. Se o representante atua estavelmente é um preposto, e não um procurador.

Outra grande diferença, é o recurso em primeira análise ao Direito Comercial ou ao Direito Civil. Sendo a preposição uma figura de Direito Comercial, o sistema de fontes é o do art. 3.º do Código Comercial, pelo que

---

[846] Este fenómeno pode ser observado em ASCENSÃO, JOSÉ DE OLIVEIRA E FRADA, MANUEL CARNEIRO, *Contrato Celebrado por Agente de Pessoa Colectiva. Representação, Responsabilidade e Enriquecimento sem Causa*, in Revista de Direito e Economia, XVI a XIX (1990 a 1993), págs. 43 a 77, Centro Interdisciplinar de Estudos Jurídico-Económicos, Coimbra, pág. 47 e também em PINTO, PAULO MOTA, *Aparência de Poderes de Representação e Tutela de Terceiros*, in Boletim da Faculade de Direito, Vol. LXIX, págs. 587 a 645, Universidade de Coimbra, Coimbra, 1995.

[847] ASCENSÃO, JOSÉ DE OLIVEIRA E FRADA, MANUEL CARNEIRO, *Contrato Celebrado por Agente de Pessoa Colectiva. Representação, Responsabilidade e Enriquecimento sem Causa*, in Revista de Direito e Economia, XVI a XIX (1990 a 1993), págs. 43 a 77, Centro Interdisciplinar de Estudos Jurídico-Económicos, Coimbra, pág. 48.

A PROCURAÇÃO INSTITÓRIA

apenas se pode recorrer ao regime da procuração civil em último caso, e apenas por analogia.[848] Assim, o regime da representação sem poderes do Código Civil, não é aplicável, tal como sucede com o restante regime da procuração. O regime supletivo da preposição decorre dos arts. 248.º e seguintes do Código Comercial, na sua falta do regime do mandato e da comissão mercantil, na sua falta dos demais regimes comerciais que regulam casos de atuação estável por conta alheia (por exemplo, da agência), na sua falta do Espírito do Comércio, e só por último do regime da representação voluntária e da procuração do Código Civil. São marcantes as diferenças entre o regime da preposição que decorre dos arts. 248.º e seguintes e demais fontes referidas, por um lado, e o regime da representação voluntária e da procuração do Código Civil. Assim, não é indiferente qualificar como preposição ou como "procuração aparente".

Note-se que consideramos que a figura da "procuração aparente" é de grande importância no nosso sistema. Contudo, esta figura deve ser reservada para os casos de Direito Civil nos quais se trata de uma efetiva procuração, na qual o procurador não atua com estabilidade. Nos casos de Direito Civil em que exista uma atuação estável, pode ainda ponderar-se a aplicação analógica de uma preposição, caso tal atuação ocorra numa organização de tipo empresarial civil. Já nos casos de Direito Comercial em que se está perante uma verdadeira procuração, por falta de estabilidade da atuação do procurador, deve iniciar-se a busca do regime jurídico pelo mandato mercantil, podendo recorrer-se ao regime da preposição em casos fronteira, quando a aparência criada, mesmo sem a estabilidade, seja de ordem tal que justifique a tutela positiva. Como tal, nestes casos não estaremos perante uma verdadeira "procuração aparente" comercial, mas antes pela aplicação analógica do regime de preposição a um agente que atue sem estabilidade.[849]

IV. Em regra, a declaração negocial vale com o conteúdo que resulta da vontade real das partes (art. 236.º, n.º 2 do Código Civil, aplicável *ex vi* art. 3.º do Código Comercial). Nestes casos, contudo, a vontade real das partes e a vontade literalmente declarada na "procuração" não correspondem, sendo

---

[848] Defendendo a aplicação meramente subsidiária do Direito Civil em matérias comerciais, SERRA, CATARINA, *Direito Comercial*, Coimbra Editora, Coimbra, 2009, pág. 15.

[849] Casos estes a que FRADA, MANUEL A. CARNEIRO DA, *Teoria da Confiança e Responsabilidade Civil*, Almedina, Coimbra, 2004, págs. 49 a 60 (notas 40 e 41), chama de "procuração aparente", apesar de se apoiar no regime do art. 248.º do Código Comercial.

A PREPOSIÇÃO

que esta discrepância não decorre nem traduz – em regra – qualquer vício. Antes, é uma simples consequência da prática comercial.

No comércio é frequente a outorga de "procurações" escritas como suporte documental de vários negócios que incluem poderes representativos,[850] nomeadamente no caso do mandato comercial, mas também no caso da preposição. São casos em que o próprio negócio subjacente inclui já poderes de representação, pelo que estes não resultam da procuração. Assim sucede com o mandato comercial, tal como sucede com a preposição.

No caso do contrato de preposição, as partes pretendem que uma fique à frente do comércio da outra, de modo estável e público. De modo a formalizarem esse negócio, outorgam um documento, ao qual dão o nome de "procuração" e cujo teor é muito semelhante, ou mesmo idêntico, ao que se encontraria numa procuração. Contudo, não só a vontade das partes é dirigida à celebração de uma preposição, como a estrutura de poderes que consta no teor da "procuração" é em regra mais típico de uma preposição do que de uma procuração. Nestas "procurações", tipicamente o teor do documento inclui um conjunto de poderes que, a serem exercidos colocam o "procurador" à frente de parte ou todo o comércio do principal. Como tal, caso essa "procuração" deva ser, ou seja, efetivamente exercida, com todos os seus poderes, o "procurador" será um preposto.

É frequente no Comércio a outorga de "procurações" com amplíssimos poderes de administração comercial, nas quais se afirma mesmo que o "procurador" ou o "mandatário" fica obrigado a gerir determinado estabelecimento, ou encarregado de o fazer, ou alguma distinção semelhante. Ou, então, nas quais são outorgados tantos poderes que o "procurador" fica com poderes suficientes para exercer a atividade comercial do principal por conta desta. Nestes casos, o exercício pelo "procurador" dos poderes outorgados por essa procuração coloca-o como preposto do principal, de tal modo que só muito raramente se estará perante uma verdadeira procuração.

Note-se que podem existir procurações (não institórias) de cujo teor resulte a mesma estrutura de poderes de uma preposição, o que aumenta a dificuldade de qualificação. Sucede, no entanto, que nestes casos as partes não acordam que uma parte fique pública e estavelmente à frente do comércio da outra, mas apenas que fique com um amplo leque de pode-

---

[850] Como é referido em NUNES, PEDRO CAETANO, *Dever de Gestão dos Administradores das Sociedades Anónimas*, Almedina, Coimbra, págs. 121 a 125.

res de representação, que poderão ser usados pontualmente, por exemplo quando necessário, sendo ainda que nestes casos o procurador não surge pública e estavelmente à frente do comércio do principal. Assim sucede porque nestes casos, apesar de o procurador beneficiar de uma estrutura de poderes bastante ampla, que seria suficiente para esse ser um preposto, os mesmos não são exercidos, ou não são exercidos de modo a que se possa qualificar os atos praticados pelo procurador como uma atividade, ou não são exercidos com estabilidade, ou não são exercidos com publicidade. Em suma, apesar do teor da procuração ser típico de uma preposição, e apontar nesse sentido, não se está perante um preposto, mas antes perante um procurador.

É, contudo, necessário ter em atenção que, tratando-se efetivamente de uma procuração institória, pode suceder que o preposto viole o seu regime e não atue estavelmente ou publicamente. Nestes casos, apesar de ter contratado uma preposição com o preponente, não surge pública e estavelmente numa posição de preposto. Caso em que, pelo menos com base no comportamento adotado, a qualificação do negócio será ainda mais complexa, pois apenas os terceiros que tenham conhecimento efetivo da relação de preposição, reconhecerão o estatuto do preposto.

V. Nem sempre é possível determinar a vontade real das partes, de modo a saber se se está perante uma procuração ou perante um contrato de preposição. Contudo, face ao sistema de funcionamento do *status* de preposto, esta questão é facilmente ultrapassada, através do modo de exercício da atividade do "procurador". É a posição socialmente típica de preposto que permite a qualificação, e não a natureza do negócio jurídico subjacente; tendo o "procurador" uma posição socialmente típica de preposto, aplica-se-lhe o estatuto (*status*) de preposto, tornando-se irrelevante a prova da procuração, e também os limites da procuração.

Um procurador institório é um preposto e, como tal, surgirá pública e estavelmente à frente do comércio do principal. Por oposição, um procurador "normal" não surgirá à frente do comércio do principal ou, caso surja, tal não ocorrerá publicamente ou, ainda, ocorrerá sem estabilidade. Assim, um procurador comum (ou "normal") não exerce essa atividade com estabilidade, nem exerce essa atividade publicamente. Acima de tudo, não substitui o comerciante no seu comércio. Um verdadeiro procurador não ocupa uma posição de preposto. Em consequência, a qualificação da preposição é reali-

A PREPOSIÇÃO

zada fundamentalmente *a posteriori,* com base na posição de preposto, e não *a priori* com base nas declarações negociais emitidas.

Poder-se-ia questionar este sistema de qualificar a "procuração" *a posteriori,* como não podendo traduzir verdadeiramente a vontade das partes à data da outorga da "procuração". Numa certa perspetiva, civilista, a natureza do negócio jurídico resulta da vontade declarada pelas partes. Contudo, a praticabilidade inerente ao Direito Comercial, não só permite esta técnica, como o regime da preposição está perfeitamente adequado à mesma, sendo ainda um regime injuntivo. Efetivamente, mesmo que se considerasse que não se poderia proceder a esta qualificação negocial *a posteriori,* com base em factos que ocorreriam após a celebração do negócio e que, por essa razão não poderia revelar a vontade das partes à data do contrato, o resultado seria o mesmo. Assim sucede porque o que se procura é fundamentalmente qualificar a posição do preposto e não o negócio jurídico que provoca essa posição. Assim é, porque os factos que permitem qualificar o preposto apenas podem ser devidamente apreciados *a posteriori,* face ao regime dos arts. 248.º e seguintes do Código Comercial.

VI. Face ao regime dos arts. 248.º do Código Comercial, caso o "procurador" surja pública e estavelmente à frente do comércio do principal, será considerado como um preposto independentemente da designação sob a qual o preposto atue, o que inclui a designação de "procurador". Assim, sempre que alguém surja numa posição de preposto, mesmo que invoque ser um procurador, será aplicável o art. 248.º do Código Comercial.

Da aplicação do art. 248.º do Código Comercial, resulta a aplicação do art. 249.º, que opera a distinção entre os casos de prepostos registados, de prepostos que atuem perante terceiros de boa fé, e de prepostos que atuem perante terceiros de má fé. Mas, independentemente de se estar perante qualquer um dos casos do art. 249.º do Código Comercial, todos são prepostos segundo o art. 248.º do Código Comercial.

VII. Perante terceiros de boa fé o art. 249.º do Código Comercial impede a invocação da relação subjacente ou de quaisquer instruções ou outras limitações que resultem da relação subjacente. Como tal, nestes casos a "procuração" torna-se absolutamente irrelevante, apenas sendo aplicável o regime da preposição. Assim, qualquer que fosse a vontade de representante e principal, esta vontade será irrelevante, sendo apenas relevante o estatuto de preposto. Deste modo, mesmo que venha mais tarde a ser provado que existia uma procuração, os limites ao exercício dos poderes de representação não são oponíveis ao terceiro de boa fé, tal como determinado pelo art. 249.º do Código Comercial.

A única exceção invocável será a de usurpação de funções do preposto, demonstrando-se que não havia qualquer fundamento para que este surgisse pública e estavelmente à frente da atividade do comerciante, nem mesmo uma tolerância por parte do comerciante. Ou seja, que exercia a atividade do comerciante sem qualquer conhecimento por parte deste ou, pelo menos, sem qualquer tolerância por parte deste.

Contudo, caso seja invocada esta exceção, invocando-se que era um mero procurador e não um preposto, o mais provável é que a mesma não proceda. Dependendo do conteúdo da procuração, se este conteúdo permitir ao "procurador" operar como preposto, não existe uma usurpação da atividade do comerciante. Ou seja, se da procuração resultar um conjunto de poderes que são típicos de uma preposição, sendo hábeis para colocar o "procurador" à frente de todo ou de parte do comércio do principal, não há efetivamente uma usurpação dessas funções. O que pode haver, eventualmente, é uma violação de instruções quanto ao modo de exercer essa atividade, mas não uma usurpação da atividade, pois neste caso o principal teve vontade de conceder esses poderes que possibilitam a preposição, pelo que se verifica, pelo menos, uma tolerância.

A consequência é muito relevante no que respeita a terceiros de boa fé. Nestes casos, em que não se prova que o terceiro tinha conhecimento efetivo do acordo entre principal e "procurador" ou das respetivas instruções e limitações, a "procuração" nunca será regida pelo respetivo regime. Ao colocar o "procurador" numa posição de preposto, a procuração será uma procuração institória, sendo que perante terceiro de boa fé será exclusivamente regida pelo regime da preposição.

Esta "procuração", ao colocar o "procurador" numa posição de preposto é, por isso, uma procuração institória.

VIII. No caso de terceiros de má fé, o art. 249.º do Código Comercial permite a invocação da relação subjacente. Será, no entanto, necessário não só determinar qual a relação subjacente à "procuração", mas ainda provar que o terceiro tinha conhecimento efetivo dessa concreta relação à data em que celebrou o contrato com o "procurador". Só neste caso é que se poderá considerar o terceiro como não estando de boa fé, para efeitos do art. 249.º do Código Comercial. Face a este regime, para se poder invocar a relação

A PREPOSIÇÃO

subjacente perante um terceiro, é necessário provar que este tinha conhecimento efetivo da mesma à data do contrato celebrado com o "procurador", o que implica necessariamente que se prove a própria relação subjacente que poderá, na prática, ser ou não uma preposição.

Provando-se que a relação subjacente à "procuração" é ela própria uma preposição, ou que integra uma preposição, aplicar-se-á o regime da preposição no âmbito da relação interna, podendo ser invocada contra o terceiro de má fé. Ou seja, apesar de se poder invocar o regime da relação subjacente, o que permitiria invocar que se tratava de um verdadeiro procurador, caso se demonstre que a relação subjacente é uma preposição, então a procuração é institória, aplicando-se o regime dos arts. 248.º e seguintes do Código Comercial. Poderá acontecer que esta relação subjacente à "procuração", seja uma preposição com regime especial, como por exemplo, uma preposição laboral. Contudo, daqui não resulta a desqualificação da "procuração" como procuração institória, mas apenas que se trata de procuração institória sujeita a um regime especial de preposição.

Como é natural, caso se venha a provar que a relação subjacente à "procuração" não é, nem integra, uma preposição, será aplicável um regime que não integra uma preposição. Face à posição que o "procurador" ocupa, como preposto, a probabilidade de a relação subjacente não integrar uma qualquer preposição é muito baixa. Mas nada impede que tal possa suceder. Neste caso, será aplicável o regime da procuração e da respetiva relação subjacente, mas por determinação do art. 249.º do Código Comercial. Assim sucede, pois o art. 249.º do Código Comercial permite opor a relação subjacente à posição do preposto, o que permite nestes casos que se recorra ao regime da procuração e respetiva relação subjacente.

Poderá, portanto, ser aplicado o regime da procuração num caso em que um "procurador" ocupe uma posição de preposto, mas apenas através do *status* de preposto. Deste modo, será aplicável, antes de mais, o art. 248.º do Código Comercial, que qualifica a posição do "procurador" como um preposto; seguidamente, será aplicável o art. 249.º do Código Comercial o que, considerando que o terceiro está de má fé, permite a invocação da relação subjacente à preposição; seguidamente aplica-se o regime subjacente, que é o regime da procuração comercial, regido pelos arts. 231.º a 247.º do Código Comercial. Na falta ou insuficiência dos arts. 231.º a 247.º do Código Comercial, deve recorrer-se ao Espírito do Direito Comercial, de acordo com o art. 3.º do Código Comercial. Na falta deste, recorre-se então aos casos análogos que encontrem base noutros regimes comerciais de representação, de acordo com o art. 3.º do Código Comercial, como sucede, por exemplo, com os casos de representação nos contratos de agência ou nos contratos de mediação de seguros. Por último, na falta de regime adequado dentro dos quadros do Direito Comercial, pode então – e só então – recorrer-se ao regime dos arts. 258.º a 269.º do Código Civil, mas por via analógica, com as devidas adaptações.

Note-se, no entanto, que todo este regime jurídico opera dentro do enquadramento do regime da preposição, e não como um sistema paralelo, ou alternativo. Não se abandona o regime da preposição para se recorrer ao regime da procuração civil.[851] Aplica-se o regime da procuração civil dentro do regime da preposição, como regime da preposição civil para um caso concreto, quando assim se justifica. Deste modo, mesmo nos casos em que o concreto regime aplicável seja o da procuração civil, a procuração continuará a ser institória. Sucede, apenas, que perante aquele concreto terceiro, poderá ser aplicado o regime da procuração civil porque assim é permitido pelo regime da preposição. No entanto, perante outro terceiro, que esteja de boa fé, o regime da preposição impede o recurso ao regime da preposição civil.

Esta "procuração", ao colocar o "procurador" numa posição de preposto é, por isso, uma procuração institória, mesmo nos casos em que o regime da preposição permita aplicar o regime da procuração civil.

IX. Nos casos de "procuradores" inscritos no registo comercial, mas que surjam pública e estavelmente à frente da atividade do comerciante, é também aplicável o art. 248.º do Código Comercial. Esta disposição não distingue entre prepostos registados e não registados. Para o art. 248.º do Código Comercial, se uma pessoa ocupa a posição de preposto, é preposto, a menos que se trate de um caso de usurpação. Assim, caso o "procurador" ocupe uma posição de preposto terá esse estatuto, mesmo que a procuração esteja inscrita em registo comercial, e mesmo que no registo comercial o preposto surja identificado como "procurador". Por esta razão, os "procuradores" inscritos em registo comercial que surjam pública e estavelmente à frente da atividade do comerciante são prepostos, e a respetiva "procuração" é uma procuração institória.

---

[851] Neste sentido, SANTOS, FILIPE CASSIANO, *Direito Comercial Português*, Vol. I, Coimbra Editora, Coimbra, 2007, págs. 176 e 177.

A PREPOSIÇÃO

Nestes casos, o art. 249.º do Código Comercial, limita os poderes do preposto aos que se encontrem registados. Assim, nestes casos, em vez de o "procurador" ter todos os poderes que pertencem ou sejam necessários ao exercício do comércio à frente do qual se encontra, apenas terá os poderes inscritos em registo comercial. Neste caso não é aplicável o regime da procuração, mas antes o regime da preposição registada, sendo que os poderes de representação são os que decorrem do registo comercial, e aplicando-se o restante regime dos arts. 248.º e seguintes do Código Comercial.

Assim, neste caso, a "procuração" é institória, pois os poderes do "procurador" não são os que decorrem da "procuração", mas sim os que decorrem do registo comercial, tal como determinado pelos arts. 248.º e 249.º do Código Comercial.

X. Por último, temos o caso da "procuração" registada, na qual o "procurador" surge pública e estavelmente à frente do comércio do principal, mas perante um terceiro que tenha conhecimento efetivo da relação subjacente à data em que celebra o contrato com o "procurador". Neste caso, se o comerciante provar que a preposição tinha um âmbito diferente do que consta do registo comercial e, cumulativamente, provar que o terceiro estava de má fé, poderá invocar a relação subjacente, pelo que tudo funcionará como se a "procuração" não estivesse registada. O mesmo sucede se o terceiro provar que a preposição tinha um âmbito diferente do que consta do registo comercial e que tinha conhecimento dessa relação à data em que contratou com o "procurador". Este é o regime que decorre da integração do art. 249.º do Código Comercial, com o regime do Código do Registo Comercial em matéria de registo de preposições, e que é aplicável em virtude de o "procurador" ocupar a posição de preposto. Como tal, também neste caso a "procuração" é uma procuração institória, ou seja, uma preposição.

Assim, sempre que pela execução de uma relação jurídica que integra uma procuração, o procurador ocupe a posição de preposto, esta procuração será efetivamente uma procuração institória, pois preenche o art. 248.º do Código Comercial. O concreto regime jurídico aplicável a cada concreta relação jurídica que ocorra entre este preposto e os terceiros com quem contrate, dependerá da consequência determinada pelo art. 249.º do Código Comercial. Mas, sem prejuízo de poderem ser aplicados diferentes regimes jurídicos, a "procuração" é uma procuração institória, ou seja, uma preposição, sendo todo o regime jurídico enquadrado no âmbito do art. 248.º do Código Comercial.

458

A PROCURAÇÃO INSTITÓRIA

XI. Uma outra questão que se pode colocar é a razão de usar uma procuração para instituir um preposto. A resposta pode ser encontrada nos usos comerciais.

Para o Comércio são em regra pouco relevantes os nomes usados, de tal modo que são inúmeros os nomes usados para designar os prepostos. Tanto se usam nomes de figuras jurídicas próximas, como se usam nomes das profissões, cargos ou funções desempenhadas. Esta realidade é conhecida e reconhecida pelo próprio legislador, que no próprio art. 248.º do Código Comercial afirma expressamente que é admissível, e é de esperar, qualquer denominação para designar um preposto, dependendo dos usos do Comércio. Assim sucede com a procuração e com o procurador, nomes que são reiteradamente usados no Comércio para designar prepostos.

Constitui prática corrente instituir prepostos usando uma "procuração" para "conceder" os poderes representativos, apelidando esses prepostos de "procuradores". Contudo, os prepostos têm sempre poderes de representação institórios não carecendo de uma procuração para o efeito. E os procuradores não são colocados à frente do comércio de um comerciante, de modo estável e público; estes são os prepostos. Assim, quando é outorgada uma procuração como modo de constituir um preposto, a procuração é institória. Ou seja, não é uma procuração, mas sim uma preposição.

A relação subjacente à preposição será, então, a relação subjacente à "procuração". Por sua vez, a "procuração" não será uma verdadeira procuração. Nestes casos, a "procuração", que em regra é escrita, nada mais será do que um documento para efeitos de prova, ou então, é a declaração de uma das partes na relação subjacente. Como vimos, a preposição não carece de relação subjacente, embora normalmente tenha uma relação subjacente. Assim, a "procuração institória" pode ser usada como mero meio de prova da preposição ou como declaração negocial do preponente de instituição de um preposto. No primeiro caso, em que opera como meio de prova, pode por exemplo ser usada para prova junto do Registo Comercial, ou perante terceiros que exijam a prova dos poderes de representação, ou mesmo para maior segurança jurídica na relação entre as partes. Quanto ao segundo caso, sendo prática corrente no Comércio instituir prepostos através da outorga de "procurações", estas funcionam como exteriorização da vontade do preponente ou, pelo menos, como exteriorização de parte da sua vontade. Em regra, nestes casos, podem ser usadas para auxiliar o esforço de determinação do âmbito da preposição nas relações internas, ou nas relações externas no caso de terceiros de má fé.

A PREPOSIÇÃO

XII. Uma das utilidades da outorga de uma procuração institória consiste na prova dos poderes de representação. Nos casos em que o gerente de comércio está inscrito no registo comercial, a prova resulta facilitada, podendo fazer-se através de certidão de registo comercial. No entanto, nos casos em que o gerente de comércio não esteja inscrito em registo comercial, a prova pode tornar-se difícil para o comerciante e para o gerente de comércio. Para tanto, estes teriam de invocar e demonstrar que o gerente de comércio está colocado estável e publicamente à frente do negócio do comerciante. Se a necessidade de prova ocorrer em juízo, a prova destes factos será algo de normal e corrente. Contudo, no dia-a-dia do comércio esta prática resulta demasiado onerosa e demorada. Assim, sempre que numa negociação comercial um terceiro exige a prova dos poderes do gerente de comércio, este dificilmente o conseguirá fazer em tempo útil. Sem se recorrer ao registo comercial, o modo mais simples de fazer essa prova é através de uma declaração do comerciante, que normalmente consiste numa de três modalidades: uma autorização, uma declaração circular, ou uma procuração.

Na tradição da preposição, a prova documental da qualidade do preposto fazia-se frequentemente por circulares enviadas aos seus correspondentes comerciais. Assim, por exemplo, o art. 257.º do Código Comercial de 1888 faz referência ao envio de prepostos[852] a locais diversos do domicílio do comerciante, sendo a prova da preposição efetuada por "cartas, avisos, circulares ou quaisquer documentos análogos". Também o Código Comercial de 1833 continha uma disposição semelhante, mas que se limitava a referir a uma "circular".[853]

As tradições vão evoluindo, e hoje a regra usual é, por exemplo, que prepostos de um comerciante com alguma dimensão surjam identificados no sítio de *internet* desse comerciante, com uma qualquer designação que o identifique como preposto – conforme diz o Código Comercial "sob qualquer denominação, consoante os usos comerciais". Nas palavras de Palma Carlos, "*a questão não é de nomes*".[854] O mesmo sucede com panfle-

---

[852] Embora, neste caso, não se trate de um gerente de comércio, mas de outro caso de preposto.

[853] Caso que também não era referido ao gerente de comércio (feitor), mas a outro preposto.

[854] CARLOS, ADELINO DA PALMA, *Direito Comercial*, J. Rodrigues & C.a, Lisboa, 1924, pág. 293, apesar de nas páginas seguintes o Autor proceder a uma classificação com enorme incidência nos nomes usados, págs.293 a 301.

tos comerciais, *mail lists, newsletters* e outros meios hoje em voga (as novas "circulares").

Contudo, pode suceder que um terceiro seja mais cauteloso, e pretenda obter um documento escrito do qual resultem poderes de representação do gerente de comércio. Assim sucede por razões de ignorância do regime da preposição, por razões de cautela extrema e, o que se tem vindo a tornar frequente, por se recorrer à prática de fazer *due diligences* recorrendo a critérios de análise copiados acriticamente de países estrangeiros com sistemas jurídicos diferentes do nosso (e, por vezes, incompatíveis com o nosso). Assim, nestes casos as "cartas, avisos, circulares ou quaisquer documentos análogos", os sítios de *internet* e outros meios não atingem o resultado pretendido. É nestes casos que a procuração institória se mostra útil, pois em regra estes terceiros apenas conhecem o regime jurídico da procuração, não conhecendo o regime jurídico da autorização, nem da preposição, nem mesmo do mandato comercial. Assim, por razões subjetivas, apenas se contentam com uma procuração, apenas aceitando contratar se esta lhes for apresentada. O que sucede, apesar de a procuração institória não ser uma procuração, e de os poderes representativos não terem como fonte a procuração, mas antes a preposição. Contudo, como em alguns casos os terceiros são subjetivamente ignorantes deste regime, aceitam então – e só então – celebrar o negócio.

Nestes casos em que a procuração nada mais é do que um meio de prova da qualidade de gerente de comércio, ou dos poderes do gerente de comércio, a procuração é efetivamente uma procuração institória. Ou seja, não é uma verdadeira procuração, porque não concede poderes de representação, mas é uma manifestação externa de uma preposição. Nestes casos, os poderes de representação que podem ser associados à procuração, são poderes de representação institórios e não voluntários.

XIII. Diferente da procuração institória, é o caso da procuração outorgada a favor do preposto.

É possível a outorga de uma procuração a favor de um preposto, de modo a conceder-lhe poderes que não são abrangidos pela preposição. Assim sucede, por exemplo, quando este necessita de praticar atos fora da atividade para qual foi preposto, passando então a ter a dupla qualidade de preposto e procurador, sendo-lhe aplicáveis dois regimes jurídicos. Nos atos praticados no âmbito da atividade comercial para a qual foi preposto, aplica-se o regime da preposição; já no que respeita aos demais atos, aplica-se o regime da pro-

A PREPOSIÇÃO

curação. Contudo, caso o exercício dos poderes da procuração implique que passe a exercer pública e estavelmente toda ou parte da atividade comercial do principal, tal determina uma ampliação do âmbito da preposição, sendo que nestes casos se deve considerar que a procuração evoluiu (se modificou) para uma preposição. Ou seja, a procuração passou a ser uma procuração institória, pelo que o procurador passou a ser exclusivamente um preposto.

XIV. Como afirmámos, constitui prática corrente outorgar procurações institórias, ou seja, outorgar procurações como meio de colocar uma pessoa pública e estavelmente à frente do comércio do principal. É essa a prática, fundamentalmente por uma questão de ignorância técnico-jurídica por parte dos comerciantes. Ignorância esta que não é de criticar, porquanto uma coisa é o Comércio, e outra coisa é o Direito Comercial. Os comerciantes têm de saber de Comércio, e saber o Direito Comercial necessário ou útil para a sua atividade. Os *nomina* técnico-jurídicos das figuras são em regra irrelevantes para o exercício do comércio, pelo que normalmente nenhuma utilidade trazem para o comerciante, ou, dito de outro modo, não há lucro no conhecimento dos *nomina* técnico-jurídicos dos mecanismos comerciais.

Os comerciantes sabem o que pretendem: ter alguém pública e estavelmente à frente de todo ou parte do seu comércio, no local onde o mesmo é exercido ou em qualquer outro lugar. Querem exercer o seu comércio através de terceiros, que os substituam nesse comércio ou parte de comércio, assim expandindo o seu comércio, ou facilitando a sua atividade. O que os atuais comerciantes ignoram são os *nomina* "preposição", "preposto" ou "institor". Em regra, nem sequer conhecem os *nomina* "gerente de comércio", "auxiliares" e "caixeiros". Esta situação é normal, pois a terminologia comercial vai evoluindo com o tempo.

Contudo, os comerciantes conhecem o regime da preposição, de tal modo que quando alguém nega a aplicação concreta desse regime, normalmente defendendo a aplicação do regime da procuração, os comerciantes consideram que tal constitui uma atuação de má fé, oriunda de um comerciante desonesto, e que se um comerciante coloca uma pessoa à frente do seu comércio, fica vinculado pelo que essa pessoa fizer no âmbito dessa posição. Ou seja, sem conhecerem o regime do Código Comercial, e muito menos a *actio institoria*, os comerciantes sabem o que são os prepostos, como sempre souberam, pois sempre os usaram para o seu comércio, e sempre fizeram comércio com os prepostos dos outros comerciantes.

462

A PROCURAÇÃO INSTITÓRIA

Os comerciantes sabem muito bem o que é um gerente de balcão de um banco, um diretor de um hotel, um CFO (*chief financial officer*), o que é um caixa de supermercado ou ainda um comercial de um *stand* de automóveis. Sabem o que estes prepostos fazem, como o fazem, o que se pode fazer com estes e o que não se pode fazer. O que não conhecem é a natureza técnico--jurídica da figura em que essa realidade comercial se traduz no Direito Comercial. Mas, em boa verdade, os comerciantes nunca se interessaram muito pela natureza técnico-jurídica de qualquer figura comercial; apenas se interessam quando surge um problema que possa afetar os seus lucros, recorrendo então a um jurista.

Sabem, também, que podem colocar um "procurador" à frente de toda uma atividade comercial, e que podem contratar com um "procurador" que outro comerciante colocou à frente da sua atividade comercial. Sabem, mesmo, que em determinadas atividades comerciais, é muito frequente encontrar estes "procuradores", como sucede, por exemplo, com a atividade de gestão e crédito em incumprimento alheio (NPL – *non performing loans*), em que os titulares dos pacotes de NPL outorgam procurações às empresas de *servicing* (empresas de gestão destes pacotes) para que estas os giram em seu nome, colocando-as pública e estavelmente à frente do comércio constituído pela gestão desses pacotes, cobrando as dívidas. Tal como sabem, ainda, que é frequente encontrar estes "procuradores" à frente dos comércios das *offshores*, sem que se tenham de preocupar em saber se esse "procurador" é o *ultimate beneficiary* ou não; é um preposto, e isso chega para fazer negócios com a *offshore*.

De certo modo, e apesar de não ser o *nomen* correto da figura, é atualmente mais frequente o recurso ao *nomen* "procuração", em especial "procuração com poderes gerais de administração" do que ao *nomen* "preposição". Este último *nomen* caiu no limbo da cultura jurídica, sendo atualmente pouco conhecido no Direito e no Comércio.

Assim, por exemplo, hoje em dia, em Portugal, caso fosse celebrada uma preposição por escrito, a denominação como procuração seria mais significativa da existência de poderes de representação, do que se as partes a denominassem de preposição, pois a generalidade das pessoas não saberia o que esta palavra significa. Iriam provavelmente ficar convencidas que se estava perante uma qualquer gralha, querendo-se dizer "procuração", apenas associando o termo "preposição" à gramática portuguesa, como uma palavra que faz a ligação entre dois ou mais termos da mesma oração. Assim não sucederia, no entanto, no Brasil[855] ou em Itália, por exemplo, países nos quais se continua a usar o *nomen* preposição, nomeadamente nos respetivos Códigos Civis. Note-se, que o mesmo sucede na Alemanha, onde um dos principais casos de preposto tem o nome de *Prokurist*[856], que traduzido literalmente significa "procurador". Este *Prokurist* não é, contudo, um procurador, mas antes um preposto.

Contudo, em Portugal, o mais normal será não recorrer ao *nomen* preposição, mas antes ao *nomen* procuração ou mandato.

Assim, no Comércio, o instrumento que usa o nome de "procuração", tanto pode ser uma procuração, como pode ser uma preposição, como pode ser um mandato. Nos casos em que a "procuração" é uma preposição, esta é uma procuração institória.

---

[855] MENDONÇA, JOSÉ XAVIER CARVALHO DE,*Tratado de Direito Comercial Brasileiro*, 6.ª ed., Vol. II, Livro I, Livraria Freitas Bastros, Rio de Janeiro – São Paulo, 1957, págs. 433 a 486; REQUIÃO, RUBENS, *Curso de Direito Comercial*, Vol. I, 22.ª ed., Saraiva, São Paulo, 1995, págs. 141 a 146; MARTINS, FRANS, *Curso de Direito Comercial*, 22.ª ed., Forense, Rio de Janeiro, 1996, págs. 135 a 149; CARVALHOSA, MODESTO, *Comentários ao Código Civil*, Vol. 13, Saraiva, São Paulo, 2003 págs. 741 a 770; WALD, ARNOLDO, *Comentários ao Novo Código Civil – Livro II – Do Direito de Empresa*, Vol. XIV, Editora Forense, Rio de Janeiro, 2005, págs. 809 a 823; NETO, ALFREDO DE ASSIS GONÇALVES, *Direito de Empresa – Comentários aos artigos 966 a 1.195 do Código Civil*, Editora Revista dos Tribunais, São Paulo, 2007, págs. 646 a 726; TOMAZETTE, MARLON, *Curso de Direito Empresarial*, Vol. I, 5.ª ed., Editora Atlas, São Paulo, 2013, págs. 81 a 92; MAMEDE, GLADSTON, *Empresa e Atuação Empresarial*, 8.ª ed., Editora Atlas, São Paulo, 2015, págs. 370 a 382; BERTOLDI, MARCELO e RIBEIRO MARCIA CARLA PEREIRA, *Curso Avançado de Direito Comercial*, 9.ª ed., Revista dos Tribunais, São Paulo, 2015, págs. 103 a 111.

[856] DIECK, CARL FRIEDRICH, *Geschichte, Alterhümer und Institutionen des Deutschen Privatrechts im Grundrisse mit beigefügten Quellen*, Friedrich Ruff, Halle, 1826, pág. 287.

VI. A abstração da preposição

I. Como vimos, a *actio institoria* nasceu como uma figura de proteção da confiança no comércio face ao recurso a prepostos e ainda hoje os arts. 248.º e seguintes do Código Comercial[857] desempenham a mesma função. Por esta razão, normalmente os regimes legais aplicáveis à preposição apenas regulam a chamada relação externa, ou seja, regulam a atividade e os atos praticados pelo preposto perante terceiros e os efeitos que porventura produzam – ou não – relativamente ao preponente e aos terceiros. É esta a principal preocupação do legislador, o que sucede desde o Séc. II a.C..

A solução do Código Comercial, implica em relação a terceiros de boa fé (ou não de má fé) a abstração dos poderes de representação do preposto face não só ao contrato de preposição, como em relação a qualquer relação subjacente ao contrato de preposição ou que integre um elemento de preposição.

Assim, independentemente dos limites que incidam sobre a preposição, o art. 249.º do Código Comercial, impede a sua invocação pelo comerciante, como regra. Ao fazê-lo, quebra esses limites, porque quebra a ligação entre a causa dos poderes de representação (a preposição) e os próprios poderes de representação, fazendo com que a causa dos poderes deixe de ser apenas a preposição, mas antes o conjunto formado pela preposição e o art. 249.º do Código Comercial. O mesmo sucede com eventuais limites que decorram da relação subjacente, por exemplo, um contrato de trabalho. As instruções da entidade empregadora, não são invocáveis como limites ao regime do gerente de comércio, exceto se estiverem inscritos no registo comercial (o que será extremamente improvável), ou se forem do conhecimento efetivo do terceiro à data do contrato (o que, mesmo assim, será muitíssimo improvável).

---

[857] A par de outros regimes especiais.

Assim, não só a relação subjacente à preposição deixa de ser relevante para a conformação da eficácia representativa, como o próprio contrato de preposição perde uma parte substancial da sua possibilidade de conformação dos poderes de representação. Por esta razão, a preposição não registada implica um caso de intromissão da heteronomia pública no negócio jurídico e, enquanto a preposição não estiver registada, a autonomia privada é mais restrita do que o normal.

II. As razões para este regime são típicas e específicas do Direito Comercial e apenas se compreendem no comércio: os níveis de segurança e estabilidade jurídicas que são exigíveis para o normal funcionamento do comércio e que ultrapassam – em muito – aquilo que é exigido no âmbito do Direito Civil. Esta solução, que poderia causar alguma estranheza face ao regime do Código Civil, surge como algo de necessário para o comércio.

O preposto não integra o instituto civil de representação, mas antes o instituto comercial da representação. A representação civil e a representação comercial não são iguais. São semelhantes, é certo, mas os diferentes princípios que subjazem ao Direito Civil e ao Direito Comercial influenciam determinantemente o regime da representação. Não se pode olvidar que a preposição é diferente da procuração. O preposto substitui integralmente o comerciante na sua atividade, ou num ramo ou parte da sua atividade. Não se pode exigir que quem negoceia comercialmente com um preposto tenha um qualquer ónus de confirmar os seus poderes. O comércio não o admite. Por esta razão pode suceder uma de duas hipóteses: ou a preposição está registada, podendo os terceiros verificar junto do registo quais os poderes do preposto; ou a preposição não está registada tendo o preposto plenos poderes de representação no âmbito da atividade para que foi proposto, desde que atue perante terceiros de boa fé psicológica.

Esta combinação de regimes faz incidir, na prática, um ónus sobre o comerciante de proceder ao registo dos seus prepostos. Faz também incidir um mesmo ónus prático sobre o comerciante de impedir a atuação de quem possa ser visto como seu proposto, ou de esclarecer que essa pessoa não foi proposta para tratar do seu comércio. O risco de alguém ser visto – com toda a probabilidade – como seu preposto, corre pelo comerciante. E o risco da ilimitação de poderes que resulta da falta de registo, corre também pelo comerciante. Estas transferências de risco ocorrem através da abstração, conforme resulta do regime da preposição dos arts. 248.º e seguintes do Código Comercial.

VII. Atividade internacional e preposição

I. O Comércio é cosmopolita; para o Comércio não existem Estados.

No entanto, para o Direito Comercial existem Estados. O Comércio é naturalmente a-nacional, a-estadual, porque a atividade comercial dá lucro quer seja nacional, quer seja internacional. Para o comerciante releva o negócio que pretende fazer, a empresa que pretende levar a cabo e o lucro que obtém. Se esse negócio ou empresa se verifica num único Estado ou em vários, é algo que em princípio não o preocupa. Assim, para o comerciante os Estados não importam, são todos iguais, e são todos tratados de modo igual. Claro está que esta perspetiva do Comércio não anula os Estados, pelo que o Comércio tem de conviver com os Estados, com o Direito dos Estados e com o Direito de vários Estados. E, tal como o Comércio, também os comerciantes têm de conviver, e convivem, com os Estados e com o Direito dos Estados, em especial com o Direito Comercial dos Estados onde fazem o seu negócio, onde promovem a sua empresa. Mas também com o Direito do Trabalho, Fiscal, Penal, Administrativo, Constitucional e todos os demais Ramos de Direito. Contudo, a visão parte sempre de um ponto de partida a-nacional, a-estadual, sendo o reconhecimento dos Estados e dos seus Direitos algo que é reconhecido mais como um facto comercial, do que como uma verdadeira questão de Direito. Para um comerciante, os Estados e os seus Direitos são "custos de contexto", pois o Comércio não conhece nem Estados, nem Direito.

Nas palavras de Gaspar Pereira da Silva "quem é comerciante é de todo o mundo, é cosmopolita".[858]

---

[858] SILVA, GASPAR PEREIRA DA, *Fontes Proximas do Codigo Commercial Portuguez*, 1.ª parte, Typographia Commercial Portuense, Porto, 1843, pág. 4.

A PREPOSIÇÃO

Em suma, o Comércio é cosmopolita, mas os Estados não o são, nem o são os Direitos dos Estados. O Comércio interfere, então, com inúmeros Estados e com os seus Direitos. Num mundo Comercial perfeito, o Direito Comercial seria único em todo o Mundo. Um Direito Comercial unificado, com o mesmo conteúdo em todos os Estados, com o qual os comerciantes pudessem sempre contar. No entanto, não é esta a situação que se vive, pois cada Estado tem, em regra, o seu Direito. Assim, uma das principais questões em matéria de Comércio, em especial no que respeita aos negócios dos comerciantes, consiste em saber qual é a lei que é aplicável a esses negócios. A resposta é-nos dada pelo Direito Internacional Privado: quando se trata de uma questão interna a um Estado, é aplicado o Direito material desse Estado; quando se trata de uma questão privada internacional, é, então, necessário determinar a lei aplicável através do recurso aos regimes de Direito Internacional Privado. Assim sucede também no caso da preposição, mormente no caso do regime da preposição de gerente de comércio, sendo necessário saber qual a lei competente para regular esta relação jurídica nos casos em que a mesma seja internacional.

II. O regime legal do preposto nasceu no Direito Internacional Privado, quando o Direito Internacional Privado não existia. Como vimos, este regime teve origem no *ius gentium*, deste passou para o *ius praetorium* pelas mãos do Pretor Peregrino e depois pelo Pretor Urbano, tendo mais tarde sido incluído no *ius civile* no Digesto. Assim, o problema nasceu no que era, então, o Comércio internacional, sendo originariamente regido pelo Direito Comercial Internacional, mas tendo transitado para o Direito Comercial Interno romano aplicável às relações "internacionais" e, a partir deste, foi recebido no Direito Comercial Interno Romano aplicável às relações "internas" tendo, por último, sido incluído como figura geral de Direito Civil.

A natural internacionalidade do Comércio implica que a questão da lei aplicável nesta matéria tenha a maior importância. No caso da preposição, esta ligação internacional está-lhe no código genético. O regime jurídico da preposição nasceu num ambiente internacional, e assim foi, desde logo, assumido pelos juristas romanos, não podendo atualmente passar como uma questão secundária.

Uma parte substancial dos prepostos faz negócios internacionais. É inevitável que assim suceda, sendo que em Portugal esta inevitabilidade é ainda mais marcante. Num Estado que tem como um dos maiores setores económicos o Turismo, num Estado que importa mais do que exporta, mas que,

ATIVIDADE INTERNACIONAL E PREPOSIÇÃO

mesmo assim, exporta muito. Num Estado com grandes e marcantes ligações a muitos outros Estados, quer da União Europeia, quer lusófonos, é inevitável a internacionalidade do preposto.

Esta internacionalidade pode surgir porque o comerciante preponente é estrangeiro, ou porque o preposto é estrangeiro. Mas, mesmo que ambos tenham a mesma nacionalidade, o mesmo domicílio, a mesma residência habitual, que operem com base num único estabelecimento comercial sito em Portugal, é inevitável que, mais tarde ou mais cedo, um dos contratos celebrados pelo preposto seja internacional. Para tanto, é suficiente ter comprado mercadorias a um fornecedor estrangeiro, ou vendido a um cliente estrangeiro. Assim, mesmo a pequena mercearia da esquina, que tem à sua frente o marido da comerciante que é dona do estabelecimento, pode vender uma garrafa de sumo a um aluno estrangeiro que esteja em Portugal ao abrigo do regime de Erasmus, por exemplo. Qual será, então, a lei aplicável para determinar se a venda efetuada pelo marido da comerciante vincula a comerciante? E o que sucede se este agir sem poderes de representação? Ou abusando dos mesmos? E tem de invocar o nome da sua mulher? Em suma, qual será a lei aplicável ao poder de representação do marido da comerciante? Mas o mesmo sucede em casos de grandes negócios internacionais. O que sucede se um diretor geral de uma grande fábrica de automóveis adquirir várias toneladas de alumínio? E se esse diretor tiver uma nacionalidade diferente da nacionalidade do comerciante? As questões são inúmeras, não se justificando enunciá-las todas. São, contudo, as típicas questões de Direito Internacional Privado, que todos os juristas conhecem.

A resposta, contudo, não resulta de um diploma nacional, nem mesmo da União Europeia, mas antes de uma Convenção Internacional. Os casos internacionais de preposição são abrangidos pela Convenção sobre a Lei Aplicável aos Contratos de Mediação e à Representação,[859] concluída na Haia, no âmbito da Conferência da Haia de Direito Internacional Privado, em 14 de março de 1978, aprovada para ratificação em 18 de setembro,[860] e ratificada em 4 de março de 1982, tendo entrado em vigor em 1 de maio de 1992,[861]

---

[859] PINHEIRO, LUÍS DE LIMA, *Direito Internacional Privado*, Vol. II, 4.ª ed (refundida), Almedina, Coimbra, 2015, págs. 294 e seg..

[860] Decreto 101/79, publicado no Diário da República, I série, n.º 216, de 18 de setembro de 1979, págs. 2381 a 2388.

[861] Aviso 37/92, publicado no Diário da República I série A, n.º 77, de 1 de abril de 1992, pág. 1588.

A PREPOSIÇÃO

sendo que Portugal exerceu o direito de reservar a não aplicação da mesma em matérias do respetivo art. 18.º.[862]

Esta Convenção, que doravante será referida abreviadamente por Convenção da Haia, está em vigor em Portugal, Argentina, França e Holanda e em mais nenhum Estado do mundo.[863]

A Convenção da Haia é uma convenção universal, aplicando-se a lei de qualquer Estado que resulte da sua aplicação, mesmo que seja a lei de um Estado que não seja parte da mesma (art. 4.º da Convenção da Haia).[864] Por outro lado, a Convenção da Haia resultou de um enorme esforço de procura de harmonia, abrangendo sistemas de representação muito diferentes, em especial os sistemas de base germânica, francesa e anglo-saxónica.[865] Assim, a Convenção da Haia orbita a procuração (sistema germânico), o mandato (sistema francês) e a *agency* (sistema anglo-saxónico), mas não a preposição em si mesma, que foi – pura e simplesmente – esquecida como figura autónoma, sendo considerada como um simples caso especial de representação, um sub-caso de poder de representação com conteúdo fixado na lei.

Contudo, face à origem histórica da representação na preposição, que ocorre tanto no caso da procuração, como no mandato, como na *agency*, a Convenção da Haia é hábil para abranger o regime da preposição. Ou seja, ao procurar abranger todos os "filhos" da preposição, a Convenção da Haia incluiu também a sua "mãe" – a preposição institória (*actio institoria*)

---

[862] As matérias excluídas em virtude da reserva portuguesa são: (1) representação exercida por um banco ou por um grupo de bancos em matéria de operações de banco; (2) representação em matéria de seguros; (3) atos de um funcionário público atuando no exercício das suas funções por conta de uma pessoa privada.

[863] BRITO, MARIA HELENA, *A Representação nos Contratos Internacionais, Um contributo para o estudo do princípio da coerência em direito internacional privado*, Almedina, Coimbra, 1999, págs. 388 e 389.

[864] VERHAGEN, *Agency in Private Internacional Law, The Hague Convention on the Law Aplicable to Agency*, Martinus Nijhoff Publishers, The Hague/Boston/London, 1995, pág. 129, BRITO, MARIA HELENA, *A Representação nos Contratos Internacionais, Um contributo para o estudo do princípio da coerência em direito internacional privado*, Almedina, Coimbra, 1999, pág. 389, e PINHEIRO, LUÍS DE LIMA, *Direito Internacional Privado*, Vol. II, 4.ª ed (refundida), Almedina, Coimbra, 2015, pág. 295.

[865] Sobre esta questão, BRITO, MARIA HELENA, *A Representação nos Contratos Internacionais, Um contributo para o estudo do princípio da coerência em direito internacional privado*, Almedina, Coimbra, 1999, págs. 457 a 479.

–, embora excluindo expressamente a sua "avó" – a preposição exercitória (*actio exercitoria*).

Contudo, apesar de orbitar três sistemas diferentes, é manifesto que a Convenção da Haia se baseou mais no sistema germânico, de autonomia do poder de representação face à relação subjacente, mas em que o representante atua invocando o nome do representado.[866] Sucede, no entanto, que o sistema da *agency* influenciou também fortemente a Convenção da Haia, sendo que o sistema da *agency* é mais próximo do sistema da preposição, do que a procuração e o mandato. Assim sucede porque o sistema da *agency* apoia-se mais na atuação por conta alheia do que na atuação em nome alheio, de modo semelhante ao sistema da preposição. Esta diferença é manifesta no caso de *agency*, em que se admite a produção de efeitos representativos mesmo a favor de um *undisclosed principal*, como é referido por Maria Helena Brito.[867]

Esta solução compreende-se se analisada de um ponto de vista de ramos de Direito: a teoria da representação voluntária de base germânica é uma teoria de Direito Civil; a teoria da *agency* é uma teoria de Direito Comercial, tal como sucede com a preposição. O problema da Convenção da Haia não consiste tanto em tentar harmonizar diferentes sistemas nacionais, mas antes em tentar harmonizar o inarmonizável: harmonizar o Direito Civil, com o Direito Comercial. Numa representação de base Civil, o poder de representação resulta da relação entre as partes; numa representação de base Comercial, a relação entre as partes resulta de uma delas agir em representação da outra. Ou seja, num sistema de base Civil, a figura mais típica da representação é a procuração, enquanto num sistema de base Comercial, a figura mais típica de representação é a preposição. Num sistema de base Civil a representação não é o modo normal de agir, mas admite-se que assim ocorra, com base numa procuração; num sistema de base Comercial a representação é o modo normal de agir no comércio, através de prepostos.

---

[866] BRITO, MARIA HELENA, *A Representação nos Contratos Internacionais, Um contributo para o estudo do princípio da coerência em direito internacional privado*, Almedina, Coimbra, 1999, pág. 480.

[867] BRITO, MARIA HELENA, *A Representação nos Contratos Internacionais, Um contributo para o estudo do princípio da coerência em direito internacional privado*, Almedina, Coimbra, 1999, pág. 481 e em *O Contrato de Concessão Comercial*, Almedina, Coimbra, 1990, págs. 119 a 123.

A PREPOSIÇÃO

Não é de estranhar as dificuldades sentidas na 13.ª Sessão da Conferência (outubro de 1976) da qual resultou a Convenção da Haia. Os participantes falavam "línguas" diferentes, pois uns "falavam" Direito Civil, enquanto outros "falavam" Direito Comercial. Ganhou o Direito Civil,[868] mas com fortíssimas concessões ao Direito Comercial, área que se previa ser a que mais vezes exigiria o recurso à Convenção da Haia.[869] Assim, a Convenção da Haia sobre representação estatui um sistema de Direito Internacional Privado que foi pensado, na sua essência, para questões privadas internacionais civis, mas que abrange também as comerciais, incluindo os prepostos comerciais, como sucede com o caso do gerente de comércio, por exemplo.

1. A Convenção da Haia

A Convenção da Haia aplica-se aos casos internacionais de intermediação ou representação, o que inclui a preposição. Antes de mais, é necessário ter em consideração que os casos serão internacionais conforme o Tribunal decidir,[870] pois a Convenção de Haia não o define plenamente, não indicando "o elemento de estraneidade relevante para definir o carácter internacional da situação e para desencadear a aplicação da Convenção".[871] Serão internacionais os casos que, de acordo com a teoria do Direito Internacional Privado vigente no Estado do foro, forem considerados internacionais, ou seja, em Portugal, quando forem questões plurilocalizadas em diferentes ordena-

---

[868] A solução teve origem nos delegados alemão e suíço – HAY, PETER e MÜLLER-FREIENFELS, WOLFRAM, *Agency in the Conflict of Laws and the 1978 Hague Convention*, The American Journal of Comparative Law, Vol. 27, n.º 1, 1979, págs. 1 a 49, em especial pág. 45. Face à origem da solução, é normal que a base do sistema seja de separação entre a relação interna e a relação externa.

[869] Segundo HAY, PETER e MÜLLER-FREIENFELS, WOLFRAM, *Agency in the Conflict of Laws and the 1978 Hague Convention*, The American Journal of Comparative Law, Vol. 27, n.º 1, 1979, págs. 1 a 49, em especial pág. 44 e 45, "a aplicação principal da Convenção será para casos de mediação comercial internacional. Encontrar o *meio termo* ocupou à Comissão Especial uma grande parte do seu labor. O resultado, apesar de não ser perfeito em todos os seus aspetos, é uma conquista louvável".

[870] VERHAGEN, *Agency in Private Internacional Law, The Hague Convention on the Law Aplicable to Agency*, Martinus Nijhoff Publishers, The Hague/Boston/London, 1995, págs. 129 a 131.

[871] BRITO, MARIA HELENA, *A Representação nos Contratos Internacionais, Um contributo para o estudo do princípio da coerência em direito internacional privado*, Almedina, Coimbra, 1999, págs. 396 e 397.

ATIVIDADE INTERNACIONAL E PREPOSIÇÃO

mentos jurídicos, de acordo com os elementos de conexão tradicionalmente relevantes para a matéria de intermediação e representação.[872]

Em segundo lugar, é necessário ainda ter em consideração que as referências feitas pelas normas de conflitos da Convenção da Haia são referências materiais, sendo excluído o reenvio.[873] A Convenção da Haia não tem uma disposição que exclua expressamente o reenvio, a exemplo do art. 20.º do Regulamento (CE) n.º 593/2008 do Parlamento Europeu e do Conselho, de 17 de junho de 2008, sobre a lei aplicável às obrigações contratuais (Regulamento Roma I). Contudo, os arts. 5.º, 6.º e 11.º, que constituem o núcleo das normas de conflito da Convenção da Haia, remetem sempre para a "lei interna" do Estado competente. Esta "lei interna" deve ser entendida como a lei aplicável às questões internas desse Estado, ou seja, o direito materialmente aplicável às questões não internacionais, o que exclui os sistemas de reenvio que possam porventura vigorar no Estado indicado pela norma de conflitos.

Por outro lado, tal como é afirmado por Verhagen[874], a Convenção da Haia apenas se aplica em matéria de Direito Privado (*lato sensu*), não sendo aplicável nos casos de intermediação e representação de Direito Público, nem de Direito Internacional Público.

No que respeita ao âmbito material, a Convenção da Haia é aplicável à matéria de mediação e representação, abrangendo tanto a chamada relação externa, como a chamada relação interna,[875] tanto no sentido que estes institutos têm nos países de *civil law* como no sentido que têm nos países de *common law*.[876] Assim, a Convenção da Haia não se aplica apenas ao poder

---

[872] BRITO, MARIA HELENA, *A Representação nos Contratos Internacionais, Um contributo para o estudo do princípio da coerência em direito internacional privado*, Almedina, Coimbra, 1999, pág. 397.

[873] VERHAGEN, *Agency in Private Internacional Law, The Hague Convention on the Law Aplicable to Agency*, Martinus Nijhoff Publishers, The Hague/Boston/London, 1995, pág. 131.

[874] VERHAGEN, *Agency in Private Internacional Law, The Hague Convention on the Law Aplicable to Agency*, Martinus Nijhoff Publishers, The Hague/Boston/London, 1995, pág. 131.

[875] KARSTEN, *Karsten Report*, in *Draft Convention adopted by the Thirteenth Session and Explanatory Report by I.G.F. Karsten*, Bureau Permanent de la Conférence, Imprimerie Nationale, La Haye, 1979, págs. 9 a 19.

[876] BRITO, MARIA HELENA, *A Representação nos Contratos Internacionais, Um contributo para o estudo do princípio da coerência em direito internacional privado*, Almedina, Coimbra, 1999, pág. 393.

A PREPOSIÇÃO

de representação e ao negócio que causa esse poder de representação, mas aplica-se também à relação que esteja subjacente a esse negócio.[877]

Esta abrangência é, aliás, a razão de ser dos dois diferentes nomes da Convenção da Haia, nas duas versões oficiais.[878] Na versão em língua inglesa, a Convenção da Haia chama-se *"Convention on the law applicable to agency"*, mas na versão francesa, a Convenção da Haia chama-se *"Convention sur la loi applicable aux contrats d'intermédiaires et a la représentation"*. Esta dupla designação traduz a diferença entre o sistema anglo-saxónio (*agency*), no qual o ponto de partida não consiste em duas relações – uma interna e uma externa –, e os sistemas franceses e alemão, nos quais o ponto de partida consiste na existência destas duas relações, quer unificadas (sistema francês), quer surjam autonomizadas (sistema alemão). Assim, em língua inglesa o recurso ao termo *"agency"* implica necessariamente que são abrangidas as chamadas relações internas e externas; a causa do poder de representação e a respetiva relação subjacente. Em língua francesa, contudo, torna-se necessário fazer referência às duas relações, tendo-se optado por fazer referência aos contratos de intermediários e à representação, usando para tanto uma designação que não é tradicional (*"rapport de représentation"*),[879] não se deixando dúvidas que a Convenção da Haia abrange ambas as relações.

Na versão em língua portuguesa publicada no Diário da República,[880] o nome usado é próximo do francês, reflexo não só das proximidades entre as duas línguas, mas, acima de tudo, da maior proximidade que o nosso sistema de representação civil tem com os sistemas francês e alemão, do que com o sistema algo-saxónico. Assim, em língua portuguesa, a Convenção da Haia tem o nome de "Convenção da Haia sobre a lei aplicável aos contratos de mediação e à representação". Contudo, a Convenção da Haia não é aplicável aos "contratos de mediação" no sentido que é atribuído a esta expressão no nosso Direito nacional. Nem é aplicável aos casos de "representação" no sentido que vigora no Direito português.

---

[877] PINHEIRO, LUÍS DE LIMA, *Direito Internacional Privado*, Vol. II, 4.ª ed (refundida), Almedina, Coimbra, 2015, págs. 295 e 296.

[878] VERHAGEN, *Agency in Private Internacional Law, The Hague Convention on the Law Aplicable to Agency*, Martinus Nijhoff Publishers, The Hague/Boston/London, 1995, págs. 128 e 129.

[879] BRITO, MARIA HELENA, *A Representação nos Contratos Internacionais, Um contributo para o estudo do princípio da coerência em direito internacional privado*, Almedina, Coimbra, 1999, pág. 394.

[880] I Série, n.º 216, de 18 de setembro de 1979, págs. 2385 a 2388.

ATIVIDADE INTERNACIONAL E PREPOSIÇÃO

Por um lado, a Convenção da Haia é aplicável aos casos de representação *latissimo sensu*, abrangendo a *agency*,[881] quer a representação seja exercida em nome alheio, ou em nome próprio, mas por conta alheia, quer o intermediário tenha o poder de agir em nome alheio ou por conta alheia, quer o intermediário invoque ter esse poder (independentemente de o ter), ou se limite a atuar em nome alheio ou por conta alheia (independentemente de ter esse poder e de o invocar).

Por outro lado, a Convenção da Haia é aplicável aos contratos ou relações subjacentes a estes poderes, incluindo o contrato ou relação do qual resulte esse poder, e o contrato ou relação que esteja subjacente a esse contrato ou relação, sempre que a questão em litígio seja relativa à representação entre o representante e o representado. A Convenção da Haia é aplicável aos contratos de "mediação", mesmo que não sejam subjacentes a uma relação de representação conforme entendida no nosso Direito interno. Ou seja, mesmo que deles não resulte uma relação de representação, no sentido de uma pessoa atuar em nome de outrem. É aplicável sempre que num contrato uma pessoa atue por conta de outrem, invoque agir por contra de outrem, possa atuar por conta de outrem, ou mesmo "pretenda" agir por conta de outrem, quer tenha ou não a possibilidade ou o poder de agir por conta de outrem. Quer atue nos preliminares ou negociação do contrato,[882] na celebração do contrato, na execução do contrato, ou na pós-execução do contrato e mesmo que a atuação não seja relativa a contratos, mas a atos, incluindo atos materiais.[883] Quer atue no interesse próprio, no interesse alheio, ou com interesse misto e tanto se aplicando nos casos de atuações pontuais, como nos casos de atuações habituais.[884]

Por último, a Convenção da Haia aplica-se mesmo que o representante nunca tenha atuado, por exemplo, se o litígio tiver como causa a não atuação

---

[881] PINHEIRO, LUÍS DE LIMA, *Direito Internacional Privado*, Vol. II, 4.ª ed (refundida), Almedina, Coimbra, 2015, pág. 296.

[882] VERHAGEN, *Agency in Private Internacional Law, The Hague Convention on the Law Aplicable to Agency*, Martinus Nijhoff Publishers, The Hague/Boston/London, 1995, págs. 151 e 152.

[883] KARSTEN, *Karsten Report*, in *Draft Convention adopted by the Thirteenth Session and Explanatory Report by I.G.F. Karsten*, Bureau Permanent de la Conférence, Imprimerie Nationale, La Haye, 1979, pág. 16.

[884] VERHAGEN, *Agency in Private Internacional Law, The Hague Convention on the Law Aplicable to Agency*, Martinus Nijhoff Publishers, The Hague/Boston/London, 1995, págs. 150 a 151.

A PREPOSIÇÃO

do representante, e mesmo que a atuação tenha sido efetuada em gestão de negócios.[885]

A Convenção da Haia aplica-se, portanto, a todos os atos e contratos nos quais uma parte atua de modo a que o beneficiário final dos resultados positivos ou negativos desse contrato, seja outra parte. Nomeadamente, nos casos em que o lucro ou o risco de crédito corra por conta do representado.[886] Claro está que existirão casos mistos, em que os lucros ou os riscos correm por conta de representante e representado, que os partilham. Nestes casos haverá representação, sendo aplicável a Convenção da Haia, porque se verifica mediação e representação, pelo menos em parte.[887]

Assim, todos os contratos de "mediação" são abrangidos pela Convenção da Haia, quer haja ou não representação, assim sucedendo, por exemplo, com os mandatos, comissões, agências,[888] intermediação financeira,[889] contratos de gestão de imagem, contratos de gestão de fundos, contratos de *franchising*, contratos a favor de terceiro, contratos a favor de pessoa a nomear e, em geral, todos os chamados "contratos de distribuição",[890] incluindo mesmo os "facilitadores de contactos" ou "abridores de portas".[891] O mesmo sucede com todos os casos não contratuais de "medição", como

---

[885] VERHAGEN, *Agency in Private Internacional Law, The Hague Convention on the Law Aplicable to Agency*, Martinus Nijhoff Publishers, The Hague/Boston/London, 1995, pág. 153 e PINHEIRO, LUÍS DE LIMA, *Direito Internacional Privado*, Vol. II, 4.ª ed (refundida), Almedina, Coimbra, 2015, pág. 295.

[886] VERHAGEN, *Agency in Private Internacional Law, The Hague Convention on the Law Aplicable to Agency*, Martinus Nijhoff Publishers, The Hague/Boston/London, 1995, págs. 145 a 149.

[887] Segundo VERHAGEN, *Agency in Private Internacional Law, The Hague Convention on the Law Aplicable to Agency*, Martinus Nijhoff Publishers, The Hague/Boston/London, 1995, pág. 149, a Convenção da Haia apenas se aplica à gestão de negócios nos casos em que esta tenha uma relação com um contrato de mediação; contudo, segundo HAY, PETER e MÜLLER-FREIENFELS, WOLFRAM, *Agency in the Conflict of Laws and the 1978 Hague Convention*, The American Journal of Comparative Law, Vol. 27, n.º 1, 1979, págs. 1 a 49, em especial pág. 37, aplica-se a todos os casos de gestão de negócios, como um caso de atuação por conta alheia não contratual.

[888] MONTEIRO, ANTÓNIO PINTO, *Contrato de Agência*, 8.ª ed., Almedina, Coimbra, 2017, págs. 162 e 163.

[889] Com exceção dos casos de representação exercida por um banco ou por um grupo de bancos em matéria de operações de banco, em virtude da reserva efetuada por Portugal – art. 18.º da Convenção da Haia.

[890] MONTEIRO, ANTÓNIO PINTO, *Direito Comercial – Contratos de Distribuição Comercial*, Almedina, Coimbra, 2009, págs. 33 a 46.

[891] *"Canvassing agents"* nas palavras de VERHAGEN, *Agency in Private Internacional Law, The*

seja a gestão de negócios.[892] Também sucede o mesmo com todos os casos de representação voluntária (*lato sensu*), quer haja ou não relação subjacente. O que significa que as normas de conflitos nacionais em matéria de contratos de intermediação e em matéria de representação apenas são aplicáveis para determinar a lei competente se tal for permitido pela Convenção da Haia, como sucede, por exemplo, com a norma de conflitos do art. 38.º do Decreto-Lei n.º 178/86, de 3 de julho, que regula o contrato de agência.[893] O mesmo sucede com o art. 39.º do Código Civil, cuja eficácia foi drasticamente reduzida face à Convenção da Haia, apenas sendo aplicável como norma de conflitos supletiva, nos casos excluídos da Convenção.[894]

A. A Convenção da Haia e o Regulamento Roma I

Em Portugal, a Convenção da Haia exclui do âmbito do Regulamento Roma I todas as questões relativas às relações jurídicas de causa voluntária que tenham como conteúdo a possibilidade de atuação por conta alheia ou em nome alheio, ou a atuação por conta alheia ou em nome alheio sem essa possibilidade. Ou seja, todas as relações jurídicas de mediação e todos os contratos de mediação.[895]

Este é um impacto extremamente importante, que se verifica já desde a Convenção de Roma sobre a lei aplicável às obrigações contratuais.[896] Contudo, enquanto se esteve perante um conflito de duas Convenções – Roma e

---

Hague Convention on the Law Aplicable to Agency, Martinus Nijhoff Publishers, The Hague/Boston/London, 1995, págs. 150 a 151.

[892] PINHEIRO, LUÍS DE LIMA, *Direito Internacional Privado*, Vol. II, 4.ª ed (refundida), Almedina, Coimbra, 2015, pág. 296.

[893] MONTEIRO, ANTÓNIO PINTO, *Contrato de Agência*, 8.ª ed., Almedina, Coimbra, 2017, págs. 158 a 164.

[894] Segundo, BRITO, MARIA HELENA, *A Representação nos Contratos Internacionais, Um contributo para o estudo do princípio da coerência em direito internacional privado*, Almedina, Coimbra, 1999, pág. 7, a Convenção da Haia suspendeu a eficácia do art. 39.º do Código Civil, que se traduz numa "compressão" ou "redimensionamento" (pág. 439) durante a vigência da Convenção da Haia. Assim o art. 39.º do Código Civil não foi derrogado, mas apenas suspenso nos casos em que conflitue com a Convenção da Haia.

[895] VERHAGEN, *Agency in Private Internacional Law, The Hague Convention on the Law Aplicable to Agency*, Martinus Nijhoff Publishers, The Hague/Boston/London, 1995, págs. 135 e 136.

[896] Sobre a relação entre a Convenção de Roma e a Convenção da Haia, BRITO, MARIA HELENA, *A Representação nos Contratos Internacionais, Um contributo para o estudo do princípio da coerência em direito internacional privado*, Almedina, Coimbra, 1999, págs. 434 a 455 e PINHEIRO,

A PREPOSIÇÃO

Haia – a questão colocava-se entre instrumentos de igual valor hierárquico e natureza, prevalecendo a Convenção da Haia porque esta era especial em relação à, então, Convenção de Roma, que tinha natureza geral. A Convenção de Roma abrangia os contratos em geral, enquanto a Convenção da Haia apenas abrangia as questões de representação (ou, melhor, de atuação por conta ou em nome alheio), incluindo a relação interna (contratos de mediação) e a relação externa (representação). No que respeita à representação em si – lado externo da representação – a questão nunca se colocou, e não se coloca, pois nem a Convenção de Roma nem o Regulamento Roma I regulam esta matéria, excluindo-a expressa e literalmente.[897] No entanto, da letra do Regulamento Roma I não resulta expressamente a exclusão do lado interno da representação (representado – representante) e de um dos casos do lado externo da relação de representação (representante – terceiro.)

No que respeita ao Regulamento Roma I, sucede ainda que, como este apenas regula contratos, a questão não se coloca no que respeita a representações não contratuais, como seja o caso da gestão de negócios e da representação sem poderes. Contudo, esta questão pode colocar-se no que respeita aos contratos de mediação, pois o Regulamento Roma I regula em geral todo os contratos, não excluindo os contratos de mediação em si mesmos; já a Convenção da Haia regula apenas os contratos de mediação, nos quais se levantam questões de atuação por conta alheia ou em nome alheio.[898]

Como afirmámos já, até à entrada em vigor do Regulamento Roma I, a relação entre a Convenção da Haia e a Convenção de Roma solucionava-se dentro do sistema de Direito Internacional Público. Com a evolução da Convenção de Roma para instrumento comunitário – o Regulamento Roma I –, a situação modificou-se.

O Regulamento Roma I é abrangido pelo princípio do primado do Direito Comunitário, pelo que cessou a situação de paridade hierárquica entre os dois instrumentos, cessando também a identidade de natureza jurídica face à Convenção da Haia. Atualmente, o Regulamento Roma I é, de certo modo,

---

Luís de Lima, *Direito Internacional Privado*, Vol. II, 4.ª ed (refundida), Almedina, Coimbra, 2015, págs. 299 e 300.

[897] Art. 1.º, n.º 2 al. g) do Regulamento Roma I e art. 1.º, n.º 2, al. f) da Convenção de Roma.

[898] Verhagen, *Agency in Private Internacional Law, The Hague Convention on the Law Aplicable to Agency*, Martinus Nijhoff Publishers, The Hague/Boston/London, 1995, págs. 135 e 136.

ATIVIDADE INTERNACIONAL E PREPOSIÇÃO

hierarquicamente superior à Convenção da Haia.[899] Contudo, como veremos, neste caso a Convenção da Haia continuou a prevalecer.

Por um lado, a alteração da natureza do Regulamento Roma I não fez cessar a relação de especialidade entre ambos os instrumentos. A Convenção da Haia é especial para questões de representação, enquanto o Regulamento Roma I é geral para todos os contratos. O Regulamento Roma I estabelece um regime de Direito Comum, que opera como um sistema supletivo. Assim, em regra, a lei aplicável aos contratos é determinada de acordo com o Regulamento Roma I.

No entanto, enquanto instrumento de Direito Comum, não se exclui a possibilidade de vigência de regimes especiais para determinados casos contratuais, nas situações em que o regime de Direito Comum não é adequado para esses casos especiais. Assim sucede com os contratos de atuação em nome alheio ou conta alheia. Estes contratos escapam ao modo comum de funcionamento dos contratos, pois são estruturados para operar em sistemas trilaterais e não em sistemas bilaterais. Mesmo que o contrato em si seja bilateral, a relação jurídica a que se dirige esse contrato é sempre trilateral, para além de o contrato ser dirigido ainda a outro contrato (celebrado com o terceiro). É ainda normal que estes contratos operem em união com outros negócios, nomeadamente com procurações ou preposições.

Por estas razões, o sistema do Regulamento Roma I, que está integralmente pensado para contratos bilaterais que criam relações bilaterais, não é adequado para contratos bilaterais que criam relações trilaterais, e que operam necessariamente em união de negócios com um, ou mais, negócios. O número de conexões possíveis torna todo o sistema demasiadamente complexo para poder ser devidamente regulado por uma única lei, como pretende o Regulamento Roma I. Por outro lado, o Regulamento Roma I pretende fixar uma lei para o contrato. Sucede que nos casos de relações de mediação e representação, o problema não é o contrato; o problema é a relação, que é extremamente complexa, ocorrendo entre representado, representante e terceiro. Sendo que os terceiros, em regra, variam em permanên-

---

[899] Não pretendemos aqui tomar qualquer posição sobre se o primado do Direito Comunitário provoca uma verdadeira estrutura hierárquica de fontes, ou um sistema de prevalência em ambiente de paridade, ou qualquer outra solução. Para efeitos de Direito Comercial, apenas importa reter que o Direito Comunitário prevalece sobre todo o demais Direito, ressalvando--se o Constitucional.

A PREPOSIÇÃO

cia, pois em regra são indeterminados, embora determináveis. E sendo ainda que esta relação é composta por várias combinações posições de relações:

– Representado – representante.
– Representado – terceiro.
– Terceiro – representado.
– Representado e representante – terceiro.
– Representado e terceiro – representante
– Representante e terceiro – representado.
– Representado – representante – terceiro.

Este nível de complexidade conduz à necessidade de se fazer uma escolha. Ou se ficciona que estas relações são irrelevantes, e se fixa uma lei para o contrato (solução do Regulamento Roma I); ou se reconhece que a realidade jurídica é complexa, e se pretende fixar uma ou mais Leis de um modo coordenado, que procurem obter a melhor solução possível para a complexidade da questão em causa (solução da Convenção da Haia).

A melhor solução é, claramente, e sem qualquer dúvida, a da Convenção da Haia. A solução do Regulamento Roma I é adequada para contratos simples, com relações jurídicas simples. Mas ficcionar a simplicidade num sistema complexo, conduz a inevitáveis dificuldades, pois todos os problemas seriam regulados pela mesma lei, aferida contrato a contrato, sem tomar em consideração a união que se verifica entre as relações (mesmo que não se verifique entre os contratos).

A solução do Regulamento Roma I é uma típica solução de Direito Comum. É dirigida ao caso típico, ao caso paradigmático, não sendo especialmente dirigida aos casos especiais. Assim, deve considerar-se que o regime do Regulamento Roma I constitui o regime de Direito Comum em matéria de lei aplicável às obrigações contratuais, mas não sendo um regime adequado para determinados casos que, pela sua especialidade, escapam ao sistema que integra o Regulamento.

É ainda importante tomar em consideração que, conforme o art. 1.º, n.º 2, al. g) do Regulamento Roma I, este não se aplica à "questão de saber se um agente pode vincular, em relação a terceiros, a pessoa por conta da qual pretende agir". O teor literal desta disposição parece limitar a exclusão à chamada relação externa. Ou seja, ao problema de saber se o representado fica vinculado perante o terceiro. No entanto, a disposição não pode ser interpretada deste modo. A "questão de saber se um agente pode vincular, em relação a terceiros, a pessoa por conta da qual pretende agir" é, como vimos, uma ques-

ATIVIDADE INTERNACIONAL E PREPOSIÇÃO

tão complexa, que abrange várias sub-questões, várias relações e, em regra, vários negócios ou atos. Todo este complexo integra a questão em causa. Claro está que, se interpretarmos literalmente a disposição, recorrendo para tanto à nossa própria tradição jurídica, o resultado será a exclusão apenas da relação externa de representação e, mesmo assim, limitada à relação entre representado e terceiro (excluindo a relação entre o representante e o terceiro).

Contudo, em Direito Internacional Privado, mesmo limitando-se ao espaço europeu, a "questão de saber se um agente pode vincular, em relação a terceiros, a pessoa por conta da qual pretende agir" abrange o sistema da *agency*, o sistema do mandato e o sistema do poder de representação voluntário. Assim, esta é uma questão que inclui a totalidade da relação representativa, incluindo todos os lados da relação interna e externa, e toda a estrutura da representação, incluindo o negócio causa da representação, nos casos em que é apenas um, e o negócio subjacente e o negócio causa de um poder de representação autónomo.

Claro está que é possível limitar a questão à pura vinculação, recorrendo à *dépeçage* com todos os riscos e prejuízos inerentes a esta figura, nomeadamente, ignorando-se que é a relação subjacente que determina o modo de exercício dos poderes de agir por conta ou em nome alheio, mesmo quando não é a causa desses poderes. Assim, ao aplicar-se uma lei ao contrato e outra ao poder de agir por conta ou em nome alheio, resultarão duas leis aplicáveis ao mesmo conteúdo contratual, conforme se resolva uma questão de responsabilidade pela violação da obrigação, ou conforme se resolva uma questão de abuso de representação. O que significa que o mesmo ato jurídico poderá ser lícito e ilícito ao mesmo tempo. Responsabilizando-se uma pessoa por ter violado uma obrigação que não violou, ou não responsabilizando uma pessoa por não ter violado a obrigação que violou.

O contrassenso desta solução é manifesto. Como tal, deve interpretar-se o art. 1.º, n.º 2, al. g) do Regulamento Roma I como excluindo todas as matérias que são abrangidas pela Convenção da Haia. Note-se que o projeto do Regulamento Roma I chegou a conter uma disposição (o art. 7.º do projeto) que regulava a mesma matéria da Convenção da Haia. Contudo, esta parte do projeto não foi integrado no Regulamento Roma I em virtude de inúmeras críticas.[900] Sendo que uma das críticas consistia em ser necessário recor-

---

[900] UBERTAZZI, BENEDETTA, *Il regolamento Roma I sulla legge applicabile alle obbligazioni contrattuali*, Giuffrè, 2008, págs. 27 a 35.

A PREPOSIÇÃO

rer à Convenção da Haia para se conseguir saber qual o âmbito do art. 7.º do projeto, pois este não dizia em que consistia a mediação ou representação. Assim, em última análise, o art. 7.º do projeto não integrou o Regulamento Roma I, ficando a constar a exclusão do art. 1.º, n.º 2, al. g). Face à exclusão do art. 7.º do projeto, não faz sentido afirmar que a relação representante – representado é regulada pelo Regulamento Roma I, pois o problema foi estudado, mas não se conseguiu regular o mesmo. O Regulamento Roma I "sabe" que o problema não consiste no contrato entre o representante e o representado, mas que é um problema muito mais complexo; tão mais complexo, que o Regulamento Roma I "desistiu" de o tentar regular.[901]

Assim, apesar do teor literal desta disposição, a mesma deve ser interpretada de modo a se incluir nesta questão, a eventual relação entre o representado e o representante e a eventual relação ente o representado e o terceiro. Estes dois casos estão incluídos na "questão de saber se um agente pode vincular, em relação a terceiros, a pessoa por conta da qual pretende agir". Pois esta questão, a verificar-se, implica também efeitos representativos entre o representado e o representante, e implica efeitos entre o representante e o terceiro. Por estas razões, a Convenção da Haia e o Regulamento Roma I são compatíveis, sendo que não existe verdadeiramente espaço de interceção.

Por último, resulta expressamente do próprio Regulamento Roma I que, mesmo que se considere que existe um conflito, prevalece a Convenção da Haia.

Segundo o art. 25.º do Regulamento Roma I, este Regulamento "não prejudica a aplicação das convenções internacionais de que um ou mais Estados-Membros sejam parte na data de aprovação do presente Regulamento e que estabeleça normas de conflitos de leis referentes a obrigações contratuais". Sucede que o Regulamento Roma I foi aprovado em 17 de junho de 2008, sendo que a Convenção da Haia entrou em vigor em 1 de maio de 1992, razão pela qual é abrangida pelo art. 25.º, n.º 1 do Regulamento Roma I. Assim, de acordo com esta disposição, a Convenção da Haia prevalece sobre o Regulamento Roma I.

O art. 25.º, n.º 2 do Regulamento Roma I, no entanto, limita esta prevalência. Segundo esta disposição, o Regulamento Roma I prevalece – derro-

---

[901] Nesta parte não concordamos com UBERTAZZI, BENEDETTA, *Il regolamento Roma I sulla legge applicabile alle obbligazioni contrattuali* Giuffrè, 2008, pág. 52, que considera aplicável o Regulamento Roma I a toda a relação interna.

gando a norma do art. 25.º, n.º 1 – nos casos em que uma Convenção Internacional tenha sido celebrada "exclusivamente entre Estados-Membros".

Contudo, a Convenção da Haia não foi celebrada "exclusivamente entre Estados-Membros", pois são partes da mesma Portugal, França, Holanda e Argentina. Como é sabido, a Argentina não é um Estado-Membro, o que exclui a aplicação do art. 25.º, n.º 2 do Regulamento Roma I, vigorando o regime do art. 25.º, n.º 1. Em suma, sendo a Convenção da Haia anterior ao Regulamento Roma I, e integrando um Estado que não é membro da União Europeia (Argentina), a Convenção da Haia prevalece sobre o Regulamento Roma I.

Ou seja, nos termos do art. 25.º do Regulamento Roma I, considerando que a Convenção da Haia não vincula apenas Estados-Membros, que entrou em vigor antes da aprovação do Regulamento Roma I, e que contém normas de conflitos aplicáveis a obrigações contratuais, esta derroga o Regulamento Roma I nas matérias em que se entenda haver conflito. Assim, mesmo que houvesse algumas dúvidas sobre a prevalência da Convenção da Haia, estas seriam dissipadas pelo art. 25.º do Regulamento Roma I.

As últimas dúvidas que porventura se mantivessem, sempre seriam dissipadas pelo regime do art. 26.º do Regulamento Roma I. Segundo esta disposição, os Estados-Membros ficavam obrigados a comunicar à Comissão as Convenções que se mantivessem em vigor e a lista das Convenções denunciadas, nos termos do art. 25.º, n.º 1, do Regulamento Roma I. Portugal e França comunicaram à Comissão a vigência da Convenção da Haia.[902] Embora a Holanda (Países Baixos) não tenha efetuado qualquer comunicação referente à Convenção da Haia (nem comunicação de vigência, nem de denúncia), esta mantém-se em vigor entre Portugal, França, Holanda e Argentina. Vigorando a Convenção da Haia desde data anterior ao Regulamento Roma I entre Estados-Membros da União Europeia e Estados não membros (Argentina), para uma matéria especial, prevalece sobre o Regulamento Roma I.

A razão de ser deste sistema vem já da Convenção de Roma. A questão da compatibilidade com a Convenção da Haia foi especialmente abordada na discussão da Convenção de Roma, tendo o grupo de trabalho decidido que o Regulamento constituiria o Direito comum de cada um dos Estados em

---

[902] Esta comunicação foi publicada no Jornal Oficial da União Europeia de 17 de dezembro de 2010 (C 343/3 a 7) – Informação da Comissão Europeia n.º 2010/C 343/04.

matéria de Direito Internacional Privado, mas que não afastaria regimes jurídicos especiais ou detalhados, em especial as Convenções da Conferência da Haia de Direito Internacional Privado, que eram salvaguardas pelo art. 21.º da Convenção de Roma.[903] A Convenção de Roma foi elaborada tendo em conta a Convenção da Haia, razão pela qual a sua transformação em Regulamento não deve alterar a relação entre ambos os diplomas.

Deste modo, o Regulamento Roma I não é aplicável para determinar a lei aplicável aos seguintes contratos, nos casos em que for aplicável a Convenção da Haia:

- Contrato de preposição.
- Contrato de autorização gestória.
- Contrato de mandato.
- Contrato de agência.
- Contrato de comissão.
- Contrato de concessão comercial.
- Contrato de representação comercial.
- Contrato de franquia.
- Contrato de distribuição.
- Contrato de intermediação.
- Contrato de mediação.
- Contrato de gestão de carteira.
- Contrato de venda à consignação.
- Contrato de gestão de patrimónios.
- Em geral todos os contratos nos quais uma parte atue por conta de outrem, ou em nome de outrem.

B. A Convenção da Haia e o Regulamento Roma II

A Convenção da Haia levanta também problemas de eventual colisão com o Regulamento Roma II.[904]

Esta situação pode causar alguma perplexidade, porquanto o Regulamento Roma II regula a lei aplicável às obrigações extracontratuais, enquanto

---

[903] Giuliano, Mario e Lagarde, Paul, *Report on the Convention on the law applicable to contractual obligations*, Official Journal, C 282, 31/10/1980, págs. 1 a 50.

[904] Regulamento (CE) n.º 864/2007 do Parlamento Europeu e do Conselho de 11 de julho de 2007, relativo à lei aplicável às obrigações extracontatuais.

ATIVIDADE INTERNACIONAL E PREPOSIÇÃO

a Convenção da Haia regula a mediação e representação. Sucede, no entanto, que como vimos já, a noção de mediação e representação da Convenção da Haia é extremamente ampla, abrangendo as noções mais amplas destes institutos nos sistemas de *civil law* e de *common law*. Assim, a Convenção da Haia inclui também alguns casos que são abrangidos pelo Regulamento Roma II, o que sucede com todos os casos de gestão de negócios, alguns casos de enriquecimento sem causa (que ocorrem no âmbito de uma atuação por conta de outrem ou em nome de outrem), alguns casos de responsabilidade civil pelo risco ou objetiva, incluindo os casos de responsabilidade civil do comitente. Todos estes casos são casos de *agency*,[905] pelo que são abrangidos pela Convenção da Haia e pelo Regulamento Roma II.

No que respeita à prevalência da Convenção da Haia sobre o Regulamento Roma II, sucede o mesmo que ocorre com o Regulamento Roma I. O Regulamento Roma II regula esta matéria no art. 28.º, que é idêntico ao art. 25.º do Regulamento Roma I. Assim, tal como sucede com o Regulamento Roma I, a Convenção da Haia prevalece porque é anterior ao Regulamento Roma II e não foi celebrada exclusivamente entre Estados-Membros (pois inclui a Argentina).

Tal como sucede com o Regulamento Roma I, o Regulamento Roma II contém uma disposição que obriga os Estados-Membros a comunicar quais as Convenções Internacionais que se mantêm em vigor, ou seja, as Convenções Internacionais que respeitam o art. 28.º, ns.º 1 e 2 do Regulamento Roma II, sendo que Portugal comunicou que a Convenção da Haia integrava o art 29.º, n.º 1 do Regulamento Roma II.[906]

Contudo, esta comunicação, tal como resulta da publicação no Jornal Oficial, levanta um problema. A comunicação é referente ao art. 29.º, n.º 1 do Regulamento Roma II, sendo que diz respeito à primeira parte da disposição, que se refere às Convenções que se mantêm em vigor. A segunda parte da disposição, que diz respeito às Convenções que tenham sido denunciadas pelos Estados-Membros, levaria a que na mesma comunicação constasse

---

[905] Nomeadamente, casos de gestão de negócios com prática de atos materiais, que são incluídos na *agency* KARSTEN, *Karsten Report*, in *Draft Convention adopted by the Thirteenth Session and Explanatory Report by I.G.F. Karsten*, Bureau Permanent de la Conférence, Imprimerie Nationale, La Haye, 1979, pág. 16. Contra, PINHEIRO, LUÍS DE LIMA, *Direito Internacional Privado*, Vol. II, 4.ª ed (refundida), Almedina, Coimbra, 2015, pág. 511.

[906] Esta comunicação foi publicada no Jornal Oficial da União Europeia de 17 de dezembro de 2010 (C 343/7 a 11) – Informação da Comissão Europeia n.º 2010/C 343/05.

A PREPOSIÇÃO

a lista das Convenções denunciadas (art. 29.°, n.°2, al. ii) do Regulamento Roma II). No entanto, não consta da publicação no Jornal Oficial a comunicação por parte da França nem da Holanda (Países Baixos), que são partes na Convenção da Haia.

Já na comunicação referente ao Regulamento Roma I, havia ocorrido o mesmo com a Holanda, sendo que a França comunicou a vigência da Convenção da Haia. Mas no que respeita ao Regulamento Roma II, estes dois Estados-Membros não informaram a União que a Convenção da Haia se mantém em vigor, nem comunicaram a sua denúncia (nem a denunciaram). Limitaram-se a não cumprir o art. 29.°, n.° 1 do Regulamento Roma II.

O Regulamento Roma II nada diz sobre o que ocorre nesta situação, não sancionando a omissão. Assim, deve entender-se que a Convenção da Haia prevalece sobre o Regulamento Roma II, nos termos do art. 28.° deste Regulamento, sendo que Portugal comunicou expressamente essa manutenção, da qual decorre a prevalência. No que respeita à França e Holanda, apesar de não terem efetuado a comunicação, prevalece também, nos termos do art. 28.° do Regulamento Roma II.

Deste modo, o Regulamento Roma II não é aplicável para determinar a lei aplicável às seguintes matérias, nos casos em que for aplicável a Convenção da Haia:

– Gestão de negócios.[907]
– Enriquecimento sem causa no âmbito de uma atuação por conta alheia ou em nome alheio.
– Responsabilidade civil de uma pessoa (o principal) por danos praticados por outrem agindo por conta do principal ou em nome do principal, incluindo responsabilidade civil do comitente.
– *Culpa in contrahendo* nos casos em que a atuação danosa é praticada por uma pessoa por conta alheia ou em nome alheio.
– Em geral, todos os casos de responsabilidade civil extracontratual que ocorram no âmbito de uma relação de mediação ou de representação, quer se traduza numa atuação por conta alheia ou em nome alheio, com ou sem poderes, com o sem invocação de se estar a atuar por conta alheia ou em nome alheio.

---

[907] PINHEIRO, LUÍS DE LIMA, *Direito Internacional Privado*, Vol. II, 4.ª ed (refundida), Almedina, Coimbra, 2015, pág. 471.

ATIVIDADE INTERNACIONAL E PREPOSIÇÃO

2. Matérias excluídas da Convenção da Haia

I. A Convenção da Haia está dividida em vários capítulos, sendo extremamente relevantes os capítulos I, II e III.[908] No capítulo I estabelece-se o âmbito da Convenção da Haia. No capítulo II regula-se a chamada relação interna (representado – representante). No capítulo III regula-se a chamada relação externa (representado – terceiro e representante – terceiro).[909]

Como vimos, no Capítulo I é fixado o âmbito da Convenção da Haia. No entanto, são também determinadas várias exclusões, que limitam o seu escopo de aplicação. No que interessa à presente investigação, apenas releva tomar em consideração as exceções com impacto em matéria de preposição.

Assim, segundo o art. 2.º da Convenção da Haia, alíneas a) a d), esta não se aplica nos casos em que, sendo potencialmente aplicável por se tratar de uma questão de mediação ou representação, a questão privada internacional consiste na determinação da lei aplicável:

- Em matéria de capacidade das partes (al. a) do art. 2.º).
- Em matéria de forma dos atos (al. b) do art. 2.º).
- Em matéria de mediação e representação legal em Direito da Família ou Sucessões (al. c) do art 2.º).
- Em matéria de mediação e representação "em virtude de decisão de uma autoridade judicial ou administrativa ou que se exerça sob controlo direito de uma tal autoridade" (al. d) do art. 2.º).
- Em matéria de atos praticados por um funcionário público atuando no exercício das suas funções por conta de uma pessoa privada (al. 3 do art. 18).[910]

As exceções referidas são, todas elas, normais e de esperar por se tratar de matérias que são ainda mais especiais do que a mediação e representação. Por esta razão, os elementos de conexão tradicionais são diferentes, não sendo, em regra, adequado recorrer a elementos de conexão de mediação e representação nas matérias referidas. Por outro lado, em especial no que res-

---

[908] Os capítulos IV e V dizem respeito às disposições gerais e às disposições finais.

[909] VERHAGEN, *Agency in Private Internacional Law, The Hague Convention on the Law Aplicable to Agency*, Martinus Nijhoff Publishers, The Hague/Boston/London, 1995, págs. 128 e 129.

[910] Portugal optou por exercer todas as reservas permitidas pelo art. 18.º da Convenção da Haia, conforme consta no Aviso n.º 239/97, de 29 de julho, publicado no Diário da República, I Série A, págs. 3867 e 3868.

A PREPOSIÇÃO

peita à capacidade e forma, estas são duas matérias que surgem em todos os contratos em geral, não havendo uma razão de ser para estabelecer normas de conflitos especiais em matéria de representação.[911]

Para além destas exceções, são marcantes as exceções constantes do art. 2.º, alíneas e) e f) e as exceções que resultam do art. 3.º da Convenção da Haia.

- Em matéria de representação ligada a processos judiciais (al. e) do art. 2.º).
- Em matéria de mediação e representação do mestre de uma embarcação (al. f) do art. 2.º).[912]
- Em matéria de mediação e representação orgânica (al. a) do art. 3.º).
- Em matéria de *trust* (al. b) do art. 3.º).
- Em matéria de representação exercida por um banco ou grupo de bancos em matéria de operações de banco (al. 1 do art. 18.º).[913]
- Em matéria de seguros (al. 3 do art. 18.º).[914]

A. Exclusão em matérias forenses
Uma das exclusões da Convenção da Haia é a relativa aos poderes de representação forenses (art. 2.º, al. e) da Convenção da Haia). A determinação da lei competente em matéria de poderes de representação para efeitos judiciais não é aferida de acordo com a Convenção da Haia em virtude da especialidade deste caso de representação, em que a lei competente é, em regra, a lei do foro. Esta exclusão abrange não só os poderes forenses perante Tribunais judiciais, mas também perante Tribunais arbitrais e, ainda, perante autoridades administrativas que exerçam atividades para-judiciais, se o processo ou procedimento que corra nessa autoridade administrativa tenha

---

[911] KARSTEN, *Karsten Report*, in *Draft Convention adopted by the Thirteenth Session and Explanatory Report by I.G.F. Karsten*, Bureau Permanent de la Conférence, Imprimerie Nationale, La Haye, 1979, pág. 39.

[912] Que corresponde à *actio exercitoria* e não à *actio institoria*.

[913] Portugal optou por exercer todas as reservas permitidas pelo art. 18.º da Convenção da Haia, conforme consta no Aviso n.º 239/97, de 29 de julho, publicado no Diário da República, I Série A, págs. 3867 e 3868.

[914] Portugal optou por exercer todas as reservas permitidas pelo art. 18.º da Convenção da Haia, conforme consta no Aviso n.º 239/97, de 29 de julho, publicado no Diário da República, I Série A, págs. 3867 e 3868.

uma natureza judicial.[915] O que releva não é tanto a qualidade da entidade perante quem os poderes são exercidos, mas a natureza do processo ou procedimento. Mesmo que a atuação seja perante um Tribunal, caso a atuação seja meramente administrativa, a exclusão não se aplica.[916] De modo inverso, mesmo que a atuação seja perante uma entidade administrativa, se o procedimento tiver natureza judicial, exclui-se a Convenção da Haia.

Esta exclusão, contudo, não diz respeito especificamente à relação de representação propriamente dita, e nem ao negócio do onde resultam esses poderes. A exclusão aplica-se no caso de representação ligada a um procedimento judicial. Como tal, não respeita propriamente aos poderes de representação forense, mas antes à representação perante o Tribunal. Estes são dois poderes diferentes, apesar das aparências em contrário.

É possível que uma pessoa conceda a outra poderes forenses, mas que esta pessoa não os use perante um Tribunal. Assim sucede, com alguma frequência, nos casos em que são concedidos poderes forenses a não advogados. Nestes casos, o titular dos poderes de representação não intervém diretamente em Tribunal, antes procedendo ao substabelecimento dos poderes num advogado que, este sim, irá agir perante o Tribunal. Neste caso, os poderes forenses do não advogado não estão excluídos da Convenção da Haia. Apenas estão excluídos os poderes forenses do advogado; ou seja, da pessoa que atua no procedimento de natureza judicial.

Assim sucede porque, regra geral, a lei aplicável aos poderes forenses usados em Tribunal é a lei do foro. Por exemplo, em Portugal, o regime jurídico da procuração forense no que respeita à matéria relevante para os autos é regulada diretamente pelo Código de Processo Civil, escapando quer à Convenção da Haia, quer ao Código Civil. Nenhum sentido há em afirmar que, tratando-se de uma ação da qual pode resultar a transmissão de um imóvel, a procuração forense seria regulada pelo *lex loci*, como resultaria do art. 39.º, n.º 4, do Código Civil.

Esta distinção, que pode parecer artificial, tem as maiores consequências. Uma coisa é a concessão dos poderes forenses; outra coisa, muito diferente, é a utilização dos poderes forenses em juízo. Nos casos em que é necessário

---

[915] VERHAGEN, *Agency in Private Internacional Law, The Hague Convention on the Law Aplicable to Agency*, Martinus Nijhoff Publishers, The Hague/Boston/London, 1995, pág. 157.

[916] KARSTEN, *Karsten Report*, in *Draft Convention adopted by the Thirteenth Session and Explanatory Report by I.G.F. Karsten*, Bureau Permanent de la Conférence, Imprimerie Nationale, La Haye, 1979, págs. 42 e 43.

A PREPOSIÇÃO

aferir da existência, validade, eficácia, conteúdo, duração e modo de exercício dos poderes forenses num procedimento de natureza judicial, não se recorre nem à Convenção da Haia, nem ao Código Civil, mas sim ao Código de Processo Civil (em Portugal). Mas, no caso de se pretender saber se determinada pessoa tem poderes forenses fora de juízo, fora do âmbito de um procedimento de natureza judicial, será já aplicável o regime da Convenção da Haia, ou outro diploma competente. Em suma, a distinção verifica-se entre o poder forense substantivo e o poder forense adjetivo ou processual.

A questão tem grande importância nos regimes de preposição, pois é frequente que os prepostos, pelo menos os prepostos de nível elevado, tenham poderes forenses relativos ao comércio à frente do qual são colocados. Assim ocorre com os prepostos registados (art. 254.º do Código Comercial português), tal como sucede com o *institore* italiano (art. 2204.º do Código Civil italiano), com o preposto gerente brasileiro (art. 1176.º do Código Civil brasileiro), e ainda com o *Prokurist* alemão (art. 49.º do Código Comercial alemão).

Como se pode concluir, a questão dos poderes de representação está intimamente ligada à questão da preposição. Esta ligação permite compreender a diferença entre a titularidade do poder forense substantivo e a titularidade do poder forense adjetivo. Da preposição resulta, ou pode resultar, um poder de representação forense substantivo. Este poder integra a preposição, sendo abrangido pela lei competente para regular a preposição. No entanto, caso se pretenda exercer este poder em juízo, será necessário aplicar outra lei. Não para determinar se, em geral, a pessoa em causa tem o poder de representação forense, mas para determinar se, para efeitos daquele concreto processo judicial, a pessoa tem o necessário poder forense. Assim, pode suceder que de acordo com a lei competente para regular a preposição, o preposto tenha poderes forenses, mas de acordo com a lei competente para regular o processo (que será, regra geral, a *lex fori*) não tenha esse poder, ou não o possa exercer, ou tenha determinados limites. Pode também suceder o oposto, ou seja, de acordo com a *lex fori* se considere que determinada pessoa tem poderes forenses processuais, mas não tenha substancialmente. Neste caso, os poderes forenses processuais poderão produzir o seu efeito, ou não, conforme o regime de invocabilidade das exceções *ex causa*. Ou seja, se for possível invocar a falta de poderes de representação substantivo, o advogado não terá poderes; mas, se não for possível, ou se tal não suceder, o advogado irá representar a parte, mesmo que tenha recebido os poderes forenses de pessoa que não os tenha. Note-se que, neste caso, de acordo com a lei do

ATIVIDADE INTERNACIONAL E PREPOSIÇÃO

foro, o advogado recebeu os poderes da pessoa correta. Sucede, apenas, que de acordo com a lei aplicável à preposição, não recebeu esses poderes. Não se trata, portanto, de uma absoluta falta de poderes, mas apenas de uma falta de poderes que resulta da *dépecage* entre a relação substantiva e a relação processual.

Por exemplo, se um preposto outorgar uma procuração a um advogado para representar o comerciante em juízo, levantam-se duas questões. O preposto tem poderes de representação e pode substabelecê-los? O advogado tem poderes de representação e pode exercê-los? A primeira questão será respondida pela Convenção da Haia. A segunda questão será respondida pelo Código de Processo Civil. Claro que, se o advogado tiver uma procuração e for invocada a falta de poderes da pessoa que outorgou essa procuração, será necessário aferir desses poderes. Se esta pessoa for um preposto, será necessário recorrer à Convenção da Haia. Mas se essa pessoa for um administrador da sociedade, será necessário recorrer ao art. 38.º do Código Civil, sobre a lei aplicável à representação orgânica. Assim, o poder de conferir procurações forenses constitui uma questão, enquanto a titularidade em juízo de poderes forenses constitui uma outra questão.

A Convenção da Haia apenas exclui do seu âmbito a questão dos poderes forenses usados em procedimentos de natureza judicial. Ou seja, a questão de saber qual a lei aplicável ao poder de representação do advogado, ou de figura análoga. Mas não exclui do seu âmbito a determinação da lei aplicável ao poder da pessoa que outorgou a procuração forense a esse advogado.

No entanto, deve entender-se que a Convenção da Haia não exclui do seu âmbito o exercício de poderes forenses em Tribunal para efeito de confissão. Assim, se um preposto for chamado para prestar depoimento de parte, ou se pretender efetuar declarações de parte, os poderes para o fazer dependem da lei aplicável ao lado externo da preposição,[917] determinada pela Convenção da Haia. Os poderes forenses que são excluídos da Convenção da Haia são os poderes para agir processualmente ou judicialmente em nome da parte, atividade normalmente exercida por advogados. Mas no que respeita à produção de prova confessória, ou análoga à confessória, que seria normalmente prestada pela própria parte pessoalmente, a atuação já não é uma verdadeira atuação de natureza judicial, mas uma simples substituição do comerciante, substituição esta que é a razão de ser da pre-

---

[917] Pois o Tribunal é um terceiro.

A PREPOSIÇÃO

posição. Assim, neste caso, aplica-se a Convenção da Haia para determinar a lei competente para saber se o preposto tem poderes para confessar ou para prestar declarações de parte, ou, *a contrario*, para prestar declarações como testemunha.

B. Exclusão em matéria de representação por comandante de embarcação

O art. 2.º, al. f) da Convenção da Haia exclui do seu âmbito de aplicação os casos de "representação pelo capitão do navio atuando no exercício das suas funções", ou seja, os casos da *actio exercitoria*.

Da exceção em matéria de mediação e representação do mestre de uma embarcação resulta um diferente tratamento dos casos que têm origem na *actio institoria* e na *actio exercitoria*. Ou seja, em regra os casos de mediação ou representação que têm origem na *actio institoria*, constituindo preposições comerciais terrestres são abrangidas pela Convenção da Haia. Mas os casos de mediação ou representação relativos à atuação do mestre da embarcação, com origem na *actio exercitoria*, são excluídos da Convenção da Haia.

Contudo, a Convenção da Haia é aplicável aos comandantes de aeronaves, o que, numa primeira abordagem, não faz sentido. Também não faz sentido defender, conforme fazem KARSTEN[918] e VERHAGEN,[919] que a lei aplicável ao mestre da embarcação deva ser lei da bandeira da embarcação, pelo menos no que respeita a matérias de atuação de mediação ou representação (*actio exercitoria*).

Como vimos, o regime do gerente de comércio tem origem na *actio institoria*, sendo atualmente o caso mais típico desta *actio*. Contudo, a *actio institoria* teve como fonte a *actio exercitoria*, correspondendo, de certo modo, à versão terrestre da figura marítima da *actio exercitoria*. Assim, estas *actiones* divergem, na sua essência, em uma ser relativa ao comércio marítimo, enquanto a outra ser relativa ao comércio terrestre, sendo que as diferenças de regime resultaram fundamentalmente das diferentes naturezas destes comércios. São, contudo, dois casos de preposição, muito próximos entre si, sendo a *actio exercitoria* o caso original, enquanto a *actio institoria* é uma variação para

---

[918] KARSTEN, *Karsten Report*, in *Draft Convention adopted by the Thirteenth Session and Explanatory Report by I.G.F. Karsten*, Bureau Permanent de la Conférence, Imprimerie Nationale, La Haye, 1979, pág. 43.

[919] VERHAGEN, *Agency in Private Internacional Law, The Hague Convention on the Law Aplicable to Agency*, Martinus Nijhoff Publishers, The Hague/Boston/London, 1995, pág. 158.

o comércio terrestre. Assim, apesar de a *actio institoria* ter sido a figura mais marcante no Direito ao longo de mais de dois mil anos, a figura original é a *actio exercitoria*. Apesar das enormes proximidades entre estas duas figuras, a Convenção da Haia trata-as de maneira totalmente diferente.

O largo âmbito da Convenção da Haia que resulta do seu art. 1.º permite incluir todas as preposições, que são tratadas como casos de representação ou intermediação. A Convenção da Haia abrange os casos em que um intermediário tem o poder de agir por conta alheia, invocando ou não esse poder, e bastando que se demonstre que atua nessa qualidade. Como vimos, o regime dos prepostos corresponde a todos estes casos: o preposto tanto pode agir invocando fazê-lo em nome alheio, como em nome próprio; tanto pode agir, por conta própria, ou por conta alheia; e pode mesmo aplicar--se este regime em casos nos quais não se sabe qual é a relação subjacente, sabendo-se apenas que vincula o preponente, porque está preposto à frente do seu comércio, de modo público e estável, ou seja, age como intermediário. Assim, o âmbito da Convenção da Haia adequa-se na perfeição a um regime de preposição.

Contudo, apesar desta adequação a casos de preposição, o art. 2.º da Convenção da Haia exclui o caso da preposição que teve origem na *actio exercitoria* (art. 2.º, al. f), ou seja, o caso do preposto mestre da embarcação. Assim, a Convenção da Haia aplica-se ao caso atualmente mais típico de *actio institoria*, e a um conjunto de casos que têm a mesma origem, mas não se aplica ao caso mais típico da *actio exercitoria*, que é a figura de origem daqueloutra.

Note-se que a razão de ser da *actio institoria* e da *actio exercitoria* foi o mesmo: proteger efetivamente (substancialmente) os terceiros face à recusa de responsabilidade por parte do dono do negócio com argumentos meramente formais, relativamente à atuação dos prepostos. Assim, em ambos os casos, o fim do legislador foi sempre a proteção substantiva dos terceiros e do Comércio em geral, em especial da confiança e boa fé no Comércio, tornando irrelevantes argumentos meramente formais. Fim este que apenas pode ser atingido se a lei aplicável tiver uma ligação estreita com a atividade, de tal modo que um terceiro possa contar com determinado regime jurídico. Sendo um regime que tem como fim principal a proteção dos terceiros, pouco sentido faz tentar proteger esses terceiros através da aplicação de uma lei que nada tem a ver com os terceiros, nada tem a ver com o lugar da celebração do negócio, nada tem a ver substancialmente com a atividade do mestre da embarcação, nem mesmo com a embarcação.

A PREPOSIÇÃO

Como é sabido, é frequente o recurso a bandeiras de conveniência para evitar a aplicação de impostos, taxas e outros custos. Remeter o regime da mediação e representação para a lei da bandeira corresponde a uma total falta de consciência sobre a realidade da navegação atual e, acima de tudo, a uma total falta de consciência sobre a razão de ser do regime da preposição. Assim, a solução da Convenção da Haia não faz sentido no que respeita à separação de soluções face às restantes preposições, e muito menos (ou nenhum sentido faz) aplicar a lei do lugar da bandeira do navio à mediação e representação operada pelo mestre da embarcação. Faria muito mais sentido, pelo menos nas relações com terceiros, tomar em consideração a bandeira da embarcação como sendo o estabelecimento do representado, aplicando-se o mesmo regime que a Convenção da Haia aplica à relação externa, apenas com esta diferença de considerar que o lugar do estabelecimento era o da bandeira do navio.

Em suma, a solução de mandar aplica a lei da bandeira é uma solução formal, sem qualquer preocupação substancial, correspondendo precisamente ao oposto da *actio exercitoria*. Contudo, sem prejuízo de discordamos da solução, a Convenção da Haia não se aplica no caso da *actio exercitoria*; ou seja, no caso em que o intermediário ou representante é um comandante de navio ou mestre de embarcação, agindo nessa qualidade.

C. Exclusão em matéria de representação orgânica

Outra importante exclusão da Convenção da Haia incide sobre o caso dos gerentes, administradores e titulares de órgãos sociais de pessoas coletivas, na medida em que atuem com base nos poderes resultantes da lei ou dos estatutos. Contudo, esta exclusão é limitada à questão da representação orgânica, não abrangendo a representação institória.

Ou seja, a Convenção da Haia não é aplicável à determinação da lei que regula a representação orgânica dos gerentes, administradores, ou outros titulares de órgãos sociais. Contudo, se num litígio judicial for levantada a questão de saber se determinada pessoa estava à frente do negócio alheio, de modo estável e público, assim representando essa pessoa na qualidade de preposto, será competente a Convenção da Haia a esta questão. Os titulares dos órgãos sociais tanto podem representar a sociedade nessa qualidade – representação orgânica – como o podem fazer na qualidade de prepostos – representação institória. Assim, a Convenção da Haia não exclui as mesmas pessoas, no caso de lhes ser aplicável o regime do gerente de comércio.

ATIVIDADE INTERNACIONAL E PREPOSIÇÃO

Caso um Tribunal decida que determinado administrador de uma sociedade agiu nessa qualidade (de administrador), e pretenda saber qual é a lei aplicável para determinar o poder de representação dos administradores societários, não deve recorrer à Convenção da Haia. Mas se o Tribunal entender que a mesma pessoa agiu por conta da sociedade, estando colocado pública e estavelmente à frente da atividade dessa sociedade, pretendendo aplicar o regime de gerente de comércio (preposto), já deverá determinar a lei aplicável de acordo com a Convenção da Haia (art. 3.º, al. a) da Convenção da Haia). Neste caso, conforme a lei material, poderá ou não ser invocável a causa da preposição. Caso seja invocável, e caso esta seja a qualidade de titular do órgão social, será necessário determinar a lei aplicável à representação orgânica. Mas, caso a lei materialmente competente para regular a preposição não admita nesse caso a invocação da relação subjacente, não será possível invocar a qualidade de titular do órgão social, não sendo necessário determinar a lei competente para a representação orgânica.

D. Exclusão de *trustees*

A Convenção da Haia também exclui do seu âmbito o *trustee* (art. 3.º, al. b)). No caso do *trust*, a situação de exclusão só não causa perplexidade, porque a Convenção da Haia não tomou em consideração a preposição. O *trustee* é um caso paradigmático de preposto. É uma pessoa que está colocada estável e publicamente à frente de um património alheio, gerindo esse património. Poucos são os casos tão típicos de prepostos. Contudo, em virtude do quase esquecimento a que a preposição tem sido votada, os *trustee* não são normalmente qualificados como prepostos.

Eppur si muove.

Caso o Tribunal pretenda aplicar um regime jurídico de *trust* para determinar os poderes de representação do *trustee*, não deverá recorrer à Convenção da Haia. Mas se a questão em juízo consistir em saber se pelo facto de a pessoa estar colocada à frente do negócio desse património (*trust*), de modo público e estável, vincula alguém e, em caso afirmativo, quem, independentemente da natureza da relação com esse património, já será aplicável à Convenção da Haia. Ou seja, caso se pretenda aplicar à atuação do *trustee*, não um regime de *trust*, mas um regime de preposição, deverá então determinar a lei aplicável de acordo com a Convenção da Haia.

A PREPOSIÇÃO

Assim, no que respeita às preposições estas exclusões são meramente aparentes. Os gerentes, administradores e outros titulares de órgãos sociais, e os *trustees*, são abrangidos pela Convenção da Haia, desde que a questão privada internacional em apreciação consista no seu poder de representação enquanto prepostos, e não enquanto titulares desses órgãos, ou *trustees*. Ou seja, se a questão privada internacional for relativa à representação institória e não à representação orgânica (e ao caso análogo do *trustee*).

E. Exclusão em matérias de bancos ou grupos de bancos

O art. 18.º da Convenção da Haia permite aos Estados efetuar reservas em relação a algumas matérias. Uma dessas matérias consiste nos casos em que o mediador ou representante é um banco, ou um grupo de bancos, desde que em matéria de operações de banco. A possibilidade de efetuar esta reserva foi sugerida pela delegação espanhola (que não aderiu à Convenção da Haia), com fundamento na especialidade da atividade bancária, que teria regras muito próprias, o que poderia levar a que as normas de conflitos da Convenção da Haia não fossem adequadas, podendo conduzir a uma lei competente cujo Direito material não respeitasse essa especialidade.

Portugal exerceu todas as reservas permitidas pelo art. 18.º da Convenção da Haia, incluindo a ora em causa.[920] Tratando-se de uma reserva, Portugal podia não a ter exercido, sendo então aplicável a Convenção da Haia na sua íntegra. Contudo, bem ou mal, Portugal exerceu-a, excluindo da Convenção da Haia a determinação da lei competente aos casos de mediação ou representação na qual o mediador ou representante é um banco ou grupo de bancos, quando esteja em causa matéria bancária.

Esta reserva levanta problemas de interpretação, nomeadamente no que respeita ao seu âmbito. Tratando-se de um diploma de Direito Internacional Privado e uma convenção internacional, a noção de banco e de grupo de bancos não corresponde à qualificação que seria efetuada em Direito português. Antes, será um banco, para estes efeitos, qualquer entidade que assim seja entendida em Direito Internacional Privado, tendo em consideração a noção de banco dos vários Estados cuja lei seja potencialmente aplicável.

Por outro lado, também não se diz o que são operações de banco, expressão que é extremamente ampla. Esta questão é diferente da anterior, porque foi discutida pelos delegados na Conferência.

---

[920] Aviso n.º 239/97, de 29 de julho, publicado no Diário da República, I Série A, págs. 3867 e 3868.

ATIVIDADE INTERNACIONAL E PREPOSIÇÃO

Foram duas as matérias que estiveram em discussão e que conduziram a esta reserva: a mediação ou representação em relação com créditos documentários, e a mediação ou representação relativos à colocação de valores mobiliários em mercados internacionais.[921] Foi relativamente a estas áreas de negócios que os delegados entenderam que se poderiam aplicar regras especiais de atividade bancária ou financeira, e que, por essa razão, as normas de conflitos da Convenção da Haia poderiam não ser adequadas.[922]

Segundo Verhagen,[923] esta reserva deve ser interpretada restritivamente, sendo limitada aos casos em que a atividade bancária está normalmente sujeita a regimes especiais de atividade bancária ou financeira, mas não abrangendo a atividade bancária que siga o regime normal dos contratos e negócios jurídicos. Assim, os créditos documentários e as garantias bancárias não seriam excluídos pela reserva, pois seguem o regime normal dos negócios jurídicos, mas nos casos de matérias normalmente abrangidas por regulamentação bancária ou financeira, a reserva podia ser efetuada. Assim sucede, por exemplo com a mediação ou representação no lançamento de valores mobiliários, matéria que em regra está sujeita a regimes especiais bancários ou financeiros, como, *inter alia*, o Código dos Valores Mobiliários.

Esta solução, com a qual concordamos, auxilia também a determinar quem são bancos ou grupos de bancos, para efeito desta reserva. Estas serão as entidades que são normalmente reguladas por esses especiais regimes jurídicos que regulam atividades bancárias ou financeiras. Assim, não serão só os bancos, nem sequer sobretudos os bancos, mas antes os chamados intermediários financeiros, incluindo bancos e outros intermediários financeiros. São os intermediários financeiros, ou seja, os mediadores ou representantes em atividade bancárias ou financeiras, que são abrangidos pelo art. 18.º da Convenção da Haia.[924]

---

[921] VERHAGEN, *Agency in Private Internacional Law, The Hague Convention on the Law Aplicable to Agency*, Martinus Nijhoff Publishers, The Hague/Boston/London, 1995, pág. 163.

[922] VERHAGEN, *Agency in Private Internacional Law, The Hague Convention on the Law Aplicable to Agency*, Martinus Nijhoff Publishers, The Hague/Boston/London, 1995, pág. 163.

[923] VERHAGEN, *Agency in Private Internacional Law, The Hague Convention on the Law Aplicable to Agency*, Martinus Nijhoff Publishers, The Hague/Boston/London, 1995, pág. 163.

[924] Note-se que, mesmo nas matérias que não sejam abrangidas pela reserva, continuam a aplicar-se as normas e aplicação imediata e de ordem pública, tal como permitido pelos art. 16.º e 17.º da Convenção da Haia. Neste sentido, VERHAGEN, *Agency in Private Internacional Law*,

A PREPOSIÇÃO

Deste modo, a reserva efetuada por Portugal tem como efeito, que a Convenção da Haia não se aplica nos casos em que:

– Um banco (*lato sensu*), ou grupo de bancos (*lato sensu*) seja o mediador ou representante, ou, dito de outro modo, um intermediário financeiro, quer atue sozinho ou em grupo com outros intermediários financeiros, e desde que atue na qualidade de intermediário financeiro.
– Desde que seja relativo a atividades que normalmente sejam especialmente reguladas como atividades bancárias ou financeiras, que não sejam normalmente regidas pelo regime comum dos negócios jurídicos.
– E desde que a atividade se verifique num mercado internacional.

Assim, por exemplo, se um banco operar como preposto de outro banco, exercendo pública e estavelmente a atividade de fazer colocação internacional de papel comercial, não será aplicável em Portugal a Convenção da Haia para determinar a lei competente para regular a relação interna (entre os dois bancos), nem para determinar a lei competente na relação externa (entre cada um dos bancos e os terceiros). Neste caso, a relação interna será regulada pelo Regulamento Roma I, e a relação externa será regulada pelo art. 39.º do Código Civil, sem prejuízo dos regimes de ordem pública e das normas de aplicação imediata.

Nos demais casos, será aplicável a Convenção da Haia, nos termos gerais.

F. Exclusão em matéria de seguros

Outra das reservas que Portugal exerceu, de acordo com o art. 18.º da Convenção da Haia, é relativa à medição e representação em matéria de seguros.[925] Diferentemente do que sucedeu com a reserva relativa aos bancos, que é limitada a alguns casos, a presente reserva abrange todos os casos de mediação e representação em matéria de seguros. Ou seja, é uma exclusão integral da Convenção da Haia, independentemente do concreto caso em apreciação, e independentemente da relação jurídica, e mesmo de ser a relação interna ou externa. A Convenção da Haia não se aplica em matéria de seguros.

The Hague Convention on the Law Aplicable to Agency, Martinus Nijhoff Publishers, The Hague/Boston/London, 1995, págs. 163 e 164.

[925] Aviso n.º 239/97, de 29 de julho, publicado no Diário da República, I Série A, págs. 3867 e 3868.

ATIVIDADE INTERNACIONAL E PREPOSIÇÃO

A inclusão da possibilidade desta reserva na Convenção da Haia foi promovida pela Bélgica,[926] que não veio a ser parte na mesma. Mais uma vez, existiu a possibilidade de efetuar uma reserva, mas o Estado que promoveu esta possibilidade não ratificou a Convenção da Haia.[927] Neste caso, tal como sucede com a reserva relativa aos bancos, a razão de ser da reserva prendeu--se com a especialidade da matéria de mediação e representação em matéria de seguros. Assim, entendeu-se que as normas de conflitos da Convenção da Haia poderiam não ser as mais adequadas para determinar a lei competente à mediação e à representação em matéria se seguros.

Face à reserva efetuada por Portugal, as normas de conflito portuguesas relativas à mediação e representação em matéria de seguros não são as da Convenção da Haia. As normas de conflitos relevantes para a preposição em matéria de seguros dependem de se tratar de uma questão relativa à relação interna ou externa.

Na relação externa, devem interpretar-se os arts. 4.º a 10.º do Regime Jurídico do Contrato de Seguro (aprovado pelo Decreto-lei n.º 72/2008, de 16 de abril) como sendo dirigidas não só ao contrato de seguro, como também ao poder de representação através do qual foi celebrado esse contrato de seguro. Os arts. 4.º a 10.º do Regime Jurídico do Contrato de Seguro apenas se referem expressamente às "questões sobre contratos de seguro" (art. 4.º), ou ao "contrato de seguro" (arts 5.º a 10.º). Nunca se refere à lei competente para a relação de medição, nem para a relação de representação (ou seja, ao lado interno e ao lado externo da relação de representação). Nem o mesmo sucede com o diploma que regula a atividade de medição de seguros (Decreto-Lei n.º 144/2006, de 31 de julho). Assim, as normas de conflitos do Regime Jurídico do Contrato de Seguro destinam-se a estabelecer um "estatuto do seguro". Contudo, aquilo que integra o "estatuto do seguro" da norma de conflitos nacional, deve resultar de uma interpretação realizada dentro do sistema nacional.[928]

---

[926] KARSTEN, *Karsten Report*, in *Draft Convention adopted by the Thirteenth Session and Explanatory Report by I.G.F. Karsten*, Bureau Permanent de la Conférence, Imprimerie Nationale, La Haye, 1979, pág. 61.

[927] O mesmo sucedeu com a reserva relativa aos bancos e com a reserva relativa aos agentes públicos que atuam por conta de privados (ambas promovidas pela delegação espanhola).

[928] PINHEIRO, LUÍS DE LIMA, *Direito Internacional Privado*, Vol. I, 3.ª ed (reformulada), Almedina, Coimbra, 2014, pág. 459.

A PREPOSIÇÃO

No sistema nacional do Regime Jurídico do Contrato de Seguro, algumas questões de representação integram o regime do próprio contrato de seguro. Assim ocorre no art. 17.º, no que respeita à representação do tomador do seguro, nos arts. 29.º a 31.º, no que respeita à atividade dos mediadores de seguros, nos arts. 47.º e 48.º, no que respeita aos seguros por conta própria ou por conta alheia, no art. 55.º, no que respeita ao pagamento por terceiro, e nos arts. 62.º a 71.º, no que respeita ao co-seguro. Embora algumas destas matérias possam não aparentar integrar questões de representação, caso abordássemos a questão de um ponto de vista da Convenção da Haia, integrariam esta Convenção. Assim, deve entender-se que, no Direito material português, o contrato de seguro integra no seu conteúdo próprio várias questões que podem ser qualificadas como matérias de representação (*lato sensu*). Mas que, face à especialidade do regime do seguro, nem sempre são vistas nesta qualidade. Ou seja, constituem uma questão de representação, mas que passaram a integrar o regime do próprio contrato de seguro. Todas estas matérias, ao integrar o contrato de seguro, devem ser consideradas como abrangidas pelas normas de conflito aplicáveis ao contrato de seguro (arts. 4.º a 10.º), o que significa que uma parte substancial das questões de representação é regulada pela lei aplicável ao próprio contrato de seguro.

Esta não é uma solução normal em matéria de normas de conflitos relativas a representação. No entanto, parece ser efetivamente a melhor solução no que respeita aos seguros.

A generalidade dos contratos de seguro é celebrada em representação. Esta é uma das atividades na qual a representação, nas suas várias modalidades, está mais implantada, com vários sub-institutos em paralelo. A representação em matéria de seguros está de tal modo profundamente implantada no Comércio, como algo de perfeitamente normal, como a maneira como as coisas são feitas, que quase não é detetada, ficando oculta por um manto de normalidade, que a faz desaparecer.

Sabe-se quem é o segurador, sabe-se quem é o tomador e sabe-se quem é o segurado. Até se sabe quem faz a ligação jurídica entre cada um destes. Mas esta pessoa é vista mais como um intermediário, do que como um representante. Ou seja, é um problema que é identificado como sendo de mediação, mas não tanto de representação. Assim, os mediadores não são vistos, na sua essência, como representantes, mas como intermediários no contrato. Não significa que não se saiba que podem ser representantes. Apenas que não são vistos como representantes.

ATIVIDADE INTERNACIONAL E PREPOSIÇÃO

Assim, a questão da representação dissolve-se dentro da questão do contrato de seguro. Perde a sua autonomia, passando a ser uma sub-questão do contrato de seguro. A questão já não é a de saber se uma pessoa pode vincular outra a um contrato (questão de representação), antes consistindo em saber como é que se celebra o contrato (questão da perfeição negocial).

Por estas razões, a atividade seguradora tem efetivas especialidades em matéria de representação que justificam a correção da reserva efetuada por Portugal, contrariamente ao que sucede em matéria bancária, que não tem qualquer especialidade de relevo em matéria de representação, pelo que nenhuma razão havia para efetuar esta reserva.

Vistas as coisas deste modo, por um lado, a conexão que se torna a mais relevante em matéria de representação nos seguros é da lei aplicável ao próprio contrato de seguro. Ao se integrar na mesma norma de conflitos o contrato de seguro e a representação que conduz ao contrato de seguro, permite-se uma perfeita coerência entre o seguro e o seu modo de celebração. Coerência esta, que é sempre importante em Direito Internacional Privado,[929] mas que é ainda mais importante em matéria de seguros.

Por outro lado, recorrer à lei do lugar do exercício dos poderes representativos (art. 39.º, n.º 1 do Código Civil), ou à lei do lugar do domicílio ou residência habitual do representado (art. 39.º, n.º 2 do Código Civil), ou à lei do lugar do domicílio profissional do representante (art. 39.º, n.º 3 do Código Civil), pouco sentido faz num contrato de seguro. Muito especialmente, tendo em consideração que, em matéria de seguros, a atividade de representação é, em regra, fortemente regulada. Como sucede em Portugal, por exemplo, com o regime da mediação de seguros. Assim, os arts. 4.º a 10.º do Regime Jurídico do Contrato de Seguro devem ser aplicados também ao lado externo da representação em matéria de seguros, o que inclui o lado externo da preposição. Assim, se uma companhia de seguros recorrer a prepostos para celebrar contratos de seguros, ou se um segurado fizer o mesmo, a lei aplicável aos efeitos representativos dessa preposição será a lei aplicável ao contrato de seguro. Já no que respeita à relação interna da preposição em matéria de seguros, esta será em regra regulada, em geral, pelo Regulamento Roma I.

---

[929] BRITO, MARIA HELENA, *A Representação nos Contratos Internacionais, Um contributo para o estudo do princípio da coerência em direito internacional privado*, Almedina, Coimbra, 1999, págs. 576 a 744

A PREPOSIÇÃO

3. Lei aplicável

O sistema da Convenção da Haia divide as questões em dois núcleos: questões que surjam entre o representante e o representado; questões que surjam entre terceiros e representado e entre terceiros e representante.

O primeiro caso é regulado nos arts. 5.º a 10.º (Capítulo II), enquanto o segundo caso é regulado nos arts. 11.º a 15.º (Capítulo III). Esta divisão corresponde, aproximadamente, à distinção entre a relação interna e a relação externa.[930] Por esta razão, importa apreciar a questão no que respeita à relação entre representado e representante (a relação interna), por um lado, e no que respeita à relação de representação com o terceiro, quer seja com o representado ou com o representante (a relação externa).

Face ao sistema da Convenção da Haia, a sua aplicação obriga à realização de uma operação de *dépeçage*,[931] dividindo a situação internacional em pelo menos duas situações parcelares, uma respeitante ao lado interno e outra respeitante ao lado externo. Para além destas duas situações, poderá ser necessário dividir a situação com base noutras normas de conflitos, nomeadamente no caso de se estar perante um caso que inclua uma matéria excluída da Convenção da Haia, ou contratos mistos que sejam parcialmente regulados por leis determinadas por normas de conflitos externas à Convenção. Assim, a situação será dividida, ou fracionada, em tantas sub-situações quanto as normas de conflitos potencialmente aplicáveis.

A. Lei aplicável à relação interna

i. Matérias abrangidas

Segundo o art. 8.º da Convenção da Haia, a lei aplicável à relação interna regula todas as matérias da relação interna, incluindo a formação da relação, a sua validade, as obrigações das partes, a execução da relação, as consequências do incumprimento e a extinção da relação. Estas são as questões da rela-

---

[930] Identificando a mesma distinção entre relação interna e externa da representação nos Capítulos II e III da Convenção da Haia, BRITO, MARIA HELENA, *A representação nos contratos internacionais, Um contributo para o estudo do princípio da coerência em direito internacional privado*, Almedina, Coimbra, 1999, pág. 481.

[931] Sobre a *dépecage* em matéria de representação, BRITO, MARIA HELENA, *A representação nos contratos internacionais, Um contributo para o estudo do princípio da coerência em direito internacional privado*, Almedina, Coimbra, 1999, págs. 61 a 624.

ATIVIDADE INTERNACIONAL E PREPOSIÇÃO

ção interna que são comuns a todas as relações jurídicas, em especial, a todos os contratos obrigacionais.

Para além destas matérias, o art. 8.º da Convenção da Haia esclarece através de várias alíneas algumas matérias que são típicas nas relações de atuação por conta alheia ou em nome alheio.[932] Assim sucede com as seguintes questões, que são incluídas na relação interna:

- Existência, extensão, modificação e cessação dos poderes do intermediário – (al. a) do art. 8.º).
- Consequências do uso excessivo dos poderes do intermediário – (al. a) do art. 8.º).
- Consequências do abuso dos poderes do intermediário – (al. a) do art. 8.º).
- Faculdade do intermediário delegar os poderes – (al. b) do art. 8.º).
- Faculdade do intermediário partilhar os poderes – (al. b) do art. 8.º).
- Conflito de interesses do intermediário – (al. c) do art. 8.º).
- Cláusula de não concorrência – (al. d) do art. 8.º).
- Cláusula *del credere* – (al. d) do art. 8.º).
- Indemnização de clientela – (al. e) do art. 8.º).
- Determinação dos tipos de danos que são indemnizáveis – (al. e) do art. 8.º).

Como se pode concluir, todas as questões da relação interna são incluídas, quer aquelas que são comuns à generalidades dos contratos e relações, como as que são típicas, ou mesmo específicas, dos contratos e relações de atuação por conta alheia ou em nome alheio.

ii. Contratos abrangidos

Tendo em consideração a amplitude das matérias abrangidas (art. 8.º da Convenção da Haia), importa então procurar saber quais os casos que são regulados pela lei determinada pelos arts. 5.º e 6.º da Convenção da Haia.

Segundo o art. 5.º da Convenção da Haia, as normas de conflitos dos arts. 5.º e 6.º aplicam-se exclusivamente à relação de representação entre o representado e o representante ou intermediário. Ou seja, ao contrato celebrado

---

[932] BRITO, MARIA HELENA, *A Representação nos Contratos Internacionais, Um contributo para o estudo do princípio da coerência em direito internacional privado*, Almedina, Coimbra, 1999, págs. 451 e 452,

A PREPOSIÇÃO

entre ambos e do qual resulta que o intermediário pode agir por conta ou em nome do representado, ou no âmbito do qual o intermediário agiu por conta ou em nome do representado, ou a relação jurídica que resulta da atuação por conta ou em nome do representado. Mas apenas nas matérias que vinculem representado e representante.

Assim, as normas de conflitos dos arts. 5.º e 6.º da Convenção da Haia aplicam-se, no que respeita à relação entre o representado e o representante, aos contratos acima referidos, incluindo o contrato de preposição, contrato de autorização gestória, contrato de mandato, contrato de agência, contrato de comissão, contrato de concessão comercial, contrato de representação comercial, contrato de franquia, contratos de distribuição, contrato de intermediação, contrato de mediação, contrato de gestão de carteira, contrato de venda à consignação, contrato de gestão de patrimónios, e, em geral todos os contratos nos quais uma parte atue por conta de outrem, ou em nome de outrem.

Não se aplicam, no entanto, ao contrato de trabalho, uma vez que este tipo contratual está expressamente excluído no art. 10.º da Convenção da Haia.

Em conclusão, em regra, a *lex contractus* de todos os contratos de atuação por conta alheia ou em nome alheio é determinada pelos art. 5.º e 6.º da Convenção da Haia, com exceção do contrato de trabalho.[933]

iii. Contratos mistos

Como é sobejamente conhecido, uma parte substancial dos contratos são atípicos. Legalmente atípicos, ou socialmente atípicos, mas atípicos. Assim, nem sempre sucede que a relação de mediação seja o núcleo único ou principal do contrato. Ocorre frequentemente que um contrato seja atípico, de tipo múltiplo, ou de tipo combinado, ou de tipo modificado.[934] Nestes casos, levanta-se um problema que consiste em procurar saber se as normas de

---

[933] Em virtude do art. 10.º da Convenção da Haia, sendo a Lei aplicável ao contrato de trabalho determinada de acordo com o Regulamento Roma I. No mesmo sentido, embora então por referência à Convenção de Roma – BRITO, MARIA HELENA, *A Representação nos Contratos Internacionais, Um contributo para o estudo do princípio da coerência em direito internacional privado*, Almedina, Coimbra, 1999, págs. 453 e 454.

[934] Sobre os contratos atípicos, VASCONCELOS, PEDRO PAIS DE, *Contratos Atípicos*, 2.ª ed., Almedina, Coimbra, 2009, *passim* e DUARTE, RUI PINTO, *Tipicidade e Atipicidade dos Contratos*, Almedina, Coimbra, 2000, *passim*.

ATIVIDADE INTERNACIONAL E PREPOSIÇÃO

conflitos dos art. 5.º e 6.º da Convenção da Haia são adequadas para esse contrato.

O sistema de normas de conflito dos art. 5.º e 6.º da Convenção da Haia foi especialmente desenhado para contratos ou relações de mediação, nos quais uma parte atua por conta alheia ou em nome de outra. De tal modo, que as normas de conflitos dos art. 5.º e 6.º estão estruturalmente integradas com as normas de conflitos dos arts. 11.º a 15.º. Mas se o contrato for mais complexo, incluindo outros núcleos negociais, poderá suceder que este sistema de normas de conflitos deixe de ser adequado, pelo menos para regular o contrato como *lex contractus*. Poderá acontecer que seja preferível recorrer a outro sistema de normas de conflitos, mesmo que com algum sacrifício da coerência do sistema.

Este problema foi identificado na feitura da Convenção da Haia, que o regula no seu art. 7.º.[935] O sistema do art. 7.º opera com dois critérios alternativos: um de preponderância e um de autonomização. Assim, de acordo com esta disposição a *lex contractus* será determinada pela Convenção da Haia em dois casos.

No primeiro caso, o contrato é misto, mas o núcleo contratual da atuação por conta alheia ou em nome alheio é preponderante, sendo o principal núcleo do contrato. Assim sucede, como regra, nos casos de contratos mistos de tipo modificado, em que um tipo contratual é modificado por outro tipo contratual, mas sem provocar uma grande modificação do tipo principal. Por exemplo, se um contrato de mandato de gestão de medição para venda de imóveis, o mediador estiver obrigado a realizar as obras necessárias para facilitar a venda dos imóveis (pintar o imóvel, por exemplo), o contrato passa a ser um contrato misto de mandato e empreitada. No entanto, o mandato é o tipo principal, que é modificado pela empreitada, como núcleo contratual acessório. Contudo, não faz sentido separar estes dois núcleos: o mandato precisa da empreitada para conseguir atingir adequadamente o seu fim, e a empreitada apenas faz sentido quando integrada no mandato. Neste caso, de acordo com o art. 7.º da Convenção da Haia, aplicam-se os seus art. 5.º e 6.º, porque o objeto principal do contrato é o mandato.[936]

---

[935] KARSTEN, *Karsten Report*, in *Draft Convention adopted by the Thirteenth Session and Explanatory Report by I.G.F. Karsten*, Bureau Permanent de la Conférence, Imprimerie Nationale, La Haye, 1979, págs. 48 e 49.

[936] KARSTEN, *Karsten Report*, in *Draft Convention adopted by the Thirteenth Session and Explanatory Report by I.G.F. Karsten*, Bureau Permanent de la Conférence, Imprimerie Nationale, La Haye,

No segundo caso, o contrato é misto, mas com dois núcleos negociais que são autonomizáveis. Assim sucede, como regra geral, com contratos mistos de tipo múltiplo, nos casos em que são construídos pela união de dois tipos de contrato, mas integrados de modo a comporem apenas um único contrato. Num caso destes, sendo possível separar os dois núcleos contratuais, procede-se a essa separação, aplicando-se os art. 5.º e 6.º da Convenção da Haia para determinar a *lex contractus* para a parte do contrato que seja um contrato de mediação. Por exemplo, se for celebrado um contrato em que uma empresa procede à construção e agenciamento de um determinado equipamento por conta do titular dos direitos de propriedade industrial do mesmo, poderá ser possível separar a parte da empreitada, da parte de agenciamento de negócios desse equipamento. Neste caso, a parte com natureza de agência será regulada pela lei indicada pelos art. 5.º e 6.º da Convenção da Haia, enquanto a parte da empreitada será regulada pela lei indicada pelo Regulamento Roma I.[937]

Existe, no entanto, um outro caso de contrato misto, mas que não é afetado pelo art. 7.º da Convenção da Haia. Assim sucede com o contrato misto em que todos os núcleos negociais correspondem a tipos que integram a classe dos contratos de mediação (no sentido da Convenção a Haia). Ou seja, contratos que, apesar de mistos, apenas integram núcleos negociais que são abrangidos pela Convenção da Haia. Neste caso não se coloca o problema do art. 7.º da Convenção da Haia, sendo aplicáveis os art. 5.º e 6.º da mesma, como se o contrato não fosse atípico.

B. Lei aplicável à preposição enquanto relação interna

I. Como vimos, a preposição pode ter uma relação subjacente, ou operar autonomamente como contrato de autorização gestória. Muito embora a parte mais importante da preposição seja a que determina a relação externa, não se pode olvidar que existe uma relação interna, sendo que a relação

---

1979, págs. 48 e 49 e VERHAGEN, *Agency in Private Internacional Law, The Hague Convention on the Law Aplicable to Agency*, Martinus Nijhoff Publishers, The Hague/Boston/London, 1995, págs. 254 a 256.

[937] KARSTEN, *Karsten Report*, in *Draft Convention adopted by the Thirteenth Session and Explanatory Report by I.G.F. Karsten*, Bureau Permanent de la Conférence, Imprimerie Nationale, La Haye, 1979, págs. 48 e 49 e VERHAGEN, *Agency in Private Internacional Law, The Hague Convention on the Law Aplicable to Agency*, Martinus Nijhoff Publishers, The Hague/Boston/London, 1995, págs. 254 a 256.

interna pode ser relevante para a relação externa. Importa, pois, saber como determinar a lei competente para a relação interna.

Antes de mais, importa ter em consideração que a relação interna pode ser composta por vários negócios jurídicos, sendo que, no caso da preposição, essa é a regra. Normalmente a preposição, enquanto *status*, tem subjacente um contrato de preposição que, por sua vez, tem subjacente outro contrato, sendo que, em regra o facto jurídico que cria a relação de preposição é uma consequência ou integra o facto jurídico que constitui a relação subjacente. Assim sucede, como vimos já, porque tipicamente o contrato de preposição resulta tacitamente da relação subjacente, sendo que da execução desta relação resulta o *status* de preposto, o que pode causar alguma dificuldade de autonomização dos negócios e relações em causa.

Contudo, a enorme riqueza histórica da preposição facilita a qualificação, mesmo no âmbito de uma qualificação em Direito Internacional Privado. A preposição corresponde à *praepositio*, o preposto ao *institor*, e o *status* de preposto à *actio institoria*.

> *Institor appellatus est eo, quod negotio gerendo instet: nec multum facit, tabernae sit praepositus an cuilibet alii negotiationi.*[938]

Todos os casos de preposição e de prepostos tiveram origem na *praepositio* e no *institor*, quer com base na *actio institoria*, quer com base na *actio exercitoria*. Assim, o modo de qualificar uma preposição em Direito Internacional Privado passa pelo recurso ao que há de comum em todos os casos nacionais, sendo que o que há de comum é a figura básica que corresponde à origem histórica comum: é preposto quem se encontra, à frente de negócio alheio, no todo ou em parte, tratando desse negócio por conta do dono, quer no estabelecimento, quer fora do estabelecimento em qualquer lugar.

Claro está que o preposto pode sê-lo porque é trabalhador, ou porque é mandatário, ou porque é gerente, ou por qualquer causa. A este contrato será aplicável uma *lex contractus* que em regra será a que resulta dos art. 5.º e 6.º da Convenção da Haia (com exceção do contrato de trabalho, de acordo

---

[938] ULPIANO, *livro 28 [do comentário] ao édito*, in *Digesto* 14, 3, 3, *circa* 211 a 222 d.C. – É chamado institor aquele, que é instituído para gerir um negócio. Não importa muito que seja preposto à frente de uma loja ou de qualquer outro negócio.

A PREPOSIÇÃO

com o art. 10.º). Contudo, o que agora nos interessa é apenas a lei aplicável ao lado interno da preposição.

O regime legal da preposição (a *actio institoria*) tem particularidades específicas, porque em regra não tem lado interno, apenas tendo lado externo. A preposição, enquanto negócio jurídico (*praepositio*) pode ter ou não lado interno, mas sendo que em regra o lado interno é composto por outro negócio jurídico. Assim, quer se tome em consideração o regime legal da preposição, ou o seu tipo contratual, em regra a preposição não tem lado interno com relevância importante.

A razão desta qualidade da preposição resulta da sua origem histórica. Quando o Pretor decidiu regular a preposição, através da *actio exercitoria* e da *actio institoria*, recorreu a uma técnica a que hoje chamaríamos *external approach*.[939] Ou seja, apenas se preocupou com a relação externa, pois a sua intenção consistia em proteger o Comércio, a confiança e boa fé no Comércio. Apenas pretendeu proteger os terceiros no que respeita à relação externa que resultava da preposição. No que respeitava ao lado interno, continuava-se a aplicar o regime normal, sem alterações.

A Convenção da Haia seguiu também uma técnica de *external approach*,[940] fazendo prevalecer o lado externo da relação sobre o lado interno. Assim, a abordagem que se faz à relação de representação, no que respeita ao terceiro, parte do ponto de vista deste. Num litígio com um terceiro, a lei aplicável é fundamentalmente a que os art. 11.º a 15.º da Convenção da Haia determinam, independentemente do conteúdo da lei aplicável ao lado interno da representação. Do ponto de vista do terceiro, só nos casos em que a lei aplicável ao lado externo manda tomar em consideração o lado interno, é que este será relevante. Ou, então, nos casos em que o litígio não abrange qualquer questão relativa ao lado externo, ocorrendo apenas entre representado e representante.

---

[939] VERHAGEN, *Agency in Private Internacional Law, The Hague Convention on the Law Aplicable to Agency*, Martinus Nijhoff Publishers, The Hague/Boston/London, 1995, págs. 304 e 305 e BRITO, MARIA HELENA, *A Representação nos Contratos Internacionais, Um contributo para o estudo do princípio da coerência em direito internacional privado*, Almedina, Coimbra, 1999, págs. 478 e 479.

[940] VERHAGEN, *Agency in Private Internacional Law, The Hague Convention on the Law Aplicable to Agency*, Martinus Nijhoff Publishers, The Hague/Boston/London, 1995, págs. 304 e 305 e BRITO, MARIA HELENA, *A Representação nos Contratos Internacionais, Um contributo para o estudo do princípio da coerência em direito internacional privado*, Almedina, Coimbra, 1999, págs. 478 e 479.

Assim, tanto o regime da *actio institoria*, como todos os regimes legais de preposição, têm em consideração fundamentalmente o lado externo da relação, sendo dada pouca atenção ao lado interno. Como tal, em regra, os litígios com preposições prendem-se com o lado externo da relação pelo que as questões suscitadas no lado interno não são abrangidas pelos arts. 5 e 6.º da Convenção da Haia.

III. No entanto, podem ocorrer litígios no âmbito das relações internas da preposição, propriamente dita, aos quais será necessário aplicar o regime interno da preposição, e não de um outro contrato ou relação que lhe esteja subjacente. Assim pode suceder nos casos de preposição autónoma (sem relação subjacente), nos casos em que a preposição forma um único contrato misto com outros núcleos contratuais, e nos casos em que a preposição opera numa relação de união de negócios. Como tal, pode se útil determinar a lei aplicável ao lado interno da preposição.

i. Preposição autónoma

Como vimos já, os casos de preposições autónomas são, tipicamente, contratos de autorização gestória representativa. É esta a essência do contrato de preposição: um contrato através do qual uma pessoa autoriza outra a ficar à frente do seu comércio, exercendo-o por sua conta de modo estável e público. A autorização não é, na sua essência, um negócio obrigacional. Ou seja, a regra geral supletiva da preposição não implica que o preposto esteja obrigado a agir, mas apenas autorizado a fazê-lo. Se agir a sua a atuação será legítima, mas se não agir não viola qualquer obrigação de gestão. Claro está que na grande maioria dos casos de preposição, o preposto está obrigado a agir. Mas esta obrigação tem origem numa relação subjacente (um mandato, por exemplo), ou numa preposição mista com um negócio obrigacional.

A lei aplicável ao lado interna da preposição autónoma é determinada pelos art. 5.º e 6.º da Convenção da Haia.

De acordo com o art. 5.º da Convenção da Haia, as partes podem escolher a lei aplicável ao lado interno, mas esta escolha deve ser expressa, ou "resultar com razoável certeza das disposições do contrato e das disposições da causa". O caso da escolha expressa não levanta grandes dificuldades, correspondendo à tradição em matéria negocial. A única exigência é que a escolha seja expressa.

Contudo, a restante parte da disposição pode levantar algumas dificuldades. A escolha da *Lex Contractus* pode "resultar com razoável certeza das

A PREPOSIÇÃO

disposições do contrato e das disposições da causa". Esta "razoável certeza" corresponde a uma declaração tácita ou implícita, mas usando-se uma linguagem típica de Direito Internacional Privado. Não corresponde necessariamente à noção portuguesa de uma declaração tácita, mas à noção comum internacional de declaração tácita ou implícita. Assim, deve interpretar-se o art. 5.º da Convenção da Haia como sendo relevante uma escolha e lei implícita no contrato ou que resulta deste tacitamente.

Por esta razão, não é necessário que a lei escolhida esteja, por exemplo, escrita no contrato. Sendo suficiente, por exemplo, que do contrato resulte que este foi celebrado tendo determinada lei em consideração, nomeadamente por se fazerem referências a determinadas disposições legais de determinado Estado, ou por serem usados *nomina* típicos de determinado ordenamento jurídico, ou por o contrato apenas fazer sentido se regulado por determinada lei.

No caso de falta de escolha, de acordo com o primeiro parágrafo do art. 6.º da Convenção da Haia, será aplicável a lei do Estado no qual o preposto, tem o seu estabelecimento profissional ou, caso não tenha um estabelecimento profissional,[941] no Estado onde o preposto tenha a sua residência habitual. Esta é uma norma supletiva, mais do que uma norma geral, apenas sendo aplicável fora dos casos do parágrafo segundo do art. 6.º da Convenção da Haia.

No caso mais típico de preposição, o preposto exerce a sua atividade no estabelecimento comercial do preponente. Como tal, nestes casos, é aplicável o segundo parágrafo do art. 6.º, da Convenção da Haia, segundo o qual é aplicável a lei do Estado em que o intermediário "deva exercer a título principal a sua atividade se o representado tiver nesse Estado o seu estabelecimento profissional ou, na sua falta, a sua residência habitual".

Esta disposição corresponde integralmente ao caso mais típico do preposto, pelo que, em matéria de preposição autónoma, na prática, a regra geral será a de aplicar a lei do lugar do lugar do estabelecimento comercial à frente do qual o preposto se encontra colocado. Assim sucede mesmo nos casos de prepostos que exercem a sua atividade fora do estabelecimento

---

[941] Sobre o conceito de estabelecimento profissional da Convenção da Haia VERHAGEN, *Agency in Private Internacional Law, The Hague Convention on the Law Aplicable to Agency*, Martinus Nijhoff Publishers, The Hague/Boston/London, 1995, págs. 215 a 218.

ATIVIDADE INTERNACIONAL E PREPOSIÇÃO

comercial (profissional) do preponente, mas no mesmo Estado em que se situe o estabelecimento.

Por último, mesmo nos casos em que o comerciante preponente não tenha um estabelecimento comercial (ou não se tenha apurado qual é o seu estabelecimento profissional), será aplicada a mesma solução, mas relativa ao Estado da residência habitual do preponente. Regra geral, os comerciantes exercem a sua principal atividade no Estado do lugar do seu estabelecimento e da sua residência habitual. Também regra geral, os comerciantes contratam prepostos para exercer atividade nesse mesmo Estado. Como tal, em regra, na falta de escolha, a lei aplicável ao lado interno da preposição será a do lugar em que o preposto deva exercer a sua atividade principal, desde que o comerciante tenha o seu estabelecimento nesse mesmo Estado ou, na sua falta, nele tenha a sua residência habitual. Esta é uma lei com que, quer o preponente, quer o preposto, podem contar, tendo uma ligação muito próxima com o contrato e com a relação interna de preposição.

Caso não se verifique esta coincidência de conexões, será então aplicável a norma de conflitos do primeiro parágrafo do art. 6.º da Convenção da Haia, sendo a relação interna de preposição regulada pela lei do Estado em que, à data da constituição da relação de preposição, o preposto tinha o seu estabelecimento profissional ou, na falta deste, a sua residência habitual.

ii. Preposição mista
É frequente que a preposição integre um negócio misto. O caso mais frequente é o do negócio misto de mandato e preposição. Este caso é de tal modo paradigmaticamente típico, que o próprio Código Comercial integra o regime do gerente de comércio dentro do mandato comercial. No entanto, a preposição é um negócio que, como vimos, pode operar autonomamente, sem ligação a qualquer outro negócio.

Contudo, tipicamente, a preposição integra uma estrutura negocial complexa, que também pode ser um único negócio misto, como pode ser uma união de negócios. No caso de integrar um negócio misto, segundo o art. 7.º da Convenção da Haia, pode-se estar perante os seguintes casos:

- A preposição é separável do conjunto do contrato.
- A preposição não é separável do conjunto do contrato, mas é o objeto principal.
- A preposição não é separável do conjunto do contrato e não é o objeto principal.

Apesar de ser esta a estrutura do art. 7.º da Convenção da Haia, é necessário tomar em consideração que o mesmo não está pensado para a preposição, mas para a relação de mediação ou de representação. Assim, o que interessa é saber se o conjunto que integra a mediação ou representação preenche ou não as alíneas do art. 7.º da Convenção da Haia, o que é relevante porque se o contrato for misto de preposição e mandato, nenhum sentido faz dividir o contrato misto, pois o contrato é integralmente de mediação ou representação. Assim mesmo que se dividisse em preposição e mandato, quer a parte da preposição, quer a parte do mandato, seriam reguladas pela mesma lei. Como tal, no caso da preposição mista, o que releva é se a parte do conteúdo que constitui mediação ou representação (e que integra a preposição) é, ou não, autónoma.

Assim, a estrutura do art. 7.º da Convenção da Haia permite as seguintes hipóteses:

- A parte do contrato com natureza de mediação ou representação (e que integra a preposição) é separável do conjunto do contrato.
- A parte do contrato com natureza de mediação ou representação (e que integra a preposição) não é separável do conjunto do contrato, mas é o objeto principal.
- A parte do contrato com natureza de mediação ou representação (e que integra a preposição) não é separável do conjunto do contrato, e não é o objeto principal.

No primeiro caso procede-se à separação dessa parte do contrato misto, aplicando-se os art. 5.º e 6.º da Convenção da Haia a essa parte, incluindo à relação interna de preposição, nomeadamente, à relação interna de gerente de comércio.

No segundo caso, apesar do contrato misto ter uma parte que não é de mediação ou representação, esta é secundária, pelo que se aplica os arts. 5.º e 6.º a todo o contrato misto, incluindo não só a parte do contrato que não é de mediação ou representação, mas também a relação interna de preposição.

No terceiro caso, sendo prevalecente o conteúdo que não é mediação ou representação, não se aplicam os art. 5.º e 6.º da Convenção da Haia, para determinar a lei competente para as relações internas mesmo nas partes que são mediação ou representação, incluindo a preposição. Por esta razão, nestes casos a lei competente para regular o lado interno da preposição não será determinada pela Convenção da Haia. Será aplicável outro conjunto de

ATIVIDADE INTERNACIONAL E PREPOSIÇÃO

normas de conflitos, que dependerá da natureza da relação. Poderá ser, por exemplo, o Regulamento Roma I,[942] como poderá ser outra fonte de Direito.

iii. Preposição em união de negócios

Face ao regime dos contratos mistos, este é um caso relativamente simples. Neste caso a preposição é, por definição, sempre separável do restante conteúdo negocial. Mais do que separável, é separada, pois de outro modo não se estaria perante uma união de negócios. Assim, nestes casos é sempre aplicável o regime dos art. 5.º e 6.º da Convenção da Haia. Caso dúvidas houvesse, seria de aplicar a alínea b) do art. 7.º da Convenção da Haia, por analogia. Esta solução resultaria, quanto à preposição, no recurso aos art. 5.º e 6.º da Convenção da Haia para determinar a lei competente para o negócio.

C. Lei aplicável à relação externa

I. A lei primariamente aplicável ao lado externo da representação em matéria de preposição é determinada pelos arts. 11.º a 14.º da Convenção da Haia.[943]

Esta lei regula o estatuto da representação,[944] ou seja, a produção dos efeitos representativos entre terceiro e representado e, ainda, a determinação dos pressupostos da atuação representativa, nomeadamente se é necessária a *contemplatio domini* ou se é suficiente a atuação por conta alheia.[945] Regula ainda a validade do ato que constitui o poder de representação (que, no pre-

---

[942] BRITO, MARIA HELENA, *A Representação nos Contratos Internacionais, Um contributo para o estudo do princípio da coerência em direito internacional privado*, Almedina, Coimbra, 1999, pág. 446, embora a Autora se referisse – então – à Convenção de Roma.

[943] Chegando à mesma conclusão, embora em geral para toda a representação (e não apenas em matéria de preposição), BRITO, MARIA HELENA, *A representação nos contratos internacionais, Um contributo para o estudo do princípio da coerência em direito internacional privado*, Almedina, Coimbra, 1999, pág. 485.

[944] Para uma indicação mais profunda sobre a delimitação do conteúdo do estatuto da representação, BRITO, MARIA HELENA, *A representação nos contratos internacionais, Um contributo para o estudo do princípio da coerência em direito internacional privado*, Almedina, Coimbra, 1999, págs. 562 a 564.

[945] BRITO, MARIA HELENA, *A representação nos contratos internacionais, Um contributo para o estudo do princípio da coerência em direito internacional privado*, Almedina, Coimbra, 1999, pág. 482.

A PREPOSIÇÃO

sente caso, é a preposição),[946] a interpretação desse ato,[947] o âmbito dos atos abrangidos pelo poder de representação,[948] e ainda – o que é extremamente relevante em matéria de preposição – a relevância de normas materiais que "delimitam de modo imperativo ou não, o conteúdo do poder de representação que tem por fonte uma declaração do representado, como, por exemplo [...] artigo 2204 do Código Civil italiano, relativo ao poder de representação do gerente de comércio (*institore*)".[949] A relevância desta última matéria é patente, porquanto corresponde ao *status* de preposto, regulado pelos arts. 248.º e seguintes do Código Comercial.

Esta lei regula também o abuso de representação.[950] Contudo, neste caso, apesar de a lei primariamente aplicável à representação ser determinada pelo art. 11.º (e seguintes), poderá ser necessário aferir o conteúdo da lei competente para regular a relação subjacente, porque a própria lei competente para regular a representação pode mandar tomar em consideração a relação subjacente,[951] nomeadamente nos casos de abuso de poderes de representação, fazendo uma referência implícita à lei competente para regular a relação subjacente,[952] através de uma *conexão complementar*.[953]

---

[946] BRITO, MARIA HELENA, *A representação nos contratos internacionais, Um contributo para o estudo do princípio da coerência em direito internacional privado*, Almedina, Coimbra, 1999, pág. 486.

[947] BRITO, MARIA HELENA, *A representação nos contratos internacionais, Um contributo para o estudo do princípio da coerência em direito internacional privado*, Almedina, Coimbra, 1999, pág. 488.

[948] BRITO, MARIA HELENA, *A representação nos contratos internacionais, Um contributo para o estudo do princípio da coerência em direito internacional privado*, Almedina, Coimbra, 1999, págs. 488 e 489.

[949] BRITO, MARIA HELENA, *A representação nos contratos internacionais, Um contributo para o estudo do princípio da coerência em direito internacional privado*, Almedina, Coimbra, 1999, págs. 489 e 491.

[950] BRITO, MARIA HELENA, *A representação nos contratos internacionais, Um contributo para o estudo do princípio da coerência em direito internacional privado*, Almedina, Coimbra, 1999, pág. 529.

[951] BRITO, MARIA HELENA, *A representação nos contratos internacionais, Um contributo para o estudo do princípio da coerência em direito internacional privado*, Almedina, Coimbra, 1999, págs. 478 a 485.

[952] BRITO, MARIA HELENA, *A representação nos contratos internacionais, Um contributo para o estudo do princípio da coerência em direito internacional privado*, Almedina, Coimbra, 1999, págs. 491 e 492.

[953] BRITO, MARIA HELENA, *A representação nos contratos internacionais, Um contributo para o estudo do princípio da coerência em direito internacional privado*, Almedina, Coimbra, 1999, págs. 529 e 530.

ATIVIDADE INTERNACIONAL E PREPOSIÇÃO

Conforme defendido por Maria Helena Brito, um destes casos é precisamente o caso da preposição, nomeadamente, o gerente de comércio e o caixeiro.[954] Assim, caso a lei competente para o estatuto representativo mande atender à relação subjacente, e só nesse caso, será competente a lei aplicável a essa relação, que poderá, ou não, ser a mesma lei do estatuto representativo.

No caso de se tratar de um caso de *status* de preposição, não é em regra necessário aferir da relação subjacente, pelo que a questão se coloca apenas a nível da representação.[955] A preposição, resultando da *actio institoria* é uma figura que não apenas dispensa em regra a relação subjacente, como existe precisamente para dispensar em regra a relação subjacente. Assim sucede desde o início da preposição, com a *actio exercitoria* e a *actio institoria* e assim sucede como regra nos casos de preposição.

Por estas razões, em regra, a lei competente para regular as várias modalidades de representação em casos de preposição é a que resultar dos arts. 11.º a 14.º da Convenção da Haia. Só se a lei competente admitir, no caso concreto, que a relação subjacente (a relação interna) possa ser oponível ao terceiro é que – e só então – será necessário aferir da lei competente para esta relação. Note-se que, neste caso, a relação subjacente não será, em regra, o contrato de preposição, mas antes a relação jurídica que esteja subjacente ao *status* de preposição, e que poderá integrar o contrato de preposição e outras relações.

No entanto, este recurso à relação subjacente apenas surge secundariamente, após se ter determinado a lei competente para regular a representação, caso esta lei considere que, no caso concreto, a relação subjacente é (ou pode ser) oponível ao terceiro. Caso contrário, tudo ocorrerá no âmbito da preposição, sendo apenas relevantes os arts. 11.º a 14.º da Convenção da Haia. Assim, nestes casos estamos perante uma conexão secundária, dependente da conexão primária, que resultará dos arts 11.º a 14.º da Convenção da Haia.

Por último, é necessário ter em consideração que, nos casos em que a relação subjacente seja oponível ao terceiro, a lei competente para regular esta relação pode resultar, ou não, da Convenção da Haia. A Convenção contém várias exceções, que a afastam de alguns casos típicos de relação subjacente à preposição como, por exemplo, uma relação familiar (al. c) do art.

---

[954] BRITO, MARIA HELENA, *A representação nos contratos internacionais, Um contributo para o estudo do princípio da coerência em direito internacional privado*, Almedina, Coimbra, 1999, pág. 492.

[955] VERHAGEN, *Agency in Private Internacional Law, The Hague Convention on the Law Aplicable to Agency*, Martinus Nijhoff Publishers, The Hague/Boston/London, 1995, págs. 349 a 352.

A PREPOSIÇÃO

2.º), a titularidade de um órgão social (al. a) do art. 3.º), ou um contrato de trabalho (art. 10.º).[956]

III. A lei competente para o estatuto representativo é fixada nos arts. 11.º a 14.º da Convenção da Haia através de uma redação algo complexa, que cria determinadas aparências que, apesar de tudo, não correspondem à realidade.

A lei normalmente competente é a da atuação do representante (lugar do exercício dos poderes representativos) ou, melhor dito, da atuação do intermediário, quer seja em nome alheio, por conta alheia, mas em nome próprio, ou qualquer outro sistema de intermediação, regra esta que resulta do segundo parágrafo do art. 11.º da Convenção da Haia.

Numa primeira leitura da Convenção pode resultar a aparência de a regra geral ser a que consta no primeiro parágrafo do art. 11.º, que manda aplicar a lei do lugar do estabelecimento profissional do intermediário, no momento em que este agiu.[957] Contudo, esta não é uma regra verdadeiramente geral, mas antes uma regra subsidiária. O número e amplitude das exceções que resulta dos parágrafos seguintes, e o facto de todas as exceções mandarem aplicar a mesma lei, conduz a que a regra geral consista na aplicação da lei do lugar da atuação do intermediário, quer seja o lugar da atuação efetiva do intermediário, quer seja o lugar em que a Convenção da Haia fixa normativamente a atuação do intermediário.

---

[956] No que respeita à exclusão dos casos de contrato de trabalho, a razão de ser prende-se especificamente com os trabalhadores prepostos. A Comissão nunca conseguiu chegar a acordo sobre normas de conflitos que fossem adequadas para os trabalhadores prepostos, em especial, para os trabalhadores prepostos que exercessem a atividade fora do estabelecimento comercial e que, em simultâneo, garantissem a proteção que o Direito do Trabalho exigia a favor do trabalhador. Assim, optou-se por excluir da Convenção da Haia a determinação da lei competente para relação interna nos casos em que esta é um contrato de trabalho, ou seja, a lei competente para regular a relação laboral na parte que apenas vincula o empregador e o trabalhador. Sobre o assunto HAY, PETER e MÜLLER-FREIENFELS, WOLFRAM, *Agency in the Conflict of Laws and the 1978 Hague Convention*, The American Journal of Comparative Law, Vol. 27, n.º 1, 1979, págs. 1 a 49, em especial pág. 37, 43 e 44.

[957] Segundo HAY, PETER e MÜLLER-FREIENFELS, WOLFRAM, *Agency in the Conflict of Laws and the 1978 Hague Convention*, The American Journal of Comparative Law, Vol. 27, n.º 1, 1979, págs. 1 a 49, em especial pág. 45, a importância prática dos casos do segundo parágrafo do art. 11.º fazem com que o peso do primeiro parágrafo não deva ser sobrestimado quando visto sozinho, pois são muitos os casos nos quais se verificará um qualquer caso do segundo parágrafo.

ATIVIDADE INTERNACIONAL E PREPOSIÇÃO

A lei do lugar da atuação do representante (intermediário) é, de certo modo, a lei do lugar do exercício dos poderes de representação (*lato sensu*), que corresponde à regra geral do art. 39.º do Código Civil. Embora não sejam exatamente os mesmos – o lugar da atuação do representante e o lugar do exercício dos poderes de representação –, estes coincidirão regra geral, pois quando o representante age, age em representação; e quanto representa atua. Para efeitos da Convenção da Haia, sempre que um intermediário age estamos perante um problema de representação; e não é possível representar outrem sem agir.

Assim, regra geral verifica-se uma coincidência de lugares, entre o lugar da atuação do representante e o lugar do exercício do poder de representação. Contudo, o recurso ao lugar da atuação é mais eficiente quando aquilo que se está a discutir é – precisamente – a representação. Recorrer ao exercício dos poderes de representação quando ainda está por determinar se há, ou não, representação pode causar dificuldades que são muito atenuadas pelo recurso ao lugar da atuação do intermediário. Em especial nos casos de relações (como é o caso da preposição e da *agency*) nas quais não há necessariamente atuação com *contemplatio domini*. Ressalvando estas diferenças, em suma o que se pretende é aplicar a lei do Estado no qual os poderes de representação são exercidos, mas sem se entrar na discussão da existência desses poderes. Assim, transfere-se a relevância para a atuação, omitindo-se a parte representativa dessa atuação.

O primeiro parágrafo do art. 11.º da Convenção da Haia teve origem na proposta dos delegados alemão e suíço, traduzindo preocupações que parecem mais de Direito Civil do que de Direito Comercial. Contudo, por iniciativa dos delegados Japonês e Escandinavo, foi criado o segundo parágrafo do art. 11.º, que aproximou o sistema da Convenção da Haia do sistema de Direito Internacional Privado dos Estados Unidos da América,[958] sendo que se pretendia proteger a confiança dos terceiros que, no comércio, atuassem com os representantes. Assim, o segundo parágrafo do art. 11.º da Convenção da Haia tem preocupações fundamentalmente de proteção do comércio, da confiança no comércio, de modo a garantir a estabilidade necessária ao comércio internacional.

---

[958] Hay, Peter e Müller-Freienfels, Wolfram, *Agency in the Conflict of Laws and the 1978 Hague Convention*, The American Journal of Comparative Law, Vol. 27, n.º 1, 1979, págs. 1 a 49, em especial pág. 45. Contudo, não foi seguida a proposta do delegado dos Estados Unidos da América.

A lei competente é, por estas razões, a do lugar em que o representante (intermediário) tenha agido desde que se verifique, alternativamente, qualquer uma das seguintes situações:

- O representado (preponente) tem estabelecimento profissional nesse Estado.
- O representado (preponente) não tem estabelecimento profissional em nenhum lado, mas tem residência habitual nesse Estado.
- O terceiro tem estabelecimento profissional nesse Estado.
- O terceiro não tem estabelecimento profissional em nenhum lado, mas tem residência habitual nesse Estado.
- O representante (preposto) agiu numa bolsa.
- O representante (preposto) agiu numa venda em hasta pública.
- O representante (preposto) não tem estabelecimento profissional em nenhum lado.

Em qualquer um destes casos, segundo o terceiro parágrafo do art. 11.º da Convenção da Haia, se uma parte tiver vários estabelecimentos profissionais, o regime aplica-se tendo em consideração apenas o estabelecimento profissional com o qual a atuação do intermediário (preposto) está mais estritamente ligada.

Em suma, em todos estes casos é competente a lei do lugar em que o representante (preposto) agiu, obtendo-se, em regra, um grau elevado de coerência entre as leis que refletem importantes conexões em matéria de atuação representativa.[959] Mesmo que se verifique o preenchimento de duas ou mais alíneas do segundo parágrafo do art. 11.º da Convenção da Haia, estas alíneas remeterão para a mesma lei: a lei do lugar da atuação do intermediário, o que determina um reforço da coerência e não um conflito entre conexões. Ou seja, a aparência de conflito entre elementos de conexão, redunda não num conflito entre conexões, mas antes num reforço de coerência da conexão.

---

[959] Sem prejuízo das várias referências já efetuadas para a obra de Maria Helena Brito, remete-se mais uma vez, como obra de referência em matéria de princípio da coerência em Direito Internacional Privado nas questões sobre representação: BRITO, MARIA HELENA, *A representação nos contratos internacionais, Um contributo para o estudo do princípio da coerência em direito internacional privado*, Almedina, Coimbra, 1999, *passim*, que seguimos na sua quase integralidade.

ATIVIDADE INTERNACIONAL E PREPOSIÇÃO

De certo modo, a Convenção da Haia manda aplicar a lei do lugar da atuação do intermediário, que corresponde ao elemento de conexão mais tradicional em matéria de representação (pelo menos para nós). No entanto, de modo a evitar a fraude à lei através da manipulação do lugar da atuação por parte do intermediário, limita esta conexão aos casos em que esteja reforçado por outro elemento de conexão importante, ou a casos nos quais não exista a conexão do parágrafo primeiro do art. 11.º. Ou seja, embora não recorra à conexão mais estreita, reforça a estreiteza da conexão através da cumulação com outros elementos de conexão relevantes.

i. Lei aplicável no caso de atos praticados à distância (*online, email*, correio, fax, telefone e outros) na falta de escolha

A Convenção da Haia nasceu em 1978, antes da *internet*, razão pela qual não tem qualquer disposição que preveja expressamente a representação em atos praticados *online* ou por *email*.

Tem, contudo, uma disposição (art. 13.º) que se aplica aos casos de comunicações do representante que sejam efetuadas por "correio, telegrama, *telex*, telefone ou outros meios idênticos". Estes "outros meios idênticos" incluem os novos meios de comunicação à distância, como seja a *internet* e o *email* (entre outros). Assim deve ser entendido face à enorme analogia que se verifica relativamente aos outros meios de comunicação.

O art. 13.º da Convenção da Haia vem "resolver o problema perene de definir o lugar da atuação quando há comunicações entre partes que se encontram em diferentes Estados".[960] A solução procura evitar a aplicação de uma lei sem uma verdadeira ligação com a atividade do representante, nomeadamente a lei de um local no qual o representante se encontrasse ocasionalmente, ou mesmo por acidente.[961]

Os casos previstos no art. 13.º são casos de declarações transmitidas através de meios tecnológicos que permitem enviar declarações de um Estado para o outro Estado, tal como sucede com a *internet* e com o *email*. No caso do *email*, a semelhança com o correio, o telegrama ou o *telex*, é manifesto, sur-

---

[960] KARSTEN, *Karsten Report*, in *Draft Convention adopted by the Thirteenth Session and Explanatory Report by I.G.F. Karsten*, Bureau Permanent de la Conférence, Imprimerie Nationale, La Haye, 1979, pág. 58.

[961] KARSTEN, *Karsten Report*, in *Draft Convention adopted by the Thirteenth Session and Explanatory Report by I.G.F. Karsten*, Bureau Permanent de la Conférence, Imprimerie Nationale, La Haye, 1979, pág. 58.

A PREPOSIÇÃO

gindo os mesmos problemas e levantando-se as mesmas questões de Direito Internacional Privado.

No que respeita à *internet* (por exemplo, declarações que constam em *sites*), a analogia poderá não ser tão próxima, dependendo do modo como se efetua a declaração. É, contudo, sempre extremamente próxima dos casos expressamente previstos no art. 13.º. No entanto, a solução do art. 13.º da Convenção da Haia é a mais adequada, por corrigir o sistema que resulta do segundo parágrafo do art. 11.º de modo a se adaptar a comunicações à distância. Assim, o art. 13.º da Convenção da Haia deve ser aplicado também aos novos sistemas de comunicação à distância, mormente, às declarações do representante efetuadas através da *internet*, por *email*, ou através de outros sistemas análogos.

Nestes casos – *online, email*, correio, fax, telegrama, *telex*, telefone ou outros – o principal problema consiste em fixar territorialmente o lugar da atuação do representante. Se antes da *internet* esta questão já levantava problemas – que conduziram à elaboração do art. 13.º –, atualmente os problemas são ainda mais complexos. À data da redação da Convenção da Haia, o problema consistia na possível localização ocasional ou acidental do representante num determinado Estado, sem uma ligação efetiva com o exercício dos poderes de representação.

No caso da *internet*, nas suas várias modalidades, o problema consiste em, por vezes, não se conseguir obter uma ligação efetiva a um determinado Estado. No entanto, o art. 13.º da Convenção da Haia resolve esses problemas num grande número de casos, fixando o lugar da atuação no lugar do estabelecimento profissional do representante ou, na falta deste, no lugar da residência habitual do representante. Mesmo nos casos em que o estabelecimento profissional consista no próprio sítio da *internet*, o art. 13.º contribui largamente para a solução, especialmente quando conjugado com o terceiro parágrafo do art. 11.º da Convenção da Haia. Um estabelecimento profissional que consista num sítio da *internet* que opere em vários Estado é equivalente ao caso regulado nesta disposição: uma parte tem vários estabelecimentos.

Considerando-se que o sítio da *internet* corresponde a tantos estabelecimentos quantos os Estados com os quais contacte, aplica-se a lei do estabelecimento com o qual a atuação do intermediário está mais estreitamente relacionada. Note-se que, esta atuação consiste no contrato celebrado com o terceiro, ou numa declaração emitida perante o terceiro, ou recebida do terceiro, ou outro ato praticado com, ou relativamente, ao terceiro, pelo que, em última análise, o estabelecimento mais estreitamente conectado com a atuação do intermediário será a do lugar do estabelecimento ou residência do próprio terceiro, ou seja, o lugar do estabelecimento ou residência do destinatário do ato praticado pelo intermediário.

Em suma, se uma pessoa opta por ter um estabelecimento que se espraia por todo o mundo, deve contar com a possibilidade de lhe ser aplicável qualquer lei do mundo. E não faz sentido permitir invocar que o estabelecimento se espraia por todo o mundo para evitar aplicar uma lei, invocando que o estabelecimento também está noutro Estado. Se está em vários Estados, está em todos esses Estados, o que conduz à aplicação do terceiro parágrafo do art. 11.º da Convenção da Haia.

Assim, face ao art. 13.º da Convenção da Haia, cumulada com o art. 11.º, caso o representante tenha um estabelecimento profissional, a lei competente nos casos de declarações do representante efetuadas através dos meios referidos parágrafo, é competente a lei do lugar do estabelecimento profissional do representante (preposto) se:

- O representado (preponente) tiver estabelecimento profissional nesse Estado, ou seja, se representante (preposto) e representado (preponente) tiverem, ambos, estabelecimento profissional no mesmo Estado.
- O representado (preponente) não tiver estabelecimento profissional em nenhum lado, mas tiver residência habitual no Estado no qual se localize o estabelecimento profissional do representante (preposto).
- O terceiro tiver estabelecimento profissional no mesmo Estado em que o representante (preposto) tiver estabelecimento profissional, ou seja, terceiro e representante têm estabelecimento profissional no mesmo Estado.
- O terceiro não tiver estabelecimento profissional em nenhum lado, mas tiver residência habitual no Estado no qual se localize o estabelecimento profissional do representante (preposto).

Claro está que se aplica ainda o último parágrafo do art. 11.º da Convenção da Haia, pelo que no caso de uma das partes ter vários estabelecimentos profissionais, será relevante o que se encontre mais estreitamente ligado ao concreto ato do representante que esteja em causa.

Caso o representante não tenha estabelecimento profissional, será então relevante a lei do lugar da residência habitual como lei do lugar da atuação. Neste caso, da combinação entre o art. 13.º da Convenção da Haia e o respetivo art. 11.º, resulta competente a lei do lugar da residência habitual do representante se este não tiver qualquer estabelecimento profissional se:

A PREPOSIÇÃO

– O representado (preponente) tiver estabelecimento profissional no mesmo Estado em que o representante tiver residência habitual.

– O representado não tiver estabelecimento profissional em nenhum lado, mas tiver residência habitual no mesmo Estado em que o representante tiver residência habitual.

– O terceiro tiver estabelecimento profissional no Estado da residência habitual do representante.

– O terceiro não tiver estabelecimento profissional em nenhum lado, mas tiver residência habitual no Estado da residência habitual do representante.

– O representante (preposto) não tem estabelecimento profissional em nenhum lado.

Por último, resta a alínea c) do segundo parágrafo do art. 11.º da Convenção da Haia, que se refere aos atos praticados em bolsa ou em hasta pública.

Estes casos não podem seguir o regime do art. 13.º da Convenção da Haia. Os atos praticados em bolsa ou em hasta pública, mesmo que sejam comunicados através de *email*, *internet*, carta, fax, telefone ou outro, e essa comunicação seja internacional, têm necessariamente de ser regulados pela lei do lugar da bolsa ou da hasta pública. No sistema do art. 11.º esta solução está salvaguardada pois, apesar de formalmente se mandar aplicar a lei do lugar da atuação do representante, essa lei é a mesma do lugar da bolsa ou da hasta pública. Assim, embora o elemento de conexão não seja – expressamente – o do lugar da bolsa ou hasta pública, será essa a lei aplicável.

Contudo, se aplicarmos o art. 13.º da Convenção da Haia, poderá resultar que o estabelecimento profissional ou a residência habitual do representante não sejam no lugar da bolsa ou hasta púbica. O que iria redundar na existência de bolsas, ou hastas públicas, nas quais se aplicariam leis diferentes a diferentes representantes, para fixar o estatuto representativo.

Não é possível uma bolsa funcionar num sistema em que cada representante é regido por uma lei diferente, com diferentes regimes de representação. Para que uma bolsa funcione, é necessário que todos partilhem o mesmo estatuto em matéria de representação (e não só), pois de outro modo não se obtém o nível de segurança jurídica e celeridade procedimental necessária numa bolsa. O mesmo sucede numa hasta pública, pois neste caso será necessário aferir da validade, âmbito, eficácia da atuação de cada um dos representantes. Assim, no caso de declarações emitidas pelo representante em bolsa ou hasta pública, deve ser sempre aplicada a lei do lugar da bolsa ou hasta pública, e não a lei do lugar do estabelecimento profissional ou residência habitual do representante.

ii. Lei supletivamente aplicável no caso de falta de escolha

Na falta de escolha de lei competente, e não sendo aplicável o parágrafo segundo do art. 11.º da Convenção da Haia será, então, aplicável a norma de conflitos do primeiro parágrafo desta disposição.

Segundo o parágrafo primeiro do art. 11.º da Convenção da Haia, a lei competente será a lei do Estado em que o representante (preposto) tivesse o seu estabelecimento profissional no momento em que agiu. É, contudo, necessário ter em consideração que, segundo o art. 12.º da Convenção da Haia, caso o representante seja um trabalhador do representado e, por essa razão o representante não tenha um estabelecimento profissional próprio, valerá como lugar do estabelecimento profissional do representante o lugar do estabelecimento profissional do representado (preponente) a que o representante se encontre vinculado (lugar de trabalho).

Assim, na prática, a lei competente poderá ser a do lugar do estabelecimento profissional do representante, ou a do lugar do estabelecimento profissional do representado ao qual o representante trabalhador esteja vinculado.

No entanto, em virtude do resultado da aplicação do parágrafo segundo, esta norma de conflitos apenas é aplicável nos casos residuais, em que:

– O representante tenha um estabelecimento profissional, ou não tendo, seja um trabalhador tendo o seu empregador um estabelecimento profissional.
– Não tenha agido em bolsa ou hasta pública.
– Não tenha agido com *contemplatio domini* no Estado da localização do estabelecimento profissional do representado.[962]
– Nem tenha agido (com ou sem *contemplatio domini*) no Estado da localização do estabelecimento profissional do terceiro.[963]

Como se pode concluir facilmente, torna-se muito difícil, na prática, a verificação de todos estes critérios, o que determina que o primeiro parágrafo do art. 11.º da Convenção da Haia apenas seja aplicável em casos quase

---

[962] Ou da sua residência habitual, caso não tenha estabelecimento profissional.
[963] Ou da sua residência habitual, caso não tenha estabelecimento profissional.

A PREPOSIÇÃO

excecionais. Casos nos quais, em suma, o representante agiu em Estado diferente do Estado do estabelecimento do representado e do terceiro,[964] agindo fora de uma bolsa ou hasta pública, tendo o seu próprio estabelecimento profissional, ou sendo um trabalhador integrado no estabelecimento profissional do seu representado.

iii. Lei aplicável no caso de escolha relevante
I. A Convenção da Haia admite que as partes escolham a lei aplicável ao lado externo da representação, de modo semelhante ao que sucede para o lado interno. Esta escolha pode incidir sobre qualquer lei, mesmo que não tenha ligação com a relação de representação.[965]

O art. 14.º da Convenção da Haia exige, contudo, que o acordo se estabeleça entre o representado e o terceiro (não o intermediário), que a declaração do preponente desse acordo seja efetuada por escrito e, ainda, que seja expressamente aceite.

Na prática, uma vez que só raramente os acordos serão celebrados através de proposta e aceitação, estas exigências redundarão na necessidade de o acordo ser celebrado por escrito e de modo expresso. Ou, no caso de uma procuração, que segundo Karsten será o exemplo mais típico, devendo então constar da mesma a lei aplicável, sendo então necessária a aceitação da escolha de lei, mas de modo expresso.[966]

Discordamos, no entanto, da afirmação sobre a paradigmaticidade do exemplo indicado por Karsten. Em regra, no caso da procuração escrita da qual consta a lei que lhe é aplicável, não ocorre uma aceitação expressa dessa cláusula de escolha de lei. Pode haver – e normalmente há – uma aceitação tácita dessa escolha, ou mesmo silêncio. Contudo, de acordo com o art 14.º da Convenção da Haia, a aceitação tática é irrelevante. Assim, em regra, o caso da procuração com cláusula que indica a lei a que a mesma fica submetida redunda, em regra, na ineficácia da escolha de lei, com a inerente aplicação do art. 11.º da Convenção da Haia.

---

[964] Ou das suas residências habituais, caso não tenham estabelecimento profissional.
[965] VERHAGEN, *Agency in Private Internacional Law, The Hague Convention on the Law Aplicable to Agency*, Martinus Nijhoff Publishers, The Hague/Boston/London, 1995, pág. 353.
[966] KARSTEN, *Karsten Report*, in *Draft Convention adopted by the Thirteenth Session and Explanatory Report by I.G.F. Karsten*, Bureau Permanent de la Conférence, Imprimerie Nationale, La Haye, 1979, pág. 59.

ATIVIDADE INTERNACIONAL E PREPOSIÇÃO

Como tal, o art. 14.º da Convenção da Haia é mais exigente do que aparenta. Por um lado, não permite a escolha unilateral da lei aplicável,[967] mesmo tendo em consideração que muitas vezes o negócio que causa a relação de representação é unilateral. Por outro lado, a declaração negocial da qual resulta a escolha da lei deve ser emitida por escrito. Esta declaração pode ser expressa ou tácita, mas deve ser efetuada por escrito. Por último, a declaração de aceitação deve ser expressa, embora não careça de ser efetuada por escrito.

Em suma, a escolha de lei efetuada de acordo com o art. 14.º da Convenção da Haia, tem natureza contratual, sendo que a declaração que contém este conteúdo deve ser escrita (embora possa ser expressa ou tácita), mas a aceitação ou concordância deve ser emitida de modo expresso (embora não careça de o ser por escrito).[968]

Um dos exemplos, que nos é trazido por Verhagen,[969] é de uma procuração ser outorgada por escrito com uma cláusula de escolha de lei, seguida de uma comunicação expressa por parte do terceiro a concordar com a procuração, ou seja, a dar o seu consentimento expresso a toda a procuração incluindo a cláusula de escolha de lei. Note-se que, em regra, as procurações são negócios unilaterais, pelo que não careceriam de aceitação do terceiro, e que na prática essa aceitação expressa não acontece. No entanto, neste caso essa aceitação é necessária em virtude da perfeição da cláusula de escolha de lei. Claro está que a não aceitação desta cláusula poderá redundar na ineficácia de toda a procuração, dependendo do regime de redução ou conversão que resulte da lei aplicável à procuração de acordo com o art. 11.º da Convenção da Haia.

Contudo, nos casos de preposição, face à sua especial natureza, será ainda menos provável que o terceiro aceite uma cláusula de escolha de lei que consta na própria preposição, pois é muito raro que o terceiro conheça a preposição. Pode, contudo, ocorrer que o acordo quanto à lei aplicável à representação conste no próprio contrato celebrado em representação, ou

---

[967] VERHAGEN, *Agency in Private Internacional Law, The Hague Convention on the Law Aplicable to Agency*, Martinus Nijhoff Publishers, The Hague/Boston/London, 1995, pág. 354.

[968] KARSTEN, *Karsten Report*, in *Draft Convention adopted by the Thirteenth Session and Explanatory Report by I.G.F. Karsten*, Bureau Permanent de la Conférence, Imprimerie Nationale, La Haye, 1979, pág. 59.

[969] VERHAGEN, *Agency in Private Internacional Law, The Hague Convention on the Law Aplicable to Agency*, Martinus Nijhoff Publishers, The Hague/Boston/London, 1995, pág. 355.

A PREPOSIÇÃO

seja, o contrato representativo, desde que esse acordo seja celebrado por escrito e expressamente.[970]

II. Nos casos de contratação em massa, em especial na contratação *online*, poderá suceder que a cláusula de lei aplicável esteja escrita no próprio *site* da *internet* do comerciante, e que o terceiro aceite expressamente essa cláusula, ao carregar num determinado botão no *site* ou ao adotar outro comportamento que possa significar uma declaração expressa de aceitação. Contudo, face à natureza de cláusula contratual geral, será necessário ter em consideração a Lei das Cláusulas Contratuais Gerais, em especial o art. 23.º do referido diploma, que manda aplicar o regime deste diploma, caso se esteja perante contratos com consumidores, com fundamento no art. 16.º da Convenção da Haia.

Embora o regime da preposição não tenha sido criado especificamente para a proteção dos consumidores (até porque no Séc. II a.C. não havia Direito do Consumo),[971] este regime protege todos os terceiros que contratem com o preposto do comerciante, incluindo os consumidores. Por esta razão, será muito frequente que os terceiros sejam consumidores, sendo então necessário tomar em consideração a Lei das Cláusulas Contratuais Gerais, aplicando-a à cláusula de escolha de lei para regular a representação.

A compatibilidade do regime de representação da preposição com o regime da Lei das Cláusulas Contratuais Gerais é total. Ambos os regimes nasceram para proteger a boa-fé e a confiança no Comércio. Ambos os regimes protegem consumidores e não consumidores (embora na Lei das Cláusulas Contratuais Gerais, os consumidores sejam especialmente protegidos). Assim, embora tratem diferentes questões, ambas têm o mesmo fim último – proteção da confiança e boa-fé – e ambos se aplicam tipicamente ao mesmo conjunto de sujeitos – as pessoas que contratam com comerciantes "fortes".

III. Naturalmente que, caso não seja aplicável a Lei das Cláusulas Contratuais Gerais, ou caso esta seja respeitada, as partes poderão escolher a lei aplicável nas "relações externas". Note-se, no entanto, que estas partes são as

---

[970] Neste sentido, VERHAGEN, *Agency in Private Internacional Law, The Hague Convention on the Law Aplicable to Agency*, Martinus Nijhoff Publishers, The Hague/Boston/London, 1995, pág. 356.

[971] SILVA, JOÃO CALVÃO DA, *Responsabilidade Civil do Produtor*, Almedina, Coimbra, 1990, págs. 57 a 58.

ATIVIDADE INTERNACIONAL E PREPOSIÇÃO

partes do contrato celebrado, ou a celebrar, pelo representante, e não aquele do qual resulta o poder de representação. Antes, é o contrato celebrado, ou a celebrar, pelo representante em nome ou por conta do representando.

Esta opção da Convenção da Haia causa alguma perplexidade, pois o poder de representação do representante será regulado por uma lei escolhida sem intervenção do próprio representante. Ou seja, a escolha da lei é efetuada pelo representado e pelo terceiro, vinculando o representante cuja vontade é irrelevante para a escolha da lei.

Esta solução compreende-se até certo ponto, tendo em consideração que apenas seria aplicável nas relações entre o representado e o terceiro. Assim, de modo a facilitar a escolha de lei, e presumindo-se que o representante não será pessoalmente afetado pelo negócio representativo, dispensa-se o seu acordo. No entanto, por via do art. 15.º da Convenção a Haia, esta escolha de lei também regulará a relação entre o representante e o terceiro. E por força do art. 7.º, também regulará a relação entre o representado e o representante.

Por esta razão, impõe-se tomar uma decisão ao nível de interpretação. Ou se interpreta o art. 14.º da Convenção da Haia restritamente, no sentido de a lei escolhida pelo representado e o terceiro ser apenas relevante caso a questão privada internacional apenas afete estes dois; ou se interpreta a disposição de um modo mais amplo, impondo-se um contrato (acordo de escolha de lei) a uma pessoa que não é parte no mesmo.

Na nossa opinião, o art. 14.º deve ser interpretado restritamente, limitado aos casos em que o litígio se verifique apenas entre o representado e o terceiro. Caso o litígio envolva o representante – pessoalmente como parte da questão privada internacional em litígio – será, então, também necessário o seu acordo. Assim pode ocorrer nos casos em que, como sucede nos arts. 248.º e seguintes do Código Comercial, o próprio representante pode ficar pessoalmente vinculado, ou o representado pode avocar o contrato para si próprio, pois nestes casos o representante poderá ser abrangido pelos efeitos do regime de representação, ficando como parte no contrato, ou deixando de ser parte de um contrato.

Caso contrário, a escolha de lei deve ser considerada como ineficaz, resolvendo-se a questão por recurso ao art. 11.º da Convenção da Haia. Num caso destes, não faz sentido aplicar a lei escolhida pelas partes à relação entre o representado e o terceiro e, no mesmo litígio, recorrer ao art. 11.º para determinar a lei competente para regular a relação entre o representante e o terceiro. Se num litígio se procurar saber se a atuação do representante vincula

A PREPOSIÇÃO

o representado, ou o representante, ou ambos, a questão deve ser resolvida pela mesma lei. Assim, nestes casos não deve ser tomada em consideração a escolha da lei que tenha sido acordada apenas entre o representado e o terceiro, determinando-se a lei através da aplicação do art. 11.º da Convenção da Haia.

4. Problemas vários de Direito Internacional Privado

A lei aplicável à preposição, enquanto relação externa, segue em regra o regime dos arts. 11.º a 15.º da Convenção da Haia.

Esta é uma afirmação que, embora correta, não traduz a substância da questão. A preposição tem casos típicos, que conduzem a soluções típicas. Por esta razão é possível apreciar os efeitos da Convenção da Haia partindo de casos típicos de preposição. Por outro lado, os regimes externos da preposição – em especial nos casos correspondentes ao nosso gerente de comércio – levantam questões especiais, que devem ser abordadas.

Antes de mais é necessário tomar sempre em consideração que a Convenção da Haia regula a relação externa de representação, o que apenas existe nos casos em que o representante atua. Ou seja, os art. 11.º a 15.º da Convenção da Haia operam apenas num ambiente dinâmico, e limitados a esse ambiente dinâmico. Não determinam a lei competente para a preposição, nem mesmo para o lado externo da preposição, nem sequer para o poder de representação. O que determinam é a lei competente para, numa concreta relação jurídica triangular entre representante, representado e terceiro, saber quem fica vinculado pela atuação do representante e como. Mas esta determinação de lei competente é limitada àquele caso, naquela concreta relação jurídica. Não se trata aqui de um problema de limites do caso julgado, mas antes de limites substantivos do Direito Internacional Privado.

A lei escolhida pela norma de conflitos não é uma *lex contractus*. É, antes, uma lei aplicável à atuação representativa que ocorre no âmbito de um determinado contrato, ou negociação, ou comunicação, ou atuação. Ou seja, trata-se de uma verdadeira e efetiva *external approach* em que o problema da representação é visto com os olhos do terceiro. É face a cada ato praticado com cada terceiro que se afere qual a lei competente para decidir quem fica vinculado perante quem e em que termos.

Assim, sem prejuízo de se poder fazer referência à lei aplicável à preposição, ou outra expressão semelhante, estaremos sempre a fazer referência a esta lei, que é apenas aplicada naquele caso concreto de atuação representava.

528

ATIVIDADE INTERNACIONAL E PREPOSIÇÃO

A. Relação preposto – terceiro e lei aplicável

O art. 15.º da Convenção da Haia é particularmente relevante em matéria de preposição. Segundo esta disposição, a lei aplicável à relação externa e representação (art. 11.º a 14.º da Convenção da Haia) regula também a relação representativa entre o intermediário (o preposto) e o terceiro.

Esta é uma disposição que pode causar alguma perplexidade para quem está habituado ao regime português da representação voluntária, pois esta relação normalmente não é tomada em consideração. É habitual afirmar-se que o representante não fica vinculado, pelo que o regime da representação não o afeta. Contudo, esta maneira de ver as coisas não traduz a realidade da representação.

No nosso Direito Civil interno, o primeiro efeito da representação consiste na não vinculação do representante. Esta é a primeira consequência lógica de uma atuação representativa: o afastamento dos efeitos da atuação relativamente ao agente. Num subsequente momento lógico surge o direcionamento desses efeitos ao representado. Apenas no último momento lógico surge a efetiva eficácia do negócio na esfera do representado. Como tal, o regime da representação voluntária produz efeitos sobre o representante, mas que consistem na sua não vinculação ao contrato celebrado representativamente.

Em suma, a representação voluntária tem dois efeitos principais: uma não autovinculação do representante; uma heterovinculação do representado. Estes são os dois efeitos principais e nucleares da representação, embora se reconheça que o segundo efeito é mais conspícuo do que o primeiro.

Mas esta maneira de ver as coisas resulta de se usar a procuração como figura paradigmática para a representação, o que é normal no Direito Civil. No entanto, caso se recorra à preposição, tudo muda.

A preposição admite que apenas o representado fique vinculado (de modo semelhante à procuração), admite que apenas o representante fique vinculado (simples autonomia privada), mas admite também que ambos fiquem vinculados, o que escapa aos normais cânones da representação voluntária vista aos olhos do Direito Civil e da procuração. Admite ainda que o representado chame a si atos praticados pelo representante em nome próprio, mas por conta alheia. Tudo isto só com base no Direito material português. Caso se tome em consideração outros Direitos, surgirão outros elementos de regimes jurídicos que ocorrem entre representante e terceiros, nomeadamente regimes de responsabilidade civil do representante perante o terceiro, e obrigações especiais que decorrem entre ambos.

A PREPOSIÇÃO

Assim, a representação comercial, que tem como caso paradigmático a preposição, é uma figura que abrange num único regime jurídico toda a relação triangular, pois a vinculação ao contrato representativo tanto pode incidir na esfera do representante, como do representado, como de ambos, como pode ainda incidir primeiro numa esfera jurídica e depois noutra. Nestes casos de representação, dos quais a preposição é o caso paradigmático, não é, portanto, adequado regular a relação representante/terceiro e a relação representado/terceiro como se fossem duas relações autónomas, pois operam como uma única relação triangular, embora possam afetar diferentes partes de diferente modo.

Na falta do art. 15.º da Convenção da Haia poderia suceder que fosse aplicável uma lei à relação representado – terceiro e outra lei à relação representante – terceiro, o que poderia redundar em questões extremamente complexas, causadas por falta de coerência entre as leis aplicáveis. O art. 15.º da Convenção da Haia atribui à mesma norma de conflitos a determinação da lei competente para regular toda a relação representativa externa, independentemente dos efeitos se verificarem entre representante, representado e terceiro, ou apenas entre algumas destas partes. O que releva é que sejam questões que se prendam com a eficácia perante o terceiro de atos praticados em nome alheio ou por conta alheia, e de questões ligadas a esta questão.

B. Natureza da preposição e lei aplicável

Conforme é exposto por Verhagen, alguns ordenamentos regulam casos nos quais o âmbito dos poderes do mediador são fixados por lei, dando como exemplo a *Prokura* e a *Handlungsvollmacht* alemãs, e ainda a *procura institoria* italiana.[972] Os casos referidos por Verhagen são casos de preposições, que nasceram na *actio institoria* e que evoluíram em cada Estado, de modo a atingirem o respetivo regime hoje em vigor.

Assim sendo, podemos também juntar o regime português dos gerentes de comércio, auxiliares e caixeiros (entre outros), o regime brasileiro do preposto, o regime italiano do *institore*, e o regime anglo-saxónico da *usual authority*.[973] Estes casos são, todos eles, casos de preposições, que são profundamente influenciados heteronomamente por intervenção do Direito,

---

[972] VERHAGEN, *Agency in Private Internacional Law, The Hague Convention on the Law Aplicable to Agency*, Martinus Nijhoff Publishers, The Hague/Boston/London, 1995, págs. 349 a 353.
[973] BRADGATE, ROBERT – WHITE, FIDELMA – LLEWELYN, MARGARET, *Commercial Law*, Oxford University Press, Oxford, 2012, pág. 77 a 79.

ATIVIDADE INTERNACIONAL E PREPOSIÇÃO

nomeadamente através da lei no caso dos sistemas de *civil law*. O que há de comum em todas estas figuras é que uma pessoa está colocada à frente de um negócio, de modo estável e público, sendo que os atos por si praticados vinculam o dono desse negócio. Claro está que os sistemas nacionais variam em alguns aspetos, nomeadamente na necessidade ou não de registo, nas consequências do registo, na existência ou não de poderes forenses, na existência ou não de poderes para celebrar negócios sobre imóveis, entre outros. Mas têm todos em comum serem preposições, e verificar-se uma intervenção de fonte de Direito heterónoma (a lei, por exemplo), que limita ou impede a invocação da relação subjacente. Como consequência, estes prepostos surgem colocados à frente de negócios alheios, de modo que se aproxima muito dos titulares de órgãos sociais.

É esta proximidade que causa a questão de Verhagen. Face à proximidade dos poderes dos prepostos relativamente aos titulares dos órgãos de administração de sociedades comerciais, e face à limitação ou impossibilidade de se invocar a relação subjacente, até que ponto é que não faria mais sentido considerar estes casos como se fossem titulares de órgãos sociais, aplicando-lhes os respetivos estatutos; ou fará mais sentido considerarem-se estes casos como casos de representação voluntária, aplicando-se o respetivo estatuto.[974]

Verhagen considera, no entanto, que apesar das intervenções legislativas, estas são figuras de base negocial, como casos de representação voluntária, assim sendo consideradas nos respetivos Estados. Defende ainda que os prepostos não são membros dos órgãos sociais, muito embora possam ter poderes muito próximos daqueles, e muito embora possam beneficiar de um regime de registo comercial muito próximo. Por estas razões, conclui que são casos de representação fundamentalmente voluntária e que, acima de tudo, não são casos de representação orgânica, não estando abrangidos pela exclusão do art. 3.º, al a) da Convenção da Haia.

Concordamos com esta posição. Estas preposições, que são equivalentes ao nosso caso dos gerentes de comércio, auxiliares e caixeiros, têm efetivamente negócios jurídicos na sua base, sucedendo apenas que, na relação externa sofrem uma forte influência da lei. Assim é desde a *actio exercitoria* e da *actio institoria*, das quais todas estas figuras descendem. Muito embora

---

[974] VERHAGEN, *Agency in Private Internacional Law, The Hague Convention on the Law Aplicable to Agency*, Martinus Nijhoff Publishers, The Hague/Boston/London, 1995, págs. 350 a 351.

A PREPOSIÇÃO

sejam estes regimes legais que caraterizem estas figuras, elas têm uma base negocial.

Como tivemos oportunidade de afirmar, esta modalidade de representação escapa ao sistema tripartido – representação legal, orgânica ou voluntária – constituindo um caso de representação institória. A representação institória é, tipicamente, um sistema de representação para tutela de terceiros, operando sempre através da interseção entre uma base negocial e uma base legal, tendo a figura natureza mista, legal e negocial, pois o poder de representação resulta de fonte legal, por ter sido celebrado um contrato: a preposição. Este, embora seja um negócio jurídico, no seu lado externo, face à influência legal, é um ato negocial misto. Ou seja, é um misto de negócio (o contrato de preposição) e de um *status* que decorre de um ato jurídico (o *status* do preposto), podendo ser mais ou menos negocial, conforme os concretos regimes jurídicos de cada subtipo legal de contrato de preposição. A evolução da preposição levou a que, em certos regimes legais de preposição, se protejam também outros interesses, mas mantendo sempre como central a proteção do interesse de terceiros.

Assim, no caso do gerente de comércio, o sistema de representação que resulta do Código Comercial permite também proteger o comerciante preponente através do regime de avocação de contratos. No entanto, neste regime mantém-se como fundamental a proteção dos terceiros que operam no comércio. A representação institória é, pois, tipicamente, um regime de representação no interesse dos terceiros, protegendo a confiança e boa fé no Comércio, que resulta injuntivamente da lei no caso de celebração de um contrato de preposição.

Apesar de se tratar de uma representação institória, esta relação entre negócio e lei varia de Estado para Estado. Assim, na *Prokura* alemã é a lei que fixa o conteúdo do poder de representação, embora se trate de um negócio. Já na *procura institoria* italiana, na preposição brasileira, e no nosso gerente de comércio, por exemplo, o poder de representação está fixado no negócio, mas deve ou pode ser registado, sendo que na falta de registo se considera que o preposto tem, em regra, todos os poderes de representação necessários ou úteis à sua atividade. Assim, a base dos poderes de representação é a própria preposição, embora com forte influência da lei, que varia de caso para caso.

Em suma, o regime da preposição decorre de negócios jurídicos, mas com forte influência legal, sendo que a lei pode impedir a invocação de exceções contra terceiros, em todos os casos, ou em alguns casos, quebrando a ligação com o negócio que lhe deu causa, no todo ou em parte. Nomeadamente, impedindo a invocação da falta de poderes ou do abuso de poderes, o que redunda – na prática – numa espécie de fixação legal do âmbito dos poderes. Contudo, independentemente da técnica usada em cada Estado, a base é sempre a mesma: uma preposição aliada a um regime legal de proteção do comércio face à atuação de preposto, de modo a proteger os terceiros através da vinculação do preponente relativamente aos atos do preposto.

Assim sendo, ao lado externo da preposição não é aplicável o regime da representação orgânica, mas o regime da representação voluntária, que decorre dos art. 11.º a 15.º da Convenção da Haia.

C. Horizontalidade da preposição, *dépeçage* e lei aplicável

Outro problema que surge resulta da natureza horizontal dos problemas de preposição, em especial no que respeita à relação externa.

Os regimes legais de preposição, especialmente os regimes materiais que admitem preposições não registadas, podem operar com quase qualquer relação subjacente, independentemente de uma concreta relação subjacente, e mesmo independentemente de qualquer relação subjacente. Esta característica resultava já da *actio institoria*, e ainda hoje é prática corrente que as leis materiais considerem estar perante prepostos em determinados casos, o que conduz à aplicação do respetivo regime jurídico legal, embora se permita ao preponente provar o oposto. Ou seja, desde a *actio institoria* que, de um modo ou outro, se presume a preposição com base em determinados factos, aplicando-se o respetivo regime legal, salvo prova em contrário pelo preponente (quando admissível).

Por outro lado, a Convenção da Haia obriga a efetuar uma operação de *dépeçage* (pelo menos), entre a relação interna e a relação externa de representação. Contudo, nos casos de preposição, podem existir duas relações internas e duas relações externas, nos casos de união de contratos entre um contrato de preposição e um outro contrato. Nestes casos, podem ocorrer as seguintes relações:

- O lado interno da relação subjacente (um contrato de mandato, por exemplo).
- O lado interno do próprio contrato de preposição.
- O lado externo da relação subjacente (neste caso, o poder de representação do contrato de mandato com preposição).
- O lado externo da própria preposição (o poder de representação do regime legal de preposição).

A PREPOSIÇÃO

O caso concreto que seja levado a Tribunal pode ser apenas referente ao poder de representação da relação subjacente, ser apenas referente ao poder de representação da preposição, ou ser referente a ambos os poderes de representação.

Pode suceder que a questão privada internacional consista apenas em saber se determinada pessoa que está pública e estavelmente à frente de um determinado negócio vincula o titular desse negócio (lado externo da preposição). Mas pode suceder que a questão privada internacional consista em saber se um determinado agente comercial tem poderes de representação (lado externo da relação subjacente). Estas são duas questões diferentes, que poderão ser reguladas por duas leis diferentes, ou não. Mas que, acima de tudo, podem ocorrer independentemente uma da outra pois, por exemplo, o terceiro pode não saber se quem agiu é ou não um agente comercial, e limitar-se a invocar a qualidade de preposto. Tal como pode suceder que o terceiro saiba que quem agiu é um agente com representação, mas não saiba se está colocado estável e publicamente à frente do negócio do principal. Assim sendo, os problemas de preposição podem surgir independentemente da relação subjacente.

Se estiver em discussão em Tribunal a questão de saber se uma pessoa vincula outra pessoa pelo facto de surgir pública e estavelmente à frente do negócio de outrem, esta será uma questão relativa à relação externa, que poderá determinar a aplicação de um regime de preposição ou outro regime semelhante como, por exemplo, um regime de representação aparente. Será, então, necessário decidir a questão de acordo com a lei competente. Contudo, mesmo que, em paralelo, se discuta se essa pessoa é trabalhador, cônjuge, administrador societário, amigo, prestador de serviços, agente, ou qualquer outra relação, mantém-se o problema da preposição. Só após ser determinada a lei aplicável à preposição e de se saber se é um caso de preposição (gerente de comércio, por exemplo), é que será possível saber se as exceções com causa na relação subjacente são admissíveis, ou oponíveis ao terceiro, e em que condições. Assim, só depois de se resolver a questão da preposição é que será relevante determinar qual a relação subjacente, quais os limites que dela decorrem, e se esses limites são oponíveis ao terceiro. Se, por exemplo, for aplicada a lei portuguesa, estas limitações apenas serão oponíveis (na falta de registo) se o terceiro tivesse conhecimento efetivo delas à data da celebração do negócio (art. 249.º do Código Comercial). Como tal, neste caso, estando o terceiro de boa fé subjetiva psicológica à data da celebração do contrato, a relação subjacente será irrelevante.

ATIVIDADE INTERNACIONAL E PREPOSIÇÃO

Esta é uma questão importante porque a Convenção da Haia exclui da sua aplicação o contrato de trabalho enquanto relação subjacente (art. 10.º). Contudo, a Convenção da Haia aplica-se aos prepostos e aplica-se à relação de representação externa do contrato de trabalho. Assim, a questão do poder de representação que tenha como causa o contrato de trabalho é regulada pela Convenção da Haia, mas o mesmo não sucede com o contrato de trabalho em si. O mesmo sucede com a questão do poder de representação que tenha como causa a preposição, nos casos em que o preposto (um gerente de comércio, por exemplo) seja um trabalhador.

Por esta razão, os prepostos que sejam trabalhadores são regulados por duas leis: o Regulamento Roma I (em regra) no que respeita à relação interna (empregador/trabalhador); a Convenção da Haia no que respeita à relação externa de representação (empregador/terceiro e trabalhador/terceiro).

Em regra, não se sabe se a pessoa com que se contrata tem um contrato de trabalho com a pessoa em nome de quem age, apenas sabendo que surge pública e estavelmente à frente do negócio. Ou seja, apenas sabe que é preposto e não que é trabalhador. Caso invoque a relação de preposição como causa da ação, a relação subjacente (contrato de trabalho) apenas será relevante se, e na medida em que, o regime de preposição aplicável o permita. Assim, um eventual poder de representação do trabalhador será irrelevante, como será irrelevante saber se o trabalhador desobedeceu a instruções do empregador.

O mesmo sucede com o preposto agente. Se a discussão em Tribunal consistir em saber se determinada pessoa é um agente, e se como agente tem, ou não, poderes de representação, o problema será de agência (na relação interna) e de representação voluntária do agente (na relação externa). Mas se a discussão consistir em saber se essa mesma pessoa surge pública e estavelmente à frente de um negócio alheio, celebrando negócio em nome ou por conta alheia, estaremos perante um caso de preposição. Neste caso, será necessário determinar a lei aplicável ao lado externo, para saber se há, ou não, preposição de acordo com essa lei, e saber, então quais as consequências desse regime. Nomeadamente, se é possível invocar a limitação de poderes do agente, ou se é possível invocar perante terceiros que o agente não tinha poderes de representação. Tal como sucede com o trabalhador, é muito raro suceder que uma pessoa saiba que a outra pessoa é um agente, que conheça o conteúdo da agência, que saiba se é uma agência com representação, qual o âmbito desses poderes e quais as limitações aos mesmos poderes. Apenas sabe que contratou com a pessoa que está

A PREPOSIÇÃO

colocada à frente de um negócio alheio, de modo público estável. Ou seja, que contratou com um preposto, sendo uma questão de poder de representação no âmbito de uma preposição.

Também sucede o mesmo com um titular de órgão social de uma sociedade comercial. Se a discussão consistir em saber se determinada pessoa é titular de um órgão social e se, nessa qualidade, tem poderes de representação, estamos perante um caso de representação orgânica, não sendo aplicável a Convenção da Haia. Mas se a mesma questão for colocada como sendo necessário saber se uma pessoa que normalmente pratica atos em nome de outrem, de modo estável e público, no exercício do comércio alheia, então será um caso de preposição, sendo necessário determinar a lei aplicável ao lado externo da preposição, recorrendo-se para tal à Convenção da Haia. Neste caso, só se for possível opor a relação interna (relação orgânica) ao terceiro, é que será necessário aferir dessa relação.

O mesmo sucede no caso de um administrador de uma sociedade comercial, que integra um grupo. Se o problema em litígio consistir em uma pessoa estar colocada pública e estavelmente à frente de um conjunto de empresas, agindo em nome ou por conta desse conjunto ou grupo de empresas, estamos então perante um caso de preposição. Neste caso, será necessário determinar a lei aplicável ao lado externo da preposição, para então se saber se há mesmo preposição, e quais as consequências de uma pessoa ser preposta de um conjunto de empresas, nomeadamente, se a sua atuação vincula solidariamente todas essas empresas.

Se nestes dois exemplos for aplicável o regime português do gerente de comércio, a pessoa que surge pública e estavelmente à frente dos negócios de uma empresa, ou de um conjunto ou grupo de várias empresas será qualificado como preposto dessa empresa (no primeiro caso), ou de todas essas empresas (no segundo caso). Assim, no primeiro caso vincula a empresa à frente da qual está, como preposto, sem possibilidade de se invocar qualquer limitação estatutária ao seu poder de representação (a relação subjacente)[975] e sem ser necessário provar que é titular desse órgão social, o que exigiria a obtenção de uma certidão de registo comercial do Estado no qual a sociedade estivesse registada. No segundo caso (conjunto ou grupo de empresas),

---

[975] Salvo demonstrando-se que o terceiro conhecia efetivamente essa limitação à data do contrato,

estar-se-ia perante um caso de pluralidade de preponentes, o que provocaria a vinculação solidaria de todas essas empresas.

Contudo, nestes casos, se apenas se recorrer ao regime da representação orgânica, dependendo da lei competente, a atuação do titular do órgão de administração irá muito provavelmente vincular apenas a empresa a cujo órgão social pertença e desde que se consiga provar que é titular desse órgão, podendo essa lei permitir limitações ao poder de representação dos titulares de órgãos sociais.

Como último exemplo, o mesmo sucede se quem estiver à frente do comércio alheio for o cônjuge do comerciante. Neste caso, a relação interna é uma relação de família, que pode incluir na relação externa poderes de representação de base legal, com fundamento num qualquer regime patrimonial de administração de bens do casal, que está excluído da Convenção da Haia. No entanto, se a mesma questão for colocada através de uma *external approach*, questionando-se se, estando essa pessoa estável e publicamente à frente do negócio da outra (o outro cônjuge) há lugar a representação, estaremos então perante um caso de preposição. Neste caso, será necessário determinar a lei competente para regular a relação de representação que resulta da preposição, o que será feito de acordo com a Convenção da Haia. Mas, caso seja aplicável o regime legal da representação legal inerente a um regime de administração conjugal de bens, esta relação não será regulada pela Convenção da Haia.

Como se pode concluir, a *dépeçage* que é necessariamente efetuada entre relação interna e externa pode provocar diferenças substanciais de regimes. Contudo, neste caso a *dépeçage*, sendo imposta pela própria Convenção da Haia, é efetuada com critérios pré-estudados, num sistema único. As normas de conflitos poderão ser diferentes, e ser diferentes as leis materiais aplicáveis, mas essa é uma opção consciente, que em regra procura obter a melhor solução possível em matéria de conflitos de leis. Dito de outra maneira, as normas de conflitos dos arts. 5.º a 9.º da Convenção da Haia, estão pensadas para operar de modo integrado com as normas de conflitos dos art. 10.º a 15.º da mesma Convenção. Quando assim não sucede, em virtude de uma exclusão (por exemplo), há uma razão ponderosa de Direito Internacional Privado que o justifica.

No entanto, a horizontalidade da preposição causa outra *dépeçage* que não foi antecipada pela Convenção da Haia. A Convenção da Haia foi pensada tendo em conta alguns casos de preposição, mas que não foram vistos como preposição. Não foi tido em consideração que este sistema de poder de

A PREPOSIÇÃO

representação pode operar horizontalmente por cima de todos os sistemas de representação (pelo menos, no comércio). Assim, a horizontalidade que é típica das preposições, leva à possibilidade (ou necessidade) da realização de duas operações de *dépeçage*, que poderão conduzir a resultados imprevisíveis para quem apenas tomasse em consideração a relação subjacente. Por esta razão, apesar da Convenção da Haia excluir a sua aplicação a *trustees*, a mesma é aplicada a prepostos que sejam *trustes*. Não ao regime jurídico do *trustee*, mas ao regime jurídico da preposição aplicável a um *trustee* na qualidade de preposto (mas não de *trustee*).

D. Qualificação, preposição e lei aplicável

A variação da lei aplicável à preposição em virtude do sistema de Direito Internacional Privado pode levantar ainda outro problema, como parece fazer Verhagen.[976] Estados diferentes têm diferentes regimes legais de preposição, podendo mesmo ter vários regimes legais de preposição. Esta é uma situação normal, não só em virtude da enorme antiguidade desta figura jurídica (com mais de dois mil anos), mas também pela normal variação dos Direitos nacionais.

A questão que é levantada por Spellenberg prende-se com o regime alemão do *Prokurist*. O Autor levanta o problema de determinados regimes de preposição (pensando no *Prokurist*) poderem ter sido pensados para pessoas que exercem atividade em determinado território, podendo não ser adequados para aplicação a pessoas que exercem atividade noutro Estado, mas que, em virtude das regras de Direito Internacional Privado, são abrangidas por esses regimes. Levanta-se, assim, a questão de saber se estes regimes poderão ser aplicados a quem exerce atividade a partir de um estabelecimento localizado fora desse Estado. Muito especialmente no caso de não existir uma figura equivalente nos dois Estados cuja lei seja potencialmente aplicável.

Ou seja, o que fazer se um gerente de comércio que exerce atividade a partir de Portugal, agir na Alemanha perante um terceiro que tem estabelecimento neste Estado? Segundo o art. 11.º, al. b) da Convenção da Haia, seria aplicável a lei alemã ao poder de representação. Mas poder-se-ia aplicar o regime do *Prokurist*? Será que um gerente de comércio é um *Prokurist*, só

---

[976] VERHAGEN, *Agency in Private Internacional Law, The Hague Convention on the Law Aplicable to Agency*, Martinus Nijhoff Publishers, The Hague/Boston/London, 1995, pág. 352.

ATIVIDADE INTERNACIONAL E PREPOSIÇÃO

porque atuou na Alemanha perante um comerciante instalado na Alemanha? Ou um gerente de comércio é sempre um gerente de comércio, com um estatuto próprio, onde quer que atue, o mesmo sucedendo com o *Prokurist*?

Spellenberg e Verhagen entendem que um comerciante que nomeou um *institore* italiano (ou, dizemos nós, um gerente de comércio português), não quis nomear um *Prokurist*. Dizem os Autores que, como de acordo com o Direito alemão é necessário que exista vontade de nomear um *Prokurist* para que seja aplicável o respetivo regime jurídico, neste caso não se poderá aplicar este regime porque não houve vontade de nomear um *Prokurist*, mas antes um *institore* (ou, um gerente de comércio). Não quer dizer, note-se, que a lei alemã não seja a competente; mas apenas que de acordo com este Direito, não se estará perante um *Prokurist*, pelo que não se poderia aplicar este regime de Direito material.

A questão em causa não é nova. Trata-se de uma questão de qualificação em Direito Internacional Privado, incluindo os inerentes problemas de conflitos positivos e negativos de qualificação. O problema identificado por Spellenberg e Verhagen poderá consistir, eventualmente, num caso de conflito negativo de qualificação, mas não é um problema especial alemão.

O problema prende-se com a relação entre as várias preposições existentes no Mundo. Nem todas as preposições são iguais, sendo necessário apreciar os regimes de preposições de modo a poder obter a função e objeto que cada regime de preposição desempenha no respetivo Estado.

Há Estados que têm um caso principal de preposição, cujo regime se altera conforme a preposição seja inscrita em registo comercial, ou não. Assim, nestes Estados há dois sub-tipos de preposição principal: a registada, e a não registada. Assim ocorre, por exemplo, em Portugal, Espanha, Brasil e Itália.

Mas a Alemanha seguiu um sistema um pouco diferente. Em vez de ter um tipo com dois sub-tipos, na Alemanha optou-se por autonomizar os dois sub-tipos em dois tipos diferentes, que correspondem a questões diferentes. Assim, em lugar de haver um regime geral de preposto, que depois varia conforme esteja, ou não, registado, há dois tipos diferentes. Um tipo da preposição principal registada (*Prokura*) e um tipo diferente de preposição principal não registada (*Handelsvertreter*), a primeira regulada no capítulo quinto do Código Comercial alemão (arts. 48 a 53) e a segunda regulada no capítulo quinto (arts. 54 a 58) e no capítulo sexto do Código Comercial alemão (arts. 83 a 82). Deste modo foram claramente autonomizados os dois tipos. No entanto, de um ponto de vista funcional, ambos os casos são prepo-

539

A PREPOSIÇÃO

sições, muito semelhantes ao nosso gerente de comércio, ambos com marcas claras de descendência da *actio institoria* e que têm como principal diferença a inscrição em registo comercial, com as inerentes diferenças.

Assim, discordamos do modo como o problema é apresentado por Spellenberg e Verhagen. O caso da *Prokura* não é um caso especial, nem mesmo fora de comum. É uma preposição registada, semelhante a tantos outros casos de preposição registada. Nem sequer se pode afirmar que na Alemanha a separação entre preposição principal registada e não registada seja total. O sistema Alemão é quase igual ao português e ao espanhol[977], por exemplo, sucedendo apenas que a *Prokura* é equivalente a um gerente de comércio, ou *factor*, registado (com algumas diferenças de regimes).[978]

Note-se que, para além dos prepostos principais registados e não registados, a Alemanha também tem um regime aplicável a outros prepostos, com um âmbito menor, semelhante ao nosso caixeiro, figura denominada *Handlungsvollmacht*.

Assim, o que sucede é que em Portugal a sequência que estas três preposições assumem no Código Comercial é a seguinte:

1.º – gerente de comércio não registado (o caso paradigmático);
2.º – gerente de comércio registado (variação relativamente ao caso paradigmático).
3.º – caixeiros e outros auxiliares (outro tipo diferente de preposição), aos quais se aplica por analogia o regime do gerente de comércio.

Mas, na Alemanha, a sequência que estas três preposições assumem no respetivo Código Comercial é a seguinte:

---

[977] A título de exemplo, para melhor compreender a influência do Direito espanhol e português sobre o alemão nesta matéria (a par, naturalmente, de outras fontes), atente-se na referência feita em 1854 (nas vésperas da aprovação, em 1861, do ADHGB), por Thöl, aos regimes de prepostos do Código Comercial espanhol de 1829 e do Código Comercial português de 1833, posição que mantém em 1875, já depois da aprovação do ADHGB – THÖL, HEINRICH, *Handelsrecht*, 1.º vol., 3.ª ed., Göttingen, Dieterichschen Buchhandlung, pág. 1854, pág. 83 e *Handelsrecht*, 1.º vol., 5.ª ed., Fues's Verlag, Leipzig, 1875, pág. 88. Anteriormente a estes Códigos Comerciais, as referências eram efetuadas fundamentalmente ao Digesto – DIECK, CARL FRIEDRICH, *Geschichte, Alterhümer und Institutionen des Deutschen Privatrechts im Grundrisse mit beigefügten Quellen*, Friedrich Ruff, Halle, 1826, pág. 287.

[978] Em sentido diferente, CORDEIRO, ANTÓNIO MENEZES, *Direito Comercial*, 4.ª ed., Almedina, Coimbra, 2016, pág. 677.

ATIVIDADE INTERNACIONAL E PREPOSIÇÃO

1.º – gerente de comércio registado – *Prokura* (o caso paradigmático);
2.º – caixeiros e outros auxiliares – *Handlungsvollmacht*;
3.º – gerente de comércio não registado – *Handelsvertreter*.

Assim, o problema não consiste numa qualquer especial natureza da *Prokura*, mas apenas na correta qualificação para efeitos de Direito Internacional Privado das várias figuras envolvidas. O que só pode ser adequadamente efetuado, tendo em consideração a sua origem comum: a *actio institoria*. Apenas olhando do ponto de vista da *actio institoria* e da sua evolução é possível concluir que, para efeitos de Direito Internacional Privado, a *Prokura* nada mais é do que um caso de gerente de comércio registado, ou seja, uma pessoa que é preposta para ficar à frente de um negócio alheio de modo público e estável, substituindo o comerciante em toda a sua atividade, e determinando a lei que a sua atuação vincula o preponente.[979] É um preposto principal e global; o preposto que está colocado no topo da hierarquia da empresa do comerciante, tratando de todo o seu comércio.

Assim, se a Convenção da Haia mandar aplicar a lei alemã a um preposto de comerciante português, por exemplo, será em princípio aplicável o regime da *Prokura* se este for um gerente de comércio registado, o regime do *Handelsvertreter* se for um gerente de comércio não registado, ou o regime da *Handlungsvollmacht* se foi um caixeiro ou outro auxiliar.

E. Registo, preposição e lei aplicável

I. A publicidade sempre esteve ligada à preposição. Desde o início que a publicidade da preposição afetou o seu regime jurídico. De tal modo que a própria *actio institoria* regula a publicidade e respetivo regime, através de cartazes a serem afixados no estabelecimento do comerciante, regulando o local de afixação, a altura a que devia ser afixado, a língua em que devia ser escrito, e o que sucederia se os cartazes desaparecessem ou se alguém os retirasse.

Com o advento e evolução do registo comercial, a questão da publicidade passou, em parte, para o registo comercial. Assim, o registo assumiu um importante papel em matéria de preposição. De tal modo que é muito frequente que os regimes legais de preposição, especialmente de preposições muito abrangentes (como o caso do gerente de comércio ou do *ins-*

---

[979] A enorme proximidade entre o *Prokurist* e o gerente de comércio registado resulta patente em ALBUQUERQUE, PEDRO DE, *A Representação Voluntária em Direito Civil*, Almedina, Coimbra, 2004, págs. 341 e 342.

A PREPOSIÇÃO

titore), de preposições principais, variem conforme a preposição esteja, ou não, registada.

Como se pode concluir, a questão do registo da preposição é complexa. Contudo, os problemas adensam-se quando o problema do registo da preposição surge numa questão privada internacional.

Quando a questão da preposição é puramente interna, aplica-se o regime legal nacional e o respetivo regime de registo comercial, que é efetuado junto da entidade que, de acordo com o Direito nacional, trata do registo comercial. Tudo opera com base na mesma lei e toda a questão está localizada no mesmo Estado. Assim, em princípio, todos os elementos de regime jurídico desta questão estão integrados, funcionando como um único sistema coerente.

O problema surge quando se determina a aplicação de uma lei estrangeira a uma preposição registada.

II. Se um comerciante português instituir um preposto português para exercer o seu comércio, e o inscrever no registo comercial português, sabemos qual é o regime a aplicar à preposição e ao registo da mesma, e sabemos qual o efeito do registo sobre a preposição.

Mas se este preposto começar a exercer atividade em Itália, celebrando negócios com comerciantes estabelecidos em Roma, a Convenção da Haia vai mandar aplicar a lei italiana ao poder de representação (ao lado externo), de acordo com o art. 11.º, al. b).

No entanto, por um lado, esta preposição está registada em Portugal, e não em Itália. Estará, por essa razão, registada de acordo com o regime do Código de Registo Comercial português, e não de acordo com o regime legal italiano de registo.

Por outro lado, os comerciantes italianos não contam com o registo comercial português na sua atividade. Como é da natureza das coisas, um comerciante italiano, em Itália, não vai consultar o registo comercial português para saber o que nele consta. E se consultar o registo comercial italiano, nada irá encontrar.

Acresce ainda que, de um ponto de vista jurídico-formal, as regras de registo comercial são de aplicação territorial, incluindo as presunções que resultem do registo.

III. A descoberta da norma de conflitos portuguesa em matéria de registo comercial exige algum esforço. O Código de Registo Comercial não con-

ATIVIDADE INTERNACIONAL E PREPOSIÇÃO

têm qualquer norma de conflitos, embora fosse possível retirar uma norma de conflitos unilateral das disposições sobre a competência territorial das Conservatórias. Com a revogação destas disposições, deixou de resultar do mesmo Código qualquer norma de conflitos.

Assim, torna-se necessário recorrer ao art. 115.º do Código de Registo Comercial, que estatui como regime subsidiário o Código de Registo Predial. Contudo, o mesmo sucede com este Código, pois não só não contém nenhuma norma de conflitos, como foram revogadas as disposições sobre competência territorial das Conservatórias (arts. 19.º a 21.º do Código de Registo Comercial).[980] Assim, também se torna necessário recorrer ao regime subsidiário que, neste caso, é o do Código de Processo Civil (art. 156.º do Código de Registo Predial).

No que respeita ao Código de Processo Civil, este não contém nenhuma norma de conflitos expressa. Contudo, o Código de Processo Civil é aplicável aos casos que corram perante os Tribunais portugueses. Portanto, determinando-se a competência do Tribunal, obtém-se a lei competente. Ou seja, por norma (de conflitos unilateral), a lei aplicável aos processos judiciais que correm em Portugal é a portuguesa.

Por maioria de razão, a lei aplicável aos procedimentos de registo comercial que correm em Portugal é a portuguesa. Esta é a norma de conflitos uniliteral portuguesa em matéria de registo comercial.

IV. Não há, no entanto, uma norma de conflitos portuguesa bilateral em matéria de registo comercial, nem faria sentido que fosse uma norma de conflitos portuguesa a determinar a lei competente para efeito de registo no estrangeiro. Se assim fosse, sendo julgada nos Tribunais portugueses uma questão que envolvesse um registo em Estado estrangeiro, seria Portugal a determinar qual a lei competente para apreciar a correção desse registo. Podendo, como tal, ser competente uma lei diferente da lei com base na qual o registo houvesse sido exarado, sendo para tal suficiente que não fosse feita prova do Direito estrangeiro ou que a norma de conflitos remetesse para outra lei. Como se pode concluir, nenhum sentido faz serem os Tribunais portugueses a apreciar a correção de um registo feito em Itália ou no Chile, e

---

[980] Note-se que o mesmo não sucedeu com as normas equivalentes do Código de Registo Civil (art. 10.º a 13.º), que se mantém em vigor, e das quais é possível retirar por interpretação as normas de conflitos em matéria de registo civil, mesmo que se entenda serem unilaterais.

A PREPOSIÇÃO

muito menos sentido faz que essa questão seja decidida com base no Direito alemão ou paquistanês.

Face à relevância pública do registo comercial, deve ser cada Estado a decidir qual o regime jurídico aplicável ao seu próprio registo, mas não ao dos outros Estados. Tal como sucede com a nacionalidade, que é fixada por cada Estado, também os registos devem ser regulados e fixados por cada Estado em relação a si próprio, competindo aos demais Estados apenas receber esse registo; poderão, ou não, reconhecê-lo, no todo ou em parte, condicionalmente ou incondicionalmente, mas não o poderão regular.

Assim, quando o Código Comercial português estatui um determinado regime jurídico como consequência do registo comercial da preposição, este será o registo efetuado de acordo com o Código de Registo Comercial português.

O mesmo sucede com a generalidade dos Estados, que determinam a competência da sua própria lei em matéria de registo comercial. Assim, o Código Civil italiano, ao exigir (no seu art. 2206) o depósito por transcrição da *procura* a favor do *institore* junto do registo comercial da empresa, determina a competência da lei italiana sobre registo de empresa (comercial).

V. Por estas razões, ocorre com alguma frequência que, apesar de o preposto português estar registado em Portugal, não está registado em Itália. Nos casos em que se aplique a lei portuguesa ao lado externo do poder de representação, este será tratado como um preposto registado. Mas caso se aplique a lei italiana, será tratado como um *institore* não registado (apesar de estar registado em Portugal).

Este sistema leva a que este preposto tenha poderes gerais de representação (potencialmente muito mais amplos do que os poderes que constam no registo comercial português), não sendo invocáveis quaisquer limitações contra terceiros, salvo provando-se que os terceiros tinham conhecimento efetivo dessas limitações ao tempo da celebração do contrato (art. 2206, segunda parte, do Código Civil italiano).

Se o caso ocorresse com a Alemanha, e não com a Itália, a solução seria a mesma, mas seria mais clara a distinção, em virtude da autonomização dos tipos negociais operada no Direito alemão. Assim, caso seja aplicável a lei alemã a um preposto registado em Portugal, que é equivalente a um *Prokurist* alemão, estando apenas registado em Portugal o poder de representação será regulado pelo regime do *Handelsvertreter* (equivalente a um gerente de comércio português não registado) e não pelo regime do *Prokurist*.

ATIVIDADE INTERNACIONAL E PREPOSIÇÃO

As diferenças de regime podem ser muito significativas, dependendo de Estado para Estado. Mas em regra, face à comum origem de todas as preposições na *actio exercitoria* e na *actio institoria*, é possível contar como sendo muito provável que, caso se considere como um preposto registado este tenha apenas os poderes para exercer a atividade que conste do registo; caso se considere um preposto não registado, terá poderes para exercer todas as atividades que exercer, sem quaisquer limites.

VI. Como se pode concluir, o problema do registo da preposição é, em suma, um problema de questão prévia em Direito Internacional Privado, análogo ao problema da questão prévia de nacionalidade.

A norma de conflitos da questão principal (representação) é a que resulta da Convenção da Haia; por sua vez, a norma de conflitos do foro (Portugal) relativa ao registo é unilateral, apenas mandando aplicar a lei portuguesa. A consequência é manifesta: face à norma de conflitos portuguesa, só se consideraria haver registo nos casos em que este tivesse sido efetuada em Portugal, independentemente da lei material aplicável à preposição.

Assim, uma questão de representação poderia ser regulada pela lei italiana, que contém diferenças de regime conforme a preposição esteja ou não registada; mas a questão de saber se a preposição estava registada ou não, seria regulada pela lei portuguesa, apenas se considerando como registada se o registo houvesse sido efetuado de acordo com o Código do Registo Comercial.

Como resulta patente, nenhum sentido faz tomar em consideração o registo português para efeitos de normas jurídicas italianas que tomam como pressuposto o registo comercial da preposição efetuado de acordo com a sua própria lei de registo.

Verifica-se, como tal, uma divergência de normas de conflitos do foro aplicáveis ao lado externo da preposição e ao registo da preposição, sendo que a melhor solução para este problema consiste em aplicar o Direito material estrangeiro que é competente para regular a preposição (a *lex* causa) ao regime jurídico do registo, de modo a operar adequadamente.

VII. Este problema – questão prévia de registo – deve ser resolvido através do recurso a uma conexão subordinada, ou seja, regulando a questão prévia de registo pela mesma lei que se aplica à questão principal, que é a lei aplicável ao lado externo da relação de representação que resulta da preposição. Ou seja, subordina-se a questão do registo à questão da preposição. Assim, sendo a lei aplicável ao lado externo da preposição determinada pela

A PREPOSIÇÃO

Convenção da Haia, será também esta a lei aplicável ao registo da preposição para efeito de saber quais os poderes de representação do preposto. Se, por exemplo, os Tribunais portugueses considerarem que se deve recorrer à lei italiana para saber se o ato do preposto vincula o preponente, deve recorrer--se à lei italiana para saber se a preposição estava registada e quais as consequências desse registo.

O que sucede, nos exemplos analisados, é que, estando a preposição registada no registo comercial português, muito provavelmente não estará registada de acordo com o registo comercial italiano ou alemão, a menos que esteja registada em vários sistemas nacionais de registo em simultâneo. Como tal, do ponto de vista do direito registal italiano ou alemão, a preposição não está registada, pois não consta nos seus sistemas de registo. Assim se devendo concluir que, para efeito da questão privada internacional em causa, concluindo que se trata de uma preposição não registada, aplicando--se o respetivo regime jurídico italiano ou alemão (conforme o caso) à questão do poder de representação do preposto.

VII. Claro está que a lei competente para regular a representação poderá aceitar um registo efetuado noutro Estado, através da figura da substituição.[981] Ou seja, pode por exemplo o Direito italiano considerar que um registo efetuado no sistema de registo comercial português seja aceite para efeito de regime jurídico do Código Civil italiano em matéria de preposição registada. Mas esta será uma questão que deverá ser apreciada face à *lex causa*, neste caso a lei italiana.

Em princípio, no caso do registo, a substituição não irá funcionar em concreto, pois normalmente os sistemas de registo nacionais não estão preparados para questões internacionais, mas exclusivamente para questões internas. Contudo, não é de excluir, à partida, que uma determinada lei aceite como preposição registada, uma preposição regida pela sua própria lei, mas registada noutro Estado. O que, em princípio, sucederá apenas nos casos em que um registo estrangeiro cumpra a mesma função do registo nacional, salvaguardando os mesmos fins.[982]

---

[981] PINHEIRO, LUÍS DE LIMA, *Direito Internacional Privado*, Vol. I, 3.ª ed (reformulada), Almedina, Coimbra, 2014, pág. 631 a 639.
[982] PINHEIRO, LUÍS DE LIMA, *Direito Internacional Privado*, Vol. I, 3.ª ed (reformulada), Almedina, Coimbra, 2014, pág. 632.

VIII. Por estas razões, para saber qual o conteúdo do poder de representação de um preposto, é necessário saber qual a lei competente no caso do concreto ato em apreciação pelo Tribunal, lei esta que irá também regular o registo comercial dessa preposição.

Pode suceder que os Tribunais portugueses considerem aplicável a lei portuguesa à questão principal (preposição), sendo necessário saber se a preposição estava registada no Registo Comercial português. Se, neste caso, a preposição em causa apenas estivesse registada em Itália, sendo aplicável a lei portuguesa a questão principal (preposição), será desconsiderado o registo em Itália, apenas sendo considerado que, pela lei portuguesa, a preposição não é registada, aplicando-se o regime da preposição não registada.

Se os Tribunais portugueses considerarem aplicável a lei italiana, será então necessário determinar se está registada de acordo com o Direito italiano. Mesmo que esta preposição se encontre registada no Registo Comercial português, caso não esteja registada no registo de empresa italiano, será considerada como uma preposição não registada para efeitos de aplicação do Direito italiano do *institore*.

Como tal, uma preposição registada num determinado Estado pode ser considerada como uma preposição não registada noutro Estado. O que implica que, caso um comerciante pretenda instituir um preposto para agir como gerente de comércio (ou figura equivalente) em vários Estados, e pretender limitar os seus poderes de modo a que essas limitações sejam oponíveis a terceiros, tem o ónus de proceder ao registo dessa preposição em todos os Estados nos quais o preposto exerça a sua atividade, quer se encontre fisicamente nesse Estado, ou não, e quer exista ou não um estabelecimento nesse Estado.

F. Escolha de lei e proteção dos consumidores

I. O Regulamento Roma I contém normas de conflitos especiais para os contratos celebrados com consumidores. São normas de conflitos que recorrem a elementos de conexão, e outros elementos, que operam uma escolha de lei que tem como fim aproximar a lei competente ao próprio consumidor, de tal modo que a lei competente seja uma lei com que este pudesse contar e, muito provavelmente, que este conheça melhor. De certo modo, pretende-se através dessas normas de conflitos dirigir o contrato para uma lei que integra a base negocial legal do mesmo, tal como resulta do ponto de vista do consumidor, evitando uma escolha de lei que não defenda o consumidor. Para tanto, em matéria de escolha de lei, o regulamento Roma I limita esta escolha, de tal modo que a lei escolhida não derroga as normas de ordem pública interna (e internacional) do Estado cuja lei seria aplicável na falta de escolha.

Contudo, o Regulamento Roma I não se aplica em matéria de representação, em especial no que respeita ao lado externo da representação. Ao que acresce que a Convenção da Haia não contém normas de conflitos especialmente destinadas a proteger os consumidores.

A Convenção da Haia não vai tão longe na proteção dos consumidores como sucede com o Regulamento Roma I. Não protege especialmente os consumidores, mas permite a eficácia das normas de aplicação imediata de qualquer Estado com que a situação apresente uma conexão efetiva (art. 16.º), ou das normas de aplicação imediata ou de ordem pública internacional do foro (art 17.º). Contudo, deixa de fora as normas de ordem pública interna do foro que, assim, podem ser derrogadas através da escolha de uma outra lei.

II. Apesar de a Convenção da Haia não ter um sistema específico de proteção dos consumidores, o funcionamento da Convenção da Haia conduz indiretamente a essa proteção.

Sucede, apenas, que os consumidores não são protegidos nessa qualidade, mas na qualidade de terceiros. Ou seja, a Convenção da Haia protege os consumidores, mesmo sem lhes dirigir uma proteção especial. Nesta matéria é reconhecível a influência da preposição, mesmo se inconsciente, que perpassa todo o instituto de representação.

Como vimos já, a *actio institoria* (e a *actio exercitoria*) tinha como fim proteger os terceiros face à invocação, por parte do dono do negócio, da falta de poderes do agente. Assim, independentemente de o Direito Civil não permitir que o escravo ou filho representassem o *pater familias*, era concedida *actio institoria* de maneira a vincular este pela atuação daqueles. Como resulta manifesto, os terceiros protegidos eram todas as outras pessoas que interagiam com o agente, quer fossem outros comerciantes ou consumidores. Assim, a própria *actio institoria* tinha um claro efeito de proteção dos consumidores, embora na qualidade de terceiros.

A representação nasceu como um instituto de proteção dos terceiros. Muito mais do que um instituto destinado a facilitar a vida ao comerciante, que assim poderia recorrer a outras pessoas para exercer o comércio. O regime jurídico da representação nasceu como modo de proteger os terceiros imputando a atuação ao beneficiário da mesma.

O regime jurídico da *actio institoria* nasceu do reconhecimento do recurso a prepostos para o exercício do comércio, tendo resolvido o problema através da atribuição de poderes de representação aos prepostos. Assim, quem usasse prepostos era por eles representado, não podendo invocar a sua falta de poderes, salvo determinadas exceções, reguladas na lei.

O fim de proteção dos terceiros que carateriza a representação torna-se manifesta quando se atenta nos elementos de conexão típicos desta matéria, pois todos eles tentam conduzir à aplicação de uma lei com uma conexão estreita, do ponto de vista dos terceiros (*external approach*). No entanto, esta proteção apenas se verifica no caso de falta de escolha. No caso de escolha de lei, a proteção não pode ser efetuada através de elementos de conexão fixados na lei, pois o elemento de conexão relevante é a vontade das próprias partes. Poderia, eventualmente, ter-se fixado na Convenção da Haia um sistema semelhante ao do Regulamento Roma I, mas tal não sucedeu.

Em lugar disso, a opção da Convenção da Haia consistiu em procurar criar mais segurança na escolha de lei, exigindo-se que a mesma seja indicada por escrito, por uma parte, e expressamente aceite, pela outra parte; ou acordada numa única declaração expressa e escrita. Assim sendo, protegem--se os terceiros – que podem ser consumidores – face a escolhas de lei tácitas e não escritas.

Embora não se possa afirmar que este nível de proteção seja igual ao do Regulamento Roma I, também não se pode negar que concede proteção a todos os terceiros (incluindo consumidores).

III. Como afirmámos, apesar da preposição, em especial os seus regimes legais, não serem regimes específicos de proteção dos consumidores, têm esse efeito. Ao proteger todo o Comércio, e todos os terceiros que interagem com os prepostos, estes regimes protegem também os consumidores.

Em regra, esta proteção é suficiente. Em matéria de relação externa de representação, o problema que pode afetar um consumidor consiste em não ser possível imputar a atuação a determinada pessoa, em regra, ao dono do negócio. O perigo consiste em alguém agir em nome de uma pessoa, empresa, marca, nome de estabelecimento, sítio da *internet*, ou outro sinal distintivo do comércio, ou por sua conta, e depois não ser possível imputar juridicamente a atuação da pessoa que celebrou o contrato ao dono desse negócio. Este problema é, em regra, cabalmente resolvido pelos regimes de preposição.

A PREPOSIÇÃO

Naturalmente que, diferentes países têm diferentes regimes materiais de preposição, podendo mesmo ter vários regimes de preposição. Mas em regra o problema é sempre o mesmo: a quem imputar juridicamente a atuação de uma pessoa que está pública e estavelmente à frente de determinado negócio, agindo em nome ou por conta desse negócio. Já era esse o problema no séc. II a.C. e continua a ser o mesmo problema. Para resolver este problema, apenas é necessário aplicar a lei de um Estado que conheça a figura da preposição. Pois aplicando-se o regime de preposição que nesse Estado vigora, resolve-se o problema da imputação. Face a alguma variação de regimes que existe, o problema poderá ser resolvido a favor do terceiro (que pode ser consumidor), ou não. Mas, pelo menos, existe um regime jurídico destinado a defender os terceiros face a este tipo de atuações.

IV. O problema surge caso a lei escolhida pelas partes não conheça a preposição.

Nem todos os Estados do mundo conhecerão a figura do preposto. Assim, importa saber o que sucede se a lei escolhida para regular o lado externo da preposição for de um Estado que não conheça a preposição.

Note-se que, em alguns casos, a figura não é conhecida por preposição. O que releva é que seja uma figura segundo a qual uma pessoa que se encontre pública e estavelmente à frente do comércio de outra represente esta última, presumindo-se (ilidivelmente, ou não) os poderes para o fazer. Como é normal, os nomes das figuras variam muito, tal como a sua inserção sistemática e mesmo a conceção dogmática das mesmas. Contudo, é possível, especialmente nos Estados influenciados pelo Direito Romano, reconhecer figuras que têm estas caraterísticas, que surjam como nomes derivados de preposto, institor, procurador, mandatário, agente ou outros.

O problema de a lei escolhida não conhecer a preposição consiste, de certo modo, numa questão de qualificação. A referência feita à lei é dirigida aos institutos dessa lei que regulam a figura que integra o conceito quadro da norma. Sendo a norma uma cláusula de um contrato, nem por isso deixa de ter um conceito quadro que determina o âmbito das normas materiais para as quais se remete. Assim, antes de mais, seria necessário saber se a cláusula de escolha de lei é limitada à matéria da preposição, ou se é uma cláusula de escolha de lei para efeitos de poder de representação. Caso seja uma escolha de lei limitada ao poder de representação do preposto, e a lei escolhida não conhecer esta figura, deve considerar-se a escolha de lei como ineficaz.

ATIVIDADE INTERNACIONAL E PREPOSIÇÃO

Assim, nestes casos, deve recorrer-se à lei que seria normalmente competente em caso de falta de escolha. Mas, caso a cláusula da escolha de lei abranja qualquer questão relativa à representação, independentemente da origem deste poder, ou mesmo qualquer questão, então será aplicável essa lei. Neste caso, se não for conhecida a figura da preposição, a consequência será a que resultar do seu regime geral de representação. O que poderá levar a concluir que não há representação ou, melhor, que a atuação do preposto não vincula o dono do negócio, tornando o assunto num caso de representação sem poderes.

G. Normas de aplicação imediata na Convenção da Haia

Segundo o art. 16.º da Convenção da Haia, as normas de aplicação imediata de qualquer Estado com uma conexão efetiva com a questão podem ser aplicadas, independentemente da lei normalmente competente.

Esta disposição não é especificamente dirigida às normas de aplicação imediata do Estado do foro, pois estas normas são abrangidas mais especificamente pelo art. 17.º da Convenção da Haia, relativa à Ordem Pública.[983] O art. 16.º da Convenção da Haia é, assim, dirigido às normas de aplicação imediata, que não sejam nem do Estado do foro, nem do Estado competente.

A Convenção da Haia não limita as conexões relevantes para este efeito, deixando ao Tribunal[984] a concretização de quais as conexões relevantes de acordo com o seu próprio sistema e Direito Internacional Privado, e a decisão sobre se essa conexão é suficientemente relevante para conduzir à aplicação de determinada norma de aplicação imediata, com prejuízo da aplicação da lei que seria competente de acordo com a Convenção da Haia.

Um dos casos referidos por Karsten[985] de vigência de uma norma de aplicação imediata não do foro e não da lei normalmente competente, é o caso

---

[983] KARSTEN, *Karsten Report*, in *Draft Convention adopted by the Thirteenth Session and Explanatory Report by I.G.F. Karsten*, Bureau Permanent de la Conférence, Imprimerie Nationale, La Haye, 1979, pág. 60. De qualquer modo, mesmo que se entendesse que as normas de aplicação imediata não são normas de ordem púlbica, sempre seriam respeitadas através do art. 16.º da Convenção da Haia. Sobre as normas de aplicação imediata e a sua relação com a Ordem Pública, SANTOS, ANTÓNIO MARQUES DOS, *As Normas de Aplicação Imediata no Direito Internacional Privado – Esboço de uma Teoria Geral*, Almedina, Coimbra, 1991, *passim*.

[984] KARSTEN, *Karsten Report*, in *Draft Convention adopted by the Thirteenth Session and Explanatory Report by I.G.F. Karsten*, Bureau Permanent de la Conférence, Imprimerie Nationale, La Haye, 1979, pág. 60.

[985] KARSTEN, *Karsten Report*, in *Draft Convention adopted by the Thirteenth Session and Explanatory*

A PREPOSIÇÃO

de as partes acordarem numa determinada lei, que assim fica competente, evitando deste modo uma norma de aplicação imediata do Estado que seria normalmente competente, ou de um dos Estado que corresponde a uma das conexões da própria Convenção da Haia.

Nestes casos, em lugar de recorrer ao instituto da fraude à lei, o Tribunal pode recorrer diretamente ao art. 16.º da Convenção da Haia para aplicar a norma de aplicação imediata desse Estado, apesar de não ter sido essa a lei escolhida pelas partes. Assim, num caso como o referido, a escolha das partes é respeitada, com exceção da matéria regulada pela norma de aplicação imediata, satisfazendo-se o principio da liberdade de escolha da lei e o princípio da Ordem Pública subjacente às normas de aplicação imediata.

No entanto, o regime do art. 16.º da Convenção da Haia não tem como fim evitar a fraude à lei, nem consiste num modo de limitar a liberdade que a Convenção da Haia reconhece em matéria de escolha de lei (art. 5.º e art. 14.º).[986] Sucedeu apenas que a complexidade das normas de aplicação imediata em matéria de mediação e representação e, acima de tudo, o enormíssimo campo de aplicação da Convenção da Haia, tornava praticamente impossível prever todas as conexões relevantes. Assim, em lugar de se indicar quais as leis que têm uma legítima pretensão de aplicação, a Convenção da Haia entrega essa decisão ao Tribunal, de modo a que este, na posse dos dados concretos da questão em litígio, possa decidir se uma norma de aplicação imediata de uma determinada lei deve ser aplicada independentemente da lei competente. Quer seja uma norma de aplicação imediata da lei que seria normalmente competente não fora ter sido escolhida outra lei, quer seja uma norma de aplicação imediata de uma lei que corresponda a uma conexão vigente da Convenção da Haia mas não seja relevante no concreto caso, quer seja de um Estado que corresponde a uma norma de conflitos da lei do foro mas que não seja competente em virtude da Convenção da Haia ou, ainda , uma lei que corresponde a uma qualquer outra conexão que, no caso concreto, se justifica a aplicação.

Importa, no entanto, tomar em consideração que o regime do art. 16.º da Convenção da Haia não obriga o Tribunal a respeitar essa norma de aplica-

---

Report by I.G.F. Karsten, Bureau Permanent de la Conférence, Imprimerie Nationale, La Haye, 1979, pág. 34.

[986] Neste sentido, KARSTEN, *Karsten Report*, in *Draft Convention adopted by the Thirteenth Session and Explanatory Report by I.G.F. Karsten*, Bureau Permanent de la Conférence, Imprimerie Nationale, La Haye, 1979, pág. 34.

ATIVIDADE INTERNACIONAL E PREPOSIÇÃO

ção imediata. Antes, permite ao Tribunal que a aplique, mas sem o obrigar. O art. 16.º da Convenção da Haia é uma disposição imperativa, no que respeita à atribuição ao Tribunal do poder discricionário de decidir aplicar, ou não, uma norma de aplicação imediata de um outro Estado com uma conexão relevante. Mas não é imperativa no sentido de obrigar o Tribunal a aplicar necessariamente. Não sendo uma norma de aplicação imediata do foro, nem uma norma de aplicação imediata da lei competente, o Tribunal apenas a aplicará se assim o entender, e desde que seja de um Estado que corresponda a uma conexão relevante.

H. Ordem pública na Convenção da Haia

Segundo o art. 17.º da Convenção da Haia, a lei competente só pode ser afastada se for contrária à ordem pública do Estado do foro. Também neste caso, a Convenção da Haia não obriga o Tribunal a afastar a lei competente em prol da ordem pública.

Contudo, neste caso a ordem pública é a do próprio foro, pelo que competirá ao Tribunal, respeitando o seu próprio sistema de ordem pública, tomar a decisão de afastar ou não a lei competente. No caso de Portugal, esta decisão é vinculada, pois os Tribunais estão proibidos de aplicar normas de Direito estrangeiro que violem a ordem pública internacional do Estado português. O mesmo sucede com a vigência das normas de aplicação imediata portuguesas, que devem ser necessariamente aplicadas pelos Tribunais portugueses, sendo também abrangidas pelo art. 17.º da Convenção da Haia.[987] Assim, apesar do art 17.º da Convenção da Haia apenas permitir ao Tribunal afastar a lei competente em benefício do seu próprio Direito – normas de ordem púbica internacional – o nosso Direito exige esse afastamento como sendo necessário. O que inclui o afastamento do Direito estrangeiro competente, em caso de violação dos princípios de ordem pública internacional do nosso Direito; e inclui também a aplicação necessária das nossas normas de aplicação imediata, independentemente do Direito estrangeiro competente.

Um dos casos de relevância do art. 17.º da Convenção da Haia prende-se com o art. 38.º do Decreto-Lei n.º 178/86, de 3 de julho, que regula o contrato de agência. Esta disposição manda aplicar o regime nacional do contrato de

---

[987] KARSTEN, *Karsten Report*, in *Draft Convention adopted by the Thirteenth Session and Explanatory Report by I.G.F. Karsten*, Bureau Permanent de la Conférence, Imprimerie Nationale, La Haye, 1979, pág. 60.

agência em matéria de cessação, caso o contrato de agência se desenvolva exclusiva ou preponderantemente em território nacional, salvo se o Direito estrangeiro competente for mais vantajoso para o agente.[988] O art. 38.º do Decreto-Lei n.º 178/86 atribui ao regime de cessão do contrato de agência a natureza de norma de aplicação imediata, limitada aos casos que tenham uma conexão estreita com Portugal, estabelecendo um mínimo de proteção do agente. Assim, mesmo nos casos em que, de acordo com a Convenção da Haia seja competente uma lei diferente da portuguesa, de acordo com o art. 17.º da Convenção da Haia será aplicado o regime português da cessão do contrato nos casos determinados pelo art. 38.º do Decreto-Lei n.º 178/86.

---

[988] MONTEIRO, ANTÓNIO PINTO, *Contrato de Agência*, 8.ª ed., Almedina, Coimbra, 2017, págs. 158 a 164."

VIII. Alguns exemplos de prepostos

Os exemplos de prepostos são inúmeros. A generalidade do comércio de Massa é efetuada por prepostos, e mesmo no grande comércio, grande parte deste é efetuado por prepostos. A velocidade do Comércio assim o exige. Não se pretende, como tal, ser exaustivo, mas criar um núcleo de exemplos que auxilie na construção, identificação ou explicitação do tipo.

Os exemplos que agora analisaremos não dizem respeito à relação subjacente, mas antes à relação externa. Nestes casos, a relação subjacente é um contrato de preposição puro (o que é raro) ou é um contrato misto que integra um elemento de preposição (a regra). São contratos nos quais, independentemente do seu conteúdo, colocam uma pessoa pública e estavelmente à frente do comércio; logo, integram uma preposição. Contudo, o que se pretende é proceder a uma análise de vários casos aos quais se pode aplicar o *status* de preposto. Como tal, será efetuada sempre uma *externa approach* aos exemplos, pois é assim que sucede no Comércio. Salvo nos casos em que o terceiro conhece efetivamente o conteúdo da relação subjacente, a aproximação que faz é necessariamente externa, com base nos factos externalizados, pois são esses os factos que o terceiro conhece. Assim sucede com um cliente que contacta com quem está ao balcão do banco,[989] como acontece com um fornecedor que pretende vender as suas mercadorias a alguém que está à frente de um supermercado, como acontece com um Juiz que julga um caso com prepostos.

Os exemplos são de Direito Comercial e, por essa razão, partem do Comércio. Não são exemplos académicos, mas exemplos reais, pelo que se

---

[989] Exemplo a que se refere SANTOS, FILIPE CASSIANO, *Direito Comercial Português*, Vol. I, Coimbra Editora, Coimbra, 2007, pág. 176.

procura seguir a terminologia do Comércio com os respetivos conteúdos socio-comercialmente típicos. Também não são exaustivamente analisados, porquanto a análise aprofundada de cada um destes exemplos exigiria uma obra de tamanho igual à presente. Nem sequer são em grande número, sendo apenas alguns exemplos típicos do Comércio. Alguns dos quais são antigos exemplos, que são geralmente reconhecidos como prepostos, mesmo por quem não conhece nem o nome, nem o regime jurídico dos prepostos. Outros, são novos casos, fruto da contínua evolução do Comércio. São prepostos, como todos os demais casos de prepostos. E como é tradicional nos prepostos e, acima de tudo, nos preponentes, pretendem criar a aparência de os prepostos nada terem a ver com os preponentes, de modo a que estes consigam negar a vinculação nos negócios e atos dos prepostos que – afinal – não sejam úteis aos preponentes.

1. O testa de ferro

O uso de testas de ferro ou de homens de palha no Comércio, é tão antigo quanto o próprio Comércio. Esta designação é, contudo, reservada para os casos em que uma pessoa é colocada à frente de um assunto de outra pessoa, de modo a esconder o seu principal, com fins condenáveis. Não necessariamente ilícitos (embora frequentemente), mas em regra condenáveis de acordo com os usos do Comércio.

Um testa de ferro é, em linguagem jurídica, um mandatário sem representação, um comissário. Contudo, no Comércio quando se usa a terminologia "mandatário" ou "comissário", tal significa que nada de condenável há a esconder. O testa de ferro, por sua vez, é usado para esconder algo que está fora dos cânones do Comércio, ou do Direito.

Note-se que a chamada "interposição fictícia de pessoa" nada tem de mal só por si, em especial no Comércio, e no Direito Comercial. Uma parte importante do Comércio é efetuada com interposição fictícia de pessoas. Assim sucede, por exemplo, quando um contrato é celebrado por uma pessoa em seu próprio nome, que fica a constar no contrato como parte, mas agindo por conta de outra pessoa, que pretende ficar escondida. Por outro lado, no Comércio, e no Direito Comercial, há danos que são vistos positivamente. Todo o Comércio é, de certo modo, danoso, e o Direito Comercial promove e protege certas atuações danosas, como constituindo um dos grandes valores do Comércio: a concorrência. A concorrência é sempre danosa para os outros concorrentes, sendo essa a sua essência. Assim, especialmente no Direito Comercial, a fronteira entre o dano lícito e o dano ilí-

ALGUNS EXEMPLOS DE PREPOSTOS

cito é muito especial, sendo admitidos vários danos como sendo, não só lícitos, mas desejados como Dever Ser. O mesmo sucede com a mentira, que é aceite no Comércio e no Direito Comercial de um modo muito diferente do que sucede no Direito Civil. Esta é, aliás, a razão da fundamental diferença de fronteiras entre o *dolus bonus* e o *dolus malus*, no Direito Civil e no Direito Comercial. Também em resultado desta diferença, há casos que em Direito Civil seriam simulação, mas que não o seriam no Direito Comercial.

Como podemos concluir, esta questão tem duas abordagens diametralmente opostas no Direito Civil e no Direito Comercial. No Direito Civil o uso de um testa de ferro corresponde, em regra, a uma simulação subjetiva, com as inerentes e sobejamente conhecidas consequências. No Direito Comercial esta prática corresponde a uma comissão mercantil, conforme decorre do art. 266.º do Código Comercial:

> *Dá-se contrato de comissão quando o mandatário executa o mandato mercantil sem menção ou alusão alguma ao mandante, contratando por si e em seu nome, como principal e único contraente.*

Ou seja, no Direito Civil, em regra um testa de ferro é algo de desvalioso, mas no Direito Comercial não o é necessariamente, nem mesmo frequentemente. Só em casos extremos, que ultrapassam os limites do próprio Direito Comercial, no que respeita ao engano provocado e ao dano causado. Em regra, no Comércio, e no Direito Comercial, entre comerciantes, as declarações emitidas não correspondem à vontade real. Sendo assim, o recurso a testas de ferro é corrente no Comércio, sendo de tal modo corrente que o Direito Comercial tem soluções próprias para o efeito.

Estes casos podem ocorrer em duas situações:

– Prática de atos isolados.
– Prática de atividade.

A prática de atos isolados corresponde a um testa de ferro que foi instituído para apenas um negócio, por exemplo, sendo aplicável o regime da comissão.

No segundo caso, o testa de ferro é um preposto. Assim sucede, porque nestes casos o testa de ferro surge colocado pública e estavelmente à frente de um determinado comércio. É, portanto, um preposto desse comércio.

A questão que pode causar alguma dificuldade prática, consiste em saber a quem pertence esse comércio. Contudo, no caso dos testa de ferro, esse

A PREPOSIÇÃO

comércio pertence sempre a outrem, embora tal facto seja escondido. Assim, determinando-se que certa pessoa está pública e estavelmente à frente de um comércio, agindo em nome próprio e por conta desse comércio, e provando-se que esse comércio é pertença de outra pessoa, temos um preposto, que é um testa de ferro. Neste caso, pode o terceiro optar por considerar como vinculado o testa de ferro, ou o seu principal, conforme estatuído pelo art. 252.º do Código Comercial. O terceiro pode, como tal, acionar o principal, se assim o desejar, passando o principal a ficar vinculado ao contrato, e passando a ser a sua esfera patrimonial a operar como garantia geral das obrigações.

Em conclusão, um testa de ferro que surja à frente de uma atividade comercial (e não de um único ato, ou de uma atividade não comercial) é um preposto, sendo-lhe aplicável o regime dos arts. 248.º e seguintes do Código Comercial.

2. O CEO (*Chief Executive Officer*)

O CEO, ou *Chief Executive Officer* é a designação usada no Comércio, e cada vez mais no Comércio português de alguma dimensão, para significar a pessoa que trata de todo o comércio da empresa, sendo a figura de topo na gestão do seu comércio. Em regra, o CEO é membro do órgão de administração, nos casos em que a empresa pertence a uma pessoa coletiva. Contudo, não só é possível a existência de CEO de empresas pertença de comerciantes individuais, como é também possível CEO que não integrem o órgão de administração. O que releva é que essa pessoa surja como CEO, independentemente da estrutura interna correspondente.

O CEO é o mais típico dos prepostos, correspondendo ao que, em 1888, se chamava "gerente de comércio". É o preposto de topo, quem surge pública e estavelmente à frente de todo o comércio, sem exceção. Como tal, o CEO representa a empresa do comerciante (singular ou coletivo) em todos os atos que pratique.

Nos casos em que o CEO está inscrito no registo comercial como membro do órgão de administração (e que tal seja julgado provado), será aplicável o regime do art. 248.º do Código Comercial, mas com a remissão para a relação subjacente que é determinada pelo art. 249.º do Código Comercial. Como tal, na prática, nestes casos será aplicável o regime jurídico dos administradores, com as inerentes especificidades.

Contudo, nos casos em que o CEO não está inscrito em registo comercial, ou em que tal não resulta provado, do art. 249.º do Código Comercial irá resultar que este tem totais poderes de representação, ficando o comerciante preponente sempre vinculado, salvo se provar que o terceiro estava de má fé subjetiva psicológica à data em que celebrou o contrato. Por outro lado, mesmo nos casos em que o CEO não agiu em nome desse comerciante, por exemplo, porque agiu em nome próprio ou de outro comerciante, pode o terceiro vincular aquele comerciante, desde que prove que a atuação foi por sua conta.

É ainda frequente o CEO de um grupo empresarial. Assim sucede com vários grupos empresariais, que tornam público que determinada pessoa é CEO do grupo, através do seu sítio de *internet*, ou através de *press releases*, ou na sua informação corporativa, ou em entrevistas, por exemplo. Nestes casos, estaremos perante um preposto de topo, com vários preponentes, pois são preponentes todas as empresas do grupo. Não as empresas do grupo, no sentido jurídico de grupo, mas no sentido que resulte dessa comunicação. Assim sendo, mesmo que uma determinada sociedade comerciante não respeite os requisitos legais para ser considerado como integrando o grupo, desde que as comunicações efetuadas a integrem no grupo com a sua tolerância, será um dos preponentes do CEO. Nestes casos, todos os preponentes ficam vinculados, sendo todos igualmente representados pelo CEO.

Assim, como regra, um ato praticado pelo CEO do grupo vincula todo o grupo, todos os comerciantes (singulares ou coletivos) que integrem o grupo, ficando as suas esferas patrimoniais solidariamente responsáveis por esse ato, a título de garantia geral das obrigações.

O mesmo sucede, caso o CEO de um grupo tome conhecimento de um determinado facto. Este conhecimento, obtido através da receção de uma qualquer informação, será imputado a todas as empresas desse grupo. Assim, por exemplo, se o CEO de um grupo de empresas de certificação de contas tomar conhecimento de um facto, esse conhecimento é imputado a todas as empresas do grupo, não podendo vir uma das empresas invocar que não recebeu essa informação.

3. O CFO (*Chief Financial Officer*)

Tal como sucede com o CEO, o CFO (*Chief Financial Officer*) é uma designação que tem vindo a ganhar espaço em Portugal. O CFO é um preposto para uma atividade específica, que consiste em todas as questões financeiras da empresa. Uma grande parte da atividade de um CFO é interna, mas estes tratam também de questões externas relativas a matérias financeiras. Assim sucede, por exemplo, com a negociação e obtenção ou concessão de

A PREPOSIÇÃO

crédito e também com a sua cobrança. Como tal, um CFO surge pública e estavelmente à frente de todas as atividades da empresa relativa a questões financeiras. Note-se que os terceiros podem ser os próprios trabalhadores da empresa, porquanto a única pessoa que não é terceiro face ao preposto, é o comerciante preponente propriamente dito (singular ou coletivo).

Em regra, o CFO não está inscrito no registo comercial porque não é tipicamente um dos membros do órgão de administração. Como tal, em regra, e de acordo com o art. 249.º do Código Comercial um CFO representa a empresa em todas as matérias relacionadas com a área financeira, sejam elas quais forem, tendo poderes para praticar todos os atos úteis ou necessários a essa área de negócio, incluindo atos complementares como, por exemplo, comprar um *software* de faturação ou uma máquina de fotocópias. Só assim não sucede, nos casos em que o CFO conste do registo comercial, ou em que se prove que o terceiro tinha conhecimento efetivo dos limites de atuação do CFO antes da prática do ato. Caso contrário, tudo o que fizer representa o comerciante titular da empresa por conta de quem trata dos assuntos financeiros, mesmo que não atue em seu nome, mas apenas por sua conta.

4. O VP (*Vice President*)

A designação de VP (*Vice President*) no Comércio reporta-se tipicamente a uma de duas atividades. Ou designa o vice CEO ou COO (*Chief Operating Officer*), ou é uma designação mais usada como *marketing* comercial.

O primeiro caso corresponde mais a uma tradução para inglês da designação portuguesa de vice-presidente do conselho de administração. Neste caso, sendo um membro do conselho de administração estará, em princípio, registado, pelo que será aplicável o regime subjacente à preposição que, neste caso, é o regime jurídico dos administradores. Esta posição corresponde, de certo modo, a um vice CEO ou a um COO (*Chief Operating Oficer*), cargo que tem, como regra, as mesmas funções do CEO, mas subordinado a este, como um seu braço direito.

O segundo caso ocorre, em regra, em duas situações. Ou para promover um trabalhador através de uma designação mais honrosa, em regra sem pagar mais ou pagando pouco mais ao trabalhador, ou para designar uma pessoa com funções de gestão em determinada área de negócio, assim dando aos clientes a ideia de que essa é uma pessoa importante dentro da empresa pelo que, tratando com uma pessoa importante na empresa, o cliente é também uma pessoa importante. Estas duas situações dependem muito da

ALGUNS EXEMPLOS DE PREPOSTOS

dimensão da empresa em causa e mesmo do tipo de atividades, porquanto as terminologias usuais variam entre as várias áreas do comércio.

O problema com o VP é o seu efeito externo. Em qualquer dos casos, o VP é um preposto, variando, no entanto, a sua atividade. É um preposto porque surge pública e estavelmente à frente de determinada atividade da empresa, o que é reforçado pela designação VP, que dá publicidade a uma posição relativamente elevada na empresa. Assim, mesmo que se trate de uma mera designação honrosa, que a empresa usa com o fim de promover o trabalhador sem lhe pagar mais, este irá surgir publicamente como um VP, ou seja, como uma pessoa encarregue da gestão de determinada área.

O problema surge com as limitações inerentes às concretas funções do VP. Nos casos em que o VP é apenas identificado com esta designação, nenhuma limitação resulta publicamente deste título. Assim, apenas é possível aferir publicamente qual a atividade à frente da qual está, pela atividade que exerce pública e estavelmente. Em consequência, nestes casos, o VP tem poderes para exercer toda a atividade que exerce pública e estavelmente, independentemente das limitações imposta pela empresa que, em regra, é o empregador. Assim sucede porque estas limitações não serão oponíveis aos terceiros, de acordo com o regime do art. 249.º do Código Comercial.

Já nos casos de VP para determinada área, a própria designação provoca a limitação da publicidade quanto à atividade exercida. Assim sucede, por exemplo, com o "VP para Portugal", ou "VP para grandes contas", ou "VP para o *marketing*". Nestes casos, a designação que aparecerá nos cartões de visita, ou no sítio da empresa, ou na página da empresa numa rede social *online*, ou noutros locais de estilo, provocará o conhecimento efetivo no terceiro que tome conhecimento do mesmo, da respetiva limitação da preposição a essas áreas do comércio. Assim, a referência ao qualificativo associado à designação VP permitirá opor a terceiros a respetiva limitação do âmbito dos seus poderes de representação. Caso contrário, nomeadamente porque o terceiro não teve conhecimento desta limitação, mas apenas que estava a tratar com um VP, os poderes serão ilimitados, porquanto um VP sem qualquer limitação tem poderes para tudo, correspondendo na prática a um COO.

5. O diretor geral

O diretor geral é o equivalente nacional ao CEO, sem prejuízo de, como regra o CEO ser um membro de conselho de administração ou da gerência, enquanto em regra o diretor geral não ser membro de um órgão da sociedade. Assim, tal como sucede com o CEO, o diretor geral é um dos casos

A PREPOSIÇÃO

típicos correspondentes à antiga designação de gerente de comércio. É um preposto de topo típico, mas como regra, não registado. A falta de registo decorre do facto de não ser usualmente um membro do órgão de administração da pessoa coletiva, e da (má) prática nacional de não inscrever os diretores gerais no registo comercial.

Um diretor geral é uma pessoa que, como decorre da designação, dirige em geral a empresa, surgindo pública e estavelmente à frente de todo o seu comércio, incluindo todos os assuntos, de todos os ramos de comércio, de todos os estabelecimentos, em todo o Mundo. É, pois, um preposto de topo, em regra não registado, que vincula a empresa em todos os atos, sem limite. Assim, mesmo que esta designação seja usada sem que o diretor geral gira efetivamente a empresa, o mero recurso à designação provoca, em regra, a preposição. Um diretor geral, ou uma pessoa que seja identificada publicamente pela empresa como diretor geral, é sempre um preposto de topo, para todos os assuntos do comércio da empresa. Sem exceções, salvo as que constem em registo comercial (o que é raro), ou que sejam do conhecimento efetivo do terceiro à data do contrato (o que também é raro).

6. O diretor de hotel e o diretor de fábrica

O diretor de hotel e o diretor de fábrica são duas designações tradicionais no nosso Comércio. O que diferencia, fundamentalmente, estas duas figuras face ao diretor geral, é a sua especialidade em relação a um estabelecimento da empresa.

O diretor geral é um preposto de topo da empresa, incluindo todos os estabelecimentos da empresa. Ou, melhor, preposto de toda a empresa com o estabelecimento de topo, incluindo os sub-estabelecimentos ou estabelecimentos secundários. Os dois casos agora em análise correspondem a prepostos de topo, mas limitados a um destes sub-estabelecimentos ou estabelecimentos secundários. Não o estabelecimento global da empresa, que integra todos os hotéis ou todas as fábricas e tudo o mais, mas apenas um dos hotéis, ou uma das fábricas. Mesmo no caso de empresas que apenas tenham um hotel, ou uma fábrica, o diretor de hotel ou de fábrica apenas está à frente da atividade inerente a esse hotel ou a essa fábrica. Como tal, se para além do hotel, a empresa tiver uma sede, o diretor de hotel não está à frente de assuntos da sede, não podendo, por exemplo contratar trabalhadores para a sede.

Contudo, no que respeita ao hotel, ou à fábrica, o diretor tem poderes totais, desde que não existam limites registados, ou desde que o terceiro não

562

conheça esses limites à data do contrato. Assim, se um diretor de hotel decidir fazer obras em todo o hotel, vincula a empresa. Ou, se o diretor da fábrica decidir comprar uma nova máquina de extrusão, no valor de vários milhões de euros, o contrato por si assinado vincula a empresa. O mesmo acontece se um destes diretores celebrar um instrumento de regulamentação coletiva do trabalho em relação ao respetivo estabelecimento, ficando o comerciante vinculado representativamente pelo respetivo diretor.

7. O gerente de balcão e o gerente de restaurante

Estes dois casos são equivalentes ao diretor de hotel ou de fábrica acima analisados, com a diferença terminológica de se recorrer ao termo "gerente" em vez de "diretor". De certo modo, o que sucede é que, por exemplo, na banca e na restauração ainda se usa a terminologia do séc. XIX, que se foi mantendo. Nestes casos, contudo, o gerente está à frente de um estabelecimento ou, melhor, de um sub-estabelecimento, o balcão do banco ou o restaurante. Salvo esta diferença terminológica, a problemática é precisamente a mesma que se aplica no caso do diretor de hotel ou de fábrica com, naturalmente, as diferenças inerentes às atividades comerciais em causa. Assim, tal como nenhum sentido faz que um diretor de uma fábrica proceda à concessão sistemática de crédito a quem apareça na fábrica a pedir dinheiro emprestado para comprar casa, também não faz qualquer sentido um gerente de um restaurante adquirir um alto-forno para produzir ferro-gusa.

8. O diretor de departamento

São vários os casos de diretores de departamento, por exemplo, diretor comercial, diretor de recursos humanos, diretor financeiro e diretor de relações públicas. Estes são casos de prepostos de topo, mas no que respeita a um departamento da empresa. Não da empresa toda, nem de todo um estabelecimento, mas de um tipo específico de atividade.

O diretor de departamento pode ser relativo a toda a empresa, ou apenas a um estabelecimento, ou uma zona geográfica, por exemplo. Nestes casos surge o mesmo problema que ocorre com o VP, que é uma figura equivalente.

Assim, por exemplo, um diretor de recursos humanos, pode estar preposto à frente de todos os assuntos relativos aos recursos humanos, incluindo contratação de funcionários e mesmo o exercício do poder disciplinar. O exercício de poder disciplinar é uma área frequentemente abrangida na gestão de recursos humanos, pelo que, na falta de limitação de quais

A PREPOSIÇÃO

os concretos poderes disciplinares foram concedidos ao diretor de recursos humanos, este terá totais poderes disciplinar perante terceiros de boa fé. Como normalmente os diretores de recursos humanos não estão inscritos em registo comercial, sendo prepostos não registados, mesmo que tenha poderes disciplinares para umas questões, mas não para outras, estes limites não podem ser opostos ao trabalhador, a menos que o empregador dê conhecimento efetivo ao trabalhador dessa falta de poderes disciplinares à data da infração disciplinar, ou à data do ato praticado no processo disciplinar, por exemplo. Em consequência, na falta de registo, e não se provando o conhecimento efetivo por parte do trabalhador, o poder disciplinar deve iniciar-se nos 60 dias subsequentes à data do conhecimento da infração pelo diretor de recursos humanos, segundo o art. 329.º, n.º 2 do Código do Trabalho. Este não é um caso de conhecimento da infração por parte do "superior hierárquico com competência disciplinar", nem mesmo de um caso de delegação de poder disciplinar a um outro trabalhador,[990] mas antes um caso de conhecimento por parte do "empregador", que é representado na obtenção deste conhecimento pelo seu preposto para os recursos humanos. Quando um preposto tome conhecimento de um facto nessa qualidade, esse conhecimento é representativamente imputado ao proponente, quer seja através do regime contratual da preposição, quer através do *status* da preposição. No caso do *status* da preposição, contudo, o trabalhador apenas tem de provar que determinada pessoa está pública e estavelmente à frente das questões relativas à disciplina laborar, sendo então preposto para estas matérias. Mesmo que, por qualquer razão interna, não tenha poder disciplinar, esta falta de poder disciplinar não é oponível ao trabalhador de boa fé.

9. O vendedor de automóveis

I. Uma das atividades nas quais se observa com maior clareza o funcionamento do regime dos prepostos é no vendedor de automóveis. Assim sucede na prática, porquanto os compradores dos automóveis nunca, ou quase nunca, se preocupam com os poderes de representação dos vendedores de automóveis. Entrando um terceiro num *stand* de automóveis, este irá identificar como vendedor qualquer pessoa que no mesmo se encontre, e que adote

---

[990] Sobre a questão, RAMALHO, MARIA DO ROSÁRIO PALMA, *Tratado de Direito do Trabalho*, Parte II, 6.ª ed., Almedina, Coimbra, 2016, págs. 587 a 892.

o comportamento típico de um vendedor. Mostrando o automóvel, apresentando propostas de preço e negociando as mesmas. Contudo, é extremamente raro que alguém peça a comprovação dos poderes de representação a essa pessoa, quer para negociar a venda, quer mesmo para celebrar a venda. É ainda mais raro que os terceiros saibam se estão a tratar com o "dono" do *stand*, ou com um seu trabalhador, com um comissionista, ou com qualquer pessoa. Nem sequer sabem se o *stand* é proprietário do automóvel, se o está a vender à consignação,[991] se está mandatado para vender, autorizado a vender, ou qualquer outro esquema negocial.[992]

Assim, como regra, qualquer pessoa que, com a vontade ou mera tolerância do titular do *stand*, desempenhe atividades típicas de vendedor de automóveis, é um preposto do *stand*, vinculando o respetivo titular. Como tal, vendendo o automóvel vincula o titular do *stand*, independentemente de ser um bom ou mau negócio. Esta situação é tornada mais complexa pelo regime de forma de venda de automóveis, porquanto se trata de um negócio não sujeito a qualquer forma especial. Assim, por exemplo, se um vendedor decidir vender um automóvel com um enorme desconto, vendendo-o abaixo do preço de custo, de modo a preencher a sua quota de vendas necessária para obter um certo prémio de eficácia, a venda é válida e eficaz. Os limites de preços de venda estabelecidos pelo titular do *stand* apenas são oponíveis ao terceiro, caso o titular do *stand* (preponente) prove que o terceiro tinha conhecimento efetivo desse limite à data da compra. Mesmo que o vendedor diga ao cliente que lhe faz esse preço "especial" para assim atingir o prémio, seria necessário que o preponente provasse que o terceiro tinha conhecimento efetivo que esse preço violava diretivas internas da empresa.

---

[991] Sobre a venda à consignação, VASCONCELOS, PEDRO LEITÃO PAIS DE, *A Autorização*, 2.ª ed., Almedina, Coimbra, 2016, págs. 347 a 360.

[992] Conforme se pode observar no Acórdão do Tribunal da Relação de Lisboa, de 29 de abril de 2003, de que foi Relator o Senhor Desembargador Pimentel Marcos, *in* dgsi.pt (processo 1636/2003-7). Na questão em apreciação é manifesto que se está perante a atuação de um preposto. Contudo, face à já referida falta de estudo e conhecimento que atualmente se verifica em matéria de preposição, o Tribunal aplicou o regime do art. 23.º da Lei do Contrato de Agência, por entender que este regime se aplica a todos os contratos de colaboração. A solução, em suma, foi obtida junto de um caso de preposição (o art. 23.º da Lei do Contrato de Agência), embora não se tenha aplicado o caso correto de preposição.

A PREPOSIÇÃO

II. Por outro lado, é corrente em *stands* de automóveis de alguma dimensão que, a par da equipa de vendas, desempenhem atividade atendedores de *stand* cujas funções consistem em receber os clientes enquanto não existe um vendedor disponível, evitando que o mesmo abandone o *stand* sem ser contactado por um vendedor. Para tanto, vão questionando o cliente sobre qual a viatura pretendida, e vão mostrando a viatura, catálogos, e fazendo uma primeira indicação de preços (em regra, dos preços de tabela).

O problema que se coloca com os atendedores de *stand*, consiste em que, do ponto de vista do terceiro, pouco – ou nada – os distingue dos vendedores. A única diferença substancial, consiste em que os atendedores não fazem vendas, não tendo poderes para tanto, porque não foram contratados para efetuar vendas, mas apenas para atender os clientes. Um atendedor de *stand* desempenha a sua atividade estável e publicamente no estabelecimento (no *stand*), mas não está pública e estavelmente à frente da venda de automóveis. Contudo, o terceiro não o sabe, e em regra não tem como o saber.

Este é um problema diferente da limitação de poderes. Os atendedores de *stand* surgem publicamente na posição socialmente típica de prepostos, mas não são prepostos. Ao surgirem publicamente na posição social de vendedores de automóveis, são abrangidos pelo art. 248.º do Código Comercial.

Poder-se-ia colocar o problema de se saber se se trata de um caso de falta de preposição. Caso em que o comerciante poderia provar que se tratava de uma usurpação de atividade pelo atendedor de *stand*, assim excluindo a aplicação dos arts. 248.º e seguintes do Código Comercial. Para tanto, teria de provar que não tinha vontade, nem mesmo tolerado, em colocar aquela pessoa naquelas funções. Ou seja, que não o tinha colocado numa posição socialmente típica de preposto.

O problema com os atendedores de *stand* é que a sua posição social é igual à dos vendedores de *stand*. A diferença que existe entre ambas as atividades é interna, e não externa. Do ponto de vista de tipicidade social, ambos estão em *stands* de automóveis, atendendo os clientes no que respeita à atividade que é desenvolvida nos *stands* de automóveis: a compra e venda de automóveis. Deste modo, salvo casos excecionais, os atendedores de *stand* surgem colocados pelo titular do *stand*, de modo público e estável no setor de vendas. Ou seja, existe vontade de os prepor no departamento de vendas, apesar de terem ordens internas para não celebrarem os contratos.

Este é um caso antigo. Já no Digesto surge o mesmo problema, com as pessoas que eram colocadas em atividades que correspondiam tipicamente a prepostos, mas que estavam impedidos de celebrar os negócios. A resposta

ALGUNS EXEMPLOS DE PREPOSTOS

de Ulpianus,[993] que consta no Digesto, como vimos já, foi muito prática: afixar cartazes no estabelecimento a dizer quem não podia celebrar contratos.[994] Ainda hoje a solução do Comércio é semelhante. Por um lado, é prática corrente que os vendedores e outros funcionários do departamento comercial do *stand* usem placas identificadoras na roupa, com o nome e função ("vendedor" ou "comercial", por exemplo). Também ocorre com frequência, que esteja afixada no *stand*, ou no sítio de *internet* do *stand*, a composição da "equipa de vendas" ou "equipa comercial". Assim, a prática comercial atual opera *a contrario*, afirmando-se quem tem poderes para fazer vendas. *A contrario* os atendedores de *stand* não têm essas funções, não tendo poderes para contratar.

O que sucede, contudo, é que o art. 249.º do Código Comercial é mais exigente que o Digesto, e apenas permite a oponibilidade a terceiros destas placas ou cartazes, caso se prove que o terceiro tinha conhecimento efetivo das placas ou cartazes à data do contrato. Contudo, caso se prove que o terceiro teve conhecimento efetivo dessas funções, e que o atendedor de *stand* não era um vendedor, pode opor-se a falta de poderes de representação, Caso contrário, o negócio celebrado pelo atendedor de *stand* é plenamente eficaz.

---

[993] Pelo que esta solução tem pelo menos 1800 anos de idade.

[994] D.14,3,11 – (2) Não ocupa o posto de institor aquele sobre o qual foi publicamente anunciado que com ele não se deve contratar; porque não se deve com ele contratar como institor, porque se alguém não quer que se contrate, deve proibi-lo publicamente. Se não o faz fica obrigado pela prepositura que tiver feito.

(3) Entendemos proibir publicamente no sentido de o fazer através de escritos claros, que se possam ler a partir do chão, como os que se colocam em frente da loja ou do lugar onde se exerce o comércio; não num local escondido, mas num evidente. Deverá estar escrito em Latim ou Grego? Na minha opinião, de acordo com as condições do lugar, de modo a que ninguém possa invocar a ignorância dos escritos. Certo é que, se alguém disser que não sabia ler ou que não viu os escritos, uma vez que muitos podem ler e os escritos estavam expostos ao público, não será ouvido.

(4) É necessário que a proibição esteja exposta permanentemente, porque se se contratou antes de estar exposta ou quando estava escondida, há lugar a [ação] institória. Portanto, se o comerciante tiver publicado a proibição, mas outro a retirou, ou em virtude do tempo, ou da chuva, ou outra razão semelhante tenha sucedido que tenha deixado de estar exposta ou que não seja visível, responde-lhe que existe preposto. Mas se o próprio institor retirou o anúncio para me defraudar, o dolo deste deve prejudicar ao que o prepôs, a não ser que tenha participado no dolo aquele [terceiro] com que contratou.

A PREPOSIÇÃO

Claro que é possível proceder à inscrição do atendedor de *stand* no registo comercial, limitando os seus poderes à representação nos preliminares da negociação inicial, sem poderes para negociar as condições de venda, e sem poderes para apresentar ou aceitar propostas. Contudo, esta solução não é usada no Comércio, não sendo prática corrente inscrever no registo comercial, nem os vendedores, nem os atendedores. Face à esta prática (ou falta dela), só muito raramente será relevante a parte do art. 249.º do Código Comercial que permite opor a terceiros as limitações inscritas em registo comercial, sendo apenas relevante (na prática) a limitação nos casos de prova de má fé subjetiva psicológica do terceiro.

10. O vendedor porta-a-porta de serviços de energia e telecomunicações
I. O mercado de energia e o mercado de telecomunicações são altamente competitivos, com os comerciantes a adaptarem os produtos à concorrência em muito curto espaço de tempo, e lutando ativamente pelo aumento da sua quota de mercado. Neste âmbito, estes comerciantes procuram angariar clientela de diversos modos, entre os quais o recurso a vendedores porta-a-porta.[995]

Esta é uma prática antiga, constado expressamente do Digesto, e sendo objeto de uma resposta específica, que veio a moldar o regime da preposição, mantendo-se ainda hoje em vigor. Como é natural, a questão em Roma não se colocava com a comercialização de serviços de telecomunicações ou de energia. Na altura a questão surgiu com os vendedores porta-a-porta de roupas e linhos e a resposta de Ulpiano não deixa lugar para dúvidas:

> **Digesto 14, 3, 5**
> Ulpianus, *Ad Edictum*, livro 28.
> (4) Admitiu-se que se chamem também institores àqueles a quem os comerciantes de roupas e tecedores de linhos entregam roupas para as venderem de porta a porta, aos quais vulgarmente chamamos vendedores ambulantes.

---

[995] Sobre o assunto, especialmente no campo dos serviços de telecomunicações, PASSINHAS, SANDRA, *A propósito das práticas comerciais desleais: contributo para uma tutela positiva do consumidor*, in Estudos do Direito do Consumidor, n.º 13, págs. 107 a 211, Centro de Direito do Consumo e Instituto Jurídico da Faculdade de Direito de Coimbra, Coimbra, 2017, *passim*.

Os vendedores porta-a-porta, ou vendedores ambulantes, são institores, são prepostos.[996]

II. As atividades comerciais agora em causa, pela sua natureza, são exercidas em massa, sendo necessário um enorme número de contactos com os potenciais clientes. Para tanto, os comerciantes necessitam de pessoas que percorram determinadas zonas geográficas, rua a rua, casa a casa, apartamento a apartamento, tentando convencer os potenciais clientes a mudarem de fornecedor.

Para o conseguirem, os comerciantes recorrem amiúde a outras empresas comerciais, que lhes fornecem esse serviço, recorrendo para tanto aos seus próprios colaboradores, com quem celebram contratos de trabalho e de prestação de serviços. Por vezes, estas empresas, não tendo pessoas suficientes (ou não tendo quaisquer pessoas ao seu serviço), contratam ainda outras empresas, e assim sucessivamente.

Em última análise, os comerciantes de energia e de serviços de telecomunicações procuram ampliar a sua clientela, recorrendo a terceiros para os auxiliar nessa tarefa, que em regra não integram a própria estrutura interna da empresa.

Estes terceiros apresentam-se aos potenciais clientes como estando "ao serviço" da empresa de energia ou de serviços de telecomunicações (os comerciantes), negociando o contrato com o cliente, prestando informações sobre o conteúdo do contrato, acordando benefícios e outras condições contratuais e celebrando o contrato por conta do comerciante. Constitui ainda prática corrente que o contrato seja celebrado através do preenchimento de um formulário, sendo normal que este formulário seja preenchido pelo vendedor ambulante, limitando-se o cliente a assiná-lo. Do ponto de vista do cliente, é impossível (na prática) confirmar a causa dos poderes destas pessoas, limitando-se a tomar como boa a informação de que estão "ao serviço" de determinada empresa, e apresentando-se com materiais publicitários e formulários contratuais com a imagem corporativa dessa empresa.

Os problemas práticos surgem quando a empresa declara não aceitar aquilo que o vendedor declarou ao cliente ou negociou com este, invocando

---

[996] No mesmo sentido, PASSINHAS, SANDRA, *A propósito das práticas comerciais desleais: contributo para uma tutela positiva do consumidor*, *in* Estudos do Direito do Consumidor, n.º 13, págs. 107 a 211, Centro de Direito do Consumo e Instituto Jurídico da Faculdade de Direito de Coimbra, Coimbra, 2017, em especial págs. 190 a 211.

que este não tinha poderes para praticar esses atos, como afirma Sandra Passinhas[997] referindo casos que foram apreciados pela ANACOM.[998]

Claro está que, com grande probabilidade, estaremos perante um complexo negocial envolvendo contratos de agência, contratos de trabalho, contratos de comissão e outros similares. A questão fundamental, no entanto, é a da ignorância dos clientes no que respeita à eventual estrutura negocial que suporta a atuação do vendedor porta-a-porta. Estes vendedores aparecem nos domicílios e estabelecimentos, apresentando-se publicamente como estando "ao serviço" de determinado comerciante, sendo que exercem essa atividade de um modo estável, durante um período de tempo mais ou menos longo. Não se trata de pessoas que, pontualmente, uma vez por outra, exercem esta atividade, mas antes de pessoas que percorrem toda uma determinada zona geográfica de modo organizado e estável.

Estas caraterísticas do modo como exercem atividade, qualifica-os como prepostos.

Em consequência, tudo o que declarem ao potencial cliente e tudo o que com ele acordam produz efeitos diretamente na esfera jurídica da empresa de energia ou de serviços telefónicos. Assim, se prometerem um serviço gratuito para um determinado bairro,[999] fica a empresa vinculada a prestá-lo nessas condições, podendo, no entanto, acionar o seu auxiliar, caso esta promessa implique uma violação do acordo celebrado com este (a relação subjacente).

11. O caixa de supermercado

O caixa de supermercado é um caso típico de um preposto muito específico, e de nível baixo. É um preposto para a venda de mercadorias, incluindo não só a venda das mercadorias, mas também o recebimento do preço, e a passa-

---

[997] Passinhas, Sandra, *A propósito das práticas comerciais desleais: contributo para uma tutela positiva do consumidor*, in Estudos do Direito do Consumidor, n.º 13, págs. 107 a 211, Centro de Direito do Consumo e Instituto Jurídico da Faculdade de Direito de Coimbra, Coimbra, 2017, em especial págs. 107 a 111.

[998] https://www.anacom.pt/render.jsp?contentId=1404876 [última consulta em 2 de março de 2018].

[999] Caso referido por Passinhas, Sandra, *A propósito das práticas comerciais desleais: contributo para uma tutela positiva do consumidor*, in Estudos do Direito do Consumidor, n.º 13, págs. 107 a 211, Centro de Direito do Consumo e Instituto Jurídico da Faculdade de Direito de Coimbra, Coimbra, 2017, pág. 107.

ALGUNS EXEMPLOS DE PREPOSTOS

gem de recibos. Pode mesmo incluir a concessão de crédito a clientes conhecidos, e outras práticas correntes em determinados casos de caixa de supermercado, como seja o transporte das mercadorias para casa do cliente. Claro está que estas práticas dependem da concreta atividade pública e estável do caixa de supermercado, podendo variar muito. Por exemplo, num grande supermercado os caixas em regra não concedem crédito, mas num pequeno supermercado de bairro, em que os clientes são conhecidos, pode suceder que seja concedido crédito mensal a uns clientes conhecidos da casa. Assim, se o caixa exercer pública e estavelmente a atividade de concessão de crédito a certos clientes, vincula o preponente.

O caixa de supermercado integra ainda o caso típico dos caixeiros, apesar de estar nos limites do tipo, pois a figura do caixeiro do Código Comercial é mais dirigida à atuação financeira.[1000] Esta integra, tipicamente, todas as atividades financeiras com impacto na caixa da empresa, no sentido clássico do termo, pelo que inclui o recebimento de dinheiro para o caixa, como também as atividades inerentes aos títulos de crédito, e ainda as atividades financeiras da empresa, com gestão de caixa, cobranças e pagamentos. É de admitir que as atividades de venda ao balcão ou em caixa de supermercado ainda são incluídas, em virtude da importante componente de recebimento do preço, passagem do recibo e inscrição do valor nos registos da empresa. Assim, não é caixeiro porque está na caixa, mas antes, chama-se caixa porque exerce atividade de caixeiro.

Historicamente o caso mais elevado de caixeiro era o guarda livros, que corresponde atualmente ao TOC. Atualmente, o caso paradigmático de caixeiro de topo é o contabilista da empresa, ou o TOC ou, ainda, o CFO. Os empregados de balcão, em especial o que fazem caixa, são os caixeiros de âmbito inferior e mais especial.

Estruturalmente não existe diferença entre um caixa de supermercado e um CEO. Ambos são prepostos para determinada atividade, surgindo pública e estavelmente à frente dessa atividade. Sucede apenas que a ativi-

---

[1000] Por exemplo, no §551 do ALR – *Allgemeines Landrecht für die Preußischen Staaten* – de 1794, a referência era feita especificamente aos caixeiros dos bancos e dos negociantes – *Cassirer der Bankiers und andrer Kaufleute* – (entendendo-se por negociantes, os que se dedicavam a empresas financeiras ou grandes empresas de venda por grosso, que têm naturalmente uma grande componente financeira). No mesmo sentido, BORGES, JOSÉ FERREIRA, *Dicionário Jurídico-Comercial*, 2.ª ed., Typographia de Sebastião José Pereira, Porto, 1856, págs. 61 e 62.

dade é diferente, sendo esta diferença que determina o diferente âmbito das respetivas preposições.

Assim, um caixa de supermercado tem poderes para praticar todos os atos típicos dessa posição, fazendo vendas, recebendo o preço, recebendo vales de desconto, passando recibos, adicionando pontos em cartões de fidelidade, recebendo devoluções, passando notas de crédito de devoluções, aceitando ficar com as mercadorias em depósito para posterior entrega em casa do cliente e todas as demais atuações que integram a posição socialmente típica de um caixa de supermercado. Em todos estes atos, o caixa de supermercado vincula o preponente, independentemente do nome que invoca, conforme sucede com qualquer preposto.

No caso do operador de caixa de supermercado, contudo, é pratica corrente não proceder à sua inscrição em registo comercial. Como tal, o âmbito dos seus poderes decorre da atividade que desenvolva. Sucede, no entanto, que a posição socialmente típica de caixa de supermercado implica que este esteja estavelmente no local socialmente típico, ou seja, na linha de caixas do supermercado. Contudo, se um caixa de supermercado, que exerça essa atividade pública e estavelmente, estiver a fazer reposição de prateleiras e disser a um cliente que o preço que consta num produto está errado, e é mais baixo, essa declaração vincula o preponente.

12. O operador de *call center*

Um dos novos casos de preposto é o operador de *call center*. É hoje prática corrente que as empresas de alguma dimensão recorram a *call centers*, para o atendimento telefónico, ou *online*, dos clientes. Em regra, o operador de *cal center* identifica imediatamente o seu preponente, normalmente logo na frase de atendimento por referência à marca do preponente. De qualquer modo, em regra cada marca ou empresa tem números telefónicos dedicados, pelo que o terceiro sabe de imediato por conta de quem é a atuação.

Sucede, no entanto, especialmente nas empresas de *call center*, que um mesmo operador pode atender clientes de vários preponentes diferentes, com varias marcas diferentes. Como o operador normalmente identifica qual a marca ou empresa por conta de quem está a falar, será esta empresa a receber o atuar representativo do operador. Contudo, em alguns casos, sob essa marca operam várias empresas, caso em que, não sendo devidamente identificado o comerciante por conta de quem o operador está a falar, vincula solidariamente todas as sociedades comerciais que operem sob essa mesma marca, ou outro sinal distintivo de comércio que tenha sido usado pelo operador. Assim sendo, caso uma pessoa telefone para o *call center* de uma marca de serviços de telecomunicações, e o operador apenas identifique a marca, todas as sociedades que integram esse grupo empresarial, e que operam sob a mesma marca ficam vinculadas pelo operador.

Um outro problema que ocorre com os operadores de *call center* resulta da natural e cada vez maior internacionalização desta atividade. Apesar de os números de telefone serem, em regra, portugueses, a empresa de *call center* pode não o ser, o mesmo sucedendo com o próprio operador de *call center* e com a sua localização física. Assim, esta é uma atividade na qual se verificaçam casos de Direito Internacional Privado, no que respeita à determinação da lei aplicável à representação da empresa de telecomunicações por parte do operador de *call center*.

Estes operadores, em regra são funcionários de uma empresa (seus trabalhadores, ou trabalhadores temporários), mas são prepostos do cliente dessa empresa. Assim, surgem à frente da atividade comercial desta empresa, mas a relação subjacente é complexa, sendo composta pelo contrato entre essa empresa e a empresa de *call center*, pelo contrato entre a empresa de *call center* e a empresa de trabalho temporário, pelo contrato de trabalho temporário entre o operador de *call center* e a empresa de trabalho temporário. Sendo um preposto, perante terceiros apenas releva que o operador de *call center* surge pública e estavelmente à frente da atividade da empresa, tratando dos contratos comerciais e, mesmo dos contratos comerciais.

As concretas atividades de um operador de *call center* podem ser múltiplas, dependendo do tipo de atividade. Pode ir desde a celebração de contratos, à concessão de descontos ou benefícios extras, receção de queixas, marcações de revisões de automóveis, ordens bancárias e muitas outras atividades.

Face à variação de atuações, só caso a caso é possível saber qual o âmbito dos poderes de um operador de *call center*. No entanto, é importante o reconhecimento deste como um preposto, aplicando-se o regime dos arts. 248.º e seguintes do Código Comercial, em lugar de ser necessário alegar e provar todos os contratos que compõem a relação subjacente[1001].

[1001] No mesmo sentido, PASSINHAS, SANDRA, *A propósito das práticas comerciais desleais: contributo para uma tutela positiva do consumidor*, *in* Estudos do Direito do Consumidor, n.º 13, págs. 107 a 211, Centro de Direito do Consumo e Instituto Jurídico da Faculdade de Direito de Coimbra, Coimbra, 2017, *passim*.

A PREPOSIÇÃO

13. O procurador de banco

É frequente que os bancos tenham ao seu serviço pessoas cuja função consiste em celebrar contratos, em particular escrituras públicas. A quantidade de contratos celebrado por um banco é, em regra, de tal modo elevado, que se torna necessário ter pessoas que se dedicam especificamente a esta atividade.

Para tanto, é usual os bancos outorgarem a favor dessas pessoas uns documentos a que chamam "procuração" de cujo teor consta que lhe são concedidos poderes de representação para celebrar esses contratos, em regra com determinados limites.

Contudo, estes "procuradores" ao estarem estavelmente e publicamente à frente da atividade de celebração destes contratos, não são procuradores, mas prepostos. Esta procuração é, portanto, uma procuração institória, ou seja, uma preposição, sendo aplicáveis os arts 248.º e seguintes do Código Comercial.

Sucede, ainda, que os bancos só muito raramente inscrevem estes "procuradores" no registo comercial, pelo que estas procurações são ineficazes contra terceiros de boa fé. Por outro lado, é também frequente que estas procurações não sejam exibidas aos terceiros antes da celebração do contrato, pelo que os terceiros ficam de boa fé subjetiva psicológica. Em consequência, estes "procuradores" são prepostos não registados, que atuam perante terceiros de boa fé subjetiva psicológica – art. 249.º do Código Comercial. Por esta razão, os poderes de representação destes procuradores são totais, tendo poderes para representar o banco em todos os contratos de mútuo, e mútuo com ou sem hipoteca, sem quaisquer limites de valor, de intervenientes, de garantia, de localização, ou de tempo. São, pois, verdadeiros plenipotenciários para efeito de concessão de mútuos, o que sucede porque em regra os bancos não registam estas "procurações", naquilo que apenas se pode apelidar de péssima prática comercial em matéria bancária. Em consequência, não é invocável contra os terceiros a violação da "procuração", nem a invocação de qualquer instrução,[1002] salvo provando-se que o terceiro tinha conhecimento efetivo desses limites em data anterior ao contrato.

A gravidade desta situação resulta do facto de, se um destes "procuradores" decidir conceder um mútuo de alguns milhares de milhões de euros, o banco entra de imediato em insolvência. Não seria, aliás, a primeira vez que

---

[1002] Já assim era no regime original de registo comercial do Código Comercial de 1888.

ALGUNS EXEMPLOS DE PREPOSTOS

um banco falia em virtude de um ato de um único preposto. Assim, sucedeu com o banco de Ouvrard em 1805, que faliu por causa da atuação de Desprez, e assim sucedeu, por coincidência, com o maior concorrente do banco de Ouvrard, o Barings Bank que faliu por causa da atuação de Nick Leeson em 1995.

14. O procurador de *offshore*

Quase todas as *offshores* têm procuradores. Tal como ocorre no caso do procurador do banco, só muito raramente estes são verdadeiramente procuradores, sendo, em regra, prepostos que têm uma procuração institória. Assim sucede quer com prepostos que são pessoas singulares, como com prepostos que são empresas que têm como atividade tratar de todos os assuntos de *offshores*. Nestes casos, o que sucede é que alguém surge estável e publicamente à frente dos assuntos da *offshore*, sendo um seu preposto. Como tal, o que essa pessoa fizer, vincula a *offshore*.

Por vezes sucede ainda que o procurador é o próprio beneficiário último da *offshore* (*ultimate beneficiary owner*) que atua estável e publicamente por conta da sociedade. Nestes casos o *ultimate beneficiary owner* não surge (em regra) publicamente nos registos comerciais da *offshore*, mas aparece, na prática, colocado à frente do negócio da *offshore* de um modo público e estável para assim poder controlar a atividade da *offshore*. São casos em que este é a pessoa a contatar para tratar de assuntos com a *offshore*, sendo que apenas recorre aos legais representantes registados para a formalização dos negócios, quando tal é necessário por imposição legal, ou no momento da formalização de negócios para esconder a sua posição de *ultimate beneficiary owner*. Nos restantes casos, é o preposto que trata de todos os negócios da *offshore*.

Nestes casos em que um *ultimate beneficiary owner* é um preposto da *offshore*, estamos perante um preposto autorizado, uma vez que este não está obrigado perante a *offshore* a agir. A estrutura de interesses é inversa, pelo que é o interesse do preposto que, na prática, prevalece sobre o interesse da sociedade. Assim, o negócio que liga a sociedade *offshore* e o seu próprio *ultimate beneficiary owner* não é um mandato, nem qualquer negócio através do qual este fique obrigado perante a sociedade a agir. O *ultimate beneficiary owner* fica autorizado pela *offshore* a agir exercendo o comércio desta, mas não fica obrigado a agir. A razão é simples: a *offshore* pertence ao preposto, que usa a *offshore* para exercer uma atividade escudado pela personalidade jurídica desta. No entanto, nestes casos a que se faz referência, o preposto surge colocado à frente da atividade da *offshore* de um modo estável e público.

A questão que se coloca, nestes casos, consiste em saber quem é o verdadeiro titular da empresa desenvolvida pela *offshore*, ou seja, para quem vão os benefícios da atuação do preposto. No caso de os benefícios serem finalisticamente dirigidos à *offshore*, o preposto atua por conta desta, sendo esta a única pessoa a ser vinculada.

Mas se os benefícios forem finalisticamente dirigidos ao *ultimate beneficiary owner*, o que é a regra, o preposto estará a agir em nome de uma pessoa (a *offshore*), mas por conta de outra (o *ultimate beneficiary owner*).

Provando-se que atua por conta do *ultimate beneficiary owner*, pode o terceiro optar entre considerar vinculado e responsável a pessoa em nome de quem atuou o preposto, ou a pessoa por conta de quem esta atuou. Assim sendo, pode optar entre acionar a *offshore* ou o *ultimate beneficiary owner*. No caso de o preposto ser o próprio *ultimate beneficiary owner*, o terceiro pode optar por acionar a *offshore* ou o *ultimate beneficiary owner* que é o próprio preposto.

Nos casos em que é contratada uma empresa para gerir a *offshore*, esta atua por conta de alguém. Normalmente atua em nome da *offshore*, mas coloca-se o mesmo problema no que respeita à determinação da pessoa por conta de quem age. Se agir de modo a que os benefícios da sua atuação sejam dirigidos, mediata ou imediatamente, para o *ultimate beneficiary owner*, este será o preponente, podendo o terceiro optar por acionar a *offshore* ou o *ultimate beneficiary owner*.

Assim, determinando-se quem é o *ultimate beneficiary owner*, sabe-se quem é o preponente por conta de quem atua o preposto, mesmo que este atue em nome da *offshore* ou em nome próprio. Nestes casos, em que o terceiro consegue provar quem é o *ultimate beneficiary owner*, pode optar entre acionar a pessoa em nome de quem agiu o preposto ("procurador"), que em regra é a *offshore*, ou acionar o *ultimate beneficiary owner*, com base no regime dos arts. 248.º e seguintes do Código Comercial.

Se, por exemplo, um banco tiver *offshores* em vários paraísos fiscais, com dívidas que foram contraídas pelos seus "procuradores", que estão estável e publicamente à frente da atividade dessa *offshore*, pode o terceiro de boa fé acionar diretamente o banco que é o *ultimate beneficiary owner*. Para tanto, é necessário provar a qualidade de preposto das pessoas que celebraram os contratos, provar que o banco é o *ultimate beneficiary owner*, pelo que o preposto agiu por conta do banco, apesar de ter agido em nome da *offshore* na celebração do contrato. Assim, em caso de insolvência da *offshore*, ou de dívidas incobráveis da *offshore*, pode o terceiro optar por acionar o preponente, que é o banco *ultimate beneficiary owner*.

BIBLIOGRAFIA

ABREU, Jorge Manuel Coutinho de – *Curso de Direito Comercial*, Vol. I, 10.ª ed., Almedina, Coimbra, 2016.

— *Empresas Virtuais (Esboços)*, in Estudos em Homenagem ao Professor Doutor Inocêncio Galvão Telles, Vol. IV, págs. 599 a 609, Almedina, Coimbra, 2003.

ALBUQUERQUE, Pedro de – *A Representação Voluntária em Direito Civil*, Almedina, Coimbra, 2004.

ALMEIDA, Carlos Ferreira de – *Contratos II*, 4.ª ed., Almedina, Coimbra, 2016.

ANTHERO, Adriano – *Comentario ao Codigo Commercial Portuguez*, Vol. I, Typographia Artes & Letras, Porto, 1913.

ANTUNES, José A. Engrácia – *Direito dos Contratos Comerciais*, Almedina, Coimbra, 2009.

— *Os Grupos de Sociedades*, 2.ª ed., Almedina, Coimbra, 2002.

ARANGIO-RUIZ, Vicenzo – *Instituzioni di Diritto Romano*, 12.ª ed., Casa Editrice Dott. Eugenio Jovene, Nápoles, 1956.

ARISTÓTELES – *Política*, 350 a.C., *in* Aristotle's Ethics and Politics, Vol. II, 3.ª ed., T. Candel and W. Davies, The Strand, 1813.

ASCENSÃO, José de Oliveira – *Contrato Celebrado por Agente de Pessoa Colectiva. Representação, Responsabilidade e Enriquecimento sem Causa*, com Frada, Manuel Carneiro da, *in* Revista de Direito e Economia, XVI a XIX (1990 a 1993), Centro Interdisciplinar de Estudos Jurídico-Económicos, Coimbra, págs. 43 a 77.

ATAÍDE, Rui – *A Responsabilidade do "Representado" na Representação Tolerada – Um Problema de Representação sem Poderes*, AAFDL, Lisboa, 2008.

AUBERT, Jean-Jaques – *Business Managers in Ancient Rome, A Social and Economic Study of Institores, 200 B.C. – A.D. 250*, E.J. Brill, Leiden – New York – Köln, 1994.

AZUNI, Domenico Alberto – *Dizionario Universale Ragionato della Giurisprudenza Mercantile*, 1.ª ed., Tomo II, Società Tipografica, Nizza, 1787.

BASTOS, Nuno Castelo-Branco – *Da Disciplina do Contrato de Transporte Internacional de Mercadorias por Mar*, Almedina, Coimbra, 2004.

A PREPOSIÇÃO

BAUMAN, Richard A. – *Lawyers in Roman Transitional Politics: A Study of the Roman Jurists in their Political Setting in the Late Republic and Triumvirate, in* Münchener Beiträge zur Papyrusforschung und Antiken Rechtsgeschichte; Heft 79, Beck, Munique, 1985, págs. 4 a 15.

BENEDICT, Robert D. – *The Historical Position of the Rhodian Law*, The Yale Law Journal, Vol. 18, No. 4 (Feb., 1909), pp. 223-242.

BERGER, Adolf – *Encyclopedic Dictionary of Roman Law*, Vol. 43, parte 2, The American Philosophical Society, Philadelphia, 1953 (reimp. 1991).

BERTOLDI, Marcelo – *Curso Avançado de Direito Comercial*, com Marcia Carla Pereira Ribeiro, 9.ª ed., Revista dos Tribunais, São Paulo, 2015.

BETTI, Emilio – *Teoria Geral do Negócio Jurídico*, Tomo III, tradução de Fernando de Miranda, Coimbra Editora, Coimbra, 1970.

BOLAÑO, Hevia – *Labyrintho de Comercio Terrestre y Naval donde breve y compendiosamente se trata de la Mercancia y Contratacion de tierra y mar, útil y provechoso para Mercaderos, Negociadores, Navegantes, y sus Consulados, Ministros e los Juyzios, professores de Derecho, y otras personas*, Lima, Francisco del Canto (editor), 1617.

BORGES, José Ferreira – *Das Fontes, Especialidades, e Excellencia da Administração Commercial Segundo o Codigo Commercial Portuguez*, Typographia Commercial Portuense, Porto, 1835.

— *Diccionario Juridico-Commercial*, 2.ª ed., Typographia de Sebastião José Pereira, Porto, 1856.

BRADGATE, Robert – *Commercial Law*, com Fidelma White e Margaret Llewelyn, Oxford University Press, Oxford, 2012.

BRAVARD-VEYRIÈRES – *Manuel de Droit Commercial*, 3.ª ed., Joubert, Paris, 1846.

BRIGAS, Míriam Afonso – *As Relações de Poder na Construção do Direito da Família Português [1750-1910]*, AAFDL, Lisboa, 2016.

BRITO, Maria Helena – *A Representação nos Contratos Internacionais, Um contributo para o estudo do princípio da coerência em direito internacional privado*, Almedina, Coimbra, 1999.

— *O Contrato de Concessão Comercial*, Almedina, Coimbra, 1990.

— *O Contrato de Agência, in* Novas Perspectivas do Direito Comercial, Almedina, Coimbra, 1988, págs. 105 a 135.

BUNSON, Matthew – *Encyclopedia of the Roman Empire*, Facts on File, Nova Iorque, 2002.

CABRAL, Antonio Vangeurve – *Pratica judicial, muyto util, e necessaria para os que principiaõ os officios de julgar, e advogar e para todos os que solicitão causas nos Auditorios de hum, e outro foro*, Officina de Francisco de Oliveira, Coimbra, 1757.

BIBLIOGRAFIA

CAMPOS, João Mota – *Código Comercial*, edição de autor, Esposende, 1955.

CAPEROCHIPI, José Antonio Álvarez – *El Mandato y la Comisión Mercantil*, Editorial Comares, Granada, 1997.

CARBONI, Bruno – *Status e Soggettività Giuridica*, Giuffrè, Milano, 1998.

CARLOS, Adelino da Palma – *Direito Comercial*, J. Rodrigues & C.a, Lisboa, 1924.

CARVALHOSA, Modesto – *Comentários ao Código Civil*, Vol. 13, Saraiva, São Paulo, 2003.

CASTELO, Higina Orvalho – *O Contrato de Mediação*, Almedina, Coimbra, 2014.

CÍCERO, Marcus Tulio – *De Inventione, circa* 88 a 81 a.C., *in* The Orations of Marcus Tullius Cicero, Vol. IV, G. Bell and Sons, London, 1913.

COLEMAN-NORTON, Paul Robinson – *Ancient Roman Statutes*, com Johnson, Allan Chester, The Lawbook Exchange, New Jersey, 2003.

CORDEIRO, António Barreto Menezes – *Da Simulação no Direito Civil*, Almedina, Coimbra, 2014.

CORDEIRO, António Menezes – *Direito Comercial*, 4.ª ed., Almedina, Coimbra, 2016.

— *Tratado de Direito Civil*, Vol. IX, 3.ª ed., Almedina, Coimbra, 2017.

— *Tratado de Direito Civil*, Vol. V, 3.ª ed., Almedina, Coimbra, 2018.

— *Da Boa Fé no Direito Civil*, Almedina, Coimbra, 1997.

CORDEIRO, Pedro – *A Desconsideração da Personalidade Jurídica das Sociedades Comerciais*, AADFL, Lisboa, 1994.

CORREIA, Ferrer – *Lições de Direito Comercial*, Vol. I, Universidade de Coimbra, Coimbra, 1973, págs. 142 a 144.

CORREIA, Miguel Pupo – *Direito Comercial*, 5.ª ed., SPB Editores, Lisboa, 1997.

COSTA, Ricardo – *Administrador de Facto e Representação das Sociedades*, in Boletim da Faculdade de Direito, Vol. XC, Tomo II, Universidade de Coimbra, Coimbra, 2014, págs. 719 a 759.

— *Os Administradores de Facto das Sociedades Comerciais*, Almedina, Coimbra, 2014.

COWELL, Frank Richard – *Cícero e a República Romana*, tradução de Maria Helena Albarran de Carvalho, Editora Ulisseia, Lisboa, 1968(?).

CUNHA, Paulo Olavo – *Direito das Sociedades Comerciais*, 5.ª ed., Almedina, Coimbra, 2014.

— *Lições de Direito Comercial*, Almedina, Coimbra, 2010.

CUQ, Eduard – *Manuel des Instituitions Juridiques des Romains*, Librairie Plon e Librairie Général, 2.ª ed. Paris, 1928.

D'ORS, Alvaro – *Elementos de Derecho Privado Romano*, Studium Generale, Pamplona, 1960.

— *El Digesto de Justiniano*, Tomo I, com Hernandez-Tejero, Fuenteseca, Garcia-Garrido e Burillo, Editorial Aranzadi, Pamplona, 1968.

DELVINCOURT – *Institutes de Droit Commercial Français*, Tomo 1, Paris, 1810.

DIECK, Carl Friedrich – *Geschichte, Alterhümer und Institutionen des Deutschen Privatrechts im Grundrisse mit beigefügten Quellen*, Friedrich Ruff, Halle, 1826.

DÍEZ-PICAZO, Luis – *La Representacion en el Derecho Privado*, Civitas, Madrid, 1992.

ÉLOY, Henry – *M. Pardessus – Sa Vie et ses Oeuvres*, Durand et Pedone-Lauriel, Paris, 1868.

DOMÍNGUEZ, Justino F. Duque – *El Código de Comercio y la Codificación de su Época*, in Centenario del Codigo de Comercio, Vol. I, Ministerio de Justicia, Madrid, 1986, págs. 98 e segs.

DUARTE, Rui Pinto – *Tipicidade e Atipicidade dos Contratos*, Almedina, Coimbra, 2000.

FARINA, Vicenzo – *L'Autorizazzione a Disporre in Diritto Civile*, Edizione Scientifiche Italiane, Napoli, 2001

FRADA, Manuel A. Carneiro da – *Teoria da Confiança e Responsabilidade Civil*, Almedina, Coimbra, 2004.

— *Contrato Celebrado por Agente de Pessoa Colectiva. Representação, Responsabilidade e Enriquecimento sem Causa*, com ASCENSÃO, José de Oliveira, in Revista de Direito e Economia, XVI a XIX (1990 a 1993), Centro Interdisciplinar de Estudos Jurídico-Económicos, Coimbra, págs. 43 a 77.

— *A responsabilidade objectiva por facto de outrem face à distinção entre responsabilidade obrigacional e aquiliana*, in Direito e Justiça, Vol. 12, n.º 1, Universidade Católica Editoda, 1998, págs. 297 a 311.

FREIRE, Pascoal José de Melo – *Institutiones Juris Civilis Lusitani cum Publici tum Privati*, Livro IV, 5.ª ed., Tipografia Académica, Coimbra, 1875.

GAGLIARDI, Lorenzo – *Lo Schiavo Manager*, in L'Antichità. Vol 10 – Roma, organizado por Uberto Eco, págs. 348 a 353, Encylomedia Publishers, Milano, 2011

GARCIA, Maria Jose Munoz – *Consideraciones en torno a la Génesis y Evolución de la Codificación Mercantil Española*, Anuario de historia del derecho español, n.º 67, 1997, págs. 219-242.

GARTEIZ-AURRECOA, Javier Divar – *Las Ordenanzas de Bilbao como antecedente de la Condificación Mercantil en España*, Boletín de la Academia Vasca de Derecho, Ano 10, n.º 22, 2011, págs. 7 a 19.

GELLA, Agustín Vicente y – *Introducción al Derecho Mercantil Comparado*, 2.ª ed., Editorial Labor, Barcelona, 1934.

GIRARD, Paul Frédéric – *Manuel Élémentaire de Droit Romain*, 7.ª ed., Paris, Rousseau ed Cia., 1924.

— *La Date de l'Édit de Salvius Julianus*, in Nouvelle Revue Historique de Droit Français et Étranger, Sirey, Paris, 1910, págs. 5 a 40.

BIBLIOGRAFIA

GIULIANO, Mario – *Report on the Convention on the law applicable to contractual obligations*, com Lagarde, Paul, Official Journal, C 282, 31/10/1980, págs. 1 a 50.

GOMES, Fátima – *Manual de Direito Comercial*, Universidade Católica Editora, Lisboa, 2012.

GOMES, José Ferreira – *Da Administração à Fiscalização das Sociedades*, Almedina, Coimbra, 2015.

GONÇALVES, Diogo Costa – *Pessoa Coletiva e Sociedades Comerciais*, Almedina, Coimbra, 2015.

GRAES, Isabel – *Estatuto Jurídico dos Escravos em Roma*, *in* Estudos em Honra de Ruy de Albuquerque, Vol. I, Almedina, Coimbra, 2006, págs. 533 a 620.

GREGORACI, Beatriz Fernández – *La Representación Indirecta*, Thomson – Civitas, Navarra, 2006.

GRIMAL, Pierre – *La Civilization Romaine*, Arthaud, 1960.

GUICHARD, Raúl – *A Representação sem Poderes no Direito Civil Português. A Ratificação*, polic., Porto, 2009.

HAY, Peter – *Agency in the Conflict of Laws and the 1978 Hague Convention*, com Müller-Freienfels e Wolfram, *in* The American Journal of Comparative Law, Vol. 27, n.º 1, 1979, págs. 1 a 49.v.

HAZEL, John – *Who's who in the Roman World*, 2.ª ed., Routledge, Londres – Nova Iorque, 2002.

HUVELIN, Paul – *Études d'Histoire du Droit Commercial Romain (Histoire Externe – Droit Maritime)*, Requeil Sirey, Paris, 1929.

JHERING, Rudolf von – *Mitwirkung für fremde Rechtgeschäfte*, Jherings Jahrbücher für die Dogmatik des bürgerlichen Rechts, Bd. I, 1857, págs. 274 segs. e Bd. II, págs. 67 e segs.

JOHNSON, Allan Chester – *Ancient Roman Statutes*, com Coleman-Norton, Paul Robinson, The Lawbook Exchange, New Jersey, 2003.

JORGE, Fernando Pessoa – *O Mandato sem Representação*, Ática, Lisboa, 1961.

JORIO, Michele de – *Codice Ferdinando o Codice Marittimo*, *in* Moschetti, Cesare Maria, Il Codice Marittimo del 1781 di Michele de Jorio per il Regno di Napoli, Vol. I, Giannini Editore, Napoli, 1979.

— *La giurisprudenza del commercio umiliata a S. M. Ferdinando IV: Re delle Due Sicilie, e di Gerusalemme, Infante di Spagna, Duca di Parma, Piacenza, e Castro, e Gran Principe Ereditario della Toscana*, Tomo I, Stamperia Simoniana, Napoli, 1799.

— *La giurisprudenza del commercio umiliata a S. M. Ferdinando IV: Re delle Due Sicilie, e di Gerusalemme, Infante di Spagna, Duca di Parma, Piacenza, e Castro, e Gran Principe Ereditario della Toscana*, Tomo II, Stamperia Simoniana, Napoli, 1799.

Jousse, Daniel – *Commentaire sur L'ordonnance du Commerce, du Mois de Mars 1673*, Mesdames Loriot, Poitiers, 1828.

Justo, Santos – *O contrato de sociedade no Direito Romano (breve referência ao Direito português)*, in Lusíada. Direito, n.º 12 (2014).

— *Direito Privado Romano*, Vol. II, 3.ª ed., Coimbra Editora, Coimbra, 2008.

— *Direito Privado Romano*, Vol. I, Coimbra Editora, Coimbra, 2000.

— *As Acções do Pretor (Actiones Praetoriae)*, separata do Vol. LXV (1989) do Boletim da Faculdade de Direito de Coimbra, Coimbra, 1989

Karsten – *Karsten Report*, in *Draft Convention adopted by the Thirteenth Session and Explanatory Report by I.G.F. Karsten*, Bureau Permanent de la Conférence, Imprimerie Nationale, La Haye, 1979.

Kaser, Max – *Direito Privado Romano*, Fundação Calouste Gulbenkian, Lisboa, 1999.

Kearley, Timothy G. – *The Enigma of Samuel Parsons Scott*, in Roman Legal Tradition, 10, Ames Fundation, www.romanlegaltratition.org, 2014.

Kindleberger, Charles P. – *Historia Financiera de Europa*, Editorial Crítica, Barcelona, 1988.

Koch, Julius – *Historia de Roma*, tradução de José Camón Aznar, 2.ª ed., Editorial Labor, Barcelona, 1942.

Laband, Paul – *Die Stellvertretung bei dem Abschlub von Rechtsgeschäften nach dem allgemeinen Deutschen Handelsgesetzbuch*, Zeitschrift für das gesamte Handels und Wirtschaftsrecht, Bd. 10, 1866.

Lagarde, Paul – *Report on the Convention on the law applicable to contractual obligations*, com Giuliano, Mario, Official Journal, C 282, 31/10/1980, págs. 1 a 50.

Law, John – *Money and Trade*, R & A Foulis, Glasgow, 1750.

Lazo, Patricio – *La interpretación de la cláusula «eius rei nomine» de los edictos de exercitoria y de institoria actione*, in Revista Chilena de Derecho, vol. 43, n.º 3, págs. 1081 a 1099, 2016."

Leitão, Adelaide Menezes – *"Revogação Unilateral" do Mandato, Pós-Eficácia e Responsabilidade pela Confiança*, em Estudos em Homenagem ao Prof. Doutor Inocêncio Galvão Telles, Vol. I, págs. 305-346, Almedina, Coimbra.

Leitão, Luís Menezes – *Direito do Trabalho*, 5.ª ed., Almedina, Coimbra, 2016.

— *O Enriquecimento sem Causa no Direito Civil*, Almedina, Coimbra, 2005.

Lenel, Otto – *Essai de Reconstitution de l'Édit Perpétuel*, tradução Frédéric Peltier sobre um texto revisto pelo autor, Tomo I, Paris, Librairie de la Societé du Recueil Général des Lois et des Arrêts, 1901.

Llewelyn, Margaret – *Commercial Law*, com Robert Bradgate e Fidelma White, Oxford University Press, Oxford, 2012.

BIBLIOGRAFIA

LISBOA, José da Silva (Visconde de Cairu) – *Principios de Direito Mercantil e Leis de Marinha*, Vol. V., Impressão Régia, Lisboa, 1811.

LOBINGIER, Charles Sumner – *Napoleon and His Code*, in Harvard Law Review, Vol. 32, No. 2 (Dec. 1918), págs. 114-134.

LOCRÉ, Jean-Guillaume (le baron) – *Esprit du Code de Commerce*, Tomo I, 2.ª ed., Dufour et Cie., Paris, 1829.

— *Législation Civil, Commercial et Criminelle, ou Commentaire et Complément des Codes Français*, Tomo XI, Société Typographique Belge, Bruxelas, 1837.

LUIS, Jean-Philippe, – *L'influence du modèle napoléonien en Espagne (1814-1845)*, Annales historiques de la Révolution française [En ligne], N.º 336, abril-junho de 2004, http://ahrf.revues.org/1732; DOI: 10.4000/ahrf.1732 [consultado em 18/12/2016].

MAMEDE, Gladston – *Empresa e Atuação Empresarial*, 8.ª ed., Editora Atlas, São Paulo, 2015.

MARTINEZ, Pedro Romano – *Direito do Trabalho*, 8.ª ed., Almedina, Coimbra, 2017.

MARTINS, Frans – *Curso de Direito Comercial*, 22.ª ed., Forense, Rio de Janeiro, 1996.

MENDONÇA, José Xavier Carvalho de – *Tratado de Direito Comercial Brasileiro*, 6.ª ed., Vol. II, Livro I, Livraria Freitas Bastros, Rio de Janeiro – São Paulo, 1957.

MICELI, Maria – *Studi sulla "Rappresentanza" nel Diritto Romano*, Vol. I, Giuffrè, Milano, 2008.

MINGUIJÓN, Salvador – *Historia del Derecho Español*, 3.ª ed., Editorial Labor, Barcelona – Madrid – Buenos Aires, Rio de Janeiro.

MOMMSEN, Theodor – *Digesta Iustiniani Augusti*, Vol. I, Apud Weidmannos, 1868.

— *The History of Rome*, Meridian Books, 1958.

MONTEIRO, António Pinto – *Contrato de Agência*, 8.ª ed., Almedina, Coimbra, 2017.

— *Direito Comercial – Contratos de Distribuição Comercial*, Almedina, Coimbra, 2009.

MORAIS, Luís Domingos Silva – *Empresas Comuns, Joint Ventures, no Direito Comunitário da Concorrência*, Almedina, Coimbra, 2006.

MOSCHETTI, Cesare Maria – *Il Codice Marittimo del 1781 di Michele de Jorio per il Regno di Napoli*, Vol. I, Giannini Editore, Napoli, 1979.

MÜLLER-FREIENFELS – *Agency in the Conflict of Laws and the 1978 Hague Convention*, com Hay, Peter e Wolfram, The American Journal of Comparative Law, Vol. 27, n.º 1, 1979, págs. 1 a 49.

NAMUR – *Cours de Droit Commercial*, Tomo I, Librairie de A. Decq, Bruxelas, 1866.

NECKER, Jaques – *De l'Administration des Finances de la France*, 1785.

NETO, Alfredo de Assis Gonçalves – *Direito de Empresa – Comentários aos artigos 966 a 1.195 do Código Civil*, Editora Revista dos Tribunais, São Paulo, 2007.

NUNES, Pedro Caetano – *Dever de Gestão dos Administradores das Sociedades Anónimas*, Almedina, Coimbra.

OLIVEIRA, Ana Perestrelo de – *Manual de Grupos de Sociedades*, Almedina, Coimbra, 2016.

— *Grupos de Sociedades e Deveres de Lealdade. Por um Critério Unitário do "Conflito do Grupo"*, Almedina, Coimbra, 2012.

OLIVER, Gabriel Buigues – *La Posición Jurídica de la Mujer en Roma. Pressupuestos para un Estudio de la Capacidad Negocial de la Mujer*, Dykinson, Madrid, 2014.

PAILLIET – *Manuel de Droit Français*, 6.ª ed., Desoer et Comp.ie, Paris, 1824.

PALMER, Vernon Valentine – *Mixed Juridisdictions Worldwide – The Third Legal Family*, Cambridge University Press, Cambridge, 2001.

PARDESSUS – *Cours de Droit Commercial*, Tomo I, Nouvelle Édition, Société Belge de Librairie, Bruxelas, 1842.

PASSINHAS, Sandra – *A propósito das práticas comerciais desleais: contributo para uma tutela positiva do consumidor*, in Estudos do Direito do Consumidor, n.º 13, págs. 107 a 2011, Centro de Direito do Consumo e Instituto Jurídico da Faculdade de Direito de Coimbra, Coimbra, 2017."

PERELMAN, Chain – *Logique Juridique, Nouvelle Réthorique*, 2.ª ed., Dalloz, 1979.

PETIT, Carlos – *El Código de Comercio de Sainz de Andino (1829)*, Revista de Derecho Mercantil, n.º 289, Julho-Setembro, 2013, págs. 109 a 151.

PETRUCCI, Aldo – *Per una storia della protezione dei contraenti con gli impreditori*, Vol. I, G. Giappichelli Editore, Torino, 2007.

PIMENTEL, Diogo Sampaio – *Annotações ou Sythese Anootada do Codigo do Commercio*, Tomo I, Nova Edição, Coimbra, Imprensa da Universidade, 1875.

PINHEIRO, Luís de Lima – *Direito Internacional Privado*, Vol. I, 3.ª ed (reformulada), Almedina, Coimbra. 2014.

— *Direito Internacional Privado*, Vol. II, 4.ª ed (refundida), Almedina, Coimbra, 2015.

PINTO, Eduardo Vera-Cruz – *O Direito das Obrigações em Roma*, Vol. I., AAFDL, 1997.

PINTO, Fernando Ferreira – *Contratos de Distribuição*, Universidade Católica Editora, Lisboa, 2013.

PINTO, Paulo Mota – *Declaração Tácita e Comportamento Concludente no Negócio Jurídico*, Almedina, Coimbra, 1995.

— *Aparência de Poderes de Representação e Tutela de Terceiros*, in Boletim da Faculade de Direito, Vol. LXIX, págs. 587 a 645, Universidade de Coimbra, Coimbra, 1995.

PLESSIS, Paul du – *Borkowski's Textbook on Roman Law*, 4.ª ed., Oxford University Press, Nova Iorque, 2010.

BIBLIOGRAFIA

PUGLIESI, Giovanni – *In tema di «actio exercitoria»*, *in* Studi in onore di Francesco Messineo per il sua XXXV anno d'insignamento, Vol. IV, Giuffrè, Milano, 1959, págs. 289 a 326.

RAMALHO, Maria do Rosário Palma – *Tratado de Direito do Trabalho*, Parte II, 6.ª ed., Almedina, Coimbra, 2016.

— *Grupos Empresariais e Societários, Incidências Laborais*, Almedina, Coimbra, 2008.

— *Da Autonomia Dogmática do Direito do Trabalho*, Almedina, Coimbra, 2000.

RAMOS, José Arias – *Representación y "praepositio"*, *in* Boletin de la Universidad de Santiago de Compostela, N 31, Ano X (1941), janeiro-março, páginas 3 a 20.

REIS, Alberto dos – *Código de Processo Civil Anotado*, Vol. I, 3.ª ed., Coimbra Editora, Coimbra, 1980.

REQUIÃO, Rubens – *Curso de Direito Comercial*, Vol. I, 22.ª ed., Saraiva, São Paulo, 1995.

RIBEIRO, Marcia Carla Pereira – *Curso Avançado de Direito Comercial*, com Marcelo Bertoldi, 9.ª ed., Revista dos Tribunais, São Paulo, 2015.

RIBEIRO, Maria de Fátima – *A Tutela dos Credores da Sociedade por Quotas e a "Desconsideração da Personalidade Jurídica"*, Almedina, Coimbra, 2016.

ROBY, Henry John – *An Introduction to the Study of Justinian's Digest: Containing an Account of Its Composition and of the Jurists Used or Referred to Therein, Together with a Full Commentary on One Title (De Usufructu)*, Cambridge University Press, Nova Iorque, 2010 (reimpressão).

RODRIGUEZ-PEREYRA, Gonzalo – *Resemblance Nominalism – A Solution to the Problem of Universals*, Claredon Press, Oxford, 2002.

ROGRO, Joseph Adrien – *Code de commerce expliqué*, Adolphe Mahlent et Comp., Bruxelas, 1839.

RUBIO, Jesus – Sainz *de Andino y la Codificacion Mercantil*, Consejo Superior de Investigaciones Cientificas, Madrid, 1950.

SÁ, Alves – *Primeiras Explicações do Código Comercial Português*, Vol. I, Lisboa, 1903.

SAINT-JOSEPH, Di Antonio Di – *Concordanza fra i Codici di Commercio Stranieri ed il Codice di Commercio Francese*, Tipografia di Pietro Naratovich, Veneza, 1855.

SANTO, João Espírito – *Exoneração do Sócio no Direito Societário-Mercantil Português*, Almedina, Coimbra, 2014.

SANTOS, António Marques dos – *As Normas de Aplicação Imediata no Direito Internacional Privado – Esboço de uma Teoria Geral*, Almedina, Coimbra, 1991.

SANTOS, Filipe Cassiano – *Direito Comercial Português*, Vol. I, Coimbra Editora, Coimbra, 2007.

SANTOS, Maria José Moutinho – *Liberalismo, legislação criminal e codificação. O Código Penal de 1852. Cento e cinquenta anos da sua publicação*, *in* Revista da Faculdade de Letras, História, III série, vol. 3, 2002.

SCHILLER, A. Arthur – *Roman Law: Mechanisms of Development*, Mouton Publishers, 1978, Malta, 1978.

SCIUMÈ, Alberto – *I progetti del codice di commercio del regno italico (1806-1808)*, Giuffrè, Milano, 1999.

SCOTT, Samuel Parsons – *The Civil Law*, Vol. IV, The Central Trust Company, Cincinati, 1932.

SEIXAS, Margarida – *Pessoa e Trabalho no Direito Português (1750-1878): Escravo, Liberto e Serviçal*, AAFDL, Lisboa, 2016.

SERRA, Adriano Vaz – *Responsabilidade dos devedores pelos factos dos auxiliares dos representantes legais ou dos substitutos*, in BMJ 72-259, 1958.

SERRA, Catarina – *Direito Comercial*, Coimbra Editora, Coimbra, 2009.

SERUZIER – *Précis Historique sur les Codes Français*, Videcoq Pére et Fils Éditeurs, Paris, 1845.

SILVA, Paula Costa e – *Acto e Processo*, Coimbra Editora, Coimbra, 2003.

SILVA, Gaspar Pereira da – *Fontes Proximas do Codigo Commercial Portuguez*, 1.ª parte, Typographia Commercial Portuense, Porto, 1843.

SILVA, João Calvão da – *Responsabilidade Civil do Produtor*, Almedina, Coimbra, 1990.

SILVA, Manuel Gomes da – *Direito Comercial*, com Veloso, Francisco José, polic., 1938.

TELLES, José Homem Corrêa – *Doutrina das Acções Accomodada ao Foro de Portugal*, Real Imprensa da Universidade, Coimbra, 1819.

THÖL, Heinrich – *Handelsrecht*, 1.º vol., 3.ª ed., Göttingen, Dieterichschen Buchhandlung, 1854.

— *Handelsrecht*, 1.º vol., 5.ª ed., Fues's Verlag, Leipzig, 1875."

TOMAZETTE, Marlon – *Curso de Direito Empresarial*, Vol. I, 5.ª ed., Editora Atlas, São Paulo, 2013.

TRAVER, Andrew G. – *From Polis to Empire, the Ancient World, C. 800 B.C.-A.D. 500: A Biographical Dictionary*, Greenwood Publishing Group, Westport, 2002.

UBERTAZZI, Benedetta, – *Il regolamento Roma I sulla legge applicabile alle obbligazioni contrattuali* Giuffrè, 2008.

VELOSO, Francisco José – *Sebenta de Direito Comercial coligida por Manuel Gomes da Silva e Francisco José Veloso a partir das lições de Barbosa de Magalhães*, com Silva, Manuel Gomes da, polic., 1938.

VASCONCELOS, Pedro Leitão Pais de – *A Autorização*, 2.ª ed., Almedina, Coimbra, 2016.

— *A Procuração Irrevogável*, 2.ª ed., Almedina, Coimbra, 2016.

— *Sociedades Comerciais Estrangeiras*, Almedina, Coimbra, 2015.

— *A Miragem das Piastras, Napoleão, Ouvrard, Récamier e o Code de Commerce de 1807*, Bubok, Madrid, 2015.

VASCONCELOS, Pedro Pais de – *Teoria Geral do Direito Civil*, 8.ª ed., Almedina, Coimbra, 2015.

— *Direito Comercial*, Vol. I, Almedina, Coimbra, 2011.

— *Contratos Atípicos*, 2.ª ed., Almedina, Coimbra, 2009.

— *A Participação Social nas Sociedades Comerciais*, 2.ª ed., Almedina, Coimbra, 2006.

VERHAGEN, – *Agency in Private Internacional Law, The Hague Convention on the Law Aplicable to Agency*, Martinus Nijhoff Publishers, The Hague/Boston/London, 1995.

VIEIRA, José Alberto – *O Contrato de Concessão Comercial*, reimp., Coimbra Editora, Coimbra, 2006.

WALD, Arnoldo – *Comentários ao Novo Código Civil – Livro II – Do Direito de Empresa*, Vol. XIV, Editora Forense, Rio de Janeiro, 2005.

WANG, Yingying – *Actiones Adiecticiae Qualitatis*, Università degli Studi di Roma "Tor Vergata",Roma,2010,https://art.torvergata.it/retrieve/handle/2108/1378/8068/ La%20tesi%20di%20Yingying%20Wang.pdf [último acesso 2016-12-02].

WELLS, Colin Michael – *The Roman Empire*, 2.ª ed., Harvard University Press, 2004 (6.ª reimp. da edição de 1995).

WHITE, Fidelma – *Commercial Law*, com Robert Bradgate e Margaret Llewelyn, Oxford University Press, Oxford, 2012.

WILLIAMS, James D. – *An Introduction to Classical Rhetoric: Essential Readings*, John Wiley & Sons, Chichester, 2009.

WOLFRAM – *Agency in the Conflict of Laws and the 1978 Hague Convention*, com Hay, Peter e Müller-Freienfels, The American Journal of Comparative Law, Vol. 27, n.º 1, 1979, págs. 1 a 49.

ÍNDICE

I. INTRODUÇÃO... 9
  1. O problema.. 9
  2. A solução 15
    A. A preposição 18
      i. A preposição e o Comércio 23
      ii. A preposição e o Direito Comercial 27

II. O LADO EXTERNO DA PREPOSIÇÃO 31
  1. O caso típico: o gerente de comércio 33
  2. O *institor* em Roma 35
    A. O comércio em Roma (de 264 a.C. a circa 137 a.C.)............. 35
    B. O problema em Roma 41
    C. A solução romana – a *actio exercitoria* e a *actio institoria*............ 47
    D. A *actio exercitoria* e a *actio institoria* no Digesto (533 d.C.) 49
      i. *Actio exercitoria*... 53
        a. Digesto 14, 1, 1... 53
        b. Digesto 14, 1, 2... 59
        c. Digesto 14, 1, 3... 59
        d. Digesto 14, 1, 4 60
        e. Digesto 14, 1, 5... 60
        f. Digesto 14, 1, 6... 61
        g. Digesto 14, 1, 7... 62
      ii. A *actio institoria* e a *actio ad exemplum institoria* 63
        a. Digesto 14, 3, 1... 63
        b. Digesto 14, 3, 2 63
        c. Digesto 14, 3, 3 64
        d. Digesto 14, 3, 4 64
        e. Digesto 14, 3, 5 64

f.	Digesto 14, 3, 6	67
g.	Digesto 14, 3, 7	67
h.	Digesto 14, 3, 8	68
i.	Digesto 14, 3, 9	68
j.	Digesto 14, 3, 10	68
k.	Digesto 14, 3, 11	68
l.	Digesto 14, 3, 12	71
m.	Digesto 14, 3, 13	71
n.	Digesto 14, 3, 14	72
o.	Digesto 14, 3, 15	73
p.	Digesto 14, 3, 16	73
q.	Digesto 14, 3, 17	73
r.	Digesto 14, 3, 18	74
s.	Digesto 14, 3, 19	75
t.	Digesto 14, 3, 20	75

iii. Da data de surgimento da *actio institoria* e sua influência atual ... 76

iv. Análise da *actio institoria* ... 80

3. O feitor no Código Comercial de 1833 ... 85

   A. Influências sobre o Código Comercial de 1833 ... 88

     i. O Código Comercial de 1807 da República Francesa ... 88

     ii. O Código Comercial espanhol de 1829 ... 102

   B. O Regime da preposição no Código Comercial de 1833 ... 113

     i. Os feitores e caixeiros no Código Comercial de 1833 ... 117

     ii. A ação institória no Código Comercial de 1833 ... 131

4. O gerente de comércio no Código Comercial de 1888 ... 134

   A. Influências sobre o Código Comercial de 1888 ... 136

     i. O "institor" do Código Comercial italiano de 1882 ... 137

     ii. O "factor" no Código Comercial espanhol de 1885 ... 139

   B. A influência concreta sobre o Código Comercial de 1888 ... 140

5. Gerente de comércio e preposto ... 148

6. A atividade como função do preposto ... 159

7. O poder de representação do preposto ... 162

   A. Representação resultante de atuação do gerente em nome do preponente ... 164

   B. Representação resultante de atuação do gerente em nome próprio, por opção do terceiro ... 169

   C. Representação resultante de atuação do gerente em nome próprio, por opção do preponente (avocação de contratos) ... 185

ÍNDICE

E. Registo, preposição e lei aplicável. 541
F. Escolha de lei e proteção dos consumidores 547
G. Normas de aplicação imediata na Convenção da Haia. 551
H. Ordem pública na Convenção da Haia 553

VIII. ALGUNS EXEMPLOS DE PREPOSTOS 555
1. O testa de ferro 556
2. O CEO (*Chief Executive Officer*). 558
3. O CFO (*Chief Financial Officer*). 559
4. O VP (*Vice President*) 560
5. O diretor geral 561
6. O diretor de hotel e o diretor de fábrica 562
7. O gerente de balcão e o gerente de restaurante. 563
8. O diretor de departamento. 563
9. O vendedor de automóveis 564
10. O vendedor porta-a-porta de serviços de energia e telecomunicações 568
11. O caixa de supermercado 570
12. O operador de *call center*. 572
13. O procurador de banco 574
14. O procurador de *offshore* 575

BIBLIOGRAFIA. 577